如何培养合格的法律人

中南财经政法大学刑法学研究生教育四十年

如何培养合格的法律人

中南财经政法大学
刑法学研究生教育四十年

郭泽强　刘代华　主编

法律出版社
LAW PRESS · CHINA
北京

图书在版编目(CIP)数据

如何培养合格的法律人：中南财经政法大学刑法学研究生教育四十年 / 郭泽强，刘代华主编. -- 北京：法律出版社，2022
ISBN 978 - 7 - 5197 - 6621 - 4

Ⅰ. ①如… Ⅱ. ①郭… ②刘… Ⅲ. ①刑法－法的理论－研究生教育－武汉－文集 Ⅳ. ①D914.01 - 53

中国版本图书馆 CIP 数据核字(2022)第 058143 号

如何培养合格的法律人：中南财经政法大学刑法学研究生教育四十年
RUHE PEIYANG HEGE DE FALÜREN：ZHONGNAN CAIJING ZHENGFA DAXUE XINGFAXUE YANJIUSHENG JIAOYU SISHINIAN

郭泽强　刘代华 主编

责任编辑 丁小宣　蒋潆莹
装帧设计 凌点工作室

出版发行 法律出版社
编辑统筹 法律教育出版分社
责任校对 陆帅文
责任印制 刘晓伟
经　　销 新华书店

开本 787 毫米×1092 毫米　1/16
印张 24　　字数 538 千
版本 2022 年 5 月第 1 版
印次 2022 年 5 月第 1 次印刷
印刷 永清县金鑫印刷有限公司

地址：北京市丰台区莲花池西里 7 号(100073)
网址：www.lawpress.com.cn
投稿邮箱：info@lawpress.com.cn
举报盗版邮箱：jbwq@lawpress.com.cn

销售电话：010 - 83938349
客服电话：010 - 83938350
咨询电话：010 - 63939796

书号：ISBN 978 - 7 - 5197 - 6621 - 4　　定价：98.00 元

凡购买本社图书，如有印装错误，我社负责退换。电话：010 - 83938349

主编简介

郭泽强

中南财经政法大学刑事司法学院副院长、教授、中南检察研究院执行院长、法治发展与司法改革研究中心首席专家，湖北省刑法学研究会副会长，中国刑法学研究会常务理事，中国犯罪学学会常务理事。

刘代华

中南财经政法大学刑事司法学院教师、法律硕士教育中心硕士研究生导师；原中南政法学院刑法学硕士，德国萨尔大学法学硕士（LL. M），德国慕尼黑大学刑法学博士；研究方向为刑法学、外国刑法学和国际刑法学。

序

2021年9月7日，应郭泽强院长之邀，我在2021级刑法学研究生中国刑法总论课堂讲授研究生应该如何读书、思考问题与撰写论文。课后泽强院长策划了一个简单的致敬仪式，解释是学生们为我画上中南刑法教学的句号并表达心意。听到这话后，我的眼角有些湿润，不知不觉间，我已经在这所郁郁葱葱、朝气蓬勃的校园里学习工作了近四十年，从当初自诩的"老中南人"变成了名副其实的"中南老人"。是的，自1982开始招研究生，中南大的刑法研究生教育即将走过四十载岁月。我是中南刑法研究生教育的第一批"信徒"，毕业后又留校任教，十分荣幸地成为中南刑法的一名"布道者"。在这几十年间，中南刑法研究生教育在曾昭琼、曾宪信、江任天、朱继良、郑昌济、吴安清、胡新、尚彝勋、夏其淦等老先生们的规划和率领下，不断开枝散叶、发展壮大，培养了一批又一批优秀的刑法学人，其中不乏知名高校的教授、老师以及众多杰出的政法工作者。可以毫不夸张地说，中南刑法人的身影早已遍布祖国各地，他们用自己的行动将中南刑法的优良作风、学术思想传遍了神州大地，也应了那句学子们的口头禅："聚是一团火，散若满天星。"很快，曾经或现在作为中南刑法研究生的我们将一起见证中南刑法研究生教育度过她的第四十个华诞，迈入新的征程。在感慨时光荏苒岁月如梭之际，我也想着为中南刑法的四十岁芳华，献上一份特殊的礼物，或者说交一份阶段性的总结。于是，与明楷、晓光与夏勇几位商量后，提议为纪念中南大刑法研究生教育四十周年，向全国各地的中南学子征集文章随笔，联系结集出版，以纪念不曾忘却的中南刑法研究生求学经历。

本文集按研究生入学时间顺序编排，共收录了90余篇文章，从内容上大致分两个板块：一是回忆研究生阶段的学习生活、师生教学相长故事，回顾那几年激情燃烧的青春岁月；二是怀念母校，致敬老师。阅读跨越近四十届的中南研究生们的来稿，像观看历史大片一样心潮澎湃，在这里谨对各位作者拨冗撰稿表达诚挚的感谢。这本文集是我们大家求学经历的回忆，更是四十年中南刑法学发展历程的缩影，从要件理论到阶层理论，从实质解释论到形式解释论，从借鉴苏联模式到借鉴德日体系，中南人一直在积极探索，可以说中南刑法研究的车轮从未停止，也将不断向前。但我想这本文集的意义将更加深远，它汇集了来自五湖四海中南刑法人的求学、奋斗经历，是对中南刑法情感的真挚表达，更是学习态度、治学方法和学术品格的悉心传递，是未来中南刑法研究生们如何学习的"经验贴"。例如，我的老同学明楷教授记录了我们那个时代特有的"手自笔录，计日以还"[1]的治学经历，我也时常能够想起那些视资料如至宝

---

〔1〕 明楷回忆文章中提及"在没有复印机的时代，我们废寝忘食、夜以继日地用笔摘抄了许多内容"，这不禁使人联想起明代宋濂笔下的《送东阳马生序》里的话，"余幼时即嗜学。家贫，无从致书以观，每假借于藏书之家，手自笔录，计日以还"。参见《宋濂散文选集》，高志忠、高天选注，百花文艺出版社2009年版，第121页。

的日子。现在的信息发达了，刑法学的文献更是铺天盖地、汗牛充栋，可我们年轻的同学还有当时学长们那样的学习态度吗？是否还能够像四十年前的我们一样排除任何外界的干扰，专注一个自己感兴趣的领域而耕耘不辍呢？有的同学可能会讲自己的理想是当检察官、法官、律师，理论研究只是“敲门砖”，与自己未来职业生涯没有多大关系，但在这本文集里，你也许会看到许多从中南走出来的优秀检察官、法官、律师们的求学经历和对学问的态度，这可能会纠正你的观念和认知。现在的研究生教育的重要使命不是要将每个人都培养成著名学者、大教授，而是要通过对专业问题的研究培养大家精湛的分析路径、缜密的论证逻辑、严谨的处事态度以及对公平正义的永恒追求。理论指导实践，你们在研究生三年里学到的这些，将会深远地影响日后的工作和生活。当你秉持正义，用严密的专业分析论证去断案、辩护时，你才能真正明白像文集里说的那样去学习、研究刑法的意义；当然，人生不只有专业知识学习，在这本文集里你也会看到多彩的人生经历、智慧的为人处世方式。高山仰止，景行行止。在你领略前辈们的品行才学之时，更要学习他们待人接物的本领，更要学会他们在面临困难和阻碍时，如何意志坚定、锲而不舍、栉风沐雨、攻坚克难。文集里另一大主题就是追忆校园、致敬导师，里面的每一篇文章都流露出对母校、恩师浓浓的感激之情。这也告诉后辈们，一定要珍惜当下，珍惜宠你、爱你、批评你、磨炼你的导师，研究生期间的导师是学业的指导者，更是生活学习的陪伴者。在你学习遇到困难，生活充满迷茫的时候，请不要忘记身后站着的导师，他能教会你的不只有专业知识，还有为人处世的能力。老师的教导是不自觉间就会让人记上大半辈子甚至使人终生难忘的事，所以本书中有很多感人的回忆老师的篇章。不过涉及我本人的部分有很多夸张溢美之词，其实我做得远远不够，还有不少遗憾的地方。我们都应当向曾昭琼先生和其他中南刑法老先生们学习。那些大先生们正是通过言传身教来传承中南精神。尽管老先生们现在多已仙逝，健在的也已经不能再到课堂上传道授业解惑，但是，他们对学子们的谆谆教导至今仍然历历在目，令我们受用终身。他们那种诲人不倦的态度是我们永远的榜样。来时走过蹒跚路，前方旅途亦崎岖，学习刑法应当是一辈子的追求，学习老先生们教书育人的风范也应当自始至终。前方山头更灿烂，一山更比一山高。相信年轻一代老师做得比我们更好，也希望这本文集能够为大家提供更多参照和共鸣。

值得一提的是，本书 90 多位作者中，有四位并没有在中南读研究生的背景，但是这丝毫不妨碍他们对于中南刑法研究生教育的深厚感情和拳拳关爱，对他们几位的拨冗赐稿，在此也深表谢忱。四位中的第一位是中国社会科学院法学研究所研究员邓子滨教授，他与中南人特别投缘，曾多次到中南讲学，这次专门惠赠《中南纪事》一文，讲述他与中南同仁二十余年的深厚友谊，也对新一代中南学人提出殷切期望；第二位是武汉市人大常委会的熊艳喜先生，1992 级中南政法学院经济法学系的学生，但在法律系刑法学科中有很多好朋友，所以特别撰写了《我与中南大刑法人情缘的点滴偶拾》；第三位是北京大学的江溯教授，1997 年到 2001 年求学于中南政法学院法外系，对刑法学研究情有独钟，在大学期间经常参与当时刑法学研究生发起成立的青年刑法论坛活动，因此以《一个法学门外汉的刑法启蒙》为题深情回顾了当时和刑法学师兄师姐们一起切磋的场景；第四位是李波副教授，2016 年北大博士毕业后进入中南刑法学科团队教书，后来为解决夫妻分居问题调往中国海洋大学执教，对于在中南的几年任教生活颇为牵挂，此次专门道出了《中南往事追忆》的感怀。

研究生阶段的时光转瞬即逝，这 90 余篇以不同形式呈现出来的“求学经历”是过来人的回忆，更是中南刑法研究生教育的初心。在泽强院长的征询下，经过筹委会再三斟酌，最终将文集的名称命名为“如何培养合格的法律人——中南财经政法大学刑法学研究生教育四十年”。在全面依法治国的时代背景下，中南刑法研究生的招生规模较早年扩大了不止数倍，如何将研究生同学们培养为适应新时代发展要求的可靠接班人和社会主义法治国家的合格建设者是国家和时代交给中南刑法学科的重任。苏格拉底有言：“未经审视的人生不值得过。”〔2〕认真回望过去是勇敢开拓未来的重要方式。当你仔细阅读这本文集后，其实你已经置身于未来的中南刑法学科建设氛围当中，在这一过程中，每个中南刑法学人都是参与者、践行者。铁打的营盘流水的兵，代际更迭中传承教书育人理念。中南刑法研究生教育四十年来积累的优良传统、光辉历史需要我们每一位中南刑法学人去坚守、传承，去进一步发扬光大！

四十载风雨泥泞路，我们一起走过，中南刑法在过去不断开拓创新，取得一定的成就，我们大家都是见证者、受益者。未来的社会充满竞争，每个中南刑法学人都要不断接受新的考验和挑战。四十岁对于一个个体来说，是走出困惑，步入成熟之始，所以谓之不惑之年，而对于中南刑法学科来讲，可以说正是风华正茂，意气风发之时。道阻且长，行则将至；行而不辍，未来可期。江山代有人才出，一代新人换旧人。我始终坚信在接力棒交给年轻一代手中后，中南刑法定能够砥砺深耕，笃行致远，勇担时代使命，再攀育人高峰，在未来培养出更多优秀、合格的法律人才。

今天为农历二十四节气之小雪，可能是因为北京提前下过一场雪，所以今夜窗外虽北风强劲但未见雪花飘落，但我相信瑞雪必定还会降临，来年华夏大地一定会风调雨顺，国泰民安。期待未来可以有机会与各位同仁在一起映雪读书，咏雪明志。中南刑法，年方不惑，前路绵长，诸君努力。最后，再一次感谢各位作者，感谢泽强院长、代华老师为本书所付出的努力，感谢参与编辑的同仁学友，感谢出版社为本书出版所做的贡献。

是为序。

齐文远

2021 年 11 月 22 日草拟于北京蓟门桥

---

〔2〕《柏拉图全集》（第 1 卷），王晓朝译，人民出版社 2002 年版，第 27 页。

目 录

张明楷　师德如山重，师恩似海深

张明楷，1982 级首届刑法学硕士研究生，现为清华大学法学院教授、博士生导师。

一、几点说明

1978 年 8 月我进入湖北财经学院（现为中南财经政法大学）后不久，就听说法律系的刑法学专业有多位“大将”（用现在的话说是“大腕”）：曾昭琼、江任天、曾宪信、尚彝勋、胡新、朱继良、郑昌济、吴安清、夏其淦〔1〕。我们 78 级本科生的“刑法总论”课程由胡新老师讲授，“刑法各论”则是郑昌济老师教的。当时没有刑法学教材，我们主要靠听课和课外阅读零散的资料来学习刑法学和其他课程。曾宪信老师时任刑法教研室主任，但没有给我们年级上课。本科快毕业时，曾宪信老师希望我直接留在刑法教研室当老师，我说，“我还是读一个研究生之后再当老师吧”，曾老师没有强求，于是我就报考了研究生。

正是由于湖北财经学院刑法专业有雄厚的师资力量，加上我上大学不久就打算当大学老师，又觉得刑法学这门课程容易让人站稳讲台，报考研究生时就选择了湖北财经学院的刑法学专业。1982 年，湖北财经学院法律系刑法专业共录取了四名研究生：陆晓光、齐文远、夏勇和我（以下简称我们四人）。从此，我们四人上着同样的课程，住着同一个宿舍（虽然搬过三次宿舍），揣着同一个目的（学好刑法学）。

研究生期间，学校并没有将哪一个学生分配给哪一位老师指导，而是采取了导师组集体指导制度。对我们进行全方位指导的主要是曾昭琼先生、曾宪信先生与江任天先生（以下简称三位先生）。我的印象中，曾昭琼先生是导师组组长，但具体负责的主要是曾宪信老师，导师组成员还有朱继良老师、胡新老师（记忆可能不准确）。曾宪信老师几乎每周都会来我们的宿舍，有时一周来几次，了解我们的生活情况，解答我们的学习难题。江任天老师虽然住在校外

---

〔1〕 夏其淦老师和夫人吕蕴珍老师（当时在湖北财经学院法律系主管学生工作）是广东人。我们读研究生期间，夏老师和夫人一起调回了广东。其他先生则一直在湖北财经学院、中南政法学院、中南财经政法大学任教。

(水果湖),但只要因为上课、开会等来到学校,也一定会来到我们的宿舍,询问我们的研究现状,回答我们的专业问题。曾昭琼先生由于年过古稀,所以来我们宿舍较少,但我们可以经常去先生家里向先生请教。

光阴似箭,日月如梭。眨眼间,从研究生入学到现在已经四十年,但往事并非如烟。关于湖北财经学院刑法专业的研究生教育,以下几个方面可谓记忆犹新、历历在目。

第一是研究生课程。除了公共课以及法理学课程之外,主要有以下几门专业课:曾昭琼先生给我们讲授"欧陆日本刑法",曾宪信先生讲授"中国刑法",江任天先生讲授"英美刑法",尚彝勋先生讲授"中国刑法史",郑昌济先生讲授"犯罪心理学",吴安清先生讲授"劳动改造法学",唐永禅先生讲授"刑事诉讼法学"。每位老师上课时都不是随便聊和信口讲,而是带着厚厚的讲稿,聚精会神、一丝不苟、逻辑严谨、深入浅出地给我们讲授课程内容。尚彝勋先生给我们讲课时年事已高,视力不好,每讲完一段,就要用手指按在讲稿的某个地方,以便顺利地接着讲。研究生一年级时所住的宿舍楼里就有专供研究生上课的教室,我们上课时一般就在宿舍楼的教室,后来老师们经常就在我们的宿舍给我们上课。

第二是课堂讨论。除了听课外,还有一些讨论。有的是课程讨论,老师讲完某个专题的内容后会有一些提问与讨论环节;有的则是在课程外安排的讨论。讨论时比较活跃,有时还争论不休,不会冷场,更不会出现要老师点名才发言的现象。凡是课程外安排的专业讨论,三位先生均会光临。记得有一段时间,三位先生让我们阅读文献后再汇报自己疑惑不解、需要老师们解疑释惑的问题。我们四人在讨论课上轮流汇报自己在学术观点上的疑惑,曾宪信老师和江任天老师一直记录着我们提出的问题,然后逐一讨论、解答。曾昭琼先生在听我们学生和其他老师的发言时,一直在闭目思考,偶尔会提笔记录,最后会总结出问题的焦点,提出解决的路径。智者在发表看法之前总是一直倾听和保持沉默。在我的印象中,曾昭琼先生并不对任何答案持绝对肯定或者绝对否定的态度,而是会提出多种可能性。正如诺贝尔奖获得者玻恩所说:"相信只有一种真理而且自己掌握着这个真理,这是世界上一切罪恶的最深刻的根源。"我一直将此牢记于心。大到封建专制、小到恋人争吵,无不因为相信只有一种真理而且自己掌握着这个真理。但凡想想自己可能是错误的,人们之间的冲突就会减少很多,家庭、社会就会和谐很多。

第三是收集资料与整理刑法学的研究现状。在读期间,法学刊物并不多见,刑法学文献相当匮乏。我们可以看到20世纪50年代的一些资料,如1957年中央政法干部学校刑法教研室编者的《中华人民共和国刑法总则讲义》,还可以阅读不少苏维埃刑法教科书与论文集,但基本上看不到德国、日本的刑法学文献,只是在研究生阶段的后期,可以偶尔见到相关法学期刊的译文,但译文寥寥无几、屈指可数,不像现在汗牛充栋、触目皆是。当时湖北财经学院图书馆有许多民国时期的刑法教材与著作,但概不外借。夏勇认识了一名年轻美丽的图书馆员后,这名馆员将不少民国时期的刑法学教材与著作借给我们,我们喜出望外、如获至珍。据说馆员是违反规定借出来给我们的,所以,我们必须尽快阅读完毕后归还给图书馆。在没有复印机的时代,我们废寝忘食、夜以继日地用笔摘抄了许多内容。在读期间,三位先生要求我们归纳总结刑法学的研究现状。我们四人进行分工整理,各人就分工部分收集当时所有能收集到的论文、著作与其他资料,就各个专题全面整理出各种不同观点及其理由、分歧的焦点所在、值得借鉴与商榷之处等,形成了几十万字的打印稿(当时压根儿就没有想到出版的事情)。现在看来,这种让学生全面了解刑法学研究现状的指导方法,确实卓有成效。只有全面掌握刑法学的研究现状,才能发现其中的体系性与症结性问题,在此前提下对具体问题的考虑才不至于相互矛盾和漏洞百出,也能避免自以为发现了新观点其实早已有人提出的局面。

第四是从事司法调研。我们四人并不是只在象牙塔里看书,还需要了解司法实践。与现在不同,当时没有网络,纸质媒体也不发达,一直待在校内只能知道几个案例、几种学说,而不可能了解现实中的刑法。三位先生多次带着我们从事司法调研。有一次,曾宪信老师带着我们四人到武汉的一个区法院阅卷,我们看了许多卷宗,也发现了许多问题。比如,阅卷时发现,二三十名年轻的行为人所犯的奸淫幼女罪,行为对象均为同一位13周岁的女孩。可这名女孩身材高大,而且谎报年龄,并且是自愿甚至主动要求与行为人性交。我们当时讨论时就认为,如果行为人确实不知道女孩未满14周岁,认定为奸淫幼女罪就明显不合适。还有一次,三位先生带着我们四人去广东调研,我们去了不少检察院与法院,既有座谈,也有阅卷,了解了从书本上看不到的许多现状与问题。特别是去了改革开放的深圳经济特区,令人大开眼界。郑昌济老师在我们讨论"犯罪心理学"期间,也曾带我们四人到郊外的一个管教所与被管教人员交谈,了解违法犯罪人的心理。[2]

第五是平时论文写作。研究生期间的专业课程考试或者考查,一般采取论文写作的方式。例如,尚彝勋老师讲授"中国刑法史"课程时,让我们四人分别就《唐律》中的某个问题写一篇论文,并且指导我们反复修改。夏勇发表在《法学研究》1984年第6期上的《唐律中的谋杀罪》一文,就是"中国刑法史"的课程作业论文。除了课程论文之外,我们四人平时也都爱写论文,写完论文后都会请先生们斧正,三位先生都会认真地提出宝贵的修改意见,我们也会反复修改。在没有电脑的时代,修改文稿特别费工夫。但文章不厌百回改,经得起推敲和检验的优秀论文都是反复修改出来的。先生们既鼓励我们提出自己的独到见解,也鼓励我们与先生们商榷。例如,曾宪信老师在《法学研究》1982年第4期上发表了题为《对犯罪因果关系的几点看法》一文,这篇论文原本是与他人商榷的。但我既不完全同意被商榷论文的观点,也不完全同意曾宪信老师的观点,于是撰写了一篇有关因果关系的论文(一直未向刊物投稿)。这篇论文同时请曾宪信老师与江任天老师指正,两位老师都肯定了我论文中的一些观点。我们四人撰写的论文,有的公开发表了,有的发表在内部刊物上,[3]有的则没有发表。但不管发表与否,研究生阶段平时的论文写作训练,为我们后来的硕士学位论文写作奠定了坚实基础,也对我们从教后的学术研究起到了重要作用。

第六是参加教研室活动。我们四人一直参加刑法教研室的各项活动,不管是教研室的业

---

〔2〕 记不清吴安清老师是否带我们去过劳改场所参观。

〔3〕 当时的内部刊物有《湖北财经学院研究生学报》和《青年法学——中南政法学院研究生学报》。

务活动还是政治学习抑或党组织生活，我们四人都参加。这种方式使我们四人与当时所有的刑法老师都很熟悉，与老师们有更多的交流机会，师生关系也更融洽。在参加教研室活动时，也能了解到老师们对某个问题（既包括专业问题，也包括其他社会问题）的不同视角、不同看法。诚所谓耳濡目染，不学以能。

第七是试讲。当时培养研究生似乎就是为了培养大学老师，所以，我们都有试讲环节，亦即，研究生在毕业之前一定要像老师那样给本科生讲一次课。三位先生对试讲特别重视，我们对试讲也非常认真。首先，三位先生让我们提前确定试讲的题目与内容。其次，我们四人要写出讲稿给三位老师审定。我们四人修改好讲稿之后，三位先生再加上唐永禅先生（忘了是否还有其他先生参加）把自己当作学生，先听我们每一个人讲课。讲完后，先生们指出我们每一个人讲课从形式到内容、从表达到板书的优缺点，提出改进的具体要求。最后，我们四人在 1980 级的本科生班上试讲时，三位先生也都去听我们试讲。试讲结束后，三位先生再指出我们试讲中的问题，要求我们自己对试讲做进一步总结。如此翻来覆去，讲课能力竿头直上。

第八是学习二外。研究生一年级时要学英语，从二年级开始就要学习第二外国语。记得当时既有教德语的老师也有教日语的老师，我们征求曾昭琼先生的意见，选修哪一位外语好。曾先生说，如果只选一门就选日语，因为日本有学者专门研究其他主要国家的刑法学，学会了日语，不仅能了解日本的刑法学研究现状，还能了解德国、法国等许多国家的刑法学研究现状。我们四人都选修了一门日语，记得日语是和本科生一起上的。上了一年的日语课后，基本上可以阅读比较通俗的日文刑法学教材。〔4〕

第九是撰写硕士论文期间去外地查阅资料和向学者请教。在我们四人撰写硕士学士论文期间，三位先生安排我们去北京查阅资料和向知名学者请教。我们在国家图书馆查阅了一些资料。曾宪信老师事前跟不少学者与著名法官、律师打过招呼，我们到北京后拜见了不少名家。例如，我们拜见了王作富、曹子丹、杨敦先等老师，还拜见了单长宗法官（时任最高人民法院研究室主任）与张思之律师。见到这些名家时，我们就直截了当地分别提出自己在撰写硕士论文时产生的问题以及平时学习中遇到的难题，他们都逐一发表自己的高见。曹子丹老师还惠赠我们许多内部印刷资料；张思之律师也惠赠了一本案例集，其中有一个案件，我至今给学生讲课时还会讲到。我记得我向单长宗法官请教过一个问题："您是否赞同'犯罪构成是认定犯罪的唯一法律依据'这一表述？"单长宗法官回答说："认定犯罪的唯一法律依据是刑法，而不是犯罪构成。"

第十是硕士学位论文的写作与答辩。硕士学位论文当然是研究生阶段的头等大事，我们四人选好题目，得到三位先生的认可后，便开始准备资料、撰写初稿。不知天高地厚、不识问题深浅的我，撰写了题为《论我国刑法中的犯罪构成》的硕士学位论文。这篇论文的最主要观点

---

〔4〕　毕业前在法律系图书馆见到了日本大塚仁先生撰写的一本《刑法入门》，大体上能读懂。

是，犯罪客体不是构成要件；[5]因果关系也不是构成要件的内容；[6]构成要件必须能够说明犯罪的社会危害性；[7]犯罪构成虽然不是法定概念，但刑法事实上规定了犯罪构成，犯罪构成是认定犯罪的唯一法律依据。初稿完成后，导师组确定我们四人的论文分别由两位老师具体指导，我的论文由曾昭琼先生与朱继良先生具体指导，两位老师都给我提出了宝贵的修改意见。[8]记忆深刻的是，曾先生要我删除一些内容，要舍得“割爱”，曾先生说，“一万多字就可以了，没有必要写太长”。朱继良老师让我调整了论文的部分结构。[9]但两位老师都没有否认我论文的基本观点。论文定稿打印后，由学校邀请校外专家评审，评审我们论文的都是知名学者。收到同意答辩的评审意见后，就进行硕士论文正式答辩。我清楚地记得，我们四人答辩了两天整，每人整整半天。答辩委员会的组成人员是：曾昭琼先生、江任天先生、曾宪信先生、朱继良先生与唐永禅先生。答辩时，首先由研究生汇报硕士学位论文的基本内容，然后回答答辩委员会事前共同商量拟定的几个问题（可谓集体提问）。对答辩委员会提出的几个问题，有30分钟的准备时间。回答完答辩委员会的集体提问时，老师们还会有追问。回答完答辩委员会的集体提问后，还需要回答各答辩委员（包括主席）分别提出的问题。答辩委员提出的问题不是事先商量的，是答辩委员自己提出的，没有准备时间，需要即时回答。[10]回答了答辩委员的所有提问后，答辩委员会闭门商量决定是否通过硕士论文答辩。经过两天时间，我们四人都顺利地通过了硕士学位论文答辩。[11]

我不写日记，也没有保留相关资料的习惯，以上几点说明只是基于记忆，难免挂一漏万、杂乱无章。三位先生为中南的刑法研究生教育开山辟路、探赜索隐、鞠躬尽瘁、呕心沥血，是我们永远的楷模。下面以感恩之心按年龄顺序追思三位先生及其主要学术观点。

二、曾昭琼先生

曾昭琼先生1912年出生于湖南，本科就读于武汉大学，获法学学士学位。在本科期间，曾先生不仅学好了专业，而且掌握了三门外语（必修英语、选修日语、旁听德语）。[12]本科期间，曾先生还是学校排球队的队员（也许是队长），并且游泳技能高超，能够躺在水上睡大觉。本

---

〔5〕初稿完成后，拜读了北京大学张文老师发表的结论相同的论文。张文老师认为犯罪客体与犯罪对象应当是等同的概念，故不应将犯罪客体作为一个要件。但我认为，犯罪客体与犯罪对象不是等同的概念；犯罪客体是由犯罪客观要件、主体要件与主观要件来说明的，是被反映的现象，而构成要件是反映行为的危害性与罪过性的现象，故犯罪客体不是构成要件，而是犯罪概念的内容。

〔6〕后来才知道，德国与日本也有学者持此观点。

〔7〕当时接受了社会危害性是主客观相统一的这一观点，所以，其中的社会危害性其实包括了罪过性。

〔8〕在将初稿提交给两位先生后，担心先生们不同意我的观点，我便同时撰写了《论正当防卫》一文，以便作为替补的硕士学位论文。

〔9〕论文初稿将“因果关系不是构成要件”作为独立一章，朱继良老师建议我不要独立成章。

〔10〕我不记得究竟回答了多少问题，只记得其中一个问题是：行为主体是如何说明犯罪的社会危害性的？

〔11〕因为中南政法学院刚成立，我们1986年才拿到法学硕士学位证书，而且学位证书上不规范地表述为“刑法学硕士学位”。

〔12〕我也切实感觉到外语对学术研究的重要性。在给清华本科生上课时我都会说：“如果你们打算以后从事学术研究，建议从今天下午起，而不是从明天起就开始就学二外、三外。”但采纳建议的学生罕见。

科毕业后,曾先生前往日本东北帝国大学,师从木村龟二先生。抗日战争爆发后,曾先生回到国内,据说曾受聘为省立广西大学法律系讲师与私立朝阳学院法律系副教授。但我所知道的只是先生长年任教于中山大学,在民国时期受聘为中山大学法学院法律系教授,曾任系主任,代理法学院院长。中华人民共和国成立后,曾先生继续在中山大学法律系任教授,兼任系主任、校务委员。曾先生不喜欢武汉的气候,曾经决定本科毕业后再也不来武汉生活和工作,但1953年院系调整后,曾先生不得不先后在武汉大学、湖北大学、湖北财经学院、中南政法学院、中南财经政法大学任教。

在中山大学任教期间,曾先生讲授"刑法学"与"刑事诉讼法学",〔13〕讲课特别受学生欢迎。大约是在1983年暑假期间,三位先生带着我们四人去广东调研。在广东省高级人民法院的会议室准备座谈时,一位年长的法官(毕业于中山大学法律系)进门向曾先生问好,并向我们介绍说:"曾先生的课讲得实在太好了,我们在本科时都称曾先生为'三个一先生'。"接着他说:曾先生上课时只带三样东西:一本法典、一张卡片、一支粉笔,所以我们称他为"三个一先生"。曾先生只是笑着说"年轻时记性好"。湖北财经学院法律系原主任侯洵直教授曾经跟我们介绍说,曾先生在武汉大学、湖北大学给本科生讲课时,教室外都有站着听课的学生。

在我们读研究生期间,曾先生除经常参与专业讨论外,还给我们讲授了"欧陆日本刑法"课程。据曾宪信老师说,曾昭琼先生基本上是凭记忆讲授的。一方面,在中华人民共和国成立以后,因为全面学习苏联刑法,曾先生开始学习俄语,将苏联刑法教科书翻译并整理成中国学生容易理解的打印稿(未能出版),此后并没有继续研究德国、日本刑法。另一方面,在20世纪80年代初,基本上没有德文日文资料。所以,曾先生大体上只能凭记忆讲授这门课程(看来,曾先生不只是"年轻时记性好",年长后记性也同样好)。尽管如此,曾先生所讲授的这门课程,依然具有体系性与准确性。我们四人聚精会神、凝神静气地听着、记着先生的讲授内容。构成要件符合性、违法性、有责性、记述的构成要件要素与规范的构成要件要素、开放的构成要件、保证人、心理责任论与规范责任论、行为共同说与犯罪共同说等概念,以及德日著名刑法学者的尊姓大名,我们最早都是从曾先生的课堂上听到的。近期翻阅了当时的笔记,如果整理出来就是一本简明的德国、日本刑法学讲义。

曾先生学贯中西、学识渊博、怀瑾握瑜、德隆望尊,令人景仰。曾先生在民国时期曾发表过《人格本位的刑法观》(载《国立中山大学学报》1941年)、《刑法中的个人自由保障与社会防卫思想》(载《社会科学论丛》1947年)等论文。除论文外,还撰写了《刑法学》与《刑事诉讼法学》两本教材,即将出版时由于通货膨胀等原因而未能付梓。改革开放后,曾先生并没有出版著作,也没有发表论文,只是担任过《法学词典》(上海辞书出版社)、《中国大百科全书·法学卷》的编委并承担了少数条目的撰写工作。其实,曾先生并非没有学术思想,也不是不能著书立说,而是将自己的学术思想倾注于他人的论著中。下面的一些事实足以说明这一点。

---

〔13〕 陈光中先生本科时的"刑法学"与"刑事诉讼法学"课程就是曾先生讲授的。

曾宪信、江任天、朱继良三位教授于1988年出版了《犯罪构成论》。然而，这本书完成于1983年，我们读研究生时，曾宪信老师就曾将全部书稿给我们阅读过。这本书稿在出版社搁置了5年才出版。其中的“著者说明”（1983年3月）有这样一段话：“本书能够同读者见面，与曾昭琼教授的热心关注和具体指导是分不开的。曾教授不但参加了拟制提纲、研究初稿的全部讨论，发表了许多富于启示意义的见解，提供了一些宝贵的资料，而且在定稿阶段，认真地对全稿进行了审阅和修改。”据曾宪信老师说，这本《犯罪构成论》原本请曾先生署名，但曾先生婉言谢绝了。

在相当长一段时期，国内的刑法学教授只有曾先生和中山大学的张仲绛先生（他们二人关系密切）。正因如此，一方面，曾先生需要将大量时间用于评审各种科研项目与研究成果（包括出差到外地参加评审与书面评审），尽管年过古稀，但仍然经常不得不四处奔波。曾先生有一次还向我提到评审教育部的某个项目的情形。另一方面，许多人（不一定与曾先生相识）在研究过程中遇到难题时会慕名以书信方式向曾先生请教，曾先生都一一详细回复。有一次曾先生向我们提到，一位人士来信问曾先生，1979年《刑法》第90条规定：“以推翻无产阶级专政的政权和社会制度为目的的、危害中华人民共和国的行为，都是反革命罪。”为什么法条中间用了顿号？反革命罪的既遂标准是什么？曾夫人黄桂荣老师（毕业于朝阳学院法律系）一次对我们说：“曾先生的大量时间都用于以书信回复别人的提问。有一些他没有研究的问题，原本可以不回复，可是他也要去图书馆查资料，有了自己的答案后，就回信给对方。”如此说来，不少学者的论著中实际上有曾先生的研究成果。由此看来，曾先生对名利是多么淡泊，品德是多么高尚！

我在读研究生期间也写过一些论文。其中大部分论文会请曾先生斧正。当时都是手写稿，有的字迹有点潦草，但曾先生几天之内就会回复，回复时都是用铅笔将修改意见写在格字纸边上。起初第一眼看到曾先生用铅笔时还有点纳闷，怎么先生喜欢用铅笔而不是用红色钢笔批改。随后立即发现论文的许多地方，有曾先生写了后擦掉、擦掉后再写、写了后再擦再写的痕迹。当时特别想知道曾先生擦掉的是什么内容，但确实看不清，也不好意思问先生。从使用铅笔以及反复擦写的事实可以看出，先生是多么认真、多么严谨，为培养学生花费了多么大的心血。

曾先生比我们四人年长40多岁，我们四人对曾先生无比崇敬，见到曾先生时就有像见到神一样的感觉。但曾先生温文尔雅、和蔼可亲，先生尽管满腹经纶，但讨论问题时绝对不会咄咄逼人、盛气凌人。我们不仅可以向曾先生讨教专业问题，还可以向曾先生讨教日语问题。曾先生给我写信时，都是称呼“明楷学弟”（有一次称呼“明楷老弟”）。

研究生毕业后不久，我有幸与三位先生一起参加一个有关中国刑法基本理论项目的讨论。记得有一段时间，三位先生以及我每周一次在曾先生家里讨论半天或者一天。黄桂荣老师也一直在听我们的讨论，并且详细地记着笔记。上午讨论完以后，我们一起吃黄桂荣老师煮的牛肉面（味道鲜美、回味无穷）。讨论的内容主要是如何构建中国特色的犯罪论体系。

曾先生曾留学日本且懂德文，对于德国、日本的三阶层体系了如指掌。但曾先生并没有主张照搬德国、日本的三阶层体系。另外，曾先生虽然在20世纪50年代讲授过苏维埃刑法学的课程，对苏联刑法学也如数家珍，但他也不赞成苏联刑法学体系，而是希望构建中国自己的犯罪论体系。

在讨论过程中，曾先生提出的犯罪论体系是：犯罪概念→行为主体（或行为人）→表明行为危害性的要件→表明行为罪过性的要件→排除犯罪的事由→未完成形态→共犯→罪数。需要说明的是，曾先生并不是主张三要件，而是主张两要件。亦即，犯罪是行为，只有表明行为危害性的要件与表明行为罪过性的要件，才是犯罪构成的要件。表明行为危害性的要件，相当于客观构成要件（包括行为、结果、因果关系等要素）；表明行为罪过性的要件，则是指表明行为人有责的、具有非难可能性的要素（包括故意、过失、违法性认识的可能性、期待可能性）。由于当时普遍使用罪过概念，而没有使用有责性一词，当时的“刑事责任”一般是在法律意义上而言，故曾先生提出使用“罪过性”概念，使之与“危害性”对应。于是，犯罪就是由行为人实施的具有危害性与罪过性的行为。

为什么要在犯罪构成的两个要件之前说明行为主体？曾先生的想法是，犯罪是行为，而不是行为人，犯罪或者犯罪行为是由行为人实施的，既然如此，行为人就存在于犯罪行为之前，就独立于犯罪或者犯罪行为之外，不能将行为人作为犯罪本身的构成要件。一方面说犯罪是行为、行为人是实施了犯罪行为的人，另一方面又说行为人是犯罪的构成要件，在逻辑上存在缺陷。但是，行为人要承担刑事责任又必须具备一定条件，犯罪论必须讨论行为人。虽然犯罪构成的要件是表明行为危害性的要件与表明行为罪过性的要件，却并不妨碍在这两个要件之前，先从刑事政策的角度说明行为主体的条件。因为行为主体的法定年龄与辨认控制能力，不可能从行为危害性的角度去说明，也难以单纯从罪过性的角度来说明。〔14〕

三、江任天先生

江任天先生出生于1923年，江西浮梁人。本科毕业于厦门大学政治系，后又攻读法学。自20世纪50年代初期至70年代末期，江先生先后在最高人民法院中南分院、中南政法学院、湖北省高等教育厅等单位，从事司法、教学与教育行政工作。湖北财经学院恢复后，江任天先生回到学校任教。

江老师才华横溢、学识深湛、风度儒雅、气宇非凡，令人钦佩。江老师特别关心我们四人的学习，热情指导我们四人的研究。即使我们没有请教江老师，但如果江老师发现了问题，也会主动教导我们。我在《法学研究》1984年第3期上发表了题为《我国刑法没有规定结合犯》的短文。当时学界普遍认为，我国1979年《刑法》第150条规定的抢劫罪，以及第191条第2款的规定（其内容为，邮政工作人员私自开拆或者隐匿、毁弃邮件、电报从而窃取财物的，以贪污罪从重处罚）属于结合犯。我的短文则认为，这两种情形不是结合犯。这篇短文发表前没有请江老师匡正，但江老师在《法学研究》上看了我的短文后，一次到我们的宿舍时，就先肯定了

〔14〕 撰写本文前，试图找出当时的笔记本，但由于研究室的资料杂乱无章，找了许久也没有找到，但上述基本内容似无明显误解。另外，由于篇幅有限，对曾昭琼先生平时传授给我们的一些思想与观点，就不做详细介绍了。

论文的发表，然后向我提了一个问题让我思考：虽然普通抢劫与第191条第2款规定的不是结合犯，但事后抢劫（1979年《刑法》第153条、现行《刑法》第269条）有没有可能是结合犯？因为事后抢劫的前提是犯盗窃、诈骗、抢夺罪，行为人在犯这些前提罪时，并没有犯抢劫罪的故意，如果当场基于事后抢劫的法定目的而对他人实施暴力致人伤亡的，前后行为原本都是独立的犯罪，但刑法将其结合为一个事后抢劫的犯罪，有没有可能成为结合犯？说实话，在写那篇短文时，我根本没有考虑事后抢劫，只是否认了学界当时普遍认可的两个结合犯（当时学界没有人主张事后抢劫是结合犯）。江老师的教导让我深刻地体会到，写论文时不可以看一个法条写一个法条，写一个法条的问题实际上是在写整部刑法乃至其他法律涉及的问题；[15]写论文时也不可以因为否认了几个事例就直接否认相应的结论，完全可能有其他事例支撑这一结论；同样，写论文时也不可以因为否认了几个理由就直接否认相应的结论，完全可能还有其他理由论证这一结论。

江老师和风细雨、循循善诱，习惯于鼓励学生，而不是批评学生。看了学生的论文时，总是先肯定优点，再以委婉的语气说明其中的问题。在我们将撰写的论文给江老师指正时，江老师一般并不直接在论文上写批语，而是将所有意见写在自己的笔记本上，然后带着笔记本给我们讲论文的优缺点。我的硕士论文虽然最后没有确定由江老师指导，但我还是将初稿提交给江老师，恳请江老师批评指正。江老师特别乐意，后来我去江老师的家里听取江老师的意见。和往常一样，江老师也是事先将修改意见写在自己的笔记本上，然后看着笔记给我提出了许多宝贵意见。我毕业当老师后，江老师也特别关心我的学术研究，我也经常向江老师请教。记得我1992年撰写了一篇《论刑事责任》的论文后向江老师请教，江老师提出了许多宝贵建议，我后来根据江老师的建议修改了这篇论文，发表在《中国社会科学》1993年第2期上。

江老师非常开明，绝不保守，许多思想与观点比年轻时的我们开明得多。人文关怀时常体现在江老师对我们的教导以及与我们的交谈、讨论中。例如，虽然当时学界还不使用期待可能性的概念，但江老师与我们交谈时，总是会考虑到人性的弱点，并将这一点贯穿到刑法理论中。

江老师以传道授业为本，其讲授酣畅淋漓，深受学生欢迎。江老师在20世纪50年代就在老中南政法学院任教。据说，江老师于1956年在中国首开“中国刑法分论”课程。在我本科期间，江老师给1979级的本科生上过“刑法总论”课程，我因为课程冲突未能聆听。研究生毕业后留校任教的第一学期，江老师给1984级的本科生讲授“刑法总论”一个学期，我旁听了全部课程。不管是教学内容还是教学方法，我都受益匪浅。

江老师文思敏捷、擅长写作。20世纪90年代在西北政法学院参加教学评估时，一位在50年代曾与江老师共事的老先生去我的房间聊天时就跟我说：“江任天老师的文章写得真好，在50年代就很有名气。”我未能读到江老师在20世纪50年代撰写的论文，但反复拜读江老师在改革开放后发表的论文。例如，江老师在发表在《法学研究》1983年第2期上的《论间接故意与犯罪动机》和《法学研究》1984年第5期《对强奸罪中“违背妇女意志”问题的再认识》，发表

〔15〕 当上老师后，我也经常跟研究生说，如果你就一个法条写论文，写作前至少要找出30个相关的法条。

在《中南政法学院学报》1986 年第 3 期上的《弃婴行为定性问题探疑》，是我至今也会拜读和引用的论文。江老师不仅对许多问题有自己的独到见解，而且文笔很好，标点符号的运用也很讲究。记得江老师跟我们说过，写论文时最好多用分号，因为用分号意味着理由或者观点还没有讲完，读者会产生还要读下去的欲望。这一点我很快就学会了，写论文时尽可能用分号（不过，许多分号总是被编辑改成了句号）。江老师参编了改革开放后由司法部组织撰写的第一部《刑法学》教材，撰写了其中的“刑罚的概念与目的”、“量刑”、“减刑、假释”与“时效、赦免”四章。江老师还和曾宪信、朱继良老师共著了《犯罪构成论》一书，撰写了其中的“犯罪主体”“犯罪主观方面”“犯罪构成与共同犯罪”“犯罪构成与刑罚”四章。

江老师对刑法总论、刑法各论、英美刑法都颇有研究，尤其对刑罚论有深入系统研究。在我离开中南政法学院调整入清华大学之前，江老师将他自己撰写的刑罚论的全部手稿给了我，并说“你想怎么用就怎么用”。我感激不尽，心想一定要通过学术研究报答恩师。后来，我在自己所撰写的《刑法学》教材中直接援用了江老师的部分成果（在脚注中有说明）。下面，我就江老师刑罚论的部分观点做一些介绍。

第一是刑罚的特点。

江老师认为，刑罚，是国家为了防止犯罪行为对国家、社会、公民个人利益的侵犯，由人民法院根据刑事立法，对犯罪人适用的建立在剥夺性痛苦基础上的最严厉的强制措施。对刑罚概念应从以下几个方面予以把握：

其一是刑罚的属性。使犯罪人承受一定的剥夺性痛苦，是刑罚的惩罚性质，是刑罚的本质属性。我国一贯遵行惩罚与教育相结合的方针，不采取那些残酷、野蛮的刑罚方法来摧残、折磨犯罪人。但是，刑罚作为国家对犯罪行为的否定评价与对犯罪人的谴责的一种最严厉的形式，当然得对犯罪人具有身体的、精神的、财产的剥夺性痛苦，相对于其他强制措施而言，是最强烈的痛苦。这正是刑罚有别于其他强制措施的重要之处。在我国，将刑罚当作摧残人、折磨人的报复手段，固然是错误的；但如果超越社会主义初级阶段的国情、社会的平均价值观念，以及人道主义所能允许的限度，将刑罚视为仁慈的东西，似乎不应有任何剥夺性的痛苦，甚至将服刑人的生活待遇提高到超过人民群众的一般水平而令人向往的地步，也是背离刑罚的基本属性，不能为国家和人民所容忍的。

其二是刑罚的社会政治内容。什么样的国家为着什么人的利益而适用刑罚，是刑罚最为重要的社会政治内容。在我国，刑罚是国家保护我国的国家利益、社会利益与公民个人利益的重要手段。

其三是刑罚的法律特征。刑罚是刑事责任的一种实现形式，由刑法明文规定。不仅如此，刑罚还只能由国家的审判机关，严格遵循法律规定的管辖权限和诉讼程序适用。这不仅表明刑罚适用的对象与其他责任形式适用的对象有着严格区别，也表明它的适用根据与程序不同于其他责任形式。

其四是刑罚的目的性。剥夺犯罪人享有的某些权益而使之感受到一定痛苦，是刑罚的本质属性，却不是刑罚的目的。我国刑罚的目的在于预防犯罪。刑罚既具有惩罚的一面，也具有教育改造的一面,但二者都是达到刑罚目的的手段。只讲惩罚而不讲教育改造,或者只讲教育改造而不讲惩罚,都将有碍于刑罚目的的实现,也就不是我国所需要的刑罚。把给予犯罪人必要的剥夺性痛苦同教育改造结合起来,即坚持惩罚与教育改造相结合的方针,牢牢针对预防犯罪的目的,乃是我国刑罚不可或缺的科学内容。

第二是刑罚的目的。

江老师认为,确定刑罚目的具有特别重要的意义。刑罚目的,是指国家制定、适用、执行刑罚的目的,也即国家的刑事立法采用刑罚作为对付犯罪现象的强制措施及其具体适用和执行所预期实现的效果。这种效果不是立法、审判、行刑三个环节之一或其二所能达到的,只有三者协同一致,才能得以实现。因此,将刑罚目的解释为审判机关对犯罪人适用刑罚的目的,是不全面的。刑罚目的论决定或制约着刑罚的其他全部问题,是刑罚论的要害。

刑罚目的制约着刑罚的根据。如果认为刑罚目的是预防犯罪(预防主义),包括消除犯罪人的人身危险性,使犯罪人改恶从善,那么,作为刑罚事实根据的犯罪,就必须是主客观统一的。即只有当实施危害行为的人主观上具有罪过时,才能说明有科处刑罚的必要。奴隶制、封建制国家主张威吓主义、神意报应主义,因而实行的是客观责任。因为不管行为人主观上有无罪过,在其行为造成了客观损害的情况下,科处刑罚就能起到威吓、报应作用,使他们不实施造成客观损害的行为。

刑罚目的制约着刑罚承受主体的范围。奴隶制、封建制国家,不仅对自然人科处刑罚,而且对动物、物品施用刑罚;就对自然人科处刑罚而言,其范围也极为广泛,不问行为人是否具有辨认控制能力,对儿童、精神病人也科处刑罚。之所以如此,是因为当时所采取的是威吓主义、神意报应主义的刑罚目的观。近代国家主张道义报应主义、法律报应主义或预防主义,这就决定了承受刑罚的主体只能是人,而不能是动物与物品。因为针对动物与物品不可能实行道义与法律报应,道义观只有人类才具有,法律是人类才具有的规范。预防主义也决定了承受刑罚的主体只能是人。

刑罚目的制约着刑罚的体系与种类。刑罚的种类和体系是为实现刑罚的目的服务的,因而确定刑罚的体系与种类时必须考虑刑罚目的的需要。确切地说,刑种的选择、排列以及各刑种在体系中所处的地位和所占的比重,都是按照刑罚目的的要求来决定的。从历史上看,一般来说,严酷的刑种,往往容易被威吓主义、神意报应主义的主张者所赞同,并广为采纳和适用。因为刑罚越严酷,就越能体现报应、实现威吓。反之,预防主义的主张者,通常赞成刑罚种类的人道化、合理化与多样化。因为严酷的刑罚并不利于预防犯罪,相反,根据犯罪与犯罪人的具体情况,给予适当的刑事制裁,就足以实现刑罚的目的。因此,一些有关刑种问题的争论,如死刑、肉刑以及短期自由刑的存废之争,莫不与刑罚目的观的分歧有着直接的联系。

刑罚目的关系刑罚具体适用原则的制定。对犯罪科处刑罚应当有一定的尺度或基准,刑法理论在此问题上的争论,也是基于不同的刑罚目的观。单纯注意刑罚的社会威慑与心理强制效果的人,必然重视罪刑等价和因果报应的影响作用,从而主张量刑应以形之于外的罪质及其实害大小为标准;而单纯着眼于防止犯罪者再次犯罪的人,由于强调刑罚仅在于实现对犯罪者本人的矫正改善，因此主张以主体自身的性格危险程度作为量刑轻重的标准，即何种刑罚能使犯罪人矫正改善，就给予何种处罚，乃至采取不定期刑。

刑罚目的关系刑罚的执行。行刑方式直接影响刑罚的社会效应。国家希望行刑产生何种社会效应，又总是以其希望刑罚达到什么目的为转移的。所以，行刑方法必然受到刑罚目的的制约。

刑罚目的还制约着刑罚执行制度的取舍。主张采取哪些刑罚执行制度，与刑罚目的也有直接关系。例如，重视特殊预防的人，极力主张采取减刑、假释等制度；而重视威吓效果、单纯强调报应的人，则反对采取这种刑罚变更制度。

江老师认为，预防犯罪目的具有层次性，即我国刑罚预防犯罪的目的包含最大限度地减少犯罪和最终消灭犯罪两个层次。西方国家预防犯罪的刑罚目的只有减少犯罪一个层次，这是因为他们认为犯罪是人类社会的一种永恒现象，人类社会只能抑制、减少犯罪而不能消灭犯罪，抑制、减少犯罪便成为预防犯罪的全部内容。我国刑法理论的通说认为，犯罪是阶级社会的特有现象，它最终必将随着阶级的消灭而消灭。这是一个从量变到质变的长久的历史过程，刑罚在这个过程中的使命，就是最大限度地减少犯罪，但它又是为最终消灭犯罪这个宏伟目标服务的。所以，预防犯罪的目的不仅包含最大限度地减少犯罪，而且包含最终消灭犯罪。

江老师较早提出我国刑罚预防犯罪的目的包括特殊预防与一般预防。

特殊预防，是指预防犯罪人重新犯罪。显然，特殊预防的对象是已经实施了犯罪行为的人。就故意犯罪人而言，他们往往通过犯罪得到了物质上、生理上、精神上的某种满足；如果不对之进行特殊预防，他们就可能为了获得某种满足而再次犯罪。就过失犯罪人而言，他们常常因为懈怠注意义务而放松对自己行为的慎重要求，如果不对之进行特殊预防，他们也可能再次犯罪。换言之，任何犯罪行为都表明行为人具有敌视、蔑视、漠视或忽视合法权益的危险意向，预示着犯罪人再次危害社会的现实可能性，需要特殊预防。

特殊预防主要通过两个途径实现：一是通过对罪行极其严重的犯罪人适用死刑，永远剥夺其重新犯罪的能力。这种方式虽然简单、有效，但在当今社会不应成为实现特殊预防的主要途径。二是通过对犯罪人适用刑罚，使犯罪人不再犯罪。例如，通过剥夺犯罪人的人身自由，使其终身或在一定期间内与社会隔离，因而不可能实施犯罪行为；通过限制犯罪人的人身自由，使其在一定期间内难以实施犯罪行为；通过剥夺犯罪人的财产，使其在一定时间内丧失再犯罪的物质条件；通过剥夺犯罪人的某种权利，防止其利用这些权利再次犯罪。而这些方法同时对犯罪人具有威慑与教育改造作用，促使他们认识到，如果再次犯罪，就必将承受剥夺性痛苦；只有不再犯罪，才能享受本来具有的合法权益；于是，他们不敢再以身试法、不愿再以身试法，从而实现特殊预防目的。

上述特殊预防的途径表明，并非判处刑罚就能自然实现特殊预防的目的。既然人民法院不对犯罪人判处死刑立即执行，就表明犯罪人具有改造的可能性。但是，对犯罪人的改造是一项巨大的社会工程。就行刑过程而言，需要坚持惩罚与教育相结合、劳动与改造相结合的方针，建立、健全有利于争取社会与家属积极配合的制度，保证行刑的公正性与科学性。

一般预防，是指预防尚未犯罪的人实施犯罪。一般预防的对象不是犯罪人，而是犯罪人以外的社会成员。主要包括：(1)危险分子，即具有犯罪危险的人。如尚未得到有效改造的刑满释放人员，多次实施违法行为的人，多次受到刑罚处罚的人。这些人无疑是一般预防的重点。(2)不稳定分子，即容易犯罪的人。这主要是指法治观念淡薄、自制能力不强、没有固定职业、容易受犯罪诱惑或容易被犯罪人教唆拉拢的人。不稳定分子主要存在于不良群体与失业者中，也是一般预防的重点。(3)犯罪被害人，即直接或间接受到犯罪行为侵犯的人。这些人虽然是犯罪的受害者，但因为往往具有报复性倾向，也容易通过犯罪手段达到报复目的；对犯罪人适用刑罚，有利于消除被害人的报复心理，增强他们的规范意识。(4)其他一般人。

一般预防的途径，一是通过对犯罪人判处刑罚，向社会成员宣告：任何人犯罪都将受到刑罚处罚，都将受到剥夺性痛苦，于是对社会成员起到警戒与抑制作用，使社会成员增强规范意识，不敢进而不愿意实施犯罪。二是通过对犯罪人判处刑罚，向社会成员宣告：任何犯罪都是刑法禁止的侵犯合法权益的行为，为了保证刑法的规范效力、保护合法权益，就必须与犯罪作斗争，于是号召社会成员防止和抵制犯罪发生，以利于预防可能犯罪的人实施犯罪行为。因此，一般预防的实现，有赖于刑罚的公正性、公开性与及时性；不公正的刑罚、不公开的刑罚、不及时的刑罚，都不利于一般预防的实现。

关于特殊预防与一般预防的关系，江老师有清晰的说明。具体而言，上述特殊预防与一般预防是一个整体，密切联系，不可分割。任何犯罪行为都侵犯了合法权益，都预示着犯罪人有再次犯罪的现实可能性；同时表明我国还存在各种诱发犯罪的原因以及可能实施犯罪行为的人。通过制定、适用和执行刑罚，防止已经犯罪的人再次犯罪，是保护国家、社会和公民个人利益最实际、最紧迫的任务；通过制定、适用和执行刑罚，警告、教育社会上其他人不犯罪和抵制他人犯罪，则是防患未然，保证社会长治久安的战略要求。因此，特殊预防与一般预防并重的必要性，是不言而喻的。从事实上看，制定、适用和执行刑罚，都具有对犯罪人的特殊预防和对社会上其他人的一般预防两方面的目的。特殊预防的实现，有利于一般预防的实现；同样，一般预防的实现，也有助于特殊预防的实现。

江老师认为，特殊预防与一般预防的统一，并不排除在某种情况下对某一方面有所侧重。在我国，特殊预防与一般预防应是同时出现的，两者之间存在相互结合、相辅相成的关系。但这只是从国家追求刑罚结果的总体意义而言，并不排除在立法上与执法上分别对特殊预防与一般预防的某一方面有所侧重。在刑事立法上，侧重一般预防；在量刑与刑罚执行上，侧重特殊预防。我国的刑事审判，可谓两个预防并重，但人民法院总是因下列情况不同，适用刑罚的思想侧重点也有所不同：(1)因人不同。例如，对于惯犯、累犯等人身危险性大的犯罪人，侧重于特殊预防的需要；对初犯、偶犯等人身危险性小的犯罪人，则侧重于一般预防的需要。(2)因罪不同。例如，对少发、偶发的犯罪，往往侧重于特殊预防的需要；对多发、常发的犯罪，则侧重于一般预防的需要。(3)因社会形势不同。例如，对一定时期、一定地区社会危害大的犯罪，适用刑罚侧重考虑一般预防的需要；反之，则侧重考虑特殊预防的需要。应当注意的是，无论侧重哪一方面的需要，适用刑罚的轻重程度都必须以法定刑为标准，不能违反罪刑法定与罪刑相适应原则。

第三是刑罚的功能。

我国刑罚的目的是预防犯罪,包括最大限度地减少犯罪与最终消灭犯罪两个层次。但是,并非一经制定、适用和执行刑罚,就能自然而然地达到预防犯罪的目的;刑罚从制定、适用、执行到实现预防犯罪的目的,中间还须借助发挥刑罚功能的重要环节。

刑罚功能是指国家制定、适用、执行刑罚所直接产生的社会效应,如威慑功能、安抚补偿功能、教育感化功能等。这些社会效应可以分为两个方面:一是对犯罪人的效应,二是对社会其他成员的效应。刑罚目的正是通过这两方面的社会效应得以实现的。不考虑刑罚的社会效应,或者超越它自身所能产生的社会效应的限度,刑罚目的就会变成空中楼阁,无从实现。所以,任何刑罚的目的,都须以刑罚功能为其确立的前提和赖以实现的中介因素。

另外,尽管刑罚目的须以刑罚功能为其确立的前提和赖以实现的中介因素,但绝不等于说刑罚目的只能消极顺应刑罚功能,相反,刑罚目的一经确定,它又对刑罚功能的发挥有着重要的制约作用。因为刑罚功能作为刑罚的一种客观效应,它是多种多样的。它相对于一定的刑罚目的而言,既有积极的成分,也有消极的因素。国家的立法与司法机关,总是按照既定的刑罚目的的需要,有选择地充分发挥有利于实现刑罚目的的积极功能,极力抑制、防止不利于实现刑罚目的的消极功能。例如,报复就是刑罚所固有的一种功能,在中世纪以前的欧洲大陆国家,基于“以眼还眼、以牙还牙”的残余思想的影响,这种功能曾受到公认而广为发挥。可是,随着预防犯罪的刑罚目的论的发展,它相对于这种刑罚目的而言,已是一种消极的功能,理当受到抑制和防止,而不是听任它自由泛滥。所以,忽视刑罚功能的重要性固然不当,但若片面夸大刑罚功能的意义,甚至认为刑罚目的只能被动地由刑罚功能来决定,而不注意目的对功能的制约作用,以致放任、迁就某些消极功能,那也必然妨碍目的的实现,这当然也是不能容许的。

全面探讨刑罚功能,以便充分发挥其积极方面,抑制其消极方面,为刑罚的制定、适用和执行与实现其预期的结果之间铺设桥梁,以加速刑罚目的的实现的进程,是刑法学界和司法部门共同的具有深刻的理论与实践意义的任务。我国刑罚目的包括特殊预防与一般预防,特殊预防的对象是犯罪者本人,一般预防的对象是犯罪人以外的一般人。这两类对象各自与犯罪事实的关系不同,彼此的法律地位相异,所以,国家期望刑罚对他们所发生的影响大相径庭。前者是已经犯罪的人,一般地说,刑罚对他们的影响应是人身强制与心理效应并重;后者是没有犯罪的人,刑罚对他们的影响,只能限于心理效应。这就是说,赖以实现特殊预防与一般预防的刑罚功能,是有所区别的。

首先是赖以实现特殊预防的刑罚功能:(1)限制、消除再犯条件的功能。一个人实施了犯罪行为,不仅表明其行为已经侵犯了合法权益,而且显示他未来对合法权益具有潜在的危险。因此,通过刑罚,从外部来限制、消除其再次犯罪的条件,使之永远不能再犯或者在一定时期内不能再犯,乃是刑罚实现特殊预防所必需的最紧迫、最重要、最起码的功能。具体表现在立法和司法方面,就是针对各种犯罪的危害程度与犯罪人的人身危险程度,分别适用最有效的刑罚。一般是对其可能再犯的条件予以限制，如人身自由的限制（徒刑、拘役、管制）、物质条件的限制（罚金、没收财产）、政治条件的限制（剥夺政治权利）；对个别社会危害和人身危险特别严重，因而再犯可能性也极大的犯罪人，还可能永远消除其再犯罪的条件，即依法适用死刑、剥夺生命。（2）个别威慑功能。这一功能是通过对犯罪人的权利的剥夺、限制而得以发挥的。刑罚的固有属性，就是使犯罪人从自身权益被剥夺、限制中，感受到一定的痛苦。在我国，刑罚的剥夺性痛苦，仅仅是为了促使犯罪人体会刑事法律的公正与严肃，认识刑事责任的无可逃避性和罪有应得，从而老实接受教育改造，今后不敢再以身试法，重受痛苦处遇。所以，超越个别威慑所需的酷刑和重刑，是不应有的；相反，无原则的轻刑，或者把监狱和劳改场所办成对服刑人毫无精神压力的普通教育阵地，这也将妨碍发挥刑罚的个别威慑功能，不利于特殊预防的实现，因而也是不应有的。（3）教育感化功能。刑罚通过制定、适用和执行，使犯罪人从中受到教育，包括审判过程的教育、执行过程的教育等，从而恢复道德上的觉醒，养成良好的规范意识，铲除犯罪的思想根源，树立正确的人生观与价值观念，自觉地把自己改造成为去恶从善、遵纪守法、自食其力的新人。

上述三个方面的功能，有着紧密的内在联系。限制、消除行为人再犯条件的措施本身，如剥夺自由、剥夺财产、剥夺政治权利等，也就是个别威慑的力量所在和促使其接受教育改造的前提。但是，如果不把限制、消除再犯条件和个别威慑的功能，同教育感化结合起来，这种限制、消除再犯条件和个别威慑的措施，就不能使犯罪人从思想上摒弃犯罪，那么，监狱和劳改场所都不足以真正预防再犯，而只会推迟再犯的发生。所以，对每一个受到刑罚处罚的犯罪人，都必须注意全面发挥上述三方面的刑罚功能，依次递进，获取最佳效果。

其次是赖以实现一般预防的刑罚功能：（1）一般威慑功能。国家通过刑事法律的制定与颁布，声明罪刑关系的实在性，并通过司法机关的确证，向有犯罪意念的人宣告，谁敢以身试法，谁就必将自食其果，使自己坠入相应的痛苦境遇，从而迫使他们不得不在趋利避害的心态支配下，掂量得失，放弃犯罪意念，避免走上犯罪道路。（2）法制教育功能。一个国家的犯罪率的高低，总是同这个国家公民的法律观念的强弱和法律文化程度的高低密切相关。目前，我国公民中，因法治观念淡薄和缺乏法律知识，不认识自己行为的犯罪性质，而误触法网的人，为数不少。为了改变这种状况，就要加强法制宣传教育，增强法律意识。国家对刑罚的制定、适用和执行本身，就带有法律解释宣传的意义，也是法律教育功能的一种表现。立法与司法机关，在刑罚的制定、适用和执行过程中，自觉地增加工作的透明度，充分发挥宣传教育的社会效应，指导公众明辨什么是有害社会的犯罪行为、什么是有利于社会的正当行为，以便在行为时能够作出理智的抉择，这肯定是实现刑罚一般预防目的所必不可少的。（3）安抚、补偿功能。安抚，是指慰藉被害人及其亲属因犯罪侵害而受到的精神创伤和引起的愤恨情绪，平息众怒，使受到犯罪破坏的社会心态恢复平衡；补偿，则是指依法弥补被害人所受的物质损失。正常发挥这两方面的功能，就可以防止被害人、被害人的亲属以及社会上“爱打抱不平”的人士对犯罪人采取私人报复，以致矛盾转化，酿成新的犯罪。所以，发挥刑罚的安抚和补偿功能，乃是实现刑罚一般预防目的所必不可少的社会效应。（4）强化规范意识功能。在我国，依靠全社会的力量，进行多渠道的综合治理，是预防犯罪的极其重要的措施。刑罚就要通过本身的制定、适用和执行，弘扬正气，体现了法律的公正性；唤醒和强化国民对法秩序的信赖与维护，增强国民的规范意识；鼓励、支持广大守法公民维护法律秩序、保护合法权益的行为，从而实现一般预防。

上述赖以实现一般预防的四个功能密切联系，形成一个整体。一般威慑功能以有犯罪意念的危险分子为首要对象；法制教育功能以法治观念淡薄的不稳定分子为首要对象；安抚、补偿功能以刑事被害人及其亲属为首要对象；强化规范意识功能以其他守法公民为对象。于是，这些功能既预防可能犯罪的人实施犯罪行为，也引导守法公民积极预防他人犯罪。

第四是刑罚的体系。

江老师认为，刑罚体系，是指国家的刑事立法以有利于发挥刑罚的积极功能、实现刑罚目的为指导原则，选择刑种、实行分类并依其轻重程度排成的序列。

首先，刑罚体系以刑事立法选择的刑罚种类（刑种）为内容，并且按照一定次序排列而成。我国的刑种是在总结了长期以来各种刑事立法规定的刑罚种类及其运用经验的基础上选择确定的。这种选择确定经历了一个由少到多，由不统一、不完备到统一、完备，由不区分主刑与附加刑到区分主刑与附加刑，由分散规定在各个单行刑法到集中统一于刑法典的发展过程。根据刑法的规定，刑罚分为主刑与附加刑，主刑有管制、拘役、有期徒刑、无期徒刑与死刑；附加刑有罚金、剥夺政治权利、没收财产与驱逐出境。主刑与附加刑又是分别按照严厉程度由轻到重进行排列的。

其次，刑罚体系由刑法明文规定。组成刑罚体系的刑种，是由刑事立法选择确定的，因此，不是刑法明文规定的刑罚方法，就不能作为刑种。不仅如此，刑种的排列也是刑法明文规定的，排列的方法不同，反映出刑事立法的价值取向不同。

最后，刑罚体系以有利于发挥刑罚的积极功能、实现刑罚目的为指导原则。体系是若干有关事物或某些意识互相联系而构成的一个整体。如果没有一定的目标与指导原则，各有关事物便无从互相联系成为整体而失去体系的意义。刑罚体系理所当然地必须明确展示刑法规定刑罚的选择、分类与排列时所确立的目标和遵循的指导原则。而有利于发挥刑罚的积极功能、实现预防犯罪的目的，便是建立刑罚体系所必须遵循的指导原则。刑罚体系，只有在刑种的选择、分类和排列方面，都有利于发挥刑罚的积极功能、有利于实现预防犯罪的目的，才有其合理存在的根据，才符合社会的需要。因此，仅将刑罚体系理解为刑罚方法的总和或由刑罚方法构成的统一体，并不合适。

江老师深入阐述了刑罚体系与刑罚目的的关系。刑罚体系在刑事立法活动中具有重要意义，我国《刑法》总则第三章对此作了详细规定。在刑事审判活动中，大部分案件以判处刑罚为结局；就这些案件而言，刑罚体系既是审判活动得以进行到底的依据，又是审判活动为预防犯罪的目的服务的必要手段。科学的刑罚体系，以其刑种数量和刑质宽严的适度性、各刑种法律分类地位的合理性，以及彼此之间的严谨的衔接性，使审判机关得以按照不同案件和不同犯罪人的具体情况合理适用，从而有效地实现刑罚目的。可见，刑事审判活动的进行和刑罚目的的有效实现，在很大程度上以一定的刑罚体系为依托。

另外，刑罚目的作为一种期望实现的目标，它一经确立，又必然对刑罚体系的建立具有指导意义。首先，纵观刑罚的演变历史，在任何国家，某些措施被当作刑罚方法而列于刑罚体系，或者本来是别国的刑罚方法而被移植到本国的刑罚体系之中，或者本国传统的旧刑种而为新的刑罚体系继承沿袭，其根本原因都在于：在这个国家的立法者看来，这些措施或刑罚有利于对犯罪现象的救治。至于刑种数量的多寡与质量轻重，自然也都是立法者根据当时社会条件下的一般价值观念，自以为最有利于发挥其积极功能，从而最便于有效实现预防犯罪的目的，而作出的判断与抉择。其次，对刑罚可以从不同角度进行分类，如以刑质的轻重为标准，可以分为轻刑与重刑；以剥夺犯人的权益性质为标准，可以分为生命刑、自由刑、财产刑、资格刑等。这都是就各该刑种给予犯罪人的痛苦感受和生活上的不利反应的程度而言的，对司法机关具体适用刑罚不具有指导意义。在当今世界刑事立法例中，对司法实践具有指导意义的刑罚分类方法，主要是将刑罚体系所属的刑种，分为主刑与附加刑（从刑）。一种刑罚在刑罚体系中被划为主刑或附加刑，是由立法者确认该刑种服务于刑罚目的的作用大小来决定的。一般地说，主刑总是在刑罚体系中居于主要地位，在分则的法定刑中所占比重较大，并在审判实践中实际适用较多的刑罚；附加刑则是居于次要地位，在分则规范和审判实践中适用较少的刑种。要之，刑罚的分类以及各个刑种在刑罚体系中所处的地位如何，都是在刑罚目的指导和制约下确定的。

江老师在20世纪80年代就提出了确立刑罚体系的思想基础。确立刑罚体系的思想基础，是指国家在建立刑罚体系时，为了最大限度地发挥刑罚的积极功能、实现预防犯罪的目的，根据本国的历史、文化传统和现实状况，所应坚持的基本思想。我国建立刑罚体系的基本思想如下：

其一是适应社会主义初级阶段的价值观念。刑罚的固有属性是使犯罪人承受一定的剥夺性痛苦，任何被法律规定为刑罚的措施，首先都要具有这种固有属性，否则就不称其为国家最严厉的强制手段，无从体现国家对犯罪行为的否定评价与对犯罪人的严厉谴责。可是，人们衡量什么是剥夺性痛苦以及痛苦程度如何，又是以一定社会条件下的价值观念为标准的。在某一社会条件下，人们认为具有剥夺性痛苦或者痛苦程度强烈的某些措施，在另一社会条件下，则可能不被认为痛苦强烈，甚至不被认为是一种剥夺性痛苦。反之亦然。所以，一个国家不同历史时期的刑罚体系，都不是立法者随心所欲的创作，而是该特定政治、经济、文化背景下的社会价值观念影响的产物，或者说它至少不能背离这种价值观念的基准。易言之，国家总是根据一定社会条件下的平均价值观念，将剥夺犯罪人具有或者可能具有而又最为需要的利益的措施作为刑罚方法，绝不可能将剥夺犯罪人不具有或者可有可无的“利益”的措施作为刑罚方法。

我国现在处于社会主义初级阶段，所以，理应从自己的国情出发，照顾公民的心理承受能力，顺应社会主义初级阶段人们的平均价值观念，来选择刑种，建立刑罚体系。任何不被社会主义初级阶段的平均价值观念认为具有剥夺性痛苦的措施，固然不应作为刑种而列入刑罚体系；但也不应超越人们平均价值观念所能承受和顺应的程度，过早地采取标新立异的惩罚措施，或者过早地将某些有历史传统意义、至今仍能适应人们平均价值观念的刑种，排除在刑罚体系之外。我国刑法防止了这两种倾向，所建立的刑罚体系正是适应了社会主义初级阶段的价值观念。

其二是贯穿惩罚与教育相结合的方针。通过刑罚处罚，对犯罪人实行惩罚与教育改造，既是刑罚的正当化根据（并合主义）在刑罚体系上的具体表现，也是我国惩办与宽大相结合刑事政策派生出来的一项基本方针。中华人民共和国成立以来，在这一方针指引下，我国成功地使大量的犯罪人成为洗心革面、自食其力的公民，收到了预防犯罪的实效。历史经验反复证明，单纯强调刑罚对犯罪分子实行惩罚的报复情绪和片面讲究教育改造的“教育万能”观点，都不利于实现预防犯罪的目的。因此，刑罚体系必须贯穿惩罚与教育相结合的方针，首先使刑种和刑度的宽严程度符合惩罚与教育相结合的需要，其次使除死刑外的每一刑种的具体内容都包含惩罚与教育改造的机制。而何种刑罚符合惩罚与教育相结合的需要，还取决于行刑的客观条件。

其三是体现人道主义精神。人道主义精神渗透到了我国社会生活的各个方面。一方面，它在刑罚问题上的具体表现，主要是对那些应予刑罚处罚的犯罪人严肃执法、罚当其责，在社会上弘扬正气、伸张正义，从而实现预防犯罪的目的，保护合法权益；另一方面，我们又是将犯罪人当作人来看待的，反对侮辱他们的人格、摧残他们的肉体。所以，列入刑罚体系的刑种，固然要适应一定历史阶段的平均价值观念，使犯罪人感受相当的剥夺性痛苦，但又不是使他们感受的痛苦愈烈愈好。一切侮辱人格、损害人的尊严以及毁损人体健康、徒增皮肉与精神之苦的残酷、野蛮的刑罚，都没有也不能见容于我国的刑罚体系。

其四是吸收有益的法律文化成果，反映世界立法趋势。历史上任何统治者，都是按照各自的国情需要，建立自己的刑罚体系的。可是，经过长期使用证明，有些刑罚方法确有其固有的优越性，并为执法者所通晓，也为普通公民了解和熟悉，而成为公认的法律文化遗产的一部分。对于这样的刑罚方法，国家在建立自己的刑罚体系时，理应有选择地予以吸收。

我国是独立的主权国家，刑事立法应以国情需要为根据，不受外国立法传统的制约，不盲目搬套国外的立法。但当今世界各国刑事立法，又无可避免地正在发生交互影响的作用。我国是立于世界民族之林的大国，尤其是实行改革开放政策以来，国际交往日多，涉外事务日繁，我国的刑事立法决不能使自己处于孤立、封闭状态，而应顾及涉外事务的需要，适当反映世界立法趋势，跟上世界法学文化潮流。各国刑罚体系由原来的以生命刑、身体刑为中心转变为以自由刑、罚金刑为中心；刑种数量由多变少、刑种内容由残酷变为轻缓；刑罚的适用由积极变为消极。“二战”结束以来，西方国家普遍重视所谓“有效的刑罚方法”和“刑罚执行的有效性”，力图适应战后政治、经济、文化以及人们生活方式的变化而导致的价值观念的急剧变化，大力改革了某些传统刑种的内容与执行方式，同时创造了一系列新的刑事责任的实现方式，收到了可观的实效。因此，参考这种改革的思路，有选择地吸收一些国外的改革成果，对于建立我国合理的刑罚体系，是很有价值的。

四、曾宪信先生

曾宪信老师出生于1925年，比江任天老师小两岁。20世纪50年代，研究生（刑法专业）毕业于中国人民大学。曾听曾老师说："我虽然比高铭暄老师年长，但高铭暄老师是我的老师。"曾老师曾长时期是中国刑法研究会的副会长（一段时间称为副总干事）、湖北省刑法学研究会的会长。曾老师曾长时间担任湖北财经学院法律系刑法教研室的主任，负责刑法学科的教学与科研工作。[16] 因此，我们四人在读期间，曾老师与我们联系较多，对我们的督促也较多。

曾老师性情直爽、胸怀坦荡、宽宏大度、古道热肠，令人敬重。我们和曾老师在一起谈话时，总是直来直去，无话不说。如果我们四人有什么缺点与问题，曾老师就会直截了当地指出，而不会拐弯抹角。曾老师可谓我们四人的良师益友。

在学习与写作方面，印象特别深刻的是，曾老师经常强调我们写论文前必须全面收集和消化相关资料。曾老师每次参加学术会议后，就会将一些打印的参会论文交给我们阅读。我在研究生初期对收集资料总是心存疑惑：资料少了确实写不出论文，资料多了感觉别人都说了，而自己没有能说的，也写不成论文。曾老师告诉我们，这是因为我们没有消化资料，只是阅读了资料的外在与浅层，没有挖掘资料的内部与深层。后来逐渐领会了曾老师的意思，确实感觉到资料越多越容易使自己形成不同的想法，越容易写成论文。记得吴安清老师也跟我们说过，只有掌握了充分的资料，才可以写好论文。我现在也会跟研究生说：如果就某个专题阅读了核心期刊上的5篇论文，还不能形成自己的想法，你的阅读就有问题了。因为5篇论文中必然既有你不赞成因而需要商榷的，也有你可以借鉴因而可以进一步发挥的，由此就会形成自己的观点。

曾老师对研究生教育兴致勃勃、尽心尽力、兢兢业业、诲人不倦。曾老师一直严格要求我们四人，不管是课内还是课外，要求我们多读书、多思考、多写作，不要偷懒、不要懈怠。记得有一次，我们四人中午因为什么事情快下午两点钟才开始睡午觉，但两点钟听到了敲门声。起先不知道是谁敲门，大家都不吭声，想蒙混过去继续睡觉。但敲门声越来越大、越来越急，随后听到曾老师叫我们的姓名，大家立刻都起床了。我们猜想曾老师会问怎么两点钟了还在睡午觉，于是未等老师发问我们就先解释因为什么事情刚睡下。曾老师到我们宿舍的时间不是固定的，一个星期的哪一天来不固定，一天中的什么时间来也不固定。但来到宿舍之后，一定是问最近的学习、生活怎么样，遇到了什么难题之类的。此外，只要有机会，曾老师还会带我们四人拜见刑法学界的名家。例如，如果外地刑法学者在武汉开会，曾老师有时就会带我们拜见参会的知名学者。再如，曾老师有时候请知名学者到学校来与刑法老师座谈时，也让我们四人参加。记得有一次马克昌先生来湖北财经学院附近的首义宾馆开会，曾老师就带我们四人见了马先生，记得陆晓光和齐文远还向马先生请教了不能未遂、犯罪故意的问题。

---

〔16〕 新中南政法学院成立后，曾老师还担任过一段时间的教务处处长。

曾老师不仅要求我们多读书，而且教导我们认真读书，经常提醒我们不能只看只言片语。在讨论问题的过程中，当我们说某某学者怎么说时，曾老师时常问“还怎么说”“有没有歪曲别人的观点”等。硕士毕业于西南政法大学的邱兴隆教授（已故）曾写过一文回忆其硕士论文答辩时的情景。他说，他的硕士学位论文的答辩委员会委员为中南政法学院的曾宪信教授、江任天教授，本校的邓又天教授、董鑫教授、伍柳村教授，由曾宪信教授担任答辩主席。一场答辩历时一个上午，所提出的问题不下20个，有两个问题一直印象深刻：一个是由董鑫教授所提，“苏联关于刑罚功能论的研究状况如何”；另一个是由曾宪信教授所提，曾老师针对其论文中所引证的恩格斯在《反杜林论》中的一句话，追问恩格斯在上下文中是怎么说的。这两个问题是邱兴隆教授当时没有回答上来的。答辩完后，邱兴隆教授曾专门请教过董、曾二位教授。董教授的答复是，20世纪50年代虽然作为研究生跟过苏联专家学习，但没有听说过刑罚功能的概念，不知近年有无新的发展，所以才问；曾教授的回答是，之所以问这个问题，是考考他读书是否认真读书，不看上下文，简单地引证一句话，有可能误解原作者的真实思想！这两个问题使邱兴隆教授记忆深刻，使他体会到了两个道理：一是答辩老师完全有资格提出自己不懂的问题，因为答辩本身可以是教学互长的过程；二是断章取义的读书方式，是学术之大忌。

曾老师也很关心我们的生活与身体状况。我在研究生初期得了胸膜炎，在校医院住了一段时间，曾老师经常嘘寒问暖，还给我送来补品。记得有一次我上午外出办事，中午学校食堂关门没有吃的，就冒失地跑到曾老师家，曾老师立刻亲手给我做了好吃的面条。[17] 还有一次我们四人与曾老师聊天时谈到身体状况，我说我的牙很好没有问题。曾老师立刻说：“你千万不要这样认为，你越是觉得这个地方没有问题就越会疏忽，这个地方就越容易出问题。”还真被曾老师说中了，研究生毕业后我的牙确实长时间出了不少问题。毕业前，曾老师将几位指导老师和我们四人请到他家里，热热闹闹、开开心心地聚会大半天。

曾老师长时期致力于建构具有中国特色的刑法学科学体系。曾老师给我们四人讲授了“中国刑法”课程，讲授的重点就是如何构建中国特色的刑法学科学体系。在这方面，曾老师发表过《试论犯罪的本质特征在刑法科学中的重要地位》（载《湖北财经学院学报》1981年第2期）、《建立具有中国特色的刑法学科学体系的设想》（载《中南政法学院学报》1986年复刊号）等论文。此外，曾老师还与江任天老师、朱继良老师共著了《犯罪构成论》，曾老师撰写了该书的“引言”和“犯罪构成理论概述”“犯罪与犯罪构成”“犯罪构成与类推”“犯罪构成与正当防卫和紧急避险”四章。下面简要介绍一下曾老师关于建构具有中国特色的刑法学科学体系的主要观点。

第一，揭示犯罪的本质特征是刑法科学的首要任务。

曾老师指出，刑法学的研究对象是犯罪和刑罚，犯罪和刑罚相互联系，不可分割。犯罪是刑罚的前提，刑罚是犯罪的后果，所以，有什么样的犯罪，就会有什么样的刑罚。有什么样的犯罪观，就会产生什么样的犯罪理论，也必然会有与之相适应的刑罚观和刑罚理论。犯罪的本质

---

〔17〕 得交代一下：当时没有外卖，我也从不吃零食，餐馆也不是一天到晚都营业，更主要的是我当时没有钱进餐馆。

特征,则是犯罪观的核心问题。因此,犯罪观是否科学,是否符合犯罪的客观实际,是否正确地揭示犯罪的本质特征,对于刑法学具有决定性的意义。

第二,行为的社会危害性是犯罪的本质特征。

曾老师认为,黑格尔所说的犯罪是法律的否定,只是说明了犯罪的形式特征,而没有揭示犯罪的本质特征。揭示犯罪本质特征的任务,只能由马克思主义的刑法科学来完成。我国1979年《刑法》第10条(现行《刑法》第13条)所规定的犯罪概念,正确回答了这个问题,即犯罪的本质特征是行为的社会危害性,社会危害性的具体内容,就是该条所描述的内容,概括地说,犯罪行为的社会危害性具体表现为对刑法所保护的社会关系的侵犯。

社会危害性具有公开而明显的阶级性,它指的是对一定社会中政治、经济制度的侵犯,是对一定的阶级利益的侵犯。在社会主义社会,社会危害性指的就是对社会主义的政治、经济制度的侵犯,是对广大人民群众利益的侵犯。

社会危害性具有主客观统一性。具有社会危害性的行为,是由具体的人实施的,而且只有当他对自己行为的社会危害性有辨认的能力,对是否去实行这一行为有控制的能力,而故意或者过失地实施这一行为时,才能被认为是具有社会危害性的行为。否则,其所实施的行为,即使在客观上给社会造成了某种损害,但主观上他对自己行为的社会危害性缺乏辨认能力或者控制能力,或者虽有辨认控制能力,但没有故意或者过失,从主客观相互统一的角度来说,便不能认为是具有社会危害性的行为,也不是犯罪的行为。我国刑法在犯罪概念中所规定的"危害""破坏""侵犯",正表明社会危害性必须是主观方面的罪过和客观方面的危害行为的相互统一,如果主客观不统一,那就不能认为是具有社会危害性的行为。

社会危害性具有程度要求。在认定某一行为是否构成犯罪时,首先要分析这一行为是否在客观上对社会造成或者可能造成危害结果,同时还要分析行为人在实施这一行为时主观方面是否具有罪过,以确定这一行为是否具有社会危害性。其次,如果这一行为具有社会危害性,就要进一步分析社会危害性的大小,以判断这一行为是犯罪行为还是一般违法行为。刑法条文规定的"情节显著轻微危害不大的,不认为是犯罪",就是指这种情况。例如,社会危害性较小的少量偷窃行为是违反治安管理处罚法的一般违法行为,而盗窃数额较大财物的行为,则是犯罪行为。因此,行为是否具有社会危害性和社会危害性的大小就是区分犯罪与不犯罪、犯罪与违法行为的根本依据。

第三,犯罪构成揭示行为的社会危害性。

犯罪构成的一般要件,即犯罪客体、犯罪客观方面、犯罪主体、犯罪主观方面必须结合为一体,才能揭示犯罪的社会危害性和社会危害性的程度。其中,犯罪客体是犯罪行为所侵犯的而为刑法所保护的社会关系,它直接表明犯罪行为对统治阶级利益的侵犯。各个具体的犯罪行为所直接侵犯的不同的社会关系,正表明各种犯罪的社会危害性的不同性质。犯罪客观方面的要件是指犯罪主体侵害犯罪客体的行为和已经或可能造成的危害后果,它具体地表明行为的社会危害性及其严重程度。行为和结果如不能具体表明行为的社会危害性及严重程度,它也就不能成为犯罪构成的要件。犯罪主体是社会危害行为的实施者,按照法律规定只有达到法定年龄,对自己的社会危害性行为具有辨认和控制的能力的人才能成为犯罪的主体,否则即使实施了损害社会的行为,亦不能认为他是犯罪的主体。犯罪主观方面的故意和过失,揭示了犯罪人主观恶性的大小。因为就犯罪人主观上对社会利益的威胁来说,故意较之过失,直接故意较之间接故意,自然要大得多。如若行为人在实施行为时没有故意或者过失,即使行为给社会造成了损害,亦不认为是犯罪。上述各个要件的这种作用只有在相互结合为一个整体的关系中才能发生,任何一个犯罪构成要件,都不能孤立于其他要件之外而独立反映出行为的社会危害性。

第四,应当根据犯罪的本质特征认定正当防卫与紧急避险。

正当防卫和紧急避险,是和犯罪有联系而又有本质区别的两种社会现象。在对不法侵害者采取正当防卫措施的过程中,有时会对不法侵害者造成某种损害,甚至致其死亡,从表面看,它和某种犯罪似乎是相似的。但是,由于这种防卫行为是为了保护合法利益免遭正在进行的不法侵害而采取的,从本质上看,它对社会不但没有危害,而且是有益的。因此,刑法学中正当防卫理论的根本任务,就是要论证有益于社会的正当防卫和对社会具有危害性的犯罪行为的本质区别。只有明确正当防卫理论这一根本任务,才能正确地提出正当防卫所必须具备的条件。

第五,应当根据犯罪的本质特征研究犯罪的各种形态。

犯意表示和犯罪预备行为的界限,预备与未遂的界限,未遂与既遂的界限,只能根据社会危害性的有无与大小来确定标准。犯罪的预备和未遂行为都是具有社会危害性的,但二者由于接近危害结果发生的程度不同,因而在社会危害性大小上是有差别的。犯罪预备与只是表示了某种犯罪意图的思想活动之所以不同,在于后者不可能造成危害结果,不具有社会危害性,因而不能当作犯罪处理。研究自动中止犯罪的主要任务,在于阐明其主客观特征,论证犯罪人的犯罪行为所产生的社会危害性,由于他自动中止的行为而减少或者消除,从而划清它与未遂的界限,为正确处理自动中止犯罪的行为,提供理论依据。

共同犯罪理论的主要任务,一是确立共同犯罪的主客观方面的特征,从总体揭示共同犯罪较之一个人单独犯罪具有更大的社会危害性,并据此划分哪些是共同犯罪的成员,哪些不是共同犯罪的成员;哪些是共同犯罪的行为与结果,应由共同犯罪的所有成员负责,哪些不是共同犯罪的行为与结果,应由实施这一行为的人独自负责。二是揭示不同形式的共同犯罪在社会危害性程度上的差别。三是根据各个共犯者在共同犯罪中所起的作用大小,划分共犯者的种类,揭示共同犯罪的成员各自的社会危害性的大小,并使他们各自承担相应的刑事责任。[18]

第六,应当建立具有中国特色的刑法学科学体系。

曾老师一直提倡建立具有中国特色的刑法学科学体系。建立具有中国特色的刑法学科学体系,和批判继承西方国家刑法理论是紧密联系着的。要建立具有中国特色的刑法学体系,就

---

〔18〕 以上参见曾宪信:《试论犯罪的本质特征在刑法科学中的重要地位》,载《湖北财经学院学报》1981 年第 2 期。

必须认真清除西方国家以行为为中心的形式法学观点的影响，按辩证唯物主义和历史唯物主义对西方国家刑法理论做中肯的批判和合理的继承。只有这样做才能在马列主义毛泽东思想指导下，结合我国实际，建立具有中国特色的刑法学科学体系。要开展这两方面的研究，都必须以辩证唯物主义对犯罪本质特征——社会危害性的基本认识为指导。只有这样，才能明确方向，取得成果，否则是难以实现预期目的的。

首先，必须建立犯罪本质特征与法律特征相统一的犯罪构成理论。犯罪本质特征和法律特征是统一的，也就是犯罪的社会危害性必须通过刑事法律的形式来表现社会危害性和刑事违法性是互为表里、成为一体的。法律上规定具有社会危害性并达到犯罪程度的行为为犯罪，没有社会危害性，或者社会危害性没有达到犯罪程度的行为，法律是不会规定为犯罪的，这是社会主义法制的要求，同时也给予执法机关和全体公民以法律准绳。所以，刑法所规定的各种犯罪构成要件，绝不仅仅是一种形式，而是具有社会危害性实质内容的。各个要件都是标明社会危害性不可缺少的因素，它们从不同的角度说明社会危害性的性质和程度，而各个要件的总和，就表明社会危害性达到了犯罪的程度，并说明这一犯罪的社会危害性的大小，具备犯罪构成的各个要件，也就同时具备了刑事违法性和应受刑罚处罚性。因此，不应只从形式而应紧密地联系社会危害性来认识犯罪构成的各个要件。

曾老师认为，那种把犯罪构成仅仅看作法律形式，而把犯罪的社会危害性视为独立于犯罪构成之外的因素的观点，是应该清除的。例如，认为某种行为形式上具备了犯罪构成的各个要件，但由于缺乏社会危害性，因而不是犯罪，或者认为某种行为虽然不完全具备犯罪构成要件，但由于它具有社会危害性，因而是犯罪的观点，是不成立的。这种观点表面看来似乎是在强调犯罪的本质特征——社会危害性，但实际上把社会危害性和法律所规定的犯罪构成要件割裂开来，把犯罪的法律构成要件也变成毫无内容、不起任何作用的空洞概念。这样一来，社会危害性的有无和大小，不是由法律来规定，而是由司法人员来判断，显然这对于加强社会主义法制建设是有害的。

犯罪本质特征和法律特征相统一，要求我们必须联系社会危害性的有无和大小，去理解我国刑法关于从重、从轻、减轻、免予刑事处罚、不负刑事责任等规定，把社会危害性和违法性统一起来，而绝不能只从法律形式上去理解刑法的这些规定。我国刑法学中关于正当防卫的论述，无论如何不能说是形成上符合犯罪构成但实质上没有社会危害性的行为，应当认为正当防卫原本就不符合犯罪构成，进而也没有社会危害性。我国刑法学应着重论证正当防卫是国家在特定条件下赋予公民的权利，它不仅没有社会危害性，而且是对国家和人民有益的正义行为，国家的基本态度应是保护和鼓励公民用正当防卫的方法，制止正在发生的不法侵害，保护合法利益，同时又警戒公民在正当防卫过程中不应造成不应有的危害。并且根据这一基本方针论述正当防卫应具备的条件，划分正当防卫和非正当防卫的界限，正当防卫和防卫过当的界限，阐明防卫过当构成要件的特点，和对防卫过当的处理原则。

其次，必须建立主客观相统一的犯罪构成理论。主客观相统一，是指任何具有社会危害性因而是犯罪的现象，必须是行为人在客观方面实施了危害社会的行为，且主观方面具有罪过的情形。只有主客观相统一才具有社会危害性，才是犯罪；如果不统一，也就不具有社会危害性，就不是犯罪。

主客观相统一的社会危害性，决定了我国刑法学中的犯罪构成理论，必须是主客观相统一的。所谓犯罪构成理论，实际上就是社会危害性的构成理论。各个犯罪构成要件的总和，就是社会危害性的法律表现形式。一切犯罪行为，不论它是何种犯罪，以及犯罪的形式如何，毫无例外地都具有社会危害性，因而也必然是主客观相统一的，是具备了犯罪构成要件的，同时也就是违法的和应受刑罚处罚的。

社会危害性是主客观相统一的基本观点，必须在各种具体犯罪中切实地贯彻下去，才能发挥刑法理论的作用。特别是各种具体犯罪所特有的构成要件如何体现主客观相统一的问题，还需联系实际做进一步探讨。例如，通常认为盗窃、诈骗、抢夺三种犯罪的主观方面都是故意非法占有公私财物，只是客观方面的行为特征不同，才使三者区别开来。这样，人们就要问："为什么主观方面完全相同的三种犯罪，其客观方面的行为又会如此各异呢？难道三种犯罪在客观行为方面有不同的特征这一事实，不正是说明它们主观方面必然也有差异的表现吗？"事实上，这三种犯罪在主观方面也具有不同的特征。又如强奸罪，通常认为强奸罪在主观方面具有奸淫妇女的目的，客观方面有强行与妇女性交的行为。但"奸淫"是个范围广泛、含义不清的词，人们可以做各种理解，有的就把除夫妻关系以外凡是意欲与妇女发生性行为的，都认为主观上有奸淫目的，而不分企图与妇女发生不正当的性行为是通奸还是强奸。这样就可能把某些主观上只有通奸或者与妇女发生不正当男女关系的意图而并无强奸意图，在拥抱、拉扯过程中，妇女表示不同意后，就停止了的行为，按照强奸未遂定罪处刑了。这显然是不符合强奸罪的本质特征的。那么，强奸罪在主客观方面必须具有哪些特有的要件，才能相互统一，就是很值得研究的了。

第七，应当正确处理刑事政策与刑事法律的关系。

曾老师认为，考察刑事政策与刑事法律的关系，应紧密地与社会危害性的变易性联系起来，与社会主义刑法学的基本观点联系起来。刑法认为哪些现象是侵犯或威胁人民群众利益的犯罪，以及罪行的轻重，是由立法者所处的不同具体历史条件所决定的。社会危害性在表现形式和内部结构方面具有变易性，这种变易性发展到我国社会主义时期的现状，已由我国刑法的有关条文明确规定了。但是，某种现象的社会危害性的有无和大小，在同一国度里，由于不同时期和不同地域的具体条件不同，也会发生变化，这种变易性也是客观存在的。认识这一客观存在，对于正确理解刑事政策和刑事法律的关系，以及建立具有中国特色的刑法学科学体系是十分重要的。

在我国，社会危害性的这种变易性，主要是由以下两种情况决定的：第一，由于我国地域辽阔，各地经济、政治、文化发展水平差距甚大，同样性质的行为，由于具体环境条件的不同，社会危害性的大小，存在较大的差异。第二，我国是发展中的社会主义国家，国家的任务和实现这一任务的社会条件即形势，在不同时期也在发生变化，因而影响某种或某些行为的社会危害性大小。这种变易性既不可能由刑法一一加以具体规定，也没有必要采取经常补充修改刑法的办法来解决，它要求有既能维护刑事法律的相对稳定性，又能及时反映社会危害性发生变化的客观形势的刑事政策来反映，这就决定了刑事政策对于刑事法律的正确实施，具有极为重要的指导作用。

首先，随着《刑法》的公布实施，我国实现了犯罪本质特征和法律特征的统一，使刑事法律成了犯罪的唯一表现形式，刑事政策就不能像过去那样代替刑事法律定罪了。但是在某些场合，社会危害性是否达到了犯罪程度，或者严重犯罪程度，刑事政策仍然具有极为重要的指导作用。例如，认定盗窃、诈骗、抢夺行为的数额是否较大或巨大的问题，如何认定某种行为的情节是否严重或特别严重等问题，都不能由刑法作出具体规定，而必须由党和国家机关根据不同情况所制定的刑事政策来确认。对于因形势的变化而出现的新的具有社会危害性应予处刑，甚至处以重刑的行为，就必须首先通过正常的立法程序，制定新的刑事法律条文加以确认，在新法制定之前，仅凭刑事政策定罪就不行了。因为刑事政策本身是不能制定犯罪构成的，这是加强社会主义法制建设的基本要求。

其次，刑事政策在量刑方面的指导作用，是更为突出和重要的。这是因为刑事政策能够及时地指明在不同形势下，某种或某些行为的社会危害性大小的变化情况。但是根据刑事政策所指明的这种变化情况来量刑时，只能在刑事法律所规定的处刑幅度以内，而且是在罪刑相应的原则制约下，对刑罚的具体适用发挥刑事政策的作用。如果形势的变化使某个或某些犯罪的社会危害性增大到必须突破刑法所规定的量刑最高幅度时，那就必须通过立法程序由新法加以规定。在原法没有修改、新法没有制定的时候，认为仅凭刑事政策就可以判处法定刑以上的刑罚的看法，就必然要破坏社会主义法制，这种看法也不符合刑事政策指导刑法适用的原则。刑事政策之所以要受罪刑相应原则的制约，是因为无论某种或某些犯罪行为的社会危害性是上升还是下降，因刑事政策强调从重或者从轻，就社会上所发生的这种或这些犯罪的整体来说，各个具体案件的社会危害性大小仍然有差异，这是客观事实，有差异就要有区别对待，就应在新的差异的基础上，坚持罪刑相应的原则。认为政策强调从重，就可以不加区别一律从重处以法定最高刑的观点是错误的。

最后，对于那些具有社会危害性，但其危害程度处于罪与非罪临界线上的行为，是定罪还是不定罪的问题，党的一贯政策是十分清楚的，即不应作为犯罪处理。但是，由于形势的变化，社会危害性大小也会发生变化，所以这种临界线是会上下浮动的。刑事政策对于根据形势正确适用法律处理由于临界线上下浮动而产生的罪与非罪的界限，是有重要的指导意义的。也就是说，当形势发生变化，某种或某些行为的社会危害性增大，政策强调从严时，原属临界线上的行为，一部分构成犯罪，应定罪处刑，这是符合形势要求的、完全必要的，也是完全合法的。但是应该看到，它是从原来的临界线上上升来的。这类犯罪的社会危害性程度，相对来说还是比较小的。过去不构成犯罪，现在构成犯罪，这是适应形势变化，贯彻政策从严的客观要求。但是，如果认为政策从严，行为构成了犯罪，就一律处以重刑，这就不符合在新形势下这一犯罪的社会危害性仍然存在大小差异的客观实际，也否定了罪刑相应的原则。这也是对从严政策的片面理解。此外，在政策要求从严的形势下，原来临界线上的行为上升为犯罪了，但是还会出现新的临界线，对处于新的临界线上的行为，仍然要根据党的一贯政策，不应当作为犯罪来处理。[19]

五、一点感想

“经师易求，人师难得。”三位先生高风亮节、高情远致。他们不仅教我们如何做学问，而且教我们如何做人。“吾爱吾师！”作为学生，在没有形成自己的想法时，一定会赞成老师的学说；形成了自己的观点后，也可能反对老师的学说。我从来没有对自己的老师持“我爱吾师，吾更爱真理”的态度（不过，我希望我的学生对我有这样的态度，这并不矛盾）。因为这句话的字面含义包含的一层意思是，自己具有识别或者发现真理的能力，而老师（有时）可能没有这个能力。其实，自己未必具有识别和发现真理的能力，自以为是真理的不一定就是真理，很可能是歪理。况且，法学原本就不是真理的判断，而是价值的判断。自己与老师的观点不同，只是源于成长经历、生活体验、家庭背景、阅读范围等方面的不同，而不是自己的学识比老师渊博、比老师深湛。但有一点可以肯定，即使学生不赞成老师的观点，这也依然源于老师的学说与方法。即使青胜于蓝，也是因为青出于蓝。刑法的真实含义是在社会生活中发现的，而不是在法条的字里行间产生的。刑法在每一个时期都有其应有的含义，刑法学在每一个时代也有其独特的印记。然而，即使是三位先生在三四十年前发表的许多观点，至今仍然具有重要学术价值与重大实践意义，值得我们做学生的反复琢磨和深入领悟。

例如，曾昭琼先生主张区分犯罪行为的危害性与罪过性，先判断行为的危害性，再判断行为的罪过性，其实是主张区分违法与责任，先判断违法性再判断有责性。只不过鉴于当时的学术背景，以及为了使理论通俗化，曾先生没有采用违法性与有责性的概念（曾先生显然对这两个概念了如指掌）。

再如，江任天先生关于刑罚论的学说，至今未必被学界超越。在积极一般预防理论还未引入我国的时代，江老师就在“刑罚的功能”中讲出了积极一般预防的基本内容。也正因为如此，我认为积极一般预防与消极一般预防并不是目的不同，目的都是预防犯罪，只是各自所强调的刑罚功能不同。前面列举的江老师的三篇论文，没有哪一篇因为时过境迁而丧失和减少学术价值与现实意义，我在相关论著中还在引用这三篇论文的基本观点。

又如，曾宪信先生强调构成要件不只具有形式的特征，而且具有实质内容，强调犯罪的法律特征与实质特征的统一。曾老师很不赞成“正当防卫、紧急避险形式上符合犯罪构成，实质上没有社会危害性”这一表述，认为这样的表述使刑法规定的犯罪构成丧失应有的意义，可能导致法官在犯罪构成之外寻找定罪的根据，因而损害社会主义法制。即使在旧刑法时代，曾老师也坚持罪刑法定原则，强调刑事政策的运用不得突破刑法的规定。曾老师所主张的，在任何时期，即使采取严打政策，对处于临界点上的行为都不要当犯罪处理，无疑具有现实指导意义。从学术方法来看，曾老师强调要有一个核心、一根主线贯穿刑法学的始终。

---

〔19〕　曾宪信：《建立具有中国特色的刑法学科学体系的设想》，载《中南政法学院学报》1986年复刊号（总第4期）。

“弟子事师，敬同于父，习其道也，学其言语。”作为弟子，当然深受三位先生的学术影响。赞成实质的解释论、法益侵害说、结果无价值论，主张区分违法与责任等，都能从三位先生的学术思想中找到源头。弟子对先生们永怀感激之情、永存感恩之心！正是因为三位先生的人格魅力与表率作用，中南政法的优秀刑法学子才层出不穷。

师德如山重，师恩似海深。难以用语言表达对三位先生的景仰、崇敬之情！每每想起三位先生为培养学生所花费的心血、所付出的辛劳，既感慨万千，也常生愧意。与三位先生的高尚品德相比，弟子卑陬失色、汗颜无地！与三位先生的学术思想相比，弟子自惭形秽、问心有愧！自当老师以来，虽然用心讲课、刻苦钻研，努力站稳教书育人的三尺讲台，调入清华大学法学院后每个周末都会与研究生讨论半天，也时常反思自己，总是希望改进，但与先生们相比，在学生的培养与教育、学术的认真与严谨、为人的品格与情操方面只能望尘莫及，而难以望其项背。

近年来我一直觉得，法学的重点是教育而不是研究，培养法律人才比发表法学论著要重要得多、有意义得多，尤其是对本科生的培养特别关键（我本人也时常反思这个问题）。法学研究当然有助于培养法科学生，也可能有利于解决司法实践中的某些问题，但单纯为了发表论著所做的研究，确实意义不大；学者之间的相互批判，或许有利于产生新的思想与观点，但对本科生的培养缺少应有的作用。法学教育不能只注重少数（不能只培养几名学者），而是要注重绝大多数（应当注重培养本科生）。可是，迄今为止，一直少有介于本科生教材与专著之间的适合提升本科生法律思维能力、法律适用技巧的作品，基本没有以本科生为读者对象的刊物。各种学术刊物的论文只是供少数人在写作相关论文时下载和阅读，学术刊物对引用率、转载率、影响因子的比拼只是对少数人有意义，对培养本科生几乎没有价值。曾经向几家出版社建议出版适合本科生阅读的刊物，但人微言轻，未被采纳。即使原本有可能成为适合本科生阅读的刊物，也要想方设法提升“档次”，刊发本科生看不懂的论文。我难以认为这是法学繁荣的美好景象。不管法学研究水准多高，只要我们不能培养出优秀的法科学生，就难以得出法学繁荣与进步的结论。我觉得，将本科生作为读者对象的论著、刊物应当多于其他论著与刊物。我更觉得，大学老师的主要精力应当放在培养本科生与研究生方面，而不是放在发表论文与出版专著方面。所以，作为大学教师的我们，应当多在培养法律人才方面下功夫，多写一点适用本科生阅读的论著，多开设一些小班专业讨论课，多关心一下学生的综合性成长！

虽然离开中南政法学院已经二十多年，也未能为母校作出应有的贡献，但一直心系中南政法学院，心系中南政法刑法专业的本科生教育与研究生教育。真诚期待中南政法的本科生教育与刑法专业研究生教育良性发展，为各地法律院校与司法机关输送更多的优秀人才！真切希望中南政法的学子们珍惜美好时光、焕发青春活力；夙兴夜寐、焚膏继晷；勤奋读书、刻苦钻研、反复训练、不断进取；感受学习的快乐，享受奋斗的喜悦；心中永远充满正义，行动永远不忘理想，使自己成为新时代的优秀法律人才！

陆晓光 | 在导师身边的日子

陆晓光，1982 级首届刑法学硕士研究生，现为北京市通商（深圳）律师事务所主任。

都说律师既是脑力劳动者，又是体力劳动者。在结束从事了二十多年的诉讼和非诉律师业务后，我赋闲在家。那没日没夜、东飞西奔紧张忙碌的身心终于得到彻底的放松。人一轻松下来，尤其是到了一定年龄，就容易回忆往事。刚好我的母校中南财经政法大学要举办刑法研究生教育四十年回顾活动。我的思绪一下子就回到了四十年前。

1982 年夏，中南财经政法大学的前身湖北财经学院法律系获得刑法硕士研究生教学资格，招收了恢复高考后的第一批刑法硕士研究生。我和张明楷、齐文远、夏勇四个人通过考试成为这第一批幸运儿。在百废待兴的年代，一切都还是在"摸着石头过河"。当时的湖北财经学院虽然储备了全国最强的刑法师资力量，研究生教学却还是一个需要创新的项目。1980 年 1 月 1 日我国《刑法》刚开始实施，一切关于刑法学的理论研究也都还是在摸索中。尤其是关于犯罪学的研究，除了一本苏联的特拉伊宁《犯罪构成论》和几本民国时期的刑法学著作，国内几乎没有系统的供研究生们阅读的刑法学理论书籍。更不要说介绍国外尤其是大陆法系的刑法学和犯罪学的书籍了。

然而，正如一位伟人所说，只要有了人，什么样的人间奇迹都可以创造出来。当然了，在研究生教学上，还得是要有牛人。湖北财经学院法律系当时的研究生指导组成员是 1912 年出生的曾昭琼教授，1925 年出生的曾宪信教授，1923 年出生的江任天教授，以及朱继良、郑昌济、胡新、吴安清、尚彝勋、夏其淦等一批"文化大革命"前的归国留学生或大学毕业生。除曾昭琼教授当时已年逾七十岁外，其他教授和讲师均年富力强。由曾昭琼教授带领的这些牛人组成了梦之队指导组。他们从犯罪构成理论及犯罪本质特征入手，同时，全面介绍德日刑法学的理论，指导我们开展较为纯正的刑法学的研究，使我们的刑法学研究生学习很快走上正途。指导组的教授们花了很大力气撰写或收集文章、书本，终于把教材和教纲问题解决了。至于教室，当时全部的刑法研究生也就四个人，除了上大课外，基本上就以学生寝室和老师的住家作为教室。

一

我永远都记得我们刑法研究生第一课的情景：曾昭琼教授在曾宪信、江任天、朱继良等陪同下来到我们寝室，简单介绍后，就开始了刑法学的第一课。曾昭琼教授有惊人的记忆力。他早年留学日本，归国后一直从事刑法学教学和研究，阅读专业书籍和文章时有做读书卡片的习惯。多年下来积累有超过万张的读书卡片。可惜的是在“文化大革命”期间全部被毁。让我钦佩的是，曾昭琼教授对刑法学尤其是德国和日本的刑法学理论，烂熟于心，授课时基本上不用看讲稿或书本，仍然脉络清晰、条理分明。那些德日刑法学术语和专有词汇，脱口而出；结合专业讲授时引用案例，信手拈来。我确信，曾昭琼教授该是有着多么深厚的刑法学功底才能在中止了十年的刑法学教学后仍然能如此驾轻就熟地对我们娓娓道来高深的德日刑法学原理！

我从未见曾昭琼教授在学生面前发过脾气或冷过脸，他总是笑呵呵如谦谦君子，温润如玉。在这三年里，我也从未听见曾昭琼教授对他曾经所处逆境有过任何抱怨、对现实生活条件有任何不满。在物资匮乏的年代，年逾七旬的他居住条件很差，尤其是冬天，武汉的气候阴冷阴冷的，出生在南方的曾昭琼教授对这种气候很不适应，整天手脚冰凉。冬天为了方便曾昭琼教授讲课，我们学生就去他家里上课。由于屋内没有任何取暖设备，曾昭琼教授就用一只纸箱放在面前，将腿放在里面，外面盖一条棉被保暖。我们四个学生就围坐在他周围，在聆听曾昭琼教授的专业教诲的同时，感受着他那高贵的人格魅力。

曾昭琼教授在具体指导学生学习、研究和写论文时，有他独到的方法。我的研究生论文是关于犯罪未遂。由于当时可供参考的书籍和文章不多，他并不急于给出具体指导意见，而是让我自己按照对该问题的认识起草提纲，然后与我反复讨论。他认为，研究某个问题的关键在于对该问题深入钻研，而不要贪多求广。对一个问题越是深入，就会如同进入一个入口狭窄的溶洞，一旦进入到洞内，才能发现洞内丰富的宝藏。在他的指导下，我重新审视了我的论文结构，发现过于宽泛，对每个问题如同蜻蜓点水，没有深入。于是我重新调整论文结构，只专注讨论犯罪未遂的构成部分，删除了关于犯罪未遂的处罚部分。在曾昭琼教授的指导下，我获益良多，养成了研究理论问题时宁肯缩小范围，也要尽量深入透彻的习惯，力求最终解决一两个问题。

研究生毕业留校任教后，1989 年我被委派到比利时留学，因为是由教育部统一安排，我去的布鲁塞尔自由大学“国际法与国际合作”研究生课程内并无刑法学，我选择了“国际私人投资与法律保护”作为研究方向并以此为选题撰写硕士论文。受益于在国内掌握的理论研究方法，我确定了研究范围，在大量阅读参考文献的基础上写出了论文。在论文答辩时，答辩委员会突然要求我抛开事先准备的答辩提纲，仅用一句话概括我的论文观点，理由是如果你真的了解你所研究的问题，一句话就够了；否则，你说得越多越说明你并不了解你的研究对象。由于研究方法得当、研究问题集中，我立即用一句话介绍完毕我的论文观点，论文答辩获得全票通过。

二

第一次结识曾宪信教授是听他宣读关于《犯罪的本质特征是其社会危害性》的论文。当时我正在湖北财经学院法律系读法学本科。刚刚接触刑法学原理的我，虽然对论文中的许多概念和观点并无多深理解，但曾宪信教授在宣读论文时反复强调该论文是刑法教研室集体研究成果、在关于犯罪本质特征的认识上大家是一致的坦诚态度让我深有感触：做人当如此！

曾宪信教授是刑法教研室主任，同时也协助和陪伴着曾昭琼教授，既辅助曾昭琼教授教学，也负责照顾他的生活。他们相互既如师徒，也如父子。1984 年 5 月由曾昭琼教授和曾宪信教授带队，带领我们四位研究生到广州和深圳考察青少年犯罪问题。为了方便照顾曾昭琼教授的生活，曾昭琼教授的夫人亦随行。当时广东是全国改革开放的前沿，生活条件明显好过武汉，物价水平也远高于武汉。为了节省有限的经费，一路上曾宪信教授与我们学生一起挤住在各类价格相对便宜的招待所里。

深圳市中级人民法院是 1982 年成立的。我们去时还它还在建设中，不过该院的招待所已经建成。当时招待所的住房条件是大通铺，价格较便宜，曾宪信教授就与我们四个学生一起挤住在招待所的大通铺里，一人一张床，每人每天住宿费 5 元，每顿饭是 2 元一份的盖浇饭，即一份米饭上面加一勺菜。离深圳市中级人民法院不远处是当时深圳市条件比较好的湖北宾馆，曾宪信教授安排曾昭琼教授夫妇俩住进了 35 元一天的单间，单间内卫生间、电视机配置一应俱全。有意思的是，在刚刚开放的深圳市是可以收看我国香港的电视节目的。我们几个学生对香港的电视节目充满了好奇。同时，结合我们此行的目的，全面了解这样的开放对内地青少年的思想观念以及对青少年违法犯罪会有什么样的影响，我们提出利用宾馆单间内的这台电视机，考察一下。曾宪信教授征得曾昭琼教授同意后，我们对我国香港电视节目内容进行了全天候的“审查”。七个成年人把整个宾馆单间挤得满满当当，在看电视节目时，我们时而讨论这次广东之行的所见所闻，时而从理论上探讨当前的现状，时而议论改革开放的政策和法律，时而就我国香港电视节目的内容发表评论。两位教授则任由我们几个挤在房间内自由发言。整整 24 个小时，曾宪信教授一直陪着我们天南地北、海阔天空的谈论；曾昭琼教授则在与我们讨论过程中累了就闭眼打盹，困了就合衣而眠。还有一件有意思的回忆是，此次外出考察的全部经费全部交给我来保管。我们几个学生经过商量后决定，凡到一地，先将大部分经费存入银行，等离开当地时再连本带利全部取出。这样做一来是为了安全，二来还能有点收益。那时银行的存款利息较高，最终结算下来好像我们师生还用获得的利息一起去餐馆吃了一顿。四十年后回想起这些与导师一起相处亦师亦徒、如父如子的点点滴滴，仍然心生温暖感恩之情。

曾宪信教授在指导我们研究分析刑法和犯罪问题时，始终强调要抓住问题的本质特征。从第一次聆听他宣读《犯罪的本质特征是其社会危害性》论文开始，“本质特征”就如影随形，但凡与曾宪信教授探讨问题时，我都会发现他在运用这一方法分析问题。这样的分析问题的方法，在我们师生之间反复讨论、争辩的过程中，渐渐被深深地植入我的意识中。

1984 年在广东考察期间，身临其境的我们看到，许多与中国的传统理念相冲突相矛盾的事物出现在改革开放初期的深圳，深圳面临着改革开放带来的巨大冲击。改革开放给深圳既带来了文化、科技、经济、对外交流的繁荣，也有许多与我国社会制度格格不入的不良现象充斥在各行各业。彼时的我们恰同学少年、风华正茂、书生意气、挥斥方遒，面对开放中的一切新事物自然是兴致勃勃,欣喜若狂,跃跃欲试,大有投笔从戎的意愿;同时面对社会中诸多不尽如人意的不良现象,也有许多困惑。记得当年有去深圳的老干部面对开放的深圳痛哭流涕,认为这样下去他们奋斗了几十年建成的社会主义中国会变成资本主义社会。究竟如何分析和看待改革开放？我们几位同学在深圳与曾宪信教授有过几次争论。

曾宪信教授认为,看任何问题要从本质分析入手。改革开放是中国经济和社会发展的必由之路,虽然有许多不良现象出现,但只要坚持中国特有的社会制度不变,其他问题就都只是发展中的问题。所以他认为改革开放中的一切问题的本质和关键是社会制度变不变的问题。今天,深圳市已经成为中国经济、科技、城市建设发展最先进的地方,并且作为社会主义改革开放的前沿阵地,继续向纵深方向先行先试,而改革开放初期的许多不良现象早已不见踪迹。看来,当年曾宪信教授的看法是正确的。之所以正确,缘于分析问题的方法是正确的。

受益于曾宪信教授教导的这种分析问题的正确方法,在我处理过的刑事辩护、民事代理、公司证券发行、兼并收购等律师业务中,很少出现差错。举一个例子:一家公司起诉深圳市某家银行,请求法院判令该银行承担因审查银行承兑汇票不严而承兑了伪造汇票导致该公司严重经济损失的责任。我作为该银行的代理人出庭应诉。原告代理律师手持一把长尺出庭,声称:(1)尽管原告方违反规定,将承兑汇票正联和副联分开使用,将正联交给了交易对方,自己留存副联,交易对方伪造了副联,然后与正联一并使用,向银行将承兑汇票兑现。(2)但承兑汇票的承兑却是银行方未尽审查义务,理由是银行工作人员如果用尺子仔细测量,是可以看出伪造的汇票副联与正联在某些文字大小上是有差异的。由于银行工作人员没有用尺子仔细测量,所以没有看出承兑汇票人将汇票正联与伪造的副联一并使用,从而造成原告的经济损失。从表面上看,银行工作人员未看出伪造的副联与正联之间的差异与汇票的错误承兑之间存在因果关系。但我作为被告的代理人认为,本案的关键并不是追究这种因果关系,而是应该从实质上分析银行在此项承兑业务中是否存在过错,应否承担责任。实质问题弄清楚了,问题即迎刃而解。按照承兑汇票的法规,银行并无用尺子去测量正副联文字差异的义务,而是根据相关规定完成法定审核程序即可。而在涉案承兑业务中,被告方履行了法定的所有审核程序,所以没有过错,不应承担对原告的赔偿责任。一审和二审法院均采纳了我的答辩意见。

回忆与曾昭琼教授、曾宪信教授等导师们朝夕相处的三年,我时常感受到他们这一代学者身上具有一种特殊的品格,逆境时坚韧不拔,顺境时善待众生。对我们这些跨进法学殿堂的学子们,他们除了在讲授理论知识上孜孜不倦,在传授分析问题的方法上循循善诱以外,还在尊师爱生、谦和诚朴上身体力行,率先垂范。1985 年毕业后,在我离开导师身边走上刑法学讲台、远离祖国踏入布鲁塞尔自由大学的法学课堂、离开中南财经政法大学南下深圳开办律师事务所、根据法律服务市场的需求调整了自己的业务方向直至退休的法律专业人生旅途中,导师们的优良品格影响着我,导师们人性的光芒照耀着我。在从事理论研究、刑法教学上,我努力以导师们为榜样,兢兢业业、诲人不倦;在商海里拼搏,我牢守职业道德底线,成功抵制住了各种诱惑;在律师实操业务中,我时刻提醒自己注意防范风险,战战兢兢,如履薄冰;在与客户和同事相处时,始终做到以诚信为本,谦和有礼。

总结自己的法律人生,我的一切都受益于导师们的培养,受益于在导师身边的日子。

齐文远

在中南读研究生、带研究生点滴

齐文远，1982 级首届刑法学硕士研究生，现为中南财经政法大学刑事司法学院教授、博士生导师。

一、与曾宪信老师下围棋

研究生阶段聆听老师谆谆教诲的话题明楷与晓光说得很全面了，而同学中间文体活动方面的欢乐场景、趣事之类只能由夏勇来讲，因为艺术体育细胞发达的他是我们那届研究生中当仁不让的组织者，以至于连从未上过篮球场的我都被他任命成了学校 82 级研究生篮球队的领队。所以，这里只能跟大家分享一个他们几位可能没做过的事——和曾宪信老师下围棋。

我大概十来岁时开始接触围棋。最初是旁观周围大哥哥们下棋。记得童年时每家的居住条件都很差，在酷热的夏天又没有电扇空调，大家只得晚上都在外面纳凉。一个家里条件好点、买得起围棋的邻居大哥哥就把竹床搬到街边路灯下，和挑战者手谈上大半夜，等热浪退去再入睡。我当时似懂非懂，但兴趣很大，加上天气热睡不着，总是“铁粉”般守候在旁边，希望能在对局者突然有事离场时上去练练手，直到被父母拽着耳朵找回，为此挨了不少揍。就这样，凭着经年累月的观摩，我成了同龄人中为数不多的知道围棋死活的孩子。后来上大学，学校为每个宿舍都配备了围棋等文体用品，几个志同道合的同学每天晚上都大战几个回合，从未拜过师打过棋谱的我竟然成了班上的“高手”，后来系里组织围棋团体赛，我还作为本班选手参加了，并且取得过一些战绩，后来我在西南政法学院 78 级同学为毕业二十年编辑的一本文集中提交的就是记一场与兄弟班级的围棋对抗赛，当然在那场比赛中，我们班级队是胜利者。

铺垫得有点过头了，还是把记忆的时钟调整到研究生时期。进入湖北财经学院后，我很快地成了研究生中的围棋名人，成为后面几届师弟中围棋爱好者如李希慧、冯军、熊斌等希望战而胜之的目标，并且我入校不久就加入了由 81 级会计专业师兄罗飞（毕业后留校任教并长期担任会计学院院长）组织的研究生围棋队，甚至在短时间内成为主力，比赛时常常被安排在一台，直到下棋水平在我之上的师弟林汉川、黄钟（二位都是 1983 年考入的财经类研究生）入校之后。就这样，我会下围棋的名声不知什么时候传到了老师们耳朵里，于是就有了曾宪信老师和我对局的故事。

印象中是入校后不久的一个晚上，曾老师把我叫到他位于蛇山脚下的家中（中南财经政法大学首义校区对面山坡上的一排三层楼的最南端，现在那一片的房屋除了烈士祠外已全部拆除，整个坡地绿化成了城市公园），聊了几句学习上的事后，曾老师指了指已经事先摆放在茶几上的棋盘和棋子说：听说你喜欢围棋，今天咱们下两盘，你年轻，计算力强，让我先走。说完就把装白子的棋瓮推给我，自己选了黑子。我当时感到有点突然，仓促间没来得及谦虚几句便接过白子和老师对弈起来，当时具体怎么下的现在已经回忆不起来了，只记得是黑棋一拆边围空，白棋就不顾一切地投子打入进去，从而导致出现好几块孤棋无法连接只好狼狈出逃，我当时治孤能力不强，所以难免左支右绌，顾此失彼，以至其中一条大龙被黑棋彻底围住作不出来两眼，只好中盘认负。第一盘输了后，我不好意思地把白棋交给曾老师自己拿过黑棋先走。可这次在我攻击打入的白子时，白棋并不急于逃出，而是在外围接应进行缠绕，等我花了好几手棋将几个白子吃净后，才发现白棋形成了雄厚的外势，而黑棋被困在了二、三路的位置无法出头，最后的结果是黑棋目数上不及白棋，我又输了。下完棋后，老师一边把棋子装进棋笥，一边说，下围棋要有全局的观念，要随时根据对方的行棋步调调整自己的应对策略，不能只顾眼前，只计算局部得失或者只是想当然地按照自己的思路一条道走到黑，棋子下在哪要通盘考虑，棋盘是一个整体，每招棋都不是孤立的，要注意棋子之间的联络和照应，攻击对手的同时要注意防范自身的风险。回宿舍后，我把曾老师这几句话记在笔记本上，也牢牢印在了脑子里。

从那时起，到现在差不多快四十年了，尽管我的围棋水平不仅没有什么长进，并且由于时间精力以及计算能力严重减退，多年来只是偶尔看看“天元频道”转播的赛事而基本上不再摸棋，但曾宪信老师当时的话特别是下围棋要有大局观的提醒却常常在耳边萦绕。下围棋是这样，其他方面又何尝不是如此呢！

二、为永生博士学位论文出版所作的序[1]

晚近以来，我国法学界在以积极的心态参详和求证西方法律体系及其理论言说的同时，也开始关注包括中国少数民族习惯法在内的“本土资源”。但是相比于对前者普遍的热忱和努力程度，这种对本土的关切特别是对少数民族习惯法的探究仍处于考察发掘和整理描述阶段，还大多停留在法理学、法社会学或法人类学层面，而没有完全渗透到各个部门法领域中，尤其是对作为法学家族重要成员的刑法学鲜有惠及。究其原因，恐怕不能完全将责任归结于刑法的规范属性或者国家意志性太强，因为《刑法》第 90 条已经为此明确留出了空间；似乎也不能说是因为刑法学的概念体系已经成熟到难以融入新的知识元素的程度，毕竟我们的刑法学还是一个大家公认的正在发展中的学科。因此，责任恐怕只能从我们自身来寻找，是我们这一代刑法学人对自己生长于斯的多民族家园缺乏敏锐的意识，常常双眼眺望着远方，总是渴望着“生活在别处”。这或许是少数民族习惯法在中国刑法学界欠发达的重要缘故。令人欣慰的

[1] 《正义的妥协：民族法文化视域的刑法思考》（苏永生，法律出版社 2009 年版）“序”，此次收录时，仅对个别字句做了改动。

是，情况正在发生改变，一些年轻的刑法学者开始尝试将研究触角深入到少数民族习惯法这一富矿并探讨其与国家刑法的互动关系，《正义的妥协：民族法文化视域的刑法思考》一书就是这种尝试的一个缩影。

回顾引领中国改革开放进程的思想解放理论观念，其中影响最深远的莫过于"实践是检验真理的唯一标准"这一口号性表述，其所产生的推动力胜过了其他任何至理名言。然而，曾几何时，思想解放的号召逐渐被遗忘在脑后，新的精神图腾又伫立在国人面前，只不过这种图腾是以现代化的名义，以达到西方发达国家的水平为愿景，所以特别具有吸引力，以至于信徒云集，香火旺盛。尤其是在法学领域，一些自西方舶来的理论、模式、命题和概念被当成不需要经过任何检验的、放置四海而皆准的自然公理，成为判断进步与落后、评价文明与愚昧的唯一标准，而我们具有数千年文明传统的多民族融合的乡土社会，则只能在这一标准面前放下身段，任其裁量。这恐怕是我们许多从事法学研究工作的人虽不甘心但又不得不承认的一种理论现实。但是，本书的作者却不肯随波逐流地登上这张"普罗克拉斯提斯之床"，而是秉持实践标准，在广泛调研收集大量实际资料的基础上，自觉地以少数民族法文化的历史存在为背景，以国家刑法在少数民族地区的实施状况及其效果为参照，深入地拷问这些理论、模式、命题和概念的合理化程度，并试图打破可以完全不考虑具体国情的"法治现代化"神话。因此依我之见，这种孜孜不倦地从民族法文化和少数民族地区法律实践视角切入以追求解脱禁锢法律人精神的思想枷锁的努力，既是本书的主要特色，也是作者在当前历史条件下对我国刑法学乃至整个法学界的一个贡献。

当然，呼吁不能不加思考地顶礼膜拜时下在我国流行的"法治现代化"理论，并不意味着要彻底清算甚或完全抛弃这套话语体系，而主张关注少数民族特殊法文化的存在现实，也并不表示要以其全面取代国家法律，将少数民族习惯法推行至整个民族地区。现代法学话语系统虽然源自西方，但不同文明之间并非像萨缪尔·亨廷顿认为的那样只有冲突而不能融合，世界历史上人类各种文明之间互相借鉴融合的例子比比皆是，如中华民族在过去就曾经吸收诸如佛教等其他族群的文明成果；更何况中国近一百多年来的变法特别是最近三十年的开放，已经使这一由西方引入的话语体系演变为我们这一代法律人生活世界的一部分，成为我们无法也不愿意摆脱的思维方式和生存之道。至于说到少数民族法文化，谁都不能否认其中存在的大量原始生活方式的印痕，以及固有的自我封闭性、人身依附性和宗法血缘性等种种缺陷。或许正是基于这种考虑，本书的作者并没有试图颠覆构成现代刑法学体系的理论范式和概念命题，也没有刻意掩饰少数民族法文化影响下民族地区刑事纠纷处理的乱象，而只是提醒我们，不能将这些现代刑法学话语体系公式化、凝固化，而应根据具体社会场景对其合理性进行适度的反思并作出适当调整；当依据国家刑法处理民族地区刑事案件时，要注意关照不同民族的文化传统和风俗习惯，在不牺牲原则的前提下加以变通，以便能更好地得到少数民族族群的充分认同。可见，价值研判在这里被转换成了策略考量，于是冲突也就在一定程度上被消解。尽管这不一定是法学家心目中的理想状态，但对社会生活而言却很可能是唯一现实的选择。本书书名中之"正义的妥协"几个字在我看来似乎很贴切地反映了作者进行这一课题研究的心路历程。

本书作者苏永生现为青海民族大学法学院副教授。他出生于西北黄土高原地区，自幼养成了踏实认真的性格，之后分别在青海等地的求学经历，使他于掌握坚实的系统专业理论的同时也深刻感受到少数民族地区的文化，毕业后到大学任教以及攻读法学博士学位，又造就了他深厚的学术素养。这些都为他驾驭本书所涉及的巨大而复杂的课题奠定了牢固的基础。因此，作为他博士学位论文的本书，既是他三年来刻苦钻研的成果，也是他迄今为止人生积累的结晶。虽然书中有些观点尚需进一步推敲，资料支撑也还有待进一步加强，但综上所述，我以为本书是一部特色鲜明、思想深刻、分析透彻、理论与实践结合紧密的著作。作为苏永生博士生阶段的指导教师，我为他取得这样的成果而感到由衷的高兴，并感谢法律出版社将这一具有启迪意义的作品奉献给广大读者。

是为序。

三、在泽强硕士学位论文出版时所作的序〔2〕

正当防卫是刑法中的一项重要制度，在 1997 年《刑法》修订时，就被列为十大焦点问题之一，而 2009 年湖北省恩施市巴东县发生的邓玉娇刺死邓贵大案、2016 年山东省聊城市发生的于欢案以及 2018 年江苏省昆山市发生的于海明正当防卫案等案，更使正当防卫屡次成为公众关注的焦点。这些案件发生后，老百姓都通过不同的渠道发表自己的观点，或认同或存疑。老百姓们的心情可以理解，然而从专业人士的视角来看，法律制度却是不能过于感性的，否则就不能有效发挥其调节各种社会关系、平衡各种利益冲突的功能。尤其是经历了久远的历史沿革以后，正当防卫制度已完成了从个人本位到社会本位的嬗变，其内涵也从过去纯粹的以暴制暴转化为相互协调的多元的法律价值追求。因此，在当下法治社会里，为了促进人类文明的进步，正当防卫制度的适用既要照顾到防卫人的权益，也要考虑到被防卫人或者不法侵害人的利益。

需要指出的是，上述案件只是近期涉及正当防卫界限的若干案例的缩影，实际上，现实中类似的情况尤其是民众在遭遇抢劫后开车撞死撞伤逃跑的犯罪嫌疑人的案件时有发生，而且在处理问题上也都不无争议。民众与媒体对此也反应不一，有的认为这种以暴制暴之举实不可取，有的则认为司机驱车撞贼是正义的，不应追究刑事责任。由此看来，正当防卫的实际界限并不是十分清楚。

司法实践中的种种问题，使得学者们在理论上多年来一直较为青睐正当防卫制度。单就有关正当防卫主题的学术论文，可谓汗牛充栋。但就我接触的信息来看，目前我国刑法理论界对于正当防卫的专门论著，只有 4 本：1987 年陈兴良教授出版的《论正当防卫》（中国人民大学出版社）一书是中华人民共和国成立后第一本关于正当防卫的专著；而后，1988 年周国钧、刘根菊同志编著的《正当防卫的理论与实践》（中国政法大学出版社）和 1988 年姜伟同志编著的

---

〔2〕《权力与权利框架下正当防卫研究》（郭泽强，湖北人民出版社 2019 年版）“序”，此次收录仅就个别文字做了修改。

《正当防卫》(法律出版社)基本上是以实务为主的著述;最后一本是武汉大学的彭卫东博士出版的《正当防卫论》(武汉大学出版社),这是刑法修订后唯一一本以正当防卫为主题的专著。当然,在其他一些学者以正当行为为选题撰写的著作中,也用较大篇幅论及了正当防卫问题,如王政勋教授2000年出版的《正当行为论》、田宏杰教授2004年出版的《刑法中的正当化行为》。这些著作都很有价值,不过在我看来,相对于立法上对于正当防卫制度的精心设计,以及实务中出现的较多涉及正当防卫问题的困惑,目前的研究尚有待进一步深入。

本书作者郭泽强于1998年9月进入当时的中南政法学院攻读刑法学研究生后,由我担任其责任导师,泽强入校后,刻苦勤奋,敏而好学,显示出了对学术研究极为浓烈的兴趣。1999年我受邀请参加研究生"青年刑法论坛"一个活动,泽强作为演讲人,重点谈了特殊防卫权的价值和意义,尽管有些观点现在看来不是那么的成熟,但他对《刑法》第20条中3个条款的逻辑关系界定让在座老师和学生都有耳目一新的感觉。论坛结束后,我就告诉泽强,其实他可以继续沿着这个话题走下去,他当时并没有表态。不过,一个月后,当泽强把一篇洋洋洒洒近1.8万字的《刑法第20条第3款性质的反思》一文置于我案头的时候,我才知道他选择了以默默耕耘的方式回应我的提议。后来,那篇文章发表在《法学家》杂志上。泽强撰写论文期间,恰逢学校处于重大机构调整中,我从原来的中南政法学院法律系调整到新组建的中南财经政法大学法学院工作,当时工作千头万绪,确实有点疲于奔命的感觉。可泽强总有办法,把我给"挖"出来,不是趁着会议间歇向我提一些问题,就是追到我的本科课堂,等我下课后"护送"我回办公室,以便利用路上的工夫讨论点想法,甚至有时为了要搞清楚一个小难题守候在我家楼下很长时间。功夫不负有心人,2001年,泽强提交的8万字的硕士论文《论正当防卫制度》,以全优的成绩通过硕士学位论文答辩。作为他的导师,我深感欣慰。当然,故事到此并没有结束,因为如果泽强停止继续前进的脚步,也许我就没有理由在今天再提这些陈年旧账了。令人更欣喜的是,他并没有就此罢手,而是继续执着于这一课题。硕士毕业后,泽强以优异的成绩考入中国人民大学法学院,师从我国著名刑法学家王作富老先生攻读博士学位。尽管在读博期间,泽强将学位论文选题定位为刑法主观主义研究,但他也没有舍弃对正当防卫的关注和研究,连续发表了多篇有见地的以正当防卫为主题的高质量学术论文,获得学界的较好评价。博士毕业后,泽强顺利进入武汉大学法学院博士后流动站从事研究,他利用所收集的丰富文献资料,又进一步对正当防卫进行了探索。今年暑假期间,泽强兴奋地告诉我,他关于正当防卫的书,已经纳入一流学科建设资助计划,我由衷为他高兴,所以欣然应允为他的新作写点随想。现在读者看到的这本书,和10年前他撰写的硕士论文相比,已经有了较大的变化。与国内已出版的两本同一主题的专著相比,尽管这本书可能还有诸多不足,比如在论述技巧和火候上都尚待提高,但我以为他所撰写的新著也有一些独到之处:

首先,视角新颖,勇于拓展。之所以对于一个小问题能有如此深入的论述,在我看来,与作者独具匠心的思路有关。例如,"权利与权力"本来是法理学研究的范畴,作者将他们带到刑法中的正当防卫制度里,进行为我所用的论述,在国内此种视角尚不多见。当然,泽强的勇于创新之处,俯拾皆是。譬如从行为无价值和结果无价值以及人权保障等角度来分析正当防卫的有关问题等论述，都给人耳目一新的感觉。

其次，论述系统，逻辑严谨。仅就《刑法》第 20 条第 3 款，该书就大约着墨近 3 万字，能论述得如此深入全面，显示了作者多年来一直关注此问题的毅力，以及一定的研究功力。另外，泽强特别注意文章的逻辑性，论述环环相扣，娓娓道来，内容层层推进，由此及彼，其中既有宏观的法理阐述、中观的制度剖析，又有微观的理论应用，因此使人开卷后便产生一种不忍割舍、不读不快的冲动。

最后，深入浅出，"雅俗"同赏。正当防卫作为刑法中一项重要的制度，其理论含量是相当高的，当中所蕴含的价值与利益的冲突和平衡因而也并非能很容易地表达清楚，就读者而言理解起来恐怕更为困难。泽强为此在语言上花了不少气力，在不影响理论深度的情况下强化其可读性，特别是借助一些图表和具体的案例辅助来说明其深刻的道理，使得普通读者读起来不觉乏味，专业人士看进去又能激起火花。我相信，这也必将在很大程度上唤起读者们的广泛共鸣与互动。

"板凳要坐十年冷，文章不写一句空"，这是我过去做学生时老师和学长常耳提面命的一句话，后来我也总是用来提醒年轻学子们。泽强看来是将这话铭记在心中了。古语云，"十年磨一剑"，从当初确立深入研究正当防卫的目标，到今天研究成果即将付梓，经历了整整十七载，我希望并由衷相信这"潜伏"十七年的"亮剑"，会不同凡响。同时，作为泽强以前硕士期间的导师和现在的同事，我也衷心地期盼他能继续在学术研究的长河中不懈探索下去，为我校的法学学科"双一流"建设，为中南地区的刑法学振兴，为中国的法学研究事业，贡献自己的聪明才智。

第一届刑法学研究生，从左至右依次为：齐文远、夏勇、陆晓光、张明楷

夏　勇　｜读研琐记：中南政法学院刑法专业“黄埔一期”

夏勇，1982 级首届刑法学硕士研究生，现为中南财经政法大学刑事司法学院教授、博士生导师。

“无巧不成书”，是因为现实随处都在展现必然与偶然的生活逻辑。1982 年 9 月，陆晓光、齐文远、张明楷和我一起成为湖北财经学院法律系刑法专业首批硕士研究生。未曾料三年后，湖北财经学院一分为二，法律系移师南湖之畔，经扩展重建中南政法学院，其余部分留驻蛇山脚下，成立中南财经大学。录取通知书的“湖北财经学院”成为历史，学位证书上的印章是“中南政法学院”。更想不到的是，毕业时分别成立的两个学校，在我 1999 年回校工作后，竟又于 2000 年以“中南财经政法大学”的新校名合为一体了！

2018 年校庆七十周年前夕，法学学科组织一批回顾学校研究生教育发展历程的文章，打算结集出版。我按时提交了稿件，但不知何故，出版不了了之。这一次，刑事司法学院准备以我校刑法专业研究生教育开展四十周年为契机，开展一系列促进学科建设的活动，号召大家抚今追昔，彰往考来，那份稿件又有了用武之地。我保留了当时统一采取的学生访谈形式，但对角度和内容做了调整和充实。拙文旨在与中南刑法年轻学子分享当年读研的心路历程和生活点滴。因时间久远，难免记忆有误，敬请指正。

问：*夏老师好！听说您本科专业是哲学，为什么考研究生的时候转向了法学？为什么选择了刑法专业？*

答：这和自己的经历有关。我生在军人家庭。当我还是小学生时，部队也没有幸免于“文化大革命”的影响，我亲眼见到军营内外许多无序无理无良的混乱现象，记得父亲忧虑地叹息道：“军队都乱了，还怎么打仗啊！”一个“乱”字笼罩在我幼小的心灵。我 1978 年从部队考上云南大学，正值批判和反思“四人帮”祸国殃民的罪行，所读哲学专业也促使我努力认识社会发展规律，似乎逐步找到了压在心头那个“乱”的原因——“无法无天”。顺理成章的结论便是，要从大乱走向大治，必须靠“法”！就是觉得国家最需要法，就产生了学法的冲动。当时的想法不仅单纯，而且有点不知天高地厚：马克思的使命是要砸碎旧世界，其眼光从学习法律专业转向了“改造世界”的哲学；我们这一代要把受到“文化大革命”严重破坏而规矩废弛的国家推向长治久安的正轨,我就想从哲学转向法学。

为什么选择刑法专业?其实对我而言,不存在“选择”。那时并不理解刑法学之意蕴,只知道刑法管的是生杀予夺、人命关天的大事。潜意识驱使我不顾左右直奔刑法学。至于潜意识如何生成,是儿时看罪案电影和“小人书”的爱好使然,还是现实中发生的真正罪案带来的震动所致,自己也说不清楚。接触法律知识之初,没想过考研究生,完全因为兴趣,有种饥渴感。我订阅了当时屈指可数的法律刊物《民主与法制》《法学译丛》以及刚刚创办的《中国法制报》(《法制日报》前身)等。得知同宿舍一位同学的同学在西南政法学院读书,就将其读过的教材借来学习,看完归还。记得有法学基础理论、民法、法制史等,都是铅印的校内讲义。1979年《刑法》颁布后,新华书店能买到的两三本刑法教材,我都收入囊中,如获至宝。在完成本专业课程的同时学习法学,乐在其中,不觉辛苦。学校组织社会实践时,云南省少管所是实习点之一,很合我意,我便要求前往,驻所调研了个把月,写出一份“少年违法犯罪与家庭虐待之关系”的调查报告。有了心得,学习更来劲儿了,我就萌生了报考刑法研究生的想法。记得报考前的那个寒假,[1]闲着也是闲着(当时没有更多的专业资料可看),我索性边过春节边把刑法的全部条文背了下来![2]

问:看来没有什么比“兴趣”更有力量了。听说当时招收法学研究生的单位寥寥无几,还不是所有的招生单位都招刑法专业。是什么原因促使您报考湖北财经学院法律系呢?

答:那时不仅招生单位少,而且资讯缺乏,我一个门外汉,对任何一个招生单位的任何一位导师的情况都不了解。自己的选择主要凭主观:第一,毛主席多次到武汉游长江,报纸和广播隆重宣传,还有中央新闻纪录电影制品厂拍摄的纪实画面,中学时的课本上也有《水调歌头·游泳》的诗词,加之语文老师对“又食武昌鱼”的渲染和对“大武汉”三镇的生动介绍,早已让人垂涎,心向往之。第二,我长期在南方生活成长,恐不适应北方的气候和习惯。中学毕业下乡当知青之前,我第一次去了北京,天气干燥,鼻血不止,脸盆里的清水变得鲜红——大多数(都在北方的)招生单位就被这微妙的记忆悄悄排除掉了。第三,湖北财经学院法律系当年招收的刑法研究生是4人,名额算多的——这种“小算盘”至少能给自己增加一些考试的信心吧。看看,四十年前的选择是如此“不专业”。绝没有想到,“歪打正着”。

进校后才知,湖北财经学院法律系的前身是1953年成立的中南政法学院,直属司法部领导,是当时我国法学界著名的“五院四系”之一,响当当的政法名校。1958年,中南政法学院与中南政法干校、武汉大学法律系合并为湖北大学,几经辗转,于1978年变成湖北财经学院法律系。曲折中的幸运是学校始终保留了一批法学精英,为改革开放时代的法学教育提供了优质的师资准备。曾昭琼先生领衔的刑法学科人才济济、群英荟萃、队伍齐整、兵强马壮——曾宪信、江任天、尚彝勋、胡新、郑昌济、朱继良、夏其淦、吴安清等,是当时国内刑法学界为数不多的有生力量。自己“瞎碰乱撞”竟然闯进如此优秀的法学殿堂,“一不小心”成为国家恢复法学教

---

〔1〕 1982年全国研究生入学考试于4月举办。

〔2〕 1979年《刑法》有192个条文。假如面对的是400多个条文的现行刑法典,那“死记硬背”的想法根本不可能产生。就凭自己的记忆力,无论多用功也背不下来。

育后中南刑法研究生的“黄埔一期”！也成为中南刑法学科发展重要时间节点的一名见证者。此时，我的心情可以用一个喜剧小品中的台词来表达——“我骄傲！”

问：读研期间，您的老师给您留下了什么样的印象？

答：一言以蔽之：良师益友。曾昭琼先生挂帅并有曾宪信、江任天等老师的指导小组，共同负责我们四名学生的学业。也就是说，几位老师不分彼此，作为我们的共同导师。当时学生少，因此我们与导师以及其他老师有着更多接触。除了上课，我们几个都是党员，参加教工支部的组织生活。刑法教研室开会甚至整个法律系的教工活动，我们也常常被安排参加。老师们在授业、治学、为人和生活等方面的积极而认真的态度潜移默化地熏陶着我们，他们的社会信念、职业风范、知识储备、创新意识等，都在既严格又亲切、既鼓励又鞭策的传授和交流中深深地影响着我们。

出生于1912年的曾昭琼先生在20世纪30年代就取得了法学学士学位并到日本东北帝国大学攻读刑法研究生，20世纪40年代已是中山大学法学教授和法律系主任，并持续到中华人民共和国成立后，又在武汉大学、湖北大学、湖北财经学院、中南政法学院担任教授，可谓资深望重。曾先生早年撰著发表《人格本位的刑罚观》《刑法中的个人自由保障和社会防卫思想》等作品，专业造诣非常深厚。“文化大革命”时，先生被打入了“牛棚”，不仅身体受损，而且据说凝聚他多年心血的几部手稿也被付之一炬。我们入校时，经历了风风雨雨的曾先生正好70岁了。然而，我所见到的曾先生，仍然坚守法律人的初心，不顾年事较高和体弱，潜心传道解惑，倾力培育后辈，兢兢业业，诲人不倦，平和低调，乐观豁达，从未有所抱怨。有次上课过程中，先生身体不适，咳嗽不止，不得已停下来喘口气喝点水，我们都不忍心，建议不往下讲了，但先生摆摆手说“没关系”，稍待平复又接着进行。先生讲的是“资产阶级刑法学”，课程名称具有时代色彩，内容其实就是欧陆和日本的刑法。刑法学的许多专业术语和外国刑法学家，我都是在先生的课堂上学到或知道的。例如，“阶层论”“构成要件该当性”“阻却事由”“正犯”“危险犯”“保安处分”“贝卡利亚”“费尔巴哈”“贝林格”“宾丁”“龙勃罗梭”“李斯特”“小野清一郎”等。先生始终以平和的语调传递丰富的内容，条理特别清晰，滴水不漏，为我们在专业领域放眼世界打开了一扇大大的窗。着眼于今后的国际交流，先生还安排我们四人学习日语作为第二外语。记得当时是到本科课堂插班听讲，日语老师讲课生动，举止优雅，我们学得挺上劲，进步也很快。遗憾的是我们四人中有三人早已把所学“还给”老师，欣慰的是张明楷同学持之以恒，习得曾先生真传，一路向东学到富士山下，研习归来“小宇宙”爆发，修成学界风云人物，为中南刑法争了光，也突出地体现了传承。

曾宪信老师早年读过师范，当过教师，解放战争时参加了共产党的游击力量，中华人民共和国成立初期任县委秘书长，后被推荐到中央政法干校，作为国家首批专门培养的政法干部，因在为期两年的学习中表现突出，又被中国人民大学法律研究生班招录，毕业后被分配到成立不久的中南政法学院任教。曾老师脸型瘦削，轮廓分明，透过镜片的眼光总是那么坚定。曾老师时任刑法教研室主任并具体负责导师组事宜，与我们有更多联系。他负责“刑法学专题”课，干脆就到宿舍来讲授。课外也常常“顺便”过来，谈家常般地提起刑法理论与实践中的热点话题,如犯罪概念、犯罪构成体系、因果关系、间接故意、“严打”、流氓罪的界限、走私罪的认定等。然后我们就七嘴八舌,一起讨论。曾老师毫无“领导架子”,倒是经常针对我们的说法,有意提出“质疑”,主动发起“论战”,结果是你来我往,互不相让,学术“硝烟”在宿舍里弥漫……这种平等宽松的聊天辩论让我们受益匪浅。一些思想火花就是这样碰撞出来的,许多后来的成果,都是在那星星之火中萌芽的。今天想来,老师哪里是什么“顺道访问”,每次都是心怀着尽早让我们成才的殷切期待有备而来。我还私底下向曾老师提出一个个人问题:我本科专业不是法学,为什么还收我?曾老师笑着说,你考得还不错,专业题目的回答还有点想法。这给了我极大鼓舞!内心高度振奋。曾老师顺势接着说,不过,你本科毕竟不是法学,因此需要补几门课——宪法学、民法学和刑事诉讼法学并考试过关。我立马又感到了差距和时间的紧迫,暗暗为自己加油。

江任天老师具有浓浓的“知识分子味道”,非常符合我观念中的“标准”教授形象——浓眉大眼,气宇轩昂,堂堂正正,儒雅又威武,持重又坦率,谦虚又睿智,认真又和蔼。如果我是导演,一定会请江老师担纲剧中的教授角色,无需表演,本色最真。1949 年,江老师毕业于厦门大学政治系本科,获法学学士学位,并于同年进入前中国政法大学二部攻读法学。20 个世纪 50 年代初期至 70 年代末期,江老师先后在最高人民法院中南分院、中南政法学院、湖北省高等教育厅等单位,从事司法工作和教学工作。这些经历,使得江老师有着扎实的学术功底和丰富的实践经验,可谓“文武双全”。到了湖北财经学院法律系,江老师参与了中华人民共和国成立后第一部由司法部和教育部组织统一编写的高等学校法学教材《刑法学》(法律出版社 1982 年出版),在《法学研究》等刊物上发表了《论间接故意与犯罪动机》《对强奸罪中“违背妇女意志”问题的再认识》等数篇论文——这些文章原创性突出,理论与实践结合紧密,论证周到,说理清晰,是令当时学界同仁“眼前一亮”的佳作。江老师给我们四人讲授“英美刑法”,他的授课逻辑缜密、深入浅出,引起了我的极大兴趣。当时对我们的培养是按照师资方向进行的,为此设置了一个必经的教学实践环节——每人都要直接上讲台给法学本科生讲两节课,老师们在下面考核打分。由于江老师的讲课触发了我的兴趣,我就选择了“英美刑法中的杀人罪”作为试讲主题。江老师对我的备课和讲授都提出了意见和建议,他的一句话让我至今受益:“学习外国的东西,一定要先把别人的意思搞清楚。”我现在担任研究生“英美刑法”课程教学,总是通过课堂把江老师的这句话传达给一届又一届学生。

还有两位刑法老师给我们上过专业课,一位是尚彝勋老师,另一位是郑昌济老师。虽然他们不是导师组成员,但他们的授课令人印象深刻,与他们在课后的交流也让我们受益匪浅。

尚彝勋老师负责的课程是“中国刑法史”,可以用两个成语概括他的形象和授课——“慈眉善目”和“一丝不苟”。尚老师戴着高度近视的眼镜,专门为我们四人伏案写讲稿,还编印了有关史料的小册子。他说文解字,细抠字眼,课堂里弥漫着“烤”(考)古气息。我的日记中有这么一段:“尚老师平时看上去与他上课时可不一样。他讲起课来眉飞色舞,摇头晃脑,真像说书的;之乎者也,韵调又像是京剧念白。”还记得,“夫子”般的尚老师课外也给我们讲他自己的“笑话”——初登讲台极其紧张,照本宣科,结果讲稿上还剩几个字时,才发现还有 30 分钟才下课，但就凭这几个字又讲了半小时。说完，他自己先乐得哈哈笑。这事留在我的记忆中，并不因为多好笑，而在于生动的经历包含了许多哲理。可能是无形中受到了熏陶，我在做课程作业时也十分认真细致：第一步，基于上课时的兴趣点，选择了“唐律中的谋杀罪”作为题目；第二步，通读《唐律疏议》，摘录出所有与“杀人”有关的部分以及犯罪形态、共同犯罪的内容；第三步，对摘出的资料进行梳理和归纳，参考当时不多的有关论著（现在看来这一点还做得很不够），形成写作思路和框架；第四步，运用资料进行写作，完成初稿；第五步，对初稿进行斟酌和修改，直至交卷。前后用了约二十天的时间。尚老师审阅后，对这篇作业非常满意，给出了高度肯定的评语和成绩。受到如此鼓励，我信心大增，根据尚老师指出的不足之处进行了些许修改，就赶忙私下将文稿投向《法学研究》。[3] 没想到，该杂志 1984 年第 6 期竟然刊出了拙作。这是平生第一次在公开出版物上发表学术文章。喜出望外之余，也悟出一条心得：过程中努力了，结果也坏不到哪里去。

郑昌济老师教授的课程是“犯罪心理学”，主要面向本科生，我们随班听课。与其他刑法老师相比，郑老师完全是另一种风范：形象帅气，举止潇洒，长得很像那个时代家喻户晓且深受大众喜爱的电影明星达式常。他上课时注重仪表，站姿挺拔，表达生动，谈吐幽默，不时引来一片笑声，课堂气氛轻松活跃。课下交流时，我们发自内心地为郑老师的精彩讲授点赞，郑老师却谦虚坦言自己的口齿其实有点“结巴”，曾因此不擅于在人多的场合讲话，为了当好老师，他想出一个克服胆怯和提升表达能力的办法——对着镜子反复演练。郑老师自嘲式的“现身说法”，让我们对“台上一分钟，台下十年功”“功夫不负有心人”的说法有了新的感触。为了让学生更深入地体会课程内容，郑老师还组织我们去监狱参观调研。正是在劳改场所与几名女犯的访谈中，催生了我该门课程的结业文章《犯罪女性的自信与自卑心理》，不久该文章也被一本刊物登载。还有一件事值得一说：读研时我知道郑老师当过兵，但近四十年后才知道，他还是抗美援朝的功臣！最近，大家都去影院观看一部很“火”的抗美援朝影片，学校“趁机”在网络上发表了一篇文章——《难忘“长津湖”，中原大学 574 名师生报名赴朝作战！》，回顾我校前身“中原大学”师生参军支前的沸腾场景，重点介绍 6 位参战老兵，郑老师是唯一一位“中南政法”的代表。这里引述一段：“在攻打 394.8 高地的一次战役中，郑昌济的右腿被美军炮弹炸伤，弹片至今还在右腿中未能取出。负伤后，郑昌济回到武汉疗伤……1954 年，他考入中南政法学院，成为中南政法学院第一届本科生，后留校教书，1988 年就任中南政法学院副院长，直至退休。”

问：边听您说我边在想，为什么中南刑法历经几十年不衰？师资起点高应当是最重要的原

---

[3] 为什么说是“私下”？因为没给老师“打招呼”。老师们特别强调学习期间“打好基础”，虽然也要我们多练笔，但也不提倡投稿，反复告诫我们“不要急于投稿”。记得导师组让我们四人搞文献综述，完全是以促进学生把握学术前沿和锻炼收集消化资料的能力为目的，而不着眼于发表和出版。导师组把我们写成的文字送到学校印刷厂，印了厚厚一大本，也仅仅是作为内部资料而已。老师们看重的不是发表，而是学生内在的收获。不过，作为学生，我们心里还是有将自己作品变成“铅字”的冲动，不免“擅自”行动。为什么要投《法学研究》呢？因为当时刊物非常少，没多少选择余地，感觉投哪一个杂志的刊载概率都差不多。加之张明楷同学“私下”向《法学研究》投稿成功，他撰写的《我国刑法没有规定结合犯》一文已在该刊 1984 年第 3 期上发表，更是助长了我发表文章的“野心”。

因之一。对此,我们年轻一代刑法研究生深感荣幸。夏老师,能不能再多讲一点“黄埔一期”与老先生们之间的故事?

答:我们与老师之间的“故事”的确多一些。那时研究生的招生单位和名额都少,师生数量相当,是老师围着学生转。现在中南刑法硕士生每年招收几十人,是“黄埔一期”的十几倍,比当年全国招收的刑法研究生总数还多。现在咱们学校一届刑法博士生的数量都大大超过了我们那届硕士生的数量。数量多了,意味着学科发展了。但带来的问题就是,我们的研究生与老师们的联系少了。即使是“责任导师”,也往往因为考核制度下教学科研任务的繁重,分配到每一个学生身上的时间和精力自然不可能有那么多了。当然,电话和网络给师生沟通带来了新的方便。但无论如何,我还是怀念师生经常“打成一片”的日子。

——记得曾宪信老师邀请我们到家里聚餐,师母亲自下厨,推出拿手家常小炒,还端上武汉人招待女婿才有的“莲藕排骨汤”,盛情款待我们,大家围坐在拥挤的小厅里,大快朵颐,口齿留香,天南海北,欢声笑语。

——学生也曾在节日邀请过几位导师到宿舍“做客”。我们将四人的学习小桌拼起来,每人凑两元钱准备了瓜子、水果和水果糖,给老师们自带的杯子里泡上茶,热热闹闹地开了一次师生联谊茶话会。

——有一次我到江任天老师家里求教,他非常高兴,非要给我冲一杯当时不容易喝到的咖啡。讨论专业之余,他知道我有军人身份,就跟我“八卦”起苏联的军法官,说这是被戏称为“胡子兵”的一个苏军兵种——专业性强但晋升慢……说到外国,他又顺便聊起最初喝咖啡的经历和感受,这些我都闻所未闻,觉得新鲜有趣开眼界。

有时,老师还很“放任”我们,印象最深刻的是1984年我们跟随曾昭琼先生和曾宪信老师南下广州和深圳调研的经历。那时的深圳是用铁丝网全封闭的经济特区,要拿着事先在武汉办好的通行证在广州转乘红皮火车(那时的旅客列车大都是绿皮的)才能直达进入。从车站到驻地的汽车上,对那座新兴城市的印象是马路宽房子新,这是“内地”所没有的景象,〔4〕但与今天普遍的城市面貌相比,那时的深圳还不如现在的一个县城,除了才盖了一半的“国贸”大楼(后来的地标),很难见到超过10层的建筑,我们“下榻”的旅馆是“湖北大厦”,算个高楼了,也不过七八层。抵达时已是傍晚时分。曾宪信老师和我们几个学生一起住进有十多个铺位的大房间,与素不相识的其他住客成为“室友”。给曾昭琼先生和师母黄老师安排了单间——在今天,这是再普通不过的一个两张铺的标准间,我们提着行李送先生进屋,先生听说住一晚要几十元钱(记不清了,好像不到四十元),连声“太贵,太贵”,执意要换地方。曾宪信老师赶忙解释,当地正规的公家旅馆,这算便宜了,〔5〕旅馆房间紧张,都是提早安排的,咨询过学校财务部门,先生有此待遇,况且师母也是法律系员工,外出负有照顾先生的责任,也能分担

---

〔4〕 那时的“内地”不包括深圳经济特区。

〔5〕 毕竟是经过湖北方面介绍来到湖北方面开办的“湖北大厦”住宿,熟门熟路还有“优惠”。与“内地”比,深圳的物价的确太贵了。红皮火车上一份报纸两毛钱,一份盒饭三元钱,吓得我们全体师生都不敢关心国家大事了,为了节约还省了一顿午饭。

部分住宿费，外面私人小店会便宜一些，但既不规范也不安全，再说天色已晚……这才安顿下来。看得出，先生仍对这价格"耿耿于怀"。不过，我们几个学生只顾"欣赏"里面的卫生间、床头柜、台灯、电话、茶杯、烧水壶、沙发和地毯等"高级设施"，比今天进总统套房的感觉还要开心。更让我们兴奋的是彩电，打开一看，竟然只有"明珠""翡翠"等几个香港电视台，里面叽里呱啦说的粤语，一句也听不懂，印象深刻的是电视剧插播广告，搞得连续剧很不连续，这都让人感觉新奇又很不习惯。巧的是那晚正赶上直播该年度香港小姐选秀决赛，这"西洋镜"顿时把我们这群"刘姥姥"牵进了"大观园"，先生和师母看出了我们的小心思，就说，"你们尽管在这看，等会看累了，我们就在边上闭目养神，不影响的"。我们几个还真没"客气"，席地毯而坐，把房间当成了"家庭影院"，我带的一些方便面（那时可是一般情况下舍不得吃的"高档食品"）正好与大家分享和充饥，师生难得欢聚，倒也其乐融融……其实，先生年过七旬，舟车劳顿已很困倦。回忆彼时，我们真像不懂事的孩子，硬是"赖在"恩师身边度过了"任性"而美好的夜晚！

问：师生亲密无间，好珍贵的经历！能否再讲讲您和同学之间的故事？

答：陆晓光、齐文远和张明楷三位同学的大学本科专业都是法学，家都在湖北，与其相比，我是双重意义的"外来人"。无论是学科知识，还是日常生活，他们都给了我这个"弱势个体"诸多帮助。陆晓光、齐文远家住武汉，提供了不少资讯和资源，还把家里的美食拿来分享。每当我和张明楷的外地亲友或同学来访需要借宿，他们二位便"打道回府"，腾出"客位"。

陆晓光同学人帅个高，常与我在课余时一起打球和健身，研究生组织的篮球队和排球队，我俩都是队友，当然，他是主力，我是替补。作为四人中的"老大哥"，已经成家的陆晓光和嫂夫人还曾为我的"个人问题"煞费苦心。

齐文远同学是围棋高手，不时与其他专业的同学对弈，这一爱好与他沉静稳重的性格挺吻合。不过，去深圳的那次外出，他让一行人刮目相看。齐文远本科毕业于西南政法学院，而最早分配到深圳司法机关和政府部门的法学科班生大多来自他的母校，于是，当其他人"都两眼一抹黑"时，他却"如鱼得水"，成了"东跑西颠"的"外交人员"——不仅"受命"联系接洽走访单位，而且"私下"找他深圳的同学帮大家兑换港币。[6] 那时，凡去深圳的人都想到位于沙头角的"中英街"转上一转，但一行人唯有"神通广大"的齐文远同学搞到了一张十分紧俏的"特别通行证"。我们感觉这简直就是擎天架海、挥斥八极，无所不能啊！我们人去不成，就趁机让他"带货"——无非就是"内地"少见的折叠伞、电子表、纱巾等。现在想来，当时的齐同学既要在"中英街"上观景，以便回来报告"到此一游"的感受，又要完成这婆婆妈妈烦不胜烦的扫货"重任"，能让大家"满载而归"，实在不是一次轻松的旅行。

平时，张明楷同学和我是宿舍的"常驻代表"，有更多时间待在一起——一起看书写字，一

---

〔6〕 建设初期的深圳经济特区，打个车，吃个饭，一般都要港币，商场里绝大多数柜台也只能用港币，角落里可收人民币的柜台寥寥无几。对此，我们在观念上一时难以接受，但想要买东西还不得不"入乡随俗"，否则"寸步难行"。兑换港币并不简单，不同渠道比价不一。齐文远通过"人脉"，很快找到了"便宜"的方式，解决了大家的"燃眉之急"。

起去图书馆,一起去食堂。我有一次打球受伤脚部骨裂,一星期无法下楼,全靠同学打饭打水,照料我最多的自然是朝夕相伴的张明楷同学。

湖北财经学院校园(现中南财经政法大学首义校区)坐落于武昌蛇山脚下,前门距离辛亥革命纪念馆和首义广场、黄鹤楼、长江第一桥等名胜古迹都在几百米至两千米之间,后门则临近武昌火车站,我们研三时搬到紧靠后门的宿舍楼(现38号楼),每晚都能听到“旅客同志们请注意……”的广播声,天天见证着南来北往、川流不息,真不愧是“九省通衢”。虽然当时这座城市有点“脏乱差”,甚至多年后还被调侃为“最大的县城”,但它不封闭、不排外、动感强、包容度高、粗犷而豪迈的城市性格也给我们的学习提供了良好的文化氛围。那时的同学关系也很具有这种武汉特色。

湖北财经学院82级各专业研究生共有40余人,除了刑法专业四人和法理专业两人,其余是分属不同门类的经济学专业和哲学专业。加上陆续进校的83级和84级研究生,共计100余人。全体研究生都集中在一栋宿舍楼里的两三层之间,每一层有一间教室,一个年级的同学在一起上外语课。大家来自四面八方,大部分人有工作经历,有工、农、兵,也有基层干部和中学教师。我们四人中,陆晓光当过空降兵,齐文远当过“货车司机”和民警,我下乡插队当过几天农民,又到驻扎云南的野战军当步兵,上大学和读研时仍保留着现役军人身份,只有写得一手漂亮钢笔字的张明楷同学年龄最小,赶上了中学毕业后可以直接考大学的机会。有着不同专业和不同经历的同学们频繁“串门”,学习和生活互通有无,彼此交流,无意中取长补短,相得益彰。回想起来,我与法理学的马协华和游建同学、哲学的徐健全和朱书刚同学、经济学的居昊和丁学东同学等,都有过涉及各自专业的“跨界”交流。这种常“吃杂粮”的环境,让自己获益良多。

要特别一提的是,除了四个学刑法的,还有一位81级国际法研究生也在我们宿舍住过一段时间,是我的下铺。他姓胡,是英语本科的高材生,给了我们很大帮助,但凡阅读英文原版刑法书籍遇到障碍,我们就会在第一时间请教近水楼台的“胡老师”。有时问题较多,便会不断叨扰,常常还是几人轮番“出击”,但他总是来者不拒,乐呵呵地耐心解答,有时因问题具有专业性而一时回答不了,他还会专门花时间琢磨后再告诉我们。小胡同学眉清目秀,英俊帅气,温文尔雅,称得上是美男子,且才貌双全,可惜后来罹患骨癌英年早逝,每念及此,不禁一声叹息!听说,当时截掉一只腿即可保命,但他毫不犹豫地谢绝了医生的方案。从这个文质彬彬的学兄身上,我真正看到了什么叫作“宁为玉碎,不为瓦全”!

问:真是让人唏嘘不已。我理解,老师是想告诉我们,同专业和不同专业的同学之间进行互动,是搞好学习的重要环节。是吗?

答:不错。今天叫作“融通”。这对于人文社科类专业尤其重要。按照马克思主义的学说,法律不过是对现实社会关系的确认,属于社会上层建筑,由生产力和生产关系的互动所决定,也受到其他上层建筑的影响。作为社会意识形态之一的法学,也是在这些复杂的关系中发展起来的,并与其他意识形态密切联系。因此,专业学习不能孤陋寡闻,闭门造车。不看刑法书,肯定学不好刑法;只看刑法书,也学不好刑法。现在的中南财经政法大学强调“经(济)、法

(律)、管(理)融通”,是很有必要的。要做到融通,不仅仅是交叉阅读和听课,而且需要不同专业的学生之间直接进行对话。

除了内部交流,对外还应该“请进来”和“走出去”。现在“请进来”做得还可以,刑法学科不时会请校外专家学者过来演讲,也举办一些研讨会。但与我们读研时相比,“走出去”似有不足。学院在外面建立了不少“实习基地”,好像都是为本科生而设,不专门组织研究生参与。我感觉这是一个欠缺。一些研究生在论文选题时很茫然,在电脑面前搜索一阵后发现“所有的问题都被学界研究了,所有的话都被学者说完了”,只好拾人牙慧,老生常谈,写作时不免依靠电脑工具栏上的“剪刀”和“浆糊”,拼拼凑凑,这样完成的学位论文难免千篇一律,内容空洞。其实,刑法理论和实践的问题层出不穷,为什么发现不了?恐怕与不了解真实的外界不无关系。

问:那么,您读研时是什么情况呢?

答:前面提到 1984 年上半年导师带领我们去广东的事情。那次调研活动非常充实,我们访问了广东省高级人民法院和广东省人民检察院、广州市人民检察院、广州市越秀区人民法院、深圳市人民检察院和中级人民法院、深圳市罗湖区人民法院等,在这些单位座谈,看了部分案卷,还参观了罗湖区海关打击走私犯罪的内部展览。当年下半年,我们四人又一起外出进行了一次调研,你们看,这个小本上记有自己的“调查小结”:“为论文写作,自 1984 年 11 月下旬至 12 月下旬,到北京、上海等地进行了为期一个月的调查,收集资料。先后去了人大、北大、中国政法大、公安大、华东政法等高等院校,社科院法研所、北京图书馆等研究、资料机构,最高法、最高检、公安部、北京律师协会等实际部门。与专家学者、研究人员、司法人员进行了座谈,有人大王作富,北大杨敦先,公安大宋涛、樊凤林,政法大曹子丹,最高法单长宗,最高检崔南山,法研所欧阳涛、崔庆森、冯锐,华东苏惠渔等。”这些都是大名鼎鼎的专家学者啊!如果聚集一堂,就是一场豪华版的研讨会。本子上还记录了座谈时老师们的发言。例如,崔南山老师说,“办案还是按照犯罪构成严格执行……应着重研究具体犯罪,否则没有深度”;“不是一触犯刑法就追究,犯罪性质、社会危害性、情节这三个因素很重要,以决定未遂是否追究”;“经济犯罪又要打击,又要照顾开放政策”。单长宗老师说,“数额要根据各地经济发展情况来定,这样,同样行为在甲地是犯罪,乙地是违法,掌握不同”;“犯罪构成是一种法理上的学说,但本身不是法律规定,严格说,不是按犯罪构成定罪,而是按法律规定定罪”。欧阳涛老师说,“社会危害性与犯罪结果、损害结果的区分,要花力气研究”。杨敦先老师说,“一切犯罪都有结果……对社会关系破坏了,就应有结果”;“现在的犯罪构成理论,还是比较清楚的,大体上是可以的”。樊凤林老师说,“光看行为不看结果容易使方向偏离,中国刑法的一个特点是强调‘情节’,强调危害性,实际部门很重视”。王作富老师说,“犯罪构成是指法律规定的犯罪的类型,不是学者主观创造的,学说理论反映了客观的法律规定,叫个名词为‘犯罪构成’。犯罪构成概念不是法律,但概念的本质是法律,讲某罪的犯罪构成就是讲该罪的法律规定。犯罪构成概念是学理概括”;“要力求解决现实迫切需要解决的问题。不要言必称古代。多了解实际部门,不能只从书本到书本,多跑实务单位”;等等。老师们的具体观点并不完全一致,但从不同角度提出问题,阐述理由,令我们眼前一亮,脑洞大开,收获满满。对此,我的“调查小结”还记录了这样的感触:“就书面资料来讲,我校与其他学校并无太大差别,甚至各有优势……除了书面资料,更重要的资料往往并不能在书架上找到……还包括与专家学者们座谈时得到的知识与启发,包括与他校研究生交谈得到的东西,还包括一种在学术界、实际部门走访时所有的感受,这种总体感受说不清是什么,但我觉得是一种非常重要的‘信息’……这都是有意义的。出去与不出去不一样……至少,对写论文,心里要踏实一些。”之所以不厌其烦地念这些,是想说,虽然那时的刑法研究生教育刚刚起步,但组织学生走出去的做法在今天仍值得提倡。

问:谢谢老师为后学操心。您上面的讲述让我们感觉当年读研的学习安排很紧凑。难道除了吃饭睡觉锻炼身体,您几位从早到晚都在学习吗?算起来,您几位在四十年前也正值二十几岁的青春年华,很想知道在学习之外,有没有什么文体活动?

答:与你们一样,除了紧张而有序的学业,我们的业余生活也丰富多彩。当时的研究生办公室不过就是我们这一层宿舍的一间屋而已,学校很重视研究生教育,专门购买了一台彩色电视机放在这间办公室,这在当时绝对是高端配置。许多个晚饭后,同学们把电视机连桌子抬出来放到走廊上,一起看新闻联播,一起为中国女排加油,一起追剧——有反映知识青年上山下乡生活的《蹉跎岁月》,有善恶交锋、爱恨情仇跌宕起伏的《上海滩》,等等。大家拥挤相坐,边看边议,气氛热烈。

各专业研究生有文体特长的不少,篮、排、足,吹拉弹唱,琴棋书画,样样有高手,哪一样我也不占先。我没有担任研究生会或年级班委的任何“职务”,却是一名热心公益的“民间”积极分子。一次全校汇演,研究生会“领导”老周同学到宿舍求我“出山”,我怕耽误学习并不情愿,但军人的“集体观念”竟促使我“口是心非”,本能地应承下来,这“烫手山芋”让我几天毫无头绪。直到有天晚饭后,我和陆晓光在宿舍看书,突然停电,老不恢复,只好在黑暗中聊天,从专业聊到节目,竟脑洞大开,你一句我一嘴构思出节目梗概,过后我加以整理,编出个带有刑法专业色彩的大反串“剧本”《原形毕露》——美国流浪汉夏尔洛(卓别林塑造的小人物,由我扮演)同情和爱慕一位朝鲜卖花姑娘(哲学专业的别鸣业同学扮演),[7]于是打肿脸充胖子,用仅有的钱买花又献回给姑娘,却目睹美国小偷(经济专业的陈研新同学扮演)窃走姑娘的钱,流浪汉协助美国警察(陆晓光同学扮演)抓住小偷,带到中国的“七品芝麻官”(经济专业的方庆同学扮演)和衙役(哲学专业的徐健全同学扮演)面前审判,流浪汉积极作证,揭穿百般抵赖的小偷,为姑娘讨回公道。我们采取音乐哑剧形式,掺和简单魔术,凑成一个热闹的大杂烩。我和游健同学一起代理过一个民事案件,其当事人在汉口“民众乐园”工作,帮我们借来了所需的戏装,我和马协华同学购买和制作了一些小道具,又买了几盘音乐舞曲,将其中自认为适合剧中人物的主题旋律加以剪裁翻录,按照剧情顺序衔接起来。在宿舍里排练几次后,自我感觉良好。为保留悬念增加效果,大家严格保密。正式演出时,“演员”们都非常投入和争气,而担任化妆、道具、播放音乐、调度、拉幕的马协华、张明楷、游建等同学给予了非常到位的后台保

[7] 朝鲜电影《卖花姑娘》给我们这一代人留下的印象太深了。

障,合力奉献了一出别开生面的闹剧,全场观众笑声不断,大呼过瘾,报以最热烈的掌声。要知道,扮演卖花姑娘的别鸣业同学可是男生,浓眉大眼的小伙子化了女妆穿上花衣再戴上长辫子假发,加上温柔的动作和表情,竟让台下议论纷纷——怎么平时没注意到这位研究生美女?我们设计的另一个噱头回答了这个疑问:谢幕时,"原形毕露"的"小偷"将"姑娘"的假发扯下,呈现另一个意义上的"原形毕露",引来哄堂大笑和更热烈的掌声。因礼堂容量有限,全校各单位的节目分两晚进行,学校特邀我们第二天又给另一批观众演了一遍。如果那时有电视选秀,也许能上"星光大道"哩!

问:*谢谢老师分享"激情燃烧的岁月"。看来学习刑法并不使人呆板,读研生活五彩缤纷!作为曾经的刑法研究生和现在的刑法老师,您对中南刑法有何期许?*

答:作为中南刑法的一员,我属于承上启下的一代,前面是曾昭琼先生为首的老前辈,他们书写了往日的辉煌,并把我们培养成后续力量。我个人1978年从部队考上大学再到考上研究生,一直是现役军人,毕业后服从命令到了军校任教,我的同学和前几届师弟师妹则大多留校。由于国家学科布局等原因,中南政法学院重建后的十几年遭遇了发展"瓶颈",包括刑法在内的博士点建设迟滞,使得最早留校任教的同学和师弟师妹大多"出走",有的考入他校攻读博士而一去不复返,留在读博学校发展为知名学者,如李希慧、刘明祥、冯军、谢望原、李立众以及后来的刘艳红等;有的脱离教职而转型,后来成为知名律师,如陆晓光、曹洋等;也有的读博后投入商海,后来成为知名经理人,如钱毅等。特别是1997年,在老一辈大多退休的时候,已在学界声名鹊起的张明楷被清华大学"挖走",虽然这是中南刑法的荣耀,但也将中南刑法队伍"青黄不接"的危机凸显出来。此时,继续担纲"承前启后"角色的只剩下齐文远同学,他坚守"阵地",挑起母校刑法学科的重担,招兵买马,重整旗鼓,将我召回。我们一起艰苦奋斗,全力拼搏,稳固和充实队伍,整合资源,使学科重现活力,再续香火,还算是不辱使命吧。一转眼又是二十年,导师都已逝去,我们这一代正在淡出,中南刑法的发展又到了一个关键节点。"长江后浪推前浪",相信后面的一代人会不忘初心,续写荣光。

刘明祥　中南政法求学回忆

刘明祥，1983级刑法学硕士研究生，现为中国人民大学教授、博士生导师。

我于1979年考上湖北财经学院法律系，开始了我的本科和研究生求学生涯。湖北财经学院法律系的前身可追溯至中南政法学院。20世纪50年代中华人民共和国成立初期，中南政法学院和中南财经学院分别迁入武汉市武昌区，在首义公园南侧的阅马场至大东门一带建校，两校校区连成一片，占地不过几百亩。没过多久，国家实行院系调整，将两校合并在一起，成立湖北大学，中南政法学院成为湖北大学的一个系（法律系）。"文化大革命"开始后撤销了湖北大学。"文化大革命"结束后学校恢复，但改名为湖北财经学院。1977年全国恢复高考招生，湖北财经学院的法律系与几个财经类的系，开始恢复培养学生的工作。我成为该校恢复招生后法律系的第三届（1979级）本科生。我本科毕业前后，国家决定以该校法律系为基础恢复重建中南政法学院，使之成为司法部主管的五所政法院校之一。我本科毕业时考取本校刑法专业的硕士研究生，前两年仍在老校区（阅马场校区）学习。1985年中南政法学院的新校区（南湖校区）启用后，我是首批进入新校区学习的学生之一，并成为在新校区毕业的首批硕士研究生。随着时代的变迁，该校区成为中南政法学院与中南财经大学合并形成的中南财经政法大学的主校区，初期由几条路（雨后即成为泥浆路）连接的几栋楼组成的乡村中学似的校园，变成了一个充满现代都市气息的美丽大学校园。

我之所以选择攻读中南政法学院刑法专业的硕士研究生，是因为本科时刑法学授课老师对我的影响很深。我们法律系79级刑法总论由江任天老师授课，刑法各论由吴安清老师授课，两位老师都讲得非常好。当时，由高铭暄教授主编全国统一的《刑法学》尚未出版发行，但因江任天老师是参编者之一，对该教科书的内容体系比较熟悉，加上江老师是中华人民共和国成立前的大学生，有很高的学术修养，讲课的技艺也十分高超，我和同班的同学都很受益。我因而对刑法学产生了很浓厚的兴趣，毕业时就报考了刑法专业的硕士研究生，并有幸成为本校83级该专业招收的3位硕士研究生之一。

江任天老师不仅是我的刑法学启蒙老师，而且也是我本科毕业论文和我硕士生在读期间发表在核心期刊的第一篇论文的指导老师。江老师建议我把盗窃罪中的主客观相统一问题作为本科毕业论文的选题。他还特别向我介绍了一个盗窃案:被告人为抵御寒冷将被害人挂在外面仅值十余元的破棉袄偷走,直到一周后案发一直不知棉袄内层还藏有500元现金。此案能否认定被告人构成盗窃罪,当时是一个颇有争议的问题。我在江老师的启发和指导之下,写成毕业论文并顺利通过了本科论文答辩。后来,曾宪信老师从江老师那里得知我写了这篇论文后,要我将论文交给他看。当时,我虽已被录取为本校刑法专业的硕士研究生,但尚未报到注册。曾老师此时审阅我的论文,应该算是提前开始指导我了。几天后曾老师约我面谈,对如何修改、完善这篇论文,提出了很具体的意见,并建议我修改之后再给江老师看。我按曾老师的要求认真修改、补充,尔后又给江老师审阅。江老师对此文的层次做了点调整,对有些表述做了更改,甚至有些标点符号也做了添加或更改,并建议我对其中一个小问题做补充论证,鼓励我修改、完善后投给有关刊物,争取公开发表。我修改之后投给《法学评论》杂志,此文有幸发表于该刊1985年第2期(题为《试论盗窃罪犯罪构成中的主客观相统一问题》)。三年后此文被纳入王作富教授主编的高等学校文科教学参考书《刑法学参考资料》,并作为此书"专题资料"部分的40余篇论文之一,以供全国高等法律院校(系)本科和专科学生学习"中国刑法学"时配合使用。

我在中南政法学院刑法专业攻读硕士学位时,师从曾昭琼、曾宪信、江任天、朱继良四位教授。当时实行集体导师制,刑法专业课采取的主要教学形式是:四位导师就同一专题先分别扼要讲授,再与我们同年级的三位研究生一起讨论。我清楚地记得,在与学生讨论共同犯罪问题时,曾到日本留学并精通日本刑法,且早在民国时期就已是著名刑法学教授的曾昭琼先生一再强调,我国现行刑法关于共同犯罪的规定,与日本刑法和我国民国时期刑法有关共犯的规定明显不同。其他三位老师也持同样的主张,都认为不能用日本和我国民国时期的共犯理论,来解释我国现行刑法关于共同犯罪的规定。这可能就在我的心中埋下了思考共犯问题的种子,成为我后来选择不同于德日共犯论的研究路径,即从单一正犯视角来探讨我国的共同犯罪问题的重要起因,并促成我2016年以"犯罪参与基本问题研究"为题,申报教育部人文社会科学研究基地重大项目。此项目立项前几年我就一直在做相关研究工作,持续进行了十余年,最终完成该项目并形成了即将出版的《犯罪参与论》一书。可以说此书也渗透有已逝去的导师们的心血。

导师们在教学之中,特别注重对我们进行方法论方面的指导。他们反复叮嘱我们,虽然要认真学习俄罗斯(当时为苏联)、英美、德日的刑法学,并要善于做比较研究,但不能生搬硬套他们的刑法理论,要看到中华人民共和国成立后刑法的规定与民国刑法的规定,特别是与苏联、德日及英美刑法规定的差异;要立足于中国的国情,努力构建有中国特色的刑法学理论体系。导师们自己也率先垂范,朝这一方向做了毕生的努力。此外,导师们也非常注重对我们进行优良学风的教育。他们不仅告诫我们千万不能抄袭他人之作、发表无创新见解的论文,而且在与他人讨论问题,尤其是在学术论著中发表与他人不同的意见或观点时,一定要以平易近人、心平气和的语气发表意见,不能以居高临下的姿态,用贬低、损害他人尊严的语气或词语,来与他人讨论学术问题。

特别令我难忘的是，导师们不仅在教学之中注重理论联系实际，引导我们刑法专业的研究生关注和研究司法实践中出现的一些新型疑难案件，而且还安排我们年级的三位同学到外地法院从事了十余天的调研活动。那是在我们二年级的下学期，即 1985 年的 5 月中旬，由年过花甲的江任天老师带队。江老师利用中华人民共和国成立初期在中南局工作时的同事关系，找江西省高级人民法院院长帮忙安排我们的调研活动。在该院长的安排和介绍之下，江老师带领我们三位同学到江西省宜春市中级人民法院，开展了一周左右的调研工作。在该院调研期间，该院请江老师和我们三位同学与刑事审判庭的法官座谈了两次，介绍了刑事审判工作的一些基本情况，并与我们讨论了几件疑难案件的定性问题，其余大部分时间我们都在翻阅该院五年之内审理（包含一审和二审）案件的卷宗，重点看一些疑难案件事实的认定及定罪量刑的判决结论。在该院的调研结束后，我们乘火车返校的途中经过长沙，又在长沙停留了两天，到长沙市中级人民法院开展调研工作。该院刑事审判庭的负责人向我们介绍了当时该院刑事审判工作的基本情况，同时与刑庭的几位法官座谈，一起讨论了他们在办案中遇到的一些疑难问题。

十余天的调研活动，使我对当时司法实务的状况有了初步的了解，并对刑法分则规定的具体犯罪，特别是一些新型犯罪现象的研究产生了浓厚的兴趣。在调研过程中，法官向我们介绍了传统的诈骗罪在当时出现的一些新情况、新问题，如利用合同诈骗等，这成为我把诈骗罪研究作为我的硕士学位论题的重要动因，甚至可以说是我后来把财产罪的研究作为一个重要研究方向，并出版《财产罪比较研究》和《财产罪专论》这两部专著的起因。

我硕士研究生毕业前夕，湖北省法学会主办刑事法研讨会，导师们鼓励我们提交会议论文，并将我们带到会场参加研讨会。我从已写成的诈骗罪研究的硕士学位论文中抽取了一部分作为会议论文提交，参会时，会议组织者还让我做了发言。会后不久，湖北省法学会与辽宁省法学会联合在辽宁省兴城市召开刑事法研讨会，曾宪信老师应邀参会。参加会议的代表大多是司法实务部门的法官和检察官，讨论的问题也主要是具体犯罪的定罪与量刑，我之前提交给湖北省法学会研讨会的论文内容，与此次在辽宁省兴城市召开的会议研讨的主题相关，因此，曾老师带我去参会。据我所知，为解决我这位穷学生去参会的差旅经费，曾老师费了几番周折。此次研讨会，使我有机会又与辽宁司法实务部门的专家，进一步讨论我硕士学位论文（包含提交会议论文）所研究的诈骗罪问题，为我进一步修改、完善论文创造了条件。后来，我以硕士学位论文所写的内容为基础，结合参加这两次研讨会所获取的新信息，包含实务部门的专家对我修改、完善论文的建议，对学位论文内容做了进一步的修改、补充，尔后分成多篇论文投给有关学术刊物发表。其中，有两篇先后在母校的《中南政法学院学报》（现改名为《法商研究》）上刊发。

弹指一挥间，我从中南政法学院硕士研究生毕业已近四十年。作为我的导师的四位先生早已仙逝，但回想起求学时的情境，先生们的音容笑貌犹在眼前，其叮咛、嘱咐仍回响在耳边。我之所以选择走刑法学教学研究这条道路，并能成为一所知名大学的教授，得益于先生们的培养、教育。对此，我将终生铭记、永怀感恩之心！

冯 军 ｜风雨人生路，峥嵘岁月情

冯军，1984级刑法学硕士研究生，现为中国人民大学法学院教授。

引 言

不知不觉，我已年近花甲，这是一个具有两面性的年纪，关于往事，既目的理性地欲讲些假话，又情不自禁地想吐露真心。当文远师兄在今年七月初要我写文章记述我在中南政法[1]攻读硕士学位的往事时，我虽然立即应诺了，却迟迟未动笔，因为我不愿用自己并不准确的记忆去粉饰那段于我而言很艰难、很重要的人生经历。但是，我终于还是动笔了，不仅是为了表达我对文远师兄的敬重，而且是为了在回顾那段缘起缘灭的爱恨人生之后，凝聚离思[2]时不由自主飘浮荡漾的散漫灵魂。

一、读书

在1983年的"严打"运动中，我父亲以重婚罪被判处一年有期徒刑，[3]因此，二十岁的我不得不放弃毕业后去当法官的念头，选择继续求学，并于1984年考上了湖北财经学院（我的本科毕业院校）法律系刑法专业的研究生。偶然的家庭变故，使我走上了学习和研究刑法的专业之路，真可谓："人生，越重大的事越是偶然决定。"

研究生一年级，我是在大东门老校区度过的，二年级时搬迁到鲁巷新校区。整个研究生学习阶段，我因为父亲坐牢和初恋破碎而失落，一直都被郁闷沮丧和自鄙自糟的情绪笼罩着，未能专心读书。

---

〔1〕 在"湖北财经学院"、"中南政法学院"和"中南财经政法大学"这三个具有承继关系的称呼中，"中南政法学院"被在"中南政法学院"毕业的研究生们欢喜地简称为"中南政法"。

〔2〕 "离思"，在此既有"离别后的思念"之意，也有"曾经沧海后的眷恋"之意。

〔3〕 当时，主动与我父亲共同生活了两年多的金妈妈也被判处两年有期徒刑，在刑罚执行完毕后，金妈妈与她原来的家暴丈夫解除了婚姻关系，又与我父亲相互依赖地共同生活了十八年，直至她十六年前去世；我父亲现已八十七岁，还独自健康地活着。

老实地说，当时的我感觉不到“对知识的享受比对知识的探索更为快乐”。[4] 那时，我总觉得自己只是被迫攻读硕士学位而已。

我不情愿地坚持着，每天沉默寡言，上课时无精打采，下课后唉声叹气。幸哉，我不仅没能“成功”地放弃学业，而且，不知所以地完成了学业。

研究生阶段读了哪些刑法专业书，我已经记不得了，但我清楚地记得当时自己翻译和撰写了一些东西，并且正式发表了，今天想来，简直惊诧得合不拢嘴。在 1986 年第 5 期的《法学译丛》[5]上，发表了我翻译的《执行刑罚的等级处遇令》和《缓刑人保护观察法》；在 1986 年第 6 期的《法学杂志》上，发表了我撰写的《浅议没有被害人的犯罪》；在 1987 年第 3 期的《法学译丛》上，发表了我翻译的《新社会防卫论》。此外，还因为在《湖北法制报》上发表一篇文章而获得过 8 块钱的稿费。[6] 当时，一些今天所谓的法学核心刊物，都会发表学生的文章，我记得当时还是本科生的郭锋先生就在《法学季刊》[7]上发表刑法文章，[8]在我国掀起了关于法人犯罪的学术论争，引人注目。时移世迁，今天连一些并不入流的法学刊物，都在为了追求名人效应和引用率，而拒绝发表包括法学博士生在内的学生所撰写的论文，不知提携青年、推挽秀才！

在硕士学习阶段，我虽然在苦恋的烦恼中坚持学习了英语、日语、俄语和法语，但是，我肯定没有自动地系统阅读刑法专业书籍，也肯定没有自动有效地展开刑法思维训练。我最后得以完成学业，主要是幸获了同窗的宽容和恩师的关爱。

二、同学

中南政法第一届的刑法硕士生，是齐文远、夏勇、陆晓光和张明楷四位师兄；第二届的刑法硕士生，是曹洋、李希慧和刘明祥三位师兄。我是中南政法第三届的刑法硕士生，与我同届的还有卢芒大哥和范华清同学。

（一）卢芒大哥

卢芒大哥比我大十二岁，他 1984 年到中南政法读研究生之前，是一个水电工厂的车间主任。他没有上过大学，完全靠自学考上了研究生。读研究生时，他已经结婚，并有两个女儿，小女儿当时已经五岁左右。卢芒大哥出身于知识分子家庭，他的父亲是华中师范大学中文系的教授。他为人谦和，富有同情心。

硕士毕业后的二十二年间，我一直都没有见过卢芒大哥。2009 年夏天，我应邀去给三亚市的领导们做讲座，内容是刑法中的反腐规定。讲座结束后，我突然接到一个电话，说：“冯军呀，我是卢芒，从小范那里得到了你的电话号码，二十多年没见面，听说你来三亚讲课，我想明

---

〔4〕［古希腊］亚里士多德：《尼各马科伦理学》，苗力田译，中国人民大学出版社 2003 年版，第 224 页。

〔5〕《法学译丛》后更名为《环球法律评论》。

〔6〕我已经忘记所发表的文章的内容，但是，清楚地记得收到 8 块钱的汇款单时自己激动不已的情形，因为在当时 8 块钱相当于一名普通工人半个月的工资。

〔7〕《法学季刊》后更名为《现代法学》。

〔8〕郭锋：《法人不能成为犯罪主体——与徐建同志商榷》，载《法学季刊》1982 年第 4 期。

天去看你,不知你是否方便?"我说:"是卢芒大哥呀!方便,方便……明天见!"第二天,卢芒大哥亲自开车,带着嫂夫人,从海口到三亚我住的宾馆看我。一见面,我吓了一大跳。进房间坐下后,我急忙问:"大哥,你怎么瘦成这样?我都差点儿认不出来了!"他平静地回答说:"半年前,我因为胃癌,在上海同济医院做了手术,还在吃药。"我又问:"现在的身体状况怎样?"他说:"正在恢复呢。"然后,我们聊了很多。他告诉我,毕业后,他去海南省高级人民法院工作了,当过审判监督庭的庭长、审判委员会委员,因身体不适,改任副巡视员,还有两年就要退休了;我也把我二十多年来的经历告诉了他。后来,他请我和与我同行的付立庆教授共进晚餐。晚餐后,他恋恋不舍,又回到宾馆,与我打了一局乒乓球,我赢了后,他说:"老弟球艺大长啊!"当时,我还感到奇怪,在校期间,我可从来没有赢过他呀。大约晚上八点钟,他才开车带着嫂夫人从三亚动身回海口。临走前,他摇下车窗,握着我的手说:"学术之路,贵在坚持,你要一直往前走!"唉,我当时完全没有想到,这是他因为担心我,去世前忍着病痛,特意从很远的地方开车来看我、嘱咐我。现在想来,那局球,也是他特意输给我的,是他去世之前为了让我坚定必胜的信念!

没有抵抗住病魔的折磨,次年三月,卢芒大哥去世,走完了他五十九年的人生之路。我曾经在网上观看过他任审判监督庭庭长时将平反昭雪的判决书送到当事人手里的视频,视频中,他的笑容温暖如春。

卢芒大哥逝世已经十二年多了,他宽容我时故意傻笑的样子,时常在我的脑海里浮现,我满怀着歉意和敬意,深深地想念着他。

(二)范华清同学

范华清是我本科和硕士阶段的同学,我与他同窗七载,毕业后又在同一个教研室共事两年。与他共度的时光,很可能是我生命的九分之一,缘分不可谓不深。他为人忠厚,且富有智慧。在本科和硕士学习期间,范华清同学都对我帮助巨大,在任何意义上,他都是我的贵人兄弟。

1985年的春天,我正处于人生的最低谷,万念俱灰。于是,我向学校递交一份退学书后,就回到我的老家。我的老家是一个名叫"沙窝"的小山村,位于湖北省随州市西部的大洪山里。当时,公共汽车仅仅通到离沙窝五公里左右的环潭镇,从环潭镇到沙窝的沙子路不仅陡峭,而且路旁有很多坟墓,大山上时有野兽出没。一个人走在那条路上,即使是白天,也会瘆得慌。天气已经很炎热,我正在田里干活,突然,家里人喊我回家,说是有人找我。回到家一看,是范华清同学和习心忠同学〔9〕,我大为惊讶,问他们怎么找到我家的,范华清同学笑着说:"我们可是学过刑事侦查的,你在哪儿,我们都能找到!"后来,他和习心忠同学告诉我,学校让

〔9〕 习心忠也是我的本科同学,他和我都是本科毕业当年考上研究生的,他学的是民法专业,后在武汉大学获得博士学位。

他们找我回去,研究生处的处长孙孝福老师[10]要他们转告我:“你还年轻,天大的事,都没有读书重要!”我被范华清同学和刁心忠同学的行为感动得流下泪水。今天想来,如果不是范华清同学和刁心忠同学不远万里去我老家把我找回学校,我的人生将会是不堪设想的另一种模样。

硕士毕业之后,我和范华清同学都留在学校刑法教研室任教。两年后,我到人大攻读博士学位,他则带着夫人去广州工作。多年之后,当我再次见到他时,他已经是中山市中级人民法院主管刑事审判的副院长了。在他任副院长期间,我曾经受堂妹之托为其丈夫因醉酒驾驶摩托车但未造成任何人员和财产损失却被起诉的事给他打过电话。他在认真听取了我的说明后说:“老同学,请转告当事人家属,要相信法院会依法办事,会在法律规定的范围内作出合理合情的处理。”不久后,我的堂妹夫就因悔罪态度好又未造成实际损害而被宽大释放。既严格遵从法律,又追求社会效果,这就是范华清同学充满人性和智慧的高贵品质。

除了卢芒大哥和范华清同学,中南政法刑法专业的其他师兄和师弟,都对我关怀备至,我也从他们身上学习了很多。文远师兄教给我围棋人生,三十八年前那句“棋如人生,要有大局观,不要计较暂时的得失”的教诲,至今时常响彻我的耳边;明楷师兄多次让我去他家里过年,一想起他亲手做的“豆腐炖黄嘎牙鱼”,我就觉得满口香甜;我写的那篇在中国刑法学界影响还算深远的论文《刑法中的自我答责》,是明祥师兄推荐给《中国法学》发表的;熊斌师弟在我面临经济困境的时候,慷慨解囊,借给巨款;现在,我几乎天天与望原师弟[11]喝茶聊天,共进午餐,乐陶陶,笑灿灿……

在中南政法的刑法大家庭里,没有谁会过不去人生难关,因为总有人会相守相伴。

三、恩师

我至今的人生多灾多难,很多时候,不曾在家里感受到温暖和力量,我只能不依托家而孤独地奋斗,竭力前行,但是,我知道,我其实没有太大的自动力,如果仅仅倚仗我自身的力量,我肯定早就羽化成尘。好在我人生的每一个关键时期,从小学开始,一直到今天,都有一位老师照护着我,如果没有那些敬爱的老师们,我根本走不到现在。在下面的文字中,我只表达对几位最令我敬慕的硕士导师的怀念,他们都是我心中的大先生,更是我心中的恩师。

(一)曾昭琼老师

在我本科二年级的时候,曾昭琼老师就给我讲过一堂课,正是那堂课,使我后来报考研究生时选择了刑法专业。在那堂课上,曾老给我们讲了刑法学的发展史,从刑事古典学派讲到刑事近代学派和刑事现代学派,从中国古代刑法讲到外国近代刑法,又从外国近代刑法讲到中国

---

[10] 孙孝福老师是我本科时的班主任,还教过我刑事诉讼法,一直对我关爱有加,不仅本科时给我评定了甲等助学金,每天陪我们在宿舍前的小树林晨读,而且研究生时还经常嘘寒问暖。孙老师的恩情,我刻骨铭心。

[11] 谢望原教授比我年长六岁,但是,我硕士比他早三届,我 1987 年 7 月毕业,他 1987 年 9 月入学时,我刚留校任教,因此,他总是遵从中南政法老一辈刑法学家的做法(曾宪信老师比高铭暄老师年长 3 岁,曾老师进人大读硕士时,高老师刚毕业留校任教,但是,曾老师总在公开场合说:“高老师是我的老师。”),在公开场合说我是他的老师,尽管平时我总是喊他“老大”。

现代刑法。曾老在讲台上放下几本旧书，拿起一支粉笔，然后，以极其平淡的语调清晰地讲着，但是，台下听课的我，不知不觉已经热血澎湃。

硕士二年级下学期，曾老给我们讲了一整个学期的"欧陆日本刑法"课。当时，曾老已经74岁高龄，因此，卢芒大哥、范华清同学和我三人每周都从鲁巷新校区乘公共汽车，去曾老位于大东门老校区的家中上课。我记得曾老是分专题讲的，主要给我们讲授了构成要件符合性、违法性和有责性的基本内容。曾老讲授的具体内容，我现在大多已经想不起来了，但是，我清楚地记得，在讲有责性时，曾老给我们详细讲授了期待可能性的有关问题，特别是具体介绍了德国的癖马案，令我印象深刻，这成为我后来研究责任问题的契机。课从上午9点上到11点30分，然后，曾老就说："路远，回学校后会过了饭点，你们就在这里吃完饭再回学校吧。"于是，师母黄桂荣女士就给我们每人端上一大碗面条。老实地说，每次去曾老家上课，我主要期待的是吃师母做的面条，师母在面条里放了一些青菜叶和肉松，好看又好吃。

我从曾老的授课中受益良多，但是，我没有读过曾老撰写的刑法论文和专著。记得有一次在曾老家上课时，我问曾老发表了哪些刑法论文和出版了哪些刑法专著、在哪里可以找到它们，曾老回答说："发表过关于人格刑法、保安处分的刑法论文，没有出版刑法专著，曾经交给出版社两部书稿，战争年代，被出版社弄丢了。不久前，给《中国大百科全书·法学卷》写了一个词条，可以找到看看。"回到学校后，我在图书馆里找到了曾老撰写的"犯罪学"词条，阅读之后，感慨万千。在这个词条中，曾老从沿革、学派、学者和研究现状等方面对犯罪学进行了详细的介绍，在当时有关犯罪学的中文资料极端匮乏的状况下，70多岁的曾老竟然就这个词条写了约5000字。[12] 我现在还能感到自己当时读完曾老撰写的这个词条后无比惊讶和感动的样子，那是需要多么严谨的学术精神和多少艰辛的呕心沥血啊！

曾老总是关爱着我。1989年3月，我的大女儿出生后，黄桂荣师母曾经到我在鲁巷新校区的住所看望，当时，师母给了我一封信，并对我说："你做父亲了，老师和我也感到高兴，这是老师让我带给你的，请收下。"我打开信一看，是曾老亲笔写的叮嘱我认真工作、克服困难的话语，信中还夹着50元，我捧着师母给我的信，心中温暖无限；1991年9月，赴日留学前，我去曾老家中向曾老和师母告别，临行前，曾老坚持要和师母一起送我上火车，我背着行李，老师右手拄着拐杖，师母扶着曾老的左手，我们慢慢地从大东门老校区的南门走到武昌火车站，一路上，老师和师母不停地说，我默默地听。火车开动后，看着站台上拄着拐杖的老师和扶着老师的师母的背影，我别过头去，不让眼中的泪水滚落。

当我写下上述回忆曾老的文字时，脑海中浮现2000年年初从北京回武汉让李希慧教授带我去东湖医院看望曾老时，老人家躺在病床上模糊地喊"冯军、冯军"的画面，独自坐在书桌前的我，情不自禁地泪流满面。

（二）江任天老师

硕士二年级下学期，江老师给卢芒大哥、范华清同学和我讲了一整个学期的英美刑法课。

---

〔12〕 中国大百科全书出版社编辑部：《中国大百科全书·法学卷》，中国大百科全书出版社1984年版，第124－126页。

一个小教室里,江老站在前面从容不迫地讲,我们坐在后面倾耳细心地听,教室里很炎热,但是,我们并不觉得难熬,因为江老给我们讲授的都是英美刑法的核心问题及其最新进展,引人入胜。英美刑法中的严格责任,是1986年春天我在江老师的英美刑法课上第一次听说的,尽管十多年之后中国刑法学界才开始关于严格责任的热烈讨论。

江老是一个方法论大师,他不仅传授我们知识,而且培养我们获取知识的智慧。记得有一次下课后,走在校园里,卢芒大哥对江老说报纸上又在宣传学习雷锋,江老停下来,看着我们说:"看报纸,有时要反着看。报纸上宣传得越多,生活中存在得越少。"十三年后,当我在德国听到雅科布斯教授说类似的话时,我才真正理解江老这句话的意义。江老既从正反两方面看问题,辩证地看问题,也从生活的实际出发看问题,寻求适合社会的问题解决方案。江老发表在《法学研究》1984年第5期上的《对强奸罪中"违背妇女意志"问题的再认识》一文,是我撰写刑法论文的方法论典范,多年以来,我都要求我指导的硕士生和博士生在撰写论文之前反复阅读江老的这篇论文。

思路清晰、逻辑严谨、文字优美、表述简洁,这些在江老的论文中体现得淋漓尽致的特点,究竟是如何形成的呢?有一次,卢芒大哥、范华清同学和我去江老家里看望他,进门后,师母把我们带进江老的书房,我看见江老正坐在书桌前看书,书房里流动着幽幽清香。我仔细一看,江老的书柜上正燃着一炷香。我不禁暗自问道:"江老为人的儒雅和为文的优美是从'书香门第'中形成的吗?"

很多刑法专业的师妹毕业时都是哭着离校的,因为舍不得离开江老师。2005年3月,大家热爱的江老师走了,我从北京回到武汉,参加了江老的葬礼。在江老的墓室前,江老的大儿子跪着把一厚本《美国模范刑法典》放进墓室之后说:"爸爸,就让你最喜欢的东西永久地陪伴你吧!"

江老走了,却留下优美的文字永远陪伴着我。

(三)曾宪信老师

我读硕士时,曾宪信老师是中南政法刑法专业的负责人。硕士一年级上学期时,曾老师给卢芒大哥、范华清同学和我讲了一整个学期的中国刑法课。

曾老师讲课富有激情,充满辩论。在讲课时,就一个刑法问题,曾老师首先会先介绍种种不同的见解;其次,逐一剖析;最后,详细讲述他自己的看法。时间充裕时,曾老师会让我们大胆谈谈看法。有时,曾老师会在下课前把他发表的论文给我们,要我们阅读。记得有一次下课前,曾老师让我谈谈对他刚发表的《试论犯罪的本质特征在刑法科学中的重要地位》一文〔13〕的看法,当时,我头脑一热说道:"您通过批判资产阶级刑法观来论证社会危害性是我国刑法中犯罪的本质特征,似乎很勉强;有些地方,论证也不深入,只是简单地举例说明。"曾老师听了后,瞪大眼睛看着我说:"我说的是事实呀,资本主义国家的刑法理论讲的是形式的犯罪概

〔13〕 曾宪信:《试论犯罪的本质特征在刑法科学中的重要地位》,载《湖北财经学院学报》1981年第2期。

念；我的论证已经很深入了，只是限于篇幅，有些地方没有展开。你再好好读几遍！”我当时感到曾老师很生气，吓了一跳，担心曾老师以后给我“穿小鞋”。

后来，我以《论社会危害性的内部构造》为题，撰写了硕士毕业论文。在论文中，我虽然赞同曾老师提出的“即使在客观上给社会造成了某种损害，但主观上他对自己行为的社会危害性缺乏辨认能力，或者控制能力，或者虽有辨认能力，但没有故意或者过失，从主客观相互统一的角度来说，便不能认为是具有社会危害性的行为”〔14〕这一基本看法，但是，我的论文没有论及犯罪本质特征的阶级性。答辩时，我与从外校请来的一位答辩委员发生了争执。当时，我很担心论文通不过，无法毕业。事实是，由于曾老师的坚持，我才通过答辩，顺利毕业。

曾老师是容易被误解的人，只有相处久了，才能理解他的耿直性情和坦荡胸怀。我内心真挚地爱戴他！

（四）胡新老师

胡新老师〔15〕是我本科后期的班主任，读研究生时，胡老给卢芒大哥、范华清同学和我讲过两节中国刑法分论课。

我对胡老的讲课内容和讲课风格，已经没有记忆。印象中，胡老是一位沉默寡言、不善争辩、与世无争的人。但是，我清楚地记得，有一天，胡老要我去他家吃午饭，饭后，他对我说：“感情的事，要顺其自然，不要强求；早点儿经受些挫折，也是好事，但是，要理性对待，不要作茧自缚。”当时，我似乎听不懂胡老的话，以致其后很长的一段时间里，我都陷在失恋的烦恼之中无法自拔。

2013 年 7 月，我去武汉开会时，请师弟王良顺教授陪同，看望了胡老。徒步上到五层，楼梯两侧墙壁上的水泥脱落，楼梯上灰尘堆积。敲门进入胡老家中，我看到的是，桌上放着半碗稀饭，桌子上方转动的吊扇嘎嘎响，胡老上身穿着又破又脏的白色背心，下身穿着花格子短裤，我握着胡老的手说：“老师，我们来看望您！”胡老指着自己的脖子，发出我无法听清的沙哑声音，然后，他拿出一张白色纸条，写上字后递给我，上面写道：“你还好吗？长胖了，我患喉癌，做了手术，不能讲话了。”这张字体隽秀的条子，我拍照后，至今保存在我的电脑里，时不时，我翻出这张字条看一眼，心里充满酸楚。我曾多次打听胡老的状况，都说不太清楚。做喉癌手术后已经十年了，不知胡老师是否还健在，他是 1930 年生人，如果还活着，会是九十多岁，那又是怎样的生活场景？

此时的北京，寒风猎猎。

四、结语

十八年前，在《刑法概说（各论）》（第 3 版）中译本的后记里，我写了下面的文字：“母亲在

---

〔14〕 曾宪信：《试论犯罪的本质特征在刑法科学中的重要地位》，载《湖北财经学院学报》1981 年第 2 期。

〔15〕 胡新老师是高铭暄老师研究生时的同学，毕业后曾经留在中国人民大学法律系任教两年，后因院校调整，他辗转各地教书谋生。

我一岁零三天时去世，我带着饥饿和孤独长大成人，不眠的夜读让我享受了上大学的欢欣，临近大学毕业时多年独身的父亲因为与现在的继母同居而在1983年的全国第一次'严打'中被以重婚罪判了刑，在害怕罪犯的儿子当不好法官的恐惧中考上了研究生，然后是初恋的破碎，从体验死亡的快乐中初醒后疲惫地来到人大读博……我这大半生的经历使我时常沮丧、猥琐、悲愤、痛苦，但是，每当想起在我至今的生命中无私地真爱过我的几个人，特别是大塚仁先生，我的心就变得明朗起来，并告诫自己和号召学生：活着并且奋斗。"〔16〕

虽然今天的我基于知命而生发的无畏已经能够微笑着轻松朗读上面的文字，但是，往日的时光，特别是在中南政法度过的那些日子，虽消逝已久，却梦寐萦怀。我之所以敞开心扉写下那时的内心苦楚，并非仅仅是因为我不想通过故意的粉饰把曾经的苦难塑造成正在增长的幸福，而且是因为为了在狭小的心灵深处还能享受些许的自由，我需要将曾经的苦难埋葬于放下的笔头，让在武汉"沐浴"的兄弟友谊和浩荡师恩充盈我心。正是这些弥足珍贵的友谊和恩情，使我在北京凛冽的寒风中还能感到温暖，并激励我恪守师道、努力为学。

〔16〕 大塚仁：《刑法概说（各论）》（第3版），冯军译，中国人民大学出版社2003年版，第791页以下。

王良顺 | 那三年的学习和生活

王良顺，1986 级刑法学硕士研究生，现为中南财经政法大学刑事司法学院教授、博士生导师。

古人云，人生于天地之间若白驹之过隙，岁月匆匆。此等人生感悟，只有到了一定年龄的人才会有深切的体悟。35 年前我开始了作为硕士研究生为期 3 年的学习和生活，距离今天有些遥远，能够记起的人和事不太多或者有些模糊。本文记述的是我的零星记忆和个人体会，只是我校刑法学专业研究生教育沧海之一粟。若本文的记述存在谬误或者遗漏，那是我的记忆力差或者观察不够细心所致，应以其他师兄弟妹的记述为准。

一、导师风采

我在大学阶段的大部分法学专业课程都是由法学名家亲授，如法理学的喻特厚教授，宪法学的李益才教授，行政法学的方世荣教授，民法学的罗玉珍教授、覃有土教授，经济法学的郭锐教授和刑法学的吴安清教授，等等，这些名家的精彩讲授，激发我对法学理论产生了浓厚的学习兴趣。大学毕业后，我被分配至一所成人高校任教。在走上教学岗位、站上讲台之后，我深感学识不够，对许多法律问题还存有许多的疑问，由此产生了想要深造的念头。恰好，教研室有一位有过考研经历的同事，也就是后来成为我师兄的熊斌。在他的引领下，我也决定报考刑法学专业研究生。在参加研究生入学考试和面试后，我有幸成为中南刑法学大家庭的一员。

1986 年 9 月，我和另外 5 名同学，包括明廷强、李群、桑振华、彭丽萍和孔繁军，一同入校，成为恢复高考以来中南政法学院的第 5 届刑法学专业研究生。在这一时期，我校刑法学专业研究生的培养采取导师组制，所有的同学接受导师组全体老师的共同培养。刑法学专业导师组由曾昭琼教授、曾宪信教授、江任天教授和朱继良教授组成，但是给同学们授课的教师却不限于导师组成员，刑法教研室的其他老师也为研究生授课，如郑昌济教授讲授犯罪心理学、吴安清教授讲授劳动改造法学、尚彝勋教授讲授中国刑法史等。

我们这届同学入学时，中南政法学院复校才两年，校园内教工宿舍的建设尚未完成，年龄大的老师基本上都住在校外，因而我们与老师们见面的机会较为有限。不知道其他同学怎么想,我当时对导师们怀有敬仰之心,珍视与老师的见面机会,非常渴望聆听老师的学术观点。但是,我不敢当面询问老师的个人经历,也没有找人打听,因此对老师们的人生经历了解不多,只是偶尔听闻只言片语,但是不知真假。我与老师们的交流主要限于教学场合。与导师见面机会最多的是老师授课,其次是老师们来学校开会的时候,有问题可以去教研室或者老师们等班车的学校门口找老师请教。到老师家去交结业论文、谈学位论文写作或者到导师家上课,也可以见到老师。我曾为交同学们的结业论文,专门去过江老师家。我离开江老师家时,江老师将我送到楼栋门口,挥手告别。我已经走出很远,回头还见江老师未转身回家。当时,因为年少单纯不懂事,我在读书期间没有专门去任何一位老师家里看望老师。现在想起来,我当时是非常的无知和失礼。由于见到老师的次数不多,也失去了许多老师们耳提面命的机会。

曾昭琼先生早年留学日本,民国时期就已经是著名刑法学教授,学术功底和学术造诣深厚,深受学界后辈的尊敬和学生的景仰。在他的精心指导下,中南政法学院刑法学科在20世纪80年代初期,就提出了建立以社会危害性为中心的刑法学理论体系的构想,受到了学界极大关注,还激励了其他学者对刑法学理论体系的探索和积极回应。在曾先生的指导下,导师组其他三位教授合著的《犯罪构成论》于1988年出版。该著作集中展现了中南刑法学科倡导的刑法学理论体系的理论框架和基本主张,显示了重视刑法规范的实质内涵或者价值取向的理论风格,实为中南刑法学科学术特色的奠基之作,对各位后辈的学术研究产生了极其重要的影响。

我们上学时,曾先生已年逾七旬,仍担任研究生的教学工作。他给我们讲授欧陆日本刑法的课程,上课时没见他拿教材,好像只有一个手写的讲稿。曾先生讲课时并不怎么看放在讲台上的讲稿,而是在讲台来回踱步,侃侃而谈,从容地讲述德日的犯罪构成理论。当时,关于学习欧陆及日本刑法的参考资料不多,除了少量的原版外文著作外,图书馆还藏有一些影印的我国台湾地区的刑法学著作,武昌中南路新华书店有时还有这类书籍出售。这类刑法学书籍在当时显得十分珍贵,只要见到,我都会毫不犹豫买下来,只是其中对外国刑法学理论知识的介绍非常简单。此时,我国出版的外国刑法学著作只有何鹏、甘雨沛教授合著的《外国刑法学》(上、下);此外,北京政法学院和西南政法学院编译的刑法论文集或者著作,也是我们了解外国刑法学的重要资料。曾先生在授课时,特地提醒我们在阅读外国刑法学著作时要注意的问题。

我对刑法理论问题有较深厚的兴趣,学位论文的选题方向为犯罪构成理论,被安排由曾先生指导。由于对文献研读不够透彻,写作态度不够严谨,我第一次提交的论文大纲质量不高。曾先生感到不满意,提出了许多批评意见。曾先生将他的修改意见写在一张格子信纸上,连同修改过的大纲初稿转交给我。看到曾先生提出的修改意见,我受到极大的震动,深刻意识到自己的轻率和不慎重。于是,我静下心来仔细阅读文献,第二次认真地撰写大纲,才得到曾先生的认可。此后,我的论文写作走上正确的方向,如期顺利地完成了论文写作和论文答辩。

曾先生的家住在原中南财经大学的老师宿舍,位于一栋四层深红色的楼房中。房子有些年头,地面上铺的是老式的红色木地板,脚踩上去有些弹性,有时还会发出吱呀吱呀的声音。不大的客厅的中间,摆放着茶几,周围放着一圈布艺沙发。在门口,我喊了曾先生后,他出来招呼我进去坐在沙发上,师母给我倒上了一杯开水,放在茶几上。然后,曾先生就拿着我交过去的大纲或者论文初稿,谈他的修改意见,我则拿着笔在笔记本上快速地记录,唯恐遗漏了一个字。曾先生还在大纲或者论文初稿上,用红色的笔在稿纸的周围写下了许多的修改意见。大概去了先生家三次,我的论文就定稿了,以后就没有再去过先生家。

现在想起来,我还留下了一个终身的遗憾。每次去先生家,要从中南政法学院乘公共汽车到中南财经大学去见老师,路途很远,且每隔半小时才会有一趟公共汽车,耗时很长。有一次由于乘车不够顺利,到曾先生家时就已经有些晚了。在先生和我谈完论文的修改意见时,师母在厨房里做饭。当先生说完他的意见时,粉蒸肉浓烈的香气已经弥漫到了客厅。我一看手表,发现时间不早了,就赶快起身,跟先生说我要走了。曾先生和师母都说,小王不要走,就在家里吃饭。我当时想,先生和师母年纪都很大了,做饭很辛苦,实在不好意思留下来吃饭,就连忙撒谎说,我有急事要办,没有时间,就匆忙地离开了先生的家。现在想起来多少有点后悔,如果当时我不那么客气,真的留下来和先生、师母吃饭,也许是一次很好的人生经历。

曾宪信教授虽然是导师组成员,原教学计划中"刑法各论"好像安排由他讲授,但是后来却因为没有时间而未安排。曾老师是倡导构建以社会危害性为中心的刑法学理论体系的主将,为此还发表了长篇的学术论文。我个人与曾老师的交往主要有两次,深感曾老师对学生是十分关心和支持的。一次是参加湖北省刑法学年会的经历,当时曾老师担任湖北省刑法学会会长,1988 年湖北省刑法学会与湖南省刑法学会联合在武汉召开了学会年会,曾老师负责会议的组织工作并主持会议。导师组号召研究生积极参与研讨活动,我也写了一篇经济犯罪方面的论文,有幸参与了研讨会,并在会上做了简短的发言。曾老师在做会议总结时,专门提到了我在论文中提出的观点。另一次是我要去北京调研,曾老师专门帮我写了一封推荐信,给在最高人民法院工作的一位校友。很抱歉,我已经记不起这位令人尊敬的校友的姓名。我就拿着这封信,这位校友在她的办公室接待了我,我向她当面请教了量刑方面的问题。这是我迄今唯一的一次走进最高人民法院办公楼。

江任天老师时年已过六旬,仍坚守教学第一线,是研究生教育的主要力量,为此倾注了大量的心血,学生们获益良多。江老师此时在学界已经享有盛名,不仅是司法部统编教材《刑法学》的撰稿人之一,而且在《法学研究》等学术杂志上发表了多篇有分量和影响力的学术论文。江老师还是一位非常注重仪表的人。那时江老师的头发虽然有些稀疏,但是都向后梳理,整洁而又有型。江老师身材较高,身姿挺拔,秋冬天时常常穿一件灰色风衣,显得风度翩翩。

江老师给我们讲授"刑罚论"和"英美刑法学",不仅视野开阔,评述精辟,而且常常提出独到的见解,令学生时有醍醐灌顶之感。江老师授课思路清晰,语言表达非常精准和流畅,就连声音、语速和节奏都控制得恰到好处,听课如同听了一次精彩的演讲。我们在课堂上认真地记笔记,唯恐遗漏了老师讲出的每一句话。多年以后,我还将英美刑法的课堂笔记录入了电脑。

江老师对刑法学理论有非常深的研究和精辟的见解。除了关于犯罪动机和强奸罪的研究成果发表在《法学研究》外,他对其他的刑法理论问题也有独到的看法。我曾为撰写一篇关于犯罪构成要件的论文,向江老师请教犯罪构成要件问题。我当时提出,犯罪主体作为犯罪构成要件缺乏合理性,江老师告诉我,其实犯罪主体可以作为犯罪主观方面的前提条件考虑;犯罪成立只需要具备犯意和犯行两个条件就足够了，其他条件或者要素都可以考虑归入这两个条件。江老师的观点对我的论文写作提供了很好的启示。例如，关于刑罚目的的观点，江老师提出刑罚目的中心论，认为刑罚目的在刑罚论中处于核心地位，对刑罚论的所有问题都具有指导意义。关于作为刑罚目的的特殊预防，他提出了通过剥夺犯罪能力使犯罪人不能犯、通过刑罚威慑使犯罪人不敢犯和通过劳动改造使犯罪人不想犯的表述等。

朱继良老师时年不满六旬，是导师组中年富力强的成员。朱老师给我们开设"犯罪论"和"犯罪学"两门课程。他对苏联刑法学理论非常熟悉，对因果关系问题等刑法理论问题有深入的研究，为此发表了重要的学术论文。而且，他对刑事司法的现实情况有非常透彻的了解。作为本地人，朱老师在课堂上用武汉话授课，声音洪亮，情绪饱满，深入浅出，为我们深化对犯罪构成理论的理解和掌握犯罪学知识打下了扎实的基础。

二、生活点滴

我们这一届的刑法专业研究生一共 6 人，比往届的人数多。当年，中南政法学院一年招收的硕士研究生总共才 20 余人，研究生男生住在学生宿舍 4 栋，3 人一间，三届男生都住在同一楼层，因此可以时常见到上两届的师兄和下届的师弟。当时，84 级的冯军、卢芒师兄和 85 级熊斌师兄与我们这一届的同学都住在同一层楼，相互间串门非常方便，而 85 级的钱毅和杨爱斌师兄均是在职教师，不住在学生宿舍。一般情况下，宿舍寝室的门都是开着的，进门也不需要敲门。三年级时，研究生搬到现校医院附近的一栋新楼，时称干训楼，四人住一套两室一厅，虽然极大地改善了研究生的生活条件，但是却在无形中也限制了研究生们之间的随意串门。

三年的研究生生活是惬意和充实的，完全没有今日盛行的内卷现象。江老师多次对我们强调，要多读书，不要急着发论文，而且毕业也不以发表论文为必要条件，因而完全没有发表论文的压力。虽然研究生的课程开设的门类不少，但是课时不多，因此大量的时间都是由学生自由支配，自主地学习、思考和开展研究。当时学习资料都是纸质的书和杂志，借书得到学校图书馆，看杂志得去法律系阅览室。多数同学都习惯借书回到寝室阅读。许多下午，一些寝室常常有人下围棋，冯军、刘茂林和卢芒都是主力，有些人去观战或者凑热闹，我也是其中之一。还有些人下午会去篮球场打篮球，我有时也去篮球场玩一会儿，孔繁军投篮水平比我高。我参加的最刺激的体育运动应当算冬泳。国际法专业的邓大鸣同学是冬泳运动的倡导者，经常讲述冬泳的好处，在他的鼓动和带领下，我也加入其中。当时，南湖边上的铁箕山还在，湖边也没有修路，保有几分荒野和原始。在天气晴好的下午三点左右，我们穿着棉大衣，或者身披毛毯来到学校北边的南湖边。气温多为零上几度，有时会在零下，在湖边做几分钟的热身活动后，我们就脱下棉衣和秋衣，穿着短裤，走向湖水。一边走，一边身体不停地哆嗦，上下牙在口腔中不自主地相互碰撞。此时，得横下一条心，扑通地跳进南湖，否则就会被吓回来。到了湖里，冰冷的湖水如同刀割般刺骨，难以长时间坚持，游上二三十米，就得折返往回游。上岸后，赶紧将大衣或者毛毯披在身上，并擦干身上的湖水，迅速穿上衣服让身体慢慢回温。我坚持了一段时间的冬泳，似乎没有发现多大的好处，但是却着实领教了冬天湖水的厉害。

最盛行的娱乐活动当属周末舞会。当时学校只有两间食堂,一间是学校北门旁的教工食堂,另一间是学生宿舍旁的学生食堂。周六晚上,在学生食堂的二楼,摇曳的舞台灯光会准时点亮旋转,舞曲也同时响起,对同学们来说那就是一种莫名的诱惑。许多同学放下书本纷纷走出寝室,上食堂二楼走入舞池,跳起交谊舞,一曲又一曲。这是大学生活的一抹亮色。

1987 年 7 月,冯军、范华清师兄毕业后都留校,搬进了校北门旁的青年教工公寓楼,更早留校的张明楷、李希慧师兄以前就住进了这栋楼,杨爱斌师兄也住在这里。齐文远师兄当时住进了教工宿舍,只记得有一次我和明廷强去校北门时遇见过。我有时会去这栋楼看望师兄们,偶尔能够见到张明楷师兄,就和他打个招呼。他常常手中拿着书本或者讲稿,来去匆匆的样子,我也不好意思找他聊天。当时,学校提倡研究生选修第二外语,我就选了日语。有两次我还看到了张明楷师兄坐在教室的最后排蹭课。我当时未与他交流学习日语,算是一大遗憾。

冯军师兄学习刻苦勤奋,当时已经能熟练地运用日语和英语,对法语和俄语也有相当程度的掌握。而他对刑法理论的钻研精神更令人敬佩。他对一个刑法学基本概念的翻译有疑问,为此专门写信给中国政法大学的曹子丹教授,请教该概念的俄文翻译问题。还有一次,他对意志自由问题有兴趣,想去请教老师。我跟他去校北门口教工等班车的地方找到江老师,询问刑法学中的意志自由与哲学上的意志自由的含义是否相同。江老师当时回答他,两者不能视为同一问题,并做了解释。直到得到满意解答后,他才和江老师告别,我们一起返回宿舍。

当时中南政法学院研究生会办了一本学术杂志《青年法学》,虽然没有刊号,只是内部出版物,但是在全国法学类研究生教育中享有一定的知名度,时常会收到来自许多外地高校研究生的稿件。在范华清师兄因为毕业退出编辑部后,我作为刑法专业的研究生,被增补进了编辑部,担任了为期两年的杂志编辑工作。这个决定是如何作出的,是老师的建议还是研究生会的决定,我并不清楚,当时没有去了解,至今也无从知晓。通过这两年的杂志编辑实践工作,我基本了解了文字编辑的基本规范和流程,包括组稿、改稿,以及跑印刷厂联系排版和印刷等,也大致理解了学术论文的基本要求。这对我后来在学报上发表一篇真正意义上的学术论文有一定的帮助。我还曾特约并编辑过张明楷师兄的一篇论文,该论文在《青年法学》上发表,为该杂志增色不少。

三、课程感悟

我校当时刑法学专业研究生开设的课程门类十分齐全,除了作为公共必修课的政治课、第一外语和作为选修课的第二外语外,开设的专业课程主要有犯罪论、刑罚论、刑法各论、欧陆日本刑法学、英美刑法学、中国刑法史、犯罪学、犯罪心理学和劳动改造法学等。由这些门类课程构成的宽厚知识结构,应当说能够满足研究生教育培养研究型人才的目标的需要。

当时研究生教育属于高端的精英教育,培养的氛围非常宽松,学生的课业压力不大。教学方式是以老师课堂讲授为先导,课后学生阅读老师指定的参考书目,专业知识的学习以学生自主地学习和研究为主。这种宽松、自主的培养方式和管理方式既有利于培养学生的自律精神,也为学生深入学习有兴趣的知识和独立地开展学术研究,提供了充足的时间和自由空间,对于培养创新性的杰出研究人才具有重要意义。

谢望原 | 南湖有约，缘起中南

谢望原，1987 级刑法学硕士研究生，现为中国人民大学法学院杰出学者特聘教授（教授二级）。

1987 年 7 月 22 日，《湖北日报》第一版“快报”栏目刊发了这样一则消息：天门市卢市镇青年谢望原通过刻苦自修，学完大学法律系 20 多门课程，以优异成绩考上了中南政法学院硕士学位研究生。

同年 9 月，和当年入校的各位同学一样，我正式成为中南政法学院（现为中南财经政法大学，以下简称中南）的一分子，并从此与中南结下不解之缘。尽管在武昌南湖之滨、茶山丘陵生活学习的激情燃烧岁月已经慢慢远去，我却越来越感觉到，中南对我而言，不啻是一个生命的驿站，更是一个命运的转折点，而灵魂深处对中南的情愫也与日俱增。

一、入中南前的命运挣扎

我出生于一个父母均是右派的教师家庭。[1] 从出生的那一天起，我就注定要历尽人生苦难。和无数同龄人一样，15 岁时我在本该继续就学深造的中学时代却不得不“上山下乡”，并受尽了“文化大革命”的折磨。

1975 年，我开始跟随湖北人民广播电台学习英语，后来，在享有“高考状元县”的湖北省天门市卢市镇高级中学做了 8 年高中英语教师。在承担两个高三班英语教学工作的同时，参加了当时由武汉大学主考的英国语言文学与法律学专业的高等教育自学考试，就在即将完成该两个专业大学全部课程的 1987 年，我以同等学力身份报考中南政法学院刑法学专业硕士研究生，并终于如愿以偿。

这里，似乎有必要对自己的高考与考研经历做一简短交代，因为这里有我早期与中南的故事：

我曾两次报名高考——1977 年和 1978 年，但 1977 年我交了 5 毛报名费，却没有领到准考

[1] 1957 年反右扩大化过程中，父母被错划成右派，在 1978 年党的十一届三中全会后平反昭雪。

证——不给准考证的理由是:你没有上过高中,还敢报考大学?(其实,当年有很多没上高中的人参加高考,并被录取)1978 年我终于领到了高考准考证,并且我的高考成绩在当年荆州地区外语类考生中名列前茅。但命运多舛的我当年还是名落孙山——比我高考分数少近 200 分的考生也有被录取的,可是我还是落选了。

1980 年,我作为"知识青年"被录用为公办老师。由于那个时期党和国家领导人邓小平已经提出建立社会主义民主法治国家,法律学习成为当时的时尚,我认识到外语只是一种工具,必须与某种专业知识结合起来才能发挥积极作用,我就选择了法律研习。1986 年,我报考西南政法学院刑法专业研究生,但是有一门专业课考得不理想,故没有被录取。1987 年,经过认真准备之后,我吸取教训,改报中南的刑法专业研究生。考试成绩出来后,我了解到自己可能进入录取范围,为了确保录取,我给诸多大学法律系写信申请作为师资委培。幸运的是,在发出信后的一周许,山东大学法律系即电告我可以委培,并要求我去山东大学面谈具体事宜。

记得那是 1987 年春夏之交的一天,我到了泉城济南,几经打听后找到了山东大学法律系。在时任系主任乔伟教授[2]办公室,他和我认真做了交谈。他告诉我,确定委培我作为山东大学法律系师资,并说,中南曾昭琼教授[3]夫人黄桂荣老师和他是吉林大学法律系同班同学,他还写了一封信让我捎给曾昭琼教授及其夫人。

回到武汉后,我拿着乔伟教授的信,轻轻叩开了曾昭琼教授的家门。曾教授夫人开门,我自我介绍是持乔伟教授信前来拜访的学生。落座后,曾昭琼教授便问我为什么对刑法有兴趣?都读过哪些刑法著述?我说,据我个人理解,一部中国法制史,基本上就是一部中国刑法史,好像人们讲到法的时候,说的就是刑法,比如,"刑不上大夫""王子犯法,庶民同罪"等,我觉得刑法是国家最重要的法律,所以自己对刑法特别有兴趣。曾老师又问我看过哪些刑法书籍?我说看过高铭暄教授主编的《刑法学》、西南政法学院印行的全国刑法师资班讲座用书《刑法总论》[4]、周其华编著的《实用刑法读本》等,再就是刊物上的一些刑法学论文。那个时候刑法学著述非常有限,而我个人对刑法方面的学习也只是刚刚开始,不知道也没有研读其他什么刑法著述。但曾教授还是鼓励说,研究生录取,还需要复试,你必须好好准备,祝你一切顺利!

就这样,又经过严苛的复试,我被中南录取为刑法专业研究生。那一年,中南全校招录了 27 名研究生,其中,刑法招录了 5 名。

二、"八大金刚"的若干记忆

在 20 世纪 80 年代,中南的刑法学教学研究在国内具有重要影响力。当时中南的刑法师资有"八大金刚"之说,即 8 位教授和副教授(曾昭琼、曾宪信、江任天、朱继良、吴安清、尚彝勋、胡新、郑昌济)。这样强大的刑法学教学研究队伍,在当时国内各高校可能绝无仅有。在

---

〔2〕 乔伟教授时任中国法制史研究会会长,是我国法律史学界的顶级学者,著有《唐律研究》等。

〔3〕 曾昭琼教授曾留学日本东北大学,中华人民共和国成立前曾任中山大学法学院院长,是党的十一届三中全会后我国刑法学界仅有的三位刑法教授之一(另两位刑法教授是:甘雨沛教授、伍柳村教授)。

〔4〕 该书是第六期全国法律专业刑法学师资进修班教材,其作者是(以讲座先后为序):邓又天、曾宪信、马克昌、五柳村、董鑫,由西南政法学院刑法教研室 1985 年 4 月印行。

1987 年 9 月到 1990 年 7 月的三年研究生学习期间,我有幸成为这些令人敬重的老师的弟子,并受到他们敦厚、严谨、执着的为师为学之风的影响,受益终身。

(一)曾昭琼教授

在中南学习期间,曾昭琼教授给我们 5 位刑法研究生讲授“欧陆及日本刑法”,该课程开设为一个学期,大体上每周一次。因为我们上研究生时,曾昭琼教授早过花甲之年,故学校为了减少他不必要的劳累,课程就安排在他家里上。曾老当时住在武昌阅马场附近的学院院内,我们每周上课的那天早上从中南校门口坐公交车去他家上课。而师母黄桂荣老师则十分细心体贴,考虑到我们中午回到学校可能错过午饭时间,故每次上课的那一天中午,她都会为我们每人煮一碗热气腾腾、美味可口的肉丝面条。

由于时间久远且有些原来的听课笔记丢失,曾老所讲内容已经记不清楚了,但他渊博的学识、深厚的涵养、儒雅而沉静的教态,给学生们留下了美好而深刻的印象。而他所讲的关于大陆法系刑法学上的刑法机能、刑事古典学派和刑事社会学派、罪刑法定主义以及犯罪成立要件等专题,则开启了我们关于欧陆刑法(特别是日本刑法学)的入门之路。

(二)曾宪信教授

中南的各位刑法教授中,我最早接触的是曾宪信教授。我的一位中学老师严共旭教授(20 世纪 80 年代中期,他是武汉市社会科学院经济所的负责人,后调入华中师范大学政教系任教授)和曾宪信教授熟识,在准备研究生考试过程中,他曾带我拜访过曾宪信教授,向他请教如何准备研究生考试。曾宪信教授耐心讲述了当时研究生考试的科目,以及应当如何认真复习准备,他的指导对我后来的复习和考试有很大帮助。

我们那一届研究生入校时,曾宪信教授已经去了中南的法学研究所任所长,所以他并没有给我们上课。但是,鉴于入校前我已认识他,且考研前认真读过他参与撰写的《刑法总论》,因此在校学习期间,时不时会去他的办公室请教刑法问题。

曾宪信教授对正统中国刑法学的犯罪构成理论有深刻研究,这不仅因为他在 20 世纪 50 年代初的研究生阶段受教于中国人民大学的苏联刑法专家,而且他自己对犯罪构成理论似乎情有独钟。在前述《刑法总论》一书中,他撰写第 6 至 12 章(12 万字左右),内容涉及犯罪概念、犯罪现象及原因、犯罪构成、犯罪客观方面、犯罪主体以及犯罪主观方面。其实,早在 1983 年,曾宪信教授与江任天教授、朱继良教授就合作完成了奠定我国刑法学犯罪构成理论基石的《犯罪构成论》。〔5〕此外,曾宪信教授还发表了一系列在那一时期具有重要影响的论文,并引起学术界关注与争鸣,如《试论犯罪本质特征在刑法学科学中的重要性》(《湖北财经学院学报》1981 年第 1 期)、《对犯罪因果关系的几点看法》(《法学研究》1982 年第 4 期)、《建立具有中国特色的刑法学科学体系的设想》(《中南政法学院学报》1986 年第 1 期)等。

---

〔5〕 该书 1988 年 2 月由武汉大学出版社出版,但其出版“说明”写于“1983 年 3 月”,这应该是该书完成的具体时间。

（三）江任天教授

江任天教授是一位和蔼敦厚、温良恭俭让的谦谦君子，其学养深厚，自不待言。他上课时，总是穿着整洁，并系领带，这在当时的课堂上并不多见。那时由于招生人数少，都是三、五人的小课堂上课，但江老师每次都会提前到教室，每次都会十分认真地授课。江任天教授给我们讲授过“刑罚论”和“英美刑法”两门课。正是受到江老师的学术影响，我对刑罚论和英美刑法在研究生阶段就产生了浓厚的兴趣，并影响了我的整个学术生涯。

“刑罚论”课程结课后，江老师让我们五位同学以自选题方式写一篇与刑罚有关的论文作为考试评分依据。我当时就写了《刑罚目的论之比较》。江老师看后，给了很高的评价，并结合平时听课、作业等表现，给我“刑罚论”的三部分评分分别是：“测试提问：A”“检查笔记：A”“期末综合成绩：90”。[6] 后来，经过认真修改，《刑罚目的论之比较》发表在中国政法大学的《比较法研究》1989 年第 3—4 期合刊上。

在 20 世纪 80 年代中期，我国刑法学界对犯罪构成理论有过深刻的争鸣与讨论。受这一刑法研究动态的影响，在上完“中国刑法总论”后，我曾习作了一篇题为《对我国犯罪构成理论的思考》的论文，并送给江老师审阅，请他提出修改意见。江老师看后，给予了高度肯定，也提出了一些修改建议。后来，我斗胆和江老师商量，请他作为第一作者和我共同署名投给杂志。江老师慈祥地笑着说：小谢啊，这篇文章我没有任何贡献，完全是你的劳动成果，如果我署名，就是不劳而获；再说吧，学术观点也完全是你自己的，我也未必完全赞同你的想法，所以我署名就有诸多不便了。但江老师还是热情鼓励我不妨投给学术刊物试试。最后，这篇习作在《中南政法学院学报》1989 年第 2 期发表了，后来还获中南“研究生学术论文（1987—1990）科研成果一等奖”。这两篇习作当然都十分稚嫩，但在江老师的鼓励与编辑部的支持下居然能够在有一定影响力的学术刊物发表，这对于坚定我后来的学术信心无异于一剂强心剂。

那些年，研究生在毕业前都有一段教学实习，就是独立备课后给本科生讲专业课。而江老师正好担任我的教学实习指导老师。我的实习教学被安排在李希慧[7]老师所教的一个班级，而要讲的内容是“强奸罪”。经过认真准备后，我写出讲义，并送给江老师审阅，江老师提出了诸多建议，比如尽可能结合刑法总论基本理论，联系实践案例展开教学，以便学生看得见摸得着，避免空对空高谈阔论。在我上课的那一天，江老师一直坐在教室的最后一排，认真听我给学生讲课，并不停记录问题。后来江老师所给评价是“教态、语言较好；备课认真，手稿详细；板书好；案例多；有自己的见解”，并且评分为“92”。[8]

还有件事似乎有必要一提。因为我是山东大学委培的，毕业后自然应当去那里工作。但是由于我当时已是两个孩子的父亲，山东大学短时间又解决不了我的家人的户口问题（那时“农转非”很难），所以，1990 年在研究生毕业之前，我有点犹豫，不太想去山东大学工作了。有

---

〔6〕 这些记载是中南的郭泽强教授从江任天教授的教学笔记上拍摄下来后用微信发给我的。

〔7〕 李希慧教授于 1986 年研究生毕业后留校任教。

〔8〕 李希慧教授于 1986 年研究生毕业后留校任教。

一次我去江老师家看望他，顺便讲到我的一些实际问题和想法。江老师听后和颜悦色地说：依我之见，你去山东大学工作才是上策。一是因为你是人家委培的师资，做人要有契约意识，违约就不好了；二是山东大学是一个老牌重点大学，而且你可能更适合做教学研究工作，你在山东大学完全可能有较好的发展。就这样，我听了江老师的一席话，放弃了自己的想法，义无反顾地在研究生毕业后去了山东大学工作。事实证明，江老师的中肯意见是完全正确的。

（四）朱继良教授

当时中南研究生实行导师组指导原则，日常学习研究事务由教研室负责，在第三学年撰写毕业论文时，教研室给每位研究生指定一位论文指导教授。朱继良教授就是我的论文指导老师。

朱老师浓眉大眼，英俊挺拔，表情端庄严肃，给人以不怒而威之感。但他待人十分友善，讲课非常风趣幽默。朱老师主讲"中国刑法总论"，其授课特点是紧密联系刑事司法实践，善于深入浅出阐明艰深刑法理论问题。

记得有次讲"刑法因果关系"专题，朱老师先从马克思主义哲学立场出发，阐释了哲学因果关系与刑法因果关系的联系与区别，然后接着讲各种具体因果关系，如"单纯的因果关系"与"复杂的因果关系"（在事件发展过程中介入另一危害行为、在事件发展过程中介入另一错误行为、自杀案件的因果关系等），"必然因果关系与偶然因果关系"等。课堂上，朱老师提出一个案例，让大家分析判断是否存在刑法上的因果关系：

> 20世纪80年代初，社会治安形势极其严峻，盗窃、抢劫、抢夺等犯罪十分猖獗，一天傍晚，有村民甲见到一个衣衫褴褛、形迹可疑的人乙在村里走来走去，联想到前晚村里曾发生数家被盗事件，甲以为乙可能是前来踩点作案的坏人。于是，甲大喊："来人啦！抓坏人！"就在附近的丙、丁闻声赶过来。乙见众人来势汹汹，来者不善，拔腿就跑。而甲、丙、丁紧追不舍。乙在慌乱逃跑中经过一个无人看守的铁道路口时，被正常驶过的列车擦撞而死亡。
>
> 问题：甲、丙、丁的追赶行为与乙的死亡是否存在刑法因果关系？

我们几位同学对该案意见存在分歧。有人认为，一般来说，追赶行为并不必然导致被追赶者死亡，甲、丙、丁也无法预见到乙会被列车撞死，所以，二者之间不存在刑法因果关系，故本案应当以意外事件论处。有人认为，甲、丙、丁无端怀疑乙是坏人，并穷追不舍，乙正是为了逃避甲、丙、丁的加害而慌不择路地逃跑，在跑过一个无人看守的铁道路口时，被突然驶过的列车擦撞而死亡，故甲、丙、丁的行为与乙的死亡具有刑法因果关系，至少要承担伤害致人死亡的法律责任。还有人认为，甲、丙、丁的追赶行为只是乙死亡的条件，列车擦撞才是其死亡的原因，因此甲、丙、丁不需要对乙的死亡负责。

后来，朱老师总结说，这个案子涉及复杂的因果关系问题。首先，要考虑甲、丙、丁的追赶行为是不是合法行为？其次，要分清因果过程中的条件与原因。虽然广义上来讲，一切条件都是原因，但是，刑法学上只承认对后果具有支配力的条件是原因。本案中，甲、丙、丁的追赶行为和列车擦撞都是乙死亡的条件，是否有必要对该两个条件进行区分——哪个是条件，哪个是原因？再次，甲、丙、丁是否有义务提醒或防止乙被列车撞到？最后，虽然一般情况下追赶不至于引起死亡，但在偶然引起死亡的情况下，是否承认刑法偶然因果关系？

从案件描述来看，甲、丙、丁只是怀疑乙是坏人，便想要通过追赶将其抓住，而乙为了逃避加害而逃跑，其本身并无过错，所以很难说该三人的追赶行为具有合法性。虽然甲、丙、丁的追赶行为和列车擦撞都是乙死亡的条件，但由于列车是正常通过路口，其司机并无过错，故列车正常通行对本案定性没有影响。而恰恰是甲、丙、丁的无端追赶行为迫使乙慌不择路而被列车撞到并造成死亡，所以该三人的行为对乙的死亡具有因果关系。同时，甲、丙、丁都是本地人，应该熟悉本地道路情况，应该知道列车线路上有列车运行，当他们追赶乙接近无人看守的铁道路口时，他们有义务提醒或防止乙被列车撞上，但他们完全没有采取必要止损措施。至于是否存在刑法偶然因果关系，这在理论上有争论，但朱老师认为，刑法偶然因果关系是客观存在的，本案就是明证——虽然通常情况下，追赶并不会造成被追赶者死亡，但当出现偶然情况——如本案中列车通过无人看守路口而被害人又来不及回避紧急情况时，被害人被撞死就是必然的了。这种情况下如果不承认存在偶然刑法因果关系，就会放纵犯罪，而这对被害人就是不公平的。最后还要注意，虽然甲、丙、丁的行为与乙的死亡存在刑法因果关系，但该三人的行为是构成故意杀人、故意伤害致人死亡还是过失致人死亡犯罪？朱老师认为，本案以过失致人死亡罪认定为宜。因为，该三人并无故意杀人、故意伤害他人的主观故意和目的，却明显存在违背注意义务并造成他人死亡的主观过失。

朱老师的分析评论使大家茅塞顿开。

（五）吴安清教授

吴安清教授是一位表情严肃、不苟言笑、做事认真严谨的老师。上课时，他总是穿着整洁的深色中山装。他教我们“刑法分论”和“劳改法”[9]。记得1988年秋季，吴老师的劳改法课程中有一段到湖北省沙洋农场和荆州监狱实地考察调研的教学活动。因为山东大学要求我回去汇报学习生活情况，我在当年国庆期间去了济南。待我回到中南时，吴老师已带领其他四位同学去了沙洋农场。次日，我赶紧坐公共汽车去沙洋农场找他们。当我见到他们时，还没来得及汇报解释，吴老师就严肃地批评起来，说我完全没有组织纪律性，明知道有到实务部门考察调研的教学安排，为什么还要擅自离开学校，而且还不向老师请假？我解释说，因为那边临时要求我回去汇报情况，我临走时已向中南科研处研究生科的邓继烈科长请假了。由于时间紧，没有来得及专门向老师报告请假。但吴老师见我没有道歉，反而为自己辩解，就更生气了，质问我为什么不直接向他报告请假，说明情况……最后，我觉得自己确实理亏，赶紧赔笑道歉，并表示下不为例。听罢，吴老师终于露出释怀的微笑。这次“事件”对我影响深远，使我切实体会到集体工作与生活中，组织纪律性至关重要。

---

〔9〕 那时我国还没有颁布《监狱法》，而一般监狱改造罪犯的工作统称为劳动改造，把劳动改造罪犯的法规、刑事政策统称为“劳改法”。

在沙洋农场和荆州监狱考察调研，我们前后待了10天左右。这也是我第一次进入监狱部门，并实地调研且掌握了我国罪犯改造的一些实际情况。后来，我还以这次调研获得的素材为依据，撰写并发表了一篇罪犯改造方面的小文章。[10]

2008年3月，有一位中南学生的家长拿着吴老师的亲笔信来中国人民大学找我。吴老师信上写道：

谢望原同志：

你好，多年不见，时常念及。

××同学在校学习期间，勤奋好学，成绩优秀。08年度报考了中国政法大学刑法硕士研究生，但考试分数不太高，录取可能有一定难度。该生求学心切，特函请你在可能的条件下给予帮助。

致礼

吴安清

2008年3月17日

老师来函，学生定当用心落实相关事宜。后来通过多方努力协调，该同学按政策调剂到了北京一所不错的大学的法学院。

（六）尚彝勋副教授

尚彝勋老师是一位典型的传统中国知识分子。他温文尔雅，说话慢条斯理，讲课时娓娓道来，条理清晰，逻辑严谨。尚老师给我们讲"中国古代刑法"课。

尚彝勋老师可能是中华人民共和国成立后最早写出中国古代刑法专著的学者。他的《中国古代刑法史》（约17万字）早在1983年7月已由湖北财经学院法律系印行。该书比北京大学周密教授的《中国刑法史》（群众出版社1985年版）还早了两年。但遗憾的是，尚彝勋老师的这本著述一直没有公开出版，致使学术界很多人不知道这本重要著作。

该书分为三编九章，主要研究探讨了"先秦刑法""秦汉刑法""唐朝的刑法"，具体内容包括"先秦时期的社会概况""先秦时期的刑法思想""先秦时期的刑法""秦汉的社会概况""秦汉的刑法思想""秦汉的刑法""唐朝的社会概况""唐朝的刑法思想""唐朝的刑法"。

尚老师给我们讲授的"中国古代刑法"课，有助于我们理解当代中国刑法及其历史逻辑。比如，尚老师讲到，中国古代刑法中，把侵犯财产的犯罪都叫作"盗"，《晋书·刑法志》说，"取非其物谓之盗"。[11] 由此我们可以了解到，为什么现在人们对盗窃罪与诈骗罪的区别有那么多的分歧，原来他们历史上本来就是一类犯罪！虽然随着科学研究的精细化发展，刑法科学越来越精密，但刑法基因里的那些模糊因素仍在随时影响人们的思维，这就决定了盗窃与诈骗之界线必然难解难分。又如，尚老师讲到，唐律认为，盗罪以得财为既遂，不得财为未遂。[12] 这

---

〔10〕《劳改劳教与综合治理》，载《惩罚与改造》1992年第2期。

〔11〕尚彝勋：《中国古代刑法史》，湖北财经学院法律系1983年7月印行，第227页。

〔12〕尚彝勋：《中国古代刑法史》，湖北财经学院法律系1983年7月印行，第227页。

就让大家恍然大悟,原来关于盗窃罪既遂主张的"取得说",远在唐律里就已有明确规定,而后来发展出来的判断盗窃罪既遂标准——"控制说""失控说""失控加控制说"等,只不过是随着国家刑事政策立场的变化而变化的见解,本质上并无突破性新意了。再如,尚老师讲到,唐律的盗罪,分为"强盗"与"窃盗"。"强盗"是"以威若力"强取他人财物的行为,相当于我国刑法上的抢劫罪。而"窃盗",是指"潜行隐面而取",说明这种犯罪以秘密窃取为主要特征。〔13〕这对于我们正确认识我国刑法上盗窃罪的特征——"秘密窃取性",提供了历史的可溯源根据,也正好说明中国刑法意义上的盗窃与西方国家(包括日本)刑法上的盗窃具有法文化历史传统的差异性。

(七)胡新教授与郑昌济教授

除了前述6位老师,在刑法专业课方面与我们有交集的老师还有胡新教授和郑昌济教授等。他们在各自的研究领域都有深厚造诣。

印象中胡新老师是我们那一届刑法专业研究生的班主任,他好像并没有给我们上过课,但平时会召集我们开会,了解或交代学习生活信息。记得他曾经告诫我们,刑法学博大精深,且问题太多,需要用毕生精力投入研究,同学们如果有志于研究刑法,可以根据刑法教科书涉及的问题,依据其重要性分别列出,然后根据自己的研究兴趣和需要,逐一展开研究,要有长远计划和中短期计划,这样坚持下去,持之以恒,就能做出一番学问。胡新老师的这些教导,对于我日后的刑法学研究有重要的方法论意义。

郑昌济老师主讲"犯罪学"与"犯罪心理学"。郑老师能言善辩,精于逻辑推理。当时他已是名满中原的刑事辩护律师(兼职)了。20世纪80年代,弗洛伊德的有关精神分析学著述被译介到我国,正是在郑老师的课堂上,我第一次听到"力比多"(libido)这个概念。通过郑老师的犯罪心理学课,我了解到该概念是弗洛伊德精神分析学理论中的一个十分重要的表述,甚至是其精神分析学的理论基石——所谓"libido",其基本含义是表示一种性力、性原欲,即性本能的一种内在的、原发的动能、力量。这里所说的"性",不是指生殖意义上的性,它泛指一切身心感官的快感,包括犯罪人通过犯罪获得的快感。精神分析学认为,力比多是一种本能,是一种力量,是人的心理现象发生的驱动力。所以,在该理论看来,犯罪行为的驱动力与力比多有重要关系。尽管弗洛伊德的精神分析学说受到学术界颇多非议与批评,但那个时期,郑老师的授课确实扩大了我们的视野与思想,使我们对犯罪心理学乃至精神分析学有了初步认识。而这些知识,对于刑法学研究显然也是有积极意义的。

三、南湖之滨的学术初步

那时的中南,地处较为偏远的乡下,周边全是菜地、鱼塘或荒芜的山丘,根本没有什么休闲娱乐去处,就是校园里,也只是周末在露天电影院放一场电影,学生会有时也会在食堂二楼餐

---

〔13〕 尚彝勋:《中国古代刑法史》,湖北财经学院法律系1983年7月印行,第228-230页。

厅组织一次简陋舞会。但就其自然环境而言，不仅宋朝诗人张镃的《满江红》有“武昌柳，南湖竹”的描述，还有元末明初著名诗人丁鹤年《武昌南湖度夏》七绝的赞美：“湖山新雨洗炎埃，万朵青莲镜里开。日暮菱歌动南浦，女郎双桨荡舟来。”这个相对与世隔绝的世外桃源，确实是埋头研习的好地方。

由于我没有机会受到正规的大学本科阶段教育，虽然幸运地考进中南研究生队伍，但我自知自己的法律知识根底薄弱，亟须奋起直追，尽快把本科阶段的知识空缺弥补上。所以，进入中南后，学习抓得非常紧。除选修了国际法、中国法制史、刑事诉讼法，还选修了第二外语——德语（德语老师是单老师，跟着他学习了一年德语）。

在中南研习三年，我没有去跳过一次舞，在露天电影院也只看过两三次电影，好像当年红极一时的《红高粱》，就是在学校的露天电影院看的。事实上，除了吃饭、睡觉、上课，我把其他时间几乎都用在读书和写作或翻译文献上了。

当时的学习，主要在图书馆阅览室进行，复印机并不十分普及，更没有电脑和互联网检索手段，主要靠手写摘录卡片记下文献线索：作者、文献名称、刊物名称、发表时间以及文献核心观点。我至今还保留着数百张手写卡片。有一次，在图书馆的外文书籍架上意外发现了1987年出版的当代美国著名法哲学家道格拉斯·胡萨克教授的成名作 *The Philosophy of Criminal Law*（《刑法哲学》）〔14〕，便借回去认真研读。大体看完后，我为其深刻的批判精神所折服，并下决心将其翻译成中文出版。在中南研究生毕业前，我已着手翻译该著部分书稿，后与胡萨克教授取得联系，经其授权，且在诸位同仁的共同努力下，该书中文第一版在20世纪90年代初由中国人民公安大学出版社出版。该书的出版，为我国刚刚起步的刑法哲学研究提供了极其重要的文献参考资料。

由于自己学习研究还算勤奋努力，从研究生第二学年（1988年）到毕业那一年（1990年），我在中南撰写发表了大小12篇著译文章（包括2篇内刊文章）。这些习作分别是：《法国宪法的监督历程》（与刘茂林合著），载《法学评论》（署名：林原）1990年第4期；译作《美国刑事判决中的就业因素》，载《中外法学》1990年第5期；《美国经济刑法概要》，载《中南政法学院学报》1990年第2期；《犯罪结果浅论》，载《法学杂志》1990年第6期；译作《对〈中华人民共和国法律汇编：1979—1986〉的反思》，载《中外法学》1989年第4期；《刑罚目的论之比较》，载《比较法研究》1989年第3—4期合刊；《对我国犯罪构成理论的思考》，载《中南政法学院学报》1989年第2期；《当代西德反经济犯罪概况》，载《湖北法制报》1989年6月22日；编译《美国如何维持城市集贸中心的治安》，载《依法治市》1989年第4期；《我国刑法应当确立侮辱诽谤法人罪》，载《中南政法学院学报》1988年第3期；编译《刑法改革在美国的历史发展》，载《海外法学》1988年第2期；《青少年犯罪的现状、特点及原因》，载《青年法学》1988年第2期。

---

〔14〕该书1987年由美国Rowman and Littlefield Publishers出版，当时胡萨克还是美国鲁杰斯大学（Rutgers University）的一位副教授。有必要说明的是，中国法制出版社2015年曾出版胡萨克教授的 *The Philosophy of Criminal Law: Selected Essays*（《刑法哲学：论文选》）的中文版。该书的译者把 *The Philosophy of Criminal Law: Selected Essays* 译成“刑法哲学”，并用作其中译本的书名。其实，胡萨克教授的这两本书内容并不相同，更不是同一本书的新旧版本：前者是体系严密完整的刑法哲学专著，而后者是作者多年来研究刑法哲学问题的文集汇编。

毫无疑问,这些习作都很不成熟,有些观点甚至是谬误,但正是在南湖之滨迈出的蹒跚步履,为我后来的刑法学教学研究奠定了基础,并坚定了自己的学术自信。

四、结语

"从别后,忆相逢,几回魂梦与君同。"[15]离开中南已经30多年了,但中南无时无刻不萦绕在我的心头。除了前面述及的8位刑法专业老师,中南还有很多老师和同学给过我难以忘怀的鼓励与帮助——主管研究生工作的邓继烈老师,在工作与学业上给过我无微不至的关怀;萧伯符老师和田国宝老师对我论文撰写与发表提供了积极支持;刘茂林老师不仅在学术研究方面为我提供了经验与帮助,还在我十分拮据的时候提供金钱资助;杨爱斌师兄可谓亦师亦友,那时常常与他切磋刑法问题,并向他学习传统功夫……至于我的同届同学——喻春祥、张忠斌、王桂凯、王一怀、郭义贵、刘东风、李学东、肖迪明、张时贵、王雅琴、华斌、邓天才等,更是休戚与共,情同手足。这么多年来,他们很多人事业有成,或在仕途上如鱼得水,或在商场上屡战屡胜,或在学术领域一路高歌,但是,他们总是对我关照有加,不离不弃——这就是中南,重情重义,不失原则,彼此呵护,永远携手向前!

---

〔15〕 晏几道:《鹧鸪天》。

邓子滨 | 中南纪事

邓子滨，现为中国社会科学院法学研究所研究员。

我与中南诸君交往廿年，故事原本不少，蒙泽强教授厚爱，责我记叙一二，几番催促。然真要落笔，历历在目者又若寥若晨星，显见人过五十记忆加速筛选，及时挽留一些历史片段，也是向前辈齐文远先生表达敬意。

一、用力活着

2019 年年底，周详的影评集《法律只是美事的影儿》完稿，我帮他联系了北京大学出版社，还以“竹密无分影，花疏有异香”为题写了序言，可见我对周详作品的喜爱。不承想，已然排版，却审查受阻，无法付梓，可怜良工心苦。但无论如何，周详一再说要来京一聚，以示谢意。

2020 年年初，风闻武汉有疫动，不过相信政府有了 2003 年北京“非典”的经验，有能力把控，于是 1 月 16 日在京攒聚，稠人广坐，其乐融融。次日晚间，周详乘车离京，估计还在车上，已确定疫情属实。而北京这边，我却陷入极度自责中，召集一次聚会，如若给大家带来不测，恐难辞其咎。好在很快知道，周详不仅不是携带者，而且反应机敏，一家人赶回恩施老家了。

不过，随即而来的武汉情势，超乎预想，一众好友被困三镇，感同身受，揪心莫名，愁云惨雾，忧天悯人。每天不断询问友人境况，得知大家温饱无忧，亦能安常处顺，也算暂时放心，耐心等待。彼时疫情前景不明，各种信息混杂。期间与黎江虹教授交流较多，事后回忆，她作为女性，对虚假信息有非凡的洞悉力，让人印象深刻。

尘劫之后，武汉复苏，但不久之后北京新发地让半个帝都停摆，让笑人者自省，别人难处应给予理解，且须珍惜酒局，说不定此聚过后难得再聚。2021 年春，确定特朗普当不上总统了，我决定在疫情间隙也休整一下。当时真的清醒知道，疫情只有间歇，远未终了。于是驱车经杭州而武汉，得与荣功一晤。又转道西安，与政勋、玉明把酒，念及当下，西安一行颇为珍贵。

再后来，五月中旬，与周详南下广州，在一家东北餐馆吃夜宵，喝了许多啤酒。离开后才知道，广州疫情又起，离我们所住酒店不远，没有波及我们，也算躲过一劫。要在今天可能就没那么幸运。自2021年9月以来，虽说疫情总体趋缓，但数码管理却越来越严，被有效地网格化，无法动弹。年底前泽强、周详都想约我去中南讲座，因“非必要不离京”而未能成行，估计要冬奥以后见了。

两年记忆，行程寥寥，异地聚会已成奢求。令人黯然神伤者，一则各国防疫措施迥异，已成道路之争，不知中西何时再通款曲？二则朋友圈几度撕裂、重组，现在能够径情直遂而无需隐约其词者，枚举可矣。仔细想想，许多事情我们无能为力，活着就好，用力活着吧。

二、左宜右宜

约十五六年前，我和谢鸿飞共赴中南，得众酒友款待。金谷酒数，意气洋洋，人人困知勉行，个个名山事业。鸿飞谦称移樽就教，实则蒿目时艰：“我就问你们搞刑法的，三阶层、四要件争了那么久，能不能举出一个案例，用不同的理论分析能够得出不同的结论。如果结论都是相同的，那还争个什么？”印象中，当时齐文远先生在场，他支持鸿飞的问难，认为四要件能够解决所有问题。

回京之后，我向陈兴良先生转述了鸿飞的问题，记得陈先生是这样回答的：对于绝大多数案件而言，阶层论和要件论的分析结果肯定是一样的。别说现代，就说没有犯罪论的古代，司法实务一样可以完成定罪量刑的工作。阶层论和要件论的差别在于那绝大多数以外的一小部分案件解决得是否精细准确。而且，阶层论更有益于刑法教学的逻辑性与体系化。当然，我们以后要尽力搜集能够说明阶层论更有优势的案例。

这里需要补叙与齐文远先生的相识。齐先生乃西政七八精英，中南刑法学界宿儒，对事高下在心，对人佛眼相看，总是给予学术后辈以极大的宽容与提携。现已忘记何时与齐先生初识，只记得有次我赴汉说项，飞机延误，齐先生一直等到晚上九点共进晚餐。在拙作《斑马线上的中国》出版后，齐先生力推获奖。每聚会，必醉我以酒，饱我以德。

中南刑法学人中，不能不说一位趣人，夏勇教授。夏教授长我几岁，每每以兄自居，目的只让我多敬他几杯，他也借机多喝几杯。只要开会发言，言必称“我叫夏勇，此夏勇非彼夏勇”。更有一次刘艳红教授主持我在武大的讲座，夏勇兄作为评论人，与艳红教授一起痛批我的“取消强奸罪才有利女性”实属“荒谬之论”。嗣后很长时间，每当酒后，必愤愤不平于我竟然讲授如此谬论。

或许是中南诸君对我太过容让，也让我偶有矜才使气借酒撒泼丢人现眼的时候。一次，大庆做东，酒酣耳热之际我与代华争论一个问题，争的什么问题已经想不起来，只记得我竟然拂袖离席，让大庆非常尴尬。其实真正尴尬的是我，我恳请周详，先替我赔罪，再为我啸聚。

当然，交往最深的还是周详，他的宝贝女儿琪琪我很熟悉，知道他们父女经常讨论天国的问题，而他的太太王艳是一位“虎妈”，对女儿的学业不肯有一丝一毫的放松，当然，对周详也不敢放松。有一次我跟周详说起，在京的60后刑法学人曾经煮酒论英雄，提到所谓七人理论，一致认为周详可算刑法70后七人之一。对这个说法周详很感兴趣，多次问我都有谁，他排第几。我至今没告诉他。我只是告诉他，陈老师很器重你的才华，但惜乎你不搞教义学。

三、日就月将

齐文远先生属50后，自1982年大学毕业至今整整四十年，在这四十年里，刑法学乃至整个法学都一直在负重前行，成绩很多，心酸不少。在刑法学界，像我这样的60后被夹在中间，刚刚意识到再也无法企及陈兴良、张明楷衮衮诸公之项背，又蓦然注意到已被车浩、东燕等人超越。好吧，这毕竟不能归责于我。

在齐文远先生多年努力培育下，中南刑法学现如今可谓人才济济，兵强马壮，有中国第一大刑法室。接下来的还是阶层论与要件论的取舍问题。如果从“用力活着”角度说，采何种理论都不影响传道、授业、解惑，但从学术纵深看，显然德日刑法学更有历史，当然有更多的刑法学著述值得借鉴。这里不得不提起安异，他多年前从哥特体翻译的《构成要件论》，今天仍然是刑法学人绕不开的话题。至少，在我来看，迄今仍然要回归贝林，回归古典学派，因为我们跟那个时代的法治需求相差无几。

陈兴良先生曾说到，阶层论与要件论只在一小部分案件分析中可能存在不同结论，但这一小部分，比如5%，对我国每年上百万的一审被判刑者来说，就差不多涉及5万人之多，他们背后牵涉的家人就更多。所以，我们的刑法理论不能满足于95%的绝大多数，而是应该更加精细，尽量在本科阶段，就能让孩子们达成法律共同体应当具备的知性共识。

以我所知，齐先生并不认为要件论已经过时，他的确认为要件论比较适合中国国情，在他指导周详博士论文《中国刑法的文化生态分析论纲》的过程中，我们可以明确感知这一点。不过，齐先生从不拒斥阶层论，他对我这个持阶层论观点的准弟子从来都是热情而友好。阶层论在法学院学生那里也不是问题，我曾凑巧赶上研究日本刑法学大家张明楷教授在中南的讲座，可谓“万人空巷”，不仅座位，连地板上、讲台周围都坐满了学生。

刑法学术现实很骨感，也很撕裂。一方面，我亲身感受到，在北京之外的著名院校里，持要件论的学者明显不占多数；另一方面，从核心期刊上阅读，发现已经没有哪位学者还在用四要件理论分析问题。过去二十年与中南因缘颇深，也就特别关心它的刑法学未来走向。希望很快再见到齐文远先生，对他说，“绿野风烟，平泉草木，东山歌酒”，俟河之清，为先生寿。

夏朝晖　我与中南刑法一辈子的情缘

夏朝晖，1989级刑法学硕士研究生，现为中南财经政法大学刑事司法学院教授、硕士生导师。

一、一个本科读了两所学校

1983年，我收到了湖北财经学院法律系的录取通知书。湖北财经学院也就是今天的中南财经政法大学首义校区。我的大一、大二就是在那里度过的。湖北财经学院虽然不是什么名校，但由于它优越的地理位置和良好的就业前景赢得很多考生和家长的青睐，所以在湖北的录取分数线很高。学校地理位置优越，交通极其便利。从学校后门出发步行就能到达武昌火车站，旁边还有一个武汉宏基长途汽车客运站，对于全国各地的学生来说，无论是坐火车还是坐汽车都极为便利。市内交通更是四通八达，直达武汉三镇。"风樯动，龟蛇静，起宏图。一桥飞架南北，天堑变通途。"学校开门就能见蛇山，不远处就是武汉的名片景点——长江大桥和黄鹤楼。我们晚饭后常常三三两两去那里散步，站在长江大桥上凭栏远眺，畅想未来。被称为"小汉正街"的千家街商品市场就在学校旁边，步行十多分钟就能到达，市场品种繁多，价格适中，是我们这些渴望美丽但又囊中羞涩的女生购物的"天堂"。我常常在想，一所被吃喝玩乐环境所包围的学校如何能让学生安心读书？可事实却是这所大学培养了众多蜚声国内外的著名法学家和经济学家。像我这样意志不坚定，经不住诱惑的学生毕竟是少数。

在我大三时，由于中南政法学院的成立，湖北财经学院法律系82级、83级的本科生便搬迁到位于南湖边的茶山刘，也就是今天的中南财经政法大学南湖校区。那时的中南政法学院刚刚组建，百废待兴，校园面积很小，不及很多高中，校园被农民的菜地和甘蔗林包围。记得当年只有一栋行政楼（文治楼）、一栋教学楼（北教）、一个食堂（四食堂）和两栋学生宿舍，办校的各种硬件、软件都不齐备。校园里没有绿化，没有硬化道路，到处都是黄泥巴，下雨必须穿塑胶套鞋去上课。那时的茶山刘没有公共汽车，我们必须步行到中南民族大学才能搭乘唯一的一趟59路公交车，终点是鲁巷，要想进城，还得再转其他公交车。对于我们这些懵懂的被"发配"到"茶山刘"的学生来说，从交通便利、热闹非凡的市中心下放到这穷乡僻壤的乡村，心里免不了有些失落和埋怨。当然,生活在乡下也有城里找不到的很多野趣。校园周边到处是水沟,水沟里有各种小鱼、泥鳅、青蛙和小龙虾。我们随便用一根小绳索,就地取材抓一只小青蛙绑上做饵料,丢到沟里,很快就有小龙虾上钩,把绳索一提起,肥美的小龙虾就到手了,有时一次能钓起好几只,个个都是纯天然绿色食品。当然,由于学校管理严格,不让学生在寝室用电炉,我们钓起的各种野味是没法变成美食的,我们的目的重在"钓"而不在"吃",享受过程中的乐趣才是真。说到吃,学校食堂的酱猪蹄简直就是人间的珍馐美馔,我们这些囊中羞涩的穷学生多数时候只能透过橱窗玻璃解解眼馋,一学期也舍不得吃上一两次。那种刻骨铭心的味觉记忆已深深印记在脑海,直到今天,在任何地方吃到酱猪蹄,我的内心都会说:"这个猪蹄不如当年学校食堂的好吃!"其实,这是一种执念,无关味道好坏。

一个本科读了两所学校,说不上是幸运还是不幸,但从此我便和中南政法学院结下了一辈子的情缘。

二、硕士生享受了博士生的待遇

四年的大学生活如白驹过隙,但我与中南政法的缘分并没有就此终结,我幸运地考取本校刑法专业研究生。我们那一届刑法研究生只招三人,学生人少既有"好处",也有"难处"。好的地方在于我一个硕士研究生却享受了高于"博士生"的待遇。超"博士"待遇可不是信口开河、随便瞎说的,数字最有说服力。当时整个导师组的导师应该有六七人之多,那时不像现在,并不是研究生一入校就指定一个责任导师,而是整个导师组集体指导我们,算下来,平均两三个导师指导一个学生,只是到写毕业论文时才指定一个论文指导老师。由于学生少,我们便有更多的机会得到老师的指导,甚至还有机会跟随老师走南闯北去搞社会调研。记忆最深刻的是吴安清老师带着我和两位师兄一起去重庆参观当时的全国"模范监狱"。那时的交通还很落后,没有高铁,由于机票很贵,飞机基本不属于普通人的交通工具,更何况我们这次调研是公费,必须遵守学校出差报销的相关规定。吴老师是教授,也只能买硬卧车票,我和两个师兄只能坐硬座。那时的火车都是慢车,印象中从武汉到重庆要坐十几个小时,等到达目的地,我的双脚都不能自如行走了。这是我第一次来重庆,更是第一次"进监狱",虽然旅途辛苦,但我还是有抑制不住的兴奋。这一次的调研让我大开眼界,近距离了解了监狱的管理和犯人的劳动、学习、生活起居等情况,第一次面对面和犯人交谈,也彻底颠覆了我这个法科学生脑海中的监狱印象。记忆中,吴老师的交谊舞跳得非常好,他的国标舞算得上业余中的专业水平。那时候,学校每周都要开舞会,地点一般都在食堂二楼,邀请外面的乐队演奏。有几次在舞会上邂逅了吴老师,有幸和他跳过几次舞。惭愧的是,他那一招一式的国标舞常常让我跟不上节奏。吴老师非常有绅士风度,他身材高挑,一袭黑风衣,俨然舞场上的翩翩王子。

当然,"有一说一",这种"博士生"的优厚待遇也会给我们带来无穷无尽的烦恼。首先,逃课这种事想都不要想。我们当年在南教和北教之间连廊上的几间小教室上课,一间教室只有几平方米,老师和学生之间不过一两米的距离,你的一举一动,老师尽收眼底,老师甚至可以透过你黯淡无光、空洞无物的眼神,准确判断此刻的你已游离在"知识"之外,于是提问就会猝不及防地降临到你头上，让你措手不及、颜面尽扫。老师无须恶语批评，但你早已羞愧难当、无地自容。顺便说一句，这一“制服”学生上课开小差的不二法宝，在我成为老师后同样屡试不爽，我从不敢说自己继承了老师的学术，但我敢负责任地说，制服学生的这一招“我继承了老师的衣钵”。

三、形式上的毕业，终身的学生

研究生毕业后我留校任教。幸运的是，我的“毕业”只是形式上的，我有机会赖在各位老师的“羽翼”下继续当“学生”。毕业一留校，身份变“老师”，挑战不可谓不大，我这个“小白”老师真的有些诚惶诚恐：备课不知从何下手，担心自己站到讲台会不会脑子一片空白？幸运的是，一位毫无保留、倾囊而助的“兄长”出现在我面前。他就是令人尊敬的齐文远老师。我还能清晰记得当年去向齐老师借备课手稿的情形。那时的备课手稿都是手写的，当我提出要借他的备课手稿时，齐老师没有一丝一毫的犹豫，捧出厚厚一摞他亲笔写的教案交到我的手上。我回家打开一看，信纸上的字迹如此工整、条理如此清晰、资料和信息量如此丰富，让我这个初为人师的新人感到了巨大的压力。于是，我知道了当老师的不易，上课不是照本宣科，而是要花大量的时间和精力做好课前准备。直到今天，我虽然是从教三十多年的老教师，但我从不吝惜在备课上花功夫，这一作为老师本分的品格是齐老师的一份备课手稿教会我的。齐老师为人为学严谨认真的态度和他乐于奉献的博大胸怀影响了我一辈子，是我终身学习的榜样。至今想起这件事，我仍然佩服自己当年的勇气，也惭愧自己当时的无知，因为备课手稿是有知识产权的，知趣的人不会轻易向别人开口借，即便开口，一般人也是不会外借的。当年，我这个初出茅庐、无知无畏的新人偏偏能有这样的好福气，遇到了这样一位宽容大度、无私奉献、犹如“兄长”一般的好老师。

当我自己也成为研究生导师后，导师组让我承担“中国刑法史”课程的讲授。在备课过程中，我遇到的最大困难就是自己的古汉语功底不扎实，在查阅古代文献时常常有不认识的字，有些原文甚至不知如何断句。多亏我的父亲是一位古汉语老师，他能解答我备课看书中遇到的很多文字上的读音释义问题。有时为了一个字的读音，他会查阅很多我永远看不懂、只有他才会用的那些老式“工具书”，写上一两千字的考证笔记交给我。不知不觉中，他为了解答我的问题而做的读书笔记已写满厚厚一大本。父亲虽已离开我十多年，这本他亲手为我写的读书笔记我至今珍藏，每次翻阅，都会泪眼模糊。

在我讲授“中国刑法史”这门课程的过程中，胡新老师给予了我莫大的帮助。我读研究生时，这门课程就是胡老师给我们讲授的。不愠不火、慢条斯理、娓娓道来、旁征博引是他的讲课风格。胡老师住在丁字桥教工宿舍，为了节省路途时间，我会把不懂的问题记在一个本子上，隔一段时间去一次他家。我每次上门讨教，他都热情接待，不厌其烦地讲解我的所有问题，碰到他自己记忆模糊、有些拿不准的问题，他就会立即去查阅资料，从不信口开河。他严谨的治学态度、诲人不倦的敬业精神让我由衷敬佩。胡老师的生活很简朴，师母去世后，他独自一人居住。有次我去得比较早，他正在吃早餐，一个馒头，半盘有些烧煳的花生米就是一餐。记得当时桌上还有一个剩馒头，他判断我一定还没吃早餐，便一个劲儿让我吃。我告诉他我没有吃早餐的习惯，他便一遍一遍叮嘱我："这个习惯不好，一定得改。"那一刻，老师和父亲的角色已在我脑海中模糊。

如果说我在中南有什么遗憾，最大的遗憾莫过于本科和研究生期间都没有聆听过张明楷老师的课。我本科入校时，他是在读研究生，等我读研时，他却远赴日本求学，就这样遗憾错过！值得庆幸的是这一遗憾终于在2020年疫情期间得以弥补。说到这个弥补遗憾的机会，我还得感谢我的儿子。儿子从小到大从不追星，用他自己的话说，"楷哥例外"！早在武汉大学读研期间，听说张老师下午在武汉大学有场讲座，他上午便带上面包去教室占座，中午都不敢离开教室去吃饭，生怕回来就没座位了。幸运的是，这个他心目中的"男神"在两年后成了他朝夕相处的导师，他有幸成为"张门"的一名博士生。2020年这场突如其来的疫情改变了所有人的工作、生活和学习模式。一时间，从小学到大学，"云课堂"成为唯一可行的教学方式。那个学期，张老师在腾讯会议给清华大学的研究生上课，儿子"近水楼台先得月"，往往提前15分钟左右能获知腾讯会议号，然后再"泄密"给我，我便以"旁听"的名字"潜入"会议室，等待"男神"的出现。没想到第一次"偷听"就遇到了麻烦，助教开始清点人数，并要求实名。想到这是研究生的课堂教学，不是网络上的公开讲座，我得遵守他们的课堂管理，于是无奈地退出了会议室。10多分钟后，不甘心的我又悄悄"溜"进会议室。这一次进入，张老师在聚精会神地讲课，助教和同学们在专心致志地听讲，没有人注意到我的存在。我如饥似渴地听着张老师深入浅出、层层发问式的讲解，在一个事先准备的笔记本上不停地记着各种对我的专业学习和我的教学有帮助的内容。那一刻，我又回到了学生时代，享受着当学生的美好体验。有了这次成功"潜入"的经验，从那以后，我每周的同一时间，用着同样的方式，听完了张老师整个学期的讲授。由于当时是疫情期间，所有生活物资都是统一采买、统一配送。听课期间，我最不愿意听到的声音就是楼下通知拿货的喇叭声，不愿意因下楼取货而耽误我听课做笔记。张老师每堂课都会留时间让学生提问，每次都要到12点多才下课。不想错过他课堂教学的每一个环节，我常常把电脑放在厨房的微波炉上，边做饭边听他回答学生各种各样的问题，真的受益匪浅。疫情虽是人类灾难，但疫情也给了我弥补遗憾的机会。那个学期，在儿子的帮助下，我用同样的方式还"偷听"了清华大学劳东燕教授、黎宏教授、王刚教授的专业课程，做了厚厚一本笔记。虽然儿子嘲笑我还用这么老土的办法做笔记，但我很享受这种当学生的感觉。那段时间，虽然疫情限制了行动自由，但我过得充实且快乐。

在中南刑法任教期间，我有幸结识了很多刑法"大咖"，他们的名字个个如雷贯耳：张明楷、刘明祥、冯军、李希慧、范华清、刘艳红等。他们或是学界精英，或是实务部门领导。虽然他们都已离开中南刑法，但中南刑法仍以他们为傲！张明楷老师每次回母校讲座，那火爆的场面非网红、明星所能及。每当我看到那些提前几小时来排队、一眼望不到头的学生队伍，甚至连讲台和窗台都不肯放过便席地而坐的"追星"场面，我心中总是油然升起无限的自豪感，因为他是中南刑法人！

四、中南刑法的红色娘子军

中南刑法还有一支“红色队伍”，就是我们这支“娘子军”！之所以说它是红色，是因为我们女老师的名字。记得辛忠孝老师每次都拿我们的名字开玩笑，说刑法女老师的名字个个都很“红”：朝晖、艳红、程红、彩霞。虽然后来陆陆续续加盟的女老师名字中不一定都有红色，但她们阳光开朗的个性，乐观向上的精神仍然延续了这支娘子军的红色本质。

我进刑法教研室时，只有徐珏一个女老师，不久她就调离了。接下来就是刘艳红美女的加盟，记得好长一段时间，刑法教研室只有我们两个女老师。每周四下午是刑法教研室的例会，开会时，环顾四周，周边坐着的全是我们的老师，我们这两朵不起眼的“小红花”被淹没在一片郁郁葱葱的参天大树中，显得若有若无。为了找到我们的存在感，我俩常常开会坐一起，吃饭坐一桌，无话不谈。由于我比她年长几岁，她便一口一个“老夏、老夏”地叫我。法学院有些年龄相仿、和我关系较好的老师听她这么叫我，也都学着喊我“老夏”。我这个二十多岁的“小夏”就这么悲催地成了名不副实的“老夏”。她离开中南以后，虽然我们各自忙于自己的工作和生活，见面的次数不多，但我们心中仍然记挂着对方。她只要有著作面世，一定会亲自签名赠书，或是托她的学生带给我，或是快递给我。更加让我感动的是，她一直关注我儿子的成长，每次有新书出版，她都亲自签名赠书给他。儿子每次都如获至宝，急切地将她的题字和签名拍照发给我，欣喜和骄傲之情溢于言表。她是集美貌才华于一身的美女教授，早已圈粉无数，我一直默默关注着她的成长和进步：全国十大杰出青年法学家、入选国家百千万人才工程、国家级“有突出贡献中青年专家”、享受国务院政府特殊津贴专家、入选教育部“新世纪优秀人才”计划等。我为她的每一次获奖而高兴，为她取得的成就而自豪！不久前，她应邀回母校讲座，我们得以重逢。虽然久未相见，但彼此没有陌生和客套，她还是“老夏、老夏”地叫着我，这一声声“老夏”让我倍感亲切。我开玩笑地对她说：“‘老夏’这个称呼可是你的‘专利’，你活生生把我从二十多岁的‘老夏’叫成了名副其实的‘老夏’。”在去吃饭的路上，她一直挽着我的手，在等餐的时候，我坐在椅子上，她一直趴在我的椅背上，我们聊工作、聊生活、聊房子、聊孩子，此情此景又将我带回到那些过往的青葱岁月。临别时，她特地送我一只杯子，对我说：“老夏，杯子的意思就是‘一辈子’！”是的，一辈子！我一定收下并珍藏好这“一辈子”的情谊。

有人离开，也有人加入，中南刑法的这支“娘子军”不断壮大。有人说，三个女人一台戏，意思是有女人的地方就有争斗。我要说，是你们的“宫斗戏”看得太多了。中南刑法的这支“娘子军”没有钩心斗角、没有斤斤计较，更没有尔虞我诈，我们是一支红彤彤、美艳艳、团结向上的队伍。无论是走了的，还是要来的，我们都是中南刑法灿烂的姐妹花，是中南刑法亮丽的风景线！

中南刑法有我求学的青葱岁月，也是我的安身立命之所，我对中南刑法有说不尽的爱、道不完的情！感恩中南刑法！祝福中南刑法！

熊艳喜　我与中南大刑法人情缘的点滴偶拾

熊艳喜，中南财经政法大学 1992 级经济法学硕士研究生。

人生如白驹过隙，三十年倥偬岁月弹指一挥间。1992 年 9 月的细雨蒙蒙的一天，我怀着对法律、对法学神圣敬仰且满心向往之情，跌跌撞撞迈入中南政法学院的大门。虽然上的是经济法系，读的是经济法专业，然而刑法学关于犯罪、关于刑罚的讨论却常常是寝室兄弟卧谈会经久不息的兴趣话题。经济法系 9202 班，我们刑法学的授业老师是辛忠孝教授。时至今日，我依然清晰地记得当年老师在课堂上给我们介绍的特殊时期针对"黑五类"子弟破坏集体生产的"火烧牛屁股罪"，以及蒙古女青年掳走边防战士的"流氓罪"。这些有趣的话题，犹如校园"情人路"给人留下的印象一样，深深刻进了当年小南湖畔的每位年轻学子的脑海。当年，自己对法律、对法学的兴趣和热情被点燃，以至于后来参加工作，无论是在公安、在人大，还是投身企业，或做律师、做法律顾问，抑或当仲裁员，法律和法律相关的工作一直陪伴着我，当然也终将一直陪伴下去。2009 年，我师从杨云彦教授，终于有机会得以重返中南大，虽然读的是经济学，然而在校园里又与刑法人结缘，隔壁寝室的刑法学博士研究生左建华兄弟是齐文远教授的高足，于是乎，刑法学关于罪与罚的新鲜话题又在酒酣耳热之际回到了我们的身边。追忆起在武汉市人大常委会工作的十五年光阴，其间，得益于赵俊新教授担任武汉市人大常委会委员和市人大内务司法委员会委员，我与赵老师又有了许多工作上的接触和交流。后来，缘起市人大的相关立法课题需要挑选担纲牵头人和实施团队的契机，又与郭泽强教授相识相交，所有这些，于我个人而言获益匪浅。三十年，我与母校中南大、中南大刑法人之间的点滴情缘，那些人，那些事，虽然忽近忽远的，有些飘忽不定，但是一直在内心深处，一直未曾真正远离。感念母校，感怀恩师，永远！

熊永明 | 那年、那地、那人、那事

熊永明,1994级刑法学硕士研究生,现为南昌大学法学院教授、博士生导师。

1994年我有幸被录取为母校刑法学硕士研究生,1997年硕士毕业,研究生生涯至今虽已有二十多年的时间,但是这短暂的三年却是我人生事业的新起点,也是我人生观和价值观发生重大变化的三年。犹忆母校众先生们的循循善诱,遥思茶山刘的跋涉求学。

上编:先生们的言传身教

一、研究生复试的趺趺撞撞

1994年5月,我来到学校参加刑法学硕士研究生复试。那次是我首次出省,亦是我人生首次跑得最远,自己从来没有出过远门,也没有任何外出经验,因而这次出行无疑具有里程碑的意义。不清楚自己在火车上的细节,但兴奋和紧张还是有的,那个年代没有网络,自然不能查到有关中南政法学院的信息。我只是依靠高中同学姜龙省在中南政法学院90级法律本科这一唯一的信息,在事先没有任何联系的情况下孑然一身来到武汉,紧张、焦躁自然在情理之中。那时的火车时间较长,似乎有八九个小时,由于在南昌没有始发车,半夜搭上过路车来到武汉,一出火车站连东西南北都分不清楚,只是记得那时的武昌火车站热闹异常,到处是熙熙攘攘的人群。所幸自己事先做了些准备购买了一份武汉市地图,虽然当时的地图标识到中南民族学院南湖这个位置就戛然而止,但我最终还是依照地图方向,来到中南政法学院这一在武汉市地图上都找不到的地方——茶山刘,乘坐538路公共汽车一路晃晃悠悠,初次聆听到有关"538""政法学院""鲁巷"等武汉话发音。[1] 终于来到梦寐以求的中南政法学院大门口,校门

---

〔1〕 武汉话少了几分咬文嚼字的绉绉之感,多了几分直率的铿锵烟火气。武汉话特别能显示武汉人的热心快肠和急性子。武汉话第一感觉就是豪爽,小孩子有时说武汉话就会感到很成熟,大人说的话就觉得一种"江湖气",女人说的话就有一点"嗜人"(声音大,音调高)。

很高，几块硕大的水泥柱状横在那儿，活像水坝坝口，倒不像学校，因而少了一份神圣的感觉，走进校门到学校行政楼楼前，我才油然而生出法律名校的自豪感。

面试是在学校原行政楼四楼会议室进行，有个小伙子忙上忙下，热情招呼我们到旁边一个办公室候考。当时我很纳闷，后来才知道他的名字叫袁中毅，是法律系的青年教工，也是我们同届考研之人。等候面试时，里面有十几个同龄人，大家都在谈论着自己对中南政法学院的熟悉，熟悉这里的环境、熟悉这里的老师，甚至熟悉这里的风土等。印象中面试时一定有张明楷老师和朱继良老师，朱老师是组长，张老师是对面试考生“穷追猛打”之人。

面试的时候，张明楷老师一连追问了我有关因果关系的若干个问题，甚至让我区分刑法上的因果关系与哲学上的因果关系。那时我只是上过哲学这门课程，对哲学上的因果关系只知道皮毛，对刑法上的因果关系更是一窍不通。张明楷老师向我问及：“医生做手术，不慎在患者身体里面掉入手术刀致人伤亡如何处理？”我对此没有能力从刑法角度开口，于是设法大谈特谈哲学上的因果关系，但很快这种“忽悠”就被张老师带回。我对全国刑法学界状况基本上是一无所知，对张明楷老师只是读过他参与编写的教材而已，当时我深感这位老师很是有水平。在尴尬和狼狈中我好不容易才结束了战战兢兢的面试，第二天又参加了研究生处组织的两门加试课程，因为自己是以同等学力身份参加刑法学研究生考试，当时加试的课程为民法、国际法，自己对此似乎也是“半桶水”，记得当时的监考老师有后来我在研究生处相处得很融洽的“老严”老师，因为研究生处有两个严老师，大家习惯了“老严”和“小严”的区分。复试后，我向朱继良老师咨询了学校研究生录取政策，担心不及格，因为自己水平不够而影响录取，朱老师告知我不用担心，耐心等待结果。初经复试，才知道自己对刑法知识掌握肤浅；初经复试，才切实感受到正规法学院校水平的高深。多年后的我早已经是研究生导师了，如今我们连同等学力人员都不招收了，反思当年自己这个同等学力身份居然被名校刑法学专业研究生硕士点招录真是一桩庆幸之极的事，没有当初老师们的点录和接纳，就没有今天的自己。

二、先生们的谆谆教诲

当年的九月，自己如愿以偿地进入到学校刑法学专业研究生硕士点，开始了正式的研究生生活。研究生学习期间，我近距离接触了各位刑法专业的研究生老师。胡新老师负责为我们讲授“中国古代刑法”（中国刑法史），上课地点在行政楼旁边二楼的小教室，系专门为各硕士生开设的小教室。〔2〕胡新老师当时年岁较高，临近退休，为人很慈祥、博学，对刑法史的知识信手拈来。他上课很投入，每次携带个暗红色的保温杯，每每讲到口渴就抿上一口解个渴。由于我们这些刑法学人对史学知识并不感兴趣，更主要的是因为我们对此无知，所以胡新老师的课我们多系“洗耳恭听”。那时没有网络，自然无法快捷地查看“保辜”是什么，去法律系资料室应该是可以查明该词含义的。胡老师人好说话，很随和，他几乎对我们这些年轻人没有提出

〔2〕本科生是上大课，往往数十人甚至上百人聚集在一个大教室，类似于高中时期的学习；由于我们这些研究生使用的是小教室，往往招来过往本科生的羡煞目光。“这教室是研究生专用”“他们是研究生”等评论自然飘到我们耳畔，无形之中增加了我们的自豪感。

任何课程要求，只是一股脑儿把自己这方面的知识娓娓道来，学期结束后就没有再见到胡老师本人了。

朱继良老师负责为我们讲授“刑法原理”和“犯罪学”两门课程。朱老师讲课有很多案例，可能与其工作经历有关，往往举出的实例都来自湖北恩施地区。记忆中先生们单纯讲课时间很长，讨论极少。朱老师的刑法原理课最后讨论了一次有关犯罪构成的问题，他事先布置好问题，要我们围绕犯罪构成在中国学界的研究展开阅读。为此我跑到学校教材科购买了朱老师等老先生合著的《犯罪构成论》〔3〕，也购买了高铭暄教授主编的大型著作《刑法学原理》〔4〕，同时到法律系资料室翻阅了相关文献，尽可能归纳并整理好有关犯罪构成的争鸣问题，尤其是该理论的不足。后来我的讨论汇报居然得到了朱老师的赞誉。朱老师授课是“普通话和武汉话兼具”模式，初到武汉的我虽然总体上能够听得懂，但是不少细节还是时常困扰自己，好在身边并不缺少武汉话的“同声翻译”，如来自黄石的袁中毅，来自武汉新洲的汪向群等。每次听朱老师的讲课，我就会下意识想起当时学校行政楼办公室墙上贴到的友情提示语——请讲普通话。

吴安清老师负责为我们讲授“劳改法”和“中国刑法各论”两门课程，这两门课程对我个人的影响较大。劳改法即劳动改造法，主要介绍有关劳动改造罪犯的各种法律规范的规定和实践运行。这些基本上是自己闻所未闻的知识，听起来格外带劲，当然最让人激动万分的是吴老师亲自领着我们到监狱实地考察一周，让我们直接与监狱犯人面对面，观摩什么是现代化文明监狱。吴老师讲授刑法分论课程时系分专题展开，陈斌倒是每次认认真真，几乎一字不落地完成了笔记，他说可以拿着课堂笔记到湖北民族学院〔5〕开展讲座。吴老师善于把每个专题中的问题归纳整理出来，大大促进了我们的深层次思考。说实话在上研究生之前我对刑法的学习是懵懵懂懂的，毕竟自己跨专业读法律，很多地方理解不了，当然谈不上提出所谓的问题，并有效地梳理出学界的争鸣。吴老师的这种教学方式后来被我应用于教学实践，效果很好。

郑昌济老师主要为我们开设“犯罪心理学”课程。郑老师是资深律师，在课堂上常灵活自如地带来各种鲜活案例，这极大增添了该课程的趣味性和生动性。郑老师每次上课都要把一头乌黑的头发打理得油光可鉴，妥妥帖帖，同时精心打好领带并穿好西服和皮鞋，总是很体面、很讲究、很优雅。郑老师的课给我们最大的印象有两点：一是郑老师讲课很投入；二是他为我们宣讲的刑法思维，尤其是司法活动中的刑法思维极大开阔了我们的眼界，这些是在书本上根本学不到的知识。郑昌济老师系我的论文指导老师，于是我有更多机会近距离接触到郑老师。记得当初论文初稿完成后，我携论文初稿专程到郑老师家中请教。说来可笑的是，论文写作阶段我只是找了郑老师一次，郑老师具体怎么给我讲论文我不记得了，但是他告诫我“要努力把圆画圆，要画得像圆”至今言犹在耳，言下之意论证一个观点要力图自圆其说，争取让文章像

---

〔3〕 曾宪信、江任天、朱继良：《犯罪构成论》，武汉大学出版社 1988 年版。

〔4〕 高铭暄主编：《刑法学原理》（全 3 卷），中国人民大学出版社 1994 年版。

〔5〕 湖北民族学院地处神奇美丽的恩施土家族苗族自治州，2018 年更名为湖北民族大学。陈斌系该校委培生，按照学校要求，需要定期为学生们开展讲座。

个样。应该说这种话语对笨拙的我并没有起到多大的警示作用,那时的我洋洋自得,写完论文后,觉得没有必要再去找老师审阅把关。

张明楷老师早年就频频出版学术专著,记得当时自己研一,受93级师兄雷东生的委托专门在研究生小教室门口摆放着张明楷老师的著作《刑法的基础观念》供出售,自己闲来无事试着阅读了下,一经阅读就爱不释手,觉得张老师书中的观点和论证很有启发。张明楷老师主要为我们讲授"欧陆和日本刑法"课程,他与前面几位老先生的授课不一样,他的讲义都是打印出来的铅字。[6] 张老师对欧陆和日本刑法理论很娴熟,常常联系中国刑法进行对比,有了对比才知道差距,有了对比才使我们明晰了问题,正是张老师对大陆法系国家刑法的讲授为我们开启了一扇抬眼看世界的门窗。听张明楷老师授课是一种享受,他为了论证一个问题往往会有各种奇思妙想,各种想象不到的理由和依据同时祭出,极大程度提高了说服力,听者很自然地就被"洗脑",就被"教唆"为"同案犯"。据说他为本科生开设的刑法课程常常有隔壁班的学生"凿壁偷光",不期而至。1996年教师节,我们全体刑法学研究生分别拜望了各位授业导师,去到张明楷老师家中时,张老师当时人在日本访学,师母接待了我们,那天印象最深的是师母领着我们参观了张老师的书房,从这里我读到了"一个人的书就是他的灵魂,一个人的全部藏书就是他灵魂全部"这句话的内涵。

齐文远老师曾经访学丹麦哥本哈根大学,英语功底深厚,因而为我们94级刑法学研究生开设了"英美刑法"和"国际刑法"课程,授课时我在读研究生二年级,上课地点早换成了行政楼9楼最东边一间小教室。上"英美刑法"课时,齐老师发给我们一沓英文原版书籍的复印资料,要求我们9人分头翻译,齐师来自西南政法学院,该校历来对学生的培养较为严格。据说一些导师往往要求没有任何外语基础的学生从零开始自学外语,毕业前完成导师指派的外文原著的翻译工作,正因这种培养方式的"残酷无情",才催生出一大批法学人才,"西政"由此获得"中国法学界黄埔军校"之美誉。我想,齐师大概也想以此方式来倒逼着我们学习,但是无心学问、年少轻狂的我们并没有领情。"我本将心向明月,奈何明月照沟渠。"我记得当时自己非常笨拙地试着翻译过一两页书稿,水平有限,加之大家都不了了之,因而我的"译稿"也没有公布出去。齐师"大足以容众,德足以怀远",缄口不言。过了几年后,我发现齐师参与翻译的一本《英国刑法》[7]出版了,这大概是当初交代给我们的任务,最后他只好自己亲历而为了,另外译者中还有96级师弟"刘代华"的名字。

三年的研究生求学生涯,我既系统学习了刑法研究生该掌握的专业课程,如刑法原理、中国古代刑法、劳改法、犯罪学、中国刑法各论、欧陆和日本刑法、英美刑法、犯罪心理学和国际刑法等,又学习了与此关联的法学专业课程,如刑诉专题、法理等;在学习英语一外的同时,又学习了日语这种二外课程,大为拓展了自己这个"土八路"的专业视野。尽管如此,但我总觉得有些遗憾。同级刑法学研究生,袁中毅和丁友勤系法学本科专业出身,功底深厚,尤其是袁中毅还有几年直接为本科生授课的教学经验,他们对刑法知识的掌握和了解远较我们强得多。

---

〔6〕 其实他当年为我们讲授的课程就是后来《外国刑法纲要》的内容。

〔7〕 [英]J. C. 史密斯、B. 霍根:《英国刑法》,李贵方等译,法律出版社2000年版。

当时的我们渴望了解刑法学界的研究热点、研究动态，如果能够有门“刑法前沿专题”之类的课程，即便点到为止，也足以让我们几个兴奋不已，毕竟看到了外面精彩的世界。

三、调研监狱之行

大约1995年，吴安清老师在为我们上“监狱法”时，与研究生处周聘清处长领着我们刑法学研究生一行9人来到湖北沙洋农场和荆州监狱进行了为期一周的参观。这次参观，着实让我开了眼界，见识了许多书本之外的知识，也算是实实在在地恶补了一次刑罚课程。沙洋监狱是全国第二大监狱，下辖13个监狱，遍布天门、钟祥、潜江、沙洋、京山等市、县。我们先到沙洋农场，后到荆州监狱，农场关押的犯人基本上刑期不太重，那里的犯人分为一级严管、二级严管、普管、一级宽管和二级宽管等，并按照服刑人员的表现和改造效果进行调整。严管犯是不能离开监管场所的，而宽管犯则相对自由得多，在农场里面随处可见身着囚服行走的宽管犯，不过每次遇见服刑犯时，他们都会驻足站立高声向我们“报告”，在被得到允许后才会离开，再继续忙着自己的事情。开始我们以为是向我们这批外来客人的问候，后来才发现其实是因为我们身边有陪同参观的干警，犯人们更多的是表达对干警的敬畏和礼仪，我们只不过是“狐假虎威”中的“狐狸”而已。我在这里第一次聆听到监狱里面各种闻所未闻的事情，知道监狱考察犯人采取“百分制”原则，参观了绝对孤寂的禁闭室。按照安排，上午我们主要与财产犯的服刑人进行专业和心理上的交流，聆听了一个“九进宫”盗窃犯的心理变态过程。一个因诈骗进到监狱的犯人与我们面对面交流时，神态自若，侃侃而谈，说自己在汉正街还有几个店面，家里还有妻子儿女，对此我们深以为然。但后来干警告诉我们这个家伙所说“店面”“妻子儿女”纯属子虚乌有，他是个彻头彻尾的“单身汉”，诈骗游说水平之高可见一斑。下午我们则与贪污的犯罪分子进行交流。听说我们系来自中南政法学院的刑法研究生，犯人们有的好奇，有的则异常兴奋，甚至有个因挪用银行资产被以挪用公款罪判处8年有期徒刑的犯人在我们离开时偷偷塞给我一沓信纸，说自己的案情属于冤假错案，希望我们在外面能够帮助呼吁，我很欣慰，我们的宣讲起到了良好的效应，但是按照纪律，我当然不能依照他的意愿自由行事，申诉自有法定的正规渠道。

荆州监狱坐落在荆州市（荆沙市，1994年9月29日，经国务院批准，撤销荆州地区、沙市市、江陵县，设立地级荆沙市，所以当时我们去的时候还是荆沙市，只是后来改为荆州市）。到荆州时由于时间不允许，我们实在无暇停下脚步好好体悟荆州市厚重的历史文化，但是那映入眼帘的荆州古城墙还是让我们着实赞叹了一番。荆州监狱关押的都是重刑犯，所以对犯人们基本上是严控，不会允许犯人们到外面劳作。在这我还首次目睹押送死刑犯前往刑场的场面。头一天晚上监狱长就告知我们明天早上会有一个死刑犯押赴刑场，果不其然，第二天早上五点多就发现整个监狱灯火通明，几乎是五步一岗十步一哨，监狱内部戒严，一个判处死缓的犯人在考察期内因为打牌用刀捅了同监犯人几十刀，依照我国刑法规定应立即执行死刑。因为戒严我们无法靠近押送犯人的囚车，只是远远看到大小不一的各种警车和一辆武警押送囚犯的大卡车依序快速驶出监狱大门。

监狱之行极大丰富了我们的社会视野,见识了什么是现代化文明监狱,目睹了犯人的真实状况。我们一行也与那里的干警、领导乃至个别犯人有了深入接触和交往,也算是到异域进行了一次访问学习。

四、毕业答辩时的当头棒喝

如果有人说自己在中南政法学院念过书但并不知道张明楷老师,他是不能称为中南政法学院合格毕业生的。张老师在访学日本后于 1997 年 4 月左右回国,即将主持我们这届刑法学研究生的答辩,于是大家空前紧张起来,要知道在学术大咖的"火眼金睛"之下,小学生水平的我们是断然无处藏身的。

首先,改变送论文的方式就已经拉响了警钟。我们即将答辩的研究生亲自上门呈送答辩论文,以此表达敬意。于是刑法 9 人分成两支队伍,一支奔赴刘明祥老师家,一支奔赴李希慧老师家。刘明祥老师和李希慧老师当时均在武汉大学法学院工作,虽说是校外专家,但他们都曾是中南政法学院的专家。[8] 汪向群领着大家把论文送到武汉大学李希慧老师家,那是我第一次拜见传说中的李希慧老师,人很清瘦,很随意,很博学。

终于大家心有余悸地来到了答辩之日。果不其然,答辩时,我共被提问 18 个问题。在准备半个小时后即被"缉拿"到场进行作答,说实话自己连问题都来不及全部琢磨,更不可能有满意或者自圆其说的答案了。我的硕士学位论文主题是"挥霍资财罪的设立",张老师一针见血地问道:"97 年《刑法》刚刚通过并没有设立此罪,你有什么感想""为什么使用资财而不是财产""挥霍资财行为可以按照贪污罪和职务侵占罪处理,为什么还要建议设立该罪"等。与此同时,张明楷老师还对拙文指出了多处错误,包括标点、错别字、逻辑结构、观点冲突等。答辩程序完成时,张明楷老师代表答辩委员会指出:每个人得认认真真修改文章。后来,在自己真正开始工作后进行论文写作和项目申报时,我很快对张老师当初的敲打变得感激起来,这次醍醐灌顶的答辩至少使我明白了以下几个道理:

一是论文写作来不得半点马虎。当年的自己在完成了硕士论文初稿后基本上就窝在南昌,论文的修改和订正工作即委托给同学高天亮,认为他能够帮助自己。但事实上,1997 年 4 月我返校时,发现他自己的毕业论文都没有完成,自然没有时间帮助我查找文章的错误,于是我只好自行救急。那个年代大家没有电脑,更没有网络配备,大家都是手工誊抄好毕业论文集中送到法律系四楼办公室,由专门的打字员负责为我们输入毕业论文,然后返还给我们校对和修改。时间匆促,打字员手中的活都忙不过来,于是我就拿着草稿到学校旁边打印店帮助输入(记忆中这种打印店只有一家,打字员输入文字的速度异常慢,足足折腾了自己两天)。

二是学会动态和体系化看待问题。自以为对硕士论文的论证已经到位,自己所写已经属于问题最高峰,但经过答辩各位老师的质询,发现其中竟然是千疮百孔、错误百出,不少论证缺乏说服力和反证的证据,有待于从多个角度不断进行补充修缮,并设法运用最新、最权威材料

---

〔8〕 中南政法学院的刑法学科总是人才济济。前有曾昭琼、曾宪信、江任天、朱继良、吴安清、郑昌济、尚彝勋、胡新、夏启淦等一众先贤,后有张明楷、齐文远、李希慧、刘明祥、夏勇、冯军等法学名家。

来加以佐证,提升论证力。比如,论题“挥霍公共资财”的表述是否经得起推敲,“资财”与财产如何区分,挥霍资财的行为为什么不可以分解到现有贪污罪之中,这种罪名的设立是否有叠床架屋之嫌,等等。正因如此,以后自己建言立法罪名增设时一定事先反复琢磨:现有条款能否包含进去?是否穷尽了现有解释手段?当时自己写毕业论文和答辩恰逢刑法修订,修订后的刑法1997年3月14日颁布,自1997年10月1日开始生效。论文提交时自己根本没有考虑到这一点,根本没有去思考国家这一重大变化对论文的影响,以至于答辩时非常被动。

三是自己并不懂得如何写文章。起初写文章根本找不着北,不知道为什么要这样做,做的目的是什么,以及文章究竟应该怎样做,也根本没有认真做过什么学术论文,自己是盲目的且并没有认认真真向老师求教。这种漫无目的的写作一直延续到单位工作科研期间,后来通过阅读和琢磨一些高水平的文献,通过与学生一来二去的交往和教学互动,才渐渐悟到一些写作之道。研究生写作和开题过程中,我总是向学生反复追问:究竟为何写这篇文章,如何能够达到这样的目的,凭什么说你的观点和思维就行之有效。正是由于与研究生之间有不断的拉锯战,我对学术论文的写作才变得豁然开朗起来。

四是一定要多向自己的指导老师请教。现在经常有情商较高的学生会拿着自己的论文请不同的老师翻阅指点,不经意间就学到许多东西。那时的我笨手笨脚,虽然学习了三年的刑法,但是感觉很多东西基本上是空白,毕竟没有法学专业的功底,本来多向老师请教可以迅速改变这种现状,可是我找指导老师的次数只有区区的一次,总认为反复叨扰导师会给导师带来麻烦,会引起导师的不悦。现在来看实在是没有保持与导师联系的主动意识,攻读研究生是自己的事,因此研究生应该成为加强与老师联系的主动一方,而不是被动等着导师来与你联系。保持联系的实质是要让导师知道你的学习情况和研究进展,让导师知道你的存在,而不是杳无音讯。

五是应加强法律论文写作的学习,这会让我们少走许多弯路。研究生三年固然学了不少刑法专业课程,但是到临了毕业时却因为最重要的毕业论文而焦头烂额,说实话,研究生读完我都不明确究竟怎样的文章是好文章,到底如何写成一篇好文章。比如如何阅读文献,阅读什么样的文献;选择什么样的硕士论文选题,怎样的选题才是好的;如何进行文献综述,综述到什么地步;如何提炼文章的问题意识,文章的思路和结构如何搭建才是合理的;参考文献的使用应该注意什么问题等都是当年我们不明确的问题。如果当初能够有老师专门负责“传道解惑”,可以使我们少走许多弯路。

就这样趔趔趄趄地毕业,多多少少显得不圆满,但毕竟自己从中感悟到不少为事之道、为人之道、为学之道。

五、与齐文远老师的来往

自己研究生期间,与齐文远老师并没有什么来往,大家只是知道齐老师很忙,他当时系学校外事办负责人。

毕业答辩时,同届的各位刑法专业同学由于在论文答辩时遭到“炮轰”,包括观点错谬、错别字通篇、前后重复、论证简单等,大家在面子上、心理上都觉得备受打击。齐师看出了我们的尴尬和郁闷,在答辩的当天晚上邀请我们全体研究生共进晚宴,地点在外招楼,印象中丁友勤因为要到外地上课提前离开了。研究生处的副处长刘茂林老师也参与了宴请(其也是我们94级研究生班的班主任)。我不记得吃饭的具体情景,但我是一点胃口也没有,心情很是沮丧。在酒桌上,大家心事重重,丝毫没有欢笑和放松,倒是齐师频频举杯劝酒。记得最深的应该是齐师对我们的称谓,他很懂得心理,他称谓我们一般省去“姓”,直呼“名”,如“宪斌”“中毅”“永明”等,这无疑在我们受伤的心里添增了一丝暖意,以至于工作多年,我想对自己的学生表达亲近时,也会使用齐师这一招。

硕士研究生毕业后,自己立意报考武大的博士,为此想找齐师进行推荐。大概是在2000年暑假前夕,我先是电话联系齐师,确定他在学校上班,于是在没有事先告知的情况下直接来到其办公室,趁着上班时分守候齐师。到其办公室时,他拿出早就准备好的一张纸条,上面写有刘明祥、李希慧两位老师的电话,好像还有莫洪宪老师的联系方式,他问我准备报考谁的博士生,我说无所谓,自己一个导师都不认识希望他能推荐,他思考一会儿,拨通刘明祥老师电话,电话接通,齐师向刘老师说了一些我立志考博的想法,刘老师表示欢迎。当天,齐师好像还对我的学究、书生气进行了委婉批评和点拨。人的一生总会有贵人相助,齐师就是我人生道路上的引航人。

此后,我与齐师的接触变得多了起来,2002年9月入校时,恰逢中日刑事法交流会在武大召开,我得以在会议上再次会晤齐师,记得自己当时写了一篇有关“侵犯秘密罪研究”的长篇文章给齐师看,在文中我建议中国刑法的侵犯秘密罪应该相对集中成节,但是齐师指出,外国刑法立法采取“小章制”模式因而罪名相对集中,我国采取“大章制”模式因而相对分散,研究结论是否妥当值得考虑。随后在2006年我应邀参加了由中南财经政法大学刑事法律科学研究所举办的一个小型会议,并被聘任为研究所的兼职研究员。2007年10月,齐师应邀来到南昌大学讲学考察,并受聘为南昌大学兼职教授。2010年7月底,我应邀到湖北省宜昌市三峡学术会议中心参加由中南财经政法大学刑事司法学院主办、宜昌市人民检察院承办的“刑事司法实践的需要与人才培养”学术研讨会,会议围绕“回顾:中南刑法专业人才培养历程”“现状:刑法实务对刑法人才培养的需求”“前瞻:完善中南刑法学科发展与人才培养的建言”三个主题,进行了为期两天的热烈讨论。这次会议总结了母校刑法学的历史成绩,厘清了刑法学科未来发展方向,与会专家一致肯定了母校刑法学科30年来在培养研究生人才方面取得的卓越成就,探讨了当前刑事司法实践对刑事法人才培养的要求,并对母校刑法学科建设与人才培养提出了具体可行的完善建议。这次会议既是一次学术研讨,又是一次中南政法学院刑法同门的赤壁怀古,大家深感有必要将中南的刑法学科做强、做大。齐师一直有个愿望,希望努力做好中南刑法的学科传承工作。

在以后一些大大小小的会议,尤其是一年一度的全国刑法学术年会上我也时常得以拜见齐师。每次的刑法学术年会报到大厅,总能看到齐文远和夏勇〔9〕两位老师西装革履在大厅

〔9〕 夏勇老师与张明楷、齐文远两位老师系中南政法学院首届刑法研究生。

恭候每一位熟悉和不熟悉的参会嘉宾，握手、寒暄、问候。这不仅是这两位大牌教授的通文达理，更是中南政法学院刑法学科精神的光大和辉煌。

下编：南湖之畔的青葱岁月

一、买书与读书

成为研究生后，我走在那些人头攒动的大学生当中，总爱升起一种不屑一顾的感觉，觉得自己作为研究生而飘飘然，对本科生有一种俯视的高姿态。不过后来发现这种故步自封的观念并没有解决任何问题，大学生们的水平并不比自己差，自己学习法律只不过是半途出家，较之那些有系统法律素养的本科生来说，自己在法学专业水平上还差着一大截，自己只不过是抄了一条捷径才跻身进入到中南政法学院的法学队伍之中。

明白了这个道理后，自己就渐渐沉静下来，觉得研究生就得读些书，就得有所研究，读书人总是离不开书。中学时代，但凡手头有些零用钱，便都用来买书；工作后手中有些许宽裕了，第一个念头也是用来买些书。“书是人类进步的阶梯”，这是高尔基眼中的书；“书山有路勤为径，学海无涯苦作舟”，这是韩愈眼中的书；而在我眼中，书就是一把钥匙，让我打开知识之门。到了武汉读研究生时，最初去的是学校后面的古今书店，说是书店，其实是一个懂得一些法学知识的老者租了一个房间，把书尤其是一些名家的著作，特别是来自我国台湾地区著述的复制本摆在地上，供我们学生选购，印象中在这里我买过不少书籍，家中所藏印刷本的我国台湾地区“刑法”著作大抵都来自古今书店，如林山田的《刑法特论》，张甘妹的《刑事政策》，陈朴生、洪福增的《刑法总则》，洪福增的《刑法理论之基础》等专业书籍。体育馆地下部分有几个空场子，经常租给别人举办商业性活动。西南方向入口下去的场子则总是一场接一场的图书展销。算起来，三年研究生时光，找出谁没在地下书展上买过打折的书，倒也挺难的（我一本英汉词典即来于此）。

后来我到湖北法律书店也买过一些书，但是这家书店的书不打折，学生时期的我无能为力购买太多，常常是看得多，买得少。有些好书拿在手里，反复摩挲，犹豫再三，也只好忍痛割爱，离开书店时，就像跟情人分别一样，一步三回头，依依不舍。以前，买书要逛书店，一逛大半天，挑一本好书左挑右拣，哪怕费时老半天，只要挑到一本喜爱的书，心里那个欢喜难以形容，即使眼花缭乱仍意兴盎然，只可惜书店里好书太多，无奈囊中羞涩。到武大读博士时，手中宽裕了许多，买书便有些挥霍起来。工作后遇上到北京出差，人大地下书店和海淀区书店都光顾过，同样免不了大包小包。

那个年代读书主要是依托学校资料室和图书馆，更多的书籍是存列在图书馆和资料室，没有网络资料，接触到的文献书籍均为纸质版，所以有空就会去到法律系资料室翻阅书籍和杂志。比如当年围绕刑法的修订较为流行的书籍就有赵秉志主编的《刑法修改研究综述》（中国人民公安大学出版社 1990 年版）和崔庆森主编的《中国当代刑法改革》（社会科学文献出版社 1991 年版）等。这些书自己认认真真阅读还做了不少笔记，遗憾的是书太厚，“消化”起来并不容易,自然来不及全部摘抄。到资料室的阅读总体来看还是显得盲目,除非为完成作业而专门翻阅外,其他的就是翻到哪算哪,没有规划,缺乏系统。与同级的民事诉讼法研究生邵明同学〔10〕相比差得太远。之所以如此盲目,是因为自己没有规划,也可以说是自己没有认识到好好读书的意义和价值,个人定位较低,研究生的攻读就是为了能够毕业混个工作安身立命。

二、同学情

中南政法学院读硕士三年,我结识最好的朋友当数陈斌了。陈斌是恩施土家族人,那个地区潮湿,口味与重庆相似,因而陈斌的口味非常重,这是他给我在饮食方面的印象,他不时会弄些面粉、玉米、辣椒和腊肉混在一起炒,把炒得香喷喷的食物送给我,我大叫过瘾,只是这种东西火气很重,不久自己就会大爆"疙瘩"。陈斌精于饮食,有一次竟然还拉我到恩施驻武汉"汉办"餐饮店吃饭,让我再次开足土家族人的"洋荤"。陈斌为人豪爽热情,情商绝对一流,语言幽默风趣,是大家的开心果,人际关系甚是宽广。陈斌还是一个不折不扣的体育爱好者,我对足球的喜爱全靠他当年的"栽培"和"熏陶"。研究生阶段,我们刑法专业有一个小教室供刑法专业的研究生自习,这里基本上就属于我和陈斌的天堂,那时他只要从外面归来,一定当即塞给我一份"体坛周报",同时口中喋喋不休地说起最新的体育新闻,不管我是否听得懂,也不管我是否愿意听,更不管我是否有时间听,久而久之我便"半推半就"地进入到他的足球领域,甚至1996年欧洲杯全靠他和王仕平两人从理论和实践上轮番"熏陶",以前我不懂足球,但1996年我竟然与王仕平同学翻过围墙去录像厅观看了几个通宵的欧洲杯比赛,至今依然清楚记得那届欧洲杯上克罗地亚前锋苏克的俊朗和飘逸,见识了德国战车的锐不可当。这种足球情结在后来的岁月中一直延伸,2002年世界杯期间我在武大读博,自个儿到录像厅观看过一次法国队的比赛,我想,这便是当年足球情结的延续和传承,也是陈斌足球魅力影响的结果。

三、体育场的奔放

南湖体育馆地上有一个标准的比赛用篮球场地,看台可以容纳三千人,数次承办CUBA女子总决赛,在CCTV上多次露脸,还曾接待过中国国家女子篮球队来此训练和比赛,并承办过大运会的赛事,陆毅来这里打过排球,韩乔生在这里解说过现场实况……这样说起来,倒也不算寒酸之地。只是,它总是没有诸如武大黎元洪体育馆那么历史悠久,那么有文化底蕴。政法学院三年体育场上的最值得纪念的是近距离观摩了一次武汉体育学院的男子篮球队与当时国家女子篮球队的对抗赛。比赛结果倒没有去关注,所有人的眼睛几乎都被一个大个子的郑海霞所吸引,郑海霞身高是2.06米,是中国女篮第一人,也可以称为中国女篮"女巨人",她不仅身高突出,而且身强体壮,她在场上几乎不太跑动,但是只要谁不经意间与其对撞,不是被直接击倒,就是闪个趔趄,篮板球的大部分几乎被其承包。

于自己而言,体育馆旁那个常常漫天黄沙的运动场有满满的回忆。早上自己一般起得早,

---

〔10〕 邵明同学研究生时期立志考博,为此系统读过很多著作,而且研究生期间发表过不少文章。现为中国人民大学法学院教授、博士生导师。

大清早起床得翻过研究生宿舍的大铁门(这铁门一般六点后才开启)绕着跑道跑上几圈(从现在养生角度看的确不适宜,但是年轻时的我们一般都不会在乎身体资本的)。甚至一年一度的学校运动会,自己居然选报了一个 10,000 米比赛。谁都知道在中南政法学院进行中长跑,前面几名往往是西藏班的本科生。比赛之前曾有不少同学好心地询问我是否吃得消,是否坚持得下来。其实他们不知道我在高中时期就参加过学校的 1500 米和 3000 米中长跑,虽然每次都未名列前茅,但是体能还是不成问题的。我抱着重在参与的精神完成了比赛,至今忆起觉得很是不易。不过这次比赛留下的后遗症——水泡,困扰了我一个礼拜。

四、南湖之滨

从校园通往南湖首先得迈出学校大门。中南政法学院的大门号称“亚洲高校大门第一高度”。在政法学院时代,大门两边各书有竖排之“中南政法学院”共十二个大字,皆行书字体,每字有半张单人床大小。现在这副对联似的校名已被涂去,换成了一横批,上书“中南财经政法大学”八个大字。当初朝着北门开启的学校大门早已经斑驳累累,学校周边绝大部分原生态的农村早已经被快速的城镇化吞没,当初的荒野、原始和古朴被完全吞噬,抹去所有政院岁月的痕迹。那时大门口还没有这么多景色,门口的公交车站就两路车,538 路到火车站;59 路通往鲁巷。那时学校就一正门,也即今日之北门,其余的基本上只有墙洞,无有堂皇之门。外招楼旁倒是有一小门,当时正门不让的士进,只许从此出入。

沿着大门走出去就是南湖了。武汉市大大小小的湖泊到处都是。光洪山区就有南湖、野芷湖、杨春湖、外沙湖、严西湖、严东湖、汤逊湖、野湖、黄家湖、竹子湖等几十个。南湖在武汉市比较起来不是很大,还有更大的汤逊湖、东湖、梁子湖等,但南湖光凭肉眼似乎看不到清晰的边界,整个湖水浩浩荡荡,横无际涯,自己从来就没有奢望用脚丈量。当时,政院与民院被南湖水天然隔开,只有一条窄堤相连,是从政院到民院游玩的捷径。政院不时有人喜欢经此一路漫步到民院。

南湖北岸那个村子叫茶山刘,所以 538 路公交车的终点不是叫政法学院,而是叫茶山刘,民院那一站也不叫民院,叫石板头。老政法人对“茶山刘”三个字还是颇有认同感的。深圳有支中南政法学院校友篮球队,球衣背面印有“中南政法学院”字样,正面却是“茶山刘”三个大字,经常弄得对方一头雾水,但我想,你到外面如果想找到中南政法学院的老校友,只要吐出“茶山刘”三个字,接下来看对方反应就可一辨真伪。这三个字比接头暗号还灵,不信试试看。

刘艳红 | 梦开始的地方：中南刑科点

刘艳红，1995 级刑法学硕士研究生，现为中国政法大学刑事司法学院教授、博士生导师。

时光荏苒，2022 年，母校中南财经政法大学（时为中南政法学院）刑法学科点（以下简称中南刑科点）研究生教育就满四十周年了，而我，从 2003 年离开母校后至今为止也有十八年了。近乡情更怯，忆往心更难。母校如同故乡，都是一个层面的概念，它们是你再也回不去却经常想念的地方，它们也是承载了你人生幼年和最美好青春岁月的地方。好在，天下一切画，其实都是自画像，包括花鸟山水；天下一切忆，其实都是自我忆，包括学校单位。我以我眼忆中南，中南刑科点，是我的人生之梦开始的地方；而母校中南财经政法大学，则是我时常午夜梦回的场景，求学生活的青春记忆、初入职场的“青椒”体验、学术人生的懵懂开端……这些重要的经历，都留在了南湖大道，茶山刘。

一、我和中南政法学院：法学知识的体系化训练

我的母校中南财经政法大学地处武汉市江夏区东湖高新技术开发区，但我们读大学时，学校的名称还是中南政法学院，那时还没有和中南财经大学合并；那里只是 59 路公交车的终点，以及 1992 年我留校后开通的 538 路公交车的终点，它从武昌火车站开出，经过南湖大道，终点站的名字叫茶山刘，就是南湖边的中南政法学院所在地，至于东湖高新技术开发区，那都是后来的规划和设置。

1988 年，我考入中南政法学院法律系攻读法学本科学位，犹记当时学校欢迎我们 88 级同学们的标语是：欢迎新同学来到全国最大的法律系！“最”字不符合现今的广告用语，但在当时，是符合的。尤其是，这个“最”在这里起到的不是形容词的作用，而是量词的作用，因为，较之于“五院四系”中的其他四所政法院校而言，中南政法学院法律系 1988 年招收的本科生人数约为 500 人，的确是全国人数最多的法律系，从这个层面而言，说是“全国最大”并没有错。彼时的我，刚刚告别高中生涯，来到新的环境，面对新的老师，结识新的同学，一颗兴奋和激动的心，完全没有意识到中南刑科点日后会和我产生什么联系。然而，当我第一次来到南湖边的

政法学院，它的偏远和荒芜令我震惊，也令我失落，想象中的大学校园和现实中的大学校园反差太大，以至于我们好多同学来了后都说不适应。但是，短暂的新生开学生活之后，我惊讶地发现，这所大学的精神生活很茂盛，这和它地理空间的荒芜形成鲜明的对比。新生们私下议论，如此校园里的军训或者课堂，肯定都是流于形式或者“和稀泥”吧。然而，军训开始后，我们才发现，飒爽英姿的教官不仅帅气而且要求异常严格，完全不像是来“和稀泥”的，我们体会到了一种庄严的集体主义生活以及“高标准严要求”的大致内涵。军训结束后，我们开始了大学的学习生活。我们又发现，大学里非常有活力，这个活力的源头有二，一是校园里的高音喇叭，二是校园里的年轻老师。

校园里的高音喇叭，确切地说，是安装在主楼上的高音喇叭，这个楼以前称为行政楼，现在叫文治楼。每到中午和下午下课，在午餐和晚餐时间，高音喇叭里总会有播音员朗读诗歌，或者播放校园新闻和通知。播音员有男有女，能够在播音台工作的同学都能成为大家艳羡的对象，而且，得到大家一致认可的是，不管是男播音员还是女播音员，他们的声音都异常好听，这些播音员同学也都因为播音工作而成为校园里的风云人物。播音台经常播放各种歌曲，那时特别流行港台歌曲，大家跟着学了不少新歌；播音员们很会选歌，不是放一盘磁带在那里随便放放，而是特别有心地根据节日或者时间、环境等选择歌曲，而且所选曲目都足够煽情。比如，元旦跨年如果正好下雪，高音喇叭就会流出《千千阙歌》这样的“又见雪飘过”的优美歌声；又如，每年的毕业季，高音喇叭里就循环播放童安格的《把根留住》和陈汝佳的《伸出告别的手》等催泪曲目，听得毕业生哭得不成人形。尤其对于我们88级而言，《伸出告别的手》是军训时每天早起听到的歌，以至于我们这级同学都认为这是专属于我们这一级的旋律；毕业时再放这首歌，真的“伸出告别的手”，大家都是在眼泪中与母校依依惜别。那时的播音台还允许同学们点歌，有些胆小的男生不敢向自己喜欢的女生告白，就会跑到播音台点一首 Beyond 的《真的爱你》，至于是否说出点歌者和被送歌者的名字，全由点歌的学生自己和广播台提要求。现在的大学早已没有高音喇叭，各种通知都是通过 QQ 或者微信的班群来发布，校园生活因为高音喇叭的存在而带来的活力和乐趣，根本不是现在的大学生们能体会到的。

高音喇叭里还经常会传出校领导的声音。比如，军训大检阅、元旦、国庆等重要节假日或者学校的重要活动，校园的高音喇叭都会传出我们当时的校长罗玉珍的致辞。罗校长的致辞很有特色，那就是她从来不用普通话，总是很固执地说着武汉话，全然不考虑外地来的同学听不听得懂。有趣的是，校长的武汉话致辞也自此成为学校的一道风景，同学们一边听着校长的致辞，一边总会顺便操练着武汉话；平时说话时，也时不时故意学着校长的口气，用武汉话来一句“同学们好，同学们辛苦了”。记得去年在中南财经政法大学法学院的网页上还看过一则新闻，“原中南政法学院院长罗玉珍教授祝贺民法典颁布”，新闻里还有我们尊敬的罗玉珍老校长的近照，看得出来，老校长虽然已是鲐背之年，但依旧精神矍铄，身体硬朗。看了这则新闻，真有时光穿越的感觉，既恍若隔世，又仿佛昨日。

校园里的年轻老师，确切地说，是给我们班上课的老师们年纪都不大，只有二、三十岁，他们充满青春活力，看上去比军训教官大不了多少。比如现在的中南财经政法大学研究生院副院长、当时我们的班主任张德淼老师,就只比我们大5岁。他每天要忙于班主任的事务,还要忙于他的“法理学”“西方法律思想史”等课程的教学,更让同学们记忆犹新的是,张老师还要忙于他新婚不久的家庭以及照料随后出生的小宝贝。其他老师也大致如此,整个校园和老师们的状态融为一体,那是一种看似忙碌混乱其实条理分明的世俗生活,也是一种浓重烟火气和法学正义之气有效融通的精神生活,同学们对校园偏远和硬件较差的失落都被转移了,谈论喜爱的老师的课程和老师们的事情成为课后很重要的一部分,比如,法理课的刘焯老师,因为课讲得实在是太好,圈粉无数,同学们课后都忍不住以刘老师为谈资,包括她那无比飒爽的短发;再比如,现在清华大学法学院法律与文化研究中心主任、当时给我们上“中国法律思想史”课的江山老师,江老师的课在当时政法学院最大的105阶梯大教室,他每堂课都将“天地人”“同构”“天人合一”等这类字眼挂在嘴上,同学们都听不懂,但是又感觉到江山老师特别厉害,真正是“不明觉厉”。而且,江山老师的与众不同还体现在他的教材上。那个时候的教材都是主编性质的,基本没有独著式教材。但是,江山老师给我们用的教材就是他自己独著的《中国法理念》一书,该书当时已出版,江山老师家里堆放了好多这个书,他给我们学生每人发了一本。看着这本书,同学们都觉得好神圣,因为这是第一次有老师将自己写的书作为教案拿到课堂使用并发给同学们学习,但是,如同江山老师的课一样,这本书在同学们眼里简直就是“天书”,大家明明认识书里的每个字,但是就是看不懂书里的意思,那叫一个苦恼啊。大家简直要怀疑自己的智商了。对于好多课程,同学们毕业后印象都不深了,但是对于江山老师这门大家听不懂的课反而留下了非常难忘的印象。课后同学们总是讨论江山老师的性格、思想等之与众不同。还有教国际公法的谢韬老师、教国际私法的刘仁山老师、教民法的麻昌华老师、教婚姻法的刘引玲老师、教中国法制史的武乾老师等,我们和这些正值青春的老师们在一起,以“少年不识愁滋味”的心态轻松地学习和生活,整个校园生活非常愉快;这些老师们都富有激情,精力充沛,教学认真,让我们在法的起步之路上,都受到了良好的法学体系和知识的训练。

现在回想起来,在没有电脑和手机的20世纪80年代末90年代初,根本不影响大家学习的热情,更不影响学习的效果,图书馆里每天座无虚席,教室里占座也蔚然成风,大家都比拼成绩,比拼考研,学习风气从来没让老师操心过。那时候也没有外卖,没有那么多的泡沫盒子和塑料袋,校园里的玉兰花亭亭玉立,洁白的花朵盛开在浓绿树叶中,微风吹过,清香沁脾,令人沉醉;校园外的南湖辽阔清澈,静谧的湖水延伸了校园的空间,碧面浮云,柳树悠然,令人着迷。校园食堂的猪蹄(听说现在仍然有这道菜)是有钱同学的餐餐美食,也是无钱同学的偶尔享受,校园外的“兵兵酒家”(听说现在早已撤了N年)是同学聚会或打牙祭的必去之地。连接偏远校区与繁华市内的59路公交车,也成为同学们忙碌学习生活中的一道风景。大家如果在校园里待得太久觉得闷了,会相约一起去市内逛逛;乘坐59路公交车,大家也会相互提醒别太晚,因为总会有大胆的同学拿鬼故事吓唬胆小的同学。校园里每到周末都会有免费的露天电影,同学们都不愿意放弃这样难得的好机会,宁愿忍受夏季咬人的蚊虫和冬天冷冷的寒风,也是要去看露天电影的。有一首歌名字就叫《下一站,茶山刘》,据说它是中南的校友创作的一首歌曲,于2017年发行,虽然59路公交车的终点报站名时说的是“中南政法”,但后来的538

路公交车报站名时，总会说“下一站，茶山刘”，它意味着这趟车的终点站到了，中南政法的校园到了。自这首歌发行以后，它在中南人之间来回流淌，回忆青春时，校友聚会时，毕业周年庆时，这首歌都是不可或缺的背景音乐。

二、我和中南刑科点：刑法教义学的坚实基础

中南政法学院作为中国法学教育著名的“五院四系”院校之一，在一定时期内代表着中国法学教育的最高水平。1982 年，当时的中南刑科点开始招收硕士研究生，这一届，只招收了 4 位刑法硕士研究生，其中包括齐文远和张明楷两位老师；1983 到 1985 年，每届都只招收了 3 名刑法硕士生，其中包括 83 级的李希慧老师和刘明祥老师，84 级的冯军老师和 85 级的钱毅老师。我是 1995 年考入中南刑科点攻读刑法专业硕士的，师从张老师和齐老师两位教授。然而，在此之前，我已在中南待了七年。

犹记大学一年级时，法律课程一门门开始，又一门门结束，我很喜欢这种学习的氛围，也享受各门课程的学习。但是，彼时的我还没有发现我的热爱，也没有找到我的兴趣，懵懵懂懂之中，只知道要努力把每门功课学好考好。然而，当大二上学期开始，情况变得与众不同。这学期，我们开设了刑法总论课程，开设这门课程之前，大家只知道，刑法课很有吸引力，但不知道的是，即将给我们上这门课的老师，比课程更有吸引力。中南的刑法是非常重要的课程，分成刑法总论和刑法各论两门课，分别在秋季和春季学期设课。给我们上刑法总论的是钱毅老师，钱老师高大帅气，讲课声如洪钟，条理和思路都非常清晰，同学们一下就被吸引住了。但是，钱毅老师上了不长时间的课，就去中国人民大学攻读刑法博士了。接替钱毅老师的是冯军老师。现在中国人民大学刑法学科点的冯军老师，1984 年在中南攻读刑法专业硕士，1987 年硕士毕业后留校，然后，他考入了中国人民大学，在高铭暄老师名下攻读刑法博士。正是在冯老师留校之后、去人大读博之前的这段时光，冯军老师也给我们班同学上过课，并且因为要去攻博，所以上课的时间也不长。但是，冯军老师给同学们的印象却极为深刻。深刻的原因有两点，一是彼时的冯老师虽然只有 20 多岁，但是头发却已不多，现在的“地中海”发型那时已初现端倪，冯老师一到课堂上，因为如此年轻的面庞却有如此的发型，这让大家觉得很新奇，上课气氛热烈，笑声不断；二是冯军老师的讲课气势非凡，如同演讲，激情四射感染力强，尤其是在质疑和反思的时候，让大家的心都提到了嗓子眼，生怕冯老师的声音和激情冲破了教室的屋顶。同学们一下子就被冯军老师的讲授深深吸引了。但是，冯军老师也很快离开了我们的课堂，去了中国人民大学读博。同学们懊恼极了……不知道为何一门刑法课如此命运多舛。大家都在猜测，又会来一位什么样的老师呢？以及，这位老师又会给大家上几次课呢？所幸，第三位走进我们刑法课堂的是齐文远老师，也是我们刑法课堂最后一位老师。钱毅和冯军老师没上完的刑法总论，以及第二学期的刑法各论，统统成为齐老师的授课任务。齐老师的授课风格和钱毅老师尤其是冯军老师的风格完全不同，齐老师温文尔雅，授课娓娓道来，刑法的“兵”气被中和了，人性的“人”气慢慢显示出来；初听只觉好，再听意味长……大家都喜欢上了齐老师的课，刑法各论的各种案例，加深了大家对刑法学的喜爱。年轻帅气的刑法天团老师，把我们这帮同

学都给“制服”了，刑法一举成为最受同学们喜爱的学科；我的刑法总论和各论也学得非常好，成为我大学四年除了英语之外学得最好的学科。

青春时光总是易过。四年大学生活飞逝而过，转眼到了毕业季。彼时的中南政法学院各个法学学科点都特别缺老师，1992 年 7 月，经过学校的选拔面试等各种程序，我和另外 9 位 88 级的本科同学顺利留校了，那时国际法、经济法等学科比较吃香，我是唯一一位选择去刑法教研室工作的学生，从此有幸成为一名刑法教师。1995 年，我报考了刑法硕士研究生，师从张明楷教授。在我们读本科的时候，学校就一直有人告诉我们，中南刑科点有一位张明楷老师非常厉害，学术功底和学术发表都很了得。但我们这一届同学们都不认识张老师，因为当时张老师在日本东京都立大学法学部研修学习。1995 年，我报考了中南刑科点的硕士研究生并顺利被录取至张老师门下，后来张老师去了清华大学法学院，然后，齐老师“接管”指导了张老师所有留在中南的刑法硕士，包括我。硕士期间的我，接受了张老师和齐老师两位导师的指导，张老师让我明白了什么是刑法教义学，虽然那时还没有这个概念，但是张老师出神入化的刑法解释学却给我们硕士生留下了深刻印象，每次见张老师，同学们都非常紧张，生怕张老师问的问题大家答不上来；但张老师没怎么给我们刑法硕士生上过课，他喜欢给本科生上课，张老师的课堂座无虚席，总是一“位”难求。齐老师让我明白了为何说法学尤其是刑法学是实践之学，以及学术研究如何结合中国本土的案例与问题。大家不怕见齐老师，齐老师总是对同学们嘘寒问暖。不同老师所给予的学术训练，奠定了日后我的学术基础。

我在中南工作以及读硕、读博的十余年间，齐老师给予了我无与伦比的大力支持，作为导师，齐老师不仅传授知识，而且在我职称晋升、出国交流、项目指导、论文发表等各个方面都给予了各种关心和支持，当时不以为意，事后才知不易。学术的传承固然重要，而学人的培养又何尝不是如此？也许是潜移默化，我从齐老师身上学到了很多如何带团队、如何帮助年轻人的态度和方法，这些对我日后的工作帮助很大。中南刑科点的其他老师们人品好、性格好，对我这样的“青椒”和蔼可亲，对年长老师则敬重有加，这里没有内部不和的职场矛盾，只有如饥似渴地学习学习再学习，大家总是在谈论学术问题，虽然工资不高，生活简易，但是好像总是充满理想主义，为了学术问题相互之间争得面红耳赤是常事。

可以说，在本科阶段，我对中南刑科点并无任何认知，如果有，也只是将“对中南刑科点的认知”等同于“对几位刑法老师的认知”。在留校之后尤其是读了博士之后，我才深深意识到中南刑科点对我的影响。曾昭琼老师是中南刑科点的奠基人。曾老师是 1988 年退休的，那正好是我考入中南读本科的那一年，所以，我从来没有见到过曾老师。但是，自从我毕业留校和读硕以后，我经常听到教研室的老师们提到曾老师。他们告诉我，曾老师是我国 20 世纪上半叶最早获得法学学士和留学日本的学者之一，其刑法学造诣在民国时期即已名满天下。回国后，曾任教于中山大学、武汉大学、湖北大学等高校，而曾老师在高校教书育人的最后一站是中南刑科点。中南岁月里，曾老师与江任天等前辈老师们，一举奠定了中南刑科点坚实的学科基础，培养了一大批杰出的中南学人，为中华人民共和国法学教育事业做出了巨大贡献，江平老师、张明楷老师等都是曾昭琼老师的硕士生。还记得我留校之后，听说曾老师有一本非常著名的书《犯罪构成论》，该书是国内最早系统研究有中国特色犯罪构成理论的专门著作，我专门慕名去图书馆借过来看过，但我发现，这本书和当时国内教材中有关犯罪构成的话语体系完全不同，我又读不太懂。当时的我完全没有意识到，曾老先生的这本书是多么领先，国内刑法学界在 1997 年《刑法》通过之后，才展开了对犯罪构成的大讨论。中南刑科点的老教授们队伍整齐，除了曾昭琼老先生未曾有幸拜见过，曾宪信、江任天、朱继良、胡新、吴安清、郑昌济等几位前辈老师，则因为留校任教和读硕士的缘故，有的偶尔或者经常见到，有的有幸经常请教，有几位老师还坚持给研究生们开课。当时给我印象最深的就是，中南刑科点老一辈学者学养深厚、人才济济，青年一辈学者如齐文远、张明楷、刘明祥、李希慧、冯军等声名鹊起，人才辈出。刑法学科的兴盛，在彼时达到了一个新的高度。刑法教研室的老师们，包括朱继良、胡新、吴安清、郑昌济、齐文远、张明楷、刘明祥、李希慧、冯军、辛忠孝、魏汉涛、范华清、赵俊新、夏朝晖等，可谓帅强兵壮，梯队合理，老中青相互结合，“传帮带”造就人才。

尔今回首，我在中南从读书到工作的十余年，每天在老教授们身边学习，在优秀的刑法青年学者身边耳濡目染，我大概知道了如何去做学问，起码是如何去写文章；我看了当时我们教研室老师们的各种著作，也拜读了他们的文章。我深深地感受到，中南刑科点是一个学养厚重的学科点。它有源头，有积淀，有传承，有团队。虽然后来李希慧老师和刘明祥老师去了武大，冯军老师去了人大，张明楷老师去了清华，以及再后来 87 级的刑法硕士生谢望原老师也去武大读了博士并去了人大工作，我作为小字辈最后也离开了中南刑科点并最终来到法大工作。但是，这种“到处都有我们的人”的现状，不正是中南刑科点人才培养成功的证明吗？中南刑科点，既是当今我国刑法人才的摇篮，更是我个人学术之梦开始的地方，正是在中南刑科点的长期学习和打磨，在老师们的教诲和帮助下，我才打下了坚实的法教义学的基础，中南刑科点和中南法学人才都富有工匠精神，将一个个小问题钻研得透透的，成为我最初学术研究学会的方法，也是后来对学术的态度。

三、我和中南学人：中国法治事业的生力军

武汉这座城市最鲜明的形象特征是，它是座英雄的城市。然而，由于武汉城市独特而鲜明的气候和浓重烟火气塑造的火热生活，往往使人们忽略了它的英雄气质。谈起武汉这座城市，所有人的印象都是“热”“冷”，夏天太热，每日“捂汗”（武汉），冬天太冷，取暖靠抖。所以这里的人往往脾气很大，盖因气候太恶劣。当然，现在有了空调和暖气，这些似乎不成问题，但是室外夏天的酷暑和冬天的严寒丝毫没有改变。武汉的美食闻名天下，热干面、豆皮、面窝、莲藕排骨汤、菜薹、周黑鸭等精美早餐和香喷喷的菜肴，外地人来武汉莫不尝之。其实，人们对武汉的这些印象只是物理层面的，在精神层面，武汉的形象非常伟岸，它是一座英雄的城市。大江大河大武汉，小鱼小虾小市民，这座城市的英雄气质和烟火气息完美地融合在一起。屈原留诗，岳飞屯兵，辛亥首义，都是湖北尤其是武汉人民英雄形象的写照。人们都知道岳飞抗金的故事，没有人或者少有人知道的是，岳飞这位民族英雄曾经在武汉驻屯 7 年，留下千古传奇，“遥望中原，荒烟外，许多城郭……”，这首《满江红・登黄鹤楼有感》就是岳飞在武昌所作；黄鹤楼

公园内的岳飞功德坊,娓娓地向游人们诉说着这些历史。至于武昌起义打响了辛亥革命的第一枪,这是推动中国社会变革的重大革命事件,人人知晓。事实上,即便在今天,武汉仍旧不断在刷新人们对其英雄城市的认知,新冠肺炎疫情发生后武汉人民巨大的付出,充分证明了这一点。

中南刑科点的学者,也可能是所有地处楚汉地区的学者们,都有一种纵横捭阖、大开大合的英雄之气,以及“穷则独善其身,达则兼济天下”的侠者之气;也许做不成英雄而且也不是侠客,但是像英雄勇武过人的杰出与侠者仁者大义的风范总还是可以学学的。大格局、大创新、大学问,是这里的学者们追求的目标。这也许是武汉这座英雄城市的气质融入人们的精气神使然,也许是荆楚大地“唯楚有才”的体现。放眼当下中国刑法学界,以张明楷老师为代表的中南刑科点的学者们,开枝散叶在全国各地,他们载月问道文江学海,朝经暮史以学养身,树正传义孜孜以求,做着自己的学问,育着天下之英才,中南刑科点为中国刑法学教育和刑事法治事业所做的贡献,可谓有目共睹。中南刑科点的学生动手能力强,实践悟性高。如今走到哪里,都会听到有人说“老师,我是您在中南教过的学生”,那一刻,总是我最欢欣的时刻。中南刑科点的学生在公检法以及党政机关等各行各业发光发热,他们备受单位的喜欢,他们也是中国法治事业的推进者和践行者。他们或者已有至高的权力,或者只是普通的法律工作者,但是他们都有一个共同的特点,那就是低调务实,这是中南刑科点乃至中南政法学院的学生们的共同特点。

我和中南学人,除了前面提到的我在中南的老师们,还有很多我的同辈和学生们。记得刚留校中南时,刑法教研室唯一的女教师是夏朝晖,我见她比我长两岁,就随口叫她“老夏”,谁知道,“老夏”这个叫法自此流传开来,夏朝晖身边几乎所有的人都这么叫她了,有几次她嗔怪我“哎呀,你看你叫的,都把我叫老了”,哈哈,但是,我和大家此后仍然这么叫她。作为同辈,老夏像个姐姐,经常提醒性子急躁的我注意各种大事小事,这令人无比温暖。后来到刑法教研室工作的程红和丁友勤,前者是我的闺蜜,后者是我的大学同学,都是至交好友。因为女教师不多,教研室的男老师们在工作上都是冲锋在前,从不过多计较。工作在这样一个教研室无疑是非常开心的一件事。我的好多当年的同辈们都驻守在中南,一如既往地做着照亮别人燃烧自己的蜡烛。

2003 年我离开了中南刑科点,从此,仿佛有了一个牵挂,让我总是回眸中南。回眸的结果就是,我发现我身边聚集了越来越多的中南学子,比如,我招收了中南学子张克文和杨柳并培养他们为博士,现在他们都是中南刑科点的副教授,当然,张克文同时也是刘明祥教授的博士。现在正在我们身边攻博的中南学子,还有刘浩、童斯楠、泰长森等,毫无疑问,未来我一定还会继续招收中南学子做我的学生。我潜意识里认为,母校培养了我,我能回馈母校的就是为母校培养中南学子,力争把他们培养优秀,助力中南刑科点的发展,使其后继有人。中南学子有个共性,他们都很踏实,对于政法法学和“大词法学”都不太熟悉,学术务实、为人务实,有长远的学术追求,法教义学的功底扎实。我总希望自己能为母校刑科点做些事、尽些力。2020 年 10 月,我回到了中南刑科点,在齐老师的亲自主持下,我给中南学子做了一场学术讲座。我又见到了吴校长，见到了齐老师，见到了老夏，见到了刑法教研室的各位老师们，岁月仿佛不曾流逝，我仿佛又回到了从前的日子，那么放松而又愉快的日子。

现在的中南刑科点人才济济，他们都是我的良师益友。但是，齐老师会时常提到说，中南刑科点需要“中兴”，现在的发展离齐老师的要求还有距离。我理解齐老师的想法。其实，放眼全国，每个学科点的带头人可能都很焦虑，因为这个时代和以前有很大不同，学术力变成了发表力，没有人像以往一样为了一个问题争得面红耳赤，大家都客客气气。万物互联的网络也在一定意义上摧毁了人们之间的信赖或亲近关系，资料的极大丰富似乎也降低了学术的难度并进而降低了学术的门槛，物质的极大丰富和生存的极大压力并行不悖的存在则大大降低了学术的纯粹性。加之学者们在各种考核面前忙不迭地应对，遑论真正的学术乎？同时，中南的地域在一定程度上也制约了它的发展，现在的青年博士大多还是喜欢北上广津，中部地区变成不太发达的代名词。如此种种，都使中南刑科点的人才流失严重，而优秀人才的引进却很困难。但是，历史有其规律，世事难免沉浮，潮涨就会潮落，学科点的发展与人事的代谢都只是社会发展的一个缩略图。如果每个人看问题多一些沧桑观、历史观，就会对得与失多一些不同的感悟。中南刑科点，作为一个有着辉煌历史与深厚学养的刑事法治人才培养基地，在今天更是迎来了腾飞的机会。今天的中南财经政法大学所在的地理位置，早已不是偏远之地，随着城市化进程的推进，其所在位置已经成为经济开发区的中心地段；母校法学学科，也早已入选“双一流”学科，其师资队伍与办学条件有了飞跃式发展。中南刑科点通过内引和外育相结合，现今的人才队伍梯队结构合理，海归和本土、老教授和青年教师，他们一起组成了一支学术创新力强劲的队伍。随着中南刑科点加大人才引进的力度，以及中南青年学子加快成长速度，毫无疑问，中南刑科点将会永续辉煌。同时，无论世事如何变幻，所有的中南学子们，无论是刑科点还是其他学科点，都是中国法治事业永远的生力军。

中南刑科点，是我个人学术之梦开始的地方，它承载了我青春的记忆与成长的轨迹，在中南的岁月，也是我生命中最开心的时光。而今，很多中南刑科点的人虽然聚了又散，散了又聚，但是，天涯海角，无论何处，我们的血脉里永远流淌着中南的血液。在我眼里，中南刑科点“还是从前那个少年，没有一丝丝改变”，充满活力，充满朝气。祝我的母校中南财经政法大学刑法学科点四十周年生日快乐，祝中南刑科点永远大胆稳步创新发展。

胡先锋 | # 我的七位老师

胡先锋,1995 级刑法学硕士研究生,现为中南财经政法大学刑事司法学院讲师。

1995 至 1998 年,我在中南政法学院读硕士。硕士研究生时期的老师众多,择其要者回忆。

第一位,朱继良师。

1929 年出生,祖籍浙江宁波,算是鄞县人。他是随其父一直在武汉生活,1949 年考上武汉大学,这在当时是很稀罕的,报纸上都刊登了录取者的姓名,1953 年 7 月毕业。毕业证上写的是校长李达、副校长徐懋庸,以及"在本校法学院政法学系肄业三年期满成绩及格准予毕业"等字样,盖有"武汉大学印""中南行政委员会高等教育局印"两方大印,毕业证书编号为"政法字第十号"。他 1953 年在最高人民法院中南分院工作,1955 年至院系调整后成立的中南政法学院,1996 年退休。

朱师稳健持重,宽厚慈祥,寿眉长长,颇有大德高僧之相。他教学时对各家学说介绍很全面,笔记很好记。印象深的就是他讲因果关系,黑板上画了几个圈,分别是行为、介入行为、结果,把介入因素情况下的因果关系讲得清清楚楚。而且他总结的孤立简化原则、回溯查因原则、原因等级原则,可谓分析因果关系的"葵花宝典",屡试不爽,他这门课的笔记我是记得最完整的。从 1996 年 2 月 4 日到 6 月 11 日一个学期,朱继良师教学精严,刑法总论各个关键主题全部涉及。略有遗憾的是,他自己的主观评价和对刑法案例的介入不够,当时感觉是从理论到理论,对某些问题的理解总是无法特别深入。

第二位,胡新师。

1930 年出生,河北正定人,1949 年考入中国政法大学三部。一年后,中国政法大学与华北大学合并为中国人民大学,他也随之成为中国人民大学法律系的学生,后来调到该系刑法教研室学习,1952 年从中国人民大学法律系刑法研究生班毕业,与马克昌等九人是同班同学。其毕业证书编号为"人研字第 00107 号",吴玉章、胡锡奎、成仿吾三人的三方大印自上而下排列。学习时间是 1951 年 2 月到 1952 年 6 月。毕业证书上写的是"入中国人民大学刑法教研室学习""其专业为刑法"。作为附件的成绩单上,列明的共同课程是马列主义基础、政治经济学、中国革命史、俄文等四门，专修课程是刑法一门。也就是说，在一年多的时间里面，学习的课程是五门。他的老师有苏联的贝斯特洛娃、达玛亨等。

胡新师1952年参加工作后，先在中国人民大学刑法教研室任教，1953年调入院系调整后成立的中南政法学院。1956年他和江任天一起参加了刑法草案的讨论和起草工作，1991年退休。胡新师乡音较重，戴很厚镜片的眼镜，似乎不修边幅，他教中国古代刑法，也许是他的口音重，也许是我不够重视，也许是我当年"不解风情"，没有能力意识到他的好，总之当时没有什么印象。可就是这一门当时最不受重视的课程，在我看了刘俊文《唐律疏议笺解》和复旦大学郭建的文章后，现在成为我最喜欢的内容。

胡新师晚年罹患喉癌，无法发声，与我笔谈数次。他回忆过往，也评论学界是非、人物。今天我揣摩其心境，似乎比较多元。既有内心澄澈、平淡归元，也有往事如昨、无法忘怀。他说："我教得不好，误人子弟。希望你能把刑法史发展一步。"

第三位，吴安清师。

1933年出生，湖南株洲三门镇人，1946—1949年在湖南株洲县私立石浦中学读初中，校长姓王，学校就在王氏祠堂里。1949年，他考上了湖南省立一中。1951年下半年高中未毕业即"参干"进入长沙市政法机关。也就是说，他是1951年参加工作的。吴师1955年进入中南政法学院研修班，1956年研修班毕业留校任教，刚留校时担任助教，给朱师当助手大约两年时间，所以他说"算起来朱继良老师也是我的老师"，1998年退休。他个子很高，人很瘦，戴眼镜少言笑，很严肃很严谨，与朱继良师似乎正相反。他讲罪刑各论或是经济刑法时给我很深印象，上课是在行政办公楼九楼或是十楼最东边的一间小办公室改成的教室里，只有他和我们七个学生，只有他不大的声音随着南湖的风纵贯那间小小教室，天籁一般显得安静极了。我的课程作业是"论挪用公款罪立法对刑法理论的反动"，一个很炫的标题，也引起了他的注意，当时还颇为自得。

20世纪60年代，吴安清师每年都要带领学生到城乡基层，进行3个月的社会实践调查。1964年7—8月，他利用假期赴广东省大浦汕头、广州市区政法机关、广西壮族自治区桂林和玉林等地，对当时南方特有的我国台湾地区派遣特务案件和向港澳台偷渡案件进行专项调查，在剖析大量实例的基础上，理性地分析了这类案件的成因、特点以及相应的防治对策，撰写出两万多字的调查报告，极大地丰富了教学和科研内容，取得了良好的教学效果。之前，这段往事他从未向我们提起过，我想正是这些实践经历促使他专注于刑事司法实践和分则问题，这对我的影响很深。现在我在首义校区还不时碰到吴安清师，他似乎更瘦了些，模样没有多少改变，对我这个老学生也温和多了。他直到80岁还在给本科生上课（退休后在中南财经政法大学武汉学院任教），思路清晰，表达顺畅，那里的学生们非常喜欢他。他对我说了一句话——"只要用心教学，学生就会喜欢"，当时我只觉得一道电流从头贯穿脚底，似乎得到了一点点类似于"神明启迪"的智慧。

第四位，郑昌济师。

1954级学生，教他刑法的是1954年从中国人民大学毕业的薛立仁老师。郑老师1958年从中南政法学院毕业,留校任教,主讲犯罪心理学,也是我硕士论文的指导教师,为人随和不计较。硕士论文他却看得仔细,点出几个要命处,逼得我上蹿下跳以自圆其说,寻章摘句以自证"无罪",倒是为硕士论文的正式答辩做了一番预演。记得他还是个有名的律师,有次去他家,他拿出当时极稀罕的数码相机给我看,颇为自得,那是他当辩护人所得报酬。

第五位,齐文远师。

齐师主讲英美刑法,儒雅随和,内心不失方正,标准悦耳的普通话令人叫绝,大概与他是内蒙古自治区赤峰人有关。他在北欧留学过,曾经叫我们七人分工翻译英文版的《1995 年美国审判年鉴》,真是愁死我们了——英语关暂且不说,单单是里面的诉讼法术语就难住了我们,最后翻译任务以不了了之收场。英美刑法教学的程序法特色极强,和中国刑法没有紧密联系,我当时不太重视。同一学期,齐师还主讲国际刑法,对于国际犯罪的介绍大大加深了我等对中国刑法的认识,酷刑罪、种族灭绝罪、洗钱罪、奴隶罪这些罪名,犹如一个个"美丽新世界"扑面而来,始知什么是高端的犯罪。国际刑法这门课程是在我研究生二年级下学期开设的,从1997 年 2 月 26 日到 4 月 2 日,齐师讲了 6 次课,我印象最深的内容是国际犯罪的主体,国家自然不是国际犯罪的主体,法人是不是国际犯罪的主体大家还讨论了一阵子,说到党卫军、纳粹党的领导团等被纽伦堡国际军事法庭确定为犯罪组织时,深深触动我们。4 月 29 日,齐师邀请了德国联邦上诉法院法官豪斯科特来讲学、交流,记得是在外招的会议室,人数不多,可能还有 1996 级的师弟师妹们。我问了一个关于洗钱罪的问题,交流中印象最深的是德语翻译王建斌,相貌、微笑和举止皆帅极了,那德语也帅极了。

第六位,张明楷师。

他是湖北仙桃人,博学机敏,思路清晰,御繁为简,对于刑法已经融会贯通,游刃有余,更难得的是教学很负责任,令我受益匪浅。记得他 1996 年秋天从日本回国,开讲"欧陆和日本刑法",是在"梅教"刚竣工的一间教室里,光线并不很好,桌椅、墙壁还有刺鼻的气味,但是他明亮的眼镜片和闪光的面庞照亮了那间教室,也照亮了我混沌的大脑。一次,他提问"放火罪既遂标准是什么",我们四男三女面面相觑不知如何应对,记得刘艳红站起来似乎回答出了这个问题,我早已惊出一身冷汗。再一次,研究生部要每人提供一张发票,发放津贴之意,我和丁银舟(大概是他,记得不清楚了)在北苑一家小卖部打电话给张师求发票若干,被果断地、无情地、迅速地、二话不说地拒绝,今日想来,也许是张师的刑法观念极强烈,知道这是没有实质消费的套取资金的不法行为,本质是贪污,自然不愿意"帮助"我们而沦为共犯。还有一次他上课,不知怎么说起他最害怕的事情就是过马路,他住在丁字桥,每次穿过武珞路要等很长时间,即使别人早过去了,他还一个人留在原地不敢过。在张师的博学睿智、慷慨宽厚和守法自保的"吝啬"的多重刺激下,我遂发誓博览群书,以求自立于刑法学术之林。事后真的每日在图书馆(今天的档案馆)北侧的研究生阅览室里咬牙啃书,自我救赎,钻研思索,心游万仞,偌大的阅览室里常常只有我一个人,这是我在研究生期间最艰苦也最有收获的一段时光。尽管张师的教学只有两个多月,从 1996 年 10 月 22 日到 12 月 24 日,一共 8 次课,但给我的刑法启蒙绝对是震撼性的。不仅如此,他的板书极漂亮,虽然写的字并不多,但是个个结体稳固、机巧与雄浑兼备,真不知道他是怎么练出来那样一笔好字的。

第七位,德语老师单正和。

他个子不高,低调而亲切。本来是武汉大学的老师,中南政法学院开设德语课做第二外语把他引进过来的。他平日一人在校,女儿、妻子则在武汉大学。他为人极友善,教学极认真,即使是在“南教”那么破旧的教室里,他的教学也是始终如一。对于我辈勤奋好学之人,校园里见到时,他就会情不自禁微笑,师生距离一下就拉近了。1997 年上半年正值世界乒乓球锦标赛,女子单打是邓亚萍对阵王楠。我和几个同学请求晚上到他家看球,他很爽快答应了,热情招待。那些瓜子、糖果、花生,以及老式的家具、糖果盘、白炽灯,我怎会忘记?只是德语,虽说学了整整一年,如今记得的已没多少了。天不寿人,得知他 2002 年就过早病故时,我是很难受的。

缅怀往昔,感念师恩。此后的人生道路我要走得更问心无愧,更风雨无阻,更平淡冲和,更爱我的学生。此生唯愿他们求学时少走弯路,能够读最经典的刑法教科书,能够听最有趣味、最有益处、最有逻辑的刑法课程,能够获得最有价值、最为宝贵的刑法观念——自由、人权、正义、公平。

以上回忆、记录有的也不尽准确。毕竟,老师们是普通人,其生平交游之细微点滴大多自己没有记录,也不会有人为他们树碑立传,编写年谱。今后若有后学,发愿为他们编写年谱,这里的文字也是不能作为完全的依据的。我已经尽了全部心力,最大限度保证所写符合事实。

本文原载《刑法的历史与逻辑》(中国政法大学出版社 2015 年版),做了少量修改,也根据当事人的回忆以及书证文件等实物,有一点点校正。

王安异 | 为学多疑:“一九九七”中南刑法记事

王安异,1996 级刑法学硕士研究生,现为中南财经政法大学刑事司法学院教授、硕士生导师。

1997 年是《刑法》修改之年。当时,茶山刘地处荒僻,在南湖畔的某个角落,处于大开发的前夕。中南政法学院大门口即公交车停车场,有低矮的铺面,能见到大片的湖,还有芦苇荡。我在读的刑法学科正是新老交替的时候,老辈学者像朱继良教授、郑昌济教授均退居二线,胡新教授、吴安清教授仍奋斗在教学岗位上,年轻学者已成为中坚,如张明楷教授刚从东京大学访学归来,齐文远教授刚评上正高职称,杨宗辉博士即将从俄罗斯回国,加入刑法学的团队。

本文是为了纪念中南刑法研究生招生四十年而写的应急之作,仅记录几位与 96 级刑法学研究生教学相关的导师,截取其特定时间节点的工作片断,并简单谈谈我的个人印象。

一、退休前的朱继良教授

在授课的各位老师中,朱继良教授应归为第一代学者,与曾昭琼、江任天、曾宪信三位前辈学者一起,奠定了前期中南刑法学关于构成要件的理论基础。前辈学者中,曾昭琼教授是学术引路人,早年留学日本,师从著名学者小野清一郎,取回客观主义刑法思想的“真经”。正因如此,客观主义早已成为中南刑法学的基因。那些出自中南的学者,无论在哪个大学或实务部门,在论著中或多或少都有客观主义的影子。例如,这些学者所接受的行为无价值论、结果无价值论、规范责任论、实质构成要件论、行为功利主义与规则功利主义等,无论吸收了多少最新的研究成果,往往也会透出原初的客观主义的底色。朱老师主张以社会危害性为核心进行刑法解释,明显有实质解释论和客观主义的倾向。

朱老师讲授的课程“中国刑法学”,是 96 级刑法学研究生课堂上的第一门专业课,在 1997 年春季学期讲授。该课程主要讲授构成要件、因果关系、排除犯罪性的事由等内容。朱继良教授对犯罪构成的研究很有特色,主张犯罪构成是决定行为之严重社会危害性的客观要件和主观要件,而正当防卫和紧急避险是有益于社会的行为,不具备这种社会危害性,故不符合构成要件,根本不属“排除”或“免除”社会危害性的行为。这一观点,在理论上检讨刑法学移植问题时，受到了质疑，认为该观点将规范性不足的概念用于刑法解释之中。例如，“是排除社会危害性的行为还是没有社会危害性的行为，只是一个用语的问题”，“都是以社会危害性为理论前提的”；而坚持认为构成要件应具备社会危害性，则“涉及如何把社会主义刑法理论建立在更为严整的科学体系基础上的问题”。朱继良教授在研究生课堂上给我们解释过这个问题，认为社会危害性不是犯罪的事实特征，而应是实质特征，按照形式与实质的辩证关系，不应与形式判断区分开来，因而不存在所谓“形式上符合构成要件”的正当防卫行为。虽然如此，他对构成要件中形式与实质之间该如何建立有机统一的关系，却没有进一步解释。这种观点还贯彻在对个罪构成要件的解释上。例如，对侵犯著作权罪的理解，他认为该罪只有简单客体，即“他人合法享有的著作权及与著作权有关的权利”，而无须考虑抽象法益，相应对“复制、发行”就应限制解释，即“构成这种犯罪行为，必须是既‘复制’又‘发行’，二者必须同时具备、缺一不可”。这一观点属合目的的限缩解释，有明显的实质解释论特征。该观点虽然没有被通说所接受，但强调对个人法益的保护，有利于明确行为可罚性的范围，避免刑法的扩张。

在因果关系问题上，朱继良教授也基于社会危害性进行实质的限定。他认为，我国刑法中因果关系研究的对象，“只能是行为人的社会危害性行为与危害结果之间的因果关系”，而对合法行为，“就谈不上刑法意义上因果关系的成立”。因果关系是行为人承担刑事责任的客观根据，而缺乏这一“客观根据，当然就不构成犯罪”。也有学者对该观点质疑。例如，“因果关系是客观行为事实的一个组成部分”，但“不能代替整个客观行为事实”，“而只有客观行为事实才是犯罪构成的必要要件”。从客观行为事实的角度理解，刑法中的因果关系有其实质特征，不能是纯粹的事实，而是规范判断的前提，不能流于形式的判断。在事实与规范之间，实质判断可以起到桥梁的作用。例如，危险性、不允许的风险、风险管辖等都涉及社会危害性判断，也已经被现代客观归责理论所接受。如果忽视实质判断，则对因果关系中的规范判断就变得不完整，甚至不再能够坚持客观标准，对其缺欠之处，往往需借助于主观罪过加以弥补。例如，“因果关系作为犯罪构成客观危害要件的一个因素或一个内容”，“能否转变为犯罪的因果关系，必须结合行为人是否具有主观罪过才能确定”，甚至“经过司法活动的价值评判”还不够。对刑法中的因果关系，即使从客观行为事实上把握，也应兼顾其实质特征，以备进行必要的规范判断，确定该行为符合客观构成要件，而不是以整个犯罪构成来界定。由此可见，实质解释对因果关系的判断具有重要意义。

朱继良教授是20世纪50年代“全面学习苏联”的过来人，在讲授构成要件时经常谈及特拉伊宁，无疑受到苏联刑法思想的影响。撇开苏联刑法的泛化特征，从实质上解释刑法规范，在现在看来不仅未过时，而且与德日刑法中的实质论颇有相通之处，值得借鉴。例如，罗克辛指出，客观构成要件的依据是“在行为人所引起的结果中实现了某种规范保护目的所不允许的危险”。梅茨格尔认为，“如果不顾构成要件之不法的实质内容，不从实质内容中提炼出适用法律的依据，那么对不法判断所维护的形式安全性就会导致形式主义”。在日本刑法中，前田雅英教授主张“构成要件的实质化”，认为“如果该当了构成要件，那么原则上该行为就是违法的”。与上述德日学者的不同之处是，朱老师采用了社会危害性概念作为构成要件的实质根据,在内容上有更大的可深挖的空间。难能可贵的是,在经受“全面学习苏联”运动的洗礼后,朱继良教授仍坚持客观主义,将苏联的刑法知识“中国化”,为中南刑法学添砖加瓦。

朱继良教授在课堂上以问题为导向,重视训练实际的操作能力,常辅助大量的案例分析。其间,遇到有争议的案例,我们还会争论下去。课堂上较为活跃的,主要是彭峰、刘代华、向卫东等人。我有时候在课后也参与他们的讨论,但因嘴拙经常说不过他们。我们几位同学都有较好的案例分析能力,应该跟这些训练是有莫大关系的。朱老师的口才很好,按照武汉市法学会原专职副会长何家寿同志的说法,他说话是不重复的。带完我们这届后,朱老师就退休了,后来据说又“出山”过,仍负责讲授“中国刑法学”。无论如何,作为前辈学者,朱继良教授都应是中南刑法学思想的重要奠基人和薪火的传递者。

二、1997 年的张明楷教授

相较而言,张明楷教授应为中南刑法学的集大成者,也是我国刑法学中实质解释论的重要代表。在中南政法学院任教期间,他先后两次留学东京大学,师从前田雅英教授。给我们年级上的课是“欧陆刑法学”,开课时间为 1997 年春季学期,恰逢《刑法》修订之时。课堂上,他很少跟我们谈及留学的经历,总是一股脑地将实质解释论、法益侵害说、刑法谦抑性等灌输过来,让人应接不暇,而有没有接受则完全靠我们的悟性。那时,他在言谈举止之间颇有日本教授之风,不苟言笑、整洁、精神气足、西装领带、言必称“平野先生认为”等。印象中,他总会微笑着回答学生的提问,眼神严肃而犀利。

在《刑法》修改之年,张明楷教授的客观主义已成体系,课堂上讲授的已是非常成熟的实质论思想。知网显示,1997 年,学术期刊上共收集张明楷教授的学术论文 7 篇,这些期刊分别是《法学研究》《中国法学》等,均为中国法学核心科研评价来源期刊(CLSCI)。其中,除了在《法学研究》上发表的《新刑法与客观主义》能够代表张明楷教授的主要思想外,其他的都是因应《刑法》修改而进行的对策性研究,如《关于增设背信罪的探讨》《论修改刑法应妥善处理的几个关系》《妥善处理粗疏与细密之间的关系　力求制定明确与协调的刑法》等。上述发文量和论文内容,反映其一贯的勤奋和对现实问题的关注。在这些文章中,他坚持其主张的客观主义立场,并且多次提出实质根据的概念。例如,他在《简论共同犯罪的立法完善》中提出,“刑事责任的大小取决于其行为的社会危害性大小,故共犯人分类的实质依据应是各共犯人行为的社会危害性的大小”,即以“行为的社会危害性”作为共犯人刑事责任的“实质依据”。又如,他在《妥善处理粗疏与细密之间的关系　力求制定明确与协调的刑法》中主张,“刑事立法的粗疏与细密”反映了其背后的“实质问题”,包括其“刑法的价值取向,即反映刑法是重视个人保障还是重视社会防卫”,而研究表明,“刑法对犯罪与刑罚的规定越细密,就越有利于保护个人自由;刑法对犯罪与刑罚的规定越粗疏,就越有利于社会防卫”。在《新刑法与客观主义》中,他明确提出实质解释论,将法益侵害贯彻于对构成要件的解释,形成实质意义上的构成要件概念。他认为,“将犯罪客体放在首位”,“有利于对犯罪构成进行实质解释”。因为“犯罪客体所研究的就是规定具体犯罪的条文所要保护的合法权益的性质”,可用来指导“确定其他犯罪构成要件”。这种以客体即法益侵害为核心而确定的“犯罪构成其他要件”，实际上就是实质意义上的构成要件。实质解释论本质上是客观主义，即“将现实行为及其实害作为处罚根据，进而从实质上将侵害或者威胁合法权益作为处罚根据”。值得说明的是，立足于法益侵害的实质解释，在大塚仁教授看来，只是实质违法性判断的一部分，即“违法性的实质是违反国家、社会的伦理规定，给法益造成侵害或者威胁”。冯·李斯特和施密特的《德国刑法教科书》中对实质违法性的定义，也是“危害社会的行为”，具体而言是指“违反规定共同生活目的之法制”和“破坏或危害法益”两方面。张明楷教授的实质解释论与此有明显的区别，也与朱继良教授有实质倾向的解释论不同，不再限于“社会危害性”这一模糊概念，而是明确了实质解释的标准，在实质判断中更强调了结果无价值的作用，让法益侵害能发挥应有的刑法功能。

我是行为无价值论的拥趸，很长时间内都接受上述冯·李斯特、施密特和大塚仁的实质违法性论。为了佐证这种提法，我查阅较多的文献，寻找实质的违法性概念。但是，我发现，在手头所有当代刑法学德文文献中所使用的实质违法性或实质不法概念，都是指法益侵害，而义务违反、规范违反、秩序违反等都被归为形式违法性的范畴。在课堂上，结果无价值论很多时候并不能让我们信服，尤其在分析案例时，得出的结论与我们的认知有较大的出入。几个同学又会拿着同样的案例去吴安清教授和齐文远教授的课堂请教，对其中不尽相同的地方重新掀起一番论战。张明楷教授在《新刑法与客观主义》中特别指出，刑法立法“向客观主义倾斜有利于合理区分刑法与道德”。这一观念始终是我所怀疑的。因为硬要将伦理道德从刑法规范中剔除，未必是可行的。在读到 Otto、Hefendehl 等学者的论著时，我看到法益概念中的信任要素、诚信法益概念等。这些富含伦理色彩的要素或概念，不仅可用来充实法益概念的内涵，而且可对国家的监管政策、外在制度等起到一定的限制作用。周详教授曾基于规则功利主义对结果无价值论质疑，但在我看来，在刑法中，无论是规则功利主义抑或行为功利主义，均应为结果无价值论。滥觞于功利主义的结果无价值论有强大的生命力，推动刑法中对道德规范的祛魅，而在功利主义的语境中坚持规范违反说或义务论，则不易在刑法中吸收道德规范，并完成祛魅，反而容易自我否定，甚至要将其规范逐之而后快。

此后，张明楷教授仍笔耕不辍，屡有惊艳之作问世，吸引了包括我在内的无数学人的追随。1997 年只是他漫长学术生涯的一个瞬间，可以再现其实质解释论的某个侧面，也反映当年中南刑法学科的状况。需要强调指出的是，2020 年 9 月，他发表了《增设新罪的观念——对积极刑法观的支持》，已实现了某种意义上的思想转向。虽然法益侵害说从来就不乏功能性思考，但这种转向与他始终坚持的刑法谦抑主义有较大的偏离，而如何进一步推陈出新，完成理论上的拓展，是很值得期待的事情。

三、1997 年的齐文远教授

与张明楷教授一样，齐文远教授是曾昭琼先生亲授的首届刑法学研究生。在给我们班授课之前，齐老师刚从丹麦哥本哈根大学访学归来，很有绅士风度，温和、睿智又不急躁，是会被学生抢前排的老师。相较而言，我们在齐老师的课堂上有更大的自主性。在张明楷教授被调走后,齐老师一口气给我们班上了很多课,包括犯罪学、英美刑法、国际刑法等,出现一周四聚首的现象,因而大家形成深厚的师生感情。这种复杂的排课,让人有了跨学科研究的冲动。虽然没有证据证明齐老师支持所谓的“社科法学”,但在他的课堂和文章中涉猎的非专业知识确实很多,这也使课堂气氛显得非常活跃。

齐文远教授秉承中南刑法的文脉,除了有内涵式发展,也不断拓展学术研究的领域,在1997年已开始跨学科的研究。在《“亲告罪”的立法价值初探——论修改刑法时应适当扩大“亲告罪”的适用范围》一文中,他参照社会学知识,尝试进行刑法立法的重构。该文章认为,“亲告罪制度的合理性首先在于中国社会是一个‘熟人的社会’,人和人的关系基本上是一种熟人关系”,而“采用亲告罪制度,将起诉的权利赋予被害人并允许他们采取其他适当的方式解决纠纷”,“有利于社会关系的稳定,实为处理熟人社会某些刑事纠纷的一个明智之举措”。而事实上,这也是刑法与犯罪学、刑事诉讼法的一次成功对接,有刑事一体化的特色。在《新刑诉法实施过程中的几个问题》中,他更与刑事诉讼法的学者合作,进行刑事诉讼问题的探讨。这种跨越实体法与程序法的研究,无疑是卓有成效的。例如,文章指出,从诉讼的效益、效率和保护被害人合法利益角度出发,对自诉案件的范围,也“可增加一灵活性的规定,如规定‘被害人有证据证明的其他轻微刑事案件’也可以作为自诉案件处理,以适应司法实践的需要。这样,对于一些轻微的刑事案件,在被害人有证据证明时可通过自诉程序解决,而在被害人没有证据证明或证据不充分时,则将其作为公诉案件处理”。这一观点与上述关于“亲告罪”的论述是一致的,已经被立法者所接受。他还发现,某些司法解释“将侵犯著作权、假冒注册商标案列为自诉案件范畴,从有关司法机关试点、实施情况看是不合适的。因为这些案件通常比较复杂,涉及面广,跨地区、跨行业的多,犯罪行为又比较隐蔽,并且以往公安、检察机关经过侦查都常常难以查清,现列入自诉案件范围,则势必会因人民法院不享有侦查权而影响对案件的审理”。这种观点实际上是上述亲告罪理论的自我限定,让其理论更经得起检验。无论如何,从实体法角度出发,对程序法的制度进行设计和反思可谓别开生面,另有一番意义。

齐文远教授的跨学科刑法研究,也是立足于以社会危害性为核心的实质理论。曾昭琼先生崇尚述而不作,在课堂讲授和交流中,提出建设以犯罪的社会危害性为核心的刑法学科体系,使之变得具有中国特色。这种思想无论是对江任天、曾宪信、朱继良三位教授,还是对张明楷、齐文远等教授,都产生了实际的影响,成为学科的重要思想基础。齐文远教授的跨学科研究,本质上是这种思想的延伸和发展。他在上述关于亲告罪的文章中指出,“在具体界定亲告罪范围时必须考虑到两个方面,一个是危害程度,另一个是可操作性。前者的含义是指,被确定为亲告罪的犯罪的社会危害性必须不是太严重”。因而,这种亲告罪理论实际上仍然是以社会危害性为核心的理论体系的一部分,处于实质理论的视线范围,将实质判断贯彻到刑法立法论中。

齐文远教授在文章中多次提及“秋菊打官司”“熟人社会”等问题,在跨学科研究中与时代的脉搏同步。朱苏力教授的《法治及其本土资源》甫经出版,即引发一段学术热潮。该著作以“秋菊打官司”“熟人社会”为例,再现我国法治的诸多悖论问题,给讨论刑事法治也提供了优秀的范例。上述关于亲告罪的立法研究，可以说是解决这些悖论问题的某种路径。朱苏力教授还引进庞德、波斯纳等人的思想、研究方法，如法律的经济分析、科斯定律等，极具魅惑力，开启我国社科法学研究的大门。我也是众多粉丝中的一员，在犯罪学课堂上尝试进行刑法的经济分析，设计出一个刑罚威慑力曲线分析模型，以图解形式来再现刑罚原理，分析刑法中罚金刑的立法和司法效果问题。这一创意得到了齐文远教授的肯定，也为我赢得本门课程成绩的最高分。在这一创意的基础上，我与齐文远教授合作展开进一步的刑法学与经济学的跨学科研究，完成论文《论罚金刑的效率》的写作。该论文发表在《法制与社会发展》1998 年第 6 期上，随后被中国人民大学复印资料转载。

齐文远教授的跨学科研究延续至今，启发中南学人的思考。他在《社会治理现代化与刑法观的调整》中主张刑法治理的思想，提出"规则、决断、秩序'三位一体'"的刑法治理模型。这一分析模型具有体系严谨、内容全面的优势，被我吸收，用于分析关于网络经济犯罪的相关问题。其"三位一体"包括"秩序"、"规则"及"决断"三个不同的维度，其中"决断"并非刑法中通用的概念，让人不易理解。故我用"政策"取而代之，使之形成"秩序"、"规则"和"政策"的三维思考，以此概括当代刑法治理的各个方面，形成稳定而完整的分析结构。

1997 年对于中南刑法学科而言，具有承上启下的意义。此后，齐文远教授为学科发展踏上漫长的引援之路，而位于茶山刘的中南政法学院也驶入发展的快车道。随着不远处光谷广场的不断翻修，从小麦到绿植再到风帆，整个武汉市"每天不一样"，从"给武汉作了个'广告'"的院士市长到"社区工作拉横幅不如扫地"的实干风气，从"武汉光谷"成为城市名片到地铁线路的全面开通。中南政法学院的周边在变，北门外高楼林立，早已看不到南湖湖面，而自身也完成新的飞跃，变成中南财经政法大学。而刑法学科伴随夏勇教授的回归、康均心教授的加盟及一众同学、师弟师妹们的崛起，其建设也"轻舟已过万重山"，形成成熟的学科集群，在深厚的学科土壤上培养了一批批优秀的毕业生，呈发散的态势，在学界和实务界均享有盛誉。

四、留学归来的青年学者们

在四十年发展中，中南刑法学不停输出人才，也不断接受新"血液"，实现自我的完善和进步。近五年来，刑法学科又引进一批青年学者，其中不少有留学背景，甚至取得海外的刑法学博士学位。无论是来自北京大学、清华大学、京都大学等海内外名校，还是从学缘上尊崇马尔堡学派、继受新波恩学派或者负笈英美，不同学术观点的碰撞与交融，注定在一段时间内会成为中南刑法的特色，让刑法学科更加多样化，也推动其学术研究拓宽口径、丰富积累并融合发展。

对立足于社会危害性的刑法实质解释而言，深化对社会危害性的理解是不可避免的。有学者认为，从规范的角度看，行为规范可以成为法秩序对规范受众"所提出的具体行为要求"，必须"考虑现实的客观状况"及"个人认知和个人能力"。这种"具体行为要求"，也就是义务规范，可以具体充当行为反规范性的判断依据，而这种基于行为无价值论的规范思考，有助于刑法中的精细化判断。传统刑法中对社会危害性的理解,是主客观相统一的,并不限于对现实利益的侵害,而将个别化的反规范性融入社会危害性,既可限定其范围,还可在实质判断中进行规范判断。刑法中的“规范及其违反”问题,历来都是难题,而对社会危害性的规范化解读,已成为具有中国特色的理论问题,能否在规范意义上予以统一把握,也将在很长时间内吸引理论上的注意。也有学者坚持实质判断,主张对“共犯的因果性”应“进行结果归属的实质判断”,“考虑共犯行为的危险是否在正犯所造成的结果中实现”,在判断“共犯脱离”时,要求脱离者的脱离行为“达到能够阻却对脱离前参与行为的结果归属的程度”。这种实质判断吸收了客观归责的分析方法,不仅较之传统的社会危害性判断更为明确,而且因加入不允许的危险性判断,也比新古典主义的因果关系论更能体现法益保护的目的。还有学者采用量化分析的方法,借助计量经济学的分析模型,对故意杀人罪死缓限制减刑的适用状况进行实证研究。上述青年学者的论述包括学术观点、知识结构和研究方法,都已增加了知识的密度,在茶山刘这个曾经荒僻的土地上开发出不同的苗圃,在中南刑法学的色板上点缀着别样的亮丽。

五、“一切的一”

我的硕士论文指导老师是郑昌济教授,郑老师在我读书期间未授课,现在已退休多年。而当年风华正茂的授业师,如齐文远、杨宗辉教授等也都已年过花甲,陆续就要退出教学的第一线,中南刑法面临第二次新老交替。我本人自研究生毕业后,选择比较刑法和经济刑法作为主要的研究方向,站到讲台之上。

中南刑法因新老交替而再次处于低潮,不得不面对各种新问题。这不仅因为刑法学研究碰上当今“百年未有之大变局”,遭遇更复杂的社会问题,亟待进行更全面、细致的研讨,而且因其知识密度正在不断加大,对比较研究、学科融合、理论创新提出更高的要求。与此同时,理论上的共识不但没有增加,反而有减少的趋势,如积极刑法观与消极刑法观、实质解释论与形式解释论、行为无价值论与结果无价值论、法益概念之争,等等。这些都让中南刑法学的发展有如回到原点,有待重新出发,进行知识体系的更新,开拓新的研究阵地。

对中南刑法这片热土的耕耘,除了进行学术传承,还应回归其精神家园。前辈学者的智慧结晶,无一例外地都有时代的印记,不可能被全盘接受。即使伟大如费尔巴哈、冯·李斯特的学说,也有过时的时候。较之学术思想,更重要的是学术灵魂。宋朝大哲学家陆九渊说:“为学患无疑,疑则有进。”中南刑法在四十年的发展中,已经形成自己“为学多疑”的精神气质。正是具备这种气质,中南刑法学的几代学人都有很强的批判能力,在任何时候都能重新出发。正如郭沫若先生在《凤凰涅槃》中所歌颂的“一切的一”,不管遭受多大困难,仍能浴火重生。按照我的理解,“为学多疑”,是经得起淬火的坚强品质,是可以重生并展翅翱翔的生命力,是热忱相待、矢志不渝的情感,是包容并蓄、深沉豁达的胸怀。

苏彩霞

润物细无声：南湖之畔的刑法学求学、研究、教学岁月

苏彩霞，1996级刑法学硕士研究生，现为中南财经政法大学刑事司法学院教授、博士生导师。

一、为有源头活水来：在中南研习刑法的七年

“老师，我是等待面试的最后一个，可以现在面试我吗？”夹在南、北教学楼之间通道的小教室里，一个梳着短发的女孩怯生生地探进头来询问着，教室里面坐着的是两鬓染霜的郑昌济教授、朱继良教授、吴安清教授、胡新教授。

那是1996年的初春，在中南政法学院本科求学四年的我，焦急地踱步于南、北教学楼之间的过道，等待自己的刑法学硕士研究生入学面试。在过去的四年间，我曾经通行于这个过道数千次，这一次，短窄的过道仿佛永无尽头。只有八个被面试的学生，而面试已经进行了整整一天。暮色初上，我还在等待自己的名字最后一个被唤起。生恐教授们要宣布明天再继续而我将会因此坐卧不安一夜，于是，便有了上述的一幕。

出乎意外的是，当时我还不认识的这五位面试教授几乎齐声笑眯眯地说：“最后一个？当然可以。”老师们的笑意消除了我的紧张，我比较流利地回答了当时的面试问题，由此开始了我在中南的刑法研究生生活。

我本科求学于南湖之畔，幸遇良师。1992年法律系新生开学典礼，青年教师代表张明楷致开学辞。当时我并不知道这位叫张明楷的青年教师，只隐约听到介绍说这位老师刚从日本留学归来，自学日语，遂于懵懂之中生崇敬之心。大学一年级在糊里糊涂之中度过，不知法为何物，只习过一门法律专业课——法理学，由后来调去了清华法学院的高其才教授讲授。大学二年级，法学专业课全面铺开，我开始真正感受到学业的压力和上课的魅力。民法学由徐国栋博士讲授，他当时是整个中南政法学院唯一的一位法学博士，讲起课来滔滔不绝，旁征博引，还经常引用罗马法，时不时念上一段《优士丁尼法典》。讲授内容的繁杂，自然不是我们这些平时不常读法学课外书的人所能听懂跟得上的。估计是看到一群茫然的面孔，有一次，徐老师略

带愠怒地说:“上课时总是看到一群痴痴呆呆的面孔,只希望能开启你们的民法之心。”

不知道我的民法之心是否在那时被开启,但我开始成为图书馆的常客,浏览法学期刊的文章,借阅图书馆里的藏书,从我国台湾地区学者史尚宽教授的《债法总论》到当时的汉译外文法学著作,图书馆里的法理学与民法学藏书大体都囫囵吞枣地阅读了一遍并做了读书笔记。

尽管那时我阅读最多的是民法学著作并由此心生报考民法学研究生之意,本科时最喜欢的与得分最高的课却是张明楷老师讲授的“刑法学总论”这门课。大二时,听说“刑法学总论”将由开学典礼上作为青年教师代表致辞的张明楷讲授,大家都异常兴奋,上课不敢怠慢。当时还经常有其他班级的同学来蹭课,导致座位非常紧张,还有同学早上6点多就起床去占座。我们班由于属于法定安排的课堂,同学们还常有得意之情。我们当时用的刑法教材是当时全国通用的高等教育出版社出版的(当时全国只有一本教材,不像现在教材的丰富与个性化),而张老师第一节课就告诉我们上课不用带教材。我们当时都觉得新奇,上课没有书怎么上。张老师的刑法课从来都是脱稿的,娓娓道来,讲得高兴时就一屁股坐在讲桌上。他上课总是给人富有新意之感,通用的教材是这么说的,而张说是如此如此。张老师上课还经常喜欢用假想案例,通说如此如此,而张说则是如此如此。对当时从高中过来信奉教材的我们而言,这种教学如此新奇,脑洞大开,原来可以有这么多不同观点不同学说,课上课下同学们总是非常兴奋,对假想案例争论不休。大三时,我还选修了张明楷老师的“外国刑法学”。那时张老师已经在准备再次赴日留学,经常在课间休息时头戴耳机,训练日语听力,让人印象深刻。“刑法分论”则是由当时本科毕业留校不久的刘艳红老师讲授的,刘艳红老师年纪实际和我们相仿,青春靓丽,写得一手好板书,讲起课来自信大方,是当时班上男生常常讨论的对象。

我的民法之心却结了刑法之果,报考中国人民大学民法学研究生失利(只考取了自费而非公费),幸得中南刑法学科老师们的青睐,我最终在中南上了刑法学研究生,抱着干一行爱一行的态度,续写我的中南求学之旅。我们的96级刑法硕士班只有8人,在南、北教学楼之间的小教室,陆续上了朱继良老师的“刑法总论”,吴安清老师的“监狱法学”,胡新老师的“中国刑法史”,张明楷老师的“欧陆刑法学”和齐文远老师的“犯罪学”。

刑法学硕士研究生三年全面打开了我的学术视野,而中南刑法学科理论联系实践的学术导向也让我深受其益。记得上监狱法学这门课时,吴安清老师带领我们刑法研究生8人前往襄樊监狱进行实践观察,与监狱干警进行座谈。齐文远老师作为我的研究生导师,带领我走上了刑法学术研究之路。齐老师性格温和,对待学生的学术培养和生活关照总是润物细无声。即使在我学术态度不认真时,他也是温和地指出,既不姑息,但也从不会严词厉色,而我也是在齐老师的温言鼓励下产生了报考中国人民大学博士研究生进一步深造的想法。记得我们当时的硕士论文初稿全部都是手写稿,而我的字迹很是潦草,齐老师在我的初稿上修改润色数次。后来,我在修改定稿时,遗漏了几处他的修改,齐老师却记得自己的修改,在最后的审阅定稿时温和地责备:“这几处为何不按我的意见修改?”当年被齐老师修改多次的硕士论文手稿被我收藏了很多年,后来在搬家过程中不慎遗失。在我复习备考博士研究生时,齐老师也时常鼓励我持之以恒,并不遗余力地帮我写推荐信,多次打电话为我推荐。1999年春,我顺利考上了中国人民大学的刑法学博士研究生,同时办理了在中南刑法教研室留校任教的手续。我的老师变成了我的同事,我从此有更多时间在齐老师身边学习观察他的治学、为人与处世。齐老师的润物细无声的教书育人风格和不温不火的为人处世之道,伴随我后来在中南的学术成长和职业生涯的发展。我生性莽撞,处事急躁,纵然常在齐老师身边观摩学习,也未能全部习得老师的修养,但我也常常安慰自己:“毕竟见识了高境界,总归习得三两分吧。”

在中南求学的七年是我学术生涯的起点,中南刑法学科也在之后的 20 多年里成为我的安身立命之所。虽然难免有学术或人生受挫之时,纵然后来多次出国读书进修,中南刑法学科始终是我的“源头活水”。只要源头常在,水流活泼,我这叶小舟就不会迷失方向。

二、守得云开见日来:为中南刑法学科博士点申报而奋斗的六年

在 21 世纪初合校之后,中南财经政法大学中南刑法学科迎来了学科发展的重大契机。此时,我的老师齐文远教授时任法学院院长,而我也被任命为刑法学系主任。工作之中,我常常听到齐老师讲到中南刑法学科作为“断臂英雄”的遗憾,听齐老师强调我们要抓住机遇申报刑法学科博士点。记得有一次,齐老师来刑法学系开会,回顾刑法学科发展史和故去的刑法老教授,谈到刑法学科缺乏博士点所带来的学科发展“瓶颈”和人才流失现象,老师的声音不免哽咽。看到自己的老师动情,我也眼睛发红,找个借口走出系办公室,平整好自己的情绪,再回来继续听齐老师讲。

中南刑法学科尽管有曾昭琼教授、曾宪信教授等一批很早就在全国知名的老教授,有全国最早的刑法学硕士点,也培养出了一批当时已经全国知名的中青年刑法学者,但由于种种历史原因,中南刑法学科没有自己的博士学位授予点。没有博士学位授予点的中南刑法学科,如同一个断臂的英雄,在 1990—2000 年经历了严重人才流失的阵痛。

时任法学院院长的齐老师,责无旁贷地把这种突破学科发展“瓶颈”、为刑法学科申请博士学位点作为了自己的历史使命。21 世纪初,法学博士点之少与申报之难,是后来见惯了法学博士点繁荣的人们所不知道的。刑法学科博士点申报,过程复杂,需要填报的表格与作为佐证的文件存档,多达数百件。博士点申报,重在学科历史、人才培养和现任教师的科研产出与学科交流。齐老师在担任法学院院长之后,就开始高屋建瓴地指导我们从这几个方面开始准备。我当时作为刑法学系主任,也是刑法学科中相对年轻的青年教师,受齐老师的历史使命感召,我也毫无抱怨、没有报酬地承当了其中的很多具体工作。

首先,收集资料,联系已经毕业多年的刑法硕士生,收集他们现在的职业和职位信息,作为我们刑法学科人才培养卓有成效的佐证。此外,齐老师还鼓励学科青年教师多出教研成果,积极申报科研项目,带领刑法学科主办数场全国性刑法学学术研讨会,为申报博士点积累条件。刑法学科的所有老师都积极参与了这场申报准备,不厌其烦地收集从前学生的信息,提供自己的学位证书、成果著作和获奖证书,参与各项如何填申报表的讨论。

其次,到了具体申报的关键时刻,如何在格式化的申报表格中突出中南刑法学科的学术积淀与学科特色很重要。齐老师、夏勇老师和我开了无数次碰头会,讨论如何在表格中凝练学科

特色，提升学科发展方向。50多页的博士点申报表，填了又填，改了又改。记得有一次，晚上六点多，我和夏勇老师约好到办公室改申报表格，不知不觉，已是夜里十点多。忽然天降暴雨，夏勇老师和我困在他的办公室，等待夏老师爱人郑老师送伞。等我冒雨打伞走回家，已是深夜十一点。两岁的女儿已经熟睡，而孩子的爸爸因为我“失联”数小时非常生气。

在申报刑法学科博士点的过程中，我也看到了齐老师在温和之外的坚韧。我所从事的只是具体申报工作，而齐老师作为刑法学科带头人则需要在紧要关头承担压力。再强调一遍，21世纪初的法学博士点是极其紧缺资源，不像后来的法学博士点遍地开花。当时全国的刑法学博士点只有北京大学、中国人民大学、中国政法大学、吉林大学、武汉大学这五六家学校，而像中南这样具有学科历史积淀但没有刑法学科博士点的学校，如中南财经政法大学、华东政法大学这样传统的政法院校面临着同样的“瓶颈”。当时学校采取了双保险申报策略，一方面申请法学一级学科博士点，如果获批，所有的法学二级学科都自然有博士学位授予权；另一方面为应对法学一级学科博士点不能获批，还要准备各个二级学科的独立申报。在一个学校内部，如何整合有效学术资源，优先保证一些法学二级学科获得博士学位授予点，就是每个二级学科带头人的心头痛。想想看，当申报博士点在21世纪初成为可能而资源依旧非常紧缺时，在中南这样的传统政法院校，所有的法学二级学科都具有相当长的学术积淀和学科实力，当申博具有可能时，所有的法学二级学科就像沉淀已久的“休眠火山”，都要借这个机会爆发出来，于是，不同学科之间便有了嫌隙，学科带头人之间难免就有矛盾。就是这种矛盾与嫌隙之间，齐老师温和地坚持了自己的原则，坚持了刑法学科作为中南最早的硕士学位授予点在学校法学发展中起到的“领头羊”作用。

为申报刑法学科博士点而做了许多具体工作的那几年，也是我脑洞大开的几年。当时的我，刚刚博士毕业，三十岁出头，亲身参与这一学科发展史上的重大事件，虽然牺牲了很多个人时间，但也促使我观察与思考：第一，我看到了我的老师的历史担当与使命，看到了齐老师的温和与坚韧：在温和处事的大前提下，遇到大是大非时，要坚持原则，哪怕有时要经受委屈与误解；第二，学术是个体的，是学者的个体体认与追求，而学科则是学术共同体的，需要每个身在其中的个人投入精力与时间，有时甚至烦琐、烦人，因为举办学术会议、准备会务、收集学科发展史资料、填报具体申报表格，这些具体的工作是需要学术共同体的每个个体承担并分担的；第三，学科带头人作为学术共同体的“领头羊”，不仅需要不凡的学术功力，更需要作为带头人的大局观与宽广胸怀。作为学科带头人，总是要立足于整个学术共同体的发展，组织与带领团体前进，为团体中与自己实力相当甚至在某些方面超过自己的学术同龄人鼓与呼，而不是嫉妒与排斥；对团体中的学术年轻人鼓励、扶持与推荐，创造条件但又不居功自居。

后来的结果，大家都知道，中南财经政法大学与吉林大学、华东政法大学、南京师范大学一起获得了法学一级学科博士学位点授予权，我们的刑法学科开始培养自己的博士，而且博士学位授予点也为中南刑法学术共同体的学术年轻人提供了上升的平台和进步的空间，也为引进人才增加了吸引力。

长期的历史积累，学术共同体包括每一个中南刑法学子的共同努力，当机遇来临时，学科的发展就会“云开日来”。守得云开见日来，对一个学科的发展如此，对于我们个人，又何尝不是如此呢！

三、喜见桃李满园开：我在中南刑法学科从教的20年

2002年我从中国人民大学获得法学博士学位后，正式在中南开始了从教生涯，至今已有20个年头。20年间，我作为指导老师培养的硕士研究生与博士研究生已有百人。这些学生分布在全国各地，很多已经或正在成为所在单位骨干力量的检察官、法官、律师、法务、高校教师（此处自豪地笑），而我由当年的学术愤青变成了时时想躺平的油腻中年人（此处长叹气）。

我始终觉得大学教师是世界上最具幸福感的职业。我常对我的学生说，我感觉自己是最幸运的一位，能在他们正青春求学的年纪成为他们的老师。自己就像一个圆的中心点，自己对学生的关爱只能由圆心辐射到圆周，而学生们对自己的爱护则是由整个圆周集中到圆心。20年来，我和我的学生始终保持紧密、亲切、亦师亦友的关系，彼此之间的联系从没中断。

回顾总结指导硕士研究生与博士研究生的体会，我对学生的培养贯彻了自己的一些教育理念：重视。这主要表现在：

第一，写作能力的培养。法律职业对个体的要求就是，写作是学生将来无论从事何种职业的硬内功，思考能力与知识积累最终要通过写作展现出来。好的论文，写作态度是首要，写作方法是助推器，知识积累与思维创新是基础。对于写作态度不认真的同学，受齐老师的影响，我基本不会“当面”对学生严厉批评，但我会在论文的批注上严词厉色。

第二，提倡人才培养的多元化。大学教授因为自己从事学术研究，经常不自觉地有一种偏好，希望自己指导的硕士生、博士生多从事学术。我常常提醒自己，培养出来的人才应该多元化，应该鼓励学生去发现并从事自己喜欢的事业。真心希望我的学生们都能发现自己的热爱，从事自己的热爱。激情所在处，成功自然来。

第三，培养一个具备快乐能力、内心强大的人。学生们大多都是家中的独生子女，自幼宠爱有加。在这个复杂迷离的社会，培养自己的快乐能力，拥有强大的内心，比其他能力都要重要。注重对学生的内心疏导，鼓励学生在困难时积极寻求帮助，也是我平时与学生交流的一个重要方面。内心强大，就先从老师这儿开始吧。

第四，这些年，我也有很多遗憾与歉疚之处。比如说，我指导的2004级与2005级研究生，是我最早的研究生。由于自己当时还很年轻，对指导硕士生内心还比较羞怯，再加上这两级研究生当时都住在首义校区，而且由于当时三年制刚变成两年制（2005级与2004级一起毕业），我与这两级硕士生的交流当时是比较少的。目前尚未联系上的已毕业学生也多在这两级。2016年夏季以后，因为赴美留学，我错过了2016年以后学生们的开学与毕业，对在读的学生也只能远程指导，内心非常歉疚。我会经常更新自己的微信动态，就是希望学生可以了解我在这边的学习生活，希望借此能给他们一点积极的影响。

“春种一粒粟，秋收万颗子。”看到自己在中南刑法学科从教20年培养的百名硕士与博士学生如今都是我国法治进步的建设者，为实现法治共同体的愿景而共同努力，我内心深感自豪。这种职业的自豪感也是自己继续前行的动力。

刘代华　中南教会我:什么是用语精确

刘代华,1996 级刑法学硕士研究生,现为中南财经政法大学刑事司法学院教授。

我是 1996 年 9 月到中南政法学院读研究生的。转眼已经 25 年了,25 年前初到中南政法学习的记忆并没有随着时间的流逝而淡化,反而历历在目。

记得复试时我第一次坐轮船到武汉,从汉口轮船码头坐过江轮渡到中华门。问一个开三轮车的师傅,从中华门到鲁巷(复试通知上说从鲁巷坐 59 路车能到中南政法学院)怎么走,要多长时间。师傅告诉我:"顺着这条路走,一直走,晚上能到。"后来,师傅指点我,他能带我去车站坐公交车到鲁巷,并找我要了"五角钱"(麻木师傅专用计量单位,人民币五元)。师傅还特别强调:"路不远,我带你去,去了你不能因为路近就要退费。"我同意了,坐上车,没有 3 分钟,就到了 15 路车站。然后我坐上车到了鲁巷,再转 59 路(南)到了中南政法学院。我之所以特别提到这个事,不仅仅是想提到武汉的码头文化,也不仅仅是说明我对初到武汉的记忆,而是特别说明,即使是问路,也需要用语精确。因为我问的是从中华门到鲁巷怎么走,而按照一般人的理解,走的方式有很多种,包括利用各种交通工具等途径到达,也包括"走"的字面意义,用脚步行到达。而码头麻木师傅显然用最有利于他本人利益(揽生意)的方式回答了我的提问。而且,他也没有说谎,我问话的地方是中华路码头,条条大路通罗马,因此,从中华路码头出发,肯定能走到鲁巷。至于说"顺着这条路",也没有错。因为"顺着这条路"可以解释为"沿着这条路"或者"从这条路出发"。这段经历让我对"用语要精确"有了更深刻的体会。而我所学习的刑法学专业,更要求用语的精确。这一点在复试的时候竟然再次验证了。

复试的导师有朱继良教授、郑昌济教授、吴安清教授、胡新教授和齐文远教授。我抽到的复试面试题目是"简述直接故意和间接故意的区别"。我当时回答了直接故意和间接故意是犯罪故意的两种类型,两者都是支配犯罪行为的主观心态,并且也从认识因素和意志因素上对两者的区别做了中规中矩的回答。我背诵了两者之间在认识因素上的区别,即犯罪直接故意人认识到自己的行为会造成危害社会结果,而犯罪间接故意人仅仅认识到自己的行为可能造成危害社会结果。吴安清教授追问,这两者之间究竟有什么不同?我以为我已经完美地回答了这个问题，所以将答案再重复了一次：犯罪故意是行为人认识到自己的行为会造成危害结果，而犯罪间接故意是行为人认识到自己的行为可能造成危害结果。直接故意是认识到“会”的程度，而间接故意是认识到“可能”的程度。吴教授继续追问，“会”和“可能”有什么区别？我回答：“会”表示可能性非常大，而“可能”则表示结果出现的可能性比“会”要小。吴安清教授认真地问：非常大是多大？我当时汗都出来了，只能硬着头皮小心地回答：非常大就是非常非常大。这时，坐在中间的朱继良教授发出了中气十足、爽朗的笑声：“小刘，你应该说出‘盖然性’这个词，会就表示具有高度盖然性。”朱继良教授语重心长地告诉我，学习法律就是用法言法语。这是我到武汉第二次、也是第一次接受法学教授关于用语要准确的教导。

从此，我对法律用语应该准确这个命题产生了兴趣。在学习共犯理论时，我对传统教科书中提出教唆犯的二重属性产生了怀疑。传统教科书认为，教唆犯在被教唆之人犯了所教唆之罪时，与被教唆人一起成立共同犯罪。并且，教唆行为从属于被教唆人的犯罪行为，获得构成要件符合性和违法性；而如果被教唆之人没有犯所教唆之罪，则教唆犯因为其单独的教唆行为本身就具有严重社会危害性，应该单独成立犯罪。至少我国 1997 年《刑法》第 29 条的规定就印证了这种理解。我个人对此产生了怀疑。按照认识论的观点，事物不可能在某一个属性上既有这种属性，又有相矛盾的属性。理论上讲，不应该存在既独立又从属的一种二重性的犯罪样态。多次请教导师后，我开始搜集资料，并着手撰写文章。当年写文章真的是字面意思，用笔在稿纸上一笔一画地写，而不是像现在这样敲击键盘打字。文章写好之后，反复修改再送导师审阅，当时齐老师不仅承担法律系主任的行政管理工作，还给我们研究生、本科生上课。他只能利用各种零星的空闲时间修改我的文章。他在稿纸上一个字一个字地圈阅，一个字一个字地斟酌，用红笔一句句写出修改意见。有时候老师为了修改我的病句，甚至反复小声朗读来寻找其中的语病。这样来来回回誊抄修改十几遍后才会送去打印成纸质稿，寄给编辑部。

可惜，我自知自己对用语精确也还停留在认知阶段，实际应用时依然会混沌一片：口头表达没有达到用语精确，写文章也没有达到措辞精确。当然，这和我中南的老师们是无关的。

我很幸运，能得到很多中南老教授的耳提面命。朱继良教授是我进校时的导师组组长，给我们讲授“中国刑法学专题”（总论）；吴安清教授讲授“中国刑法学专题”（分论）部分和“监狱学”；张明楷教授讲授“日本欧陆刑法学”（应该是大陆法系刑法学，主要内容是讲述日本、德国的刑法学理论）；胡新教授讲授“中国刑法史”；郑昌济教授讲授“刑法思维学”；齐文远教授讲授“英美刑法”、“犯罪学”和“国际刑法”课程；杨宗辉教授刚从国外留学回校，给我们讲授“犯罪心理学”课程。吴安清教授时任湖北省监狱法学会副会长，在我们上“监狱学”课程时，带领我们 96 级 9 名刑法学研究生到襄樊（现名襄阳）市第五监狱、更生砖瓦厂、邓城农场监狱等地实地参观和考察。我在给本科生上课时，经常提到“我在监狱的一周”，学生们往往很惊讶，我就会给他们讲述吴安清教授带领我们到监狱参观的实践教学经历。也就是这段实践教学经历，让我知道了书本知识和实践操作之间的距离。我第一次知道了矫正治疗、分级处遇，也第一次直面活生生的服刑人员，直观地观察他们的生活、工作，试着了解他们的内心。

1999 年 6 月我毕业后留校工作至今。刚毕业，我接受齐老师的安排参与编撰学科史工作,具体工作是走访健在的老先生,尽可能多记载他们的历史,记录他们为中南刑法学贡献的故事。在这个契机下,我上门拜访了尚彝勋教授和江任天教授等老先生。尚彝勋教授撰写了《中国古代刑法史》一书。《中国古代刑法史》(1983 年版)一书应该是中华人民共和国成立后第一本专门研究我国古代刑法史的学术著作。曾宪信教授、江任天教授和朱继良教授合著的《犯罪构成论》一书应该是我国刑法学界第一本研究犯罪构成理论的专著。该书在建校 70 周年时重新出版。即使在今天,该书对研究犯罪构成理论依然具有参考和指导意义。郑昌济教授撰写的《刑法思维学》一直是我很喜欢的书。我个人觉得郑教授应该是第一个提倡规范量刑的刑法学教授,在他的专著中,郑教授提出了应该将影响量刑的因素一一列举出来,确定每个影响量刑因子所占权重和分值。只是我们都没有想到,郑昌济教授还是参加过抗美援朝战争的老兵,曾经用自己的青春和热血捍卫国家安全。张明楷教授的《刑事责任论》《犯罪论原理》《刑法的基础观念》《市场经济条件下的经济犯罪与对策》《未遂论》都是必买必看的书籍。

由于读研究生前,我没有系统学习过法学理论的方法,于是向我的导师齐文远教授请教学习刑法学的方法。齐师告诉我,在没有掌握一定的刑法学理论基础之前,最好将讨论同样问题的几本书摆在一起看,对照着看。如果单看一本书,很容易就被这本书的观点所说服。而摆在一起看,就能比较不同观点之间的优劣。我就这样学到了阅读法学论文和著作的"捷径"。在读研究生时,几乎所有的同学都不愿意背诵刑法法条,同时也忽略司法解释中对法条含义的阐释。大约是嫌弃法条和司法解释太形而下,总认为要研究一些形而上的抽象理论。我曾经也犯过这样的错误。是我的导师齐文远教授发现了端倪之后,语重心长地告诫我,不要一开始就去想研究一些宏大叙事的抽象理论,应该把根基打牢。可以从个别罪名或概念入手,掌握刑法学的理论知识。根基牢了,研究抽象的理论就不会是无土之木、无源之水。当我参加工作继续研究个罪的时候,也还是我的导师齐文远教授发现了我的问题,他提醒我,不要在分论里出不来。他希望我能研究一些刑法学理论结构性问题或基础性问题,可惜我辜负了他的期望。迄今为止,我还没有写出有分量的涉及刑法架构的文章,今后还要继续努力。

因为对用语精确有了兴趣,我毕业论文选择了"论刑法司法解释"这个选题。我认为最高人民法院应该专享刑法司法解释权,最高人民检察院不应该做刑法适用方面的有权解释。最高人民检察院不能既作为球员上场踢球,又作为裁判员来监督最高人民法院的司法解释是否合法。因此,我的结论是,最高人民检察院应该居中裁判,对最高人民法院的司法解释结论和解释程序进行监督。大约还是因为我用语不精确,"居中裁判"四个字还引发了一场需要解释的风波。因为"居中裁判"让人误解成为价值中立,甚至误解成按照"居中裁判"的设计,最高人民检察院会丧失阶级立场的结论。这是我始料未及的,也促使我进一步思考刑法用语精确的意义。

法律用语的魅力就在于精确。刑法学科的发展不仅需要大师的开拓进取,也需要发扬工匠精神,而工匠精神的核心就是专业和精益求精。针对刑法学框架理论进行重构或设计的研究,只能依靠大师了。对我们这些普通刑法学人来说,就是为刑法学理论这颗枝繁叶茂的参天大树修修树枝,培培土了;尽可能做到精细化地修枝培土,而不是上来就乱剪乱挖。乱剪乱挖可能会伤害刑法学理论这棵大树本身。落笔之后，猛然之间，我发现我的这段话又容易引起误会，我决定予以解释：对于错误的观点，应该像修剪歪枝病条一样毫不犹豫去掉；而对一些不能与时俱进的理论或设计，应该像修剪繁杂的枝条一样慎重。凡是违反罪刑法定原则和妨害刑事法治的观点和理论都应该毫不犹豫地抛弃；对于其他理论或观点的取舍也应以促进培养法律职业共同体和法学思维为标准。

以上是我读刑法研究生期间的些许感受，学习刑法学理论、传授刑法学理论和研究刑法学理论知识，对我来说是职业，也是事业，更是我的爱好。

中南政法学院校门

程　红　|　师恩：珍藏于记忆深处的美好

程红，1997级刑法学硕士研究生，现为中南财经政法大学刑事司法学院教授、博士生导师。

不知是否因为出生在教师家庭抑或成长在大学校园，也不知是天生的逆反还是后天的“审美疲劳”，我认为老师的人生过于单调、平静如水、平淡无奇，和自己追求挑战与寻求突破的性格格格不入。因此，我曾发誓这辈子绝不做老师。可现在自己不仅做了老师，而且一直在努力成为一名优秀的老师。我的人生轨迹之所以发生了如此重大的改变，主要源于我求学生涯中先后遇见的三位恩师——张明楷教授、齐文远教授和刘明祥教授对我的影响。三位老师不仅是我的授业恩师，更是引领我的人生导师。在中南刑法研究生教育四十年之际，我的脑海里更多呈现的是在三位老师教导下的成长点滴。

一、严谨、睿智的张明楷教授

1. 初次体验张老师的“客观与公平”

有幸认识张明楷老师还是我在学校科研处科研科任科长时，因为每年年底都要对全校科研成果进行统计，而前期的成果登记以及原件审核由我的同事完成，我只做最后的复核工作，所以自然被“剥夺”了面见当时中南政法学院各路学术“大神”的机会。不过我在做复核时有个发现，那就是“张明楷”这个名字在我的统计表里（当时是动手模式）从不缺席而且占比不小。短短几年时间光专著就有好几本，如《犯罪论原理》《刑法的基础观念》《市场经济下的经济犯罪与对策》《论刑事责任》等，而论文更是不胜枚举。于是，敬佩与好奇之情油然而生。敬佩的是这位叫“张明楷”的老师居然这么年轻就可以做到“著作等身”，好奇的是这位老师为什么会对刑法研究如此乐此不疲且如此高产出。我的“好奇”可能是因为我本科的学习背景是本校经济法系经济法专业，学过刑法的我一直固执地认为刑法充斥着残酷与冷漠，这个伴随人类社会几千年的呆板且充满“恶”的法，没什么意思。所以对刑法始终无感甚至还有点排斥。怎么会有人对刑法研究有如此执念。为了解惑，我开始有意识地翻阅张老师提交的专著与论文，也正是在这个过程中，我从一个好奇的翻阅者转变为了一个开始思考的研读者，并且萌生了考刑法研究生的想法，而且这一想法在我见到张老师本尊时，变得更加坚定。不过，当我把自己的这个想法告诉张老师时，得到的回答却让我倍感压力甚至几乎绝望。张老师首先对我报考刑法研究生表示欢迎，接下来就是“客观主义”的考情说明。首先，报考的人数多达几百人，录取的比例可谓“百里挑一”，有很多优秀的人报名了，竞争会很残酷；其次，老师绝对不可能做违背“公平竞争”“择优录取”之事；最后，老师非常认真地提出，一定要努力考公费（记得公费生只有3个名额），如果是自费就别读了。当时我真的被老师的一席话给打懵了，何去何从？但很快我就非常坚定地告诉自己，再难也要顶上去。于是我开始了4个月的“闭关修炼”，那时觉得吃饭都是耽误时间，每天几乎靠方便面度日，睡眠时间也压缩至4小时，就这样一直坚持到考试结束。记得我们那年的刑法专业试题是张老师亲自操刀，几乎没什么死记硬背的题目，全是“活题”（没有标准答案）。也一直记得考试结束时张老师问我感觉如何，我的回答是“不知道”！这不是敷衍，而是真的不确定自己的答题效果。正因如此，等待考试成绩的日子真是“度日如年”。心情也是极度复杂，既不甘心又不自信，直到在煎熬中等来了笔试成绩。当得知自己高分入围且免面试直接录取时，泪水抑制不住夺眶而出，用今天的话说，那可谓我人生的高光时刻，即使那一刻距今已过去了二十多年，但当时的情景却仍历历在目、记忆犹新。每每回忆这件事，我非常感谢老师当时客观与近乎无情的“考情说明”。如果没有这么强大的压力，我可能永远无法知道自己能承受的压力极限到底在哪里。老师的行事风格对我产生了深远的影响，现在自己也是一名研究生导师了，在面对学生学业与求职的求助时，我也会非常“客观”地帮他们分析情况，以做好面对极端困难的心理准备，鼓励他们努力进取，不给人生留遗憾。

2. 授业时的“疾风骤雨”

张老师的课可谓一场场的“头脑风暴”。我有幸在研究生备考与读研期间，多次完整听过张老师的本科生与刑法专业研究生的几乎全部课程，老师的课不仅信息量大，思维切换快，逻辑性强，而且语速也快，能够跟上其上课的节奏确实是件不容易的事。记得最后一次完整听老师的本科课程是在模拟法庭（现在的南湖会堂）上的刑法分论，当时的课容量达到了400多人，场面让我感到非常震撼。老师非常重视上课这一环节。除了在着装上西装革履以示重视，更体现在其授课内容中。老师的课从不照本宣科，对于具体问题往往会阐述自己的思考，中外学界的各种观点信手拈来，游刃有余，整个课堂节奏如行云流水一气呵成，听课的学生无不感到畅快淋漓。记得老师多次告诫我，一个合格的大学老师首先一定要站稳课堂，老师一定是通过自己的讲授吸引学生走进课堂，从而赢得学生的喜爱，这也是对自己职业和对学生的尊重。在老师不断地敲打与鞭策下，自1998年我正式作为一名刑法学老师走上讲台以来，我一直在努力追求高质量的教学效果，令人欣慰的是我的本科课堂课容量也曾达到400多人，但我仍然感到难望老师项背。

3. 喜欢提问的老师

张老师是个喜欢提问的老师，有时只是偶尔遇见，也常会被老师提问，甚至可以说老师的问题无处不在。

片段一:因为法学院所在的文治楼走廊很长,采光效果不好,有时候逆光几乎看不清对方的脸,自然也就难以判断对方是谁。记得读研期间,有一天,我隐约看到迎面走来的可能是张老师,因为害怕被老师提问,当时心存侥幸地认为是逆光,老师也许没看清我,所以条件反射般地转身,打算迅速离开,却还是没能逃过老师的“火眼金睛”。脱逃未遂的我,自然会“乖巧”地接受老师的提问。记得老师当时问了我共犯专题(我们每个研究生自己要准备讲授的内容)准备如何、都看了什么书、怎么看待我国刑法中教唆犯的属性等问题。

片段二:那是在老师给本科生上课的课间,老师几乎不休息,经常会走下讲台“询问”。特别是他课上讲的有争议的知识点,他首先会问他讲的内容听懂了没有?然后会问是否赞同他的分析与结论吗?再然后就是问你思考过这个问题没有,有什么想法。所以,但凡看到张老师从台上走向我们(当时去蹭课的研究生不只我一人),大家就会非常紧张,紧张的原因是我们屡屡接不住老师提问,也往往会因此在强烈的诚惶诚恐中倍感惭愧与自责。

片段三:据我了解,当时在读的所有刑法学研究生,只要提到张老师,大家的体感几乎出奇地一致,我们简单描述为“大脑缺氧”!之所以会有这样的体感,很大程度是因为招架不住张老师在课堂授业与答辩中的提问。记得我们那一届读研期间,只要有张老师的课,大家都会很紧张,都会提前看书。因为在授课过程中,张老师会经常穿插提问。这些问题中,有的问题是老师为了观察我们的朴素法感情与正义感,有些问题是为了检查我们对刑法基础理论的掌握情况,有些问题则是考察我们对理论研究的热点与难点问题的关注情况。针对我们的回答,老师也贯彻“区别对待”的原则。对于疑难问题,如果我们的回答效果不好,老师的态度是比较宽容的,他会就此展开系统深入的讲解,同时也会提醒我们及时关注。但对于基础问题回答不好,老师会非常生气,会提出严厉批评,话语之犀利常常让我们感到羞愧与无地自容。

4. 对自己更“狠”的老师

其实,在刑法学研究上张老师对自己的要求更高,更“狠”!记得有一次我们在文治楼法学院的会议室上课,已经是晚上六点多了,授课还没结束,这时老师的手机响了起来,平时老师上课是从不看手机的,这次却例外地跟我们说“抱歉!我要接个重要电话。”老师接完电话回到课堂,情绪有点焦虑与低沉。他草草结束了授课。这突如其来的状况,让我们隐约感到不安与担心。后来才知道老师是因为过劳身体出了问题,那天他从电话里知道了自己的检查结果,所以不得不暂停工作住院治疗。我也曾问过老师,有如此成就了,为何还要如此拼命,记得老师的回答是“因为热爱!”研究刑法是件令他非常愉悦的事,如果每天不看书,不思考问题,就会感觉缺了点什么而浑身不自在。所以老师取得今天的成就也便是顺理成章了。

写到这里我不禁想起了老师在其《刑法学》(第五版)“前言”里的最后一段话:“我不可能任他尘世多喧嚣,静我凡心立功名;但可以做到法不正解心不朽,再挑灯火看文章。”

二、宽容、温暖的齐文远教授

张明楷老师调离中南去清华大学后,我拜师于齐文远教授门下,继续刑法的学习。当时齐老师已经是法学院的院长,行政事务异常繁忙,可尽管如此,齐老师仍旧承担了最重的教学任务，却从未因为行政工作的忙碌而缺课或疏于论文指导，并且非常认真、一丝不苟地对待每一个环节。每每看到齐老师紧锁眉头的倦容与疲惫的身影，我们会关切地提醒老师注意身体，老师总是温和地笑着说“谢谢关心！没事。我会注意的。”从做学生到留校当老师至今，在老师身边也有数十年了，老师给我的感受是极致的宽容与厚重的关爱。每念及此就会有许多温暖瞬间浮现于眼前，让我感怀！

片段一：那是在我准备撰写硕士论文期间，记得我很长一段时间一直纠结于论文选题，齐老师观察到了我的焦虑，在百忙中挤时间和我讨论选题，老师细心地了解到我本科是经济法专业的，于是建议我选择交叉学科的选题，以凸显自己的研究特色，发挥自己的专业特长，在老师的鼓励下，我最后选择了当时学界关注不多但问题点很多的侵占罪展开研究。写作过程中我时常遇到“瓶颈”，老师总会及时帮我解惑释疑。在老师的悉心指导下，论文外评获得了全优。可这样的结果却仍无法缓解我答辩的紧张与焦虑，特别是一想到自己要面对几位异常严苛的老教授时。记得在答辩时，我被安排到最后一个，答辩一直从上午 8 点持续到晚上 7 点多，总算轮到我了，齐老师在介绍我的基本情况之后，看了我一眼，可能发现了我的惶恐，为了鼓励我，在老先生们提问之前，老师面带微笑，用英语说了一句“I think the last one is the best one!”，老师的话犹如一颗定心丸，我顿感瞬间平静了不少，淡定而从容地回答了导师们的问题，取得了优秀的答辩成绩。

片段二：硕士毕业后，老师一直支持我去日本留学。但考虑到自己当时的日语水平非常有限，我有点打退堂鼓。老师语重心长地跟我说，要相信自己，学语言如果有语言环境，效果是完全不一样的，而且如果想在专业上继续进步，出去看看开拓视野也是非常有必要的。于是，在老师的鼓励下，我踏上了赴异国他乡的求学之路。初到日本，就出现了各种水土不服，由于日语水平有限，跟不上老师的上课节奏，常常感到焦虑，甚至是沮丧，情绪到了濒临崩溃的边缘。于是，我给老师发了一封邮件，在邮件中吐槽了自己的狼狈与消沉，记得自己当时是伴着泪水写完那封邮件。然而，就在这封邮件发出仅仅数小时之后，我就收到了老师的回信，在信里老师说：可以想象我现在的艰难，但也不要给自己太大压力，不要太急于求成，相信不久就会逐渐改善的。退一步说，万一实在坚持不下去了，回来只要继续努力也可以有很好发展，老师会竭尽全力帮助你的。看完老师的回信，真切感受到了来自老师的关爱与鼓励。内心的阴霾被驱散，仿佛阳光照进了现实。让我重拾坚持下去的勇气与信心。

片段三：结束了留日近两年的学习后，我决定回国读博。于是，我把这一想法告诉了老师，老师考虑到我的现实状况，同意并支持我归国读博，并鼓励我博士入学的外语考试可考虑选择日语，以检验一下自己的学习效果，我欣然接受建议。记得到武汉大学现场报名的那天，我接到老师的电话，老师当时人在北京，他问我打算报考武汉大学哪位老师的博士？我说是刘明祥教授，老师又问我需要介绍你认识刘老师吗？我怕给老师找麻烦，所以硬着头皮说自己没问题，并请老师放心。直到我顺利通过博士考试后，有一次，刘明祥教授告诉我，齐老师很关心你的考博之事，专门向我推荐了你，还具体介绍了你的情况。当时听罢感觉心头一热。现在想来，其实老师一直是站在你身后默默给你支持与温暖的人。

片段四:那是2009年开学,学院召开全员大会布置开学相关事宜,记得那次齐老师也参会了。我当时确实有些坐立不安,因为父亲检查出癌症晚期并且已经扩散,我急着赶去医院了解专家会诊的结果,于是,我向齐老师请假并说明情况,老师当时非常详细地询问了父亲的病情,说了很多鼓励和安慰的话,叮嘱我如果有需要一定及时告诉他。老师当时说了一席话,应该说对我父亲的后续治疗产生了积极的效果,甚至可以说是决定性的。老师说癌症病人很多都是被自己的病吓死的,要想办法不让你父亲背上这种沉重的精神负担,让他在相对放松的状态下接受治疗,才可能取得最佳治疗效果。老师的一席话提醒了我,于是我与主任医生商定暂时隐瞒父亲的真实病情,但也告诉他,检查结果显示已处在向癌症发展的边缘,一定要配合医生积极治疗。尽管要瞒住同是大学教授的父亲几乎是一件不可能的事,但在老师的鼓励下我努力做到了。父亲现在已经83岁了,身体状况还不错,几乎看不出他是一位罹患癌症晚期已经十多年的病人。每次看到父亲,我会不由自主地想到与感念老师当时的提醒。

齐老师在我们每位中南刑法人心里是温暖而有定力的长者,他亲人般不遗余力地关爱着中南刑法学科的每一个人。

三、执着、幽默的刘明祥教授

我的博士导师是刘明祥教授。生活中的刘老师是非常幽默的,而面对专业的刘教授是非常严谨、执着的。

片段一:记得博士报名前,我给刘老师发过邮件,表达了想跟随刘老师学习的愿望,刘老师的回复是,首先客观说明了报考人员的情况,有的是非常执着考了4次的,有的是曾经拿过宝钢奖学金的,有的是武大刑法硕士毕业的优秀者,结论是有难度。但同时鼓励与肯定我也有自己的优势。与考硕士时张明楷老师的“决绝”不同,刘老师替我考虑了可能的“救济”措施,即万一有问题,可以看看武大深圳研究院那边还有没有机会。尽管我心里已经下定决心远离作为“救济”的那个尚不确定的“机会”,不过老师的态度真的让我内心多了些许“踏实”,也正是这些许的“踏实”让我能够平和且不至于过度紧张地面对考试,特别是面对为挑战自己而选择的日语考试,直到最后我以优秀成绩顺利通过了博士入学考试。

片段二:刘老师在共犯理论、财产犯罪以及错误论等领域的研究非常有建树与影响力,尤其在具体问题的研究上有自己的理论特色与坚持。如非常坚定地主张“单一共犯体系理论”。在读博期间我也会就专业问题求教于老师,在交流过程中我发现一个有趣的现象,即在答疑解惑时,老师总是慢条斯理娓娓道来,始终沉浸在自己思索的世界,直到把所思考的内容清晰完整地讲完,在这个过程中你是很难“见缝插针”陈述自己想法的。在了解老师的这一风格后,我们都会先认真听老师讲完,然后自己再展开学习与思考。刚开始,这于已习惯了“即问即答”交流方式的我确实有点不适应,但跟随老师学习三年后,老师的这一风格确实也让一直“风风火火”的我变得“平和”了不少。

片段三:老师在生活中是一个乐观幽默的人,同门聚在一起时,为了活跃气氛,老师常会自我调侃娱乐大家。印象比较深的有两个桥段。一个是与考驾照有关,老师说驾校师傅质疑他,说他“傻里傻气”的也能学开车！然而在得知老师科目一（理论考试）考了满分时，又调侃道“看不出来你还蛮有板眼咧”！最后老师顺利拿到驾照后，师傅对老师心生敬佩！师傅哪里知道他眼前这位看似“不大机灵”的学生竟是一位睿智博学的知名教授。另一个桥段是，老师说因自己长得“老气横秋”，一个不到五十岁却常被人误判为六十多岁的老人，以致被要求提前享受老年人的待遇，比如进公园免门票等。每每看到大家听罢笑出声，老师也会笑得很开心。那一刻的老师真的非常可爱。其实老师放下身份的幽默，是在向我们传递一种人生态度，那就是任何时候我们都要乐观地面对生活。

在自己二十多年的职业生涯中，我常感念也常自省。我的三位恩师身体力行，率先垂范，让我真切领悟到了什么才是“学高为师，德高为范”。让我认识到一名真正优秀的教师，他一定是一位深爱自己事业与学生的人，也只有这样的人才能使受教者“亲其师，信其道”，才能收到“不令而行”之效。记得法国文学家雨果有这样一段话：“花的事业是尊贵的，果实的事业是甜美的，让我们做叶的事业吧，因为叶的事业是平凡而谦逊的。”未来岁月，我会继续追随恩师的足迹，在“叶的世界”里执着前行。也祝愿我的恩师“从今把定春风笑，且做人间长寿仙”！

1998 年 12 月，中南政法学院首届研究生教育工作会议

李立众 | 感恩中南刑法学

李立众，1997级刑法学硕士研究生，现为中国人民大学法学院副教授、硕士生导师。

距离我1999年硕士研究生毕业至今，已经二十多年，曾经对刑法学豪情万丈的小青年，已成为并未取得什么学术成就的中年大叔，真是无颜面对中南母校与培养我的老师们。但作为接受中南刑法学教育的学生，在中南刑法研究生教育四十年之际，必须提笔写点什么，来表达自己对母校与老师们的感恩之情。

一

我是1993年入学的中南政法学院法律系本科生，大二下学期开设"刑法学总论"，由赵俊新老师讲授，"刑法分则"由袁中毅（现居深圳）老师讲授。二位老师讲课从不照本宣科，深入浅出，幽默风趣，让我对刑法学产生了浓厚的兴趣。虽然自己的民法功底也不错，但在大三之时，我决定报考中南的刑法学硕士研究生。

研究生入学考试于1997年1月进行，刚好下了一场大雪，武汉极为寒冷。考试的教室没有暖气与空调，每日上午、下午各有一场3个小时的考试，冷得考试不能集中精神。每次考试结束，脚底冰凉，这多少影响了考试的发挥。考完所有科目之后，其他科目感觉尚可，但刑法专业课感觉考得不好。刑法学试卷有8个问答题，其中2个题目答题极为一般。因此，对于能否考上研究生，有点不自信。事后发现，入学成绩确实不高，在入学的同学之中，自己的成绩排名并不在前三位。

因为不知能否考上研究生，所以，考研结束后我就参加了无锡市人民检察院的公务员考试，顺利通过考试，拿到了无锡市人民检察院的公务员录用通知书。1997年4月，得知自己考上了中南的公费研究生。面临何去何从的选择，这是甜蜜的烦恼。考虑到自己的性格未必适合公务员行业，考研本来就是想走学术研究之路，自己还是心仪大学教师的职位，遂毅然选择读研。一路走来，至今不曾后悔这一选择。

不过，刚入中南读研的时候，心中有些许懊悔——懊悔自己的胆小与鼠目寸光。自己是农村人，父亲是中学教师，母亲是工厂工人，家庭经济一般。为了求稳，确保能考上研究生，才报考了中南，因为对本校的应届本科生，老师们多少会有所照顾。但有一个同班同学，成绩并不如我，他勇敢地报考了中国人民大学法学院民商法专业的研究生，并顺利考上了。后来，在我的鼓励下，年级比我低的国际经济法系的同乡陈鹏展（现为最高人民法院刑二庭审判员）也考上了中国人民大学法学院的刑法研究生。所以，自己一直幻想，如果当初胆子大一点，报考中国人民大学法学院的刑法学硕士研究生，是否也能考上呢？毕竟，我在本科时，细读过高铭暄教授主编的红宝书三卷本《刑法学原理》，也读过高铭暄教授所著的《中华人民共和国刑法的孕育和诞生》，且相当熟悉本科教材苏惠渔教授主编的《刑法学》，书中很多内容虽然不能说倒背如流，但已达到了基本能够复述的地步。

后来慢慢明白，自己过于贪心，属于典型的得陇望蜀。第一，即使当年报考了中国人民大学法学院的研究生，也未必就能考上。中南的刑法学入学试卷都没能答好，岂能奢望答好中国人民大学法学院的刑法学试卷？要是考研中国人民大学落榜，要不是在中南读研，估计自己这辈子再也无缘大学教师梦了。第二，如果不是在中南，将会与我的人生中两位学术贵人擦肩而过——一位是我的硕导齐文远教授，他让我夯实了传统四要件刑法学理论，另一位是我的博导张明楷教授（当时，张明楷教授尚在中南政法学院任教），他让我夯实了三阶层刑法学理论。离开了这两位恩师对我的塑造，自己就不会有今日这般的中道刑法学见解。第三，当下的一切，都是最好的安排。如果不是在中南读研，自己就不太可能于 1999 年提前毕业，顺利地在苏州大学王健法学院求得自己较为满意的教职。破除了妄想之后，剩下的就是对中南刑法学的一片感激之情。

二

我在硕士期间的导师是齐文远教授。当时，导师不是一入学就明确的，而是一开始集体上课，在确定毕业论文题目后，才确定导师是谁。如果早点知道齐老师将会成为我的导师，相信可以从齐老师那里学到更多的东西。

齐老师关心、支持学生们的学习、研究活动。记得有一次写论文，我跟齐老师借赵秉志教授主编的《刑法争议问题研究》（上、下卷）——这套书当时图书馆没有，中南的书店中也没有卖的，感觉齐老师将这套书当成宝贝似地藏着。当我提出想借此书时，齐老师立刻答应了。

如果我的理解没错，齐老师极为推崇四要件刑法学理论。受了齐老师的影响，我在硕士研究生期间苦练的是四要件刑法学。当时，基于明确性的追求，学界开始批评社会危害性理论与 1997 年《刑法》第 13 条犯罪概念。社会危害性理论与 1997 年《刑法》第 13 条犯罪概念，是四要件刑法学的根基，如果社会危害性理论被攻破，四要件刑法学大厦将会轰然倒塌。基于这样的认识，自己创作了《为现行犯罪概念辩护》一文，并在 1999 年第 2 期《法律科学》上发表。

虽然我现在较为欣赏三阶层刑法学，但是，自己的四要件功底也是扎实的。如果不是齐老师当年让我夯实了四要件刑法学的基础，今日自己就无法在四要件与三阶层之间自如地切换——在同一学期，根据不同情况，自己在这个课堂上讲授三阶层刑法学，在那个课堂上讲授四要件刑法学,没有任何违和感。如同中华武术与西洋功夫的关系那样,三阶层原理与四要件原理都是为了解决犯罪的认定这同一个问题而产生的,二者虽然路径不同,但并不彼此矛盾。习武之人既苦练中华武术,又练习西洋功夫,这只会提高一个人的功夫,而不会导致一个人内心错乱。事实上,中南刑法学本来就是中西兼顾的,只可惜自己入学太晚,未能聆听曾昭琼教授讲授日本刑法学、江任天教授讲英美刑法学。今日,自己能自由发挥四要件与三阶层的功夫,需要感恩中南刑法学的传统。

作为中南的本科生,我认识一些行政老师,一入学就知道了中南有研究生提前毕业的制度,便仔细打听了提前毕业的基本要求:各门课程必须达到85分以上,需要公开发表几篇学术论文。那时,家庭经济实在一般,想减轻父母的压力,所以,自己入学不久就明确了提前毕业的目标,全部心思都用在期末结课成绩与发表论文上了。在读研期间,我在《中外法学》《法律科学》《政法论丛》《河北法学》等刊物上发表了数篇学术论文。

在自觉提前毕业的各项条件都已具备后,我向齐老师提出了提前毕业的请求。当时,心中有点忐忑,因为同学吴学斌也提出了提前毕业的申请。一个刑法学专业,不可能让两个学生都提前毕业吧,这在中南从来都没有先例。事实上,是我多虑了。齐老师为人宽和,待人敦厚,在询问了相关情况后,就爽快地同意了我的请求。导师没有设置阻拦,让我提前踏入社会,对此内心充满感激之情。所以,毕业之后,只要是齐老师与我同在的公开场合,如果有机会说话,我一定会介绍说齐老师是我的硕士生导师。只是自己日趋平庸,没有什么成绩可向老师汇报,因而,与中南老师们的联系就越来越少了。

在1999年前后,持有行为是否是与作为、不作为相并列的第三行为形式,持有型犯罪是否存在犯罪未遂,这些问题学界虽有讨论,但尚不深入。我决定以“持有型犯罪研究”为题写作硕士论文。自己十分用心地写作,加之有齐老师的指导,毕业论文很顺利地定稿了。2002年,我的毕业论文《持有型犯罪研究》在陈兴良教授主编的《刑事法评论》(第11卷)上全文发表。

1999年6月,我顺利通过毕业论文答辩。在离校前夕,齐老师宴请了所有即将毕业的刑法研究生,给大家送行。这一点也深深地影响了我。每年门下生毕业,我也宴请所有门下生,送上几句祝福,给毕业生送行。

三

在97级刑法研究生中,应届本科生读研只有3位,其余8位都是在职后考研的,且多数同学以前没学习过法律。尽管如此,大家学习都很认真,学习刑法的兴趣很高。有一次,趁赵秉志教授来中南给实务人员进行培训讲座的机会,我们请来赵秉志教授,给97级刑法研究生讲讲如何学习刑法学。

1998年秋,在吴学斌同学的倡议下,我联合98级刑法研究生,在中南成立了青年刑法论坛。这应该是前几届刑法研究生都没有做过的事情。青年刑法论坛成立之后,组织了数场由核心成员宣读学术论文、其他成员评议的学术活动。在研究生处的支持下,青年刑法论坛出版了《青年法学》,收录的均为青年刑法论坛成员的刑法学论文。青年刑法论坛还在如今已被人们淡忘的模拟法庭(当时应该是中南政法学院最大的礼堂)组织过一次对全校师生开放的模拟法庭庭审,模拟审理了一起正当防卫案件。那次模拟法庭,我们借来了检察官与法警的制服,严格按照刑事诉讼法规定进行庭审,像模像样。模拟法庭里基本坐满了学生,在全校的影响不小。上述青年刑法论坛的各项活动,都得到了齐老师的大力支持。记得齐老师还给青年刑法论坛的活动资金捐款了几百元。

在学习之余,同学们也不忘联络感情。同学程红(系中南老师,在职读研,现为中南财经政法大学教授)当时住在中南校内。大家在学习之余,常去程红家看录像、打"拖拉机",我就是在她家看了《异形》系列录像。吴学斌与我毕业时,大家集体给我俩送行,并拍照留念。

97 级刑法研究生未必是最出类拔萃的,但一定是优秀的一批。吴学斌(现为深圳大学法学院教授)、严恒(现居美国)等同学在校期间,都在法学刊物上公开发表过引用量不低的学术论文。那些非法本专业的同学,毕业后在各自岗位上都发展顺利。例如,刘以军同学,现为安庆市中级人民法院党组副书记、副院长(曾为安徽省高级人民法院审判员);吴如玉同学,现为宜昌市中级人民法院研究室副主任(曾任宜昌市中级人民法院刑事审判第二庭副庭长达 13 年);余光升同学,现为浙江靖霖(宁波)律师事务所副主任(原为宁波市北仑区人民检察院反贪局局长、检委会专职委员);谭红霞同学,现为深圳市生态环境局光明管理局局长。事实表明,中南对 97 级刑法研究生的培养,是极其成功的。

相信 97 级刑法研究生定与我一样,对中南充满了感恩之情——离开了中南的培养,就不会有今日的一切。谢谢中南!感恩中南!

吴学斌 | 学而未及，感恩在心

吴学斌，1997 级刑法学硕士研究生，现为深圳大学法学院教授。

1991 年高考后，各种客观的机缘巧合把我送进了中南政法学院（现更名为中南财经政法大学）。那时候，我对中南政法学院并不了解，也不知道中南政法学院的刑法学研究生专业曾经的历史以及未预料到它后来继续书写的辉煌。

我在中南政法学院四角的天空下生活了六年，四年本科、两年研究生。这里是我人生社会化的起点，基本上决定了我人生未来的方向。虽然离开母校二十多年了，但只要打开记忆的匣子，我在这里求学、成长的往事仍然一件件清晰地浮现在脑海。

所谓学习，无非是学什么、跟谁学以及学习效果如何的问题。对于我而言，虽然很幸运地在这里遇见了我的两位授业恩师——张明楷教授和齐文远教授，我也确实努力地向他们学习，甚至模仿过他们的言行，但是从学习效果来看，我在老师身边的时间不是很长，加之自己先天存在诸多毛病，所以悟性和修炼都不够，学习效果当然就不够理想。严格说来，我从张明楷教授那里学到的可能只是那么一点点治学的方法与刑法推理的逻辑，从齐文远教授那里学到的或许也只是把学生当成自己的弟妹子侄。

我是 1992 年开始跟着张明楷教授学习刑法的。那年，张明楷教授给我们一个小班讲授“刑法学总论”。去上课之前，师兄师姐们就会对任课老师们有所评价，一如现在我的以往学生在上课之前评价我一般。我记得他们当时对张明楷教授的评价是从日本留学回来的，课讲得很好。

成为张明楷教授的学生后，才知道张明楷教授的课确实精彩。在刑法学总论的课堂上，张明楷教授除了自身渊博的刑法学知识外，给我留下深刻印象的是他的授课富有启迪性和极强的逻辑性。启迪式的教学方式，让我们在课堂上不仅在接受知识，而且在他的引导下深入思考刑法学总论的问题，开阔了视野。只要你有兴趣沿着启迪的方向去查阅资料，收获的可能是一整片森林。极强的逻辑推理不仅扣人心弦，还可以做知识上的证伪。刑法学解释的结论如果说需要或者可以证伪的话，逻辑推理是一个较为客观的证明标准。

张明楷教授一直鼓励大家多思考、多动笔，在动笔的过程中思考，从本科阶段就应该如此。

因为据说他在本科阶段就发表过法学文章,所以他觉得本科生是可以发表学术论文的。

我在本科阶段发表的一些刑法学的“豆腐块”文章,都是在刑法学总论的课堂上受到了张明楷教授的启迪而完成的。例如,在他的课堂上,我知道了醉酒的人有生理性醉酒和病理性醉酒之分,于是在《天津政法》上发表了《醉酒的人犯罪的刑事责任》(大概是这个标题);在课堂上知道了疫学的因果关系,我忘了是在哪个省级的法制报上发表过类似的文章。

张明楷教授每周去学院两天,我经常会在他去学院的时候请教问题。张明楷教授是一个比较严肃的人,但在解惑刑法学问题的时候总是和颜悦色,让人如沐春风。我在张明楷教授的指导下,完成了《论挪用公款罪的立法完善》,该文章发表在《江西法学》上,后来被中国人民大学报刊复印资料全文转载。我当时还不知道一个本科生的文章能被报刊复印资料全文转载,是我的室友滕云同学在图书馆翻阅杂志时发现的。第二天,我去张明楷教授的办公室把这个消息告诉了他,并把复印好的转载文章一同带过去。

本科生毕业论文的指导老师我选的是张明楷教授。我的毕业论文的选题是“论犯罪构成”。张明楷教授在课堂上对传统的“四要件”的犯罪构成理论展开过批判,给了我一些启示。我当时的想法是,犯罪构成理论是刑法学的基础问题,虽然对于一个本科生研究起来比较难,作为本科生毕业论文的选题也比较大,但我可以借助写毕业论文的机会再深入研究一下。张明楷教授问了一下我的大致思路,我的想法是把犯罪客体当作犯罪本质来思考,犯罪论体系主要还是应该从客观的违法性与主观的有责性方面来建构。张明楷教授是同意我的观点的,所以我在张明楷教授的指导下“完成”了一个我到现在都仍然心存疑惑的命题。

张明楷教授对学生是真诚地关心,但是他一般不会表达出来,所以大多数学生对表面上严肃的他心存敬畏,包括我。但是如果细心体会,是能够感受到他对学生的那种关爱的。记得大四上学期的一天,我去张明楷教授的办公室请教论文的事,他突然问我毕业后想不想留校。

留在大学里当一名教师,我现在认为是天底下最好的职业。虽然略显清贫,但能较好地维护个人的尊严与独立,能够较好地发挥个人的才干,生活与人际关系也相对简单。而且,我从小深受各个阶段老师们的厚恩,所以当一名大学教师曾经是我大学期间的心愿之一。

张明楷教授愿意给我一个留校任教的机会,应该是注意到了我读本科阶段发表的一些学术论文和我的毕业论文,也许觉得我是一个勤奋而有悟性的学生,可以培养。但那时我并不知道自己最适宜做什么,更多的是希望走向社会,去接触外面的世界。在法学院的四年里,校园里、课堂上接触最多的词汇是法律正义、司法公正,许多老师也是经常号召大家毕业后到司法机关去“铁肩担道义”,为国家的法治建设贡献青春热血。其实,并非只有从事司法工作才涉及正义和公正,在法学院当老师不也是为法律正义和司法公正的实现做贡献吗?可是我当时没有接受张明楷教授的建议,而是执意离开象牙塔,走向社会。

因为年轻,我当时认为在法学领域搞纯粹理论研究的价值很空,只有司法实务才有意义。所以,我还是决定放弃留校,去司法实践部门践行司法公正,要让老百姓在每一个具体案件中感受到法律的正义,并且认为这才是法律人应该去的战场。现在想起来当时的决定虽不能说是误入歧途,实际上自己也没有完全放弃学问,走上工作岗位后我仍然经常求教于张明楷教授,但这一决定使我系统钻研刑法理论的时间中断了一年多。

放弃留校后,我去了湖北省人民检察院反贪局,我的宿舍离张明楷教授的家不远,从而让我有机会继续向张明楷教授请教。我在湖北省人民检察院工作的时候去张明楷教授家拜过年,记得大年初一的早上,当我到张明楷教授家的时候,他西装革履地在书房里已经工作了几个小时了。后来的若干类似场合使我意识到,在他的脑海里,没有大年三十、初一,都是学习、研究刑法学的日子。张明楷教授的勤奋真是少有!张明楷教授对学术的执着和勤奋一直是我心里的明灯,记得当时甚至暗暗定下目标,要像张明楷教授那样学习、研究刑法,但我天性心浮气躁,现在看来恐怕是难以实现这一目标了。大四下学期的一天,我去张明楷教授的办公室,经张明楷教授引荐,认识了齐文远教授。齐文远教授当时刚从丹麦回来不久,作为“双肩挑”教师,一方面在法律系上课,另一方面还从事学校外事工作。当时,齐文远教授在负责统一个书稿,张明楷教授推荐我写其中的一部分,就这样,我得以有机会认识了齐文远教授。

齐文远教授在整个中南政法学院是有名的谦谦君子、好人。齐文远教授对学生都是直呼名字,而不带姓,学生们都觉得齐文远教授非常亲切。齐文远教授虽然没有给我讲授过刑法学,但是在我本科毕业的最后日子里,经常就稿子的内容向齐文远教授请教。跟齐文远教授相处,有一种跟家人在一起的亲近感。本科毕业后每次回学校,我总是会给齐文远教授打电话,看他在不在学校。齐文远教授只要在学校,都会抽时间出来请我吃饭,或者让我去他的办公室坐一会,聊聊工作情况。1996 年年底,我回学校附近租房子备考母校的刑法学研究生。齐文远教授知道后,多次关心我准备的情况,给我提供了很多的建议和帮助。

记得初试过了之后,还有面试。由于报考刑法学专业的研究生人数很多,竞争非常激烈。我担心面试时老师的追问。有一天,在学校行政楼门口遇到了齐文远教授,齐文远教授安慰我说:你的基础扎实,科研潜质不错,倘若政策允许,我们会建议让你免试,所以你完全不必担心。在面试时,我不记得是哪一位老师问了我没有复习到的一个问题,当时还是齐文远教授通过追问促使我通过逻辑推论将其转化为原理性问题,从而顺利地通过面试。

在研究生阶段,张明楷教授只带了我们半年就去了清华大学法学院。在我的记忆中,程红、严恒和我都转到齐文远教授的名下,我们仨正式成为齐文远教授门下的嫡传弟子。

齐文远教授后来做了法律系主任,工作非常繁忙,但是对于我学习、生活上的关注与关心从来没有马虎过。每当我有问题求教,他都会放下自己的研究为我答疑解惑,我在读研究生的两年时间里,在齐文远教授的指导下,在《法律科学》《中国刑事法杂志》等期刊上发表了几篇学术论文,每篇文章在投稿前他都仔细阅读并给出修改建议。最后,在齐文远教授的首肯与帮助争取下,我提前一年毕业,离开了母校安静的校园。

齐文远教授的温文尔雅和宽厚待人是我一直学习的榜样,但是有些东西是学不来的,跟经历、天性、后天的个人修养都有关系。我现在虽然也是刑法学的教授,但我自觉已经游离于学术圈之外了。张明楷教授对学术的执着、勤奋,齐文远教授对学生的关心爱护、他的温文尔雅和君子风度,都是我努力想学而没有学到的。但两位导师在我成长的道路上给我的厚恩与宽容我一直铭记在心,他们的言行也一直是我学习的榜样。

郭泽强 | 我这二十年

郭泽强，1998级刑法学硕士研究生，现为中南财经政法大学刑事司法学院教授、副院长。

从2021年6月4位大先生（张明楷老师、陆晓光老师、齐文远老师与夏勇老师）决定要在2022年举行中南财经政法大学刑法学研究生教育四十周年庆祝活动起，直到当年9月30日我受委托组织中南财经政法大学刑法学老师开了一个近年来难得齐整的全体会议之前，我都不打算再写些新的文字。一则是我觉得我后面的稿子，可能已经无法超越《政院读研趣事》，二则我还有两篇专著的后记，东拼西凑也许可以到达先生要求的2万字形式标准。但是，9月30日的会议召开，让我心里颇不宁静，感触良多，也让我改变主意，萌生不吐不快的执念，觉得也需要给自己这二十年留校生活来一个阶段性的总结和反思。未来的日子里，不敢逞能说把中南扛在肩上，也至少要像先生讲的那样，每天都要想想自己安身立命的中南刑法，团结一切可以团结的力量，为中南刑法的再次辉煌而鞠躬尽瘁。回忆是为了更好的未来，所以，索性就"回"地再远一点，回去寻找那个当年不知天高地厚一心报考名校两度折戟沉沙，却最终在众多值得敬佩的老师和朋友们帮助下绝处逢生的年轻人。

一、求学前传，中南齐师再造之恩

1998年4月，第一志愿报考中国人民大学刑法研究生的我，再次折戟沉沙。其实，我本科就读于安徽大学信息管理专业，毕业时被授予理学学士，可我对于这个专业却是完全提不起多少兴趣。本科阶段，我最喜欢旁听两个系的课程，一个是外语系的课程，另一个就是法律系的课程。记得当时，我还选了一门唐大森老师的刑法分论，唐老师分析罪名条分缕析，让听者如痴如醉，如今已经八十多岁的唐老师，依然精神矍铄，活跃在刑法学界，每年的刑法学年会都能见到他老人家的身影。另一位老师是韩奕老师（后来他调动至中南，我们做过同事，目前是中央民族大学法学院的院长），我听过他几次讲座，标准的安徽南部普通话，思想观点让人印象深刻。唐老师和韩老师可以算得上是我的启蒙老师，刑法研习的好奇心从此一发不可收拾。本来大四时，成绩高居全班第一的我，可以保送安徽大学隔壁的中国科学技术大学的信息管理专业。不过,已经走火入魔的我,不管父母亲友的再三劝阻,毅然决然地决定跨专业报考中国人民大学刑法学专业的研究生,当时确实有点众叛亲离的感觉。第一年,我毫不意外地名落孙山。那时的我,已经倔强得无可救药,没有找正式的工作,继续复习考研,目标依旧是中国人民大学。第二年成绩已经进步了很多,我排在第七,但是由于当时招生指标很少,又加上中国人民大学第一年开始接收本校推免保研学生,我又一次与中国人民大学擦肩而过。最后选择调剂,只身来到古城西安,一心希望可以调剂到西北政法学院(现西北政法大学),不过,命运又跟我开了一次玩笑,尽管经过种种努力,西北政法学院的大门还是对我关上了。

年少轻狂的我,经历过二战,甚至已经做好再次奋战一年的打算。记得,我当时给远在安徽的母亲打了一个电话,这个电话也彻底击碎了我准备三战的梦想。电话那头,母亲也是泣不成声,嘱托我千万不能再意气用事,今年必须想尽一切办法读书,电话这头,我也是早已潸然泪下,心疼憔悴的母亲,最终走上了再次调剂的艰难道路。1998 年,研究生招生系统几乎都是自给自足的状态,调剂主要是通过老师的鼎力推荐,规模很小,不确定性也很大。最终我连夜买了站票回到北京,路途上第一次体会到了晚上站着睡着的滋味,最终拖着疲惫不堪的身子,经过安徽蚌埠老乡孙勤(黄京平教授的硕士学生,现在是国家检察官学院院长)的引荐,我找到了中国人民大学法学院赵秉志教授。对于一个素昧平生的求学青年,赵老师听了我的经历后,也为我的执着精神所感动,当即答应下来,并当着我的面就联系了中南政法学院一位姓齐的老师,谁也没想到我后面的二十多年都是紧紧追随齐先生的。西原春夫先生说,人的命运有时是由一些很偶然的事件决定着的。赵老师的一通电话,对他来说可能只是一个普通的长途电话,但却决定了我的中南求学生活的开始,也决定了我二十三年中南奋斗历史的开始。

初次来到武汉,是 1998 年 4 月的一个晚上,风尘仆仆的我经过电话联系来到齐先生家中,第一次见到先生有种如沐春风之感,所有的焦虑与不安都在先生温和的话语中慢慢化解。接下来的面试也非常顺利,我记得抽到了一个犯罪停止阶段和犯罪停止形态的区别和联系的专业题目,我洋洋洒洒讲了很多,特别是提及了两者的关系是线与点的关系,让主持面试的先生也刮目相看,不敢相信这小子本科居然不是学法律的。面试后,我再次找到先生,他又给我开出了一长串的书单,鼓励我在假期还是要继续努力,夯实基础,毕竟跨专业学习还是有难度的。

二、弥足珍贵,三年中南研学生活

回首自己漫漫求学生涯,一路走来,影响自己最多的不是在中国人民大学三年的“北漂”读博生活,也不是武汉大学两年多的博士后经历,而是在中南读研三年的简单而快乐的乡村田园生活。

(一)“胁从”到“首要分子”之路

1998 年 9 月,由于种种原因,我被中国人民大学调剂到当时的中南政法学院攻读刑法学研究生,心中自然有很多惆怅与无奈。一入学,我就咬牙开始着手准备,希望三年后通过考博再考回中国人民大学,以解心头之“恨”。在大量涉猎专业书籍的同时,我竟无可救药地爱上了刑法学的学术研究。当时，1996 级和 1997 级有几个刑法学研究生特别活跃，刘代华师兄（现执教于我校刑事司法学院）、吴学斌师兄（现执教于深圳大学法学院）和李立众师兄（现执教于中国人民大学法学院）并称为“三驾马车”，他们也是我的导师之外对我影响最大之人。1998 年年底，“三驾马车”发起成立“青年刑法论坛”，志在为刑法学爱好者打造思想砥砺之平台。开始不知“论坛”为何物的我，懵懵懂懂地就被师兄“胁迫”拉进了组织，谁曾想这个愣小子竟然将来发展成为论坛的“首要分子”，那是后话暂且不表。成立之初，论坛发展资金捉襟见肘，不像现在各项学科经费充足，研究生活动动辄有上千元的支持。学生生活尚且不易，只是每人象征性交 10 元钱会费，我们只得把目标瞄准导师。所以，后来齐文远老师、夏勇老师、杨宗辉老师都纷纷慷慨解囊，你 300 元，我 200 元的，为论坛的发展助力。从开始的被动参与，到后来的主动组织，我是论坛上做过演讲最多的学生之一，“《刑法》第 267 条第 2 款的合理性追问”“揭开死刑的神秘面纱”“国家与市民社会”等，这些演讲后来基本都发表成了铅字。再往后，我担任了论坛的两届主席，组织了“声势浩大”的模拟法庭，组织出版了《青年法学》“青年刑法论坛”专刊等，为论坛的发展壮大立下赫赫战功。后来连当时法外系的江溯也被我成功“教唆”成为论坛会员，目前已经是北京大学刑法学副教授的他谈到原来的经历时，也还不忘我这个当年的领路人。我当时的女朋友，现在孩子的母亲，总是抱怨我在读研时“脚踏两只船”，首先是学术活动，然后才是她，现在想来，也确实惭愧，读研期间几乎没有什么像样的花前月下，反倒是天天双双醉心于南北教的小教室里自习，也算志同道合的革命组合吧。2008 年年底，我从武汉大学法学院博士后流动站出站，回到母校时青年刑法论坛早已销声匿迹。于是，我又决定再一次“青年”一把，在有关老师和同学的协助下，恢复重建青年刑法论坛为青年刑法沙龙。至今，青年刑法沙龙运行平稳，作为曾经的“首要分子”，如今的指导老师，我也会一直关注下去。

（二）导师的“贴身保镖”

在中南读研，最让我热血沸腾的是，将自己的一知半解化成文字，然后找人分享我的“文字感动”。当时，我的导师——齐文远先生成为为数不多的分享“受害者”，但凡有机会，甭管先生高兴与否，我总会找他讨教。在我撰写论文期间，恰逢学校处于重大机构调整中，齐先生从原来的中南政法学院法律系主任调整到新组建的中南财经政法大学法学院担任党委书记兼副院长，当时工作千头万绪，先生确实有点疲于奔命的感觉。可我总有办法，把先生给“挖”出来。现在很多研究生抱怨导师太忙，难得谋面，其实，作为学生可以更加主动些，并更策略些。那时的我，往往是经过周密的踩点，尾随等预备工作，最终都能将上述“预备行为”转化为见面“得逞”。于是，我不是趁着会议间歇向先生提一些问题，就是追到先生的本科课堂，等先生下课后“护送”他回办公室。齐先生的办公室当时在学校附小的位置，也就是现在外招楼附近的老干部处，漫漫长路，是我“剥削”齐先生的大好时机，我总是要利用路上的工夫讨论点想法，甚至有时为了要搞清楚一个小难题守候在齐先生家楼下很长时间。估计要是再让齐老师重新选择，他可能不会选我这样“难缠”的学生。不过，功夫不负有心人，2001 年 6 月硕士论文答辩，我提交的洋洋洒洒八万字的论文《论正当防卫制度》，以全优的成绩通过硕士学位论文答辩。后来，围绕正当防卫的研究，我也没有“中止”。硕士毕业后，我以优异的成绩考入中国人民大学法学院师从我国著名刑法学家王作富老先生攻读博士学位。尽管在读博期间，我将学位论文选题定位为“刑法主观主义研究”，但也没有舍弃对正当防卫的关注和研究，连续发表了多篇有见地的以正当防卫为主题的高质量学术论文，获得学界的较好评价。博士毕业后，我进入武汉大学法学院博士后流动站师从“北高南马”中的马克昌教授进行研究，利用所收集的丰富文献资料，又进一步对正当防卫进行了探索。齐先生曾多次耳提面命教育我，“板凳要坐十年冷，文章不写一句空”。2010 年年底，我的《正当防卫研究的新视界》一书，通过学校的出版资助，在社会科学文献出版社得以出版。从 1999 年开始关注正当防卫，到 2010 年付梓，十年磨一剑，也算是对多年的冷板凳一个回报吧。

（三）强壮的蜗牛永在路上

每年和新的研究生见面，夏勇教授总是提及我在体育方面的诸多特长，这让我哭笑不得。不过，除了“混迹”于刑法学圈子外，我在另外一个圈子也算小有名气。所以，我经常“夸下海口”，称自己是跨界人才——学校刑法学科中长跑和羽毛球最好的，同时也是学校长跑和羽毛球爱好者中刑法学研究做得最好的。举证如下：

“不务正业”之一：长跑。当时我在政院读研时有个外号叫“小熊”，主要是因为我当时有些胖，跑起来像个憨态可掬的小熊。不过，“小熊”一样可以傲视群雄。经过苦练，我在校运会上也拿了不少第一，也算金牌小熊了，与章青山（现就职于浙江省高级人民法院）、段国华（现在北京做律师）、蔡永胜（现就职于外交部）等人合称为长跑“四大天王”。这四大天王也绝非浪得虚名，因为当时运动会是不分本科生与研究生的，与平均年龄小几岁的莘莘学子一起竞争，对于我们这帮老哥哥来讲也是拼了。后来，随着实力的提高，甚至那些本科特招生，跑 1500 米的时候，都偷偷和我商量，让我跑慢点，最好跟着他跑。因为根据当时计算成绩的规则，如特招生第一，普通生即使是第二，成绩也是第一，但如果特招生第二，那就只有屈居第二了。有一年，因出国错过了第一届教工冬季长跑比赛的我，但“宝刀不老”，在第二届教工长跑比赛中我获得第二名。

“不务正业”之二：羽毛球。中南的简单日子，非常惬意，我的业余生活除了长跑以外，便是打羽毛球了。小时候一直跟父亲在室外打球，也算是野战高手，可是室内却是新手，可以说中南是我羽毛球走向室内的起点。记得当时有个学弟余向阳（现任职于学校党委宣传部），羽毛球水平还不错，暑假的时候，我们两个人在南湖体育馆，你来我往，大战了三百回合，如同洗了桑拿，每次基本都是我败下阵来，嘴上认输，心中有诸多不服。不过，最近我和余老师两人还经常在一起练习羽毛球，只是我一直在坚持，他中间几乎没怎么练，差距一下就拉大了，我们那帮球友直呼不可思议，也都把这作为羽坛的趣事在朋友群里分享。后来去了中国人民大学，我也没有停止练球的脚步，包括和传奇的何家弘何老爷子过招。博士毕业后是我羽毛球进步的黄金时期，在武汉大学读博士后期间，我参与了武汉大学法学院的教工羽毛球队，跟着林亚刚老师、皮勇老师等人一打，就是好几年。从开始的超级菜鸟，到最后连教练都不是我的对手，我在私下里不知道下了多少功夫，磨坏了多少双鞋子。执着的努力也得到了满满的回报，从2006年至今，我获得过很多羽毛球业余比赛的冠军头衔，包括全国法学教授羽毛球邀请赛的单打冠军，武汉法学系统羽毛球邀请赛混双冠军等，前些年尽管又是挂职，又是出国，但球一直未曾离手，我也会一直坚持下去的。

据说，这个世界上只有两种动物可以到达埃及金字塔的光辉顶点，一个是雄鹰，另一个是蜗牛，雄鹰天赋异禀，而蜗牛坚忍不拔。自觉没有过人的天赋，唯一拿得出手的就是坚守了，所以，多年以来，我也一直把自己定位为蜗牛，一只可能有点强壮的蜗牛。当然对我来讲，塔尖仍然遥远。学术、公益与运动，没有止境，强壮的蜗牛永远在路上……

漫漫人生路，我们都度过了许许多多的三年。邓丽君有一首脍炙人口的《三年》，如此唱道："左三年，右三年，这一生见面有几天；横三年，竖三年，还不如不见面。"可见，三年无论在何种意义上都是可以分割并且"打包"予以评价和总结的。初中的三年让我们脱离了儿时的无拘无束，使我们逐渐开始自律；高中的三年让我们从一个懵懂少年，变成了一个拥有无限可能的完整个体；大学的三至四年，让我们走向远方，慢慢实现从幼稚到成熟的转变。生命自有其周期，原来也是可以以三年为基准来展开的，每三年就是一个新的开始，周而复始，直到我们从晨星走到夕阳。但是，如果让我选择一个对我人生中最为重要的三年，我可以毫不犹豫地做出选择，那就是中南三年研究生生活，没有之一。理由很多，略举几个。

第一，中南研究生生活使我从一个四处漂泊的刑法门外汉，终于蜕变成为正规集团军。读研之前，也就是1998年前后，国内刑法学研究生态与今天相比，绝对是简约之美，令人向往。那个年代，研究生别说在法学C刊上，甚至在三大刊发表文章，都不是爆炸性新闻。从研究范式上看，德日刑法与英美刑法的借鉴相对较少，基本都是我注六经，六经注我，特别是1997年《刑法》刚刚实施，更是解释引领潮流。就刑法学著作而言，也是成分较为单一，有一些个性化的专著，比如赵秉志老师的《犯罪主体论》，陈兴良老师的《共同犯罪论》《正当防卫论》，张明楷老师的《刑法的基本观念》，王勇老师的《定罪导论》等，但更多是注释刑法的专著，还有占压倒性地位通说贯穿始终的刑法学教材，比较权威的是高铭暄老师主编的《刑法学原理》三卷本（考研时，这三本书我几乎都翻烂了），作为其姐妹篇的马克昌老师主编《犯罪通论》，我有幸参与编写的《刑罚通论》（2010年还出了一本分论著作《百罪通论》）。那时候，只要沉下心来，就可遍读刑法学界的著作和文献。在读研之前，我就试图"一网打尽"天下刑法书，读是都读过，但难免存在消化不良。而且，对于法学其他课程，我几乎很少涉及。所以，我界定当时的自己，只是一个刑法学爱好者，没有真正登堂入室。中南的三年研究生的经历，让我的人生实现了"入户"——进入五院四系的大雅之堂。在中南，不仅跟着老先生朱继良教授学习中国刑法总论、吴安清老师学习中国刑法分论、胡新老师学习中国刑法史，而且还有中生代代表的齐先生开设的欧陆日本刑法与案例刑法研习、姚莉老师的刑事诉讼法、夏勇老师的英美刑法、张远煌老师的犯罪学、杨宗辉老师的犯罪心理学等。老先生郑昌济老师，没有给我们上过课，但是我旁听过他老人家参与的研究生答辩，也算是见识了他理论与实践结合的务实风格。至于曾昭琼、曾宪信和江任天三位老先生，我确实没有见过，有点失之遗憾。但凡得到上述老师中一位之真传，都会使我受益终身，也使我不再是游走于刑法殿堂的“土八路”，而成为中南刑法研究生的正规军。那时候，研究生还没扩招，每位老师原则上只带一个学生，最多也不超过两个，仿佛如今的博士研究生一样精雕细琢。当时导师组有朱继良老师、吴安清老师、郑昌济老师、齐文远老师、夏勇老师、张远煌老师、杨宗辉老师、辛忠孝老师与赵俊新老师等九位导师。除了三位老先生，其余六位都是年富力强，正值当打之年。不过，遗憾的是，我们入学前张明楷老师已经调入至清华大学。六位大先生中，夏勇老师、辛忠孝老师与赵俊新老师都是首次指导学生，同级中的四位同学亦是他们的开山弟子；张远煌老师、杨宗辉老师是第二年指导学生，他们严格意义上属于公安学科，只不过当时没有硕士点，只能挂在刑法学硕士点招收研究生。所以，从一定意义上讲，刑法学与公安学的关系是密不可分，你中有我，我中有你，完全一体化的，任何想割裂两个学科的企图都是违背历史的，可以说，刑事法两大学科团结一心，共克时艰。中青年老师中，唯有齐老师有指导了几届研究生的经历和经验，也是从那时起，齐老师肩负着带领中南刑法振兴的重任。记得当时选择导师，还是如同填报高考志愿一样，学生填写三个，依次排列，逐一进行确认。我当时耍了点“赖皮”，其他同学填的都是三位不同的导师，而我三个志愿都写的是齐老师，也让齐老师看了后哭笑不得，批评我不讲规则。尽管这样，我还是很忐忑，害怕齐老师因为我违反规则把我拒绝了，直到有一天下午他把我叫到办公室，告诉我他最近行政工作事务繁忙，嘱托我代表他给一位山东的考生回信，勉励其认真复习。我才隐约感觉到，齐老师已经确定将自己收入门下，心里面暗暗发誓，一定要珍惜宝贵的读书机会，跟着先生学习为人为文。在齐老师以及各位导师的指导下，我这三年在中南的刑法学研习是颇有成效的，公开发表了七篇学术论文，其中有两篇是核心期刊；硕士学位论文《正当防卫制度研究》写了八万多字（当时没有电脑，只能写在稿纸上，然后有偿委托他人代为录入电脑，再加上打印复印费用很高，对于经济拮据我来说，写一本厚厚的硕士论文确实有点心疼）。答辩时面对导师们的提问，我有条不紊地回答，论文被评定为全优。答辩结束后，我找到先生，再次感谢先生的再造之恩，接纳起点很低的我进入中南，经过三年的磨砺，我终于可以告诉所有人，我没有辜负先生的期望，也无愧于中南刑法了。

第二，中南研究生生活是我人生当中最为纯粹，最为享受读书之乐、研究之乐的三年时光。当时南北教中间有一些专供研究生读书的幽静的自习室，嗅觉灵敏的我迅速发现了这一极佳读书之地，并很快利用先占原则，“圈”到了一个可以享用三年的位置，一个小方桌和一把椅子，并且由于出勤率很高，几乎从早到晚都在小教室里待着，研一时被大家推举成为无可争议的室长。在中南别具一格的小教室里读书，似乎成了读研期间不变的画面。如今小教室已经物是人非，成了知识产权学院的办公室，偶尔去文泓楼开会时，路过小教室，脑海中还能浮现出二十年前青葱岁月。另外一个让我记忆深刻的读书圣地，可能是老图书馆，也就是现在的文溯楼，后来这也成为无数考研学子朝夕奋战的理想家园。当时，对于我来说，老图书馆四楼的期刊室对我的诱惑最大了，尤其是在杂志上新时节，我总是迫不及待地阅读最新的文章。光看还不行，我还会带上笔记本，边看边抄，边抄边思，尤其是看到张明楷老师的文章，很亲切也很兴奋,总是试着去反驳之,这可能也是吾爱吾师、更爱真理的真实写照吧。通过不断的批判性思维,也才有了后来的商榷文章,读研时我发表了一篇与李立众师兄商榷的文章,博士毕业后我发表的几篇与张明楷教授商榷的论文,引起了学界较大关注。三年下来,读书心得记满了不知道多少本笔记本,这些发黄的旧本子至今还躺在书房里,不忍丢掉。后来,我指导研究生,总爱送他们厚厚的笔记本,一是作为鼓励,二是通过笔记本来监督他们认真研究和读文献。读研时,我除了去小教室与图书馆,另外一个最爱光顾的地方,是南苑市场内的三家书店,一个叫明阳,一个叫琼雄,另一个叫继红法律书店,当时的我就是一只贪婪的眼睛发绿的独狼,经典书籍都是我的猎物,有的猎物适合在现场厮杀,我就拿着水杯在书店待着不走,有的猎物则适合花钱带回寝室慢慢享用。我现在的书房里,有两面打满了书柜的墙,我清点了一下,大概百分之六十是读研三年时候,省吃俭用买回来的。当时的我,是个不折不扣一穷二白的读书郎。父亲那几年临时下岗,母亲只是一个纺织工人,整个家庭只有靠她一人微薄的工资支撑着。所以,我几乎没有找家里要过生活费,都是靠着老师和同学们提供的机会勤工俭学,来维持自己的读研生活。饶是如此,我还是会想尽一切办法去买一些经典的书籍。可以说,在我人生最艰难的研究生三年,我尽我最大可能买了我藏书中的大多数图书,而剩下的藏书,更多的是靠学者送,有的干脆是做出"情节恶劣"的索书行为得来的。

第三,三年的研究生生活使我从过去的好高骛远,变成了脚踏实地的中南好青年。张明楷教授曾言,心中充满正义,不断在现实和规范之间游弋。当时在中南读书,有两件事情记忆犹新,一是青年刑法论坛的倡导成立,二是声势浩大的模拟法庭活动。来到政院读研,当时有颇多的社团组织,文体类的如篮球、羽毛球,学习类的如读书会、英语角等。但是,对于刑法学研究生来讲,没有自己的学术交流和思想砥砺的平台。大抵,那时学术氛围是比较崇尚个人阅读和思索,讨论一般都是处于零散或者机动的状态。历史总是由人创造的,在我入学后不久,刑法学研究生有几个青年才俊已经在学界崭露头角,他们在刑法研究生中发起成立青年刑法论坛,很快就得到大家的响应。[1] 刑法论坛成立后,发起了多次有影响的学术活动,不必说每月一次精彩的学术报告,也不必说我们出版了一本《青年法学》的刑法特别刊,单就在模拟法庭(现在的南湖会堂)举行的声势浩大的刑事案例模拟庭审来说,至今仍然记忆犹新。当时讨论的是王某与妻子相约自杀案件,我担任公诉人,在庭审中引用了诸如"人不能同时踏进两条河流""世界上没有两片完全相同的树叶"等学究气比较浓的话。活动还邀请了齐文远教授和郑祝君教授(时任研究生部主任)做了精彩的点评,齐老师还对我充满稚气的公诉意见进行了肯定的评价,并从理论和实践角度对我们的法庭辩论进行了指点。活动取得了圆满成功,我们租了检察官服,穿在身上,感觉还不错。在中南三年的现实和规范之间的游弋活动不仅使自己得到了陶冶,也活跃了中南研究生学子自主研究刑法学的氛围。

第四,中南研究生生活使我找到了未来方向,那就是奔向学子们需要的地方。提及在公开场合讲话,其实,我得承认自己开始是一个比较害羞的人。我还记得我第一次登上讲台,是大

---

〔1〕 具体的细节,我在《政院读研趣事》中,提及较多,此处不赘述。

学二年级，辅导员组织学生们讲一次思政课，事先我觉得自己准备还是很充分，可是当天站在台上时，头脑一片空白，脸涨得通红，一句话都说不出，最终逃下讲台。人生第一次，就这样以狼狈不堪收场。不过，自从那以后，我就抓紧一切机会锻炼自己登台演讲的能力，四年下来，水平得到长足的提高。研究生一年级，为了锻炼自己的课题讲授能力，我特意申请参与辛忠孝老师的刑法总论课堂，主持课堂案例讨论，我记得当时讲授的主题是犯罪故意和犯罪过失，我也提前准备了大量的案例，特别是间接故意与过于自信的过失，通过丈夫杀妻案件，变换不同的变量，来说明消极放任与根本否认之间的本质区别，课堂讨论气氛浓厚，理论结合实践，获得满堂彩。研究生二年级得益于刘代华师兄力荐，我前往中国地质大学（武汉）给当时的法学第一届和第二届本科生讲习刑法总论和分论。中南距离中国地质大学大约六公里，也没有直达的公交车，我为了上课，还专门买了一辆二手的自行车。现在两校之间的路可谓是一马平川，可当时却都是崎岖不平的黄泥小路，到了阴雨天，泥泞湿滑，有些地段还必须下车推行。但是，现在回忆起来，那段小路上，都是满满的开心喜乐的回忆。因为我当时的女友（现在的妻子）只要没课，都一路相随，全程督导。另外，让我乐此不疲的是我人生第一次自力更生，通过劳动创造了财富。一节课当时的课酬是 35 元（税后），一般一次去上 5 节课，175 元就到手了，这也差不多是我当时半个月的生活费了。在中国地质大学授课，我可谓是大量圈粉，因为和同学们年龄差距也不大，再加上上课氛围轻松诙谐，和学生们打成一片。其中有一个学生每次还尾随并把我送出校门，一路讨论刑法问题，他就是后来考上中南刑法研究生的周旭，后来成长为全国优秀检察官。尽管他后来师从齐文远教授，但是刑法学的启蒙确是我来完成的。正是短暂而愉悦的实习教师经历，让我认清了自己未来职业的方向，坚定了自己从教的决心。

第五，中南研究生生活使我的外语语言能力从华而不实，变成了实战高手。如果给读研时的我画一个像，可能会有点像飞行员，背了一个大书包，包里有各种各样的书籍、文献、笔记本（三年做了大量的著述笔记，还有心得体会），拎着一个大水壶，至少解决半天的饮水问题，戴着一个耳机，里面放的永远是英语新闻，而且路上同学们见到我，我也总是念念有词（复述英语新闻）。很多同学当时都不太理解我，给我起了个“假洋鬼子”的绰号，可这个“假洋鬼子”硬是坚持三年，发音听起来倒是像真洋鬼子，那些同学也慢慢对我刮目相看了。为了锻炼口语，我不仅仅是学校英语角的常客，而且还主动去法外系同学的寝室，与他们交流英语学习心得。研究生三年的语言学习，为我日后考博英语惊艳发挥、出国访学英语演讲纵横开阖，甚至国际会议客串翻译都奠定了坚实的基础。

第六，中南研究生生活使我从无牵无挂的男孩，变成了一个有情有义的男人。大学时代的我，在同学们眼中无疑是一个油盐不进的“清教徒”，周末大家都去参加各种派对或者看录像，我却一个人在寝室里一边听着雅尼或者詹姆斯拉斯特的轻音乐，一边跟着庞中华字帖练字；或者不厌其烦地听着 music heaven 里的经典英文歌，也尝试着哼唱几句，再或者喋喋不休地朗诵西方政治家或各界名人的精彩演讲录。大一时，我们班不少同学，都找到了属于自己的爱情，成双成对地或自习或远足。而我对此却不屑一顾，我以为大学时恋爱无异于一种“犯罪”，拿着父母的血汗钱，去挥霍青春。有一次，当我得知，我班上最好的哥们在外租了房子，与女朋友同居，我感到义愤填膺，这简直是“罪恶滔天”，愣是3个月没有理他。不过，观念的变迁也会慢慢地到来，大学时的我不免有些偏激另类，走向宽容，不仅仅是人类整体的趋势，也是个体发展的必然。就在不久前，我指导的一个本科生，告诉我他与女朋友在外面租了房子过起了二人世界，我随即发了个信息，只有短短五个字——祝你们幸福。大学毕业前夕，很多人都夸赞我大学很励志也很辉煌，唯一的缺憾是没有一段轰轰烈烈的爱情。我则不以为然，至今我也不为当年的选择后悔，大学时的爱情太昂贵，我消费不起，感情太生涩，还不是时候。诚如张爱玲所言，于千万人之中，遇见你要遇见的人。于千万年之中，时间无涯的荒野里，没有早一步，也没有迟一步，遇上了也只能轻轻地说一句：“哦，你也在这里吗？”中南研究生生活，也让我找到了原来你在这里的感觉。1999年11月1日，非常偶然的一次机缘，我遇到让我一见倾心的女孩。爱情，可能就是你喜欢的人对你也不反感。幸运的是，她竟然对我感觉良好。于是，我们就这样悄悄地走到了一起。那时候，恋爱对我们来说，就是一起自习，一起吃饭，一起散步，一起运动。后来，这个女孩，成了我的妻子，也成了我孩子的母亲——刘蕾。其实，我一直特别感激刘蕾，因为青年时代的那个小子，真是穷得叮当响，那时候她肯接受我，也是患难时见真情。一般来讲，男孩女孩在一起吃饭，男孩应当主动埋单，而我们在一起时情况则是截然相反的，我大多数情况下都是贯彻“消极主义”的立场（我们结婚后，我的银行卡也悉数交给刘蕾保管，从客观上看，消极主义的立场也会一直坚持下去，难有机会得以修正）。刘蕾几个闺蜜都劝她，找个有钱帅气的男朋友，不要跟我这个穷小子，而她从始至终都对我不离不弃。中南研究生三年，我没有因为恋爱而影响自己的学业和研究，反而更加心无旁骛地读书，反倒是刘蕾因为要照顾我分了心，报考中南国际法研究生，未能如愿。更重要的是，这段在我人生中唯一一段感情也彻底改变了我，过去的我，可以说是后知后觉、没心没肺，是刘蕾教会了我很多很多，包括如何去爱，无声地爱以及如何被爱与宽容大度。所以，我后来一直将宽容作为我努力的方向，避免走入极端，这也是我追求的刑法学应有的高贵品格，愿意以毕生奋斗来捍卫之。

第七，中南研究生生活也奠定了我未来体育与刑法相得益彰的独特魅力品格。体育运动似乎与学术研究没有半点关联，所以，大家总爱开玩笑，如果法科毕业学生步入社会运用法律能力有所欠缺，可能会被认为大学期间法律是体育老师教授的。但是，以我三年的中南运动经历为观察视角，我以为体育运动和法律研习有着天然的亲近，两者可能还会相互促进。体育运动与学术研究一般都需要专业训练作为基础，20年前，围绕东北某地奸淫幼女案件，曾有过法学专业槽的讨论，不管如何，法学学术研究必须是有一点门槛的，因为将来法科毕业学子办理案件，不仅仅是业务的运用，更是关乎他人的人生。体育运动与学术研究也多需要耐得住寂寞。钱钟书先生曾言，大抵学问是荒江老屋中二三素心人商量培养之事，朝市之显学必成俗学。“板凳宁坐十年冷，文章不写半句空”来概括法学学者的风骨则恰如其分。而运动与体育同样需要默默付出，已故NBA巨星科比生前叱咤赛场，可谁曾想到科比背后的艰辛与付出，这与学术之坐穿冷板凳似乎是殊途同归。你见过凌晨四点的洛杉矶吗？或许大部分人脑海里第一时间会浮现好莱坞电影《天使之城》中的黎明破晓前场景，但属于科比凌晨四点的洛杉矶只有一种答案，即永不停歇地训练、训练、再训练，这也是科比之所以能够成为后乔丹时代，NBA

超级巨星的终极秘诀。我当年在中南体育场上也算是风云人物，校运会800米与1500米冠军的热门种子选手，可是就我的身材来说，可能并不适合中长跑，但我热爱长跑，因为长跑有助于锻炼我的毅力，包括对学术的不懈追求。总之，体育运动与学术研究更需要长年累月的坚持。

三、不忘初心，期待中南刑法辉煌

2021年5月20日，中南财经政法大学刑事司法学院召开干部大会，正式宣布我为刑事司法学院副院长，也意味着自从我2001年留校任教起来，经过二十载沉淀历练，我将接过星火传承之火炬，作为急先锋，与刑法诸位同仁，共同要将老先生、大先生的事业继续进行下去。以下是我上任来，整理的三段有代表性的发言。

（一）2021年5月20日，就职发言

首先衷心感谢组织上的信任与托付，领导们的关心与厚爱，同事们的支持与认同。今年是入职的第二十年头，今天又是个特殊的适合表白的日子——5·20，我也向各位领导各位同事说几句心里话。尽管我曾经在基层挂过职，也曾在学院担任过院长助理，在学校的中南检察研究院担任执行院长，但是目前的岗位对我这个管理“小白”来说是全新的挑战，对我这颗可能有点个性的心灵也是全新的修炼。因此，我也下了决心从头开始学习，从头开始努力，你看这两天我把头发也剪了，一切从头做起，做好自己的事，修好自己的心。

当然，我也会以更大的格局、更大的胸怀、更大的热情投入到未来的工作中，悉心聆听领导同事们的意见与建议；更加紧密地团结在学院党委和行政的周围、更加紧密地团结我们刑司两大学科——扬长补短；更加紧密地团结我们刑司“聚是一团火，散若满天星”的每一位老师，为大家提供更贴心更有效更实在的服务，把学院的工作在原有基础上稳步推进。与大家一起见证“双一流”建设背景下学院的新发展，一起见证新文科背景下我们“刑法”“公安”两大学科的交叉融通与交流互鉴，一起见证我们刑司院的“阳刚”（向阳院长、志刚书记）之治的新时代。

（二）2021年6月19日，主持文澜大讲堂201期

亲爱的老师和同学们，大家下午好，感谢来到代表我们学校学术最高水平的殿堂——文澜大讲堂，今天是201期。今天我们非常荣幸地邀请到了清华大学的黎宏教授来为我们传经送宝。刚才我们的会务工作人员好心地帮我打印了一份黎宏老师的简历，这些内容都可以百度获得，所以我也不打算念，准备另辟蹊径介绍黎教授三重不为人所知的身份。

第一重身份，黎老师是湖北罗田人，今天黎老师是回家，回家的时光总是让人期待、让人感动，刚才的滂沱大雨也许是老天爷感动的表现。在接下来的时间里，大家除了能感受到黎老师学富五车的大家风范，还能免费学到黎老师正宗的罗田普通话。

第二重身份，黎老师是我们中南的大贵人、大功臣。在座的很多老师都是黎老师的师弟师妹，都直接或者间接受到过黎老师润物无声的教导和扶助。尤为一提的是，去年黎老师忍痛割爱，为我们中南输送“新鲜出炉”的培培博士。培培老师的培是值得培养的培，他在刚刚结束

的出任教师考核中,用他科研和教学的优异表现,征服了包括我在内的所有的评委。真是黎师出高徒,高徒映名师。

第三重身份,可能要从历史的梳理中获得。志刚书记最近带领我们学党史、悟思想,其实学术研究,也需要悉心梳理学术史,也许能悟到更深邃的思想。国内研究刑事合规,也不过区区三年,如北京大学的陈瑞华、中国人民大学的时延安、山东大学的李本灿可能都是此中翘楚,可我发现其实早在1999年黎宏老师就开始关注单位犯罪以及企业合规。所以,我可以毫不夸张地讲,黎老师是国内研究单位犯罪以及企业合规的第一人,合规研究的"开山鼻祖",当然,这个鼻祖看起来依旧年轻英俊。好了,话不多说,下面就隆重请出年富力强的合规研究"鼻祖"——黎宏教授。

总结:我知道现场还有很多同学想提问,按照合规的要求,时间已经超过了一些,而且德华教授和程红教授也提前准备了很多,特别是我看到程红教授准备5—6页稿纸准备回应黎宏老师,好在文澜大讲堂才201期,我们以后还可以多多邀请黎老师来答疑解惑。我在读书时,先生齐文远教授常常教育我,板凳要坐十年冷,其实,通过今天黎老师的讲座,我们不仅仅可以感受法学大家的机智幽默,而且更可以窥见黎老师三十年如一日的坚守和执着的学者风骨,三十年不断在现实和规范之间游弋,才成就今天的大师。我提议,让我们再一次以热烈的掌声向黎老师精彩的报告和三十年来的较真精神致敬,也特别感谢两位大先生与谈人精辟的点评,谢谢冒雨前来聆听的老师和同学们和付出辛勤劳作的会务工作人员。本次讲座到此结束,谢谢大家。

(三)2021年10月19日,主持文澜大讲堂205期

亲爱的各位老师同学,大家上午好,今天非常荣幸邀请到车浩老师,其实更应当是非常侥幸,要知道车老师在武汉只有不到48个小时,本来安排了一天的会议和两场讲座,再加一场确实有点强人所难,但是当我说出我是代表亚洲最大的法学院刑司院的刑法爱好者这一特殊情况时,期待又从不可能转向了可能。车老师的简历,百度上大家可以搜索得到,我就不再啰唆。我在这里透露一个车浩老师的小秘密,车浩老师尽管年轻,但人如其名,车如其姓,他其实是一名光荣的"老司机",在刑法学教义学学术道路上砥砺前行的"老司机"。从2002年的冬天,车老师发表刑法学公法化,到今天已经是二十个年头了,他和他的老师陈兴良教授,是刑法教学中国化最亮丽的两道风景。过去教义是冷门绝学,现在可以说是无教义不刑法,车老师功不可没。车老师雅号为"车神",其实我以为,车神之神,不仅在于他刑法学考试试题的拍案神奇,更在于他出道即是巅峰不可复制的神迹。下面就请"车神"引领我们在刑法教义学的康庄大道上驰骋。

刚才我讲了车老师生而为神的两大缘由,听完了车老师的精彩讲座,我觉得还应当增加一个,那就是"顶天立地"。所谓顶天,车老师教义学的研究,完全符合中央的要求,四个自信——道路自信,理论自信,制度自信,文化自信。现在有些学者言必称德日,我以为他们是迷失了方向,鞋子合不合适,只有自己的脚最有发言权,脱离中国背景研究问题,都是假学问、伪

命题。所以，中央现在第一次提出要弘扬中华法系之优良传统，我们需要认真把握本土的资源。因此，刑法教义学的本土资源，对于我们来讲，不仅仅是我们刑法学者学子的共同的精神家园，而且也是我们将来系统深入关注事实和规范的物质富矿。所谓"立地"，车老师多年一直关注中国的司法实践，从实践中汲取营养，才能成就"车神"。德国著名法学家卡尔·恩吉施曾言，心中充满正义，目光不断往返于事实和规范之间，这里面所言之事实与规范必须是本土的事实与规范，我们也必须响应中央的号召，把论文写在实践中，写在祖国的大地上。为了回馈中南大地的本土资源——我们的学子，下面的时间留给他们来提问，车老师回答。

特别不愿意打断夏老师的睿智发言，但是不得不失礼干预，因为我再拖延下去，就影响了车浩老师的基本权利——就餐权和出行权，不然按照刚才他的观点，我都可能成为防卫的"对象"了。刚才车浩老师与我开玩笑，说我是"绑架"他来中南讲座，其实，我也特别愿意牺牲自我，合理合法合规地"拘禁"他一年半载，多给中南的学子们讲讲法教义学福音，这也是中南师生的幸福与福音。最后，再次期待"车神"三度来袭，感谢车老师的讲座，感谢各位老师与同学的参与，本次文澜大讲堂到此结束。

（四）中南研究生教学之特殊教学日记

封城以来，新冠肺炎疫情每天都牵动着千家万户的心，武汉抗疫形势向好，"前线"逆行的医务工作者和无名英雄们让居家隔离的我无数次泪流满面。说来也巧，2003 年我在北京的中国人民大学读博，非典来袭时被隔离在学校，每天白天撰写论文，傍晚健身锻炼，生活倒也惬意，至今回忆起来，都是幸福的味道。而这次在武汉居家隔离，心情则是阴晴不定，居住的小区确诊了二十多例，出门都有点恐惧，有时下楼取菜，回来稍有头疼不适，心里都会嘀咕很久。我有几个大学教师朋友心情更是抑郁，甚至连问候电话都不愿接。

之后，一线教师响应国家号召，延迟开学但不停学。本学期我的教学任务较重，除了研究生课堂外，还承担两门本科课程，一门是刑法学(1)，另一门是行政刑法学。可是，家里的办公条件实在捉襟见肘，由于突遇封城，夫人的电脑放置在办公室，一时半会也难以取回，家里只剩下我的一台"孤苦伶仃"的笔记本了。万般无奈，也只能"三人转"，轮换使用，夫人线上办公、孩子线上学习与我的线上教学错峰交替。

考虑这些实际问题，刚开始学院征求意见的时候，我申请的是线上布置作业的授课方式。提交计划后，左思右想，换位思考，隐隐不安。我深感学生们压力很大，一方面要求他们在疫情尚未结束时居家隔离，另一方面还要求他们靠自己的力量来自学，"法律也不能强人所难"。另外，疫情期间学生在家学习，如果长期不"见"老师，不仅是学习连贯性的缺失，更是加重学生和家长对疫情的恐惧。大家如果看见身在武汉的老师都能乐观积极与精神饱满，更有助于提升抗疫信心，这也是隔离在家的教师在另一种意义上为抗击疫情所应有的责任与担当吧。

最终，与家人沟通后，我还是做出调整，选择了网上直播教学。在选择教学平台时，考虑到学校的教育平台流量较大，我第一次选择的平台是腾讯会议。为了进一步激发同学们的学习热情，也为网上授课开个好头，我第一次授课采用的是讲座性质的公开课，题目为"唤起刑法的好奇心”。接下来是紧锣密鼓地搜集资料，在网上预约网课教程，并跟家人预演，调整音形。为了找到仪式感，我当天晚上找出了在衣柜里躺了很久的红格子衬衣，线上也要为人师表。

尽管身经百战，早些年还拿过湖北省青年讲课能手的荣誉，可那毕竟都是在线下，线上授课前居然有一些紧张，但是更多的是期待。线上教学过程中，还是有诸多不适。第一次面对着冷冰冰的电脑，第一次没有与学生们的眼神的交流，我像一个找不到归途的老兵，内心充满了太多的不确定。授课中因为看不到学生反馈，进度不好掌握，感觉十分别扭。说心里话，第一次讲课确实感觉比较累，完全没有线下那种激扬文字与驾轻就熟的感觉，归根结底还是对线上授课不习惯。稍感欣慰的是，课后同学们反响还不错，给我很大的信心，也促使我更进一步完善教学技术，丰富教学内容，更好地回馈学生。课后，在教学内容上，我连夜大幅度修改了原来的课件，为了理论联系实际，加入了与疫情相关的案例分析；为了缓解疫情压力和生疏感，加入了更生动的内容。在技术上，经过反复征求意见，高人指点，熬夜反复调试软件，我换了口碑更好的腾讯课堂（我这里不是刻意打广告，确实效果非凡）。

为了创造更好的课堂效果，我还通过手机大量阅读了很多网课论坛上的文章，更是借鉴了网红主播的成熟经验，熟悉网络语言，增进与学生交流的融洽度。有了上述准备后，第二次上课时，我已经慢慢找到了感觉，并开始接受并习惯了线上教学，课堂上也开始与同学们进行文字互动。

下课后，如同线下一样，我没有立即离开“教室”，还在群里与大家热烈交流，重点联系班干部以及个别学生，征求线上教学中的意见，以利于今后进一步完善。为了引领孩子们更好地学习法律，我利用课下时间整理了大量的电子学习资料，发到班级的 QQ 文件群里。一天下来，嗓子略带嘶哑，身体也觉得非常疲惫，可我的心理上却是满满的获得感。疫情抗争下充实质感的生活，也激励着自己去遇见一个更好的自己。

中南网上在线课堂，唤醒的不仅仅是莘莘学子的求学兴趣和好奇心，更是激发了我们教师沉睡了一个假期的、传道授业的拳拳之心。那时，我在课堂上与孩子们“线上相约”，待到疫情结束时，一定带他们去“线下踏青”，并与他们分享武汉抗疫以及依法抗疫的故事……正是疫情无情课有情，中南传道唤初心。

董邦俊 | 晓风催我挂帆行

董邦俊，1998级刑法学硕士研究生，现为中南财经政法大学教授、博士生导师，刑事司法学院副院长。

疫情之后，武汉的深秋格外美丽。湛蓝的天空中，一缕缕淡淡的白云缓缓飘过，偶尔有几只小鸟伴随着白云飞舞，清脆、婉转的歌声和着那优美的舞姿使天空更加灵动起来。

校园里绿意盎然，令人心旷神怡。桂花树没有闲着，大片的叶子绿得闪闪发亮，金黄色的花儿挂满枝头，像是无数的星星在眨着眼睛，丹桂飘香，让人感悟天地，心驰神往；校园里枝繁叶茂的香樟树形成一道道深绿的"拱门"，通向"文治"之楼……学生赶课的"长龙"在欢声笑语中急速行进、横贯东西……博文明理、厚德济世是中南人的一生追求；春华秋实，不负耕耘，莘莘学子学有所成。求学之路是每一位学子的奋进之路，镌刻在一生的记忆之中，弥足珍惜。忆海拾贝，回顾20年前我的研究生求学生涯，留下的是深深的感激与感动……

一、跨越两季的赶考

法律是公平正义的守护者，理念指引着梦想前行。作为一个身怀法治梦想的青年，1997年下半年我毅然报考了中南财经政法大学(中南政法学院)的刑法学专业的研究生。自此，刑法学的探索之路已然开启。学校法律书店里各种版本的刑法教材和参考资料让人目不暇接，刑法是一门大法，教材编著者包括高铭暄教授、马克昌教授、苏惠渔教授、赵秉志教授、张明楷教授、齐文远教授……名流荟萃，催人奋进，也足见刑法学成果之多，研究之深，责任之重。对于教材，我把每一本都视为珍宝，一本一本地进行比较阅读、划线、批注，经过近一年的准备，对各种版本的教材所涉及的理论和差异有了一定的把握。时间总放不下它前进的脚步，冬天来了，考试的时间越来越近了。与时间赛跑，心里念着"冬天来了，春天还会远吗?"考试的前一天，我把所有的教材再次翻阅一遍。夜晚，我伴着呼啸的寒风和那些翻得有些毛边的教材入梦。第二天早上，皑皑白雪已经把大地装扮得银装素裹，让人瞬间进入"山舞银蛇，原驰蜡象"的情境。夜晚的鹅毛大雪已经变成了日光下轻柔的飞絮，赶考的同学们个个微笑着走进考场，脚下发出吱吱嘎嘎的声音。"瑞雪兆丰年"，这场雪似乎让人感觉到考试是春节将至的一次盛会。南苑的饭店里热气腾腾,空气中弥漫着各种美食的味道,同学们轻声地交流着,憧憬着新一年的“好收成”。

1998 年 4 月,我接到期盼已久的复试通知,再过两周就要复试了,心中感到既激动又忐忑。记得那是一个天朗气清的日子,我早早来到办公楼外等候。当老师喊到我的名字时我快速向考场跑了过去,齐文远教授、张远煌教授和杨宗辉教授等三位导师正静静地坐着,和蔼亲切地注视着我这个新来的应试者,我想导师们当时也许是对我们这些考生的学术能力充满期待。接过信封,我小心翼翼地抽出了题目,出乎我的意料,是一道案例分析题。记得题目大致是这样的:某甲意图杀害某乙,甲的枪里有很多子弹,向乙射击,连开几枪都没有射中。在甲能够继续开枪的情况下,却停止了射击。如何评价甲的行为?在几分钟的思考时间里,我稍微把几本刑法教材中介绍的理论回忆了一下,就回答了甲的行为属于“犯罪中止”,在对犯罪中止的条件做简要介绍之后,考虑是否还要进一步展开时,坐在中间的齐老师说,“可以了,不用再往下说了……你已经回答了这个问题了”。走出考场,虽然觉得自己没有回答错,但还有一些忐忑,毕竟自己还没有展开更充分的论述,好在感受到了导师们的宽容。在随后的日子里,我又对刑法中各种犯罪形态理论进行了阅读,生怕在这个问题上留下遗憾。

二、深奥的课程

1998 年的 9 月,我们如期报名入学,安静的校园沸腾起来了。经过了一周的军训,我们正式开始了研究生课程的学习。在公共课堂上,计算机课程老师用 PPT 详细地讲解着计算机的使用,由于那时计算机尚未普及,这门课很不容易,不过考试没有实际操作;法律英语、二外德语也是全新的领域,两位老教授一丝不苟,让我们学练结合,动口动手;法理学的老师激情演讲,畅谈法与国家的关系、法的价值及其实现,等等;在马克思主义课程上,我们不仅学到马列思想,也领略了康德、黑格尔、费希特等哲学家们的主要观点。

除了这些公共课之外,我们有不少的专业课,这些在电教旁边专门小教室进行的课程让我们既感到非常新鲜,也感到压力。欧陆日本刑法是专业学习的第一堂课,当上课铃响起,齐老师步入教室,放下他那厚厚的用格子信纸手写的讲义,环视四周后坐下来开始上课。他首先对刑法学科进行了介绍,然后提出了学生治学应先学习做人的重要性。齐老师不苟言笑,让我们感觉到要加倍努力。每次上课看到齐老师短短几个小时就讲完一本厚厚的讲义,我们既非常感激又十分敬畏,这要花多少时间读多少东西去梳理、去准备呀!一学期下来,我们对大陆法系国家的构成要件理论、因果关系、违法性、责任、未完成罪和共犯等原理有了更深入的了解。在课堂上,齐老师还列举一些经典案例让我们思考对盗窃宠物狗的责任如何判断,以及对牺牲他人生命来保全自己生命的避险案件如何进行衡量比较等问题,帮助我们深刻领悟刑法中的天理国法与人情的关系。

中国刑法学总论课程的任课老师是朱继良教授。朱老师年纪不小,但声音洪亮,进了教室微笑着坐下,然后介绍了他的学生,张明楷、齐文远、刘明祥、李希慧、冯军等,脸上露出得意的神情。介绍完后,他对我们提了不少建议,“板凳要坐十年冷,文章不写半句空”;在工作中,要淡泊名利，毕业后如果当老师，也不要做律师，当司法工作者要守住公平正义的底线，等等。每次上课，他都带着马克昌教授主编的《犯罪论》，轻轻放在桌上，虽然他很少看，但一定带着。朱老师的课程计划非常明确，讲述条理很清晰。结课时他让我把大家的结课作业送到他家，第一次到丁字桥的政苑小区，按照他说的地址一会儿就到了，按了门铃，朱老师就出来在门口等我了。朱老师的房间不大，书架上放满了大大小小的书。倒了杯茶给我后，和我谈起了未来的计划，然后他小心翼翼地拿出很多名片，给我一一介绍，这些杰出校友都是他教过的学生；并告诫我要珍惜时间，把书读好。离开的时候，朱老师还送了他和曾宪信、江任天两位前辈教授所写的《犯罪构成论》给我，这是我国第一本研究犯罪构成的书。我赶紧收起"宝书"，回学校后反复阅读，深感犯罪构成理论之深，后来一度对这个问题颇感兴趣，写了《开放的构成要件初论》一文，并修改了多次。可惜那时没有电脑，只能以纸质版存放，文稿在毕业后搬迁中也不知所踪。不过，至少那也是对刑法学总论学习的一个总结和思考。

犯罪学是一门全新的学科，我对其内容也是第一次接触，所以上课前内心充满了期待。犯罪学任课老师是张远煌教授，上课时他带着自己写的第一本犯罪学著作《犯罪学概论》，面带微笑走进教室，给我们介绍了不少在法国留学的见闻，他提到法国大学的研究和教学，也谈到希拉克的个人生活……在后续时间里，他按照犯罪学教材的顺序逐章讲解，在与刑事古典学派比较中，我们感受到犯罪学与刑法学的共性与差异，领悟了龙勃罗梭、菲利、李斯特、萨瑟兰、迪尔凯姆等著名犯罪学家的思想精髓，体会到犯罪作为一种社会现象需要探究原因，需要从多个方面采取预防措施。那时候，我们也有了探讨犯罪学的热情，看看书店有什么就买什么，除了张老师自己写的那本《犯罪学概论》外，康树华老师的《犯罪学》、莫洪宪老师的《犯罪学概论》、郭建安老师的《犯罪被害人学》等犯罪学著作也丰富了我的小"图书室"。

犯罪心理学的授课导师是杨宗辉教授，他也是我的责任导师。杨老师是曾在白俄罗斯留学的海归，第一次给我们上课，他畅谈留学见闻，感悟人生，鼓励后进。当时课堂气氛很轻松，他首先给我们讲述了刑法学、犯罪学与犯罪心理学的关系，用一幅《美少女与丑婆婆》的国外名画向我们阐释要以一体化的视野、多个角度看待犯罪问题。在后面的学习中，杨老师对弗洛伊德的精神分析、斯金纳的操作现实行为主义心理学、罗思杰的人本主义心理学等学说进行解读，对各类犯罪进行了心理学分析。

英美刑法是一门很有特色的课程，由夏勇教授来担任这门课程，夏老师当时刚从南京政治学院调回母校任职。来到教室，夏老师跟我们介绍了他在南京政治学院任职的情况，军人的气质镌刻在他的脸上，英姿飒爽而不失温和。他喜欢站着讲解，边讲边板书，核心关键词都写在黑板上，便于我们回去以后进一步收集资料进行阅读。他对双层犯罪构成与三要件、四要件的区别及其影响、美国的刑法中的违法阻却事由以及谋杀等具体个罪的讲解细致而生动，在讲解中注意区分中国刑法和英美刑法的异同。夏老师对美国刑法中个罪的讲解尤其具体充分，这让我们感受到，做学问是一个厚积而薄发的精细化过程，要精雕细刻。

在后续的学习中，又有多位教授为我们提供了饕餮盛宴。吴安清老师对刑法分则理论与实践进行深度剖析；胡新老师带领我们完成中华刑法的历史穿越；辛忠孝老师告诫我们要熟谙刑法学的体系与框架，条理要清晰；赵俊新老师教导我们先整理妆容，再走进课堂。这不禁使我想起《弟子规》中："冠必正，钮必结，袜与履，俱紧切。"时至今日，我还记得赵老师说的话，打好领带就是对学生的尊重。

三、难忘的自习

在中南的自习是令人难忘的，从宿舍到老图书馆（现在文澜楼），大约600米的距离，是一条不折不扣的文化之旅、书香之路。"书山有路勤为径"，这条路引导我们通往书山的大门。"早起的鸟儿有虫吃"，早起读书是我们的日常。有课上课，没课自习。早上早早起来，洗漱完毕，就到食堂去吃早餐了，热干面、豆皮、面窝、小笼包……无不散发出诱人的香味。

吃完早餐，没有课的同学就去图书馆上自习，沿途大家聊着各自阅读的书籍和最新的法治事件，完全就是一个行走的"法学沙龙"。记得1999年5月8日，中国驻前南斯拉夫大使馆突遭美军的无端轰炸，这令世界震惊，中国人倍感愤怒。围绕这个事件，大家讨论激烈，国际法专业的同学谈到该行为是对国家主权的侵犯，刑法专业的同学认为这是反人道犯罪，是故意杀人……沿途几分钟的讨论时间虽短，但是大家直面主题，分析深刻，入木三分。

晋代陶潜在《五柳先生传》中说："不慕利，好读书，不求甚解，每有会意，欣然忘食。"我们的研究生生活也是如此。图书馆似乎充满了魔力，同学们上自习的积极性都很高。图书馆里的图书琳琅满目，应有尽有。中外文的图书、报纸都有，刑事法类、民事法类等各类图书排列整齐，让我们感觉到还有很多书等着我们去阅读；我国台湾地区的刑法学教材、著作也很多，这为同学们学习大陆法系法学理论提供了有益的资料。图书馆负责借阅的老师服务热情，在无声无息中帮忙完成了我们所需要的借阅服务。所以，那时候我们的任务就是读书，而且一定要在图书馆里读。

每到自习时，图书馆必然是座无虚席，特别是考研季的晚自习，这种状况更加明显。于是大家就开始占座，把自己认为不那么重要的图书和本子放在桌上不拿，等到下次直接来坐这个位子。书是人类进步的阶梯，图书馆丰富的图书就是一个知识的海洋，让我们领略徜徉其中的欢乐，在满室的书香中感受到心灵的安逸，助力我们学术的攀越、成长。

四、丰富的讲座

武汉地处祖国的中部，具有优越的地理位置。自古以来，武汉循长江水道行进，可西上巴蜀，东下吴越，向北溯汉水而至豫陕，经洞庭湖南达湘桂；加上铁路、航空等运输业的发展，享有"九省通衢"的美誉。正是因为地理位置和交通方面的优势，地处武汉的学校才能够网络全国学术名流，专家讲座成为名家荟萃的大课堂。对于这些学习的机会，我们倍感珍惜。每逢讲座，同学们一定是提前占位，没有位置的就在门口站着当起了"卫兵"，能来听讲座就是一种荣耀，能在学术上有更多的获得，讲座也赋予我们更多不断前行的力量。听讲座时，我们带着本子抢在前排就座，认真记录，不断思考，敢于发问，收获满满。

在听讲座时，我们是不会分专业的，民法的，宪法的，法理的，刑法的，刑事诉讼法的，法制史的……法的精神是相通。只要没有课,我们一定会来到报告厅。中国政法大学杨振山教授讲“民法是条道”,自愿、公平、等价有偿、诚实信用,民法的基本原则就是服务于人民的生存之道、交易之道、致富之道,然后结合各种民事法理关系进行探讨……北京大学苏力教授对法治及其本土资源进行专题演讲,特别是对法律多元、法律本土化等问题的探讨给人留下了深刻的印象。听完讲座,我们也抽时间把《秋菊打官司》看了一遍,深感多元化社会治理之必要。中国社会科学院的张志铭教授对法律解释进行操作分析,对法律解释的场合、主体、对象、目标和认知结构等问题进行讲解。他讲到解释是必要的,尽管立法的过程是复杂的,但是立法并不完美,存在需要解释阐明或者补充的一些“角落”。张明楷教授回到母校,给我们做了刑法解释的专题讲座,他强调“法律不是嘲笑的对象”,一定要尊重法律,好好地解释法律。此外,要注意解释的技巧,特别是刑法分则的罪名,他强调根据案件的具体情况进行解释,注意到对人权保障的基本机能的维护。赵秉志教授为我们刑法学专业研究生做了如何学习刑法以及刑法的立法进程的讲座,从他的讲座中,我们体会到了我国刑法如何从无到有,逐步完善,特别是1997年《刑法》对社会生活的调整影响深远;刑事立法反映了社会之变,而刑法基本原则的确立,反革命罪的废除表明了我们国家发展的走向。陈兴良教授的讲座也谈到刑法的解释,他讲到了刑法解释与罪刑法定的关系,探讨了刑法的形式解释、实质解释之争等问题。他的讲座使我们意识到,尽管学派之争导致整个学界吵吵嚷嚷、互相指责,但了解这些争论对我们反思刑法解释论有很多的启发。张中秋教授为我们做了中西法律文化比较研究的讲座。他认为,中西法律文化是由其地理环境、社会环境和历史文化环境决定的,比如中国唐代的刑法对日本、朝鲜以及东南亚等国家的影响就很深远,这是由东亚的特殊环境所决定的,他从人的文化原理角度看中西法律文化交流的可行性及未来存在障碍的克服。陈光中教授年事已高,但精神矍铄,在一个晴朗的下午,由安徽大学法学院李学宽教授陪同来到学校,他为我们讲述刑事诉讼的目的、任务及价值等问题,把任务、基本原则等方面的内容与后续各环节相结合,使我们感受到了刑事诉讼之程序正义及其促进实体正义的价值。讲述前后照应,行云流水,让我们大开眼界。其实,在读研期间,还有很多的讲座,精彩纷呈。虽然二十余年已经过去了,学术大师的风采仍然历历在目,时常回忆起这些“浓缩的精华”,似有绕梁的余音仍常常在耳畔回响。

五、学术的初探

读研的时光是最美的时光,读书与听讲几乎就是生活的全部。而研究生不能没有研究,研究是从问题思考开始的,爱因斯坦说,“提出一个问题往往比解决一个问题更重要”。敬爱的导师们总是循循善诱,启发自觉,比如欧陆日本的构成要件体系与美国的双层构成要件体系有何区别,对病入膏肓者提供致死的药物是否构罪,不同类型犯罪者的犯罪心理有何区别,等等,这些问题启发着我们向着学术殿堂迈进,推动着我们去追逐梦想。

在研一上学期,一场“正义的示威活动”促进了我们研究计划的实施。在一个月黑风高的周末夜晚,几位同学在楼下紧急呼叫,“请大家赶快下楼集合……”同学们神经紧绷,以为是有什么突发事故,纷纷下楼。到了楼下才知道,有位张姓同学在南苑市场因为打电话被讹诈,张同学与之理论之后,老板有恃无恐,追打该同学至保安室,气焰十分嚣张。好在一群同学“从天而降”,张同学才得以被解救,但已经头破血流。同学们因此迅速聚集,一起列队前往南苑市场向打人者施压,有的同学拿着不锈钢碗勺敲打着,有的同学喊叫着“严惩流氓”,还有同学向派出所和媒体打电话。第二天武汉的报纸报道了该事件,记得报纸新闻标题的大概是“中南政法学院内流氓当严惩”。虽经波折,但同学们的正义感情基本得到了满足,后续的追责工作我们仍然在关注。当时,由吴学斌、李立众等师兄发起成立的“青年刑法沙龙”当周将该问题作为核心主题展开研讨,到场的刑法学专业的十来位同学对该案件的性质进行了热烈的讨论,其中不少的同学认为对肇事者应追究刑责。有的同学认为该行为构成故意伤害罪,有的同学认为应以寻衅滋事罪追究该老板的刑事责任,少数同学认为,应该将该老板予以行政处罚……在广西壮族自治区玉林市中级人民法院刑庭工作的曾祥云同学提出要结合案件的具体情况和当地处理类似案件的做法来做好准备。经过热烈讨论,我们起草拟了一份联名意见交给了派出所,建议对该案以寻衅滋事罪进行处理,理由是老板无事生非、起哄闹事、追逐、拦截,严重破坏了正常的市场管理秩序,而且当时也仍然处于“严打”时期,危害严重。美国大法官霍姆斯在《普通法》中提出,“法律的生命在于经验而非逻辑”,此事之后,我们也更加关注实践中的热点、难点问题的研究。

在那时,学术研究之风正盛。“熟读唐诗三百首,不会作诗也会吟。”到研究生二年级的时候我们也尝试着参与学术,试着去学术的海洋中“击水”。一个偶然的机会,一位省检察院反贪局的干部来到学校寻找职务犯罪预防与惩治方面的研究合作,我有幸遇到并受邀参与,最终写了四万多字涉及职务犯罪的司法预防等内容,该书在湖北人民出版社出版。“初生牛犊不畏虎”,在参与的图书出版之后,我更积极地寻觅刑事法学中的热点问题,并动手试着写作。记得当时关于严格责任问题讨论得比较热烈,我一时兴起,读完近五年所有关于严格责任的论文,觉得刑法之公正、谦抑等价值追求不可放弃。《尚书·大禹谟》中“宥过无大,刑故无小”的精神在今天仍然值得发扬光大,于是我撰写了《罪过责任之思考——兼评严格责任之冲突》,承蒙法学类核心期刊《法学评论》杂志对后学之不弃,论文最终正式发表了。此后我又结合理论与实践之争陆续撰写论文六篇,且都公开发表。现在看来,当时的一些杂志在奖掖后学方面的积极作为令人敬佩。此后自己的硕士毕业论文《妨害公务罪研究》的撰写也正是基于经年累月的听讲和阅读后的思考,在不长时间里一气呵成。在参加工作时,我把硕士毕业论文拆解成七篇论文,稍做修改发表,其中有两篇论文发表在法学类核心期刊上。

清代诗人查慎行在《晓过鸳湖》中写道:“晓风催我挂帆行,绿涨春芜岸欲平。长水塘南三日雨,菜花香过秀州城。”缓步晓南湖畔,湖面如镜,垂柳依依;教学楼旁,茂林修竹,清香四溢……回忆研究生阶段的日子,我在各位导师的悉心指导下深入学习,博览群书,研精究微,这段生活给予我一方安适自得的心境、神清气爽的愉悦和献身法治的力量,是我人生中最美好的一段时光。

周　详　|　锁住的记忆，锁不住的恩情

周详，1999级刑法学硕士研究生，现为中南财经政法大学刑事司法学院教授、博士生导师。

一、锁住的记忆

中南刑法学科四十周年，组织者找我写点自己研究生生活学习的回忆。我坐在办公室，回忆了半天，那三年的时间，却仿佛是一段烧毁了的胶片，没有任何过往镜头的回闪。好像早上一梦醒来，记得昨晚做了一个美梦，却忘了梦见的具体内容。

但很多学者，记忆力特好。比如前天早上在文治楼前，碰见法学院的张继成老师，他一见面就说："你小子可以啊！"我一愣，"什么好事"？他说："昨晚你居然出现在我的梦里。梦见同事，还不同院，这是绝无仅有的事。"我哈哈一笑："我不是你的噩梦，就好。"

其实人到中年，我的"记不住"与"忘了"，已经不是偶尔醉酒后的异常断片，而是生活的常态。记不住人的名字，记不住容颜，记不住电话，记不住生日……忘了昨天车停哪儿，在球场上丢了好几双鞋子……但忘记这忘记那之后，还记得回家，也深深记住了夫人对我哲学家般的教诲："什么都忘记，总丢三落四，行尸走肉般活在世上，生命还有什么意义？"我回答："那也不能这么说。我什么都忘记的生命，已成为你生命中的噩梦，挥之不去寄托在你的记忆中，我的生命也就仿佛加长了一些。"（孟德斯鸠）

痛苦的事情刻骨铭心，快乐的事情忘乎所以，这似乎是记忆的第一特征。但人生故事的回忆，却有一种"忆苦思甜"的化妆赋魅效应。在回忆的诠释之下，自己或他人的芳华故事，即使原本尴尬不堪，里面装满了虱子，却也会披上一袭华丽的旗袍，一回忆起来，都很罗曼蒂克。"在黄昏的余晖下，万物皆显温柔；即使是残酷的绞刑架，也将被怀旧的光芒所照亮。"（昆德拉）[1]

---

〔1〕 周详：《法律是一个诠释性的隐喻故事——〈芳华〉评论》，载微信公众号"法学学术前沿"2018年1月11日。

二、考研的回忆

我本科就读中南民族学院教育管理系，为什么会跨专业考中南政法学院的刑法研究生，这实属偶然，其中有两个故事文本。

一个是我在《我的〈刑法教义学宣言〉》一文中的回忆。依稀记得1997年那年冬天，我尚就读于中南民族学院教育管理系，偶然路过八角阶梯大教室，感觉有非比寻常之处：教室内外被学子挤得水泄不通，人头攒动却又鸦雀无声。从未见过此等讲座之盛况，内心颇为稀奇："是何等牛气夫子，在向三千学子传道授业解惑?"可惜我个子矮，尝试在外圈跳跃仰望，也不见其人，但闻其声："刑法学子们！奉君一句劝：不要以找到一部刑法的漏洞越多为荣，反要以很好地解释一部刑法为耀。因为刑法不是嘲笑的对象。"引得学子爆笑如云。

我莫名其妙，似懂非懂，茫茫四顾，瞥见身边站着一"林妹妹"模样的女同学，心无旁骛怀抱一本蓝皮《刑法学》教材。我假装好学，拉拉她的衣角问："里面那位是谁。"她投来一抹似笑似鄙的眼神，曰："隔壁学校李大爷"。自讨没趣的我，含羞悻悻而走。自此我发愤自学，两年后也侥幸中举，考上"隔壁学校"(中南政法学院)的刑法研究生，方顿悟自己多少错怪了那位"林妹妹"。她的眼神含有鄙视嘲笑之意不假，却非因我的样貌丑俊之故。她实则嗤笑我张口吐出的法盲之语，显露了我腹中的草莽无知。

我听音误读的那位"李大爷"，实乃姓"张"字"明楷"。张明楷老师当时那本蓝色《刑法学》，自成一体一家的教义，写得通灵剔透精彩脱俗，早已成为洛阳纸贵的经典。以此书为范本的刑法教义考题之难度，当时也堪称天下无比。让本性愚顽的我自学起来，如渡浑河摸石头，读得血沥心呕。苦渡，苦读，一夜白了少年头。且看20世纪50年代出生的另一刑法学代表人物之一、"刑法教义学"的提倡者陈兴良老师，对此书有着不吝言辞的至高赞誉：这是我国在1997年《刑法》颁布之后出版的首部个人撰写的学术性刑法教科书，该书成为我国刑法教义学的发轫之作。[2]

另一个故事文本，是我在《罗生门》《山河故人》两篇影评中的对同一打架斗殴事件的回忆。大学毕业前夕，血气方刚的我经历了一场冲突事件，我决心弄清楚这世界的公平正义，于是临时买了几本法律书自学，在这一过程中顺道考上了隔壁中南政法学院的刑法研究生。[3]

当年我下决心跨专业考中南政法学院的刑法研究生，但留给我自学法律的时间不多，专业课分数不高，应届没考上。毕业之后，没找工作，准备二次备考。我在中南门口附近租了最便宜的一间民房，乃是在一个废弃厨房里，放着一张桌子一张竹床。夜深人静，透过烟囱口，仰望着月亮星空，我也心满意足。通过在中南政法学院读书的初中同学的介绍，我认识了刑法教研室的熊云武老师，他帮我查了法律系本科生的课表，建议我听听齐文远老师的课。听课之后的效果，的确比自己关在民房里自学好万倍，这一次如愿考上公费研究生，还有点生活补贴。几年后我才偶然晓得，帮助我的熊云武老师，乃是我父亲的初中同学，几十年未联系而已，只能说

---

〔2〕 周详：《我的〈刑法教义学宣言〉》，载微信公众号"中国法律评论"2018年5月26日。

〔3〕 周详：《短剑开口，石头说话——〈罗生门〉法律影评》，载微信公众号"中国法律评论"2017年3月25日。

这个世界太小。仿佛天注定，在每个求学阶段，必有不同的老师出手相助。

对于旁听课的故事，我自己已经没有了太多深刻印象，但齐老师却似乎在那个时候就记住了我。在为我的博士论文（在出版中）写的序言里，齐老师写下这个情节丰满、感情细腻的师生相识之初的动人故事：

“时间过得真快，不知不觉地我俩已经相识20多年了。当时我刚刚步入不惑之年，而他也才大学毕业，现在我早已年过花甲，他也已经从一个少不更事的毛头小青年成长为一个法学教授，并且已经培养出了博士弟子。记得我俩最初见面是在我的本科生课堂里，时间是1998年的秋天，当时是个大教室，学生比较多，除了要修学分的一、二年级学生外，还有一些高年级的准备考研的旁听生，包括外校来旁听的，周详就属于后者。我当时有个习惯，下课后并不马上离开教室，而是听听同学们有什么反馈并解答一些他们的学习疑惑，一直等到同学们差不多都走后我才离开，而周详几乎每次都是最后陪我走出教室的。可能是因为自己是旁听生，也可能是见我对他不苟言笑，他开始时并没有主动和我搭讪，只是在旁边听我解答其他同学的疑问，然后在我回家的路上默默地陪在我身后。因为我当时住在校北区宿舍，离学校北大门很近，而他当时所读的学校和我校北大门就隔了一条马路，所以我俩可以说是顺路。但当时我并不知情，以为这个同学怎么这么客气，每次都送我到小区路口。过了两三次后问他才知道他不过是回学校和我顺路而已。渐渐熟了以后，我才了解到他是中南民族大学学生，原来学的是教育管理专业，现在想报考中南政法学院刑法学研究生，所以来旁听我的课。就这样，我俩算是认识了。但他表达了想跟我读刑法研究生之后，除了顺路陪我在校园里散步外并没有跟我套什么别的近乎，这反而加深了我对他的兴趣，于是每次下课回家的路上，成了我俩单独交流的机会。然而他为人木讷，与他后来写文章那种东拉西拽、旁征博引的风格完全是天壤之别，所以基本上是我问他答。除了考查他专业方面的理解力外，我还问了他的家乡、家庭情况、受教育经历以及都阅读过什么书等。而对他了解得越深入，我也就越倾向于认可接纳他。后来经过严格的笔试面试，他被录取为我指导的硕士研究生，毕业后又因科研潜质突出而留校任教。”

三、读研的回忆

读研期间，除了以下曾被书写过三个文本故事，能回忆起细节的故事不多。

一是读经典之书的故事。有一次，我夫人从相册里挑出一张照片，给读初中的女儿看，那是一张我在研究生寝室里的照片，桌子上的书一摞摞堆得老高，掩埋了我略带枯黄的半边脸。妈妈趁势教导：“要像爸爸年轻时那样，宁可饿着肚子，也要多读点书。”这个研究生读经典之书的故事，我写在一篇书评里：

华东政法大学的何勤华校长，退休前回忆自己大学生活，特意提到北京大学一位老先生说的话：“钱再怎么节约，两个方面不能节约。第一，买书；第二，吃饭。”看到这句话，我深有感触。在我读研究生期间，这个精神与物质的关系问题，表现得更为极端对立一点。我早上通常会垂涎欲滴地在食堂前徘徊良久，考虑这顿早餐要不要吃。因为十天不吃早餐，省下来就可以买一本好书，用经典之书中的话，喂养自己内心嗷嗷待哺的那只精神小羊。借用喜欢读经典引经典用经典活出经典的那位木匠的话说："经上记着说：人活着，不是单靠食物，乃是靠神口里所出的一切话。"据说"书中横躺着的是过去的灵魂"。如果有一天，我不再是那个饥渴慕义的书呆子，不再是一个人生思考者，不再与自古以来留下经典的过去灵魂谈话，我反而感觉自己不过是一个行尸走肉的活死人而已。或许在这个物欲横流的时代，如今站在讲台上的我，只是被"成功人士"或向往这种生活的人所看不起的书呆子，一个生活失败者。但我仍然希望讲台下的学生，在自己的学生读书时代，就应该安安静静坐在书桌前，读好书，读经典。[4]

二是"齐老师帮我开车门"的故事。我在《纪念老师的坏与好——〈死亡诗社〉观影笔记》一文中回忆大学老师：我大学毕业了，没去找工作，准备跨专业再考一次研究生。田晓红老师就把学校家属区的房子空出来，借给我免费住了好几个月。这种老师的好，学生内心能记住一辈子。我第二年考上中南政法学院的刑法研究生，又遇到恩师齐文远教授，齐老师完全把我当儿子对待，学业、工作、生活上对我这个农家孩子照顾有加。说个小秘密：在我留校工作很多年里，齐老师都会偷偷攒点私房钱，塞给我补贴家用。当然我也不太懂事听话，不见得把老师好不容易攒的私房钱用在正途了，也许在牌桌上一次就输掉了。在这个教师节的日子，我说出这个隐藏好多年的小秘密，会不会有背叛老师的嫌疑呢？[5]这里有一个"齐老师帮我开车门"的故事，没写出来。在研究生期间，齐老师曾经带我和廖万里同学去海南参加刑法年会。廖万里来自浙江发达地区，家庭条件好，也见过世面。我从恩施大山里出来，跟着齐老师去开会，是第一次坐飞机，第一次坐轮渡，第一次坐小轿车，第一次进大酒店。上车下车之时，廖万里同学抢着给齐老师开车门，齐老师却抢着给我开车门。说实在的，我的确不知道如何开车门，也不知道抽水马桶怎么用……齐老师生怕我闹出农民陈奂生进城那样的笑话，一路上总是细心照顾我，免得我不知所措的尴尬，伤了自尊。"齐老师给学生周详开车门"的故事，也就变成了一段佳话，不知不觉流传开了。在齐老师的指导下，我在生活中学会了很多第一次，但最重要的第一次，是我提交给年会的一篇论文，被几位学术刊物的编辑意外相中，主动找我要文稿，最后发在《云南大学学报（法学版）》2001年第2期上。

三是"一篇毕业论文写两个后记"的故事。这个故事常常被夏勇老师在酒桌上谈起。每次刑法学科接待外面的学术大咖，夏勇老师总是这样把我介绍给客人："我是通过以文会友认识周详的，当年他是齐老师直接带的研究生，我刚调进学校，上了一门英美刑法课。除了自己带学生，其他学子一个也对不上号。但最后交的结业作业中，有一篇《英吉利民族精神与英国刑法》文章，文风迥异，有自己独特的视角，一下子就把我吸引住了。虽然也没对上号作者周详是哪个，但毫不犹豫地给了最高分。尤其是他硕士毕业论文，绝无仅有地写了两个文采飞扬的后记。论文的题目与内容如今不记得写了什么，但两个后记的写法，却让人念念不忘，开创了他'浪漫主义刑法'的个人特色……"

这个故事，补充两点：

第一，我的硕士论文题目是《邪教犯罪研究》。因为写这个题目，也是少见的，所以刑法导

---

〔4〕 周详：《不让人插上话的时代（上）》，载微信公众号"中国法律评论"2017年3月18日。

〔5〕 周详：《纪念老师的坏与好——〈死亡诗社〉观影笔记》，载微信公众号"法学学术前沿"2018年9月11日。

师组的杨宗辉老师,自此给我取了一个外号——“周邪”。在酒桌上,老喜欢摸着我的头说:“周邪这小子,我看着长大的,有歪才,我喜欢。”如今,20 年过去了,毛头小伙“周小邪”,已经变成了满头苍发的“周老邪”了。

第二,近日齐老师想看看此文本,问我手上是否还有留存,我自信满满地说应该还在。自己也想找出来看一看,被夏勇老师反复叙说了 20 年的“一篇论文写两个后记”故事,文本中到底写了什么。哪知翻箱倒柜,就是不见踪迹。如同人的记忆,早不知道遗落在何处了。想想 20 年之间颠沛流离,几移居所,遗失一个不起眼的薄本,再正常不过了。想起曾经赠送过在武汉的几位高中同学,他们也喜欢拿此后记,在酒桌麻将桌上开我的玩笑。果然,有位同学在旧纸堆里找出一孤本。拿到了文本一看,原来夏勇老师也记错了,不是写了两个后记,而是写了一个题记,一个序言,一个后记。再读 20 年前的文字,有一种似曾相识燕归来的感觉。“两个后记”就这样重复地讲述着、流传着,几乎成为一个谁也没看见过真面目的神话传说。

故事写完了,“再好的东西都有失去的一天。再深的记忆也有淡忘的一天。再爱的人,也有远走的一天。再美的梦,也有苏醒的一天”。(莎士比亚)我这种“以遗忘形式承载的记忆”,并不会为这大地增加或减少什么,只是徒劳地想表达一点点对回忆中提名、未提名的各位老师的感恩之情。

夜幕下的南湖畔

刘为军 | 当年弦歌在，犹有故人来

刘为军，1999 级刑法学硕士研究生，现为中国人民公安大学侦查学院教授、博士生导师。

毕业后，我还经常应导师杨宗辉教授的邀请回母校参加学术会议和学生的论文答辩，经常能见到各位恩师和留在母校任教的师兄弟们，始终没有已经远行的感觉，因此当齐文远教授嘱我为刑法学专业四十周年写一点什么的时候，竟然一时间不知道说点什么。

不过，因为没有远离而很少去回忆，但真要刻意去回顾 1999—2002 年在南湖之畔的美好时光时，我才幡然醒悟，少年壮志、青春弦歌已经一去不返，只有一份浓浓的师生情谊，靠着刑法学大家庭的维系，历久愈醇，思之易醉。

我们这一届刑法学专业硕士生一共 18 人，也很巧，男女各占一半。这一届学生与曾昭琼、曾宪信、江任天三位先生无缘面见，仅靠“江湖传说”就激励着一届又一届刑法学子。朱继良等先生虽然不直接指导研究生了，但还在讲台发挥余热，语重心长，薪火相传。记得有一天早上下暴雨，18 人无一例外都迟到半小时以上，到了教室，先生还端端正正坐在讲台上等着我们。此景至今仍让我惭愧，并鞭策我至今。

我们这一届正好 6 位责任导师，每人直接指导 3 名学生，但学生和导师经常“串门”，大家并没有什么“门户之见”。导师们正值盛年，个人事业如日中天，各项工作事务繁忙，对待学生学业非常严厉，课业之外却一律和蔼可亲，生活上的关心亦让人如沐春风。

如今想来，那时刑法学的老师和学生都思想单纯，动机纯洁。特别是当自己也成了一名研究生导师，看到网络媒体上报道的一些高校个别导师与学生的“交易”，在唏嘘一番之时，亦不免为我们当年得遇良师而庆幸。18 名同学中，有多人留在高校工作，萧规曹随，恩师们的待生之道，也理所当然地被我们延续。

在这 18 名同学中，我算是较为特殊的一位。我本科即就读中南政法学院法律系，“刑法学总论”和“刑法学分论”分别由张明楷教授和齐文远教授讲授。读研时，受导师杨宗辉教授影响，我走上了侦查学的研究之路，后来又跟随何家弘教授继续学习侦查学和证据学，并未延续刑法学的学习和研究，但各位恩师多年教导给予的规范学术训练，让我受益至今。

行文至此,女儿凑过来看,询问我们求学时的故事。就中南读研的三年而言,18 人当中,我或许是收获最大的一位。女儿的小名,就源自我和妻子牵手走过南湖不远处的一个小池塘时,惊起一群蜻蜓,从这个穿着白色连衣裙的女生面前翩然而过的场景。生活中总会有很多不如意,但美好的事物,如师恩;美好的时刻,如蜻蜓的飞舞,总是能镶刻在内心最深处,永远不会忘却。

弦歌散去,大家毕业各奔东西。二十年了,人生道路千差万别,有的致仕,有的治学,有的自辟一方天地,有居庙堂之高,有处江湖之远,有的同学时时联系,有的经久不闻。但无论富贵贫贱,无论亲疏远近,"中南刑法学人"这根线始终将我们紧紧相连。

静谧的水杉林

苏永生 | 忆一次学术指导活动

苏永生，2006级刑法学博士研究生，现为河北大学法学院教授、博士研究生导师。

2006年9月，我怀着忐忑的心情从学习与生活了14年的青海省西宁市，[1]来到了我仰慕已久的位于江城武汉的中南财经政法大学（以下简称中南大）法学院，师从著名刑法学家齐文远教授，开始了博士研究生的学习与生活。心情之所以忐忑，是因为我来自青藏高原地区。青藏高原给世人的印象，除了举世闻名的珠穆朗玛峰和神秘的藏文化之外，恐怕就是唱响大江南北的《翻身奴隶把歌唱》这首歌曲所传布的进步之中隐喻的落后。所以，很多人会认为来自青藏高原的人，是比较落后的人。相应地，从青藏高原出来的人，起初大多会有一种不自信。然而，这种不自信往往会成为努力奋斗的动力。正是在这种心理作用下，我投入了紧张的博士研究生学习中。博一的第一学期主要是学习公共课，按理说应当好完成，但中南大的老师的学术水平都比较高，其所提出的一般要求，对我们而言则属于比较严格的要求。正因为如此，博一第一学期我主要是疲于应对各门公共课，无暇顾及专业课的学习和钻研。

真正开始专业课学习，是在博一第二学期。与此同时，也展开了对我而言属于“地方知识”的刑法与民族习惯法之互动关系的研究。由于当时中南大的刑法学是挂靠在法制史专业下招的生，因而未能专门针对刑法学方向的博士研究生开设专业课程。所以，刑法学方向的博士生只能选择听自己导师针对硕士研究生开设的课程来学习，或者通过参与导师的科研工作来学习。我当时就选择了导师针对刑法学专业硕士研究生开设的刑法总论课程来学习。同时，因我的学习态度相对积极，并已经取得了副教授专业技术任职资格，所以导师就将其主持的中国法学会科研项目的一部分交由我来完成，大概需要写两章，共约4万字。由于2003—

---

〔1〕 我出生于宁夏回族自治区固原市，系全国最贫困的地区之一，我所在的固原县（现固原市原州区），系被联合国认定的贫困县，也被认为属于最不适宜人类居住的地区。我1992年6月参加高考，是年9月进入青海民族学院法律系（现青海民族大学法学院）法学专业学习，1996年6月毕业留校任教。从1992年9月到2006年9月，整整14年。

2006 年我参加了王作全教授主持的国家社科基金项目“三江源国家级自然保护区生物多样性保护与生态补偿机制研究”的研究工作，[2]而且导师分配给我的是科研任务属于刑法学专业内的问题，因而接到科研任务后也没觉得过于紧张。与此同时，我也将自己近半年来思考刑法与民族习惯法之互动关系的一篇约 1 万字的论文交给了导师，恳请导师提出修改意见。

接到科研任务后，除了聆听导师每周一次的刑法总论授课之外，就是紧锣密鼓地推进科研工作，同时就自己比较感兴趣的刑法与民族习惯法的互动关系问题进行思考。武汉的 4 至 5 月是一年中最美的时节。既无酷暑，也无湿寒，鸟语花香，气候宜人，适宜外出郊游。住在中南大首义校区的博士生(尤其是博一的研究生)大都早出晚归，享受着武汉的自然之美。但是，为了从“落后”的烙印中蜕变出来，我只能给自己更大的压力。正是在这种情况下，我选择待在宿舍里读书和写作，在很多时候都是校园里鸽子的叫声和电脑键盘发出的声音陪我度过一个个白天。现在想来，在喧嚣且琐事缠身的当下，能够静下心来读自己喜欢的书，写自己愿意写的文章，岂不是一件美事！时间过得飞快，很快就到了 7 月初，武汉的天气不再显得那么温柔了，不时出现的闷热着实让我这个长期生活在干旱少雨的西北地区的人略感不适应。即便如此，我的内心还是充满了喜悦。因为我已经很认真地完成了导师交给的科研任务，而且自我感觉水平还不错，同时一节不落地听完了导师的刑法总论授课，可谓收获满满。然而，毕竟是我第一次跟导师做科研，还是恐怕自己水平不够，过不了关。

2007 年 7 月初的一天，我提前跟导师约好见面，带着导师交给我的科研任务的电子版来到武昌火车站附近的公交汽车站，坐上 538 路公交车，大概一个小时之后到达中南大南湖校区的北门。下车进入校门后，直奔中原楼。中原楼是新建的一栋用于行政办公的综合楼，各种设施自然是比较好的，办公环境也是最优的。记得导师当时的办公室是在中原楼六楼离电梯口比较远的地方，具体房间号实在记不起来了。敲开办公室的门，导师一人坐在办公桌前，似乎是在专门等待我的到来。导师邀我坐在与其办公桌正对的一把椅子上，招呼我喝茶。此时的我，兴趣并不在喝茶上，而是急切地告知导师科研任务的完成情况，并想知道导师的评价。导师将我递给他的 U 盘插入电脑的 USB 接口，打开后看了几眼，另存后拔出 U 盘递给了我。让我感到意外的是，导师只对我说了“谢谢”“辛苦”之类的客套话，并未对研究成果做出任何评价，[3]而是询问我在武汉的生活情况。我当然不会说在生活上存在什么困难，实际上也不存在困难，而是将自己的研究兴趣向导师做了介绍。介绍完毕后，觉得导师似乎还有很多事情要做，就准备起身离开导师的办公室。正在此时，导师从抽屉里拿出一个文件袋说：“这是你开学时交给我的论文，写得还不错，但有些地方还需要进一步完善。”之后，将文件袋递给我，我接过文件袋后向导师道完谢，就离开了办公室。出中原楼后，我立即乘坐公交车赶回首义校区。在回首义校区的 538 路公交车上，我小心翼翼地打开文件袋，让我大吃一惊的是，稿件的

〔2〕 在本项目的研究中，我不但承担了部分章节的写作任务，而且完成了统稿工作，既积累了研究经验，也提高了研究能力。

〔3〕 后来自己当了研究生导师后才知道，只有认真阅读了他人的作品后，才可能给出正确的评价。这不但是一种认真负责的态度，而且是对他人最起码的尊重。

所有空白处几乎写满了字，初看密密麻麻，箭头、下划线、删除线、小圆圈等布满了整个稿件，细看则条理分明，指引明确。整个文稿中的每一个自然段、甚至每一句话中都有修改过的痕迹。真是没想到，导师在如此忙碌的情况下，还对我写的论文做出了如此详细的修改，我也因此暗中庆幸：在自己的生命中能遇到如此负责任的导师，真是三生有幸！

很快就接近中午时分了，公交车也到了中南大首义校区。武汉的天气已经很热了，下公交车后就有一股热浪扑面而来。首义校区后门紫阳路上的一家简陋的清真兰州拉面店，是我经常光顾的地方。这不仅是因为我的饮食习惯决定了这家小店比较适合我，更为重要的是，我得吃清真饭，且特别喜欢吃本店的土豆牛肉盖浇面。这天，我依然如故地来到了这家拉面店。进店后，顾客不多，[4]我与店老板和几个伙计打招呼后就坐在距离风扇不远的一张桌子前，一边享受着风扇间或送来的凉风，一边期待着香喷喷的土豆牛肉盖浇面。过了几分钟，伙计把一盘面端到我的面前。我一边吃着面，一边想着导师提出的修改意见以及下一步如何修改。吃完面后，拉面店伙计跟我聊了起来，并问起我快放暑假了，是否回家。这不由得使我想起了远在青藏高原的家人，回家的想法油然而生。于是，向导师辞行后，我带上稿件和相关资料，坐上了回西宁的列车。

具有“夏都”之称的西宁，其夏季真是很舒适，不用空调，也无需冰镇饮料，甚至在早晚还得穿上外套，夜晚还得盖上被子睡觉，这为我修改论文提供了绝佳的气候条件。一回到西宁，我就一头钻进一间与书房兼用的、大概6平方米大的卧室里，开始钻研导师的修改意见。从文字表述上看，导师的修改意见一眼就能看明白，可谓言简意赅，但仔细琢磨余地却很大。记得很清楚的是，导师就稿件中的结语部分提出了“应当结合构建社会主义和谐社会来写”的建议，这不但使我认识到论文写作应当与党和国家的大政方针紧密结合起来，而且促使我研读《中共中央关于构建社会主义和谐社会若干重大问题的决定》以及相关政策，从中寻求写作思路。[5] 大概用了一周的时间，借助于各种文献资料，我吃透了导师的修改意见，并形成了进一步修改的思路。接下来的时间里，我每天都早起晚睡，斟酌稿件的修改，7月的一大半和整个8月几乎都如此度过。起初，我对能否按照导师的意见完成修改拿不准，故感到焦虑；但后来，随着修改进程的加快，焦虑情绪很快就消除了，随之而来的是喜悦，甚至还有惊喜。大概到8月中旬，整个稿件的修改工作已基本完成，剩下的时间就是逻辑思路上的进一步严密和文字表述上的进一步提升，经过了大约一周时间的精雕细琢，在此期间我甚至将稿件拿到打印店打印出来后多次进行朗诵。就这样，稿件从原来的约1万字增加到约2.5万字。在修改稿件的过程中，有两个明显的感受至今难以忘怀：一是自我认知的提升。通过对稿件的修改，我认识到导师提出的意见往往是醍醐灌顶。即便自己绞尽脑汁完成的、且自以为很完善的作品，导师能够很轻易地提出很多让人意想不到的洞见，这使我认识到自己的学术水平非常有限。二是家人

---

〔4〕 拉面是汤面，故讲求趁热吃。正因为如此，在炎热的夏天，人们一般不会选择吃拉面，这是武汉的拉面店夏天食客少的重要原因。与此不同，在比较湿寒的冬季，武汉拉面店的食客通常络绎不绝。

〔5〕 后来逐渐认识到，将研究工作与党和国家的大政方针结合起来，是增强作为致用之学的刑法学研究之现实意义的最为重要的途径。

的辛劳。整个暑假,我都沉浸在论文的修改中,并经历着学术的喜悦,这一工作的完成完全依赖于妻子和孩子的早出晚归。

现在回想起来,2007 年的暑假是我迄今为止度过的最为充实的暑假。充实的往往是愉快的,愉快的通常是短暂的。转眼间又到了开学季。匆匆结束了暑假,我又从凉爽的“夏都”来到了武汉。虽然已经进入了秋季,但武汉的天气还是比较炎热的。在 9 月中旬的一个下午,我如约来到了导师的办公室。首先向导师问询了关于项目研究成果是否合格的问题,导师的回答很简洁:“有些论述或说法‘有点过了’,其他没什么问题。”听到这句话,我悬着的心终于放下来了,而且更加坚信了自己的学术能力。然后,将修改好的刑法与民族习惯法互动关系的稿件递给了导师。导师一边听我述说修改稿件的过程,一边翻阅修改后的稿件。等我述说完毕后,导师表示抽时间再审阅稿件。我对导师表示感谢后离开了办公室,出了中原楼,一如既往地乘坐 538 路公交车赶回中南大首义校区。

中南大首义校区是原中南财经大学的校址,历史悠久。校园内虽然没有湖泊,也没有山丘,但古树参天,鸟语花香,没有过多的喧嚣,着实是一个读书的好地方。对我而言,自从把论文修改稿交给导师之后,接下来的时间就是读书和等待。凡是等待的过程似乎都是一个漫长的过程,在没有其他事情冲淡等待的情况下更是如此。大约过了半个月,实在是按捺不住,我就冒昧给导师打了电话,询问论文是否还需要修改。导师的回答是:可以投稿了。接到导师的这一回答后,我兴奋无比,立即按照《法学研究》的格式要求对稿件进行了认真编辑,并在稿件的最后一页写上自己的通信地址和联系电话,然后到打印店打印出纸质版,立即来到邮局,将稿件用平信邮寄到北京市东城区沙滩北街 15 号《法学研究》编辑部。接下来的时间依然是读书伴随等待。由于所投的刊物级别太高,显示了我初生牛犊不怕虎和无知者无畏的勇气,因而我并未将此事太放在心上,但还是严格遵守了学术道德,并未一稿多投。所以,虽然也在经历着比较痛苦的等待,但苦楚并不明显,时间在日复一日的读书中较快地度过。约一个月之后的一个上午,我出宿舍门锻炼时忘记了带手机,回宿舍后发现有一个来自北京的未接电话,想到自己在北京没有认识的人,电话可能就是编辑部打来的。很幸运,把电话回拨过去后得知,果然是《法学研究》编辑部打来的,编辑告诉我经过初审后认为稿件质量比较高,给了我一个电子信箱地址,让我把稿件的电子版发过去,除此之外没有给任何信息。挂断电话后,我立即把稿件的电子版按照给定的信箱地址发了过去。接下来是兴奋和等待交加的日子。兴奋的是,我的研究成果得到了《法学研究》的认可,对我而言显然是一种莫大的肯定和鼓舞。所谓“等待”,即稿件最终能否被采用,何时能采用。而且,稿件如果被《法学研究》采用,对我这个初出茅庐的来自青藏高原的学人而言,显然是一件大事。[6] 所以,等待更确切地说也是一种煎熬。

10 月的武汉也是一年内比较美丽的时节。酷暑逐渐退去,雨水相对稀少,适合外出郊游。但就我而言,对《法学研究》能否采稿的等待,似乎冲淡了一切,除了有两三次和同学们一起到南湖校区听学术报告和每日到紫阳路兰州拉面店吃饭之外,我几乎没有迈出过首义校区的大

---

〔6〕 我所知道的是,青海省自建省以来还没有人在《法学研究》上发表过论文。所以,在《法学研究》上发表论文,就具有创造地方法学历史记录的意义。除此之外,没有更多的认识。

门。在学校的日子,除了每天一次甚至多次看信箱之外,就是读书、写作以及到校园北边的操场跑步锻炼,偶尔也会来到校园南边的篮球场打打篮球。就这样,10月底的一天早晨,起床后我一如既往地打开电脑,接上网络,点开信箱,发现有一份未读邮件。打开邮件后发现,是《法学研究》编辑部发来的邮件,内容是准备采用稿件,让我把附件里的用稿合同下载打印出来签名后尽快寄到编辑部。看到邮件后,我如龙勃罗梭发现了天生犯罪人一样,眼前突然一亮,甚是兴奋,立即将用稿合同打印出来,认真阅读后按照要求签好字,几乎是飞奔着来到邮局且用平时很少用的特快专递将用稿合同寄到了《法学研究》编辑部,并将邮寄凭证装入钱夹的最深处。此时,兴奋的心情难以抑制,但并未向同学们表示,以免被同学们认为是在张扬。然而,兴奋的心情还是促使我拨通了导师的电话,导师听到我已与《法学研究》编辑部签订了用稿合同,不但感到意外,而且似乎比我本人还高兴。意外的是,之前向导师征求能否投稿的意见时,导师并未指明我投哪个刊物,当时可能也没想到我投稿于《法学研究》编辑部;导师之所以比我本人还高兴,后来才知道,是因为自从中南大有博士点以来,还没有博士生在《法学研究》上发表过论文,我能在《法学研究》上发表论文,无疑是为导师争了光,也是对导师修改论文的最大肯定。

寄走用稿通知后,接下来的日子还是等待。但是,等待的方式和内容都有所变化。等待方式除了读书和写作之外,就是每天都要去一趟图书馆看看新一期的《法学研究》是否出刊;等待的内容不再是兴奋与痛苦的交加,更多的是喜悦。记得当时到图书馆看到的最近的一期《法学研究》是当年的第5期,所以估计第6期就可能刊出我的论文,也可能是下一年的第1期。总的想法是,既然签订了用稿合同,那么总会发表的。就这样,等待了一个多月,过了2008年的元旦之后的一天上午,《法学研究》2007年第6期被图书管理员整齐地摆放在了期刊架上。我如获至宝地拿到它,在目录中发现了自己的论文题目和姓名,立即翻到论文所在页码,并将论文略翻一遍,然后将刊物拿到图书管理员跟前,请求将刊物借出去复印。然而,图书管理员不让借出,而是提出在图书馆内部就可以复印。我按照要求复印后,拿着复印件来到宿舍,先将论文发表的事通知了家人和单位的领导,〔7〕最后才拨通了导师的电话。记得很清楚,当时导师在电话里给我说的是:"非常不错,继续努力,争取在《中国社会科学》上发表论文。"这种极富肯定和勉励的话,更加坚定了我在刑法与民族习惯法互动关系上继续探索下去的决心。

在《法学研究》上发表论文,是我第一次在法律类专业期刊上发表学术论文。这篇论文固然给我带来了很高的声誉,〔8〕但现在想来,更值得品味的是导师在论文指导过程中所展现出来的学术水平和学术魅力。在《法学研究》发表学术论文后,导师多次鼓励我继续努力,争取在更高级别的期刊上发表学术论文。但遗憾的是,我不但没能在更高级别的刊物上发表论文,

---

〔7〕 需要说明的是,我是按照"少数民族骨干计划"的要求在中南大攻读博士学位的,属于定向培养,故攻读博士学位期间并未与原单位脱离关系。

〔8〕 在这篇论文以及其他几篇论文的基础上,我不但顺利结束了博士研究生生涯,获得了博士学位,而且以刑法与民族习惯法的互动关系为主题申请获批了两项国家社科基金项目,还发表了一系列具有较大影响的论文,同时获得了好几项同龄人难以获得的科研奖励。

而且没能再在《法学研究》上发表论文，辜负了导师的期望。每每想起此事，内心甚为不安。究其原因，一方面是自己的努力和智识不够，[9]另一方面是除了博士学位论文之外，未请求导师再指导过任何一篇论文。

记得1999—2001年我在湖南师范大学攻读硕士学位，听过著名法学家李双元教授所做的令人印象深刻的题为“为人为学”的讲座。从那时起，做人先于做学问的观念深入我心。2006年9月初入中南大后，研究生部主任刘大洪教授以德才关系为主题的演讲，更加深了我对做人先于做学问的认识。这种认识用在导师身上，可谓恰如其分。每次与导师见面，导师通常首先了解生活情况，其次才是学习情况。记得2007年上半年听导师给硕士研究生开设的刑法总论课程时，有一次课间导师就对我说：“如果家里面有什么困难的话，就回家去，科研任务在家里也可以完成。”此话中所蕴含的导师对我生活的关心，令我动容。实话实说，当时妻子一个人一边上班一边带着还未满三岁的儿子，有时候确实有一定的困难，但为了能够把导师的刑法总论课听完，我还是选择留在了武汉。[10] 关于刑法与民族习惯法互动关系的论文，明明是导师与我合作的研究成果，但发表时并未署上导师的姓名，故我始终觉着对不住导师。学术和人品难以分割。导师所具有的做人先于做学问的人格魅力，深深地嵌入了我的脑海，对我的研究指导工作始终有着决定性的影响。自2011年开始指导研究生以来，对每一篇硕士研究生提交的学位论文，我都会逐字逐句进行修改，以至于在研究生中形成了“只要按照××老师提出的修改意见修改论文，根本不怕外审通不过”的基本看法。自2013年指导博士研究生后，我对博士研究生作为中期成果发表的论文和学位论文的指导更是吸收和运用了导师的学术指导经验。

---

〔9〕 从自己多年来从事学术研究的经历来看，虽然博览群书和注重观察是从事法学研究的基础，但如果缺乏发现问题和驾驭论题的能力，恐怕也难做出好学问。

〔10〕 自上大学本科以来，一共听过三遍刑法学课程，即本科阶段的刑法学、硕士研究生阶段的刑法学专题和博士研究生阶段的刑法总论专题。本科阶段的刑法学课程最多，共两个学期，周课时为4节课，但所学的均属于刑法学基本知识。在硕士研究生阶段，由于攻读的是师资硕士，因而听课的目的主要通过研究生水平考试，应试性质比较明显。即便如此，唐世月教授深入浅出的授课技巧、渊博的刑法学知识以及英俊潇洒的授课风格，使其讲授的刑法学专题成为当时最受欢迎的课程之一，大大增强了我对刑法学的浓厚兴趣，以至于我获得硕士学位后毅然决然地选择了刑法学作为自己的研究方向。与本科阶段和硕士研究生阶段的刑法学课程不同，导师讲授的中国刑法学专题，与其说是一门专业课，还不如说是一门集人生教育、刑法思维和法学方法于一体的课程。对于这样的课程，像我这样从“法治贫困”地区来的学生肯定是不会放过的！

江 溯 | 一个法学门外汉的刑法启蒙

江溯，1997 级中南政法学院英语专业学生，现为北京大学法学院副教授、博士生导师。

我于 1997 年考入中南政法学院，录取通知书是由当时的中南政法学院院长郑承泉教授签发的，但报到的时候已经改由吴汉东教授担任院长。在我的中学时代，英语成绩总是全年级第一，所以在我考大学选择专业时，很自然地决定报考英语专业。当时的理想是成为一名外交官，或者至少成为一名翻译。我所就读的法律外语系其实只有一个专业，就是法律英语专业，当时学校开办这个专业的目的是培养既懂法律也懂英语的所谓复合型人才，但可惜那时候并没有一个成熟的培养方案，所以我们的学习其实还是以英语专业为主，零星的法律课程只是点缀。虽然那时候的中南政法学院是一个只有四百多亩地的"小大学"，但是大学生活却是非常充实和快乐的，我觉得那时候的中南政法学院有三个优点：第一个优点是中南政法学院的娱乐设施很不错，学校的南边有一片很大的娱乐场所，有很多投影厅、游戏机厅和台球厅，外号"小香港"，我觉得这点挺好的，因为我们可以在紧张的学习之余得到放松，记得当时就是在这里观看了很多好莱坞电影，而且价钱也很便宜。第二个优点是我们的校广播台，校广播台做了一件很有意义的事情，在我们那个时候只有磁带可以传递音乐，我们学校后面有一家很好的音像店，这家音像店为了给自己做广告，就和我们的广播台合作，每周这家店都会把当周最新的流行歌曲放在广播台播放，这让我们和流行音乐等流行元素保持了很紧密的关系，直到今天我仍然保留着这个习惯，喜欢去听最新的流行音乐，因为音乐可以起到放松神经的作用。第三个优点是中南政法学院的风气很自由，学校虽然有很多规则，但从来不会强制学生遵守，而是将精力放在了引导学生如何遵守规则上，即使有人违反了一些规则，也不会受到过于严厉的处罚。我觉得这一点非常重要，大学的功能就是给学生提供一个较为宽松的环境，让学生自由地发展。当然，大学并不是鼓励学生无所事事，而是要鼓励学生努力学习。上了大学后我发现，身边比我优秀的同学实在是太多了，而且女同学在语言方面的确更有优势。外语系的女生总是占绝大多数，男生很少，而且外语系的男生会经常被认为是比较"温柔"的。对于当时英语的学习，现在我的印象已经不是很深刻了，可能现在能记起的只有一些与英美文学有关的知识了。但是，当时的大学生活不仅有课堂学习，还有很多社会活动。记得当时我参演了两个节目，都是我们自编自演的话剧。当时我的精力并没有完全放在专业学习上，因为我认为在大学期间，学习知识不能仅仅依靠课堂上老师的讲授，还需要依靠自己在课余时间的自主学习，所以我在大学时有很多课程的成绩都不是太好，我不认为那些成绩很重要，而是更喜欢把精力放在自己感兴趣的书上，我觉得这样比较有意义。

大学二年级以后，我的个人兴趣慢慢开始转向法律。今天看来，如果不是在中南政法学院学习法律英语专业，我就不可能与法律结缘。中南政法学院是“五院四系”之一，历史悠久。1977 年只有三所大学招收法律专业学生，分别是北京大学、吉林大学和作为中南政法学院前身的湖北财经学院法律系。在中南政法学院，除了我们法律外语系和经贸系以外，其他同学都是学法律的。很幸运的是，我最初学习法律并不是死记硬背，而是通过两种很有趣的途径。第一种途径是在大学二年级的时候，学校开设了国内为数不多的法律诊所，它类似于很多学校的法律援助中心，帮助一些经济很困难的人打一些官司、提供一些法律援助，当时教授国际法的彭锡华老师开始在我们学生中招募愿意从事这项工作的人。我虽然不是学习法律的，但还是投了简历，可能是彭老师觉得我的态度比较诚恳，就把我收下了。我记得当时法律诊所刚刚成立，力量非常薄弱，很多工作开展起来都是有困难的，后来彭老师请来了两位专职律师帮助我们开展工作，而学生负责去做一些具体的类似于调查取证的工作。当时有两个案件给我留下非常深刻的印象，因为我的年级比较高，所以就由我来单独带领一个组开展工作。第一个案件发生在我的老家，我的老家以前是一个国营农场，农场农民的身份和其他家庭联产承包制下的农民不太一样，国营农场的农民有着类似于一种国企职工的身份，但是他们和国企职工又不完全相同，他们的种子、农药是由国营农场提供的，到年底再按照成本来核算。这个国营农场里负责购买种子和农药的相关领导可能因为收受贿赂，购买了假的种子和劣质的农药，导致了农民没有收成，农民没有收成，就无法支付本应付给农场的租金，而农场方面一直逼迫他们缴纳租金，所以农民们就派了几个代表来到我们法律诊所寻求法律援助。我们去了与这个案子有关的农户家里，和农民一起吃住，同时在当地调查取证，后来当我们把所有证据收集齐全后，就向当地的人民法院提起了诉讼。但这个案件有两个特别的地方，一是案件主体涉及国营农场；二是这个国营农场中有上百家农户，涉及范围非常广，政府不可能坐视不管。首先是农场的总经理到法院和我们谈判，软硬兼施，发现没有效果后，就开始去跟区领导打招呼，向法院施加压力。经过这个案件，我最深的感触是，其实社会的现实情况距离我们书本上所讲到的法治社会还是有差距的，尤其是在基层社会，这种情况更为严重。当时我就在想，是不是因为我不太懂法律而导致这个案件没有通过法律程序解决呢，当时我自己也想不明白。第二个案件发生在湖北省黄石市，这个案件非常简单，有一个小孩被车撞了，肇事司机可能比较有背景，拒绝赔偿，这是一个非常普通的案件，但最终上诉到了黄石市中级人民法院，在该院开庭就花费了 8 个小时，开庭的时候，主审法官不让我们的代理律师说话，但代理律师很勇敢，说法官没有权力限制自己的发言，然后慷慨发言 3 个小时。通过这件事，我清醒地意识到了法律的局限性，感觉我们的国家还要做很多工作来改善这种局面。这些是我当年在中南政法学院法律诊所的一些经历,至今仍感非常鲜活。

我接触法律的另外一个途径就是暑期实习。在大学二年级暑假,我在武汉的一家郊区法院实习。到了法院后,法院指派了一名法官担任我的指导老师,这名法官并没有接受过正规的法律教育,甚至连正规的教育都没有,他在做法官之前是在法院负责烧锅炉的师傅,后来因为人手不够,法院通过内部招聘的形式使他成为法官。虽然他学历不高,但这并不影响他的纠纷解决能力。我发现在中国的基层社会中,很多法官不一定具有很好的法律教育背景,但由于他们生活在那个特定的环境中,所以他们对社会非常了解,可以很好地解决纠纷。我印象最深的一次是曾经跟随这位法官到村子里处理纠纷,他就坐在农民家里,一边摇着蒲扇,一边劝说被告还原告的钱,最后居然成功了。这些事情给当时还未正式接触法律的我带来了一种最直接和最鲜活的感觉,我觉得法治社会的实现,关键在于在广大的农村地区施行更为务实的纠纷解决方式。

但是,这些对法律的直观感觉,根本无法解除我内心的许多困惑。虽然大学期间我的课表上有几门法律课,但那些课对我其实没有实质的意义。于是,我决定自己找书来读,在没有人指导的情况下,我就好比一头野牛闯进了菜园子一样,这里啃一啃,那里吃一吃。很幸运的是,当时中南政法学院有两家高水平的书店(政院法律书店和明阳法律书店),这两家书店的老板非常有品位。跟今天很多大学里的书店不同,这两家书店不仅出售各种考试用书,而且陈列大量的学术著作。不仅如此,如果书店里没有某位读者需要的书,书店老板会把所需要的书的书名等信息记录下来,然后尽快购买回来供读者阅读。我迄今仍然记得从这两家书店购买了以下书:《西窗法语》《新波斯人信札》《情理法与中国人》《民法的精神》《刑事诉讼的理念》《刑法的启蒙》《刑法格言的展开》《中西法律文化比较研究》《法治及其本土资源》等。尤其是苏力老师的《法治及其本土资源》一书,真是振聋发聩。除了这些法律"闲书"以外,我还读了不少部门法尤其是民法和刑法的书,其中《中国民法案例与学理研究》《中国刑法案例与学理研究》两套书,我至少通读了不下五遍,可以说打下了一定的部门法基础。

事实上,相对于这些法律书,我更多的精力放在了商务印书馆的"汉译世界学术名著丛书"。我从学校图书馆借阅了诸如卢梭的《社会契约论》、托克维尔的《论美国的民主》、洛克的《政府论》、霍布斯的《利维坦》、柏拉图的《理想国》、孟德斯鸠的《论法的精神》、康德的《法的形而上学原理》、黑格尔的《法哲学原理》、马基雅维利的《君主论》等许多经典名著,虽然那时候读得似懂非懂,但这些书的确能够引发人更为深刻的思考。这些经典的著作之所以经典,是因为它们可以跨越时代、跨越文化,促进我们的深入思考。回想起来,或许这些经典著作才是我今后从事学术研究的真正基石。

我平时喜欢自己读书,不是太喜欢听课,但大学时候有一门课还是给我留下了极其深刻的印象,那就是徐国栋教授主讲的"罗马法"。我很幸运地赶上了徐国栋教授在中南政法学院最后一次讲"罗马法",之后他就前往厦门大学任教了。徐国栋教授的口才在法学界是绝对一流,他的知识渊博,思维极其敏捷,听他讲了一节课,从来没有看到他用过什么教材,他指定的唯一参考书是《查士丁尼法学阶梯》。由于他的授课旁征博引,所以一个学期讲下来,连《查士丁尼法学阶梯》的第一页都没讲完，听课的人挤满了学校的大阶梯教室，很多都是慕名而来。为了自学罗马法，我自己借阅一些相关书籍，其中一本是黄风老师翻译的《罗马法导论》，另外一套周枏老师编写的《罗马法原论》，我也只是看了个大概，很多地方完全看不懂。

以上就是我在大学时期的学习状况，可以说那时候的我没有任何方向，不是很认真听课，看书也是杂七杂八，没有规律可循。对很多东西都有点兴趣，但又没有自己专精的东西。起初我对民法、法理和法史兴趣很浓厚，但后来逐渐转向了刑法。一个很重要的原因是我机缘巧合地读到了陈兴良老师的《刑法哲学》这本书，在1997年《刑法》刚刚颁布不久的二十多年前，我国刑法学整体上还处于比较幼稚的状况，陈老师的这本书可谓鹤立鸡群，令每位读者眼前一亮：原来刑法学也是有大学问的！除了陈老师这本书的启迪以外，一个更为重要的原因甚至可以说对我今后走上刑法研究道路起到决定性作用的事情是，我有幸作为全校唯一的本科生加入了中南政法学院刑法专业研究生自发组织的“青年刑法论坛”。我由衷地感谢带我入伙的郭泽强师兄（现中南财经政法大学刑事司法学院教授）和吴如玉师兄（现湖北省宜昌市中级人民法院研究室副主任），如果没有他们的提携，很难想象我后来会进入刑法研究的天地。后来得知，“青年刑法论坛”之所以能持续运营，是因为有齐文远教授、夏勇教授、杨宗辉教授等前辈学者慷慨解囊。作为“青年刑法论坛”的固定活动，每周末我们在南北教之间的小教室举行学术报告。作为资历最浅的本科生，我总是坐在最后一排，以崇拜的目光仰视在讲台上挥斥方遒的各位学长。那时候的学术讨论主题有“携带凶器抢夺”“诈骗罪的处分行为”“持有型犯罪的立法目的”“亲告罪的历史考察”等，几乎每周都能享受一顿营养丰富的大餐。除了每周一次的学术报告以外，“青年刑法论坛”还给会员推荐一些学术著作。我阅读的第一本日本刑法专著是大塚仁教授的《犯罪论的基本问题》（冯军教授译），是从吴如玉师兄处复印而来，我还读过张明楷教授的《刑法的基础观念》等著作。这个论坛里走出了很多优秀的刑法学者，今天他们活跃在刑法学界，为我国刑法学的发展贡献自己的力量。

如果由“青年刑法论坛”向前追溯，我们可以发现，当今刑法学界的诸多重要学者皆出自中南政法学院，如张明楷教授、齐文远教授、冯军教授、谢望原教授、刘明祥教授、刘艳红教授等，以至于周详教授提出了“中南学派”之说。而这一学派之所以能形成，乃是得益于一代代中南刑法学人的薪火相传，尤其是得益于老一辈刑法学家曾昭琼、曾宪信、江任天、朱继良等前辈学者的悉心栽培。在机缘巧合之下，我有幸在这样一个具有优秀刑法学术传统的学校，通过误打误撞、偷师学艺的方式学到了一点点刑法学的皮毛，实在不足为外人道。回首过往，我必须承认的是，我的刑法学启蒙完全得益于母校，我取得的每一点进步也得益于曾经给我各种指点、鼓励、关心和提携的诸位老师和学长。在我的心里，中南政法学院是永远的精神家园。

周 旭 | 追忆我的中南求学生活

周旭,2001 级刑法学硕士研究生,现为广东晟典律师事务所律师。

2001 年,我有幸通过中南财经政法大学的研究生入学考试,被录取为刑法专业三年制的研究生。2001 年 9 月入学到 2004 年 7 月毕业,我在中南度过了三年的美好时光。从入学起算,到现今整整二十年。二十年弹指一挥间,不禁无限唏嘘感慨:进校的时候,我才二十岁,正是青春年少、恣意妄为的时光;写下这些文字的时候,我已过而立之年,正处于"上有老,下有小"负重前行的阶段,过着"没有诗和远方,只有眼前的苟且"的生活。

随着年龄的增长,人会变得喜欢回忆过去。我发呆的时候,常常回忆起自己的学习生涯,感觉最自由、最惬意的时光就是在中南财经政法大学度过的三年研究生生活。我写下这些回忆文字的时候,嘴角还总是不自觉地泛起微笑……

一、引路人

我能够和中南财经政法大学结缘,考入中南财经政法大学读研究生,能够把刑法学作为自己的学习专业,并作为自己谋生的一技之长,首先要感谢的是我的引路人郭泽强老师。

说起我和郭老师相识,话题扯得有点远,但还是得细说一下。

我是 1998 年从湖北省老河口市第一高级中学毕业。我高中学习文科,高考填报志愿有些好高骛远,结果没能被第一志愿北京大学录取(其实我高考成绩还算凑合,除了北京大学外,全国其他各大高校都过了分数线,当年两位分数比我低的同学都考上了中国人民大学),阴差阳错志愿调剂到了中国地质大学(武汉)法学系。中国地质大学(武汉)是全国重点大学,有若干位两院院士,在地质学科和工科领域很强,但是在文科领域刚刚起步,法学系更是第二届招生,我算是第二批"小白鼠"。由于师资力量不足,地大法学系从外校请来老师或者研究生给我们这批本科生授课。郭老师当时还在中南财经政法大学刑法专业读研究生,被地大法学系请来为我们讲授"刑法总则"和"刑法分则"两门课。郭老师当年二十四五岁,和我们这批本科生年纪相仿,相处起来没有代沟、比较融洽;关键郭老师身材挺拔、相貌英俊、谈吐风趣,很得班上女生的喜欢。虽然郭老师的课排在周末,但基本无人逃课,还常常引来其他专业的学生蹭课。

郭老师为我打开了刑法学的大门,我对刑法学所有基础认知都来自郭老师的讲授;郭老师也为我打开了中南财经政法大学的大门,我报考中南的研究生也来自郭老师的鼓励和指导。在学习刑法之前,我对刑法的认知限于香港特别行政区 TVB 拍摄的法政电视剧,以及老家县城张贴于法院大门前的判刑"布告"。郭老师告诉我们,刑法是打击犯罪和保障人权并重,刑法强调法律面前人人平等,这些对于我来说是从未接触过的领域。随着授课的深入,郭老师又讲到了正当防卫、共同犯罪等。郭老师上课比较生动,很少照本宣科地纯讲理论,总是通过具体案例引入某一学术问题。经过一个学期的学习,我对于刑法的兴趣越来越浓,也有越来越多不懂的问题,和郭老师的课下交流越来越频繁。

某次下课后,我送郭老师离开地大校园去公交车站的路上,聊到了个人发展,我将心中的郁闷和不甘向郭老师倾诉,郭老师很耐心地听我唠叨半天。郭老师建议我,如果对于自己的本科学习有些遗憾,可以考虑读研究生来提升自己。我自己也有过考研究生的想法,但是不够坚定,有时候雄心万丈,有时候又斗志全无,想偃旗息鼓。郭老师的建议对于我坚定读研的想法起了很大的促进作用。回到宿舍,我做了认真慎重的考量,并征求了班主任黄老师以及家人的意见,最终定下考研的计划并付诸实施。一方面,我对刑法学的兴趣比较浓厚;另一方面,我感觉刑法学教材似乎比民法学教材"薄一点",所以我很自然地决定报考刑法学专业研究生。再者,因为郭老师当时是中南刑法专业的研究生在读,有了郭老师的言传身教,报考中南的研究生会有事半功倍的效果。拿定主意后,我便开始了艰辛而漫长的备考:我一边用三年时间修满大学本科四年的学分,以便顺利本科毕业;一边挤出时间来复习英语、政治和刑法、刑事诉讼法、法理学的专业课,其中的艰难自不待言。备考期间,郭老师时常和我通话,将他复习考研的经验倾囊相授,给予我满满的正能量,促我成长。

二、经历两轮研究生复试

皇天不负有心人,2001 年 3 月,我终于等到了梦寐以求的研究生复试通知书。经过一个月左右的准备,大约是在 2001 年 4 月(具体时间确实记不清了),我来到南湖校区行政楼参加复试。据说 2001 级研究生数量扩招,公费名额也比前几年多。由于本次参加复试人数较多,刑法专业导师组的各位导师分成两个面试小组,分别由齐文远老师和夏勇老师担任面试小组组长,我们这些考生则通过随机抽签的方式分成两个组,到相应的面试小组参加一轮面试。然后,导师组根据考生全国统考成绩和本次面试成绩加权,确定予以录取的考生和公费名额。在这里,我忍不住要给母校刑法学专业导师组的各位老师点赞。这些年来,母校刑法学专业导师组在研究生录取标准上,对于本校本科生和外校学生一直坚持的待遇平等,在广大考研学子中广泛流传,我本人也是这一标准的受益者。正是各位老师的"不拘一格降人才",所以中南刑法学几十年来一直长盛不衰,名家辈出。

当年刑法专业扩招,录取名额有 48 名(时间太久了,可能记得不准确),相应的公费指标有 14 名。好巧不巧的是，我和另一位考生袁剑湘(男)以 377 分的笔试成绩并列第 14 名，这样一来，面试成绩就是我俩谁读公费谁读自费的决定因素。等待面试时闲聊，我得知袁剑湘本科毕业于中南政法学院法律系，工作几年后又回母校读研究生，我当时心里就更打鼓了，感觉这次公费比较悬。

为了公平起见，以齐老师为首的研究生导师组决定我和袁剑湘两人进行两轮面试，即在两个面试小组均面试一轮，然后取两轮面试的平均分。法学教授的严谨和程序正义观念在此事上可见一斑，而我和袁剑湘也成为几十名考生中"唯二"的经历两轮面试者。

虽然认真准备了几个月，自我感觉不错，但在面对刑法学大家的追问时，才知道自己对于刑法的认识是多么的浅薄。面试的题目，一个是关于如何理解犯罪预备定义"为了犯罪，准备工具、制造条件……"我东拉西扯半天，谈准备工具和制造条件的情形，直到齐老师提醒，我才谈到"为了犯罪"是"为了实行犯罪"。顺着实行犯罪，面试的导师组老师追问，"实行怎么理解""学界关于着手实行的判断标准有哪些""你倾向于哪一种或者你自己认为标准是什么、为什么"。我回答倾向于法益侵害的现实危险，但为什么采纳这一标准我就说不清楚了。在老师的追问下，我强撑了半个小时，勉强完成了第一轮面试，后背已然湿透。稍事休息后，我来到夏勇老师这一组进行第二轮面试。有了第一轮面试的"遭遇"，我愈发紧张，坐在凳子上手微微有些颤抖。这些被赵俊新老师看在眼里，他先问了我本科学习的情况，当他得知我刑法学是郭老师授课，便开玩笑说，"你称呼郭泽强老师，郭泽强称呼我们也是老师，那你岂不是要称呼我们师爷了"。面试组老师和我都笑起来了，紧张情绪缓解很多。这轮面试题目是社会危害性和犯罪构成要件的关系，我比较理论化地阐述了犯罪构成要件通过四个方面反映行为的社会危害性，但对于社会危害性对于犯罪构成要件的反制作用则没有涉及，回答得干巴巴的；老师又要我结合刚发生的石家庄靳某超爆炸案阐述两者之间的关系。但我当时的认知水平确实太低，始终没有达到一定的深度思考。

两轮面试结束，我和郭老师告别后返回地大，当时我像泄气的皮球一样瘫在公交车座位上，心情很沮丧。一是觉得自己能力太差，复习那么久还是发挥不佳，进而怀疑自己的智力水平(我之前对自己的智商有些许的自信)；二是面试成绩差，公费肯定没戏了。但是两三周后，喜从天降，我竟然收到了公费录取通知书。收到通知书的时候，我忍不住哭了起来，感觉这一年半的艰辛没有白费，对家长对老师对同学也算有了交代。但是疑惑一直在我心里藏着，直到 9 月入学后才得知，我和袁剑湘两人面试表现是"矮子里面拔将军"，我比他好了"一丢丢"，结果"馅饼"就砸我头上了。而我和袁剑湘的缘分还没完，研究生三年同寝室生活，毕业后都在珠三角，十几年来每年都拖家带口聚一聚。这是后话了。

三、导师们的循循善诱

2001 年 9 月，我如愿正式踏入中南财经政法大学，开启了三年的研究生生活。我们这一届研究生有 48 人，以齐文远老师为组长的导师组师资力量非常强大，一共有 8 名导师，分别是齐文远老师、夏勇老师、张远煌老师、杨宗辉老师(当时侦查学还没有从刑法学中分出去)、赵俊新老师、辛忠孝老师、夏朝晖老师和刘艳红老师。齐老师的研究方向是中国刑法学和外国刑法学，夏勇老师的研究方向是中国刑法学和美国刑法学，张老师的研究方向是犯罪学，杨老师的研究方向是公安学，赵老师、辛老师和夏朝晖老师的研究方向是中国刑法学。当时刘艳红老师才二十多岁，比我们有些同学的年龄还小，但已是一颗冉冉升起的学术明星了。

办完各项入校手续后，刑法专业迎来了第一次师生见面会。估计各位同学在研究生复试的时候都被导师们“按在地上使劲摩擦”，所以表现出来的全是一副“温良恭俭让”的表情，我端坐在文澜楼研究生专用教室里，恭敬地聆听齐老师代表导师组致辞。齐老师对大家的到来表示热烈欢迎，并依次介绍了各位导师组成员，对大家的三年研究生学习和生活提出要求，要求大家“先做人，后做学问”，要给自己的三年生活做好规划……见面会的高潮在最后，导师组给各位同学发了长长的一份必读书目，大约有四十多本，三分之一是刑法学书籍，剩下的有三分之一是其他法学类书籍，另有三分之一则涵盖了哲学、社会学、心理学、历史学等。我粗略看了一下，有三分之二的书名没听说过，诸如福柯的《规训与惩罚》、杜尔凯姆的《自杀论》、龙布罗梭的《犯罪人论》、小野清一郎的《犯罪构成要件的理论》、大塚仁的《犯罪论的基本问题》……这些书名我都是第一次听说，心里想导师组又给了大家一个“下马威”。没办法，只能静下心来多去图书馆慢慢“啃”。

我们第一门专业课是齐老师教授的“刑法案例演习”。我总结了一下，这门课有几个“新”：一是课程名称新，课名带有“演习”二字我是第一次遇到；二是案例新，课堂用到的案例大都是紧贴时代的新发生的案例，或者是经典新旧案例交叉混合使用，并结合时代变迁发掘出新的价值；三是教学方法新，法学课堂使用案例并不稀奇，老师在论证某问题时经常会信手拈来几个案例来佐证主张，但“刑法案例演习”课则是将案例当作正餐，从案例切入，发掘出争论的焦点，结合到当前的刑法理论的争点进行深入总结和阐释。案例演习课每周上一次，本周课程结束的时候，齐老师会把下周要研究的案例以及案例可能涉及的要点发给大家，要大家用一周时间去收集资料，整理理论观点和论据，形成自己的意见。大家认真准备下来，就是一篇论文初稿。

齐老师在课堂上充当几种角色：一是主持人，主持大家对案例中的争议问题展开讨论、争执；二是引导者，当某个问题已经充分阐释或者讨论跑偏的时候，他及时给大家拉回主题或者切换到下一个问题；三是归纳引申者，大家讨论明确的内容或者主要分歧，他会用简明的语言归纳出来做小结，并引申到刑法学的理论支架上，让大家恍然大悟，原来看起来这么浅显的问题本质上可能涉及行为无价值和结果无价值的争论，可能涉及是否承认共同过失的争论等；四是辩论者，当大家对某个问题大家的认知深度达不到的时候，他会亲自“下场”，抛出某个反对观点，引导我们和他展开辩论，切入深层次的问题。这门课，我印象最深的一次是以当年轰动一时的“王××强奸案”切入研究婚内强奸问题。基本案情如下：上海青浦的王××在一审准予离婚的判决尚未生效的情况下，强行和“妻子”发生性行为。一审法院以强奸罪判处王××有期徒刑三年，缓刑三年。此案一出，社会上和法学界争议不断，齐老师挑选这个案例作为切入点，引导大家研究婚姻中丈夫的同居权利及其界限、女性的性自主权及其界限，两种权利之间是否可以进行权衡比较以及如果可以比较应当考量哪些因素，准予离婚的判决尚未生效的婚姻状态和通常意义上的婚姻状态有什么法律意义和生活意义的区别，丈夫成为强奸罪主体是否超出国民的一般预测可能性，如果婚内强奸可以成立那么取证问题怎么解决，会不会造成家庭内部的互相猜忌和提防，进而影响家庭和睦……大家围绕这些问题展开了热烈甚至是有些火药味的讨论。起初，同学们基本是按照男女性别选边站队展开“搏杀”，发言非常踊跃，女同胞个个义愤填膺，通过大量实例和理论阐述，充分论证婚内强奸的可行性；男同胞们节节败退，更有部分“临阵倒戈”，公然为女同胞“摇旗呐喊”；进行到下半场，形势相当不利，面对女同胞的咄咄气势，只有我一个人还在频频起身发表意见，反驳婚内强奸成立的合理性。我用尽浑身解数，将自己的观点和论据系统抛出，并抓住机会反击女同胞观点中的纰漏；无奈独木难支，最终败下阵来。这次讨论进行了三个小时，在齐老师的引导下，双方的观点得以充分阐释，对于形而上和形而下的问题都予以涉及。齐老师最后总结，案例演习的目的不是要得出“标准”答案，法学是社会科学，不是自然科学，很难说某个观点或理论绝对正确或错误，只是说某种做法或者标准在某个阶段是比较合适的，能够有效地化解矛盾，实现法律“定分止争”的功能。无论是作为司法者、立法者还是法学理论工作者，对问题的认知一定不能完全从形而上的逻辑和推演出发，一定要考量社会实践，才能得出妥当的结论。

案例演习课我的收获颇丰，一是学习了写学术论文的基础技艺；二是锻炼了口才，增强了辩论能力。之后我在检察机关做公诉人，庭审辩论没吃过大亏，底子就是这门课打下的。当然，副作用也有，由于在婚内强奸案例演习课上“负隅顽抗、死不悔改”，被齐老师封为“男权主义者”，班上的女生见面常以此调侃我。

夏勇老师给我们讲授“美国刑法”。夏老师旁征博引，并结合自己在美国游学的亲身经历讲授美国刑法的犯罪构成理论中的犯罪阻却事由，让我印象颇深。夏老师讲课的时候，如果发现大家有点走神、心不在焉，他就会适时给大家讲讲他在美国亲历的警察高速公路飞车追捕犯罪嫌疑人的过程，用他自己的话说，“看着比好莱坞大片还过瘾”。等大家精神振奋一些，夏老师又步入正题，很讲究授课艺术。最有意思的是，有一年夏老师趁着母校举办的一次学术年会，把他的老朋友——美国德州韦科（WACO）市的警察局局长请到我们课堂上，现场和我们交流美国警察实践，吸引了很多其他专业的学生来旁听。

赵俊新老师讲授“中国刑法分论”。赵老师是武汉市多家政法机关的咨询专家，案例信手拈来，加上赵老师人很和善，不端架子，和大家打成一片，所以赵老师的课堂氛围很轻松。某日下课后，我和另两位同学向赵老师请教一个问题，落在了后面。我们三人刚走过晓南湖的拱桥，往南苑食堂方向走去，一辆小轿车（我依稀记得好像是赛欧牌轿车）停在我们身边，车窗玻璃降下，赵老师探出头来，招呼我们上车。我们不好意思耽误老师时间，赵老师热情地说，“上来吧，我没啥急事，这是我新买的车，上来坐坐”。我等盛情难却，便坐上赵老师的新车，在学校里兜风。那个年代私家车还是比较少见的，我第一次坐私家车感觉还是很爽的，也想着啥时候能买辆自己的车。

四、拜师

刑法专业是在第一学期结束后开始分导师。2001 级刑法导师组有 8 位导师，有 48 名学生，实行导师和学生双向选择。我有幸得以拜在齐老师门下，跟随齐老师研习刑法，跟随齐老师学习做人。

古人对于人格高尚之人尊称为“君子”。齐老师是我眼中君子的典型代表。齐老师当时身兼导师组组长和法学院院长等多个行政职务，中南号称全球规模最大的法学院，行政事务自然相当繁重；另外，当时齐老师还担当起为中南申请法学一类学科博士点的重任，频繁出差赴京汇报、沟通。即使在这种情况下，齐老师也从未放松对我们的人格培养和学术指导。

某次，因为头天晚上熬夜看球，第二天上午就旷了辛忠孝老师的“中国刑法总论”课，但旷课这事被辛老师发现了。辛老师长得高大威猛，但人却极忠厚和善，和学生们关系挺好，所以虽然旷课被抓，我也没有太慌张，感觉应该问题不大。但不知道咋回事，旷课这事被齐老师知道了（我确定不是辛老师“告密”），一个电话直接打到寝室。电话中，齐老师并没有发火，而是温和地批评我，要遵守校纪校规，有组织纪律性，作为学生正常上课是本分。我诚恳接受批评，表示认识到自己的错误，马上给辛老师打电话“表示歉意”；听我说到这里，齐老师声调高起来，“不是打电话表示歉意，是要当面向辛老师诚恳道歉”。我乖乖按照齐老师的要求，去辛老师办公室当面诚恳道歉，辛老师见了我哈哈一笑，劝我晚上别熬夜，对身体不好，这事就算过去了。当时我年纪轻，不太懂得人情交往，对于电话表示歉意和当面道歉之间的区别，说实话是领悟不出来的。而今工作 17 年了，被社会无情捶打，才体会到这中间的差异能有多大。

齐老师虽然行政事务极其繁忙，但从未放松对我们的学术指导，他定期组织我们一块，拟定几个学术课题，给出研究方向，要我们钻研，并回馈所谓的“研究成果”，然后根据我们的产出再个别深入指导。研究生阶段，学校有公开发表一篇以上论文才能申请硕士论文答辩的硬性要求，是悬在头上的“达摩克利斯之剑”。大家都很紧张，总想着写出有深度的论文能够发表。齐老师宽慰我们，发论文是促进大家多读书做研究的手段，不要把这个当成目的，研究生阶段刚接触比较深奥的理论，急着发表论文不现实，还是要多读书，多培养正确的研究方法，才能言之有物，写出高质量论文。话虽然这样说，一旦我们有了一些自以为是的“研究成果”，齐老师总是抽出时间来帮我们改论文，给我们提出指导意见。我交给齐老师的论文草稿，不到两周时间，准能收到齐老师的修改版，上面写满了批语和修改意见，大到观点论证方法，小到引注不规范和标点错误。难能可贵的是，即使我的论文观点和齐老师不一致，他也不会要求我调整观点，而是指导我怎样把观点论证得更合理，更能经得起检验。遇到我们相对成熟的论文，齐老师也从不吝啬自己的资源，帮我们向一些相熟的期刊推荐发表。

学习之余，齐老师也会组织我们几个和高一两级的同门师兄师姐定期聚餐，给我们改善生活。我们还曾受邀去齐老师家里做客，得到夏师母的款待。齐老师与人交往颇有古风，他对我们的称谓，遇到三个字的名字时一般省去“姓”，直呼“名”，如“远鹏”“君周”等，这种称谓透着亲切感，很容易拉近交谈者的距离。我也“偷师”了这个好方法，参加工作进入社会之后和同事之间以此称谓，效果非常好。

说到遗憾，也有一点，让我们这一级同门8人感觉很对不起齐老师。齐老师之前指导的历届硕士生，均有毕业后考上北大、人大、武大等各名校刑法专业博士生的优良传统。结果这一优良传统在我们这一届中断了，同门8人均无心读博，直接就业了。记得有次齐老师询问过我们有无读博士的意愿，他愿意帮我们给博士生导师打电话或者写信推荐，结果我等均是默然不作声。我清楚地看到，齐老师眼中闪过一丝黯然。

五、9栋1单元502室

研究生三年期间的宿舍在南湖校区9栋1单元502室，在这里我不仅和前文提到的袁剑湘同学共处一室，还结识了其他多位人生的挚友。

8栋和9栋是学校法学专业研究生的宿舍，住宿条件还不错，每间都是两室一厅的结构，每个房间住五到六人不等，客厅和阳台是大家公共活动空间，主要功能是闲暇时吹牛、打扑克牌以及冬天晒太阳。我所在的房间分配了六名刑法专业同学，分别是张少林、袁剑湘、康泽洲、严然、姚兵和我；隔壁房间也是六名同专业同学，有彭磊、傅义武、聂庆、马骏、莫伟文、邓乐黎。

我们房间的六名同学，经历各不相同：张少林是20世纪70年代初生人，本科是西南政法大学，毕业后在重庆和广州两地工作多年，手中有些积蓄，为人又比较风趣豁达，是我们“吃大户”的主要对象，但是吃人家嘴短，代价就是要尊称他一声“老大”。袁剑湘就是前面提到和我同分，和我一起经历两轮复试的那位，他本科是中南法学毕业，在第一军医大学（现南方医科大学）工作几年后又来读研究生，他是军人身份，被子、毛巾、凳子等个人物品讲究摆放整齐，讲究仪容仪表，因为这些生活习惯，早起的他和我们其他五人没少发生冲突，但随着时间推移，就被我们的懒散给同化了，所以说环境的力量是很大的。康泽洲和我类似，本科都是毕业于理工科学校法学专业，憋着一股气考上中南。康泽洲很善于思考研究比较精深的学术问题，经常看到他搬个椅子坐在阳台上，做若有所思状。我们给他起个绰号——康德。严然和姚兵都是中南法学本科毕业后直接考上本校研究生，对于学校的环境比较熟悉。

当时班上的学习氛围还是很浓厚的，大家有课的时候上课，没课的时候就去图书馆读书查资料，学英语。晚上九点左右，同寝室的六人一合计，就跑到宿舍背后的南苑去吃饭喝酒。那时候大家都是穷学生，也不能大吃大喝，南苑的商家结合学生特点，推出的菜也不贵，素菜三四块钱，荤菜七八块钱，一顿饭下来不到五十块钱。年轻人晚上吃饭当然少不了酒，啤酒最便宜，两块一瓶，十来瓶下去二十多块；当时最奢侈的酒是“劲酒”，一瓶二两半就要五块钱，后劲不小，很对大家胃口；白酒价格太贵，宿舍聚餐一般喝不起。

前期聚餐，袁剑湘有些端着架子放不开，很少参加；三五次之后，估计他也觉得挺无聊，就跟着我们一块吃吃喝喝，军人的“戒律清规”都抛脑后了。聚餐一般是“AA制”，但“老大”张少林人比较大方，我们其他几人也经常赖着要他买单，以及上课的时候帮他签到（主要是法律英语课以及二外）等。

宿舍六个人，虽然年龄上有几岁的差异，但整体讲都是一代人，所以大家的交流非常顺畅，经常一起讨论专业问题，一起打扑克牌，一起吃吃喝喝，一起外出郊游。三年时光过得甚是惬意，六人的关系也相处得非常融洽。毕业后，我们六人又全部到了珠三角就业：老大在广州市番禺区市场监管局“不务正业”；袁剑湘先是回南方医科大学做老师，读武大博士，后又“下海”做律师；康泽洲在东莞市人民检察院工作，现在是某基层检察院领导；严然先是在广州市天河区人民检察院工作，后到广东省人民检察院担任员额检察官；姚兵是深圳南山区人民法院民庭庭长；我原来在深圳市福田区人民检察院工作，后来在政府机关和国有企业兜兜转转，现在也“下海”做了律师。我们这六位室友每年都会聚一回，刚开始是六个单身汉，慢慢地带着妻子参加变成十二个人，再后来就是老婆孩子齐上阵，聚会规模越来越大，二十多人，一张桌子根本坐不下。大家见面还是原来读书时候的感觉，和以前一样口无遮拦、想哪说哪，从来不用顾忌，在单位、在家里不敢说、不便说的话都敢在同学面前讲……

六、人生第一笔巨款

读研期间，我挣得了人生第一笔巨款，人民币 4200 元。

2001 年，为推动司法职业共同体建设，中央决定对律师执业资格考试和法官资格考试、检察官资格考试进行改革，将三者合并为统一司法资格考试，由司法部统一组织实施。要取得律师、法官、检察官的从业资格，必须通过上述统一司法资格考试。为了适应改革，2001 年的律师执业资格考试暂停一次，2002 年是统一司法资格考试元年。

积累两年的律考人员，加上检法两家的参考人员，这使第一届统一司法考试报名人数相比之前呈现爆炸式增长。一个突出的问题就来了：司法考试前三卷都是客观题，可以机读；第四卷主观题需要有一定法学素养的人工评卷者，到哪里找这么多组织有素的专业人群。这个时候，中南凭借其海量的高素质教师队伍和研究生队伍在各高校的竞争中胜出，获得了这一艰巨的评卷任务。

法学院和研究生部将符合司法考试评卷资格的中青年法学教师和研究生组织起来，成立了规模庞大的评卷队伍，经过保密和业务培训后迅速上岗。我正好符合司法考试评卷资格，有幸入选成为评卷人的一员，参与了整个评卷过程。

我们每十人编成一个小组，由一名老师担任小组长，负责全卷统揽和分值最重的第十题论述题批改，其他九人则每人对照司法部参考答案批改某一道题。评卷现场在学校首义校区某一栋教学楼，整栋楼被安保人员完全封闭，我们早晨七点钟坐校巴来到评卷现场，除了吃午饭、晚饭，一直评卷到晚上八九点，经过安检后，再拖着疲惫的身躯坐校巴回到南湖校区。校领导和法学院、研究生部的领导也是全程陪着我们在评卷现场。虽然很辛苦，但能够参与这么艰巨和有意义的政治任务，心里还是很激动的。

七八天的辛苦劳作终于结束了，评卷工作完美收官，大家都很兴奋。殊不知，更兴奋的还在后头。评卷结束大约两三周时间，法学院老师通知大家去领评卷费，4200 元现金发到我手里的时候，我心都要跳出来了，我从来没见过这么多现金。据说，有些小组效率更高，能拿到 5000 多元。书包里装着一笔巨款，顿时感觉腰板挺直了，说话口气也大了很多，马上回宿舍安排“狐朋狗友”去北苑撮一顿，吃点好的，多整几支劲酒，敞开肚皮吃，敞开胃口喝，钱不是问题。到了北苑，发现好多熟悉的评卷战友，看来大家挣大钱了，想法差不多，都是吃吃喝喝，概莫能外。谁要是这时候还能心若止水地去图书馆看书，我“敬他（她）是条汉子”。

关于这笔钱的用途，我先花不到2000元给我妈买了一台“海尔”牌全自动洗衣机。再给我妈1000元，剩下1000元留着学校生活开支。这是我第一次挣这么多钱，第一次给我妈买洗衣机，感动得我妈老泪纵横。以后毕业参加工作，挣到的钱都比4200元多，但是那种感觉却再也找不回来了。

七、足球记忆——2002年世界杯和2004年欧洲杯

37岁之前，我是个资深狂热球迷，无数次地半夜起床看球，早晨正常上班；37岁之后，我都不好意思自称球迷了，原因很简单，要么半夜起不来，要么半夜起来了，一边看一边打瞌睡，一直到比赛结束，第二天浑浑噩噩啥工作都干不了。

读研究生的时候，我刚20岁出头，正是精力旺盛的时候，去宿舍南边的录像厅熬夜看意甲、英超、西甲不在话下。除了看球，我还身体力行，经常跟着四楼的同门芦光一起，去学校体育场上找本科生蹭球踢。

2002年韩国日本世界杯是亚洲第一次举办世界杯比赛，也是国家队第一次冲进世界杯正赛圈。两个因素加持，学校里足球氛围迅速高涨到了顶点，不管是真球迷还是看不懂越位的半真球迷，以及场上比赛队员人数都搞不清的“伪球迷”，都在谈论世界杯。为了照顾日韩东道主和亚洲观众，本届世界杯的比赛都在下午或者傍晚举行，如此一来，真伪球迷都不用熬夜即可看球。学校照顾大家高涨的球迷情绪，在模拟法庭直播大多数重要比赛；如果球赛在晚上举行，学校还在行政楼前的广场架起露天幕布，同学们三三两两地坐在广场上看球赛，感觉相当棒。

同学们最初的支持对象当然是国家队，奈何国脚们不争气，小组赛结束就打道回府。国家队的离去，也带走了一部分“伪球迷”的关注。剩下的真球迷，比如我就把支持对象转移到韩国队身上，希望他们能走得再远些。但是，韩国队对意大利队和西班牙队的两场淘汰赛，手段太拙劣了，使大家开始同情被裁判“黑掉”的意大利队和西班牙队。这种情绪在韩国队八进四淘汰西班牙队的比赛中达到了顶点，西班牙队两个进球被裁判给吹掉了，最后韩国队点球淘汰西班牙队。韩国队通过不正当手段赢得比赛，完全背离了“程序正义”的基本要求，这对于法学生来说，是最不能容忍的。

在中南财经政法大学读研究生的三年，是我价值观形成最重要的三年，是我获得谋生技能的三年，是我摆脱高考失利阴影和本科遗憾的三年。中南刑法专业给予我太多太多的正能量，我一辈子都不能忘怀。感恩母校！祝福母校！

芦　光　|那一年

芦光,2001 级刑法学硕士研究生,现为深圳市福田区纪委常委、监委委员。

那一年,美国核舰艇在北太平洋撞上日本渔船,又在南海非法侵入造成中美撞机事件,其在横行霸道的同时,后院起火,纽约世界贸易中心、美国国防部所在地——五角大楼先后遭到恐怖主义分子劫持的波音飞机猛烈撞击,导致世贸双塔轰然倒塌。那一年,中国足球队 6 战全胜,历史性地冲进世界杯,举国欢庆。那一年,我考入了中南财经政法大学,研修刑法学。那一年,刑法专业导师组的导师们年富力强,指点江山。那一年,我的那班同学风华正茂,胸怀天下。那一年,我有幸成为齐文远先生的弟子,有幸成为某人的男朋友。那一年,成为我人生中重要节点之一。那一年,辛巳年,2001 年,蛇年,本命。

作为刑法专业研究生求学的日子,诵读经典却又南辕北辙,一知半解却又好为人师,敏而好学却又难以贯通,所幸有齐文远先生指点,方能探寻正途,避免走火入魔。

记得一次课间,和老师闲聊,我不知深浅地问道,"您在刑法立场上是主观主义者还是客观主义者"。先生笑了笑道:"我什么主义也不是,我认为刑法的理论是经世之学,没有绝对正确的理论,也没有绝对错误的理论,只有适合时代形势需要和不适合时代形势需要的区分。刑法理论的运用的根本在于解决问题,只要能解决当前的问题就是好的理论。"请原谅我的阳奉阴违,虽然当时点头称是,但心里却有些不厚道地腹诽:这位先生立场不够鲜明,原则性不强,有点"和稀泥"。其后,探讨很多专业性的问题和人生道理时,齐先生依旧秉承一如既往的中庸作风,话不说死,留有余地。

记得临近毕业时,犹豫于是否到深圳的司法机关工作还是继续读博深造,征求先生的意见,先生却一改常态,一拍桌子:"当然是去深圳工作了,读博依然面临着就业,深圳有着中国最好的经济前景、最好的司法环境,公务员有着在中国公务员系统中最优厚的待遇,希望你能大展拳脚!"既然先生说得那么干脆,我也坚定地选择了到深圳就业。

随着在司法机关工作经验的不断积累,经过上千个刑事案件的锤炼,对齐先生的"刑事无主义论"和"解决问题"的理论的感悟却越来越深。我们的刑法,我们的司法,并不仅仅是冷冰冰的法条，不仅仅是程式化的理论，每一个案件的背后都有着普通人的爱恨情仇、生死别离甚至是家破人亡，都有着社会矛盾的折射、上升和激化。如果不抛开那些所谓的主义之争，还要去钻“牛角尖”，你无法告慰那些逝去的灵魂及其家人，你无法教育挽救那些一念之差误入歧途的人和背后支离破碎的家庭，你无法让社会体会到法律的温度和司法的正能量。正是先生的教诲以及工作经历的感悟，才能让我其后进入纪委、监委从事反腐败工作后，更加得心应手地运用“四种形态”，尽可能地达到政治效果、司法效果和社会效果的统一，有效地去解决那一个个疑难复杂的问题。

记得，不止一次，和一些司法机关的领导座谈，提及本人系中南财经政法大学刑法学专业毕业的，这些领导也谈到本单位的师兄弟、师姐妹们，中肯评价道：“中南刑法人未必有最深厚的理论基础，却有着最强的运用理论解决问题的能力。”我想这也算是我们中南刑法人深深的印记。这也是对“博文明理，厚德济世”的有效诠释吧！

国家级法学实验教学示范中心

马洪涛 | 岁月蹉跎，初心依旧

马洪涛，2001 级刑法学硕士研究生，现为江苏省高级人民法院审判管理与信息技术处副处长、三级高级法官。

光阴流转、白驹过隙，晓南湖一别已十七载有余。6 月某日，泽强院长知会，明年学院将举办刑法研究生教育四十年纪念活动，希望我能参加活动并撰写纪念小文。泽强院长与我既是同门又是同乡，更是我求学和求职路上重要的领路人，没有他，我大概率目前仍就职于皖南某地的检察机关。听到刑法研究生教育即将迎来四十华诞，我的第一反应是为之鼓舞，但接受泽强师兄的撰文邀约，着实有点“勉为其难”。检讨当下的自己，“一事无成”似有夸张，但“不学无术”却也是客观事实。以中南刑法之源流和影响，如此盛事必定鸾翔凤集、蔚为大观。而我自忖才疏学浅、寡闻后进，冒昧献丑恐辱没师门。我向泽强师兄表达了担忧，也推荐了合适人选，但师兄认为每个毕业生对中南刑法研究生教育的记忆和情感都是特殊的，也是值得记录的。经师兄点拨和鼓励，我最终说服自己，纵然做不到让学校以我为荣，但以此为契机，对过往的人生作阶段性小结，以聊表寸心，亦未尝不可。

我所经历的中南刑法，有梦想照亮现实的喜悦，有庄严而不失温情的过往。1997 年，我在中南政法学院法律系开始了自己的大学生涯，大三下学期，16 人的大宿舍里刮起了“考研风”，室友无暇他顾的“倒逼”也促使我随波逐流地踏上了考研之路。选择刑法学方向，除了受郭泽强、刘代华两位师兄的影响外，也一定程度上与我的性格有关。我天生不喜数学，繁杂的数学公式从来不会对我产生“化学反应”，宿舍“卧谈会”中常常提及的法学和哲学大师，如博登海默、哈耶克、卡多佐等对我却有莫大的吸引力，天赋人权、自由平等、公平正义等理念也在那个时候在我心里生根。加之，对于青年时期的我来说，与犯罪做斗争是一件很酷的事，也更符合我的职业向往。这一朴素信念支撑我沿着考研之路坚定地走了下去。在历经数百个早出晚归、形只影单的日夜后，我进入了研究生考试的考场。然而考试过程中，我的临场发挥感觉极差，英语考试几乎完全凭感觉完成。本以为研究生生活将与我失之交臂，没想到 2001 年考试成绩公布后，我的笔试分数竟然达到了中南公费研究生的要求。这可说得上是上天莫大的眷顾了，我比以往任何时候都更加深刻地体会到“天不负人”一词背后所蕴含的欣喜与感激，正是因为如此，我这个农村出身的学生，才有机会继续深造。

研究生入学后，我有幸列入齐文远先生之门墙，其中无疑包含着先生的莫大关爱和殷切期盼。齐老师是中南刑法的首届硕士研究生，师从本校多位资深教授，学术造诣深厚，是当时的法学院院长、刑法学硕士导师组组长，主讲刑法总论。先生温文尔雅、博学多识，对弟子关怀备至而不失威严。其实，于我而言，刚入门时还是有点“害怕”老师的，开会时也经常缩在师兄们后面。不过，这种“害怕”很快被齐老师和夏师母在学习和生活中给予我的诸多照顾所抵消，也正是因为他们，我才能顺利完成研究生学业。彼时，在齐老师门下攻读硕士的同学还有很多，大家都是刻苦而精于学业的。也正因如此，我的研一生活，可以称得上紧张而艰苦。一方面，导师组排好的各门课程和开出的长长书单，以及同门你追我赶的论文投稿让人应接不暇。另一方面，时常捉襟见肘的口袋让我必须奔波于校园勤工俭学和外出代课之间，毕竟，公费研究生的补助相对有限，更何况我还欠学校一笔本科学费。好在，除了艰苦和忙碌，三年的研究生生活也是充实、纯粹而有趣的。互联网在那个时候还远没有普及到社会的各个角落，通信手段大概也只是一部只能通话和发短信的手机，信息技术和娱乐工具的不发达，让我们可以将注意力更加集中于书本和知识，“学生追着老师问”算得上是当年学校最常见的“景观”了。

我所感受的中南刑法，旗帜鲜明，观点独立，重思辨，重哲学。客观地说，我们这批学生，法学底子较好，强于刑法总论。读研期间，大家如饥似渴地找书读书，图书馆书架上的刑法学经典著作时常不见踪迹。与此同时，课堂气氛异常活跃，课后讨论“硝烟四起”，各种各样的观点碰撞常常让人意犹未尽。就我而言，国内外经典的刑法著作基本都是反复研读和思考的对象，《论犯罪与刑罚》《刑法概说》《犯罪学》《犯罪论原理》《犯罪通论》等书不知被我借阅了多少次。在刑法的专业知识之外，我们还关注哲学和社会学的相关著作，福柯的《疯癫与文明》、狄尔泰的《精神科学引论》、涂尔干的《社会学方法的准则》等帮助我拓宽了知识范围，提升了研究能力。回顾研究生期间看过的专业书籍，印象最深的要数校友冯军教授的译作《规范、人格体、社会》，“不明觉厉”一词绝对可以形容我当时的阅读感受。当然，这绝不是著作本身和翻译水平的问题，而是自身的知识素养与德国法学理论之精深的不匹配所致。求学过程中，我最感兴趣的还是刑法解释问题，殷鼎先生的《理解的命运》指引我选择刑法解释作为硕士论文的研究方向。我虽尽心竭力完成毕业论文并顺利通过答辩，但如今看来，无论观点还是行文，均略显幼稚，甚至还有明显的错误。可能导师组当年的表决同意，更多是源自爱护和鼓励吧。

我所理解的中南刑法，血脉绵延，坚持实质的解释论。历届刑法人都在围绕“社会危害性”这一基础概念构筑理论体系并对犯罪问题进行解释，无论是曾昭琼、曾宪信等开创者，还是张明楷、齐文远等继承者，又或是刘艳红、苏彩霞、郭泽强等中青年杰出代表，他们关于刑法的基础观念可谓一脉相承，这是中南刑法值得骄傲的宝贵财富，也是中南刑法学子“自报家门”的底气所在。如果说当今中国的刑法学派之争已经形成，那么，中南力量的巨大推动作用必然毋庸置疑。

我所感念的中南刑法，塑造了我们的务实精神、反思理念和问题意识，培养了我们坚持不懈、坚韧不拔的品格。我和我的同门毕业后，大都选择了法检等实务部门，但无论在哪个岗位，中南刑法学子都堪称优秀。比如,同级的周旭毕业不久即获得"全国十佳公诉人"的殊荣,胡春健亦于今年获评上海"十大青年法学家"并将出任闵行区人民检察院主要领导,欧阳本祺早已是东南大学博士生导师和法学院副院长……相比上述同学,我的履历要黯淡得多。毕业后,我在江苏省高级人民法院刑事审判庭工作刚满三年即被调至综合部门。十四年来,一直在和文字打交道。文字工作无疑是艰辛、枯燥的,多少次"点灯熬油"、多少回辗转反侧,个中滋味难以尽说。我之所以能坚持至今,与中南刑法塑造的精神品格息息相关,是中南刑法人身上的严谨务实和踏实肯干支撑我走过漫长的综合文稿之路。其间,我有幸参与了法院系统"三五改革"至"五五改革"的相关工作,甚至在个别领域小有建树,成为一名高级法官,但却离自己的专业渐行渐远。对于现在的我来说,刑法学恰似青春年少时梦中的姑娘,美丽而不可及,未来能否重归专业,依旧"扑朔迷离"。不过,人生的道路,谁能提前预判和完全自主呢?怀揣悲悯之心,秉持刑事法律人务实、理性、审慎的精神,做好本职工作,保障法官办案、服务群众诉讼,又何尝不是对司法事业的奉献呢?思虑至此,亦应释然。

任何法学学科,说到底都是公平正义之学。我们所从事的工作,终究都是为了"公平正义"四个字。纵然无法做到"为往圣继绝学,为万世开太平",也要胸怀天地,以苍生为念,用法律之公器,行公平正义之事。于今而言,人届中年,余下的路不长亦不短,纵然世事变幻、潮起潮落,学法初心不可变,良知善念不可变,勤勉精进不可变!

衷心祝愿中南刑法学永远繁荣昌盛!

杨 柳　时过未必境迁

杨柳，2002级刑法学硕士研究生，现为中南财经政法大学刑事司法学院副教授、硕士生导师。

人的回忆总是和具体的人、事、物联系在一起，这正如人们对家乡的回忆总是和家乡的食物联系在一起一样——味觉会刺激和强化人的记忆。因为自然或者人为的原因，环境总是随着时间的迁移而改变，但记忆中的某些情境却易固化而不会改变。我于2002年9月至2005年6月就读于中南刑法学专业硕士学位研究生，从入学时起算，现在虽然已过将近二十年，但当时许多的人和事仍然记忆如昨。

一

我们这届同学来自天南海北，年岁相差不小，年龄最大的与最小的之间相差约10岁；身份背景各异，大多数都有过工作经历，其中有警察、法官、中学教师、商人、政府机关工作人员……林林总总，五花八门。更令人惊讶的是，很多同学之前并不是学习法律的，有学金融的、化学的、中文的，不一而足。这种年龄、身份、专业上的差距使我们各具特点，但交流与交往起来毫无障碍。我们的宿舍是两室一厅的房子（今文潭楼旁），共住了12个人，分别是姜南、樊广军、李江波、田智勇、周剑锋、王忠锋、罗明海、杨明、张恒、王刚、许卫和我。应届考上来的是我、许卫和田智勇，其他的都有过工作经历，年龄较长的有姜南、王忠锋与罗明海三位，因此宿舍其他同学都尊称这三位为“哥”，于是王哥、罗哥的叫开了，姜南更是被直接称为“老大”。

日子如细雨润物般不紧不慢地过着。当时的课程压力不是很大，司法考试刚实施不久，且通过率极低（约9%），故大多数同学的重心都放在了司法考试上，希冀通过司法考试来证明自己“法律人”的身份，更为自己将来就业铺平道路。第一次司法考试下来后，几家欢喜几家忧。我第一次参加司法考试以5分之差败北，心中之郁闷可想而知。搞笑的是，一位差了35分没有通过的兄弟不断安慰我：“你就差一点点了，不要紧，你已经为明年的司法考试打下了良好的基础！”哪知随后一年司法考试开始改革，前功尽弃。在这次司法考试之中，班上好几位已经参加工作多年、没有法律学习背景的同学反而顺利通过，原因无他，唯努力也。第一次没有通过司法考试的同学,于是又着手准备来年的司法考试,学习时光就是这样在应对考试中不知不觉流逝了。当然,钟情学术研究的同学也不少,伽达默尔的《真理与方法》、福柯的《规训与惩罚》、拉伦茨的《法学方法论》等著作不断被人提及和讨论;很自然的,李斯特的《德国刑法教科书》、罗克辛的《德国刑法学》也开始慢慢地流传开来。记得王晓辉在读研时已经在《问题与争鸣》等杂志公开发表论文,其毕业论文《足球领域犯罪及其刑法规制》更是令人耳目一新。我们对刑法学的学习和理解不再仅仅集中于中国刑法学和刑法解释学,德日刑法的引入以及刑法教义学的兴起开始潜移默化地影响我们。虽然当时 1997 年《刑法》颁布不过几年,学习的热潮仍在持续,但德日刑法理论的兴起为我们的刑法理论学习推开了另一扇门,老师们的教学和同学们的阅读也不断体现了此种变化。也正因如此,很多同学的毕业论文开始尝试研究德日刑法中的一些重要问题,比如,可罚的违法性、期待可能性、过失论的构造甚至是阶层犯罪论体系等。这些研究在今天看来或许没什么特别之处,但对于当年毕业论文多集中于具体罪名研究的固有模式而言,可谓研究领域甚至是研究范式上的转变。很有意思的是,曾经的学习工作经历也影响毕业论文选题,比如刘吉如兄关于我国刑法语法表述的研究,应是与他曾经是中学语文老师的经历密切相关,令人印象深刻。记得毕业论文写作之时,大家基本上没有电脑,主要靠手写,再利用学校的电脑机房(梅园教室)码字编辑,然后拷贝在磁盘上去打印店打印。姜南当时买的一台二手台式机自然成了宿舍的紧俏货,他不用时大家赶紧在他的电脑上敲敲论文。至于樊广军的笔记本,大家都不敢或者不好意思用,生怕弄坏。U 盘在当时刚刚兴起,属于新鲜事物,且价格昂贵,因此我们大多用的是 5 元的磁盘。磁盘虽便宜,但极易损坏,有时候花了好长时间敲好的论文拷贝到磁盘之后,下次再去读取时,却打不开了,真是欲哭无泪。

打羽毛球是我们业余生活中的重要组成部分,大家也在打球中结下了深厚的友谊。黎邦勇、朱希、王晓辉、焦俊峰、周保强、袁建伟、卓旭等是打羽毛球的骨干成员,大家一起锻炼身体、准备司法考试,也讨论学术和一些具体的案件,不亦乐乎。运动后的聚餐更是热闹非凡,每到此时,很多同学也都参与进来,南苑的"湘菜馆"和"兄弟烧烤"就成了刑法研究生最多的地方。三五个小菜,几串烧烤,加上 5 元一瓶的小"枝江大曲"与 2 元一瓶的"行吟阁"啤酒,好不畅快。在微醺中抒发意气,也在酩酊中迷茫彷徨。"王哥"总是餐桌上的主角,起着"组织和领导"作用,比我们稍微年长是原因之一,主要还是因为他酒量很好。记得有次在宿舍,他买了一包方便面和两瓶小"枝江大曲",就着方便面半斤酒就下去了,然后立马准备出门。我问:"你喝了酒打算干吗去?"答曰:"去图书馆复习司法考试!"我当时惊为天人,至今膜拜不已。

二

我们的师长们平易近人,个性鲜明。齐文远老师谦和敦厚、温润如玉;夏勇老师军人气质、治学严谨;赵俊新老师英俊潇洒、豁达洒脱;辛忠孝老师豪气爽朗,待人温和;夏朝晖老师优雅从容、温婉细致;刘艳红老师知性直爽、快言快语……老师们虽各具特点,也都有一个共同点——对待学生严格与宽容并存,关心学习与生活并重。记得在复试时,老师们问了我专业问题之后,继续问我:"为什么报考刑法专业?"因为我本科就读于中南,又是应届生且排名中上,感觉不会被淘汰,回答于是直抒胸臆:“因为刑法专业好考。”老师们先是一愣,然后笑笑,接着问:“为何刑法专业好考?”我仍然无知者无畏,“刑法学考试的内容不都在一本书上嘛,比较齐整。像民法学有民法总论、合同法、物权法等好几本书和内容,麻烦得很”。老师们呵呵一笑,其中一位回复说“这倒也说得过去”。黎邦勇兄的复试经历则更有趣,据他告知,在专业问题之外,一位老师问道:“除了教材之外你还读过什么其他专业书?”邦勇回答说:“我没读过啥其他专业书,来学校复试的时候,在学校一卖废旧书籍的地摊上好像发现了一本咱们学校的法学杂志。”老师接着问:“这本杂志的名字是?”邦勇回答:“具体的名称也记不清了,其中好像有一个‘法’字。”老师笑了笑:“你再想想?”邦勇实在回答不上,便只好叫老师们提示一下。在邦勇的支吾与老师们的欢笑之中,总算凑齐了“法商研究”。[1]

辛忠孝老师是我的硕士生导师,记得第一次师生见面时正好是师兄师姐的学习、研究汇报,我们当时7位一年级新生[2]旁听。汇报中其他同学都在认真记笔记,只有我当时没有带纸笔而无所事事。辛老师见状便问我:“师兄师姐们说的你都知道?”虽未直言批评,但我却如芒在背。此种形式的师生见面会,含蓄却不直接的批评,让我感受到对待学术与学生的严谨和严格。辛老师总是强调做学问先做人,注重细节,强调同门之间友爱互助。每逢毕业论文答辩时,他都要求我们必去旁听,一来给答辩的师兄师姐提供必要的帮助;二来通过答辩学习自己尚未涉及的领域与知识,用心良苦。

在课堂之上,齐文远老师讲授的“刑法总论”宏观大气,坚守中国立场,崇尚兼收并蓄;夏勇老师讲授的“英美刑法”强调融会贯通,为我们打开了英美法系刑法的大门;赵俊新老师讲授的“刑法分论”细致入微,极接地气;刘艳红老师讲授的“欧陆日本刑法”理论精深,让我们一窥德日刑法之精妙……在生活之中,导师们对学生极为爱护。导师给学生买书、学生去导师家蹭饭、导师资助学生、导师开车接送学生等“小事”在同学们之间不断流传,成为永久的记忆。学习上的严格与生活上的包容是我在中南刑法专业求学期间对师长们的最大感受。

三

我们读研时校园建筑比较简单,主要是行政楼(今文治楼)、图书馆(今文溯楼)、南教(今文治楼附楼)、北教(今文泓楼)、梅教(梅园教室)、文澜楼以及体育馆(今文治楼对面)。校园建筑虽谈不上规模宏大,命名也不似今天齐整文采,却也功能齐全。我们的专业课主要是在南教和北教上的。教室没有空调,窗户也关不严实,因此冬冷夏热。新建成的文澜楼主要是给本科生使用,我们仅在里面上英语课。行政楼主要是老师们的办公室,梅教除了上课教室之外,其余是学校的机房,故也是我们使用电脑的地方。武汉的冬天极其寒冷,因此进入冬季后的自习,我们通常都喜欢去图书馆,因为人多暖和;而到了酷热的夏季,学生自习则喜欢去南教或者

---

〔1〕《法商研究》的前身是《中南政法学院学报》,于1957年创刊,1986年复刊。自1994年第2期起,更名为《法商研究——中南政法学院学报》,并改季刊为双月刊。2001年1月,更名为《法商研究——中南财经政法大学学报(法学版)》。2002年7月,正式更名为《法商研究》。

〔2〕我们七位分别是:周剑锋、李江波、曾娇艳、刘斌、吴韶毅、毛毅强、杨柳。

北教，因为人少凉快。最初著名的南苑市场在现校医院旁的空地上，属于校园的一部分，也是我们的“第二食堂”。南苑里面的茂源餐厅、新胜餐厅、渴望餐厅等不知留下了多少中南学子的青春记忆，以至于多年后回校聚会，也总是不忘到上述餐厅撮上一顿。后来学校为了整体规划，将南苑市场搬离到学校之外，成为现在的样子。南苑市场除了餐馆之外，还有台球室、录像厅等，这里承担着学子们的休闲娱乐功能。当时西苑还未兴起，只有少量的理发店或卡拉 OK 厅，与现在的“繁华”程度不可同日而语。因此，在我们那一批学子心中，南苑市场才是除了学习之外令人流连忘返的“永远的神（YYDS）”。那时的晓南湖刚从一片沼泽成为一汪清水，湖畔绿草如茵，风拂垂柳，书声琅琅，诗意盎然。那些年的毕业照一定是要去晓南湖畔拍的：以文澜楼为背景，让湖水倒映出我们的学位服，成为那些年毕业的“标准照”。至于南湖，在学校是见不到的，因为南湖大道当时并未建成通车，学校的“版图”也未扩展至南湖之边，今天只有一湖之隔的华农那时离我们很是遥远，如果乘坐公交车前往，一般需要两小时。不知是否临近南湖的缘故，校内的小湖便约定俗成似的叫成了“小南湖”。又或是“小”字显得过于普通，于是“晓南湖”成了学校内湖的官方名称。体育馆只有打羽毛球的时候才去，在不收费的年代，看门的大爷大妈自然成为我们争相讨好和“贿赂”的对象。对其毕恭毕敬不说，偶尔还会给其买水递烟——只为在那闷热空间中挥洒汗水。几经风雨、几经更名，学校的许多建筑无论从外形还是功能都发生了巨大变化，有些重建了，有些是新建的，也有些重新装修了。那些看似普通的建筑中，留下了我们珍贵的学习与生活、相遇与相知的青春。新图书馆（逸夫图书馆）建成之后，老图书馆命名为“文溯楼”，并成为校史馆和档案馆。每当路过，总会驻足停留片刻，那时学习、阅读的片段如投影般浮现在眼前。偶尔听见有人说起“这是老图”，一下子便会触动心中“柔软的地方”。

四

往事并不如烟，时过也未必境迁。物理意义上的“境”容易随着时间的洗涤而改变，但心理意义上的“境”却能永存记忆之中。二十年来，校园的面貌发生了巨变，师长们的两鬓开始斑白，同学们的身材开始走样，但那些年、那些人、那些事、那些景、那些物却历历在目，不曾改变。西原春夫说，人生中越是重要的事情越是被偶然性所左右。仔细品味，确实如此。二十年前因缘际会入读中南刑法专业，与尊敬的师长、亲爱的同学的交往时光已然成为人生中最为重要和美好的经历。“水因善下终成海，山不争高自成峰”，中南刑法的四十年，于历史长河中只是倏忽一瞬，于每个学子亦是短短三年，却在自在与包容当中始成一脉，自成一派，弦歌不辍。生活是琐碎的，她总是以具体的人、事、物的方式呈现；个体的体验也总是“片面”甚至是“狭隘”的，它总是随着个体的偏好而带有强烈的主观色彩。我如流水般记下读研期间的些许往事，不曾想过，这种碎片式的经历和记忆也是中南刑法四十年辉煌历史的有机组成：中南刑法培养了我们，我们亦是中南刑法历史的一个部分。我们在这里共同收获了授业恩师的谆谆教诲、安身立命的专业知识、为学为人的人生态度。不论何时，当我们再次伫立在晓南湖畔，一眼望去，湖影中倒映出的仍是自己读书时的样子，从未改变。

袁建伟 | 中南刑法的代际传承

袁建伟，2002 级刑法学硕士研究生，现为中南财经政法大学刑事司法学院副教授、硕士生导师。

2022 年是中南刑法学科研究生招生四十周年，学校、学院与刑法学科均组织了丰富多样的庆祝活动。作为中南刑法人，一直想写点文字表达自己的感情，同时也是对自己在中南刑法学科求学、工作的纪念。有了这个念头之后，各种思绪一下子涌入了脑海，学科情、师生情、同学情，都清晰而隽永，反而拿不定主意以什么为主题了。某天想到自己的入学时间，突然发现，作为 2002 级的硕士研究生，恰好契合中国人习惯上的二十年为一代的时间节点，文字的标题当即就这样确定了。

中南刑法学科是由以曾昭琼、曾宪信、江任天、朱继良为代表的老一辈刑法学家创立与发展起来的，同时期的学科点成员还有吴安清、郑昌济、胡新、夏其淦等老师。"文化大革命"时期，我国各项事业皆是百废待兴，中南刑法学科也是"一穷二白"的状态，学科平台几乎没有，教材、文献等学科建设的基础资料也奇缺。曾昭琼、曾宪信、江任天、朱继良等老师克服各种困难，积极为学科发展创造条件，搭建平台。1981 年，在曾昭琼教授领衔下，中南刑法学科取得硕士学位授权资格，逐步开始培养高层次刑法专业人才，积极编纂刑法学教材，填补学科建设与刑法教学空白。1981 年，受司法部委托，江任天老师参与编写了高等学校法学教材《刑法学》。这部由高铭暄、马克昌、江任天等刑法学界元老编写的刑法教科书，是中华人民共和国成立后第一部权威的高校刑法教材。之后一版再版，被司法部、教育部评为优秀教材，成为中国刑法学的奠基之作，对我国刑法教学、科研和刑事司法影响深远。中南刑法学科通过建立导师组负责制，将学科建设与人才培养相结合。这些老教授与年轻教师一起备课、授课、互相听课。在资料奇缺的历史条件下，这种方式有效地促进了年轻教师的成长，激发了学科组成员的开拓创新精神。在老一辈刑法学家的悉心指导下，中南刑法学科形成了国内少有、极具实力的教师梯队，培养了一大批刑法学专业人才。其中成为法学大家者，学界有现在中南刑法学科任教的齐文远教授、夏勇教授，还有清华大学的张明楷教授，中国人民大学的刘明祥教授、冯军教授、谢望原教授，中国政法大学的刘艳红教授，北京师范大学的李希慧教授、张远煌教授等；司法实务界有北京通商(深圳)律师事务所主任陆晓光律师、原中国工商银行总行董事长秘书钱毅先生等。他们积极提供社会服务,指导实务部门开展司法实践。刑法学科的老师在开展科学研究和日常教学的同时,还带领学生到武汉市、襄樊市(现襄阳市)、黄冈市等地司法机关指导、帮助实务部门清理积案,既发挥了大学提供社会服务的功能,又为学生架起从理论到实践的桥梁,有力促进了人才培养。

接过中南刑法学科第二代发展旗帜的是张明楷教授、齐文远教授和夏勇教授。尤其是张明楷教授在1997年年底去清华大学任教之后,齐文远教授在夏勇教授等学科老师的协助下,充分抓住我国高等教育发展的机遇,勇于创新,在学科建设、人才培养和社会服务方面均取得了丰硕成果。二十多年来,中南刑法学科苦练内功,打造学科团队。在齐文远教授的带领下,中南刑法学科通过内部培养和外部招聘,逐步形成了学养深厚、结构合理的雄厚师资队伍,不仅在学界声誉鹊起,而且产出了丰硕的学术成果。齐文远教授、夏勇教授仍然保持着当年的学术风采自不必说,王良顺教授、苏彩霞教授、童德华教授、程红教授、周详教授、郭泽强教授、王安异教授等一批学界知名的中青年学者均是在这一时期的中南刑法学科中逐渐成长起来的。前面提到的杰出校友、当选第七届"全国十大杰出青年法学家"的刘艳红教授也是这一代中南刑法学人中的佼佼者。在重视内部培养的同时,中南刑法学科还积极招募人才,国内知名学者康均心教授在2016年加入中南刑法学科,进一步增强了中南刑法人的力量。当前,中南刑法学科共有老中青刑法学者近三十人,其中教授十人,副教授八人,青年博士十余人,他们之中既有国内法学名校毕业生,也有德、日海归博士,可以说是人才济济,兵强马壮,使中南刑法学科保持着旺盛的发展活力。中南刑法学科发扬老一辈刑法学家的优良传统,高度重视人才培养。在齐文远教授的带领下,中南刑法学科的老师们殚精竭虑,付出了巨大的心血,不断提升人才培养的质量,现在每年培养10名左右的博士和60名左右的硕士,为社会输送了大量高层次的刑法学专业人才。在科研机构、大专院校、司法实务部门以及法律服务领域,均闪耀着中南刑法人的光辉风采,如第八届"全国十大杰出青年法学家"、最高人民检察院检察理论研究所研究员董坤等。此外,中南刑法团队不怕困难,勇于担当,充分发挥自身的专业优势,积极服务我国尤其是地方法治事业;通过举办学术会议和专题论坛、提供专家咨询、到实务部门挂职等多种形式,为湖北以及我国的法治事业发展提供智力成果,贡献智力支持;为社会公众提供公益法律服务,维护合法利益,充分体现了中南刑法学科的担当与品德。

作为第三代中南刑法人的一员,我本科、硕士均就读于中南,在中南读书的七年,赋予了我中南刑法的血统。学习期间,硕士指导老师夏朝晖以及学科组的其他老师不仅授业解惑,还培养了我厚德奋发的做人原则。我在2009年6月至2016年5月就职于湖北经济学院法学院期间,湖北经济学院法学学子共考取了8位博士生,其中5位是在我的引导之下攻读刑法专业。我想,这就是我没有辜负中南刑法人精神的证明吧。在经过不断的深造、积累之后,我于2016年5月回到中南刑法学科任教,既觉得无比自豪,又深感责任重大。当前,中南刑法学科进入了一个新的发展时期,发展的接力棒交给了第三代中南刑法人。我相信,第三代中南刑法人必将不辜负前辈的重托,继往开来,砥砺前行,以永不懈怠的精神状态、一往无前的奋斗姿态、舍我其谁的责任担当,在新时代新征程上,铸造中南刑法新的辉煌!

焦俊峰　2002—2005，改变人生的三年时光

焦俊峰，2002 级刑法学硕士研究生，现为中南财经政法大学刑事司法学院副教授、硕士生导师。

2002 年我本科毕业，当时对未来还抱有很大的期望与憧憬，所以并没有直接步入社会走上工作岗位，而是选择了留在中南继续读书。那一年赶上扩招，我们刑法专业一共招了六十多个同学。记得有一个同学考了全班前几名，但却没来读书，一问才知道，他已经被深圳海关录用了，知道这个情况的同学意见相当地一致，纷纷表示对此君抉择的认可，毕竟，在二十年前，"深圳""海关"这两个词意味着什么不言而喻。

在我们读研究生期间，中南的法学一级学科博士点获批，刑法学开始招录博士研究生，硕士生的招生指标也成倍增长，那时刑法学科正蒸蒸日上，蓬勃发展。尤其记得很多老师正值当年，比如温文尔雅的刑法学科带头人齐文远老师、刚从其他学校调过来的英俊潇洒的夏勇老师、风度翩翩的赵俊新老师、美丽端庄的夏朝晖老师、彼时还洋溢着青春气息的刘艳红老师，等等。除了这些导师，还有一些当年的年轻老师和我们有接触和交流，比如童德华老师、程红老师、张克文老师等，特别要提及的是现在在刑法圈鼎鼎大名的周详老师，那个时候的他还在读博士，还是我们同学们口中的"详哥"，经常和我们这些硕士生一起玩耍，打乒乓球、"斗地主"、聚餐，他的才华在那个时候已经显露，只是为人比较腼腆，并不爱张扬。

那几年，刑法学专业下面设了一个特殊的方向——侦查学，导师有二人，杨宗辉老师和王均平老师，学生有六人，我是其中之一。杨老师当时是公安学院院长，刚从白俄罗斯留学回来，是我国最早的侦查学海归之一，身形略显瘦削，但每天都西装革履，举手投足间透露着儒雅；王老师当时是公安学院副院长，也是治安学领域的权威，身材比较高大，非常帅气。两位老师开创了中南的侦查学硕士专业，我们六个学生也成为侦查学专业在中南开山的第一届。

研究生三年的生活总体比较平淡，没有惊心动魄的大事发生，唯一的波动就是当年的"非典"，好在武汉不是疫情的重灾区，人们还没怎么回过神来，这个病毒就消失得无影无踪了。只是谁也没有想到，二十年后，会有一场更为可怕的疫情最先在武汉肆虐，让武汉这座英雄的城市饱经磨难。

三年的研究生生活虽然平淡,却非常充实。和现在不同,近二十年前的考研大军还没这么庞大,竞争也没那么激烈,而且有很多人是想通过考研改变命运,重获选择人生的机会。所以,我们班有一大半同学是辞职考研,这些同学在考研之前有的是公安干警、有的是检察官、有的是小学老师、有的是公司职员。不管之前从事什么职业,这一次,大家都是为了梦想来到中南,来到晓南湖畔,开启了人生的下半场。可能是太珍惜这个机会了,所以大家学习都很刻苦,上课的到课率极高,课后也总是泡在自习室,一方面是为了备战司法考试,另一方面也是为了积累知识、提升自己。同学们之间也会探讨学术问题,而且会争论得面红耳赤,但据我观察,大部分同学都只是单纯的热爱知识、喜欢思考,并没有以此为业的打算,自然也就没有惊天动地的故事和理论诞生,回想起来,略觉遗憾,毕竟,我们是当时中南历史上人数最多的刑法班,似乎应该像齐老师、夏老师这些老师们当年一样,从研究生宿舍的卧谈会中诞生出一个个著名的法学家。不得不感叹,两代人的研究生生涯,始终还是摆脱不了时代大潮的裹挟。当然,纵使如此,仍然有个别人会闪出光芒,比如有一位同学就对学问表现出了极大的兴趣,并且花巨资购买了一整套韦伯文集,每次回想起那淡灰色的封面,我就觉得这个淡灰色是一种光,一种提升我们整个班级学术格调的光,所以这位同学也被我们尊称为“教授”。

除了学习,同学们在一起也度过了很多快乐的休闲时光。那个时候的南苑、西苑和东大门外还是一片繁华,东门的 KTV 是大家常去 K 歌的地方,虽然音响设施不尽如人意,但却常常让大家流连忘返;西苑的铁栅栏外还有一扇院墙,墙外成排的烧烤摊是大家晚上宵夜、吹牛、聊天的最佳去处,一到晚上,那热闹的景象会让人忘了墙的里边是一所大学;最让人难忘的还是南苑湘菜馆的竹筒饭和烟笋肉丝,每次去真的是大快朵颐,记忆中总有老板家两个七八岁的小男孩坐在一楼门口的桌子边专心致志地做作业,不管周围多么喧嚣、多么嘈杂。谁也没有想到,二十年后,其中一个小男孩大学毕业后通过考研重回中南,重回刑事司法学院,成为我们的研究生。人生的奇妙不过如此,考研居然成为两代人的时空之桥,联结着记忆,更联结着人生。

除了校外,校内也有我们打发业余时间的地方,大家待得最多的地方当然是宿舍,只是活动比较单一,那个时候还没有“狼人杀”“剧本杀”,同学们一起玩得最多的就是“斗地主”和“拖拉机”这些纸牌游戏,打牌好玩的事儿每天都在发生,只是很多故事已经记不清细节,仍然能印在脑海里的画面就是三四个人打牌,一堆人围观,宛如街头巷尾的象棋摊,打到精彩处人声鼎沸、欢呼雀跃。那个时候的快乐就是这么简单。

我们六个同学学的是侦查方向,所以部分专业课程和其他同学有所不同。六个人上课,自然故事也就比较多。有一门课当时是在老师的办公室里上,没有黑板,也没有投影仪,当时也不流行做 PPT。第一节课,老师坐在办公桌前,一边烧水泡茶一边讲课,我们坐在沙发上手足无措。老师突然问了一个问题,某某学的逻辑起点是什么? 六个人面面相觑,一片茫然:这是什么,我在哪里,我能不能出去? 气氛非常尴尬,老师立马化解了这个尴尬:你们啊,也就是个小学生的水平。那节课怎么完成得已经记不清了,只记得我们一下子从研究生变成了小学生,心中不免有些气馁。

还有一位老师在文澜楼一楼给我们上课,有一次讲得兴起跟我们谈起他自己的人生经历来,绘声绘色、非常投入,我们一听也来了劲,鼓励老师一直讲下去,这可比上课讲的内容有意思多了。老师一直滔滔不绝讲了一个多小时,到了下课的时候,我们心满意足正准备收拾东西走人,老师缓缓来了一句:咱们继续课堂的内容。硬是又讲了近两个小时。从此再上课,我们几个同学全部老老实实,不敢再鼓动老师讲人生故事。

师生之间,故事太多,有些只能口述不能诉诸笔墨,但感情之真挚却是共同的。那个年代,人与人之间似乎更为纯真。

三年时间匆匆,我们刑法2002班过得非常融洽、非常和谐,临近毕业,很多同学都感叹度过了三年开心的时光。的确,无论是学业还是生活,我们六十多人不虚此行。三年了,靠岸的帆船又要起航,每个人又要选择新的生活,从就业去向看,大家都有不错的归宿,没有辜负自己三年的辛苦付出。我们六十多人,留在高校的有十几人,其他大多数还是去了公检法司等政法干线,也有少数去公司从事法务工作,大家分散在全国各地,几乎遍布大半个中国,成为我国法治建设中坚力量的一分子。我们这一届六个侦查方向的同学,也都有不错的去处,一个去了公安部,一个去了某直辖市公安局,两个去了警校当老师,另一个选择了律师职业,我则留在了中南,留在了刑事司法学院,成为一名大学老师。

我们赶上了好时代,也把握住了人生中重要的机会。我的这些同学,特别是辞职考研的同学们,他们身上的拼搏精神、坚韧品格让我敬佩,这些同学通过努力改变了自己的人生,他们每个人的考研历程都是一个励志的传奇故事,以后有机会再讲给大家听。

张　凯　暴雪中忆母校

张凯，2002 级刑法学硕士研究生，现为中国刑事警察学院经济犯罪侦查学院副院长。

日本著名刑法学者宿西原春夫先生说过：人生越是重大的事情越是偶然决定的，当然偶然中也蕴含着必然。此话应该是西原春夫先生百年人生感悟，同时也充满着哲学思想。对于我来说，恰恰如此，很多的事情都是偶然的。

首先，到中南财经政法大学上大学是偶然的。1998 年，高考报志愿的时候，我报的所有志愿几乎都是辽宁省内的高校，只有提前录取报的是中南政法学院和西南政法大学，用我父亲的话说：就你这个成绩，到中南政法做门卫我们都愿意。在高考成绩公布的一刹那，是我人生的高光时刻，因为高考发挥超长，比预估分数高出 30 分。因此，在 1998 年的“水深火热”〔1〕之时来到了武汉中南政法学院求学。在政院路 1 号一待就是七年。在这七年中，有很多人生感悟。正如《中南往事》作者所写，“在一个地方待久了，对每一块石头都有感情”。我也一样，何况是在人生最美好的年纪，以至于现在经常夜里梦回中南，回忆当时的那些人、那些事！

其次，保送攻读刑法学研究生也是偶然的。2000 年，一个偶然的机会，我知道了学校保研的政策，记得硬件条件主要是四个：曾经获得三等以上奖学金，所修课程 90 分以上占 75%，通过大学英语六级，在核心期刊发表论文 1 篇以上。于是我大学期间努力学习，所以大三的时候，我如愿以偿地获得了保送攻读本校刑法学研究生的资格。记得当时很多同学是自费的，我们保送生是公费的。法学院其他同学都是保送的法理学和宪法学等专业，而我们公安与行政法系却是保送刑法学专业。因此，保送攻读刑法学研究生也是偶然的。

最后，师从齐文远教授也是偶然的。在读研后第一个学期，涉及选导师的问题。齐文远教授当时是法学院院长，公务繁忙。有一天，我正逡巡在法学院办公楼下，突然看到了齐院长忙碌的身影，于是鼓起勇气，问齐院长能不能做他的学生，齐院长特别和蔼，一口答应了。出了办

---

〔1〕 武汉的夏天非常漫长，九月时的气温仍然高达 30 多度，而 1998 年夏季中国长江流域洪水泛滥，位于江边的武汉三镇经过惊心动魄的抗洪斗争后，当时还没有完全缓过劲来，所以戏称“水深火热”。

公楼,我感觉特别轻松。在读研的三年中,让齐老师操了不少心,也向齐老师学到了很多。学到了齐老师做人的正直与宽厚,学到了齐老师做学问的严谨与扎实,学到了齐老师师德的高尚与仁爱。特别感谢齐老师和师母夏老师对我的教育和指导!特别遗憾和自责的是毕业以后仅回去过一次拜访恩师和师母。

昨天,沈阳暴雪,在漫天飞舞的大雪中,我收到了齐老师的短信:中南刑法研究生招生四十年,应该写点东西纪念一下。这算是我最后给你们布置作业了!其中寥寥数言令我热泪盈眶。可以说,我的人生是因为母校而改变,我的知识是母校老师传授的,我们的法律情怀是母校培养的,永远感谢母校,感谢恩师!在此母校刑法研究生招生四十年纪念之际,祝母校越来越好,祝恩师身体健康!

附打油诗一首:

梦回中南

昨夜忽梦回中南,
古月茂源吃大餐,
南湖红星真潇洒,
梦醒惊觉不惑年。

晓南湖风光

付　凤　|中南记忆

付凤,2002级刑法学硕士研究生,现为中南财经政法大学刑事司法学院侦查学副教授。

一、得遇两位恩师

2002年,我有幸考入中南财经政法大学刑法专业攻读硕士研究生,师从齐文远教授。能在先生门下接受指导,是我一生的幸运。入师门之初,齐师在我和同门兄弟姐妹眼里,简直就是"永远的神(YYDS)"。因为齐师尽管身兼众多行政和社会职务,处理公共事务、参加学术会议极为繁忙,但对我们的课却极为重视,从不缺课换课,且每每走进教室,先生总是神清气爽,从容不迫,讲起课来慢条斯理、娓娓道来。作为学术大咖,齐师不仅自身对刑法学理论形成了独到的知识体系,而且还十分擅长用专题研讨的形式破除我们对学界通说的迷信,开阔我们的研究思路。作为学术大咖的弟子,我们起初感到"压力山大",总觉得自己如果学不出些名堂来,实在配不上导师,但在与齐师日后的朝夕相处中,我们反而卸下了这个重担,学会了脚踏实地、认真做自己。每次师生见面,先生虽会热心询问我们学习生活近况,但从不轻易干预、更不会命令我们该做什么,不该做什么,而是耐心温和地说出他的建议,充分调动我们每个人的自主性,帮助我们找到解决问题的胜任感,激发我们内在的学习动力。我想,这就是真正的有教无类、因材施教吧!

记得有一次,我和同学偶然得知齐师在省人民医院住院,我们提出去看看他,但齐师坚决不同意。无奈之下,我们只好"曲线救国",从师母那儿摸清了大致楼层和科室,径自跑去看他。病房里,先生正独自一人半躺在病床上、眼睛微睁地望着头顶的吊瓶,看到我俩,惊讶之余责怪我俩不听话擅自跑来,但能感觉到先生内心和我们心里一样,都是很高兴的。我们高兴自己要了点小聪明见到了老师;先生高兴,大概是能借机了解我们的学习状态,谈谈有意思的专业话题。果不其然,三句话不离本行,闲谈很快就转到我们最近看的书和学习的内容上。记得当时正是黄勇连环杀人案审理期间,该案引起了极大的社会舆论,我结合案件谈了些自己对侦查机关当年"命案必破"工作机制的思考,而老师随后对这个案件的点拨,使我们跳出了刑法规范的单一视角，更多从人身危险性、犯罪心理、刑事政策和刑事一体化等多维度思考问题。这种讨论实在很烧脑，也很有吸引力，师生三人都很投入，以至于我们全然忘记了老师手上正挂着吊瓶呢！直到查房的护士进来，哭笑不得地望着我们三人说："你们三个人能不能上点心！针都打漏成这样了，都没感觉吗？"我们这才回过神来，发现老师的手上早已肿起了老大一个包！哎！原本是来看望老师，结果却添乱害得老师多挨一针！老师却满不在乎，只笑着悄悄嘱咐一句"不要告诉你们师母针打漏了哈"，就急着和我们讨论起刚才被打断的话题。

也正是在这次闲谈之后，我受到老师的鼓励和启发，独立完成并公开发表了自己的第一篇与侦查相关的小论文，收获了人生第一笔稿费，对与侦查相关的知识领域也产生更浓厚的兴趣。此后，先生更是宽容地允许我将"诱惑侦查"作为硕士毕业论文选题，为我从刑法学到侦查学研究方向转变提供了可能。在我硕士毕业工作之后，先生和师母夏建华女士一如既往地像家人般关心我的学习、工作和关爱我的家人。彼此间的师生情谊也早已化为浓浓的亲情。

非常幸运，硕士研究生学习期间，我还遇见了另一位对我后来工作学习、人生发展产生重要影响的导师——杨宗辉教授。作为刑法导师组成员，杨师的研究方向更偏向侦查学，这与我此前的从警经历不谋而合，杨师后来也成为我的博士研究生导师。杨师和齐师都是我在中南学习期间遇到的恩师。但与齐师温和儒雅、桃李不言的育人风格不同，杨师身为典型的西北汉子，不仅对我生活中面临的大大小小困难护犊式地"大包大揽"，甚至在我人生规划的几个关键时期也"十分霸气"地帮我直接拿主意、做决定，避免了我走很多弯路。学术研究上，杨师特别包容我的"忤逆"：我属于"一根筋"的人，博士毕业论文写作初期，杨师几次对我的写作提纲提出修改意见，我都固执己见地不肯修改。他却从不生气，总笑呵呵地听完我的辩解，慢条斯理地说出自己的观点后，还会在纸上耐心地帮我梳理出纲要，鼓励我回去多阅读、多琢磨，直至许多次回合之后，我心悦诚服地接受他的意见，并暗自佩服他分析问题时的高屋建瓴和睿智理性。

二、紧张充实的研究生学习与生活

三年的研修学习过程中，老师们开设的课程和讲授的内容也都各有特点、自成风格。比如，齐师的"中国刑法学总论"课程总是具有很强的思辨性，尽管先生语速不快，但上课时我们必须全神贯注、绞尽脑汁地思考法律规范背后的哲学命题，稍不留神就会有跟不上趟儿的恐惧；夏勇教授"英美刑法学"课程常英文授课，时不时拿出最新的英文文献当堂宣读讲解，令我们不敢在法律英语学习上有所懈怠；杨宗辉教授为人幽默，所讲授的"犯罪心理学"课程在第一节课就用各类有趣的心理学实验牢牢吸引住我们；刘艳红教授的"欧陆刑法学"课程围绕刑法的基本立场旁征博引，通过老师与同学、同学与同学间的讨论对决，我们更深刻地体会到研究视角和研究方法的重要性，其写在黑板上的"宁要片面的深刻，不要肤浅的普适"至今让我记忆犹新；赵俊新教授不仅嗓音极具感染力，而且有着丰富的刑事辩护实践经验，其讲授的"中国刑法学分论"课程从实践而来，每一堂都是真实生动的案例演习课；夏朝晖教授温婉大气，所讲授的"中国刑法史"课程借古喻今，其在二十年前就为我们讲述刑法中"亲亲相隐"的现代意义，十年后《刑事诉讼法》终于修订并赋予“亲属强制出庭作证豁免权”……

一门门精心雕琢的课程，为我们带来一场场精彩的学术盛宴。老师们开阔的学术视野、严谨的治学精神无时无刻不在潜移默化滋养着我们。刑法学、犯罪学、侦查学等共同构建的刑事一体化学科知识体系，也为我后续从事侦查学教学和研究打下了较好的刑事规范学科基础。

三年紧张有序的学术训练，终将通过学术论文答辩加以检验。尽管此前早已旁听过师兄师姐们的答辩，熟悉整个流程，但真轮到自己时，还是不免紧张焦虑一番，不敢有丝毫懈怠。答辩前三周，研究生办公室公布了每位同学所在的答辩组及该组导师名单。我和室友姜敏被分到了齐师、杨宗辉教授、刘艳红教授所在的答辩组，而该组根据以往实地观摩经验也被我们暗自称作“死亡之组”，因为老师们不仅对写作内容要求极高，而且对论文格式、错字标点，甚至答辩着装礼仪等，都有极为严苛的要求。答辩前两周，我俩就早早互相阅读对方论文，模拟答辩老师就论文向对方发问，不断预演着老师们会从什么角度提出刁钻的问题“为难自己”。答辩前三天，我俩又逐字逐句地把对方论文读了好几遍，帮着找论文中可能出现的语病和错字，生怕写了错字，弄错了标点，被老师逮个正着。答辩的前一天晚上，尽管论文的内容早已烂熟于心，但我还是会忐忑不安，如同高考来临似的整夜辗转睡不着。第二天一大早，望着彼此的“熊猫眼”，我们还是会为对方加油打气。当紧张刺激的答辩终于来临时，身着正装的我们端坐在答辩席前时，前夜的紧张焦虑反而自动退去，一番慷慨激昂的自我陈述后，我们仍能冷静沉着地直面老师们的提问。因为每一位答辩的同学都不是一人作战，背后都有“靠山”，同门五六个兄弟姐妹有的帮着记录答辩老师的提问，有的帮着查找资料、核实论文细节、整理应对思路。大家各司其职、齐心协力，只为以最完美的方式回答老师们的提问。想起当时的状况特别是同学之间的真情实意，现在还想伸出大拇指点赞。

曾娇艳 | 直挂云帆，青春无悔

曾娇艳，2002级刑法学硕士研究生，现为宁波市中级人民法院四级高级法官。

2021年11月23日，我正在撰写判决书，窗外的阳光透过落地窗玻璃洒在桌上翻开的案卷上，忽然手机里收到了齐文远老师的信息，齐老师在信息里说：娇艳好，最近忙吧，明年是中南刑法研究生招生四十年，想出个集子纪念一下。你是中南刑法杰出代表，写点什么追忆一下那三年的学习生活？收到来自母校老师的邀请，在意外惊喜之余，又颇有受宠若惊之感。在中南毕业的众多学子之中，我只是大海里的一滴水，高山上的一粒沙石，无论是求学还是事业，都远不如中南的其他同门，而时隔多年，母校老师还能想起我这个当年的黄毛丫头，感动之余，我想为母校，为老师，乃至为自己写点什么，于是我的思绪又回到了那段难忘的青葱岁月。

我2005年从母校毕业，想来毕业已经有16个年头了。回想当初之所以选择刑法，缘于一段偶然而又难忘的经历。我大学读的是师范院校汉语言文学专业，大三那年，李文斌老师时常会在课堂上鼓励大家读研究生，有一天下课，我向李文斌老师请教如何考取研究生。李文斌老师非常热心地向我引荐了一位刚考取中南刑法学研究生的学长，这位学长向我介绍了不少学习刑法学的经验和方法，于是我开始了为期三年的刑法学自学之路。记得我自学刑法学的第一套教材是张明楷老师的蓝色封皮的刑法学教科书（大家称之为"蓝宝书"），张老师的这套刑法学教材不仅阐述了刑法学的基本内容，而且介绍、分析了学术界的不同学术观点，是一本弥足珍贵的学术型教材，但对于毫无刑法学基础的我而言，理解起来颇为困难。后来同学推荐我读齐文远老师编写的一套刑法学教材，这套刑法学教材面向本科生基础阶段的教学，内容深入浅出、通俗易懂，对于刚入门的我来说，十分难得，在读完齐老师编写的这套刑法学教材后，我立马重拾了自学刑法学的信心，此时再来重读张明楷老师的"蓝宝书"，感觉容易了许多。2001年的冬天，我向所在单位请了一个月的假，背着一袋子书和一床被子独自在母校附近租房备考。每天晚上，我都会去中南的图书馆上晚自习，等图书馆熄灯了，再抱着书本，顶着刺骨的寒风回出租房那年冬天，武汉真是寒冷。那时只带了一双鞋子，下雨天，鞋子湿了，我就一口气穿了三双袜子，然后把脚塞进鞋子里，因为被鞋子裹得脚疼，就不再因为鞋子湿了，感觉脚冷。那一个月的备考时光,是何其孤独而又刻骨铭心的一段修行,一个月下来,除了跟食堂师父说,“请打二两米”,就没跟人说过一句话,2002 年的元旦,听到校园里飘荡着的节日的炮声还会感觉心痛,现在回想起来,这段经历真是特别而又弥足珍贵。

感恩母校给我这个家境贫困的学生攻读公费研究生的机会。中南财经政法大学藏龙卧虎,不仅师资力量雄厚,同学们也友善优秀。我们那一届导师组有齐文远老师、张远煌老师、辛忠孝老师、夏勇老师、刘艳红老师、赵俊新老师、杨宗辉老师等。齐文远老师是组长,齐老师很擅长用生动的案例深入浅出地阐述法学道理,至今我仍记得齐老师分析量刑公正时,给我们讲述的关于人命与狗命的故事。平日里,齐老师话语不多,但寥寥数语总是能力透纸背,精辟独到,为弟子们释疑解惑。张远煌老师是犯罪学领域的专家,上课风趣幽默,对犯罪学领域的精辟见解对我很有启发,研究生毕业后,我曾在大学从事犯罪学的教学工作,亦常会想起张老师的一些观点。刘艳红老师是我们女生崇拜的偶像,不仅年轻漂亮,而且治学成果丰硕,研究生一年级的时候,刘老师给我们上欧陆刑法课,我写了一篇关于犯罪中止的论文请刘老师指导,刘老师非常认真地阅读了我的论文,并在课后把我单独留下来,指出论文的不足,鼓励我积极思考问题,后来“欧陆刑法”这门课,刘老师还给了我全班最高分。辛忠孝老师是我的研究生导师,求学期间,辛老师和师母党老师对我们,从学习到生活,乃至毕业后的为人处世给予了无微不至的指导和帮助,为了缓解我的经济压力,辛老师还总是帮我留意勤工俭学的机会。我们这一届,辛老师带了 6 名研究生,其中 5 名男生,就我 1 名女生,同门们对我亦是十分关照。

中南的同学是友善且优秀的,有的同学勤勉好学,致力于学术研究,一毕业就考取了博士,决意继续深造;有的同学处事沉稳,立志在实务工作中大展宏图,这些同学大多去了法院、检察院等司法机构;还有的同学把平生所学与市场经济相结合,大多成为律师。虽然大家的志向和追求各不相同,但在“风华正茂”“书生意气”的求学时光里,大家都欢快地畅游在刑法学知识的海洋里,热烈地研讨案例,为不同的学术观点争得面红耳赤……同时,紧张的学习之余,亦不乏丰富多彩的业余生活,大家一起 K 歌,一起打球,一起逛街,一起打车去武汉大学听讲座,学有余力的同学还会忙着做点兼职。记得研究生二年级的时候,班上一位热心的男同学向湖北广播电视大学推荐我做兼职教师,于是我的研究生生涯里又多了一段当兼职教师的经历,教了一个学期的商务英语和一个学期的刑事诉讼法。研究生二年级的暑假,大家都投入到紧张的司法考试备考中,我未曾受过法学方面的基础教育,民法、行政法、法制史、国际法对于我来说都是全新的课程,感谢中南浓厚的法学学习氛围,让我这个非法本出身的外行人快速熟悉了各门法律课程,顺利通过了司法考试。毕业季,我在去高校还是司法机关之间踌躇,齐老师给了我很好的建议,这也激励我在后来的工作岗位上一直坚持学习写作,并又获得了博士学位。

光阴荏苒,岁月如梭,对于母校,除了感恩,还有一份特别的想念之情,想念治学严谨、传道解惑的老师们,想念可爱友善的同学们,想念中南美丽的晓南湖,想念好吃的鱼香肉丝和热干面,值此中南刑法研究生招生四十周年之际,祝愿母校及法学院越来越好,祝愿所有的中南人不断进取,在各自的岗位上诠释中南人博文明理、厚德济世的进取精神。人生是一本书,翻开是故事,合上是回忆,愿我们的故事精彩,愿我们的回忆美好。

于　方　|遇见刑法，感恩中南

于方，2003 级刑法学硕士研究生，现为中南财经政法大学人事部副部长。

接到齐文远老师的短信，中南刑法研究生招生四十周年，应该写点东西纪念一下，并把征文通知发给我。收到老师的信息，我不胜惶恐。早已远离曾经热爱的刑法学专业，实际工作并未从事法学研究的我，似又回到了读研时的青葱岁月。三年的研究生时光弹指一挥间，已经尘封在记忆深处，现在仿佛就在眼前，那些熟悉的，又回来了。

刑法学是大二必修课，我选课时“总论”选了齐文远老师，“各论”选了赵俊新老师，分两个学期上。两位老师上课时，走道和后排总是挤满了前来蹭课的同学。我的第一感觉是，选对了老师，刑法课要好好学。随着课程的展开，两位老师的精彩讲授带我进入了刑法学的殿堂，我对刑法学产生了直接且浓厚的兴趣，这也是后来我选择报考刑法学研究生的最初动力。

读研期间，我的责任导师是田国宝老师。田老师当时是首次带研究生，我和丁莉莎同学成为田老师的“开山弟子”。记得齐文远老师专门给我们讲过，我们所有的研究生都是刑法学导师组导师们的学生，只是责任导师不同，大家有什么事情随时可以跟各位导师联系。各位老师对同学们都非常关心和照顾。我们上课的时候大家云集，齐文远老师、姚莉老师、夏勇老师、杨宗辉老师等大咖都给我们上过课，那是当时我们最大的幸福。课程安排也十分丰富，除刑法学外，还有刑事诉讼法、犯罪学原理、侦查学总论，比较学习方面有欧陆日本刑法、英美刑法，案例教学方面有刑事案例评析、各类案件侦查等。

囿于天资有限，又不甚用功，我在刑法学学术研究上没有太多的进境，也没有发表像样的文章，现在回想起来颇感愧对诸位老师。在这个背景下，我做的最有意义的事情，就是通过了司法考试。2004 年的夏天，伴着雅典奥运会如火如荼地进行，司法考试的复习也进入了最后的冲刺期。我每天都和侯庆奇、吴旦两位同学一起去图书馆或者教室自习，大家相互鼓励、互相打气，既分享复习的心得，也分担应考的压力。最后，我们三个全部通过了司法考试。现在侯庆奇任职于最高人民检察院，吴旦任职于广州知识产权法院，继续为建设法治中国贡献力量。印象深刻的还有参加“中律原”法律援助活动。2005 年春节过后，我们 20 余名研究生同学,在郭泽强老师的带领下,奔赴襄樊市(现襄阳市)宜城市板桥店镇驻点进行法律援助。我们和乡镇干部同吃同住,协助司法所的工作人员开展法律援助,也经常和乡镇小学的同学们开展联谊活动。这次特殊的活动是我们接触社会的"实践课",让我们了解到中国乡村的真实情况,从校园到田间地头"接了地气",对我们的成长大有裨益。

毕业前夕,最大的挑战就是撰写毕业论文了。毕业论文选题的确定有些偶然。一次在图书馆,我不经意间翻到的一本关于判例研究的书,书名已经忘记,但翻过之后"判例"这两个字就留在了我的脑海中。它渐渐地吸引了我,我开始思考在刑事领域构建一种判例制度的可能性,然后想写一篇这方面的文章准备发表。在准备的过程中,我又想到能否就以这个思路来准备我的毕业论文呢?我将这个想法和田国宝老师进行了交流,得到了他的首肯。在这期间,我也向齐文远老师请教了刑事判例方面的一些问题,齐老师提出了宝贵的意见并鼓励我在多收集资料的基础上着手写作。其后,我开始了写作构思,田老师是论文行文写作方面的专家,在文章结构和内容上对我要求非常严格,论文大纲在田老师的指导下几经修改才基本成型。然后,我开始了写作,论文在初稿完成后,又在田老师的指点和把关下,进行了几番修改最终定稿并顺利通过了论文答辩。毕业论文的写作,对我而言是一个提高的过程。正是经过了这个锻炼,我真正地提高了自己的研究能力和写作水平,为今后进行一些科研创作打下了良好的基础。老师们的指导和鼓励我不会忘记。

2016年"十一"期间,我们2003级刑法班的同学组织了毕业十周年聚会。分散在全国各地的23名同学返回母校参加活动,大家参观了校史馆,到首义校区看了当年的宿舍,也在校友会的大力支持下,在四食堂集体享用了"忆苦思甜餐"。齐文远老师、赵俊新老师分别参加了我们的活动。见到久未谋面的老师,大家都很激动也倍感亲切,纷纷回忆着读书时的场景和老师们的关怀,一如回到阔别已久的家。2018年我出差到宜兴,联系了俞洪元同学,相约见面。赶巧段体操同学也在无锡出差,洪元同学尽地主之谊,我们三人好好相聚了一番。2019年我到教育部借调工作,侯庆奇、李加玺、汪家聪3位同学热情款待,大家互诉衷肠,让孤身在京的我深深感受到来自同学的温暖。

三年的研究生学习让我受益匪浅,我不仅学到了更多的刑法学知识,更重要的是在诸位良师的影响下,我的人格得到了完善,使我以后无论做人、做事,都能更坚定、从容地面对。"问渠哪得清如许?为有源头活水来。"我们刑法班的同学都真心感谢各位老师的谆谆教诲,他们的言传身教令我们终身受益,这笔宝贵的财富将会永远促我们奋进,催我们自新。中南刑法研究生招生四十周年是值得纪念的日子,过往的沐风栉雨必将成为未来蓬勃发展的新起点。祝福各位老师身体健康,万事如意!祝愿母校和中南刑法学科的明天更美好!

李 波 | 中南往事追忆

李波，2016 年 7 月博士毕业，当月入职中南财经政法大学刑事司法学院，职称为讲师。现为中国海洋大学法学院副教授。

2021 年 6 月 7 日晚，我接到中南财经政法大学刑事司法学院郭泽强副院长的微信消息，邀我参加将于 2022 年举行的“中南刑法研究生教育四十年纪念文集发布暨系列纪念活动”。鉴于我曾在中南任教三年以及师从齐文远教授从事博士后合作研究后又因家庭原因离开中南的特殊经历，郭院长叮嘱我写篇纪念性的文章。对此，我欣然允诺。当晚回忆在武汉三年的生活与任教时光，心潮澎湃以至于久不能寐。

记得我曾在《刑法教义与刑事政策》一书后记中写道：“从 2016 年 7 月入职中南到现在，整整三年。三年，在人的一生中，可能并不算很长。但就像北大一样，中南这三年在我的生命中具有极重要的意义……在齐老师等前辈学者无私帮助和提携之下，我在学术上也取得了一点成绩（虽然不大，但对我来说值得纪念），我也由博士生成长为一名学者。这个转变是在中南完成的，因此，虽然我本硕博都不是在中南读的，我自认为也是一个中南人。”这是 2019 年离开中南时所写的，当时因为家庭原因调动到青岛的中国海洋大学，临走时依依不舍的心情今天还能想见。我是 2016 年从北京大学法学院博士毕业后入职中南的。记得当年的求职过程颇费周折：先是在张文教授、陈兴良教授大力推荐下应聘中国青年政治学院，后因其改革冻结进人计划而无果；后想去清华大学法学院师从张明楷教授从事博士后工作，张老师也同意了，但又因年龄超过 35 岁被清华博士后办公室告知超龄；再后来看到中南财经政法大学刑事司法学院的招聘消息，因为听课时曾经听陈兴良教授讲过，中南财经政法大学刑法学科非常有名，培养了张明楷教授、李希慧教授等一大批知名刑法学者，中南刑法学科以实质解释论、实质刑法观闻名刑法学界，其培养的学者多支持实质解释论，如张明楷教授、刘艳红教授、苏彩霞教授等，于是慕名投简历，最终在陈兴良教授、齐文远教授、周详教授等大力帮助下入职中南。

入职之初，从未在南方居住超过一周的我感觉不太适应，觉得天气太热。当时正是夏天，初来武汉，出门就是一身汗水，晚上睡觉只能不停地吹空调。因为北方的热是干燥的，躲在没有阳光的地方，会感觉很舒适；南方的热是湿热，即使躲在阳光晒不到的地方，依然会感觉闷。

我有一个高中同学在武汉工作，她曾陪我去天新洲、户部巷、黄鹤楼等处游玩，渐渐地我对武汉有了一些了解，也渐渐适应了南方的生活。当时中南有个帮扶新人的政策，就是为每位新任教师安排一个资深教授作为导师，在教学、科研、生活等方面予以帮扶，以便尽快使新任教师进入状态。因为当时应聘中南时齐老师给我很大支持，而我当时也有从事博士后研究的打算，在郭泽强教授的建议下我申请齐老师做自己的导师。在齐老师的帮助和协调下，我的生活渐渐步入正轨，我的女儿孟佳也顺利进入光谷一小学习。

暑假后，我便正式开始教学科研工作，先教刑法总论，后教刑法分论。虽然我之前做过教师，但在中南这样的法学名校任教，我在讲课方面又下了一番功夫。我在北大读博时，正值陈兴良教授提倡"阶层犯罪论体系"以及刑法"去苏俄化""教义学化"时期，我和身边的同学都读过许多有关刑法客观主义与主观主义、形式解释论与实质解释论、结果无价值与行为无价值等方面争论的书籍，现在来到实质解释论的"大本营"，当然不能错过求教的机会。除了齐老师，我还去拜访过夏勇教授。在他家中，夏老师还赠我一本新出的探讨犯罪化标准的新书，并在扉页写下"天天向上：与李波共勉"等字。在备课过程中，我曾向郭泽强教授请教刑法主观主义的功能，向王安异教授请教行为无价值与结果无价值的区分，向童德华教授请教期待可能性在当代刑事司法实践中的应用等问题。此外，郭泽强教授曾邀我合讲慕课"生活中的刑法"，在他的提携之下，我得以参与"学术午餐会"等学术活动。我还曾与王安异教授合上"刑法分论"课，他讲课特别细腻生动，案例分析细致深入，令我受益匪浅。中南名家辈出，有时候在校园里或校外都能遇到可以求教的前辈老师，比如，我领孟佳出去玩的时候曾在公交车上遇到过程红教授的父亲，老教授特别平易近人，我们一路聊得不亦乐乎。由于同在武汉，我也常去武大、华农、华科等学校参加会议或玩耍。比如有一次陈金林教授邀请我给他的学生讲课，课后又陪我游览美丽的武大校园，此情此景令人怀念。

中南有两个校区，一个是首义校区，另一个是南湖校区。我在南湖校区住，但也时常去首义校区上课。首义校区虽然不大，但是绿树成荫，风景优美。校区中有陈毅元帅的雕像，雕像下面还有陈毅元帅等前辈筚路蓝缕建立中原大学的历史记载。只记得当时工作起来很拼，不但身兼中国刑法教研室主任之职，在繁重的教学之余还参加了本科评估材料撰写等多项学院工作。除了写论文，还承接了西南政法大学姜敏教授主持的翻译马克斯·杜铂《德国刑法与美国刑法比较分析》一书的工作，我负责"正当化事由"与"免责事由"两章，共计 15 万余字，几乎等于一本书的篇幅。作为疲惫的学术生活的调剂，每天结束一天的工作，吃过晚饭之后，我和孟佳都会去湖边散步。散步时经常会遇到同事或学生，因为学生宿舍和教师居住的津发小区都离南湖不远。我时常在散步时遇到齐老师、刘代华老师、杨柳老师、熊伟老师等，他们常问我是否有需要帮助的地方。南湖边楼房不多，多是草坪或小树林，自然风光甚好。孟佳喜欢拍照，她常拿着我的手机拍照，现在我的手机里还珍藏着许多那时候的照片。孟佳有一篇作文还讲起湖边散步的事，题目叫《南湖冬日》，篇幅不长，原样录在这里：

南湖冬日

每天晚上吃过晚饭，爸爸都会带我到南湖边散步。/冬天悄悄来到这里，天气渐凉。/墙角边,大树下,总有那么几片落叶留在那里。/春天时绿油油的草地,现在变得枯黄。夏天时吱吱叫的虫儿,现在也听不到了。/黄昏时分,落日的余晖洒在湖面上,湖水就像宝石般闪耀,珍珠般美丽。/当夜晚降临,湖面上微微泛起波纹,月光洒在上面,像一颗颗星星。/这让我想起之前学过的一篇小诗——《舟夜书所见》,其中后两句说:"微微风簇浪,散作满河星。"/我来武汉三年了。南湖的春夏秋冬,我都见过了。但是,最不能让我忘怀的还是南湖冬日。

这应该还是秋末冬初时的情景,那时候我们在武汉也还没有三年。其实我对武汉冬天的印象也很深,其中最深的莫过于冬天多雨,感觉有时候一星期下六天雨,甚至一下十几天。南方的冬天虽然不如北方温度低,但因为没有暖气,感觉又湿又冷。孟佳在武汉待了三年,几乎每年冬天都感冒发烧一次。尽管如此,回忆起中南时光,我和孟佳都觉得特别温馨,因为我们总能记起许多快乐的事情,比如在户部巷吃好吃的,去华农绿道玩等。在学院组织的一次秋游活动中,我和孟佳第一次见到大片的橘林和柚子林,孟佳跑来跑去欢快地采摘橘子和柚子;我还记得在另一次秋游中,我和王良顺教授、王安异教授、郭泽强教授在小四轮车上合影的画面,当时我意气风发地开着小车,三位大教授在车上乐不可支。还有2018年夏天,周详教授邀请车浩教授、钱叶六教授等来中南参加"70后刑法学人讲座"活动,我陪二位老师去黄鹤楼玩,孟佳也跟着。黄鹤楼中有许多古人的诗歌,比如崔颢的《黄鹤楼》、李白的《黄鹤楼送孟浩然之广陵》等。当时车老师、钱老师品味各诗的好处,分享诗歌背后的故事,评论诗人的格局和胸怀,令我和孟佳如痴如醉。

如果要问三年中我最感激的人和感动的事,莫过于齐文远教授对我的关心、照顾以及不遗余力地提携。初来中南时举目无亲,齐老师第一个慷慨地关心我、支持我,帮我解决了许多难题。作为博士后合作导师,齐老师对我的学术成长也颇为关心。在博士后开题时,他特意请来姚莉副校长、陈柏峰教授等知名专家为我把关。申报国家社科基金项目时,要不是齐老师的督促,申请书可能又要因为我的懒惰拖延而"胎死腹中"。事实上,还没到截止日期,我就不想报了。齐老师一句"一定要报"提醒了我,他还帮我联系田国宝教授作为首席专家。项目中标后,他向我祝贺。其实,要不是他的提醒、鼓励和帮助,怎么会有这样好的结果。齐老师在中南刑法学科德高望重,他将学科发展置于个人利益之上,为此殚精竭虑、操心不已。记得有一年冬天学院召开"双一流"建设促进会时,齐老师语重心长地说,要多关心年轻教师,多给他们发展机会,为他们排忧解难,扫除他们的后顾之忧,让他们全身心投入工作,这样也利于学院发展。当时我听到这些话,心里一阵阵地感动!说实在的,齐老师对我就像父亲对自己的孩子一样,关心照顾无微不至。在中南三年,无论遇到什么事,只要我开口求助,他从来没有说过不行,相反,他想得比我还要周到!他多次劝我早买房子,因为房价一直在上涨,"安下家来,才好更踏实地工作",他还帮我留心购房信息,甚至说"如果你资金有困难,我们可以帮你凑一凑"。但我对于将来是否在武汉发展还很纠结,直到后来才告诉他。现在想来,真的对不住他!即便如此,齐老师也没有怪我,虽然他希望我能留下来,在他身边工作,但考虑到我的家庭问题,他还是选择尊重我的意见,为我调动的事积极提供帮助。齐老师的广阔心胸,永远是我学习的榜样;他对我的知遇之恩,我永生难忘!

由于家庭原因,2019 年 7 月我调离中南。因为我爱人始终不能来武汉与我共同生活,所以我最终选择回到我们之前共同生活的山东。记得有一次刘艳红教授来中南开会,谈及我和爱人两地分居我独自带大女儿在武汉生活的情况,刘老师批评我说“这样太违背人性了”。刘老师批评得很对,我不能只考虑自己的发展,而不顾家庭特别是孩子付出的代价。离开中南时,孟佳欢呼雀跃,我则百感交集。郭泽强教授宽慰我说:“中南永远是你的家。”这句话令我特别感动。我一直觉得,我虽没有在中南求学的经历,但由于在中南任教的经历,“中南刑法学派”及其实质刑法倾向仍然塑造了我的学术标签。我相信假如当初没有来中南,没有齐老师等前辈师长的帮助,我不会有今天的成绩。现代人多信实力而不信运气,但我觉得运气对个人成长也颇为重要。经济学大师罗伯特·弗兰克曾说:“随机事件对成功的影响大得超乎想象。”日本著名刑法学家西原春夫也说:“人的一生中,越是重要的事情越是容易被偶然性所左右而作出决定。”对我来说,当初能够得到陈兴良教授的推荐,是我的运气;能来中南任教并能够得到齐老师、夏老师、郭泽强教授等师长的提携,也是我的运气。所以,就像对北大刑法学科的老师一样,我一直对中南刑法学科及中南刑法学人抱有感恩之情。也正是源于我对中南刑法学科的感恩,现在我在评审毕业论文或考研面试中,对来自中南的学生都颇有好感。外出开会的时候,办会的老师知道我跟中南的渊源,也经常将我与中南的老师安排在一个房间。有时候也有一些求职中南的博士联系我,咨询我中南的待遇与状况,以及我为什么离开中南。比如姚培培博士就曾为此咨询过我,为了他能顺利入职中南,我还曾向胡向阳院长推荐过。记得当时我跟姚博士说:中南的学风、氛围和待遇都特别好,任教中南的三年是我人生中最幸福的三年。我离开中南纯属个人原因,我期待有更多有识之士来到中南,共同把中南刑法学科做到更好。

王　宁　忆往昔师恩难忘，展未来奋进前行

王宁，2004 级刑法学硕士研究生，现任湖北省融资再担保集团有限公司法律合规部负责人。

春华秋实，桃李芬芳，2022 年是母校中南财经政法大学刑法研究生招生四十周年，作为一名在中南财经政法大学获得本科、硕士、博士学位的中南刑法人，首先为刑法专业送上最真挚的祝福，衷心祝福中南刑法发展越来越好。

一、从南湖到首义的青春岁月

我于 1999 年考入中南政法学院法律系，是以中南政法学院名义招收的最后一批本科生，2000 年中南政法学院即更名为中南财经政法大学。

1999 年武汉的夏天非常长，那时的中南政法学院校园还很小，校门外还有稻田，寝室还是 8 人间。晓南湖畔的集体生活对于从未住过校的我来说新奇有趣，但是最有趣的还是诸多门类的法学课程。在这么多门类的法学课程中，我最感兴趣的就是刑法学。我本科时期的刑法学课程是齐文远教授讲授的，正是齐老师的精彩讲授和耐心指导，在我的心中埋下了理想的种子。齐文远教授当时已经担任法律系系主任，行政工作非常忙，但是即便是为懵懂的本科生上课，齐文远教授也是认真备课、精心准备，课堂上脱口而出的法条、最新的刑事审判案例以及对社会热点刑事问题的点评，每次上完刑法课我都感到意犹未尽，沉浸在刑法学的海洋中神游很久。当时的本科教室是没有空调的阶梯教室，夏天滴汗如雨、冬天寒气逼人，很多没选到齐文远教授课程的同学也想亲耳聆听齐文远教授讲授的课程，我每次上课前都要提前很久去教室占位置。记得有一次因为开班会准点到达教室，教室没有一个空位置，我与室友站在过道上听了全程，遨游在知识的海洋中，丝毫不觉得腿酸。即使过去了这么多年，我依然记得齐文远教授在课堂上关于犯罪构成三阶层论、四要件论的讲授，在那堂课结束时他说没有一种学说是完美无瑕的，要以辩证的眼光去看待各种学说之间的分歧和统一。

齐文远教授推荐本科阶段就要通读意大利刑法学家贝卡里亚的经典著作《论犯罪与刑罚》等名作。这本 1746 年完成的刑法学著作标志着现代刑法学的诞生，奠定了我对刑法的基

本认识,书中关于刑讯逼供、死刑、财产刑等观点现在看来依然是不过时的。在本科阶段,我还选修了犯罪学、犯罪心理学等相关课程。意大利犯罪学家龙勃罗梭的《犯罪人论》让我对犯罪学产生了浓厚的兴趣。

由于对刑法学的浓厚兴趣和追随齐文远教授学术脚步的坚定信心,我在攻读硕士、博士学位时毫不犹豫地选择了刑法学,正式拜入齐文远教授门下。我的研究生生活是在首义校区度过的。齐文远教授为研究生授课紧跟社会热点问题,比如,当时舆论关注的许霆案件,在课堂上齐文远教授就组织我们进行了深入讨论,我还以此为主题撰写并发表了一篇论文。

二、从言传到身教的谆谆教诲

(一)认真严谨的治学精神

齐文远教授治学严谨,在课堂讲授知识时,总是将理论的来龙去脉、法条的具体出处介绍得非常详细。每次为我修改论文时,从注释到标点符号,从行文逻辑到用语规范,齐文远教授都会细细推敲并修改,对于存疑的地方,要求我一定要认真检索。齐文远教授经常告诫我们,作品不要轻易出手,过不了自己这关的作品不要发表。

这种治学精神深深感染着我。毕业后参加工作以来,无论是撰写各类材料还是完成领导交办的各项工作,我都谨记齐文远教授的谆谆教导,认真对待每一页文字、每一篇材料、每一件任务,这种认真严谨的精神已经融入我的血液,成为我的工作习惯。

(二)终身学习的学习理念

我在研究生阶段时,齐文远教授虽然已经是教授、博士生导师,但是他一直在孜孜不倦地阅读书籍、撰写和发表论文。我在中南刑法专业求学时,齐文远教授就告诉我,法学特别是刑法学是一门与社会生活紧密联系的学科,需要树立终身学习的理念,养成终身学习的习惯。从1997年《刑法》到2020年《刑法修正案(十一)》,从立法解释到司法解释,每年都有新知识需要学习。虽然我在硕士研究生阶段就通过了国家司法考试,但是无论是在研究生阶段还是毕业后,都一直牢记齐文远教授的教导,一直保持学习的习惯,受益终身。

(三)脚踏实地的工作作风

在攻读博士学位阶段,我更多地在课堂以外接触到齐文远教授。齐文远教授脚踏实地的工作作风对我产生潜移默化的深刻影响。齐文远教授经常教导我,年轻人要脚踏实地才能走得更稳、更远。

"脚踏实地的工作态度"包含三种态度:一是俯下身子踏实做事。年轻人刚参加工作,特别是博士研究生,单位都寄予厚望,多安排一些工作以便新人能尽快进入状态,经常加班也是正常。我始终坚持"一分耕耘一分收获"的信念和把工作当使命的担当精神,主动承担工作责任,为自己的成长打下坚实基础。二是精益求精自我提升。习近平总书记说过,年轻干部要沉下心来干工作,心无旁骛钻业务,干一行、爱一行、精一行。我始终坚持在工作中学,将学习成果转化为工作业绩。我现在从事融资再担保行业法务工作，属于新生事物，专业性强，省内没有现成模式可以学习借鉴，必须脚踏实地认真开展工作，精通业务，工作才有底气，才能事半功倍。三是扎扎实实不忘初心。做任何工作都坚持“钉钉子”精神，把每项工作做细致、做扎实、做周全；行事始终如一，坚持一个标准做事，不敷衍塞责、不应付了事。

（四）宽厚待人的处世哲学

在攻读硕士学位期间，我就经常听齐文远教授提起他的导师曾昭琼教授、江任天教授对他的悉心栽培和对中南刑法作出的卓越贡献，语气里满满地都是尊敬。虽然我入学时两位教授已经退休，但是在齐文远教授的言语间，我了解到“铭记师恩”是中南刑法人优秀品质的传承和发展。

一日为师，终身为父。齐文远教授宽厚待人的处世哲学塑造了我的人生观、世界观。很多课堂上学习的法条已经更新，但是做人处事的道理永不过时。齐文远教授一直是“严以律己，宽以待人”理念的践行者，对于年轻老师的无私帮助、对于历届学生的悉心培养，这点点滴滴都将影响一代又一代的年轻教师和学生，并将长久地传承下去。

三、从萌芽到蓬勃的硕果累累

四十年弹指一挥间，中南刑法从萌萌嫩芽成长为参天大树，成为中南财经政法大学一块响当当的金字招牌。这些成绩的取得，离不开校领导的高度重视，离不开一代代教师的不懈努力，离不开广大校友们的鼎力支持。

2021 年，在庆祝中国共产党成立 100 周年大会上，习近平总书记庄严宣告，“经过全党全国各族人民持续奋斗，我们实现了第一个百年奋斗目标，在中华大地上全面建成了小康社会”。2022 年，党的二十大将胜利召开，中华民族伟大复兴向前迈出了新的一大步，社会主义中国以更加雄伟的身姿屹立于世界东方。恰逢盛世，奋进当时！遇到这样的伟大新时代何其有幸！遇到尊重知识尊重教育的好政策好环境何其有幸！遇到法学教育蓬勃发展的事业黄金期何其有幸！我们要不忘初心、牢记使命、珍惜机遇、担当干事，为中南刑法更加辉煌的明天不懈努力。

魏汉涛

十年回首:中南政法学习生活拾掇

魏汉涛,2004 级刑法学硕士研究生,现为安徽大学法学院教授、博士生导师。

记得儿时老师常常提醒我们:“光阴似箭、日月如梭。”然而,当时对那句话我没有任何感觉,依然我行我素地优哉游哉,像鲁迅在《从百草园到三味书屋》中写的那样玩耍嬉戏。直到一个月前,郭泽强院长告诉我中南财经政法大学研究生教育已经走过四十年,准备搞一次教研活动。蓦然回首,竟然发现自己离开母校中南财经政法大学已经整整十载,才真正领会“光阴似箭、日月如梭”的真谛。国家政策执行一段时间后需要“回头看”,法律执行一段时间后需要“后评估”,歌曲在提醒我们人生也需要“再回首”。俗语云:“四十而不惑。”虽然我已经是奔五的人了,淡淡的浮云已经很难遮挡我的视线,但有时也不免感到迷茫与彷徨。借此机会,在暑期偷闲之时我也从思想上做一次寻根之旅。

一、感师恩,中南硕士洗礼

2004 年 9 月,经过多年的努力,终于走进了我梦寐以求的中南财经政法大学,成为刑法学专业的一名研究生。那年刑法专业招生比较多,一共有 104 名同学。我们在首义校区学习生活,老师基本都住在南湖校区。由于学生和导师都比较多,我们对各位老师知之甚少,在师生互选之前,齐老师在一次上课前专门抽时间为我们介绍了刑法导师组的各位老师,除齐老师外,导师组还有李希慧老师、夏勇老师、张远煌老师、刘艳红老师、田国宝老师、苏彩霞老师、夏朝晖老师、赵俊新老师。齐老师一一为我们介绍了各位老师的研究方向和特点,要求我们根据自己的发展方向与研究兴趣选择导师。这些老师是当时中南财经政法大学刑法学科的中坚力量,他们为中南刑法学研究生教育殚精竭虑,做出了艰苦卓绝的贡献,让我们永远敬仰。令人遗憾的是,由于两个校区办学,师生见面的机会很少,以至于不少老师我还很不熟悉,所以这里仅回忆给我们讲过课的部分老师。[1]

（一）李希慧教授

李希慧教授，湖北仙桃人，1983 年 7 月在湖北财经学院获法学学士学位，1986 年 7 月在中南政法学院获法学硕士学位，毕业后留校任教。1994 年 1 月在中国人民大学法学院获法学博士学位，博士毕业后又于 1994 年 1 月至 1996 年 5 月到武汉大学做博士后，出站后到武汉大学法学院任教，其中 1998 年 11 月至 1999 年 11 月到剑桥大学访问一年。值得庆幸的是，2004 年我们到中南财经政法大学读硕士时，李老师正好又回到了中南财经政法大学任教，还为我们主讲“刑法分论”和“欧陆日本刑法”两门课程，让我们有机会聆听他的亲自教导。

李老师学术渊博，先后出版《刑法解释论》《刑法探微》《环境犯罪研究》等著作，在《法学研究》《中国法学》等期刊上发表学术论文百余篇，主编、副主编《刑法各论》《新刑法教程》等教材、教学用书多部。曾兼任中国刑法学研究会秘书长，国际刑法协会中国分会理事，国家重点研究基地中国人民大学刑事法律科学研究中心学术委员会委员、兼职研究员、客座研究员，最高人民检察院侦查监督厅副厅长。

让我受益匪浅的是李老师的《刑法解释论》，该书让我们了解到了中外刑法解释的历史，懂得了刑法解释的基本思想和原则，学习到了刑法解释的方法。李老师这本专著是我硕士阶段阅读的主要书目之一，也是我写文章引用较多的著作之一。另外，李老师给我们讲授的“刑法分论”和“欧陆日本刑法”两门课程，让我们记忆犹新，李老师通过“欧陆日本刑法”将我们带进了大陆法系刑法学那片深邃的海洋，让我们领略了刑法学理论的博大精深；李老师通过“刑法分论”介绍我国刑法界的最新研究成果与观点，让我们跟上了刑法理论的最新发展。

（二）夏勇教授

夏勇教授，江苏高邮人，1982 年 7 月获云南大学哲学学士学位，1985 年 7 月获中南政法学院法学硕士学位，2007 年获武汉大学法学博士学位。1985 年硕士毕业后，到中国人民解放军南京政治学院任教授，后又加入中南财经政法大学任教，历任中南财经政法大学法律硕士教育中心主任、中南财经政法大学刑事司法学院院长、中南财经政法大学军事法研究所所长。先后兼任中国法学会刑法学研究会理事、中国法学会检察学研究会理事、中国犯罪学学会理事、湖北省法学会刑法学研究会副会长、湖北省法学会检察学会常务理事和副秘书长。曾到美国得克萨斯州萨姆·休斯敦州立大学访学，还先后去南非克瓦兹鲁—那托大学和西北大学、德国萨尔大学、韩国全州大学、瑞典斯德哥尔摩大学、美国哥伦比亚大学等进行学术交流。

夏勇老师的主要研究方向为刑法学和军事法学，是我国军事法学拓荒人之一。夏老师著作等身，在《法学研究》《中国军法》《法制日报》等刊物发表论文 100 多篇，其中多篇被《新华文摘》《人大报刊复印资料》《高等学校文科学报文摘》《中国刑法学精粹》等转载。出版《军事

---

〔1〕　另外，硕士生阶段还有齐老师给我们讲“刑法总论”和“刑法案例演习”两门课程，齐老师是我硕士和博士的导师，对我倾注了特别的关爱，下文再专门予以介绍。

法学》《军事行政法律问题研究》《中外军事刑法比较》等3部专著,主编或参编《军事写作大全》(军事法律文书卷)、《中华人民共和国法制史》(军事法史部分)。

夏老师主要为我们讲授"英美刑法",带领我们从思想上漂游到了大洋彼岸,让我们领略到完全不同于中国法律的法律文化和法律制度。夏老师长得很像相声演员冯巩,讲话也像冯巩一样风趣幽默,待人和蔼可亲,是我们的楷模。

(三)张远煌教授

张远煌教授,重庆市巫溪县人,1984年获西南政法大学学士学位,1988年获中国政法大学硕士学位,2006年获中国人民大学博士学位。先后任原中南政法学院法律系副主任、中南财经政法大学公安学院党委书记兼常务副院长、中南财经政法大学司法鉴定中心主任、犯罪学研究所所长。先后作为法国巴黎第十大学访问学者(1994年7月—1995年6月)、巴黎第二大学犯罪学研究所高级访问学者(1999年12月—2000年6月)。先后兼任中国法学会理事、中国犯罪学研究会常务理事、北京市刑法学研究会副会长、新疆反恐怖主义与国家安全战略研究院兼职研究员等职。

张老师主要研究犯罪学、刑法学、刑事政策,他的学术观点影响深远。张老师在《现代犯罪学的基本问题》《犯罪学原理》两本著作中突破传统犯罪现象原因论,在国内率先提出了与宏观犯罪现象原因相对应的"犯罪人人格、罪前情景和社会反应"三位一体的犯罪行为生成模式理论。张老师出版的《中国非暴力犯罪死刑限制与废除研究》是国内第一部综合刑法学和犯罪学知识系统研究非暴力犯罪死刑的个人专著。

张老师当时为我们讲授"犯罪学",张老师在犯罪学上的造诣颇深,他给我们讲课不用课件与教案,一讲就是半天,虽然他一口地道的重庆方言,但我们依然听得津津有味。张老师的犯罪学课程让我们从有别于刑法学的角度认识犯罪,让我们从另一个侧面领会坚持刑法谦抑原则的意义,开阔了我们的视野。

二、忆往昔,艰难历程

我本愚钝,加之出身贫寒,少时没有也不可能像今天的小孩那样专心学习。我记得上小学一年级时,只读了半年,学父亲就叫我回家"专职"放牛半年,以后每逢假期放牛就是我的"兼职",所以少时我是一个地道的放牛娃。

由于少时贪玩,结果只考上了一所中专(金属腐蚀与防护专业),毕业后到了一个矿山工作,工作条件艰苦,工资待遇极差。因不安于现状,我决定通过考研改变命运,从此就走上了一条艰辛的道路。

回想起来,我能顺利度过那段艰难的历程并走向坦途,是恩师齐老师一直在背后鼓励、支持、提携。有道是:一个人的成功离不开"四人",即"高人指点""贵人相助""小人找碴""个人奋斗"。虽然我的人生远远算不上成功,但确实有贵人相助,这个贵人就是恩师齐老师。

由于我是工作10年后才读的研究生,硕士毕业时年龄较大,加之第一学历相当差,找工作虽然“着手”较早，但是迟迟难以“既遂”。为此，齐老师频频帮助我推荐，齐老师对我的关爱令我至今记忆犹新。

三、再追忆，丹麦求学

可能是初中时英语启蒙教育没有培养起对英语的兴趣，当然主要原因是自己没有刻苦学习，英语一直是我求学路上的一个短板。为了弥补这个短板，后期不知付出了多少努力，但至今仍然技不如人，特别是口语和听力。所以，出国对我几乎是一种奢望，也从来没有想过这方面的事情。然而，机遇往往不期而至，由于国家留学基金委出国资助名额有限，且大多支持985高校的博士，作为211高校的中南财经政法大学的博士获得国家留学基金委资助的名额极少。为了提高国际化办学水平，中南财经政法大学从2009年开始参照国家留学基金委的标准，利用211专项经费启动与国外名校联合培养博士研究生项目。看到通知后，我第一时间与齐老师联系，询问我是否有取得这个机会的可能性。齐老师鼓励我积极申报，并告诉我：能到国外学习对学术发展很重要，并举了一些著名学者的例子，让我一定要争取这个机会。

在恩师的鼓励下我按要求积极准备资料，但申请联合培养先要拿到国外名校的邀请信。按照正常程序，国外高校通常是在上一年度12月以前受理下一年度的申请。学校下发通知的时间比较晚，我准备申报时已经是2009年3月，我给不少国外学校发邮件询问，得到的答复都是2009年的申请已经结束，9月以后才接受下一年度的申请，看来我是无法在2009年获取国外高校的邀请信。如果我在2009年不能获得邀请信，我就无缘到国外名校联合培养，因为如果2010年申请，我就必须延迟一年毕业，当时我一家三口没有收入来源，延迟毕业对我而言是不可想象的。正当我准备放弃时，齐老师给我介绍了自己到丹麦访学的经历，并向我介绍了他在哥本哈根大学时的合作导师弗莱明教授，让我向哥本哈根大学法学院申请试试。随后，齐老师不仅帮我写了推荐信，还专门给弗莱明教授写了私信，讲了我的情况，请他帮助我向哥本哈根大学法学院推荐。在齐老师和弗莱明教授的帮助下，哥本哈根大学法学院很快给我发来了邀请信，我终于获得了申请联合培养的资格，在齐老师和陈小君教授的关心下，最终我也顺利通过了学校的评审，有幸成为中南财经政法大学第一批联合培养的博士。

一切准备就绪，就等出发了。恩师知道我家境不好，妻子又没有工作，生活困难，而学校资助的费用不高，到丹麦可能面临生活困难。临行前恩师特地给我介绍了大龙基金会（S. C. Van Fonden），这个基金会是由旅居丹麦的“中国春卷大王”范岁九博士创立。1925年，范岁九赴丹麦留学，先后获得硕士和博士学位。自1957年开始，他开始在丹麦从事春卷生意，并于1963年研制出第一台春卷机。伴随着事业的辉煌及年岁的渐长，范岁九博士将更多的精力投向慈善事业，并于1982年创办了大龙基金会，专门资助在丹麦的中国留学生及中国与丹麦相关的文化教育事业。恩师告诉我到丹麦后有困难可以向大龙基金会申请资助。

2009年9月11日，我终于踏上了赴丹麦的飞机，经过十个小时的飞行，到达哥本哈根机场。我真担心到了丹麦后不知东南西北，所幸出了机场就看到弗莱明教授举着牌子在门口等我，真是不可想象一位著名的老教授亲自到机场接一个来访学的博士生。当晚弗莱明教授就将我送到中国驻丹麦大使馆教育组,到那里后,我悬着的心总算放下了。第二天,我就到哥本哈根大学法学院去找弗莱明教授,一见面就尴尬了,由于我英语水平太差,特别是口语和听力,他讲的话我几乎听不懂,我要表达的意思又难以通过语言表达,弗莱明教授没办法只能将要讲的内容在电脑上打出来让我看。后来,他安排我和卡蒂娜(Katrina Gillman)在一个办公室工作,并请学院帮我报了一个英语补习班。

到丹麦后生活的压力确实很大,当时学校是按每月6000余元(人民币)的生活费标准资助,哥本哈根当地的房租很高,每月房租支出就要3000多元,除去房租后,每月的生活费只有2000多元。乘公共汽车起步价是7克朗(当时折合人民币9元),一个烤面包15克朗。学校没有食堂,为了节约费用,早晨我就用电饭煲蒸鸡蛋和米饭解决早餐问题,中午就到街道上买一个烤面包在外面吃,晚上又回到租住处自己做饭,基本不乘坐公共汽车。

一晃几个月过去了,到了西方的圣诞节,整个哥本哈根都成为白雪皑皑的世界,人们沉浸在欢乐的节日气氛之中。冬至那天晚上,我和到丹麦访学的几个中国人一起参加了一个丹麦人举办的集会,喝了红酒,吃了牛排,直到晚上十一点多才回家。当时我的单身房东到英国去了,只有我一个人在家。到家时发现家里已经被洗劫一空,窃贼直接破门而入,木制门框被破坏了,我的笔记本电脑、照相机、几百元现金,还有房东的一些东西都被小偷偷走。在极度困难时遭此一劫,真是雪上加霜。在伤心之余我想到了恩师介绍的大龙基金会,从网上找到大龙基金会的联系方式后,我就提出了资助申请,很快大龙基金会就给我资助了1万克朗(当时折合人民币1.3万元),帮我顺利完成了后续几个月的学业。

在去丹麦以前,恩师还特别向我介绍了他在哥本哈根大学法学院研修期间(1993—1994年)结识的老朋友,丹麦著名刑法学家、哥本哈根法学院院长汪·格雷沃(Vagn Greve)教授,并叮嘱我到丹麦后一定要找机会拜访老先生。但当我到达哥本哈根大学时,格雷沃教授已经退休了。打听到他的邮箱后,我还是鼓起勇气冒昧地给他发了邮件,表达了敬仰之情与拜访之意。可惜他当时到德国了,没能如愿。尽管如此,他还是特地托他的妻子安妮卡(Annika)将他参与编著的两本书和他自己发表的几篇文章送给我。通过研习我发现,丹麦刑事法律有不少特色和成功的经验,于是我萌生了将格雷沃教授送给我的那本《丹麦刑事法典》(第3版)译为中文的念头。经过几个月的努力,《丹麦刑事法典》(第3版)的翻译工作很快就完成了。

丹麦一年的时光让我受益匪浅,由于只能看外文资料,所以强迫自己读外文原著和学术论文,外语水平提高很快,也能真正了解国外的学术动态,我发表的几篇高质量论文是在丹麦写的。2010年7月底,在告别弗莱明教授、其他老师以及在丹麦访学的中国朋友后,我依依不舍地踏上了回国的班机。

四、持跋涉,上下求索

王国维先生在《人间词话》中说:“古之成大事业、大学问者必经过三种之境界。”第一层境界:“昨夜西风凋碧树,独上高楼,望尽天涯路。”萧瑟的秋风中,游子登高望远,怀念亲人,见不到又音信难通,就如一名学者刚开始做学问时那种对知识的惆怅迷惘心情跃然纸上。作为一个做学问者，首先要高瞻远瞩认清前人所走的路。简言之，总结和学习前人的经验是做学问的起点。

第二层境界："衣带渐宽终不悔，为伊消得人憔悴。"这本是表达爱情的诗句，王国维之所以借其诠释一种治学境界，有两个原因：其一，创作层面，词句本身具有多元阐释的空间。词作表现情感，大多是呈现情感的表现形态，而并不说明、透露情感生成的原因。柳永只是说"衣带渐宽"，人体消瘦，并没有说为何而瘦，读者既可以理解为对爱情的苦苦追求而瘦，也可以想象是对事业的执着追求而瘦，当然也可以联想是因刻苦治学而瘦。其二，读者层面，阅读本是一种创造性活动。读者对作品的理解不是被动反应，不是照相式的还原，而是能动的感悟和自由的联想。读者对作品的理解，常常超越作者所要表达的原意。柳永的"衣带渐宽终不悔"，是为爱情相思而不悔，读者却完全可以理解成为理想追求、为事业奋斗、为科学研究而甘心投入，无悔付出。

第三层境界："众里寻他千百度，蓦然回首，那人却在灯火阑珊处。"原意是对着众多走过的女人一一辨认，但没有一个是他所等待的意中人。偶一回头，却发现自己的心上人站立在昏黑的幽暗之处。用在做学问上，就是指在经过多次周折、多年磨炼之后，就会逐渐成熟起来，就能明察秋毫、豁然顿悟，这就达至了最后的成功。正所谓"踏破铁鞋无觅处，得来全不费功夫"，就是厚积薄发、功到自然成。

虽然我不是做大学问者，但一直在做学问这条路上跋涉。到中南财经政法大学开始读研以前，我对刑法的了解真可谓孤陋寡闻，对犯罪构成要件的理解仅仅停留于表面，对具体罪名的认知仅局限于教材，齐老师讲授的"中国刑法原理"课程让我明白了罪刑法定原则背后的深意，刑法规范有主观解释与客观解释之争。张远煌教授讲授的"犯罪学"课程让我了解到罪因多元论和犯罪的饱和法则，治理犯罪要针对导致犯罪的原因，不应对刑罚寄予过多的期待。李希慧教授讲授的"外国刑法"让我知道了近代刑法的起源和三阶层犯罪论体系，以及外国刑法中诸多闻所未闻的理论学说……在中南财经政法大学的研究生学习，我领略到刑法学的博大精深，也激起了我对刑法学的兴趣。

正是在那个时候，我开始大量地阅读刑法学著作，并尝试运用所学知识解释、分析现实问题。我记得我写的第一篇学术论文是上完齐老师讲授的"刑法案例研习"课，齐老师每次上课前都会发一组案例给我们，让我们先自己查阅资料准备，上课时自由发言讨论。上课前我很认真查阅资料，上课时大多是我第一个发言，通过与同学们的交流，对相关问题的认识明显上了一个台阶。在这门课程结束后，我根据齐老师发给我们讨论的一个案例写了题为《宽容对待处置突发恶性事件时的警察行为》一文，随后就急不可待地提前送给齐老师批阅。很快齐老师就给我打了电话，对我的论文表示肯定，并进行了认真修改，后来发表在《湖北警官学院学报》2005年第3期，并被中国人民大学复印资料《刑事法学》全文转载。在上完齐老师讲授的"刑法原理"课程，我又写了题为《以客观解释论解读重婚罪》一文，经齐老师修改后，发表在《海南大学学报》2006年第2期。在齐老师的提携下，只经过两年的硕士学习我就发表了2篇质量较高的学术论文，真是三生有幸。

我们那一届是硕士研究生教育改革的第一年,研究生学习由三年制改为两年制,因而上届读三年的硕士与我们那一届读两年的硕士一起毕业,当年武汉毕业的硕士就有3万人,竞争非常激烈。为了便于后期能全力找工作,我在研一后的暑假就开始着手写硕士学位论文,受刘卓老师讲授的“法律社会学”的影响,我选了一个很少人关注的选题“民间刑法原理”,这是一个既边缘又抽象的选题,很难写出靓丽的论文,当时真担心齐老师不同意。出乎我意料的是,齐老师本着学术自由的原则,没任何阻拦就同意了我的选题。整个暑假我都专注于写毕业论文,9月开学后不久就写完了。然而,论文初稿交给齐老师后迟迟没有回音,当时胆小不敢去问,所以心里一直忐忑不安,担心不满意返回重写。后来齐老师将论文返还给我时才知道,齐老师指导的两届硕士有近二十人一起毕业,上一届学生的论文还没有来得及看,我们两年制毕业的自然放在后面批阅。齐老师对我的论文给予了充分的肯定,并做了字斟句酌式的修改。自那以后,我坚定了从事学术研究的决心,并向齐老师表达了报考博士的愿望。

2006年硕士毕业时,我除了到高校找工作外,也报考过公务员,其中广东潮州市场监督管理局招一名法律专业人员,笔试我考了第一名。当时南昌大学科学技术学院已经同意录用我,广东那边几次打电话通知我参加面试,录用的意向明显,是否到广东去参加面试确实让我有点纠结。公务员一直被视为“金饭碗”,且广东属于发达省份,工资待遇相对较高;南昌大学科学技术学院属于独立学院,没有事业编制。由于怀揣着走学术之路的理想,我最后还是决定选择到南昌大学科学技术学院工作。

既然选择了走学术之路,到南昌大学科学技术学院工作后,我就一直努力向这方面发展。南昌大学科学技术学院是独立学院,注重的是教学,图书馆几乎是空的,电子数据资源也不能用。尽管如此,我还是努力写写文章,当时写了一篇《论被害人的过错影响定罪量刑的根据》,写完后大胆地请齐老师指导。尽管那时我已经毕业,齐老师不再有指导义务,且齐老师那时已升任校长助理,各种事务缠身,但齐老师还是认真修改了我的稿件,该文发表在《西南政法大学学报》2008年第1期。此时的南昌大学科学技术学院已经完全不符合我的学术发展预期,为了能到更好的平台发展,我更加努力报考博士,经过两年的奋斗,终于再次实现了梦寐以求的愿望。

考上博士是学术之路的重大突破,虽然齐老师为我争取到了公费的名额,但我的生活又回到了一家三口都没有收入的窘境。为了尽量少让我为生活而担忧,齐老师尽量帮我参加一些有报酬的事情。2008年夏天,陈小君教授拿到了武汉市地方立法后评估项目,要对全市79件地方性法规进行后评估,评估一件法规可以拿到5000元的劳务费。齐老师为我争取到了两件法规的后评估工作,解决了我几乎一年的生活费。后来,全国法律硕士研究生评卷工作、司法考试评卷工作,齐老师都帮我争取,让我顺利地度过了艰难的三年,齐老师对我的关心、照顾真是无微不至。

当然,齐老师对我最大的帮助还是润物细无声的教导。无论是硕士阶段还是博士阶段,齐老师从没有正面批评我,总是用实际行动引导我,以言传身教的方式感化我。针对我没有接受过系统法学教育、法学知识不完整的短板,齐老师要求我补齐法理学、民法学、诉讼法学方面的知识。针对我视野不开阔、分析问题不能深入的问题，齐老师提醒我不能局限于刑法领域思考问题，要多看一些社会学、经济学方面的知识，要多看一些朱苏力教授写的文章，学习大师接地气的分析方法。针对我写文章语言单调、表达乏味的问题，他在修改我的文章时用实际行动启发我，要利用中国语言的丰富多彩变换自己的表达方式，甚至将古诗词融入写作之中，这样会给文章增光添彩。

齐老师不仅在学校对我无微不至地关照，走出校园后还在持续跟踪教育。前文已提及，在硕士毕业后齐老师还在一直跟踪指导我、提携我，博士毕业后更是如此。博士毕业我到了昆明理工大学法学院工作，正是齐老师的影响，在昆明理工大学的六年里，无论是在工作上还是在生活上，时任法学院院长曾粤兴教授都给了我极大的关照，使我有了一个稳定的生活、工作环境。在昆明理工大学工作期间，我也萌生过兼职做律师改善物质生活的想法，齐老师提示我学术是大学教师修身齐家之本，不要急功近利。正是齐老师的教导，在昆明我虽然将执业证挂在律师事务所，但没有实际办案，正是得益于专心学术，我用5年时间从讲师一路晋升为教授。

五、再回首，泪眼蒙眬

苏联作家尼古拉·奥斯特洛夫斯基写了一本名著《钢铁是怎样炼成的》，小说通过保尔·柯察金的成长道路告诉人们，一个人只有在革命的艰难困苦中战胜敌人也战胜自己，只有在把自己的追求和祖国、人民的利益联系在一起的时候，才会创造出奇迹，才会成长为钢铁战士。我出身卑微，甚至没有接受过正规的本科教育，所以我时常因为自己没有接受过正规的大学本科教育而自卑，也确实因为这个“拿不出手”的教育背景在就业、择业过程中碰壁。

回想起来，我这个没有上过大学的人能炼成大学教授，主要应归功于恩师的知遇之恩。没有齐老师的教诲和指导，我不可能走上学术这条路；没有齐老师的一路提携，我博士毕业后的生活不可能这么平坦；没有齐老师润物细无声的教诲，我不可能悟到刑法学的奥秘。在我看来，齐老师之所以对我特别关照，根本原因在于他有教无类的教育理念，特别是在于他认为我在学习上还比较刻苦，还有可造就之处。他没有因为我教育背景差而对我直接予以否定，没有因为我出身贫寒而冷落我，更没有因为我不懂世故人情而抛弃我，所以恩师对我的帮助与提携的知遇之恩是师生感情的典范，是中南刑法最靓丽的风景。

过去总以为自己年轻，当道道风景变成了回忆，却忽略了岁月的脚步，忽然发现风景依旧在，人已非少年。再回首，思绪万千，泪眼蒙眬。

万 军 | 致敬中南

万军，2004 级刑法学硕士研究生，现为湖北楚尚律师事务所高级合伙人、刑事法律事务部主任。

2000 年 9 月，父亲送我到中南财经政法大学南湖校区报到，这是我第一次走出巍峨的大巴山进省城，欣喜、激动之情至今仍记忆犹新。初到中南，印象最深的是尘土飞扬的晓南湖和意气风发的青春。那一年，中南财经大学与中南政法学院刚刚合并，南湖校区面积扩大了很多，“情人路”以东的大片区域都是新建的，很多工程尚未完工。当时晓南湖上的九孔桥还没有建好，当然湖里也没有水，军训时来去北门的大操场都是从湖床里走的，几百人浩浩荡荡，头发上、鼻孔里全是黑黑的灰。后来九孔桥合拢了，湖水灌注进来了，湖边种上了柳树和草坪，晓南湖成了南湖校区最美丽的风景线，但是在我心里，最珍贵的记忆依然是学校方兴未艾的样子，很像当年从大山里走出的自己，想要建造一个属于自己的世界，对未来充满好奇和豪情。

军训结束后，开启学法生涯。中南给予学生最大的自主权，所有必修课由学生自己选择上课时间和授课老师，选修课也是自己选择感兴趣的课程和老师。所以，每到选课时节，选到自己心仪老师的同学欢呼雀跃，受名额限制被挤出去的同学倍感遗憾，大家见面谈论的话题总是选课，或欢喜，或忧愁，或纠结，或释然。这种开放的课程设置方式充分尊重学生自己的意愿，让同学们学会自我管理、自主规划知识体系，同时也有利于实现自我的全面发展。

我非常幸运选到了齐文远老师的“刑法总论”课程，在当时全校最大的教室——北教阶梯教室，满满当当坐了几百人，还有没选到齐老师的课跑过来站着蹭听的。齐老师深入浅出、妙语连珠，将深奥的刑法理论知识用通俗易懂的语言展现出来，同学们听得如痴如醉，尽情徜徉在初识刑法的快乐海洋。讲授“刑法分论”的赵俊新老师是学生心目中的大众偶像，他高大帅气，声音富有磁性，讲课娓娓道来，全身上下散发着迷人的光芒。赵老师在课堂上结合真实案例提出的问题让同学们面面相觑、绞尽脑汁，没想到刑法在现实生活中这么有意思。

时间过得飞快，转眼到了大三下学期，考研提上了议程。受齐老师和赵老师的影响，我对刑法有十分浓厚的兴趣，毫不犹豫选择刑法学作为考研的方向。为了准备专业课考试，我在选课系统查询到齐老师在文澜楼给大一学生上“刑法总论”，于是我也跑过去蹭课。一次快下课时,齐老师讲到一个案例,提了几个问题,并让学生课后好好思考一下。我去图书馆查阅了很多资料,认真研究之后有了一定的理解。又到了上课时间,齐老师问上节课的案例,有没有人愿意站起来谈谈自己的想法。沉默了近一分钟,没有一个人发言。我坐在最后一排,战战兢兢举起了手。齐老师说,那位同学,你站起来说说。于是,我对这个案例涉及的几个刑法理论问题进行了详细阐述,并对如何解决问题提出了自己的看法。同学们纷纷回头看我,齐老师问,你叫什么名字,哪个班的?我说我叫万军,已经大三了,不是这个班上的,打算考研究生,是过来听您课的。齐老师说,你想考刑法研究生?非常欢迎!能够得到齐老师的肯定,那一刻我觉得自己是世界上最幸福的人,我做梦都想考齐老师的研究生啊!十多年过去了,直到现在,每次齐老师跟别人谈起如何认识我这个学生时,对当时的场景也记得分毫不差,让我十分惊讶老师超强的记忆能力,同时也深受感动,因为齐老师桃李满天下,对每一个学生都是发自内心的喜爱!

为了复习备考,大三结束后的那个暑假我没有回家,每天在学校的老图书馆自习。武汉作为全国少有的“火炉”城市之一,那种热是痛彻心扉的。我的寝室在顶层六楼最东边朝南,火辣辣的太阳出来后就围着寝室照射,而到了晚上就特别难熬。我们把薄薄的凉席铺在地上,地板是烫的,凉席也是热的,天花板上一个小吊扇,电脑桌上、地板上分别放一个电扇,海陆空同时密集开火。尽管这样,晚上还是热得难以入眠,即使睡着了半夜也会被热醒,然后就去卫生间冲个冷水澡降降温,再接着睡。在那个学生寝室没有空调的年代,我们顽强地与天气战斗着。九月开学之后升入大四,考研大军继续壮大,老图书馆的大门玻璃被挤碎过几次。从早上八点开门到晚上十点闭馆,除了吃饭以外其他时间都在图书馆泡着。我不知道未来会怎样,当时心里只有一个念想:努力了,就不后悔!功夫不负有心人,我以 398 分第二名的成绩考上了公费研究生,并幸运地师从齐文远老师,我的心愿终于实现了!

从青青的晓南湖畔到红色的首义广场,三年硕士学习开始了。这三年,是对刑法学、犯罪学等刑事法律有更深理解和掌握的阶段,通过齐老师、李希慧老师、夏勇老师、张远煌老师等法学大家的授课,我逐渐掌握了刑法理论研究的基本方法,对一些问题的思考形成的“豆腐块”也陆续在《研究生学报》上发表。因为是齐老师的学生,我可以名正言顺不断地去“骚扰”他。每次齐老师来首义校区上课,我都会“揪”着他不放,或像个机关枪似的不停提问,或把自己写好的文章给老师,请老师帮忙修改提意见。这还不够,我会趁着去南湖校区图书馆借书的机会去办公室或家里找齐老师,把自己看书碰到的问题和困惑一股脑儿地丢向老师。而齐老师从没有嫌我这个学生烦,每次还鼓励我见缝插针多去找他。

读研期间印象特别深刻的是研一暑假复习司法考试的那段时光。学校特别人性化,不仅教室正常开放,空调从早到晚也不停歇,给备考学生提供了良好的学习环境。整整两个月,每天十多个小时泡在教室里,几本主要的教材快被翻破了,砖头般的法条汇编上也密密麻麻贴满了做笔记的小纸条。晚上回到寝室,脑袋就像装满了浆糊一样,各种知识在里面不停翻滚,久不能寐。这种高强度的学习状态仿佛又回到了考研的时候,熟悉而又亲切。发布成绩那一天,当得知自己考了 420 分时,有一点点激动,但很快就恢复了平静。因为相对于自己的努力程度，这个分数也在意料之中。过了不久，齐老师来首义校区开会，我向他汇报了自己的成绩，老师非常高兴，说："很棒很棒，高分通过咧！"

因为对刑法学理论研究越陷越深，还因为父亲一以贯之的"砸锅卖铁也要读好书"的观念，我下定决心在学业上继续深造。每天早起到图书馆旁边的思园背记单词，一边撰写硕士毕业论文，一边着手准备博士入学考试。所有的努力都不会白费，我又以优异的成绩考上了博士研究生，继续师从齐老师学习。

经历了高考、考研、司考、考博等人生中几个重要的考试，我深刻地认识到学习从来没有捷径可走，需要一点点天赋，但刻苦努力的程度才起决定性作用。在准备考试的过程中培养起来的学习习惯和学习能力，可以让一个人终身受益。勤奋努力地学习需要内在的动力，渴望从闭塞的大山里走出来，渴望通过知识改变自己的命运是我学习的动力。我们的下一辈在经济条件上会宽裕很多，但很多东西父母都给不了，尤其是渊博的学识，因为学习的苦只有自己去吃。

博士录取结果出来之后，我终于可以轻松下来，而那时班上同学都在准备湖北省的公务员考试。看我闲着没事，几个同学就怂恿我陪他们去考试，我想着去感受一下公务员考试也不错，便欣然同意，并报考了湖北省高级人民法院的初任法官职位。完全放松的状态最适合考试，没做任何准备的我竟然通过笔试，入围了面试。面试的时候，我还是抱着去体验一下的心态，根本不去想考不考得上的问题，结果面试成绩出人意料更好，最终进了拟录取名单。

这下难题来了，该如何抉择呢？晚上我来到齐老师家里，听我说完，老师沉吟了一会儿，说："能考上省高院很不容易，也许你博士毕业后还找不到这么好的工作。可以考虑调整博士学习方式，把脱产转成在职，这样工作和学习都不耽误。"这样，在齐老师的支持和帮助下，我才一方面从事司法工作，另一方面得以继续完成学业。

突然从大学校园走出来，有点措手不及，每天提着公文包进入大院上班就像做梦一样。然而领导容不得我们这帮新兵慢慢适应，各种工作任务和压力接踵而至。记得上班没多久，庭长就把一次给分管院领导写讲话稿的重要任务分配给我，完全搞不清门路的我把初稿交上去，分管院领导就发了火，让我全部推倒重来。我的倔脾气也上来了，下班后全面查找上级领导讲话、政策文件规定、最新时评文章，吃透精神，重新动笔，熬了一通宵，第二天一大早就把稿件放到领导桌前。领导看着稿子紧锁的眉头逐渐舒展开来，说："小伙子进步很大啊，不错！"

工作第三年，我有了自己的小家庭，随后女儿出生，两边老人都不能帮忙，每天的日子都让人手忙脚乱。在工作和生活的双重压力之下，博士毕业一拖再拖。很多次在齐老师家里，老师都委婉地提醒我要抓紧时间，师母总是护着我，说："万军已经很辛苦了，你就不要再逼孩子了。"听到这话，我心里更难受，如果博士不能顺利毕业，我不仅对不起自己，更对不起恩师和师母啊！

只有到了退无可退的境遇，人的无穷潜力才能真正爆发。白天我正常工作，下班回家就把自己关进书房，平复心情，整理思路，堆砌文字。然而时间总是不够用，经常不知不觉就到了后半夜。可是不管写作到再晚，第二天早上七点就必须起床上班了。就这样破釜沉舟、夜以继日地战斗了几个月，近十四万字的论文初稿完成，并最终顺利通过盲评、答辩，还被评为校级优秀博士学位论文。

学业完成了，工作和生活的苦仍在继续。2016 年年初，为了缓解家里的现实困难，我还是动了要辞职的念头。来到齐老师家，我说出了自己的想法。老师沉默了很久，说："你在高院工作多年，已经取得了一定的成绩，现在辞职，的确很可惜。但你如果考虑清楚了，我也支持你，在体制外也能干出一番事业来。"有了老师的理解和支持，我的心安了，很快就向单位递交了辞职报告。刚出来的头两年，因为有禁业期的限制，无法以律师身份代理案件，生活比较窘迫。齐老师也察觉到了，经常告诉我："别着急，慢慢来，经济上有什么困难就给我说，我和你师母还有一点积蓄。"每每听到这话，我的眼泪都在眼眶里打转，老师和师母给我父母般的疼爱，能让我克服和战胜一切困难！

现在回想，作为一个"中南"人，我是幸运的，更是幸福的。母校敞开温暖的怀抱，完全接纳了我这个从偏远山区走出来的孩子，二十多年来，法学院、刑事司法学院老师们的谆谆教诲一直陪伴我成长，每次面临人生的彷徨和重要关口，都是恩师们给我指引，从而改变了我的人生际遇。母校难忘，师恩难报，唯有不断提升自己，走到哪里，都能响亮地介绍自己：大家好，我叫万军，毕业于中南财经政法大学！

合并组建中南财经政法大学大会

邓红梅 | 忆往昔，恩师情谊重如山

邓红梅，2004级刑法学硕士研究生，现为黄冈师范学院政法学院副教授。

金秋十月，正值武汉最美的季节，也迎来了中南财经政法大学刑法学研究生教育四十周年的喜庆日子。中南刑法改变了我的人生，步入刑法殿堂，得益于诸多学识渊博、幽默风趣、平易近人的老师的影响，其中，齐文远教授是引导我一路前行并将我送至山顶最高峰的恩师。

一、序言：结缘刑法

也许是从小受在公检法机关工作的父亲的影响，在我心中，一直有一个“法律梦”，以至于大学毕业工作两年后，我毅然辞职，来到中南财经政法大学学习了两年法学本科。两年的时光，是我踏入法学之门，如饥似渴汲取法学知识的青葱岁月。深知时间宝贵，重返校园的我很少去上学校为我安排的主干课程，偏偏逃课去找最深受学生喜欢的爆满课堂，讲授合同法的陈小君老师、民法的赵金龙老师、刑法的辛忠孝老师和赵俊新老师、民事诉讼法的蔡虹老师等都是深受本科学生喜爱的老师，于是，有上述老师的课堂，必定有我席地而坐、聚精会神听课做笔记的身影。经过几轮听课做笔记后发现，民法、合同法是博大精深的法律，我听得似懂非懂，刑法是最引人入胜、栩栩如生的法律，我听得津津有味、意犹未尽。讲授“刑法总论”的辛忠孝老师总爱在严肃的刑法理论之中插播一则笑话段子，让人听得轻松又快乐，讲授“刑法分论”的赵俊新老师总是用浑厚的嗓音流畅地描述一个个罪名，让人不断在本子上挥舞笔墨，沉浸其中。学期完毕，我发现自己已深深爱上刑法而不能自拔。可惜那时，完全没有想继续深造读研究生的想法，直到参加公务员考试笔试通过某区法院助理审判员，才感觉自己在法律方面仍旧才疏学浅，不能胜任职位，于是，再次放弃面试，决心报考刑法学研究生。

二、邂逅齐文远老师：从吃“闭门羹”到爱上他的课

有了报考刑法学研究生的念头之后，我开始跟着师弟师妹们从清晨7:30到晚上9:30，整天驻扎在图书馆考研自习室。第一次见齐文远老师，就是在我常走的老图书馆背后的路上，时

间大约是2003年秋季的某一个晚上，老师拖着疲惫的身体埋头往家走，我一个箭步冲上去拦住了老师，开口就问："请问您是齐老师吧，我想考刑法学研究生，但不知道诸如宪法、法理如何复习，您可以大致跟我说说复习重点吗？"老师只回敬了我一句话："这个我怎么知道，你要去问相关学科的老师。"要知道，能在这里碰见刑法学研究生考试总负责人，我是多幸运，多希望自己能有所收获，可是，老师一句话就让我吃了个"闭门羹"，自此，在20多岁的年轻人内心滋生了一颗种子：这硕导不好惹。其实，老师说了一句大实话，而且，正值领导岗位的他，估计还在一边走路一边思考问题，可是我当时不能明白其中之理。

经过持久地坚持和顽强地拼搏，我终于以总分398分的成绩考上了刑法学研究生。作为排名前十的公费研究生，我是有机会选齐文远老师作为自己的专业导师的（那时，选齐老师的人实在太多），但由于"这硕导不好惹"的种子已在我内心生根，我居然没有选他，因为我觉得他也不会选我。硕士二年，齐老师为我们讲授"刑法案例演习"课，这个课程的精彩，我只能用"一辈子记忆犹新，深深影响着我的教学方式"来形容。每次课程结束，齐老师总是会提前布置下次课堂讨论的疑难案例，让我们课下自己查资料、找方法、勤思考。上课时，每个同学会主动发表自己的观点，其他同学针对已发言同学的言论，发表自己不同的观点并展开辩论，而老师，就是一忠实听众，他从不主动打断发言同学的思路，只是偶尔发现发言者说法失之偏颇后，适当引导其走向正道。总结发言阶段，老师也不断然肯定谁的观点正确、谁的观点错误，只对发言者说的有理和无理之处进行点拨，这方法，俨然是传承其师曾昭琼先生的做法（张明楷老师言：曾昭琼先生在听学生和老师发言时，并不对任何答案持绝对肯定或者绝对否定的态度，而是会提出多种可能性），会鼓励每位学生对自己的发言充满自信，开心再战。齐老师的课程让爱发散思维的我产生各种想法，课下，我会不顾先生讲课的疲劳，"缠着"他问诸多不能释怀的问题。慢慢地，我发现我先前种的种子——"这硕导不好惹"是一颗错误的种子，老师原本就是一位谦和、宽容、喜欢学生的好老师，只是我不太了解。

三、深入了解齐文远老师：从考博到读博

刑法学研究生毕业后，我进入武汉一所民办高校当老师，一工作就是5年。这期间，养育孩子、上课，每天过着为了生计而忙碌的生活，跟曾经的刑法学老师们基本没有联系，跟齐文远老师自然也断了联络。孩子2岁时，我突然有了想再次深造、继续读博的冲动，在明知报考人数诸多的情况下，我怀着忐忑不安的内心，向老师表达了自己想读博士的想法。那是2011年4月的一天，在引起全社会热议的药家鑫故意杀人案被法院宣判为死刑立即执行后，我百思不得其解，认为法院的判决没有考虑药家鑫的自首情节和主动认罪悔罪愿赔偿的态度，失之偏颇。带着心中的疑问，我经过多方打听找到了齐老师为本科生上课的课堂，想听听他对这个判决的看法。我原本是打算问老师这个案件判决结果是否有问题，但换成了另一种说法："您说这个判决结果重吗？"齐老师用他一贯矜持的态度回复了我："都判死刑了，你说重不重？"到底判得有没有问题，老师以学者不干涉司法的态度给了我一个不太肯定的答案。尽管没有得到我想要的答案，但我却顺势提了考博的想法，出乎我的意料，老师没有拒我于门外，而是鼓励我

好好复习准备,我知道,这是一个愿意收我的肯定答案。

学生本就愚笨,再加上工作繁忙,博士考试结束后,我感觉专业课答得不太理想,于是没再跟老师联系,免得增加他的心理负担。2012 年 6 月的一天,我突然接到齐老师打来的电话,那时,我的身体非常糟糕,手术后在医院治病半年,而且从下了手术台起到疾病医治好的半年时间内,我始终站在讲台上为学生授课,因此,心情一直很压抑。老师在电话里问我的第一句话是:“你怎么一直不跟我联系?”老师哪里知道,我不联系他,是因为我不相信他会招录我,我打算第二年再来。当他告诉我,我被录取为在职博士研究生,可以边工作边学习时,我的眼泪夺眶而出,那是喜极而泣的感动泪水,瞬间,我的世界明亮了起来,心情也像花儿怒放。我在齐老师常年秉持招“穷学生”的原则下成为最大的受益者,而且是备战一年就被录取,齐老师成为改变我人生轨迹的恩师,他为我向往的美好的生活开启了一扇窗,又为我向刑法学殿堂不断前行开启了一扇门。为了珍惜这可贵的博士研究生机会,我再次选择辞职,将在职博士研究生改成了全脱产博士研究生,想专心致志、心无旁骛地去研究刑法、做好学问。

读博之路,痛并快乐着。作为校领导的齐老师,每天公务缠身,但他从不给我强加他的科研任务,完全把自主学习的时间交给我自由“挥霍”。三年里,夏勇老师、童德华老师、王良顺老师、周详老师、郭泽强老师无私给予我精神食粮。图书馆,是我漫游法学知识海洋的地方;南湖边,是我累了独自休闲享乐的佳处,我贪婪地享受着这份属于自己的精神之乐,我曾把这份精神收获形容为“如同在佛门之中洗礼了一番,心灵得到了净化,人生观得到了升华”,它使我发现来自书香世界的引力远远胜过物质世界的诱惑,也使我充分感受人生的每一天都充满阳光和美好。齐老师以学生为中心的谦和之心让我深深感受到了他慈父一般的爱。做老师的学生,从没感受过他对自己的指责和言辞过重,他总以行多于言的方式改变着学生的行为。不管老师有多忙、有多累,在被打扰之时,他总能以最和善、最平静的语言接待我,甚至在春节期间为我审阅博士论文时,面对我平庸而不成文的文字,他还能用鲁迅笔下风趣幽默的“文学体”调侃我的错误。记得我论文里有一段文字是这样写的:“学者认为应定交通肇事,还有学者也认为应定交通肇事罪。”先生的批注是:“这是什么文体? 有点像鲁迅家的后院有两棵树,一棵是枣树,另一棵也是枣树的表述。”读完批注,我忍俊不禁,为老师风趣幽默的文学体而笑,也为自己平庸的文笔而惭愧。在钦佩老师的记忆力是如此之好,想象力是如此之丰富时,我也内疚地思考:老师怎么不火冒三丈呢? 他不但不批评我,还用诙谐风趣的语言指正我,这难道是让我自我反省认真修改吗? 反思过后,我坐稳板凳,认真全面修改,从观点到表达方式再到标点符号,我一个都没有放过。最终,在全国博士论文匿名评审中,我的论文《我国交通刑法研究》以全优通过,被评为中南财经政法大学校级优秀论文,还获得 2016 年全国刑法学优秀博士论文“二等奖”,我也按时毕业。这些成绩的背后,无不折射出老师自由开放、鼓励赞扬、谦和仁爱育人方式的积极效能,也无不体现老师“大智者必谦和,大善者必宽容”的思想境界。

中南刑法养育了我,中南老师感动了我,齐老师治学的严谨、为人的无私、高风亮节的品格,无不影响着我们每个学生。齐老师对学生的恩情是刻在我们年轻记忆里抹不去的风景,未来,我们这些为人师表的学生,也将沿着老师指明的道路继续前行,将老师的精神继续发扬。

杨斌崇 | 校园回忆

杨斌崇，2004 级刑法学硕士研究生，现就职于湖北省高级人民法院。

喜闻中南刑法研究生教育已历四十春秋，自己也届不惑之年，能与之共同成长，斯甚幸矣。中南刑法研究生教育风雨四十载，成绩斐然。到今昔，有强大的师资力量、丰硕的科研成果、遍及天下的桃李。作为曾经中南刑法研究生的一员，我深感自豪。在中南三年的求学经历，我不仅学到了知识，更被各位老师宽容的胸怀、敬业的精神、严谨的学风等高贵品格深深地影响，这些是我人生不可多得的宝贵财富。现在回想三年的校园生活，老师们的谆谆教导，言犹在耳，老师们的关心与爱护，仍倍感温暖。

记得第一次到中南南湖校区，还是 2004 年的 5 月，那是我从北国冰城哈尔滨第一次到江城，参加研究生考试的面试。5 月的哈尔滨还是初春，略有一些凉意，但一到武汉，刚刚走下火车，一股热浪就直扑而来，虽早已对“火炉”武汉有心理准备，但还是没想到 5 月的江城已然如此火热了，心想自己是不是选错了地方，武汉这么热，要是在这里学习，将来可怎么生活。但没容我多想，接下来的面试，就让我内心泛起一阵阵凉意，但同时也让我感受到了中南老师的宽厚。现在回想起自己参加面试时的场景，仍不免有些尴尬。记得刚刚踏进考场，刘艳红老师就用英语问了一连串的问题，身为一名俄语生的我顿觉头晕目眩，不知所以。只得如实相告，我是一名东北的考生，学习的是俄语，老师的问题我实在是听不懂。幸好，刘老师没有继续提问，大家都知道，刘老师是有名的才女，学术造诣很深，否则如果当时问几个专业难题，我想是很难回答的。当然，此时考场也有点尴尬，幸而李希慧老师及时化解了我的尴尬，用日常的俄语和我进行了交流，让我的心情平复下来，齐文远老师微笑且和蔼地叫我不要紧张，缓和地问了我几个专业问题，让我的面试顺利通过。现在回想起来，实是感谢老师们的宽容，老师们不仅为我打开了求学之门，更给我上了人生的重要一课。

入学时，我们研究生被安排在首义校区生活和学习，当时内心是有一点失落的。因为首义校区是原来的中南财经校区，中南政法和中南财经合并后，这里简称首义校区，原中南政法校区称为南湖校区。两个校区相距甚远，往返一次，要两三个小时。首义校区作为原中南财经校区，主要以金融、会计、保险等财经专业为主，政法专业的老师都在南湖校区办公，平常只有上课才能见上老师一面，其他时间想见老师，还有听一些讲座或者查询法学资料等，大多都要到南湖校区，路上所费时间实多，故而内心有一丝失落。现在想想，也确实不能责怪学校，两个学校刚合并不久，学生众多，哪一个校区都不能满足这么多学生的生活、学习需要，只能如此安排。更为辛苦的却是我们的老师，老师们当时大都住在南湖校区，距离这么远，但无论是酷暑，还是寒冬，抑或雨雪天，老师们上课从来没有迟到过，都准时在早八点或下午两点出现在教室里，比我们住在首义校区的学生还准时，我们尚且有迟到的时候，真是惭愧。当时，尚且不以为意，觉得老师上课是最基本的。现在，已经参加工作多年的我，深感老师们的不易，一个小时的车程，常年保持准时到岗，这种敬业的精神，值得我终身学习。

我的研究生导师是韩轶老师，原是安徽大学法学院教授。当时，韩老师亦是刚刚到中南任教，在安徽大学还有很多事情要处理，因此，常常需要往返湖北、安徽两地，但即便如此，也从未放松对我们学生的要求。每次到武汉，都把自己带的几名学生叫到家里，听一听我们的学习近况，谈一谈我们的学业情况，对我们给予指导。同时，韩老师对我们的生活也很关心，每次到老师家，老师都要留我们一整天，既传道授业，又改善一下我们的生活，为我们的学生时代留下了美好的记忆。齐文远老师工作任务十分繁重，不仅负责刑法专业的整体工作，更承担着学校的大量工作。尽管如此，但齐老师从未放松对学生们的教育，传授专业知识的同时，还教给我们思考问题、解决问题的思路。现在我仍然记得，齐老师给我们讲，刑法问题不仅仅是专业问题，更涉及社会问题，在遇到刑法问题时，不能仅仅从刑法学的专业角度思考，更要辩证思考，多角度、多方位地思考，不能将思维局限，这样才能真正解决问题，才能探究刑法学的真谛。随着时间的推移，越来越深刻地理解了老师的意思，即使参加工作后，没有从事刑事审判工作，但老师教给的思考问题、解决问题的方法，至今仍深深地影响着我。中南刑法学的李希慧教授、夏勇教授、杨宗辉教授、辛忠孝教授、赵俊新教授、刘艳红教授、苏彩霞教授等老师，他们或博学、或豁达、或直爽、或具才情、或将理论与实践紧密结合，任何一个方面都是我们终身学习的楷模，能够在诸位老师的教导下学习，我深感荣幸、深感幸运。

中南刑法学研究生的三年时光，于我而言，虽然短暂，但却深深地影响了我，造就了我，让我受益终身。值此中南刑法学研究生教育四十周年华诞之际，祝母校再结硕果，再续华章。

付凤鸣　老师，您不用再为我担心了

付凤鸣，2004级刑法学硕士研究生，现为湖北楚尚律师事务所专职律师。

这几年，我像人家醉酒一样一直处在"醉书"的状态，也一直在逃避对中南求学经历的回忆。截至2021年12月中旬，郭泽强副院长就中南刑法研究生招生四十年要求写点东西，已留言了四次，还有五次问候的图片，我却迟迟没有动笔。实话说，我内心真想写点有关在中南读研的事，但头脑里想起的都是让老师操心着急的事。回望情定中南近二十年的历程，我深深地体会到，老师无时不在为我操心。别的方面不敢称"最"，在老师众多的弟子中，我是最让老师担心的学生，没有之一。

一、选择中南，初识老师

2003年春节前，三十四五岁的我经历了两次自己认为改变和铸塑人生轨迹的考试，一个是武汉大学的法硕，另一个是中南的刑法考研。幸运的是都收到了通知书，一个在职，一个脱产。前者，对一个在检察院工作十余年且拖家带口的我来说，是最明智、最现实的选择。但在我的内心里还是想一心一意读点书。最后经举家商议，我选定了全日制的中南研究生。2004年初秋，70岁的父母把我送上了红色的长途班车，一天一夜后的上午，我携带大包小包落脚到中南财经政法大学首义校区34栋211室，开始了两年的脱产刑法研究生学习。此时正是中南历史上研究生扩招的巅峰时期，刑法专业招近100人。与意气风发、年纪大多小我十余岁的年轻人一起上课，一起吃食堂，一起泡图书馆，至于未来怎么走，以后怎么谋生，当时真的没好好想想，就这么无忧无虑地重新回到校园。巧的是同寝室的三位皆是恩施老乡，倒也其乐融融。最有意思的是我与高中同班同学、最好的胖子兄弟德标在一起，此前，他已经就职县医药公司一把手经理。如果不是扩招，我们这些在山区想读书的人，哪有这种机会？所以当时我俩一开始聊得最多的是运气好，竟然能够从职场重新回到校园。开学伊始，最初的师生见面会，我有些茫然，也有些焦虑，只听说来了好几位著名的刑法学、犯罪学大咖，但对来自山区的我而言，不仅过去没打过照面，以前也没有听说过，更谈不上翻阅过他们的著作，以后哪位老师愿意带我这样的山里人呢？当时的场景现在唯一能记得的是，带头的老师很和蔼、亲切，和家里长辈一样，他面带微笑地对大家表示欢迎，说导师们将与新同学的见面会当成过节，有的老师甚至高兴得睡不着觉，简短几句话就拉近了和同学们的距离，他让我们有什么学习上、生活上的困难随时找老师反映，而不要有任何顾虑，并把他自己的联系方式告诉大家。这让起初茫然焦虑的我心情渐渐地平静下来。我问旁边同学这位老师是谁，同学告诉我他就是导师组组长、法学院院长齐文远教授。我当时就下定决心，要争取选他做我的责任导师，第一学期结束，开始正式确定责任导师，我没有犹豫地在三个希望的选项中都只填了齐老师一人。当时全班中第一选择齐老师作责任指导教师的同学不少，最后我有幸成为齐老师亲自指导的2004届7名弟子之一。后来才知道，老师之所以接纳我，是因为我年龄大、底子薄，需要给予特别的关注。

二、老师手把手教我研习刑法

师生见面会后，我开始制定学习计划，当时认为解决司法实务问题是自己的强项，因为法律条文对于一个有十余年刑事司法工作经历的我而言可以说已经烂熟于胸，所以对罪与非罪、此罪彼罪的界限问题我用不着再花功夫，因此准备把更多精力放在法理与法哲学方面。谁知齐老师开的“刑事案例演习”课让我一下子丧失了原来的自信，也使我感受到中南研究生课堂的魅力。先说为什么失去了自信，课堂上讨论的案例全是争议很大的实际案件，要从理论上分析构成犯罪或不构成犯罪都存在很大困难，例如，农民工偷吃实验室葡萄案、上海青浦婚内强行同居案、消费者买瑕疵电脑高价索赔案等，对这类案件像我这样在实务部门工作十多年的老手也不敢主动发言，而只能当听众，因为如果谁不经过深思熟虑特别是未在理论上做足功课而轻率亮出自己的观点，马上会招致疾风暴雨般的批评诘难，所以我再也不敢自诩为“老司机”了。接下来再说课堂的安排，首先，教法很新颖。老师是课堂的主心骨，是主导课堂内容进程的指挥或者说导演，但他只是主持课堂而不发表自己的观点，大多数情况下是对同学提出的见解和理由进行梳理，对双方争论的焦点进行归纳，或者在讨论不均衡的情况下做些提示，在讨论跑题的时候将注意力拉过来，以及最后做个课堂小结。课堂的大部分时间交给学生，大家你来我往，整个课堂就像一个在场的人人都是辩手的辩论赛，也有点像电影里的雄辩课堂，围绕事实（facts）和观点（opinions），重点是说服（reasoning）。老师几乎从来不明确支持任何正方、反方，只是鼓励每个人把观点讲清晰，理由说透彻。我后来在高校也上过类似的大课，要把这100人的课堂有序地主持好，还真不容易。其次，学生积极性高、参与面广。每次上课之前老师会把下节课讨论的案例话题写在黑板上或复印给大家，要求每个人都准备，学生们都希望展示自己，所以是要查询案例有关的事实，同时为辩论准备充分的论据和论证。课堂上大家发言积极，参与踊跃，个个都想表现自己的理论功底、功课准备和思考角度，更要展现自己的辩论天赋，没有发言的人也不可能置身事外。如前所述，我多半是当听众，但思想也完全是跟着发言同学的逻辑在高速运转。关键是老师要求每节课后人人都要交小论文作业，小论文要求在1500字到5000字，最重要的是，老师给每篇作业都打A、B分，谁没交作业，老师的花名册上都有记载，到课程结束作为平时成绩计入总分。在中南读硕士期间，这门课，我和所有同学们一样，精力投入是最多的。因为无论你在课堂上是否有机会发言，为一篇小论文，课外你至少得准备8—10个小时，在整个硕士学习期间，这门课也是同学反映是任务最重的课程之一，老师对我们的每篇小论文都有评分，每次发下来，我们最关心的还是老师的红色评语，老师会从观点、说理、逻辑，包括语言等进行点评，多半都是鼓励和肯定，但也有建议。所以，即使课堂没有机会发言展示，同学们也会从老师对作业的评语和打分中得到收获。最后，这门课对学生启示很大。现在想来，正是在同学们的雄辩与老师的点评中，教会了我办理刑事案件中要兼顾天理国法人情这些道理。

随着学习的推进和阅读的专业书籍越来越多，期末考试也如期而至，齐老师要求学生结合具体案例写一篇不少于5000字的较为正式的论文。我当时正读博登海默的《权力、法律和社会》《法理学、法律哲学与法律方法》，于是写了一篇题为《刑法视野中自由与秩序的冲突》的7000字的论文。自以为思想深刻，文采飞扬，心中期待着一个好分数。“刑事案例演习”的最后一堂课，就是对期末论文的点评课，这节课齐老师以学生们的论文呈现的问题说了很多，其中有几句话应该是针对我的：“有的同学不重视脚踏实地，没有做到以解决具体问题为目标来阐述观点和理由，而是一上来就脱离实际大谈自由和秩序……写论文切忌这样的高射炮打蚊子。”我知道是在批评我，满脸涨得通红。下课后，齐老师走到后排，指了指我，一起来到教室外过道上，然后把我的期末论文给我说，“你应该发挥实践经验的优势，用数据说话，高大上的理论不是你的强项”，我羞愧地低着头，内心也不免有些委屈，心想读研究生不就是要掌握点高大上的理论吗？没想到却遇到当头棒喝。“不过，你的这篇文章还是很用功的，文献不少，文笔也不错，评价我给了A”，我仔细看了一下老师给我的论文评语，果然是A－，心里感到一热。抬头看了一眼老师，他也慈祥地看着我。心中的委屈顿然消失了。这就是老师，一方面担心学生求学之路走偏了，另一方面还要照顾到我的自尊。

很快就到了写学位论文的时候，我的毕业论文题为《论我国西部地区贪污贿赂罪的预防》，齐老师要求尽量用事实数据说话，不要无的放矢地谈什么空洞的大道理。当时论文初稿近4万字，交上去后，齐老师习惯用红笔修改，一共修正了537处，删掉近7000字，在西部地区犯罪特征和预防方案方面用了差不多2000多字的篇幅提出了完善建议要点，可惜，当时因为理解上的问题，对老师的建议没有完全吸纳进论文中。答辩时，主席康均心老师说，这篇文章思路不错，也提出了问题，但预防举措方面稍显薄弱，没有写出如何区别于东部发达地区的解决办法。齐老师虽然不参加答辩，但他只要有时间就会坐在边上旁听，陪着学生完成答辩。当我结束答辩后，对答辩委员会的评价有些沮丧时，他安慰我说，学生能提出问题就不错了，解决问题的事不能一蹴而就，要靠专家和社会共同努力。齐老师对我硕士论文修正的原稿至今还保留在我的书柜里。这也直接影响我后来在高校十年里如何对待自己的学生，哪怕是带本科自学考试的学生，我也会三番五次要求学生修改论文，每次都会在文头罗列出需修正的意见和建议，以至于好多学生怕分到我这一组，其实，我和老师一样，无非希望学生在通过答辩时更顺利一些。

三、找工作，老师为我操尽了心

两年的研究生生活过得很快，马上就到了毕业季，那段时间里齐老师不止一次把我叫到他办公室，对我说，找工作一定要定好位，提前规划。作为已经36岁的研究生，我通过几场找工作的模拟，发现当时的警官学院很对路，终于在毕业前的7个月得到全班最早的offer之一——南京森林警察学院侦查系教师岗位。那是2005年放寒假前的一天上午，我兴高采烈去齐老师办公室向老师报告，说南京方面如何感兴趣我在检察院10年的工作经历，齐老师看着我，沉默了半天，一言未发，直到我离开前才说了一句，看看湖北司法部门和学校有没有机会。后来，我又先后尝试了江汉大学师范学院、三峡大学、湖北民族学院，试讲后都让我等通知。2006年4月，眼看就要毕业了，我的心一直悬在半空没安定下来。突然有一天接到老师的电话，让我赶快看看湖北警官学院的春招公示。就这样，经过笔试、面试、试讲等多个环节，我被湖北警官学院录取，开启了在高校的十年从教历程。记得上班后不久，有一次碰到湖北警官学院的萧伯符校长，他很关心地对我说，“凤鸣，齐老师对你真好，他担心你去了南京，一家人分居两地呢”。这时我才明白，我告诉老师找到第一份工作时，老师为什么高兴不起来。原来老师不仅关心我的学习，还操心我的家庭呀！

四、只是醉书了，老师您别担心

到湖北警官学院后，我迅速进入了教官的角色，因为过去有上讲台和司法实践的经历，授课也得到学生喜欢和学校认可，但问题马上来了。在高校要上职称，硕士学位还不够，眼看同期的年轻人纷纷读博士，我心里有些急了。2007年寒假，我去找老师，齐老师建议我考中国公安大学公安方向，我说那边一点不熟悉，我还是想读刑法并跟着老师读，老师停顿一会后说，那就认真准备吧，并且拿来笔和纸，写了一大堆德国、日本及国内著名刑法学者的教材和著作，大概十余本，让我先认真研读。经过四年三次艰苦卓绝的考试，2010年，我又以新生的身份来到中南，这次是在南湖校区。校园比首义校园更加宽阔，更加漂亮，关于法学的故事也更多了。因为在职学习，进校三年后才开题，我选择了当时的热点食品犯罪防控方向，老师同意了。但在开题前，老师专门把我叫到他办公室，他说博士学位论文远不同于硕士论文，不仅要关注社会现实，而且要熟知国际、国内的研究状态，还必须有法理的支撑，博士论文没有理论范式做基础万万不行。这也是我的毕业论文中第二章用整整近3万字，从社会学、管理学、经济学角度对妨害食品安全犯罪防控机制进行学理探讨的动因。围绕博士学习，老师最操心的学生当然还是我。2014年年底，我在上海公安专科学校参加全国警院教官关于食品安全犯罪侦办及防控的学习，齐老师的电话来了，他说，在上海学习是好机会，争取与公安部和国家食药安全监督管理局的专家建立起联系，可以向他们求助一手学习资料。我后来专门去了一趟国家食品药品监督管理局政策法规司法规处，收集了国内近十年食品安全犯罪案例、数据以及防控政策和众多资料，这些资料也成了毕业论文的重要论据之一。但是我至今不明白老师是怎么知道我在上海培训的事。由于30多岁读研时才接触电脑，撰写论文成了我难度系数最高的事情，要写什么东西,总是先在笔记本或者稿纸上先写好,然后再慢慢打印,所以写作速度很慢。每次见面,老师的一句进度如何,只问得我背脊发软,手心冒汗。每当这时师母总是站出来为我说话:“凤鸣已经很努力了,你就别再给他加压力!”后来关于进度的事,很多时候是师母在关切地提醒我,在整个师从齐老师学习阶段,最体贴、最理解、最心疼我的就是师母夏建华老师了。终于在读博的第六年,我的初稿撰写完毕,这一年我47岁。

这个时候,因警官院校招生体制改革,警校老师不得兼职做律师的规定出台。说实话,这是一项公平且正确的决策,但又一次把我推到了人生的十字路口。我决定做律师,老师看着我坚定的表情,沉思了许久,他只说了两句话,一是你做律师,老师就帮不了你什么了,二是博士一定要顺利毕业。2016年年底,我辞职做了律师,与几位朋友创立楚尚律师事务所,但此时第一要务是博士毕业,这是老师和师母的一再叮嘱,也是我的初心。这个时候老师对我的博士论文初稿又提出修改建议,将四章变六章,虽然是分解三、四章为三、四、五、六章,但工作量对于我来说也是超负荷的。我只好用一整年的时间去调整、充实毕业论文,律师业务是几乎没有展开,就是极少的几个案件也基本推掉了,书写、打字、熬夜、掉发及白发增生成了我这一年生活的全部。2017年年底我终于将20多万字的论文定稿提交。这期间,老师几乎也同频地和我一起在煎熬中度过,无数次在清晨接到他发来的修改意见,我心中想,这一夜,老师也和我一样挑灯无眠了!2018年4月的一天深夜,老师的电话打来了:“凤鸣,盲审过了,成绩还不错!”听到这一消息时,我半天说不出话来。2018年5月答辩结束后,其他几位一起奋战六、七年的兼职学友抱头痛哭,但我却一脸茫然和麻木,没有安慰,没有眼泪,更没有论文通过的欣喜若狂。当答辩主席莫洪宪老师说,依惯例盲审成绩第一,凤鸣的博士论文将作为优秀博士论文推选,请将答辩老师意见进一步修正后提交时,我再也撑不住了,犹如烂醉如泥的人,仿佛听到再来一杯的召唤。我用恳切眼光看着守在门边的齐老师,痛苦地摇着头,齐老师赶快笑着对答辩委员会老师们说,谢谢答辩委员会各位教授,他就不争取了,当前他最重要的是要尽快找回正常状态回归律师业务,不然大家都快把他忘记了。

我博士毕业后,以为可以轻装上阵去好好做律师,但我仍然陷入晚上睡不着熬夜、白天不愿出门的境况,很多时候不愿意接电话,不愿与人说话,更害怕看书和书写,这态势,怕是律师也做不了。我艰难挣扎着。老师看着我这个样子,劝我出去走一走,他对我说,人生就是一场和自己的博弈,站着向前走,就是人生福气,自己得失不重要,让身边的人幸福才是男人的责任,男人无所谓抱负,最重要的是报答。经过积极干涉和疫情期间的调理,我慢慢地走出来了,回到从前的敬业状态。现在老师和师母经常问我过去一段时间怎么样,我开玩笑地说,读书读醉了,需要一段时间醒酒。听到我自嘲的话语,老师这才放心地开怀大笑起来。

齐老师带的学生很多是优秀分子,我属于没太大出息的弟子,但是我一直在努力,今后也将不忘初心,积极进取。这些年来每每在最困难的时候就会想起老师,因为看到他的身影会让我感到踏实,听到他的声音会让我增强信心和勇气,见到他的微笑会让我精神振奋,作为齐老师的弟子是我今生最大的幸运。在老师即将退休之际,我最想说的一句话:“老师,请您今后再别为您的学生担心了!”

安小刚 | 见“齐”思齐

安小刚，2005 级刑法学硕士研究生，现为山东省平原县人民检察院党组书记、检察长。

近日欣闻，2022 年是母校刑法研究生教育四十周年。一时间思绪拉回到十七年前。自己有幸从南湖校区到首义校区继续求学，度过了两年快乐难忘的研究生生活。宿舍楼前的广玉兰，南苑二楼的快餐，教室里聆听老师们精彩的授课，外文图书室与同学们准备司法考试的时光，还有一伙好友课后寻觅生活乐趣的身影……一幕幕、一帧帧就像电影镜头一样从脑海中闪过，是那么亲切，那么值得回忆。此刻虽然木讷如我，眼泪也忍不住地打起了转，一股思念之情瞬间升起，想念老师、想念同学、想念母校、想念我的研究生生活，尤其想念我那“严父”“慈母”般的导师——齐文远先生，那个低调务实、元旦赠送我们著作作为礼物、毕业叮嘱我们好好工作的同时也要保重身体的和蔼可亲、备受爱戴的老师。此生有幸，得以忝列先生门墙，在求学岁月里，耳濡目染先生严谨治学、务实做事、热情助人、严于律己的作风和品德。随着年龄的增长、阅历的增加、岗位的变动，先生的这些品德作风越来越影响、激励着我的学习工作生活，成为我的指引和标杆，并且经由我间接影响我的家人、同事和朋友，持续为我们注入正道前行的动力。今天，借此机缘，以拙笔分享些许体会，既是对自己长期受益的一个交代，也希望更多人有所启发。

先生身上有一种严谨细致的作风。说先生是“严父”，主要是因为与平时笑容满面的先生形成鲜明对比的是，一涉及治学工作等，先生马上就会切换了风格，严肃认真、一丝不苟。我在求学期间不够努力，学业不精，以至经常躲着先生走，生怕被提问。在职读博期间，因长期忙于单位工作，一度没有动笔写作。曾经有一天晚上梦到先生一脸严肃地问我学业情况，醒来之后心慌意乱，深感自己有负先生期望，心情久久不能平复。准备论文期间，先生指点的机会更多，无论是方向确定、大纲拟定还是具体论述展开，甚至是标点符号使用，先生都在百忙之中亲自把关，逐一提出意见。印象最深的两次，一次是 2017 年冬天的一个晚上，我修改论文到半夜十二点，疲惫之余准备上床休息，还没等入睡，就收到先生的短信，提醒我论文里哪个地方还有什么问题，说明远在千里之外的先生也没休息，自己深受感动，又深感愧疚，顿时困意全无。还有一次,我给先生发了修改后的论文,正值元旦放假期间,先生回复我说,“这几天他专门读我的文章,就是慢了点,看了后面忘了前面,所以常常要回头再看”,读完短信后我不禁潸然泪下,若不是自己学艺不精、不够严谨,何至于让年近六十的先生跟着操心受罪。后来到了基层单位,当了负责人,越发体会到先生这种作风是多么珍贵。最高人民检察院领导要求我们要“求极致”,实际先生与最高人民检察院领导的要求是一致的。平时,遇到一些同事汇报工作、案子,脱不开稿子、经不住追问,原因就在于自己作风不严谨,自己没有研究透、没有搞清楚。有一次在单位举办的活动上,我专门给年轻同志说,“我不要求你们现在就能把案子办得多好,工作做得多出色,这本身有经验积累、专业水平等因素影响,但是不管做什么事、搞什么调查都要把前因后果、来龙去脉调查清楚,不能浮于表面,这不仅是基本要求,也是基本态度”。单位一些年轻同志也经常被我叫到办公室追问工作,有些也会被问得含糊其词,最后“打怵”躲着。但是客观评价,这几年单位成长最快的,正是那几名作风严谨扎实的同志,从他们的作风里我能看到他们未来成长可期。其实,他们又何尝不是经由我这个“介质”,受益于先生的严谨细致作风呢。

先生身上有一种为民务实的情怀。求学时,感受比较深的是先生一些学术观点、对问题的看法多倾向于折中或者“中庸”。当时少不更事,感觉远不如一些新颖观点甚至独具一格的观点让人有酣畅淋漓之感,甚至暗自“抱怨”先生太四平八稳。从实务部门工作多年,特别是近几年负责一个基层司法部门,越来越感到,一些学术观点远离实践,属于一种理想的存在,难以也无助于解决当下的问题,这也是一些理论无法引起实务部门共鸣的原因。而先生的观点,往往立足于社会现状,立足于在当前环境下如何更好地保障人民群众的合法权益,年幼无知时认为的“没有特色”,现在反而成了能真正解决社会问题的“治病良方”。这些观点背后,都体现了先生强烈的以人民为中心的家国情怀和坚持问题导向的务实作风。受此影响,在工作中我也开始更多考虑我们的司法办案如何才能更好地贯彻“宽严相济”的刑事政策,捕与不捕、诉与不诉如何才能更好地实现“三个效果”的有机统一,采取哪些措施才能更好地落实“不枉不纵”要求,才能让司法权不被滥用。奔着这些目标,近年来,我先后与同事们设计起草了规范使用不起诉权、与法院会签了关于认罪认罚中“量刑明显不当”会商等一系列制度,核心就是让检察权公正行使,让法官和检察官以良性互动共促办案质效提升,让老百姓感受到案件都会得到公正处理。我也亲自办理了多件涉及不同部门的棘手案件,通过努力最大限度维护了当事人合法权益,被最高人民检察院、省人民检察院评为指导性案例、典型案例。让良法善治落到实处,我想这既是先生一贯的情怀所系,也是先生对我们这些从事法治工作的学生的最大期许。

先生身上有一种体恤弱势的品质。这些年先生带的学生可以说数不胜数,我接触、认识的只是其中很少的一部分。但是在与这极少数的师兄弟们交流中,我们发现了两个共识性的特点,一点是先生带的学生很多都出身贫寒,另一点是先生对学生们都给予了无微不至的关照,无论是求学期间的生活还是毕业意向等。先生不仅自己千方百计为我们付出,也带动师母给予各种方式的关怀支持,让我们感受到家的温暖。这些年自己所看、所听、所受先生恩惠的学生不计其数,先生就像“慈母”般的关心我们,甚至一些很小的事情都挂念在心上。有一次,回校参加开题答辩,下午刚进会议室,许久未见的先生隔着几排桌子一脸关心地问我,“吃饭了没有”。我当时一怔,还以为先生会问准备得怎么样或者其他问题,身边一位武汉的同学说:“你看看,老师多关心你,生怕你中午顾不上吃饭。”其实先生哪里只是关心我,他无论是对学生还是对同事都是这么关心。还有一次,因近年来我们办理的新型、疑难复杂案件增多,我就想聘请一些专家学者担任我们单位的咨询委员会委员,免费为我们办案人员提供“智力”支持。其中,需要一名知名专家领衔,但是作为一家基层单位,不容易请到知名专家。思来想去,只好给先生出了这个难题,先生答应本在意料之中,凡是有助于我们干事创业的事情,先生都是积极出力。先生还关切地问,会不会因为师生关系给我带来不好的影响,让人感觉是“利用职务之便照顾老师”,其实哪里是照顾老师,纯粹是我想借先生名头而已。在先生的关心带动下,专家咨询委员会很快就组建起来了,在多起案件的办理中发挥了积极作用,在有的场合还发挥了关键作用。受先生影响,我不仅会关注案件中遇到的弱势群体、受害群体,也积极关心关注单位同事的困难,尽可能地帮助解决。疫情期间,曾经有一家小微企业负责人到我院申请监督,接待当事人后,我们发现案件涉及多家部门,但是我们没有犹豫和退缩,在调查清楚后,多次与相关部门沟通,最终成功监督纠正,让这家濒临停产的企业恢复了生产。有朋友闻之笑言:“他们给你们多少好处,值得你们费这么大力气去纠正?”其实,哪里是别人给了好处,而是先生给了教诲而已。自己做的远不及先生万分之一,自己以后能做的也是尽可能地将先生身上这种扶危济困、关怀弱势的精神传承下去,让更多人受益。

先生身上有一种谦和自律的执着。先生职业生涯里身居多个重要岗位,兢兢业业为母校、为学院、为学科建设奔波奉献,作出了大量贡献,取得了很多成绩。在我平时工作生活观察发现,面对类似情形,有居功自傲者,有恃才目空者,唯独那些始终以平常心待之者少。先生就是那种非但没有因为职务升迁、作出贡献而放松自己,反而更加谦和更加自律的人,甚至可以说姿态低到尘埃里,接触起来让人感觉如沐春风。这种谦和自律源于厚重的修养、善良的品行,源于自己对职务的正确认识和对自身责任的清醒定位。自己身处职场,有浮躁的时候,有迷茫的时候,甚至还有盲目“自信”的时候,愈发感觉到先生这种谦和自律是需要多么强大的信念和定力。有一次,自己感觉工作进入了舒适区,思想上也出现了迷茫和困惑,就给先生发了一条信息。先生很快回复,让我不忘初心。是啊,“不忘初心,方得始终。”所有的抱怨、自满,甚至放纵堕落,关键不就是忘记了初心吗?先生用一生的职业操守、严格自律为我们树立了标杆和榜样,让我们能时刻提醒自己、反思自己、改进自己,不忘初心、践行初心、实现初心。值得欣慰的是,受先生这种谦和自律精神的感染、感召,我负责的单位连续两年取得全市系统、全县执法执纪部门考核第一名,连续四年干警无违法违纪问题发生。我分别被市院检察长和县委书记称为全市系统“领头羊”、全县政法部门“排头兵”。

我坚信,无论遇到什么困难,身处何种环境,都能从先生的言传身教中寻到更优解。谨以此文纪念先生多年教诲、多年指引、多年熏陶之恩。此刻更加感念、更加感激、更加感恩我的恩师齐文远先生。

武向朋 | 厚谊长存魂梦里，深恩永志我心中

武向朋，2005 级刑法学硕士研究生，现为信阳师范学院法学与社会学学院副教授、副院长。

2005 年，工作两年的我满怀期待进入中南财经政法大学攻读刑法硕士研究生，硕士毕业六年后，又重整行囊来到母校读刑法学博士。从首义校区到南湖校区，校园每片地方都有我最深的记忆。时至今日，我仍会经常点击刑事司法学院的网站，关注学院的发展，追踪老师们的动向，仿佛回到了学校，回到了当年。年龄越大，思念越深，恰逢母校刑法研究生教育四十周年纪念活动，撰文追忆往事，寄托情怀，记忆中有众多的人事物，其中最难忘的还是恩师情谊。

一、谆谆如父语，殷殷似友亲：硕士生导师——辛忠孝先生

2005 年考研复试我提前去了学校，蹭了一堂课，是辛忠孝老师讲授的，对他印象很深。选导师时便选了辛老师。辛老师是陕西人，西北汉子性格豪爽，为人热情。只要有困难去找他，他总是很热心，想尽办法帮助学生解决问题。毕业后他也关心学生的动向，经常询问学生的毕业近况。尤其党师母，对于辛老师带的每届硕士学生名字都记得非常清楚，甚至是毕业好多年的，她都如数家珍，非常有心。2019 年秋冬季节，辛老师和师母刚好有事来信阳，同在信阳工作的师兄和我一起迎接，席间得知师兄的儿子现在也在中南财经政法大学读书，辛老师夫妇每逢节假日或者周末跟师兄的孩子一起吃饭，关注他的学习和生活情况，可见师生情谊已经延续到晚辈，永续长存。还有在疫情期间，辛老师在微信群给学生们讲述他自己防范新冠肺炎的各种措施，并让学生们放心，他能照顾好自己和家人，辛老师坚强乐观的精神值得我们学生学习。

二、经师易遇，人师难遇：博士生导师——齐文远先生

2013 年我脱产进入中南财经政法大学刑事司法学院攻读博士学位，师从齐文远老师。在我的印象中，齐老师可敬可亲。

第一，他教学认真。他虽然行政事务繁忙，但是上课非常认真，给本科生、研究生、博士生都授课，深爱三尺讲台。读研究生的时候，齐老师采用案例教学法让我记忆犹新，以至于毕业

后从教时我和其他同学不约而同地运用他的授课方法进行一线教学。后来进行刑法学马工程教材线上培训时我又听到齐老师讲授，收获满满。还记得有一次剪辑网课时，齐老师不厌其烦、一遍遍地看，一遍一遍地重新剪辑，力求达到最佳教学效果。齐老师的教学态度深深感染了我，在教学中我一直以导师为标杆。

第二，他学术沉淀深。齐老师对于做学问要求很严谨，对于我的论文框架一而再再而三地修改。阅读他写的文章，总能看到很多的引用和出处。平时他在博览群书时，发现与我论文相关的内容总是及时转给我，拓宽我的视野。记忆最深的是他在《新华文摘》看到一篇环境犯罪相关的文章转给我，给我的论文写作很大的启发。也正是他这种时时关注学术动态、不断思考提炼的态度使他获得国家社科基金重点项目，在他的研究子课题里，我把生态安全作为我一直研究的课题。

第三，他和蔼可亲。记忆中，齐老师一直都是很儒雅，很谦和，很包容。齐老师从来没有批评过我，对我总是鼓励。我读书期间，由于家庭原因，在学校和家里之间来回奔波，齐老师总是很体谅我的难处，给予我充分的时间和自由。对于学生，他总是尽自己的所能去帮助，包括毕业后我也总是因为论文写作中的事情去麻烦老师，每每他都热心指导。老师总是说："我这个年龄，已经不需要那些荣誉和名利，能帮助你们年轻人就好。"印象最深的是毕业一年后，2017年齐老师在新闻看到信阳发生极度恶劣天气，居民生活困难，赶紧给我发信息问候，虽然我所居住的地方安然无恙，但是感受到了老师深深的关怀！

第四，他老而弥坚。虽然到了退休年龄，但是他仍然坚持学术追求，在学术的道路上孜孜不倦。我经常在刑事司法学院主页、学习强国、马工程教材培训等看到老师继续学术活动，始终为刑法学研究做出贡献。老师的这些品格也将成为我的标杆，更加坚定我的学术信念。

夏师母是一位优雅贤淑的女性。她整个人看起来非常有活力，每次见到她，都给人感觉如沐春风，非常有亲和力。印象最深的是有一年跟师门兄弟姐妹一起为齐老师庆祝59岁生日，吃完晚饭回去已经很晚了。晚上12点收到师母的短信，感谢我从信阳专程赶去，她很感动，辗转难眠，故而发信息给我。对于学生本该做的事情，师母却一直念叨在心。近年来，每逢佳节，师母都在师门群里跟我们互动，祝福平安，其乐融融。

三、一日为师，终身为父：授业老师们

除了两位恩师，还有不少为我授业解惑的老师，这里一一记述。夏勇老师言语诙谐，能把晦涩难懂的内容讲得深入浅出，令人印象深刻。童德华老师指导论文一针见血，鞭辟入里。王良顺老师为人谦和，知识渊博，给我很大的启发。苏彩霞老师循循善诱，大姐姐一样的感觉。徐立老师为人热忱，见解独到。周详老师文笔犀利，思路清晰。

纸短情长，对于母校的情谊一生一世，对于恩师的感念一朝一夕。祝福母校的刑法学研究生教育越办越好，祝福恩师如月之恒，如日之升。如南山之寿，不骞不崩。如松柏之茂，无不尔或承。

单广芹 | 我在中南读书的点滴记忆

单广芹，2005级刑法学硕士研究生，现就职于武汉市黄陂区司法局。

加班后回家的路上收到恩师转发的关于中南大刑法研究生教育四十周年征文活动的信息，内心非常感动，脑海里不由得回忆起校园生活，回忆起老师、同学、朋友这些在人生最美的青春岁月遇到的人，他们成为照亮我内心深处并指引我前行的一束束光。

我对中南政法学院的情结始于中学，那时在县城的一中读书，接受各种资讯的渠道远不如现在丰富，每年最热闹最受关注的信息便是高考放榜，学校的宣传栏大红色的纸上登记着各位金榜题名的学生被录取的院校，我是高三转到的文科班，自然是关注偏文科类的院校，再加上家中尊敬的长辈从事过检察工作，看到师兄师姐被中南政法学院录取，心向往之，当自己高考填报志愿时，虽有过彷徨，最终选择报考已经更名了的中南财经政法大学。

在中南大就读的七年，是我最充实的时光，在这里真正感悟到博文明理、厚德济世的情怀。四年的本科学习在南湖校区，那时只知道每天往返于课堂、食堂和图书馆，记忆中当时最大的宿舍还是东门的14栋，最新的教学楼是文澜楼，再后来才有文波楼，每天上课必经的是晓南湖九孔桥，当时感觉每一堂课都是争分夺秒的，每次选课都拉着师兄师姐问东问西，研究策略，14门专业主干课，课本上记着密密麻麻只有自己看得懂的笔记，李军湘老师精彩的大学语文、特别抢手的犯罪心理学、自己特别感兴趣的司法鉴定、外国文学名著欣赏、一遍遍刷的“Gone with the Wind”、邓析堂场场爆满的讲座……我很庆幸四年的时光没有虚度，毕业的时候师兄笑谈大学时期没有经历过这三件事（逃课、恋爱、通宵上网）的人生是不完整的，大家笑话我白读了个大学，我却从未觉得遗憾！

读研的三年，我搬到了首义校区，入校时碰到师兄问我们宿舍在哪一栋？一听38栋脸上的笑容让我感觉不妙，入住之后确实有些落差，老旧的条件和南湖校区的14栋形成鲜明对比，然而这一切的不如意随着室友的到来烟消云散，老大、二姐连同隔壁宿舍的小姐姐我们成了非常要好的朋友。读研的日子大家比本科时自由些，我们几个很难得的几乎三餐总在一起吃、逛街、去图书馆，在宿舍总有聊不完的话题，氛围好到爆，以至于她们毕业时（我选的三年学制，好姐妹选的两年学制)，我把几个人送到车站，再回到曾经充满欢声笑语的寝室，那一刻的失落至今仍记得清清楚楚。

班上的同学关系很融洽，我们更是有七八个人关系特别好，读研第三年的时候，我们几个人一起在宿舍做饭……也有过说走就走的旅行，四个人分三批到达西安，逛吃一周；还记得2008年1月我和梦梦从广州回来，温度从广州的28摄氏度到武汉的零下，我们两个在宿舍楼下穿着单衣踩雪，那咯吱咯吱的声音是我离开家乡多年后第一次听到，那天把宿舍楼下的一片空地都踩遍了。只是当时不知道雪会下那么久，以至于酿成了雪灾。毕业这么多年，老大回武汉读博短暂地见过几面，其他朋友多是靠QQ、微信联系，仿佛什么都变了，又好像什么都没变，大概这就是最纯粹的感情吧。

记得选导师的时候，我很忐忑，感觉选齐老师竞争会很激烈，中间还跟师兄师姐打过几次电话诉说自己的担心，好在大家鼓励我坚持，很幸运的我成了齐老师的学生，从此有机会接触到本科时只能在法学院新闻和传说中听到的老师，也有机会结识美丽优雅而又温暖的师母夏老师，齐老师跟学生们一起吃饭，师母永远是悄悄买单的人。记得有一次在齐老师家，老师和师母陪我们几个学生坐在沙发上喝茶聊天，夏老师慈祥地说，真羡慕你们年轻人，朝气蓬勃，无忧无虑，并鼓励我们不要拘束，要常来家里玩，这时齐老师接过话题，你们一来，师母也感觉年轻了许多。当时的场景非常打动我，老师师母和学生就像其乐融融的一家人。在首义读研的三年，最打动我的画面一是同龄人之间的相处，二是思园附近水池边一对老夫妻跳舞的画面，在灯光的映衬下，格外唯美。现在想想可能是因为我太早离开家乡、离开父母，所以这些画面让我回忆起家的感觉……

老师对我们学生好像有操不完的心，平时关心我们读了什么书；课堂上，精心挑选出案例供我们研习并启发我们的思路；开题时，悉心指导我们如何确定研究对象和搭建论文框架；开始写论文时，为我们推荐参考书目、关心写作进度，以及对论文初稿严格把关、逐字逐句推敲；临近毕业时，还在为我们的就业去向操心。毕业后虽然大家都忙忙碌碌，但这么多年每次发短信向老师请教，他都及时耐心地予以回复，记忆中他永远都是那个脸上挂着温和笑容的长者，从未改变！

这些年，师兄师姐和好朋友读博的很多，大家工作也各不相同，真正身处最基层的极少。我是一直在基层的，虽然没有遇到过大风大浪，但是孤身在异乡漂泊，也有过令人不舒心的事情，因不愿让家乡的父母担心、不想让自己的负面情绪影响幼儿成长而只能埋藏在心底，也纠结于自己的慢热、不够圆滑……每当这种时候，我总是告诫自己，不能辜负老师的教导，不能为学校丢脸，要做好自己分内的事。语言虽然平淡，却是内心最简单朴素的坚守，这是七年最美好的岁月最终沉淀下来的东西，是恩师和学校留给我们的印记。时间可以改变很多东西，但有些东西却永远不会变，一如记忆中的师长、同窗和校园里那些美好的点点滴滴。

张雅南 | 感恩中南刑法培养，祝福母院再创辉煌

张雅南，2006 级刑法学硕士研究生，现为中南财经政法大学首义校区管委会副主任。

本人于 2008 年刑法学专业毕业，留校参加工作，曾在财政税务学院担任辅导员、团委书记、办公室主任等职务，目前在首义校区综管办工作，毕业留校工作 13 年。得知刑事司法学院筹备刑法研究生招生四十周年纪念活动，我借此机会，谈谈自己的所感所想，以感恩各位老师的培养。

一、感恩导师的悉心指导

我在硕士研究生阶段师从辛忠孝老师，辛老师给我的印象是为人谦和、做事雷厉风行，因为他在我们读书期间还担任学校正处级行政干部，所以要双肩挑，既要兼顾学院的教学任务，同时还要处理行政工作。但辛老师还是挤出时间，坚持定期召开学生见面会，检查我们读书进展、论文完成情况。除了关心我们的学业外，辛老师还积极响应研究生院对导师的要求，关心学生的生活情况，他经常询问我们在读书期间有没有生活、个人情感方面的困惑，对有困惑的同学则常常牺牲自己的休息时间，推心置腹地谈心，千方百计地想办法进行疏导、解惑。

本人在工作以后考取了刑事司法学院的博士研究生，师从周详老师，周老师是学院的青年才俊，学术造诣深厚，对我本人也是关爱有加，因为我是在职攻读博士学位，周老师对我非常理解，在督促我完成学业的同时，也要我注意兼顾工作和家庭，感谢周老师对我的指导和关心。另外，还要特别感谢刑法学科的带头人齐文远教授，齐老师从 1985 年留校任教以来，一直从事刑法学、犯罪学的教学、研究工作，治学严谨，德高望重，但他给我们最突出的印象还是一个慈祥的长辈，他如关爱自己的孩子一样关爱着学生，就像大家庭的家长一样，对不管是不是自己亲自指导的研究生都一视同仁，有求必应，所以也深受学生们的爱戴。

二、感念学院的精心培养

在首义校区两年的研究生生活既紧张充实，又轻松活泼，学院领导及辅导员老师非常重视

研究生教育和培养,从新生报到就精心准备、仔细筹划,到宿舍看望新生,让每位新同学感受到学院的关怀。除此之外,学院在课程设置和师资配备上也是精心谋划,要兼顾不同专业基础的学生,同时还要有一定的理论深度,为我们上课的老师都是学院的资深学者,有着丰富的教学经验和实践经验。课程的设置也是由浅入深、理论与实践相结合,我现在仍记忆犹新的一门课是"刑事案例演习",这门课由齐老师和其他几位有着丰富实践经验的老师合上,每位老师都是精心准备,用一个个鲜活的实践案例做切入点为我们讲解复杂的刑法理论问题,因为是实际发生的案件,所以同学们都很感兴趣,课堂上积极讨论、踊跃发表观点,对于专业素养的提高有很大的帮助。学院还非常重视学生的课外活动,适时地开展各类体育比赛、文艺活动,让同学们在紧张的学习之余,增强体质、交流感情、相互熟络。

三、祝福母院再创辉煌

本人由于留校工作的原因,所以有更多关注学院发展的机会和途径,尤其是刑法学科并入到刑事司法学院以后,学院在师资队伍、科学研究、学生培养、国际合作等方面的实力显著增强,在学界乃至社会上的影响力也是不断提高。

刑事司法学院近些年在一流学科建设方面取得很大的成绩:湖北省反恐怖主义研究中心和刑事辩护研究院的设立,在学界和实务界引起很大反响,教育部科技部司法鉴定技术应用与社会治理学科创新基地获批,标志着学院拥有了更高级别的学科平台,从而推动学院各项事业快速、高质量发展。随着相关分中心、分基地顺利揭牌,学院影响力走出校园跨出中南发散到更多地区和领域。与此同时,学院其他方面也是齐头并进,包括人才培养质量逐渐提高、高水平师资队伍的不断壮大、高质量科研成果的陆续推出、国际交流连续取得实质性突破等,为培养社会主义新时代的合格接班人和可靠建设者发挥着越来越重要的作用。

总之,借助学校一流学科建设的东风,刑事司法学院正努力朝着助力民族复兴的大方向奋力前行,值此中南刑法研究生教育四十周年之际,我祝愿母院各项事业蒸蒸日上,祝各位老师在人才培养、科学研究、社会服务和文化宣传创新等方面取得更大的成就!

张高洁　忆研究生求学的那些年

张高洁,2006 级刑法学硕士研究生,现就职于深圳市宝安区燕罗街道办事处党政办。

2022 年是母校中南财经政法大学刑法学研究生教育四十周年,恩师益友郭老师主持征集一些回忆研究生学习生活的随笔文章,邀我也写一篇。提笔良久,不知该从何写起。一是我不太会写随笔散文类的文章;二是感觉自己平凡普通,毫无优秀可言,考研过程也是分外困难,找工作的过程中还经历了人生中的第一次较大坎坷,似乎没什么特别值得书写的。但再想一想,虽然平凡,走过的路还算踏实,过程中还得到了郭老师等导师的悉心指导,资质愚钝却也有了很大提高,每每想起,感动、感恩、感念之情无以言表,那就借这个机会写写自己的那些年。

一、懵懂地长大

我是一个地道的农村娃,往祖上翻几辈儿也是贫农,小时候家里那叫一个穷,打我能记事儿开始就住在黄土丘陵上的两孔破窑洞里,就这两孔破窑洞的产权也是亲戚家的。窑洞外面是一个大院子,院子里长着一棵很大的枣树,原本有两扇木头大门的,后来门被拆了,以至于很长时间都只能用酸枣圪针(一种生长在北方丘陵地带的有刺植物,秋天结很多酸枣果)简单地扎在一起当门,防止邻家养的羊、狗、猪之类的小动物到我们院子里捣乱,那时的境况用家徒四壁这个词形容时,还要再加上少了个大门。8 岁时,家里分了宅基地,盖了几间红砖房,算是搬到了新家,虽然新家连院墙都没有,大门是传统的由几根木棍和木板拼成的“柴扉”,但至少是有产权的固定资产了。

按理说,这样的家庭情况,作为寒门学子的我应该奋发图强,努力学习才对,但实际情况是,我从小就是贪玩又让家长不省心的那种类型,学习方面在四年级之前就是凑凑合合,四年级后遇到了管教严格的老师后,成绩才提升至班级前列,初中成绩也神奇地保持在年级前 20 名。考高中时,父亲说,家里条件有限,你要么考到县里最好的高中去继续读高中,要么就去上个职业高中,毕业后能当个工人。后来,比较幸运的是,我考上了县里的重点高中。高中三年,学习不甚努力,以致成绩逐年下降,高考成绩仅仅超过了大专线,在复读和读大专之间选择了后者。读专科时，在父亲吃苦耐劳的努力下，家境有了很大改善，这三年也在踢足球、看球赛、聊网友或者是考试前通宵达旦的临时抱佛脚中度过。

专科毕业后，来到所学无机非金属材料专业陶瓷产业较为集中的佛山，在佛山三水一家陶瓷企业找到人生第一份工作——陶瓷企业技术员。进入社会工作后，跟许多的年轻人一样，经历了一些人情冷暖，也经受了理想和现实差距的打击，一度陷入了彷徨，对未来该往哪里走很迷茫。在一段纠结后，辞职回了老家，高中时的两个兄弟正在准备考研，他们专程来到我家，也劝我跟他们一起继续深造考研，父母也很支持我考研，为了弥补高中没有努力学习造成的遗憾，也为了能从失去方向的彷徨和迷茫中跳出来，我决定给自己一次全力以赴的机会。

二、考研

决定考研后，为了找到学习的感觉，更贴近考研的氛围，就到洛阳师范学院附近安顿下来，在师范学院逸夫楼一楼的大阶梯教室（这个阶梯教室里基本上都是考研的同学）里占了个座位，成了一个洛阳师范没有学籍的学生，现在想想，还挺感谢大学校园能给已经毕业的学生甚至是外校已经毕业的学生一个有氛围的学习空间。再次坐到教室里学习，感觉很难得，我也铆足了劲。英语、政治、专业课苦读了几个月，但毕竟是半路出家，基础不牢固，那一年考试成绩虽然英语和政治都勉强过线，却因为专业课成绩不理想拉低总成绩 30 分，最终铩羽而归。

考研失败的打击，一度使我再次陷入迷茫彷徨，感觉自己干啥都不行，不是学习的那块儿料，没有再继续考一次的勇气。父亲母亲却非常坚定地认为，第一次虽然没有过总分线，但是英语和政治的关已经过了，已经打下了挺好的基础了，针对性地补习专业课就行了，再考一次非常有必要。鼓励我考研的两个兄弟，一个考上了洛阳市的公务员，另一个考上了中南财经政法大学的法律硕士，他们也鼓励我再次考一次。父母的坚持和兄弟的鼓励使我再次走上了考研的道路。

学习就是不断练习、熟能生巧的过程，第二次复习时，因为有了些许基础，所以就没有第一次那么生硬，尤其是专业课的学习，齐老师的那本《刑法学》虽然有点旧了，但那些知识理论却更容易装进脑子里，结合更广泛的阅读和更多关于案例的思考，感觉我也越来越愿意研读，越来越容易且有趣。到了 9 月份，在考上法硕的兄弟的鼓励邀请下，我直接转战到中南研究生院这里去学习。这个决定无疑是正确的，到了渴望进入学习的校园里，更加激发了努力学习的亢奋激情，每天都充满了动力。

这期间的一个小插曲，也使我第一次接触到心目中的刑法大师、学术偶像，手中那本《刑法学》的作者齐文远老师。那天我正在一个教室复习，没注意教室还安排有课，本来准备另寻教室，无意间知道是齐文远老师的课，顿时来了精神，便决定留下来蹭课，一睹大师风采。齐老师当时讲课的内容已经忘记了，但是只记得他面带微笑、和蔼可亲、娓娓道来，不知不觉已经过了一节课，下课时很多同学还都围着齐老师请教，我也凑了过去鼓起勇气说，齐老师您好，我是今年应考刑法学研究生的考生，一直在学习您的著作，可否请您在我学习这本《刑法学》上签个名，齐老师依然面带微笑，爽快答应并签下大名，还鼓励我加油学习，13 年过去了，用颤抖的手接过齐老师签了名的书时那一刻激动的心,仿佛如昨。

在这样的环境中,在父母殷切期盼和全力支持下,在兄弟的激励和鼓励下,这次我的专业课成绩大幅度提高,顺利通过笔试和面试,进入到这所美丽的大学继续读书。接到录取通知书的那一刻,才感觉到原来激动到无法言语是真的。

三、读研

研一入学,我们班男生住到了首义校区 39 栋 5 楼,我也迎来了两个好室友皮鑫和邱中成,三年中,我们室友和睦相处,从来没有红过脸。一入校就感觉到武汉的热,“火炉”名不虚传,那时的宿舍还没有装空调(听说现在的宿舍都安装上空调了,学生们真是幸福),白天上课的自习室里有空调还凉快些,晚上回到宿舍后那真是汗流浃背。为了应对热,我们想了许多办法,比如从水房里拎几桶水倒宿舍里,这种办法降温是挺快,就是导致楼下的宿舍成了水帘洞。又比如有风的时候跑到楼顶去打地铺睡,这种方法就是早上很早会被晒醒或者热醒,抑或偶尔会被大雨浇醒。诸如这样苦中作乐的事情,在刚入校时经历了许多。

研一的课程排得比较满,记忆中有很多老师给我们授课,印象深刻的是齐老师给我们讲的刑法课,齐老师讲课形式很活泼,为让同学们对一个理论理解透彻,齐老师经常拿一些案例在课堂上让大家展开讨论。记得有一次,在讲到紧急避险时,齐老师就举了“大洋奇案”的例子来给大家讨论。情景困境是这样设置的:一艘轮船在海上触礁沉没,5 名船员乘救生艇在海上漂浮,在等待救援的过程,所有食物和水都吃光喝完。为了支撑下去,有人提议牺牲一个人作为食物来换取另外四个人的生命,用抓阄的方式来决定牺牲谁。最后出局的那个人,被其他四人杀死作为食物吃掉,最后这四人也终于等来救援,那么这种情况是不是属于紧急避险,进而探讨紧急避险的情况下人是否可以被当作食物?这个案例一出,同学们就展开热烈讨论,我也发了言,当时的观点是紧急避险不成立,但人是动物,有被当成食物的客观条件,紧急情况下食用已经死去的人体组织可以构成紧急避险。现在想想,当时的观点并不是十分成熟,没有论述到道德层面的约束与现实紧急情况的冲突该如何取舍。

研一也是同学们互相熟悉的过程,我们组织去森林公园烧烤等班级活动,增加同学们之间的互动交流,加深了同学感情。课后的晚间,我们班男生在宿舍里最喜欢的集体活动是 PK 实况足球,两个人打,一群人看,你方打完我登场,那场面甚是热闹。

研一最重要的事莫过于通过选导师认识了人生贵人——在我今后不管是生活、锻炼、学习上都给了很多指导的恩师郭泽强。那时候郭老师还在武汉大学做博士后,我们是郭老师带的第一届研究生,第一次见面是在学校的草地上,我和蓝颖、许明威一起见到了年轻、阳光、帅气的郭老师,远远地看到郭老师满面笑容而来,给人一种朴实而亲切的感觉。郭老师跟我们聊了一会儿之后,就给我们开出一份书单,鼓励我们要多读些书。就是从那时候开始,我真正开始去广泛地读一些书,努力补齐半路出家的不足,也为今后养成读书的习惯开了个好头。

研二时,课程安排得没有那么密集,留给自己的时间多了起来,同学们也都彼此熟悉了起来,搞集体运动的机会也相对多了。我喜欢足球,跟班上有相同爱好的同学组成了班级足球队，还统一集资购买了蓝色阿根廷队服，时不时地去跟兄弟班级的同学对战两场。那时候首义的大运动场一般是不开门的，我们就沿着前辈师兄们的足迹找到了运动场南边一个角落翻墙进入足球场，现在想想我们的班级啦啦队的女同学们也跟着一起翻墙，真是难为她们了。后来，受郭老师的影响，我又开始学习并爱上打羽毛球，很快找到同年级几个爱好者一起，逐渐在瞎打乱拍中有了一些提高，郭老师有时候也会叫我去跟他一起参加导师们的羽毛球活动。可能是正年轻，一天有时候打好几场都不觉得累。那时候的饭量挺大，有一次班队踢完足球大家去北门那边的自助餐厅，我一连吃了 13 碟牛肉，还有一次也是踢球后，跟法硕班级的几个兄弟在南苑篮球场旁二楼小餐馆吃饭，那里是炒几个小菜，加米饭免费，记得我们 5 个人，最少得吃了 4 碗饭，把老板店里的米饭直接吃了个底朝天。

也是在研二开始，同学们都开始准备司法考试，由于我是以同等学力（专科毕业后有两年实际工作经历）的方式考的研究生，没有本科毕业证，而司法考试报名条件之一就是要全日制本科毕业，我不符合报名条件，无法参加考试，成了一大遗憾。由于专科毕业，没有通过英语四级考试，更别提英语六级考试了，为了弥补这方面的差距，我就直接开始奔着六级考试做准备，因为六级考试没有什么诸如先要通过四级考试的特别要求。那段时间，感觉又找回了考研的感觉，背上一个书包，拎着一个茶杯，吃过早餐就赶到自习教室，努力地背单词，练习听力，做模拟试题，经过小半年的准备，终于通过了英语六级考试。

我们那一届的研究生可以选择读两年也可以选择读三年，我选择读三年。一是因为半路出家，底子薄，想多学一年，补一补；二是受到了一起打球的考博师兄或者是博士师兄的影响。再就是在研二时跟着导师做了点课题，也在导师的指导下发表了几篇文章，感觉做研究还挺有意思的，比较单纯，就逐渐倾向于考博，想在研三时好好准备一下。经过准备，研三时我报名参加了武汉大学和北京师范大学的博士生考试，只有武汉大学的考试过了线，参加了面试，但终究是因为专业底子不够厚实，再次折戟。

考博失败后，我就只能先找工作了，经过了一些学习和准备，就投入到考公务员的奔波中，考了几个地方后，进入了大连市中级人民法院的面试环节，面试后我从笔试的第十名上升到第五名（招五人），非常开心地带着当时的女友也是现在的爱人在大连游玩了一圈。然而，接下来是始料未及的打击，在后续的体检环节，我因为自身身体方面的原因未被录取。当时的我，顿时从成功的喜悦一下子跌落到失败的痛苦中，在大连街头的寒风中，流下了两行不甘与无奈的男儿泪。

四、师生情

郭老师在关键时刻为我指点迷津。郭老师在我们研一时还在武汉大学做博士后，正在他研究最忙的阶段，郭老师还是会千方百计挤出时间，跟我们三个坐聊，有时候是在武汉大学见面，有时候是在南湖校区见面，经常是坐在草地上聊，通常是听我们近期学习上有什么收获，生活上有什么困难没有的，最后会给我们一份书单，要求我们多看书开阔眼界。研三时，两个师弟都已经选择两年毕业，我就成了郭老师第一届弟子里面的“独苗”。为了学习方便，更为了可以更容易地请教导师，我便在南湖校区附近租了房子，有了更多跟郭老师接触的机会。考公务员的失败那段时间，我一度非常消极，郭老师知道后，专门找我谈心，给我讲了很多他以及他身边的亲朋如何克服困难走出困境的事例，以鼓励我在困难的时期，不要丧失信心。记忆深刻的是，郭老师说有一首普希金的小诗《假如生活欺骗了你》，他非常喜欢，现在把这首小诗也送给我。我回去后，了解到作者在创作这首小诗时正处在非常困难的逆境中，反复地读这首非常富有哲理的小诗，心想多年以后回过头来看，这些其实也都不算什么，顿觉心里通透了许多，也就不再纠结，很释然淡定地向前看了。

郭老师治学严谨教会我做学问的方法。研二开始，我便有了论文发表方面的压力，在请教老师的基础上，我也开始尝试在广泛阅读的基础上把自己的一些粗浅的研究汇集成文章，郭老师鼓励我们要开拓视野，研究也不要有所局限。郭老师对学术方面是一丝不苟的，记得研二时我把一篇《反思刑事和解制度》的论文初稿交给郭老师指导时，郭老师把稿子带走认真看后，给我提出指导建议，然后我修改后再交给郭老师，如此反复修改提炼，一篇初稿时毫无亮点、论点也不够鲜明的稿子，被修改为比较严谨、论点鲜明、论据充分的文章，在达到一定标准后，郭老师还帮忙推荐到期刊发表，最终这篇文章也顺利在《北方法学》2008 年第 3 期发表。郭老师还带领我们参与一些课题，比如当时由法学院组织且由郭老师具体负责的法学研究生送法下乡项目拟出版一本书，将这些年参与项目的学者和志愿者的一些研究文章集结汇编，文章拿到后，郭老师把编辑这个任务交给了我并笑称，高洁你就是这本书的编辑部主任了。我认真核校后，仔细地根据文章内容和版面要求等，对文章进行了统一排版和章节划分。没过多久，这本齐老师主编、郭老师副主编的《新农村建设中的法治建构》由湖北人民出版社正式出版，拿到成书后，掀开扉页编委会成员里，赫然写着“编辑部主任　张高洁”，那种自豪感瞬间油然而生。

郭老师待弟子如同亲人。研究生时期，我正当年轻，新陈代谢比较旺盛，加之经常打球运动和动脑学习，时常就有油水不够的感觉。郭老师是过来人，有机会就会叫上我们去他家里吃点儿好吃的。研三时，我搬到南湖离郭老师家很近后，这种“打牙祭”的机会就更多了。那时候郭老师的孩子还小，郭老师的父亲和母亲退休后就过来照顾，郭老师是安徽蚌埠人，家里吃面食比较多，郭老师的母亲擅长做各种面食，经常接到郭老师的电话：高洁，你阿姨在家里做了好吃的，喊你来一起吃。我就屁颠儿屁颠儿地跑过去美餐一顿。有时候我也约上郭老师到学校的食堂吃早餐、见面聊天。

郭老师是个体育达人，喜欢运动，尤其喜欢的是打羽毛球，曾经在学校的教师活动中夺得多次冠军。在郭老师的影响下，我也喜欢上了打羽毛球。刚开始我的水平很差，但是郭老师也没有嫌弃，从握拍到挥拍，从站位到步伐，手把手地教，使我的水平有了很快的提高，逐渐也能跟郭老师打几局了，虽然我几乎没有胜过，但师生的情谊却在这一拍一拍中越发加深了。郭老师还擅长长跑，曾经在校运会高手如云的情况下，夺得过前三名的好成绩。

五、结语

时光荏苒，毕业已经 12 年，我也从懵懂、怯生的少年转变为现在平凡淡定、敢于承担的中年男人，研究生这段经历，有喜悦也有痛苦，有迷茫也有坚定，有被误解也有被肯定，在导师的带领与关心下，从磕磕绊绊中蹒跚走来，我感觉自己也逐渐走向成熟，不再像年轻时那么莽撞，也慢慢历练出百折不挠，面对困难与挫折从容淡定的韧劲。此刻，窗外"狮子山"台风正裹挟着雷电暴雨拍打在南国的土地上，而我也不是当年那个迷茫彷徨的少年，痛苦与磨难的锻炼，多年工作的历练，使我逐渐深刻体会到淡泊明志、宁静致远的道理。这些要感谢中南财经政法大学对我的培养，更要感谢恩师们的悉心栽培，也衷心地祝愿中南财经政法大学刑法学教育越来越好，从强盛走向辉煌！更衷心地祝愿老师们工作顺心、平安喜乐、康泰吉祥！

这些年来，每每遇到困境，我都会想起郭老师在我最艰难的时候送给我的那首普希金的小诗，就让它来当这段回忆的句点吧。

假如生活欺骗了你

普希金

假如生活欺骗了你，
不要悲伤，不要心急！
忧郁的日子里须要镇静；
相信吧，快乐的日子将会来临！
心儿永远向往着未来；
现在却常是忧郁。
一切都是瞬息，一切都将会过去；
而那过去了的，就会成为亲切的怀恋。

蓝 颖 | 追忆研究生求学时光

蓝颖，2006 级刑法学硕士研究生，现就职于浙江省杭州市滨江区人民检察院。

2022 年是中南刑法研究生教育四十周年，近日授业恩师郭泽强教授邀我写一篇心情感悟。蒙恩师抬爱后心情甚是惶恐，因为平时虽然常和文字打交道，但写这种心情感悟尚属首次。但一旦开始动笔，许多人、许多事都浮现脑海，仿佛又看到了那个中南求学六年的懵懂青年。

这六年，四年在南湖，两年在首义。在晓南湖畔求学时，我对刑法学产生了浓厚的兴趣。觉得刑法相较于民商法及其他法律种类而言，案例更为生动有趣，而且更贴近人性。在本科结业时我也以正当防卫的特别防卫权作为自己的论文题目。在临近毕业时，一方面是留恋校园生活，另一方面也想在走上社会之前多充实充实自己，于是我选择了考研而不是马上就业。在专业选择上，我毫不犹豫地将钟爱的刑法作为自己的专业攻读方向。为此，我再次深度研读了齐文远教授等编写的《刑法学》教材，重读了贝卡利亚的《犯罪与刑罚》，对刑法的理解有了更深的感悟。为了实现研究生梦想，我恶补自己的弱项英语。在背了十遍星火考研英语单词之后，最终在考研时英语以高出国家线 1 分的成绩涉险过关，得到了继续在中南求学的机会。我成功从晓南湖畔来到了首义，开始了研究生学习生涯。

研究生教育和本科教育的不同，首先在于课程的专业度更强。在本科时刑法总论和刑法分论各半个学期，虽然我自行选修了外国刑法纲要和刑事案例演习课程，但仍觉意犹未尽。而研究生教育时除了法理学和法社会学等基础必修课外，还有中国刑法、欧陆刑法、犯罪学、刑事诉讼法等课程，让我全面、系统地学习，上课时也都是齐文远教授、夏勇教授等大咖。教授们的授课既有理论深度，又贴近司法实践。丰富的案例讨论和课题研讨，让我对刑法学有了更加全面深入的了解。而且研究生同班同学均为刑法同好，大家课上课下对于刑法问题开展广泛的讨论，其乐融融，相得益彰。

另一个最大的不同就是研究生教育采用了导师制，让师生之间的交流更加亲密。在导师分配的时候，我和张高洁、许明威分配到了郭泽强老师处。开始对郭老师还不甚了解，还特意到学院网站上去查询了郭老师的资料。除了看到郭老师的求学履历及发表的文章外，印象极深的就是看到了老师的星座,当时就对这位年轻的导师倍感亲切。犹记得第一次见面是在首义校区的草坪上,郭老师给我们三人介绍了他的求学经历和对刑法的感悟,还给我们三人列了书单,现在还记得书单中包括了博登海默的《法理学、法律哲学和法律方法》、李斯特的《德国刑法教科书》等多本书籍。郭老师对我们提出的要求是,不论在何时何地,都要多读书,读好书,把读书作为一种习惯。刑法书要读,刑法学以外的书也要读,通过读书快速提高自己的知识储备。在两年的研究生生涯中,郭老师在学习上对我们高标准、严要求,不仅定期检查我们的读书情况,还经常就刑法学界中的一些前沿问题和我们进行交流探讨。在生活上则是给我们无微不至的照顾,让我们经常去他家打牙祭,改善伙食。同时,郭老师还是一名运动达人,羽毛球打得极好。可惜我的运动细胞实在太少,到毕业之时也只学到了点皮毛,甚是遗憾。

两年的研究生时光如白驹过隙,转眼即逝。研二除了上课,主要是两个目标任务,其一就是完成硕士学位论文。在选择论文方向时,当时也在犹豫是选择一个传统的刑法理论切入点,还是选择一个学界前沿问题进行研究。为此我去求教了郭老师,郭老师鼓励我要关注司法改革,关注理论创新,并建议我将刑事和解作为自己的写作方向。为此,我阅读了大量的相关资料,在郭老师的指导下拟定了开题报告书,然后开始了漫长的写作过程。硕士学位论文的要求和标准,远远高于本科毕业论文。但有幸的是,郭老师无论是从文章体例,还是在资料寻找及论文修改等方面,都全程给予了最大的支持和无限的关怀。论文虽然在 2007 年年底就基本完成了初稿,但直至 2008 年 5 月才最终定稿。原因在于郭老师对论文的要求极高,记得每次把论文通过电子邮箱发给郭老师后,收到的论文都有密密麻麻的修改痕迹。文章前后一共修改了 5 次,有一次我们两人坐在晓南湖的石凳上,郭老师手把手地跟我讲论文的修改要点,大到文章结构,小到标题用语,让我受益匪浅。在郭老师的帮助下,我完成了 37, 000 余字的论文并顺利地通过了答辩。后在此文的基础上,我在多家期刊上发表了关于刑事和解方面的文章。

除了撰写论文,我还参加了多次公务员考试。所幸自己考运不错,同时考上了上海市民宗委、湖北省高级人民法院、杭州市滨江区人民检察院三家单位。但选择太多,也是烦恼。为此,我又去求教郭老师。郭老师一方面希望我继续从事法律事业,另一方面是建议我能主动走出舒适圈,去外地多加历练,从而提高自己,所以建议我去杭州。因为我作为一名武汉人,自出生以来没有出过武汉。离开家乡到异乡,需要莫大的勇气,但只有独立生活才能得到更好的成长。在郭老师的鼓励下,我选择去了杭州。虽然独在异乡多了些坎坷,但这些却让我得到了人生历练。如今我已在杭州成家立业,我不后悔当时的决定,也感谢郭老师对我人生道路的指引。

2008 年研究生毕业至今,已经 13 年有余。这 13 年来我一直在基层检察院从事刑事检察业务。虽然平时都是接触实务居多,但研究生阶段打下的刑法理论基础,以及郭老师言传身教的思维方式和阅读习惯,对我日常办案有很大的帮助。郭老师常说刑法的精神是宽容,和我们现在所推行的认罪认罚从宽制度不谋而合。硕士论文所关注的刑事和解,也正式作为一项刑事司法制度写入《刑事诉讼法》。一点一滴都体现法律教育对于司法实践的支撑。最后,衷心感谢母校对我的培养,感谢导师对我的关爱,此恩此情,永世难忘。无论身在何处,永远都是中南人。祝愿母校越来越好,也祝愿授业恩师们工作顺利,身体健康,万事如意!

吴旭政 | 中南求学记

吴旭政，2006 级刑法学硕士研究生，现为中共重庆市江津区委研究室副主任。

时光一去不复还，往事只能回味。2021 年正值中国共产党百年华诞，百年征程波澜壮阔，百年大党风华正茂，何其有幸生于华夏，生于盛世。2022 年又恰逢中南刑法研究生教育走过的第四十个年头，四十载风雨砥砺，四十载春华秋实，何其有幸求学于江城武汉，求学于法学翘楚中南大。火红的九月，感恩的季节，山城重庆退去夏日的炎热，又到一年丹桂飘香时，犹记得十五年前怀揣着希望和梦想从北方小县城一路南下，几经辗转，踏上这片荆楚大地，滔滔长江水、巍巍黄鹤楼如画卷般依次展开，惊异于天堑变通途的长江大桥，现代建筑鳞次栉比、错落有致。我从汉阳入武昌，一路拖着笨重的行李，走进历史悠久、底蕴厚重的中南首义校区，开始了三年研究生生活。作为中南刑法研究生教育的同龄者、体验者和受益者，由衷地感谢母校的培养教育，感念师恩万千重，感怀稍纵即逝的美好求学时光。

一、课程感悟

我读研究生时，中南刑法开设了法理学、法社会学、英语听说、英语写作、刑事案例演习、欧陆日本刑法学、中国刑法总论、中国刑法各论、犯罪心理学、犯罪学等课程。课程设置上既涵盖基础学科，又兼顾边缘学科、交叉学科等理论拓展，注重培养学生的问题意识、理论素养和实践能力。正是这种理论与实践相结合的务实教学模式，让我在从事法律职业多了些底气和游刃有余。2009 年，我考入重庆法检系统，直接就被安排到公诉部门工作，凭着在学校打下的良好基础，我很快适应办案工作和节奏，习惯于反复推演案件经过，努力从纷繁复杂的事实中抽丝剥茧般找出争论的焦点，自然地游走在事实和理论之间，其间，也办理过诸如电信诈骗、非法传销等复杂疑难案件，未曾出现过一件错案，从审查起诉到出庭应诉，让我由衷地体会到法律职业人的神圣使命和光荣职责，这些点点滴滴的进步离不开在校老师的传道授业和辛勤培养。

有幸与诸多良师相遇，当时刑法导师组里既有齐文远教授、夏勇教授等知名学者，又有一批青年才俊、后起之秀。他们皆有师从于国内知名刑法大家的求学经历，又继受了中南老一代刑法学者的优良传统,在各自的专业领域开疆拓土。他们授课旁征博引、思路清晰、视野开阔、各讲所专、自展所长,在有限的课堂时间里展现着无限的魅力,引领我们从知识到智慧,从课堂到人生不断探索前行,也将中南老师的风采展现得淋漓尽致。

记得印象最深刻的是齐文远老师开设的刑事案例演习,他上课善于启发、循循善诱、条分缕析。每次课前老师都会设立一个专题,提前发给大家一组典型疑难案例,这些案例往往定性争论较大,处理起来比较棘手,比如在当时影响比较大的天价葡萄案、婚内强奸案、许霆案等。我们结合案例查阅相关资料,认真研究分析,并写出书面演说稿和辩论要点。等到课堂上,他会让一两个同学做主题发言,然后经其他同学补充、评议、提问和反驳,再经充分辩论后,由一个同学做总结发言,最后由老师做点评。这一独特的教学方法充分借鉴了英美法系教学优势,融司法实践中的新鲜案例和刑法理论的最新研究成果于一炉,开国内刑法教学首创,听说现已为国内一些院校刑法研究生教育普遍采用。

还记得我选修过杨宗辉老师的犯罪心理学课,杨老师是国内屈指可数的、在国外获得侦查学博士学位的学者之一。他知识渊博、逻辑严谨、幽默风趣,常常在课堂中设计开放性的教学环节,让学生们充分参与课堂互动。比如他会就某一个问题专门让学生在课堂上阐释论证自己的观点,再做点评。有一次,当讲到犯罪的产生根源时,他让大家到讲台上讲讲自己的看法和观点,禁不住同学们的好意怂恿,我硬着头皮走上去,之前对龙勃罗梭、菲利等刑事古典学派、实证犯罪学派的观点做了一些了解,也读过西原春夫《刑法的根基与哲学》关于犯罪根源的阐释,在此基础上,我小心翼翼地阐述自己对犯罪产生原因的看法,他就顺着我的分析逻辑就此抛出更尖锐的问题,启发大家再作深层次地思考。这种思维与思维的碰撞,既有融入课堂的个人参与感,也有沉心思考后的知识获得感。

恍然间毕业已 13 年,变化的是一批批学子从生涩到成熟,不变的是从老师们那里学到的严谨治学、踏实做人的风骨。苏轼有诗云“人生到处知何似,应似飞鸿踏雪泥。泥上偶然留指爪,鸿飞那复计东西”。此刻我不知道该用什么样的语词对过往总结打包。我站在城市的江畔,夜未央,看着那万家灯火点缀的小城之光,听着那滔滔江水滚滚向东流的声音,回望来时的路,求学里的日日夜夜,时而清晰时而模糊,眺望前行的路,前路漫漫,我将带着老师的教诲,不忘初心,砥砺前行。

二、恩师王安异教授

2006 年我有幸从山东曲阜师范大学考入中南,进入这所大咖云集、人才辈出的法学重镇。在这里我遇到了人生中的授业恩师——王安异教授。记得刚入学时,学校采取研究生和导师双向互选模式,我因个人兴趣偏重德日比较刑法学,再加之又有投身学术的旨向,遂决定投在恩师门下,蒙恩师不弃,有幸位列其中。彼时正逢恩师从华中科技大学回归中南,我和潘征、彭丽也成为恩师在中南执教的第一届研究生。

恩师知识渊博,学术功底深厚,硕士期间师从中南政法的郑昌济教授,攻读博士期间师从刑法学泰斗马克昌先生,后又远赴德国求学,师从刑法名家奥拓教授。正是源自这种学术渊源的熏陶，他心无旁骛，潜心钻研学问，在刑法学术研究的领域里不断披荆斩棘。诚如他在博士论文后记中写道“环顾四周，荆棘丛生，不知何处是出路，只有披荆斩棘，才能开辟出一条道路”。初识恩师，是在学校安排的导师见面会上，他为人谦逊、随和，目光笃定而坚毅，举手投足间透露出浓浓的学者风范。他治学极为严谨，对我们又严格要求、关爱有加，再三要求我们认真研读《比较刑法原理》《近代西方刑法学说史略》《外国刑法纲要》等必读书目。为了不让学术训练流于形式，他会每月安排一次读书交流会，让大家分享各自的读书笔记与心得，以此来检验学习成效。于我而言，每次读书会都如临大考，回答他的提问时常让我如坐针毡，不得不逼迫自己去系统学习、深入思考。当然最精彩的部分莫过于他的点评，他总会对国外刑法理论娓娓道来、如数家珍，对国内刑法学研究又摒弃门户之见，恰到好处地表明自己的观点，让我们真正领略到刑法学天空的宏大高远与博大精深，这使我在刑法理论学习方面收获颇丰，也打下了坚实的理论基础。

恩师专心于传道授业解惑。在刑法课堂上，他从不拘泥于教案，对刑法理论引经据典，琐碎生活也能成为他讲课的丰富素材，经典案例信手拈来，他总会深入浅出地帮助学生理解深奥的刑法学原理，授课风格也深受学生欢迎。他常对我们说，刑法学研究要养成体系性思维，要面向司法实践去思考问题，注重解决实际问题，对国外刑法理论的学习和借鉴也应以此作为出发点，这也许和他早年从事实务工作经历有关。近年来他也一直致力于经济刑法等司法实践疑难问题研究，笔耕不辍，从不搞应景、取巧的研究选题，他的言传身教让我受益终身。我参加工作十余年来，岗位几经多次调整，从法检系统到党办系统，从办案到三服务工作，始终觉得无论工作如何变换，角色如何转换，场景如何置换，能够较快进入工作状态，都离不开体系性思维和问题意识，这大概是做好一切工作的前提和基础。

求学多年，恩师给了我悉心指导和莫大的鼓励。从论文的选题、开题报告拟定到文章结构的设计，他都字斟句酌，倾注了大量的心血。记得有一次，恩师嘱我整理一篇不真正不作为犯作为义务的文献综述，当时我没有理解他的用意，后来才知道整理文献综述是论文写作的一项基本功，也正是这篇文献综述奠定了我的论文写作方向。因之前未写过文献综述，也不知该从何处着手，就硬着头皮泡在图书馆中翻阅各类书籍资料，整理形成学界观点，我忐忑不安地把稿子交给他。后来收到他的回复，“旭政，文献综述比较全面，可以在此基础上着手写作，你再仔细斟酌，看能否提炼出更尖锐的问题，更精准的表达”。语气中透露着期许和鼓励，一颗悬着的心终于尘埃落定。再后来论文成稿后，又收到他提出的诸多宝贵修改意见，大到篇章结构，小到标点符号，细细密密地批注勾勒，他还无私地向我提供了我国台湾地区的最新研究资料。我至今离开实务部门多年，学业久疏，每每想起恩师对学术追求的坚定执着，对我的鼓励和期许，总会充满敬佩感激之情。

恩师为人宽厚、平易近人，他踏实做人、勤勉做事的风格也在潜移默化中影响着我们。无论是节假日还是出国访学，他总会时不时地关心弟子们的近况，亦师亦友，让我们这些在外求学的学子们感受到师门的温暖。对弟子们在工作、学业上取得的每一点进步，他甚感欣慰，毫不吝惜溢美之词。我自 2009 年毕业离开师门，与恩师一别已是十余年，每当看到微信群中师弟师妹们发来与他的毕业合影,感叹时光未老,他依旧是以前我熟悉的那个恩师,他还是那样的和蔼可亲、平易沉稳。唯愿时光不老,师恩浩荡,同门之情永存。

三、我的研究生生活

时光红了樱桃,绿了芭蕉,忘不了满墙爬山虎的电教楼,忘不了宁静清幽的思园,忘不了图书馆旁白玉兰花开,还有那宣传栏中让人热泪盈眶的广告语——这座城市有我们奋斗的青春,走不出浓情中南里热情洋溢的文字,首义见证了我们的成长。如果把时间的坐标轴拉长,人生就是一场又一场的奔赴,每个阶段承载的使命和任务各不相同。当考上研究生的喜悦随着时间被慢慢冲淡,取而代之的是重整旗鼓,奔赴下一场山海。

选择刑法,源于偶然,也充满着必然。孟德斯鸠在《论法的精神》中说,“在民法的慈祥般的眼里,每一个个人就是整个国家”。可能在大多数人的心目中,民法更贴近百姓生活,更接地气一些,刑法与芸芸众生还有些许距离,毕竟刑罚是惩罚犯罪、防御社会的最后一道防线,给人感觉正襟危坐的庄严肃穆,少了点烟火气息。我在大学期间也会收到老家左邻右舍打来的法律咨询电话,都是清一色的民事纠纷,那时更钟情于合同法、物权法。后来我在书店中不经意间翻到张明楷教授的《刑法学》,这完全颠覆了我对刑法教科书的所有认知,体系编排新颖、观点独辟蹊径、案例包罗万象,活生生的刑法又跃然纸上,满足了我对法律人所有的想象,更加坚定了我对刑法的选择。当初我考研毫不犹豫地选择报考中南,一是因为中南有着深厚的刑法底蕴,曾经涌现出像曾昭琼、江任天、曾宪信等刑法学大师;二是中南也是张明楷老师曾经的求学地、工作地,也是张明楷老师创作《刑法学》的发源地、成长地,希望能在中南更好地感知学术传统的传承和延续。

生活中美好的事物永存不移,研究生生活短暂而又忙碌。当时我们那届刑法班上有 70 多人,大家来自五湖四海,操着不同的乡音,集体交流的时间也比较少,记得全班唯一的一次集体活动就是秋游,唯一的一次集体留影就是毕业照。平日里好友三五成群,偶尔逛一逛户部巷、汉正街,去隔壁的武大樱园看一路繁花,也会在首义坐 570 路公交直达“茶山刘”站,游走在晓南湖畔。那时候最惬意的是约其他专业的小伙伴们踢一场大汗淋漓的足球。日子在忙忙碌碌中溜走,时间急促得像闹钟的滴答声,在考完的路上,在答辩稿的修改中,在匆匆离别的饭桌前,一转眼大家都已各奔东西,彼此天各一方,大部分同学都从事着与法律相关的职业。毕业后,我在重庆见到来公干出差的几个旧友,谈论着往事,时不时地想起那些曾经的人和事,那些久未联系身在他乡的老友是否安好。唯愿同窗之情历尽千帆,不染岁月风尘。

读书是为了继续保持心中的那份热爱,它伴随着我的研究生生活。那时读书方方面面都有接触,苏力的法治与本土资源激战正酣,他在北大法学院开学或毕业典礼上的致辞堪称流行体文风,学者的法学随笔成为阅读“快餐”。时值学界对德日刑法理论的借鉴为主要内容的外向型刑法研究呈现出一股强劲的潮流,各种刑法学说交织,学术译作佳作层出不穷,刑事法对外交流互动频繁,走向学派之争的刑法学日渐兴盛。那时国内有许多著作对外国刑法做了详细引介,比如马克昌教授的《比较刑法原理》、张明楷教授的《外国刑法纲要》,都是这类介绍外国刑法的权威著述，自然也是我们阅读的重点。国外刑法译著也逐渐进入视野、走向书桌，记得当时看到冯军教授翻译的大塚仁先生的《刑法概说》，译文如行云流水，没有佶屈聱牙、晦涩难懂之意，读来给人以相见恨晚的感觉，折服于人格刑法学的博大和精致，彻底让我对域外刑法产生了浓厚兴趣。还有一次，我无意间在同窗室友许明戚处看到李海东主编的《日本刑事法学者》，里面有各派学者的生平介绍和主要思想，不失为了解国外刑法的速成书，因出版年代较为久远早已售罄，遂借来复印，后来又陆陆续续读到罗克辛、西原春夫、大谷实、曾根威彦等外国刑法名家著作。买书是我的嗜好，我习惯于一有时间就到书店逛逛，遇到心仪的书我也毫不吝惜重金买回，三年下来买得书打包下来装了满满一大编织袋，无奈只能寄回家中。

考试是为了延续对法律职业的热爱，司法考试是法律职业者的准入门槛。记得备战司法考试时，正值武汉夏天天气最热的那段时间，当时宿舍里没有空调，只有头顶上的风扇在呼呼地转，一时间很多人都涌进自习室、图书馆，那里经常人满为患，同学们还要打游击战似的到处闪转腾挪。而备考的人基本上就是两拨儿人，一拨儿是准备司法考试的，一拨儿是准备注册会计师考试的，这两大资格考试又长期占据着每年考试难度排行榜前列，通过率都很低。2007年，我第一次参加司法考试，因备考经验不足，结果铩羽而归。当时研究生学习实行弹性学制，按规定可以选择两年或三年毕业，大多数同学都选择两年毕业，为了准备司法考试，我破釜沉舟选择了三年。最终所有的努力没有白费，2008 年我以 419 分的成绩顺利通过考试。诚如自己考后体会所言，司考是一场记忆与遗忘的卓绝战争，无数核心法条在艾宾浩斯遗忘曲线上徘徊，需要精心规划、科学备战、坚持不懈。临近三年毕业的尾声又是国考、省考、各地的公务员考试，也许人生总会面临着这样大大小小的考试，既然选择了去远方，便注定要风雨兼程。

皮　鑫　|无问西东，铭记芳华

皮鑫，2006 级刑法学硕士研究生，现就职于中南民族大学科学研究发展院。

出差的路上，看到郭泽强老师在群里发了一张照片，是恩师齐文远教授最后一节研究生课程。先生依然精神抖擞，笑意盈盈。扭头望向高铁窗外飞速变换的风景，心中感慨万千。岁月流逝，经年花开，两年首义求学生活，终成一段不可磨灭的回忆，犹如一纸缱绻，不经意就会流出一阵芳香，温馨扑面。

“中南政法”这四个字，对很多法学院毕业的学生来说，代表着一种情怀。对我而言，除了情怀之外，曾经是一种追求，现在更是一种标签。2000 年我从省公安高专毕业后，进入法检系统工作，虽然随后在首次国家司法考试中一次性通过，但仍然心有不甘。从那时起，到中南政法读研就成了我新的人生目标。未经过比较系统的法学教育，英语的基础极其之差，这使我整个考研的过程极为痛苦。至今仍记忆犹新的是 2005 年放弃工作到南湖校区租房子专心复习备考的那段时光，跟我一起合租的就是法学院的一位大四学生。多少个早晨，我们 4 点不到就起床，图书馆的门口已经排了很长的准备占位自习的队伍。同这样一群如此年轻又勤奋的同学们一起竞争，压力之大可想而知，唯有咬紧牙关坚持。

所幸努力没有白费，我终于如愿进入学校，进入心慕已久的法学院，正式成为 2006 级刑法专业的一名硕士研究生。班上共有 70 余人，首义校区 39 号楼 5 楼是 06 级刑法班男生的领地，507 是我的新家。同寝室的两位好兄弟，张高洁是郭泽强老师的开门弟子，所谓“大师兄”也，还有邱中成，导师是辛忠孝老师。我幸得先生收留，成为他的弟子。后来我们仨又分别担任班级党支部宣传委员、组织委员和纪检委员，我们笑称支部工作 507 可以做主了。

毕业若干年后，我又重归学生身份进入课堂学习，周围的同学怎么也掩饰不住身为法学专业的学生与生俱来的自豪感和优越感，让我心中颇为感慨。记得开学典礼的那天，法学院一位学生的家长代表讲话，发言中把学校的名字念成了“中南政法财经大学”，台下法学院的学生们掌声雷动，大声叫好。这一“惊天之举”，让坐在主席台的吴汉东校长——我们敬爱的“东哥”颇有些无可奈何地望着我们笑。

文泽楼是我们刑法学专业学生上课最多的地方。先生和夏勇老师、苏彩霞老师、程红老师、王良顺老师、赵俊新老师、夏朝晖老师都在这里给我们上过课。记得有一次，先生布置的讨论课题，我没有好好准备，上课的时候我一直低着头，心里默念着别喊我、别喊我。怕什么来什么，先生果然点到了我，支支吾吾无法回答，先生失望的表情至今印在脑海。第二次上课的时候，我提前作了充足准备，我可爱的同学们很有默契地在先生提问的时候齐刷刷地看向我，“众目睽睽”之下我做了一个长篇发言，有一种“一雪前耻”的味道。后来，在学习上我再也不敢偷懒。

首义校区二食堂是最为我们诟病的地方，打菜阿姨不停颤抖的手，还有齁咸齁咸的红烧鱼块。楼下卖饮料的小店里，一瓶冰镇汽水永远是我们的最爱。还有南边的篮球场和西边的大体育场，高洁、老董和亚楠都曾“挥血”现场。南湖校区也是我们经常流连忘返的地方，文治楼、北苑的书店、桥楼餐厅和政苑小区的美食，还有拥挤在大阶梯教室的过道里追过的学术大牛。

相比先生的严肃而不失宽和，师母夏老师给予我们这些弟子的则是如沐春风般的温暖。每次我们06级先生门下一众兄弟姐妹们约好一起到南湖校区向先生报告学习情况的时候，师母都会拿出糕点并洗好水果热情地招呼我们，同我们拉拉家常，不让我们有任何拘束感。我们对先生的尊敬和热爱，师母绝对是占了一半的。

两年硕士生涯恍惚间就已结束，毕业后，同学们各奔东西，大部分还是在从事与刑法学相关的工作，法官、检察官、纪检部门的居多，现如今很多同学都成了独当一面的领导，还有的继承师志成为高校的法学教授。而我则考入与政法南湖校区一条马路之隔的中南民大科研处做行政工作。学校和部门领导、很多的老师，知道我是先生的弟子，都给予我善意和关怀。所以，工作中我丝毫不敢有所懈怠，始终秉持着老实做人、认真学习、踏实做事的原则，尽心尽力做好每一件事，心想着绝不能给先生丢脸。从我第一次考核优秀到被评为学校十佳青年教工，从获得教育部社科管理优秀青年奖到几次获评优秀共产党员，无不是先生在身后鞭策的结果。

到后来，结婚、生子、提干，先生和师母都全程见证了我的成长。就我个人而言，似有轻微的社交恐惧症一般，平时工作中话也不多，只顾埋头做事，但是每次去先生家里，我就如同打开了话匣子，都要跟先生和师母详细地汇报这段时间来的工作学习情况，聊一聊自己的感受。如同在家里跟自己的父母和朋友聊天一样，身心极为放松，说着说着时间就不由得过了很久。我希望我的一点点进步，都能得到先生的认可，好似每次去先生那里，就是为了向先生和师母显摆一下我最近的成绩。

先生于我，师恩如父，其一言一行始终在潜移默化地影响着我。中南政法于我，在于改变了我的命运，让我从老区的小县城有机会来到武汉。唯一让我深为遗憾的是，刑法学专业的东西如今已很少涉及。但是我想，先生教授给我们的，更多的是为人处世的道理，是刑法学所代表的正义、理性和智慧。法学院两年求学时间虽短，先生和师母，各位老师的辛勤教导，还有如今奋斗在各自岗位上同学们，每每想起都让我心生万千情绪。青春无问西东，唯有坚持做最真最好的自己，方能让岁月铭记芳华。

此生相遇，幸甚至哉。

李 梁 | 从思园到晓南湖

李梁，2006 级刑法学硕士研究生，现为中央民族大学法学院副教授、硕士生导师。

我 2006 年 9 月初入中南至 2014 年 9 月离开武汉，从首义校区的思园到南湖校区的晓南湖，在中南追随齐文远老师研读刑法前后八年。回望往事，难免感慨，提笔为文，齐老师和中南诸位老师的教诲历历在目，师恩如山，既难忘又难以报答。

一、读研

2006 年初春，我收到刑法学专业研究生的复试通知书，既兴奋又紧张，兴奋在于进入复试，紧张则是复试能否通过。在郑州大学读本科时，我读过曾宪信、江任天、朱继良先生合著的《犯罪构成论》，也曾听闻中南曾昭琼、曾宪信、江任天、朱继良等几位老先生和齐老师的大名，想想是去他们任教的大学面试，更加忐忑不安。于是，自郑州乘火车南下武汉时在车厢里，不顾环境嘈杂，我再次仔细研读齐老师的《刑法学》。

面试当天，我幸运地抽到熟悉的题目"犯罪未遂"，很快答完。夏勇老师略带严肃地说，李梁同学，我们能感觉到你对这个问题很熟悉，但能不能用普通话答一遍，我们没听懂你说的是什么？我这时才发现刚才用方言回答了问题，于是操着河南味儿的普通话重新作答，诚恐诚惶地离开教室。最后，我被中南录取，从此开始刑法学的求学之路，但普通话始终讲不好，至今惭愧。

读研第一学期，齐老师讲授"刑法案例演习"。与闭门于书斋的学者不同，齐老师在旁征博引之余，以刑法学理与司法现实的契合为切入点，注重刑法规范的运用与司法的社会效果，直陈刑事司法实践的得失。在齐老师的影响下，我开始理性思考，慎重表达，敢于怀疑，尝试创新。这门课结束，萌生追随齐老师研读刑法学的愿望，于是下载齐老师的论文，反复研读。进入师门后，压力更大，生怕学问不精，有辱师门。齐老师对待学生的学术培养和生活关照总是润物细无声，从不会声色俱厉，而是温和地指出怎么样看书，怎么样写作。

中南读研是我学术之路的起点，三年期间，先后研修齐文远教授、夏勇教授、苏彩霞教授、韩轶教授、杨宗辉教授等老师的课程，常为诸位的学识和魅力所折服。课程之外，我受到田国宝教授、郭泽强教授、童德华教授、周详教授、徐立教授等老师的教诲，受益颇多，至今感念。

二、读博

2009年硕士研究生毕业时，虽然论文受到好评，但深感根底太浅，撰写论文的能力有限，我便决定考博，继续追随齐老师深研刑法。考博三次，虽有曲折，但于2011年如愿。

2011年9月，在离开思园两年后，我到南湖校区报到，继续学习刑法。晓南湖畔杨柳依依，风景绝美，每日都可以见到齐老师，我想沉下心，认真读书，写出满意的论文。齐老师和蔼可亲，平易近人，但对于学术要求极为严格，不厌其烦地讲怎么查找、阅读文献等，修改论文时，大到观点、结构，小到论据、资料乃至遣词用语、标点符号都会认真修改。而此时他担任学校行政职务，事务繁忙。很多同窗不解齐老师如何做到学术研究、行政管理、教书育人三者平衡，又羡慕我有这样"学高为师，德高为范"的老师。在我看来，齐老师不仅是一位精于学术、著述丰硕的刑法学名家，也是一位勤于教学、善于传道的良师。齐老师常说先做人，再做学问，人的品格不好，学术也一定做不好。现在回想和齐老师交谈的情景，心生感激之余。在齐老师身上，我看到了什么是言传身教，也看到了中南刑法学的传承，齐老师就像谦谦君子，捍卫着自曾昭琼、曾宪信、江任天等老先生以来的学统，而他，也成了中南刑法学二十余年来的灵魂人物。

2014年9月，我顺利毕业，取得博士学位，在齐老师的极力推荐下，北上京城，进入北京师范大学刑事法律科学研究院跟随赵秉志教授做博士后。游学京师是幸事，但离开齐老师，离开中南，一时间莫名悲伤。此时，我才发现在中南追随齐老师研读刑法学竟然八年之久，齐老师和中南刑法学科的影响早已深深地融入我的脑海与灵魂，永远无法割舍。

三、师恩

追随齐老师研读刑法学是我命运的转折，生命历程中遇见齐老师和师母是我最大的幸运与荣耀。齐老师曾笑言道，"我就是一只老母鸡，你们都是在我翅膀下的小鸡娃，刮风下雨的时候我给你们遮风挡雨"。这句话令我至今印象深刻，齐老师的人格魅力于此展露无遗。

读研、考博、读博，齐老师教我读书、作文、做人之外，无微不至地关心我的生活状况，师母更是给予我母亲般的关爱。此生何幸，得遇良师！遗憾的是，虽遇良师，但我资质平平，又常常因琐事而不能静心读书写作，缺少有分量的论著，根本谈不上光大师门，难以报答师恩。然而，齐老师对我向来不吝赞扬，他的赞扬是我逼迫自己打开书册的动力，因为我若不学无术，便是对他的赞扬的最大亵渎。这是我一直前行、不敢止步的动力。

2016年9月，我入职中央民族大学法学院工作，2018年，我开始招收硕士研究生。师生见面时，不由自主地想起追随齐老师研读刑法学的时光，想起齐老师的谆谆教诲，想起师母的慈爱。我对研究生的培养和学术论文的指导是吸收了齐老师指导研究生的经验、方式和老师培养研究生的理念。从思园到晓南湖，不过数十公里，我却走了八年。八年间的学习使我有信心将齐老师讲授给我的刑法学传授给我的硕士研究生。齐老师著述颇丰，弟子众多，他的学术观点与思想，我只是窥见一斑，有待领悟，但是坚持齐老师的研究生培养理念，也算是对师恩的报答吧！

郑肖雷　卌载春秋谱华章

郑肖雷,2006 级刑法学硕士研究生,现就职于中国信达资产管理股份有限公司河南省分公司。

母校中南刑法,辛耕卌载,
今时不惑,遂成文以颂之:
壬戌阳春,喜剪红绫,
初创洪荒,烛此苍穹。
恩师文远先生,会众异苔同岑,
披肝沥胆,星火燎原,
壮志岂凌云,雄姿何英发!
筚路蓝缕而后得甘泉,
四十年来俯身,桃李神州,
三千里地求索,华夏皆闻!
时维壬寅,不惑寿辰,
依依荆楚,淼淼扬子,
岂曰无衣,八方游子,千里相从!
岂曰无冕,博文明理,厚德济世!
中南腾焰,锻刑法之神盾,
松竹有林,贺我中南刑法之万年!

刘伟琦 ｜饮其流者怀其源，学其成时念吾师

刘伟琦，2007级刑法学硕士研究生，现为贵州民族大学法学院教授、硕士生导师。

2022年是我的母校中南财经政法大学刑法研究生教育四十年。四十年风云变幻、四十年薪火传承。20世纪80年代，母校曾有全国刑法实力最强大的梦之队，90年代曾经经历一波优秀师资人才的流失潮"阵痛"。可喜的是，在刑法学学科带头人齐文远教授的带领下，母校的刑法学科得以振兴和蓬勃发展，自2009年以来在"中国法学创新网"科研成果检索中，一直排名靠前。母校四十年刑法研究生教育的光辉岁月，不仅为全国政法系统培养出一大批高端人才，成就了无数法律人的梦想，而且锤炼出许多杰出的刑法名家。在母校喜迎刑法研究生教育四十年之际，作为一名中南刑法研究生，我忍不住想写些许感悟，以此献给我亲爱的母校。

2007年9月，我入学成为中南刑法学的硕士研究生，当我背着行囊站在母校首义校区的中南楼前，百感交集。中南政法是我敬仰的学府，是我心仪已久的学术殿堂，在这里我开始了追寻我的学术梦想。硕士毕业三年后，我再次回到母校攻读博士研究生，在南湖校区度过了充实的三年学习时光。六年的研究生学习，使我得以受到中南刑法学厚重人文气息之熏陶，得以感受中南学术氛围之浓郁，得以聆听诸位师长之不倦教诲，是我毕生的荣泽。倘若说以往的我仅是凭着浓厚的兴趣投入了刑法学的怀抱，那么是在中南的学习岁月令我渐渐领略了刑法学的真正魅力。老师的循循引导，同窗好友及师兄们的热心帮助，使我夯实了刑法理论基础，掌握了基本的研究方法，这一切都让我受益匪浅，为我学术研究之路挂起了一盏明亮的灯。

正如清华大学"永远的校长"梅贻琦所言：所谓大学者，非有大楼之谓也，有大师之谓也。提起母校，最为怀念的是传授知识、启迪智慧、激发创新、引导我们走上自我发展之路的大师。

齐文远教授是振兴中南刑法的领路人。20世纪90年代末至21世纪初，随着曾昭琼、江任天、曾宪信等老一辈刑法学家的退休、离世以及张明楷教授北上清华，原本属于梦之队的中南刑法学科出现了危机。在事关中南刑法学科发展的紧要关头，齐文远教授承担起刑法学学科带头人的重任，并积极筹划振兴中南刑法学科事宜。一方面，邀请南京政治学院任教的夏勇教授、武汉大学任教的李希慧教授等刑法名家回归中南刑法的大本营；另一方面，引进、培育童

德华、王安异、郭泽强、苏彩霞、周详、程红等青年才俊。在很短的时间内，中南刑法学科的整体实力得以迅速提升，又一次以耀眼的成绩回归中国刑法研究生教育的第一方阵。在这样的背景下，我很荣幸于2007年考取中南刑法研究生，得以近距离地向仰慕已久的刑法名家学习。

或许受中南刑法学科掌舵者角色的影响，齐老师不仅比较关注中南刑法学科的发展，也非常关注中国刑法学如何发展的重大问题。不知何时起，我国刑法学研究开始偏重教义主义，而忽视刑法的实践品格，不同程度地导致刑法学研究和法律实践存在严重脱节以及理论界和实务界各说各话的尴尬境地。齐老师十分忧虑这一现状，在十年前就撰文呼吁“中国刑法学研究转型应以实践为路径”，指出我国的刑法学研究不能单纯依赖教义刑法学的研究范式而必须采用多种方法，当下主要应该强调刑法学的实践理性，主张从中国的实践中提出理论命题。〔1〕 中国刑法学研究另一严峻问题是，受“西学东渐”的影响，主体意识缺失、薄弱。为了改变、扭转上述研究现状，齐老师在2013年撰文呼吁“在法学研究中应当根据现存的中国社会结构的特点及运行规则并考虑中国人的传统习惯、文化观念和价值诉求等因素来确立法律制度模式以形成具有中国特色的法学理论”。〔2〕 2016年5月17日，习近平总书记在哲学社会科学工作座谈会上发表重要讲话时指出，我们的哲学社会科学有没有中国特色，归根到底要看有没有主体性、原创性，并提出加快构建中国特色哲学社会科学的重大战略任务。中国刑法学的研究在逐渐形成中国特色、中国风格、中国气派方面也有了长足的进展。

我在读硕士和博士研究生阶段，有幸聆听齐老师讲授的三门课程。齐老师知识渊博又平易近人，他的深邃思想和深刻见解使我受益良多。在课堂上，齐老师总能将深厚的刑法理论与中国的现实国情有机结合，引导我们思考任何理论的产生都有其欲解决的问题以及适用条件。尤其是齐老师给我们讲授的“刑事案例演习”对我影响巨大，至今仍感觉收益颇多。记得每次上课，齐老师均选择理论和实务争议较大的疑难案件，由案例引出理论和实务中的前沿问题，并引导我们从不同角度和视觉深思刑法理论与实务中的重大问题。针对我们认为难以合理解决的疑难问题，齐老师凭借渊博的知识和深邃的洞察力，总是能够娴熟地找到解决刑法理论和司法疑难问题的开关。在齐老师的课堂上，我往往能够深切感悟刑法理论、思想、理念在理解法条、司法解释以及解决疑难案件的伟大力量，感受到刑法学研究的巨大魅力和重大价值。从母校毕业走向教学工作岗位后，正是受这门课程的启发，我为法学本科生和硕士生均开设了类似的课程，得到学生的热烈欢迎。时光荏苒，硕士毕业于中南已有11个年头，但至今仍记得初入中南时齐老师向我们语重心长地说：“进了中南门，就是中南人。”后来，我慢慢了解了中南深厚的刑法学科史，领悟了这句话的丰富内涵。我在教学科研工作中时常告诫自己，要以谦虚宽和的心态为人处世，以认真勤勉的态度对待工作、学术，不辱中南刑法学人的形象。

夏勇教授是我的博士生导师。想到恩师夏勇教授，首先是感动。在我刚攻读博士研究生之初，夏老师每当给邹易材师兄和郭宁师姐谈博士论文时，都通知我们下一届学生去“旁听”，以使我们早点找到写学位论文的感觉以及避免少走一些“弯路”。夏老师虽然当时身兼院长

---

〔1〕 齐文远：《中国刑法学该转向教义主义还是实践主义》，载《法学研究》2011年第6期。

〔2〕 齐文远：《中国法学如何走向世界——基于一个刑法学者的视角》，载《法商研究》2013年第2期。

的行政职务，工作甚是繁忙，但一谈到论文，夏老师在时间上却是十分的慷慨，许多次都是从下午 2 点一直持续到晚上 6 点多。其间，我们旁听的总会去一两次洗手间，而夏老师却是整整一下午耐心地一一给予指导，不出办公室半步。我深深地为夏老师对学生认真、负责的精神所打动！从那时起，我就告诫自己，以后担任导师，一定会发扬夏老师对学生认真、负责的精神。

想到恩师夏勇教授，其次涌上心头的是钦佩。我的论文选题较小，如何让一个较小的题目写成有价值的论文是一个很大的挑战，后来证明没有夏老师的指导，我完不成这个挑战。由于我前期的研究成果多与职务侵占罪有关，于是在选题之初将论文题目定为"论职务侵占罪中'利用职务上的便利'"，洋洋洒洒地写出了五章提纲，满怀期待地想得到夏老师的肯定。夏老师浏览了下，直截了当地说："一个罪的某一个要素，写得即使很有深度，价值就这么大，与一个博士论文的分量相去甚远。"夏老师建议不要局限于某一个罪名，将视角放在整个刑法视域内，系统研究刑法中的"利用职务上的便利"。夏老师建议的选题比先前的选题大了不少，但是，"利用职务上的便利"居于刑法分则不同的章节，既有显性规定，也有隐性存在，既有作为构成要素存在的情形，也有作为量刑情节存在的情形，如何使文章的章节布局具有条理性、逻辑性就成为新的挑战。我只好求教于夏老师，又是一个熟悉的场景，从 2 点到 6 点多，从第一章到最后一章，夏老师帮我逐一清理、理顺，四个多小时后，一个杂乱无章的框架变成了结构严谨、脉络清晰的大纲，钦佩之感顿时涌入心头。此外，在论文的修改过程中，每每遇到问题去请教，夏老师总能站在一定高度看问题，指出论文存在的缺陷，并且给出的指导意见切实可行。难能可贵的是，有些章节标题太过平淡，经过夏老师修改后使之既对称、简洁，又能精准概括内容大意。夏老师看问题的高度、深度、严谨度以及精益求精的态度，值得我一生追随！

想到恩师夏勇教授，我又会感到很幸福。幸福在于我跟随夏老师三年，无论做事还是作文都有很大的进步。做事上，我从夏老师身上学到了认真、严谨，事前周密计划，工作中雷厉风行。在作文上，我学到了如何选题，如何开门见山摆出问题，如何以逻辑的方式展开论述与论证，如何让每个部分从整体上形成对论文题目的层层细化和分解。学术上，夏老师给予严格要求。记得我向夏老师汇报一篇论文发表在某法学核心期刊上时，夏老师没有夸奖我一句，反而给我"泼冷水"说："做学问不能浅尝辄止，要有穷追猛打、打破砂锅问到底的精神。"后来，我深挖这篇文章，围绕"职务"的界定在法学核心期刊上又发表了一篇文章。在夏老师的严格要求和悉心指导下，三年博士研究生期间，我才有幸在法学核心期刊发表 3 篇论文，为博士毕业后顺利获批国家社科基金项目奠定了基础。学术无止境，夏老师三年来对我的言传身教将指引我在未来的学术之路上勇于前行，这是我跟随夏老师最大的收获！

童德华教授是我的硕士生导师。童老师渊博的知识、严谨的治学风格、潜心做学问的境界使我受益匪浅。我读硕士生时入学不久，童老师远赴意大利做访问学者，远在国外的一年里，依然如故地严格要求我，经常通过电子邮件指导我学习，定期推荐读书单，并要求按时发送读书心得。童老师回国后，每月至少组织我们开展 1 次读书会，这给我提供了很好的交流平台，也使我度过了充实而有意义的三年学习时光。正是从读书会中，我逐渐了解到刑法学的博大、精深与严谨，初步认识到了刑法学中的无穷奥妙，并在那时就暗下决心要为刑法学倾其一生。童老师为人谦和低调，其教导往往如春雨润物，悄无声息，感谢童老师在繁重的科研教学任务之余，教给我为学、为人、为事的道理。

郭泽强教授是中南刑法名家中较早提倡刑法宽容精神的代表。郭老师被中南刑法研究生所熟知的一个原因是其提倡刑法的“宽容柔和”精神。我国刑事政策的传统是重惩治和打击犯罪，较少关注对犯罪人“宽容柔和”的一面。记得我在读硕士期间，郭老师就致力于发掘刑法“宽容柔和”的品性。“宽容”精神的理论根据之一是刑法的谦抑品质，郭老师以刑法谦抑品质为主题，在《检察日报》《云南社会科学》等重要报刊发表多篇学术论文。郭老师被中南刑法研究生所熟知的另一个原因是其曾担任“南湖青年刑法沙龙”的策划和指导。“南湖青年刑法沙龙”的前身是成立于 1998 年的“青年刑法论坛”。“青年刑法论坛”是当时研究生第一个学术团体，后由于种种原因未能继续开展学术活动。2008 年 11 月 22 日，在法学院领导和刑法学导师组的关心下，“青年刑法论坛”得以恢复重建，并更名为“南湖青年刑法沙龙”。郭老师出席并亲自参与了“南湖青年刑法沙龙”成立 10 周年暨恢复重建活动。2015 年 6 月 5 日（当时我在母校读博二），我参与了“南湖青年刑法沙龙”第 34 期学术沙龙活动，并以“职务侵占罪中的‘职务’范围的合目的性解读”为主题作了报告。此次学术讨论会后，我汲取多方意见和建议，完善了报告文本并发表在《当代法学》，因此，我由衷感谢郭老师指导的“南湖青年刑法沙龙”学术活动。

苏彩霞教授既是中南刑法女杰的代表，也是中国刑法学界女杰的代表。苏老师令人印象深刻的是，思维敏捷、语速特快。苏老师给我们 07 级刑法硕士研究生讲授过“外国刑法学”。在听苏老师讲课时，必须聚精会神，不能开一点小差，否则，不是没能听懂苏老师讲授的部分内容，就是不能做好或做完课堂笔记。苏老师令人羡慕的是学术成果丰硕，习惯于破格晋升职称。苏老师在博士毕业五年内连续在法学核心期刊发表 14 篇论文，其中包括法学顶级期刊《法学研究》和《中国法学》，并且在博士毕业五年内先后破格晋升副教授和教授。就连我所仰慕的中南刑法才俊周详教授也曾坦言，苏老师一直是其学术努力向前追赶的标杆。[3] 虽然周老师的话有些谦虚，但也确实说明苏老师学术成果之丰硕。此外，苏老师学术研究令我印象深刻的是其主攻实质解释论。苏老师在我读硕士研究生期间，以实质的刑法解释为主题，先后在《法学研究》《现代法学》上发表学术论文，论证了实质刑法解释的合理性及其合理实现的程序性论证规则。[4] 不仅如此，苏老师与提倡实质解释论的张明楷、刘艳红、李立众、吴学斌等具有中南学术背景的学者形成了蔚为壮观的中南学派。[5] 这是作为中南人值得骄傲和自豪的。

母校四十年刑法研究生教育的光辉岁月培养、锤炼出许多杰出的刑法名家，寥寥数语不可能说完。愿中南刑法一如既往地推动、引领中国刑法学的发展！愿中南刑法永远朝气蓬勃！愿中南刑法为中国刑法研究生教育做出更大的贡献！作为中南刑法人，无论我身处何方，都以身为中南刑法人而自豪。当然，重要的是，我会更加以认真、负责、勤勉的态度教书育人，以严谨的态度从事学术研究，不辱中南刑法学人的形象。

---

〔3〕 周详：《谷中的百合花》，载苏彩霞：《刑法解释的立场与方法》，法律出版社 2016 年版，“序言”第 1 页。

〔4〕 苏彩霞：《实质刑法解释合理实现的程序性论证规则》，载《现代法学》2009 年第 4 期；苏彩霞：《实质的刑法解释论之确立与展开》，载《法学研究》2007 年第 2 期。

〔5〕 周详：《建立一座法律解释论的“通天塔”——对实质的刑法解释论的反思》，载《刑事法评论》2010 年第 1 期。

范 凯 | 我的刑法研究生生活

范凯，2007级刑法学硕士研究生，现为江苏省无锡市中级人民法院刑二庭法官。

2007年的秋天，我成为07级刑法硕士班的一员，开启了一段新的求学之路。蓦然回首，三年的时光飞梭，流逝的不仅仅是岁月，有我们火热的青春，有我们求知的渴望，有我们纯真的友谊，还有我们对未来的美好憧憬。

忘不了那浓浓的师生情。至今还记得，我的导师齐文远教授在开学第一课中的循循善诱和谆谆教导，其新颖的案例教学法，将当时社会高度关注的"刘涌案""许霆案"引入课堂，让大家自由而热烈地讨论，深入浅出的讲解，让我们明白刑法并不是一纸冰冷的判决，更重要的是彰显社会良知和体现司法温度。当时的我在课堂上还些许带着一丝懵懂，直到多年以后，当自己也成长为一名刑事法官，每天面对公诉人、被告人、被害人形形色色的诉求和辩白，才猛然明白刑事法官一定要保有一颗公平、公正的初心，每一份刑事判决都关系着一个人的生命、自由和财产，是维护社会正义的底线。作为齐老师的学生，我深以为荣，是老师为我推开了探索刑法学奥秘的大门、为我的内心点燃正义的火种、激发了我坚守社会公正的决心。

忘不了那纯真的同学情。恰同学少年，那时的我们意气风发，那时的我们风华正茂。课堂上大家尽情抒发观点，篮球场上大家忘情挥洒汗水，图书馆里大家忘我追求真知。作为刑法班的班长，我很感激大家对班级工作的关心和支持。还记得班级在院篮球联赛上取得亚军时，大家全情投入，为每一个进球欢呼雀跃的情景；还记得备战司考时，大家争分夺秒，为每一道题目冥思苦读的情景；还记得论文答辩时，大家焦虑紧张，为每一个问题紧张准备提心吊胆作答的情景；更记得散伙酒时，大家依依惜别，不醉不归的情景。直到多年以后，在出差或培训时偶遇同窗好友，一声"班长，好久不见"，瞬间就能勾起那些年的美好回忆。

忘不了那甜蜜的爱情。三年的研究生岁月还让我收获了一段美好的感情。2007年那个清朗的秋日，我和妻子相识在首义校区，黄鹤楼、东湖、群光、江汉路、户部巷，这些武汉的网红景点都留下了我们青春快乐的足迹。相同的追求和梦想让我们走到一起，相互激励，共同携手跨过了司考、公考、论文答辩这一座座难关。多年以后，当我们带着年少懵懂的女儿回到母校的时候，孩子仰着头似懂非懂问了一声“爸爸妈妈，你们怎么认识的啊”，我和妻子相视会心一笑，曾经的点点滴滴瞬间又涌向心头。

感谢中南刑法学科的老师们，在人生最美好的三年里帮我敲开了刑法学的大门；感谢刑法班的同学们，在人生最激荡的三年里让我能和大家共同奋进；感谢中南大的校园，在人生最绚烂的三年里让我收获一份纯真的爱情。时光静走，青葱岁月，希望疫情的阴霾早日散去，和敬爱的老师和亲爱的同学们在母校重聚，共叙那段最美的青春记忆。

首义校区中南楼

夏　凉　最忆校园情

夏凉，2007级刑法学硕士研究生，现为浙江省宁波市人民检察院检察官，宁波大学法学院刑法研究中心兼职研究员。

虽然感慨岁月如梭，但回眸往事，这种情结却远胜于时空、距离与年轮。诚然，逝去的青春不可追，留下的岁月的印痕抹不去，但是那份纯然的、真挚的情感依然浓郁。我想，饶是有一天待到皓首如雪鬓如霜，校园情依然是我心中最美的那份情。

——题记

一、初识

时光飞逝，转眼已工作十余年，然而对于母校之情，对于恩师之情，对于同学之情，却始终萦绕心头。高考的时候，选择法学专业，还是奉母亲之命，那时只对史学、考古学感兴趣，对法学毫无概念，然而一入法门，便觉法力无边深似海，激起了我对法学知识求索的极大兴趣。诸法之中，我独爱刑法，只因为它刚正雄健、棱角分明，当然，这只是我当时朴素的直观感受，后来接触到高深的刑法理论体系，为它的精妙奥义所感叹、所折服。及至2006年10月，经两位师兄介绍，我有幸见到了当时正在杭州参加全国刑法学术年会的齐文远老师和夏勇老师，这是我第一次见到刑法学界的名师，虽然有那么些许紧张，然而或许是因初生牛犊不怕虎的缘故吧，我和二位老师在西湖边畅聊起实证主义犯罪学鼻祖龙勃罗梭与他的天生犯罪人论，且聊得兴致盎然，也就是在那时，笃定了我报考中南财经政法大学刑法学专业硕士研究生的决心。

未曾想一结识，便是近十年乃至一生一世的情缘。江城武汉，在我心中早已成为我的第二故乡，不仅仅是因为我在那里的研究生学习生涯，更是那一片校园情、师生情与同学情。初入中南财经政法大学，是在2007年的秋季，首义校区，临近阅马场，蛇山、龟山，还有鄂军都督府、户部巷……这是一座有着悠远历史沉淀和人文底蕴的城市，就是在这里，开启了我三年的刑法学硕士研究生的学习生涯，而我的导师就是齐文远老师，心中那份崇敬却亲切、自豪而温暖之感，随着岁月的过往而显得愈加浓厚。这三年，我一直视为学习生涯中最快乐的时光，也是我十分珍贵的刑法学习阶段,对我之后的学习、工作乃至生活都产生了很大的影响,可以说这三年的理论与学术的熏陶,对我之后得以继续学习深造乃至人文情怀的逐渐养成都起到了至关重要的作用。

最爱校园时光,而我最喜欢去的便是图书馆。在一排排人文社科的图书前漫步、徘徊,而思想却在知识的天际中遨游。每次要研究一个刑法理论问题,我总会把所有相关的刑事法学书籍都排摸一遍,然后选中自己认为是比较重要,或直击主题,或紧密关联的参考文献,这才心满意足地带回宿舍开始研读。记得有一次为了写一篇有关德国著名刑法学家威尔哲尔目的行为论的课程论文,我在图书馆里寻寻觅觅,足足花了半天时间,搜罗了 15 本图书资料,而后将这批书作吭哧吭哧捧回宿舍。当时写一篇论文就是本着穷尽一切现有文献资料,认真阅读并扎实地作文献综述的劲儿来完成的。写作过程虽然辛苦,但是待到一篇成果顺利收尾摆在眼前的时候,一种愉悦感和成就感便会油然而生。之后会对自己的论文爱不释眼,一连看上好几遍,待到字斟句酌修改完善好了,最后还得再"美美地"欣赏一遍,然后开始与室友或同学畅聊学习、写作心得,言语之中还常带有几分自我夸耀的成分。

记得我第一篇公开发表的论文是《"以民代刑":刑法人性化思维的一种盲动——以"许霆案"为例》,刊发在《中南财经政法大学研究生学报》2008 年第 4 期上,这也是我请齐老师指导修改的第一篇论文。齐老师不但对文章结构、内容乃至语词表述进行了修改,还三易文题。及至收到样刊,那种愉悦之情难以言表,随之而来的便是同学们的祝贺与夸赞,于是我暗下决心:还要再接再厉,再写出一篇像样的学术论文来发表。这虽是我第一篇发表的论文,但直至今天,自己对整篇文章的理论性以及语词表述仍是较为满意的。

在接下来的学习过程中,我逐渐对刑法发展史中的一些著名学者产生了兴趣,尤其是对以德国为主的欧陆法学界名人,因他们个人及其理论极具个性,故我对其兴趣更为浓厚。基于本科时期对意大利著名犯罪学家龙勃罗梭及其学说观点有所了解,所以在研究生阶段对其作了进一步的研究。后来查阅文献资料时才知道,当时除了北京师范大学黄风教授翻译的龙氏代表作《犯罪人论》、北京大学陈兴良教授的《遗传与犯罪》以及北京师范大学吴宗宪教授的《西方犯罪学史》外,在期刊上公开发表的有关论文不足 10 篇。就这样,我在有限的文献资料的基础上写成了《龙勃罗梭犯罪原因论评析》,并发表在 2009 年第 2 期的《中南财经政法大学研究生学报》上。

攻读硕研学位的时候,自己觉得最幸福的事莫过于下午上完课,带着满满的学习知识的充实感和获得感,在校园里漫步。这时阳光透过茂密的树林的缝隙照射过来,树影斑驳,愉悦之情使人思绪万千、浮想翩跹。那个时候我还热衷于旁听哲学系的"康德哲学研究"这门课,对于《纯粹理性批判》这部经典巨著的解读我整整旁听了一年,但也只涉及其中的一小部分内容,其间,虽然感到内容晦涩难懂,但那种对哲学思想的不断理解与孜孜求索,还是使自己很有充实感和满足感,这也使我将对刑法学理论的学习与西方哲学结合起来。受康德哲学启发,毕业后,我还是在《中南财经政法大学研究生学报》(2010 年第 5 期)上发表了《目的行为论述评——威尔哲尔目的行为论的缘起、功过及未来》一文。撰写该文之初,中国知网上仅有鲜铁可博士于1996年发表的一篇有关威尔哲尔目的行为论的文章。这也是硕研时期学习西方哲学与刑法学说史所产生的写作冲动和思想火花，大概也是对母校，对学术的一种依恋吧！

二、续缘

工作以后，校园情怀依然，甚至更加浓烈。有时出差或参加会议能够回到武汉，能够回到校园，能够与导师和师母、同学一聚，那种期盼与兴奋的心情可以说是无与伦比的。而一回到校园，萦绕耳边的嘈杂之声顷刻间烟消云散了，只留下恬静的、舒缓的、纯然的我和校园。轻松而惬意地呼吸着这里清新的空气，感觉整个人神清气爽、通透明朗。江城武汉是我的第二故乡，校园是我的精神家园，而老师和同学是我的亲人朋友。虽然工作以后产出的理论成果并不使自己感到满意，但是在工作之余我依然坚持研究、思考和写作。记得有一次与一位律师谈论如何做好刑事辩护时我就提出："基于我的观察，当下不少律师习惯于在刑辩业务中开展程序之辩，而鲜见实体之辩，这种辩护是比较狭隘的。实际上，诸如刑事归责中的违法性认识问题、因果关系中的介入因素问题、中立帮助行为的处罚边界问题等，都与刑事司法、刑事辩护息息相关，这才是较为核心、较为基础的实质性辩护问题。"我的观点得到了对方的赞同。还记得由于发现司法实务中存在一些缺乏刑法学体系性与系统性的经验思维、惯性思维与机械思维的现象，对此我写下这么一段话："当离开校园多年，埋头沉溺于司法实务，仅专注于案件处理的技术性操作，而不再回溯法规范的丰富内涵和基础理论源头的时候，这便是一种危险的出现！而学术的规训教会了你即使是在大量案件和法律、司法解释、政策性文件充斥的情况下，你依然思考不止，并且保有发出'为什么'的质问或反问的勇气。"以此与实务界同仁共勉。写着写着，一篇题为《学人的使命》的文章便写成了，并作为"开卷手记"刊载在《浙江检察》2013年第1期上。

也正是出于对校园的热爱，对学术的追寻，对导师的尊崇，我决定继续攻读刑法学博士学位。经过两年的努力，终于如愿地再次成为母校的一名学生，成为导师齐老师门下的一名弟子。再临南湖以求学，书生意气圆术业。博士研究生阶段虽然较为辛苦，因为我还要兼顾工作，只能来回奔波，但是更多的是快乐。在刑法学博士群体里，有曾经一起读硕士期间的同班同学，也有硕士时高我几届的师姐；有在法院工作的浙江同乡，也有在高校任教的中原才女……大家共聚一堂，畅谈学业、生活，使这个时光充实而温馨。在此期间，我还得到湖北省人民检察院原常务副检察长徐汉明教授在学业上的指点与帮助。经过四年多的耕耘，一篇近20万字的学位论文终于出炉，除了自己的努力付出外，还包含了齐老师的多次耐心指导、悉心修改，同学亲友、师弟师妹的无私帮助。对于这篇论文，我待之如骨肉。最后，我终于如愿获得法学博士学位而顺利毕业。

回味校园的点点滴滴，一切过往，不胜感慨。而唯一遗憾的是由于疫情原因，未能如愿参加博士学位授予暨博士毕业典礼。看着博士袍服，方知它的分量。疫情期间，我也一直关注着武汉的情况，心中无时无刻不惦念着母校、惦念着老师和同学。所幸这座英雄的城市挺过来了，所幸校园无恙，老师、同学无恙。2020年10月，也就是江城疫情平复半年后，我便迫不及待地踏上了回校探视的归程。

三、情结

虽然同学们都陆续毕业各奔东西了,但是偶尔一个电话、一句问候、一个出差机会的短聚,依然还是那样亲切、那样温暖。毕业之后,我还是会不时地请教老师课题研究、论文写作乃至工作生活中的种种困惑,老师依然会给予我耐心细致的指点与讲解。记得有一次齐老师是在凌晨一两点的时候给我回复的邮件,当时的我既感动又心疼。这就是做一名学生的幸福!也有在校任教的同学会时而联系我一起合作课题,每当这时我总会欣然应允。虽然我知道自己对此所作的贡献微乎其微,但这包含的却是一份同学之情、袍泽之情!可以说,老师和同学的情义是一个人一生中最难能可贵的一笔财富。

校园是座象牙塔,我在这座象牙塔里前后“修炼”了近十年。常言道十年磨一剑,可我觉得自己学艺不精、尚需打磨。我依恋这座“象牙塔”,可是终究要离开,要回归社会,刑法学不也是一门社会科学,一门社会实践之学问么!俗话说社会是个大熔炉,所幸的是在这个大熔炉里,我心依旧,依旧属于我爱的这座“象牙塔”。

首义校区图书馆

张广超　师恩如山，永立心间

张广超，2007 级刑法学硕士研究生，现就职于重庆市渝北区人民检察院。

天地者，万物之逆旅；光阴者，百代之过客。有人说，大学是人生中最美好的时代，那时的我们正值青春，风华正茂，朝气蓬勃，对未来满怀憧憬。“经师易遇，人师难逢”，在青年求学路上，我如此幸运遇到了我的恩师——程红老师。

2003 年，我满怀期待步入了中南财经政法大学，沐浴在法学殿堂的浓郁书香里，我开始了对未来生活的无限憧憬，想象着自己以后的律政生涯，我既期待又忐忑。我以为的法学学习生活，会是那种每天要背最厚的书、学最复杂的案例、参加最难的考试，还有见最严厉的老师。但是在我的第一堂刑法课上，我有幸见到了程红老师，她的出现打破了我对法律学习的刻板印象，让我从此对法律人生发出来自心底的热爱，同时也开启了我与程红老师的师生缘分。

刑法课上的初次相见，我便被这位年轻美丽、气质非凡的老师深深吸引，她身上有着平常法律人没有的独特气质，同时，程老师的课堂鲜活灵动、富有创意，她的教学风格独树一帜。对于那些晦涩难懂的知识点，程老师一方面善于结合案例启发我们思考，另一方面她援引德、日等刑法学说，为我们打开了更加广阔的视野，从而能更加全面、深刻地理解刑法学背后的人文哲理、法律内涵。她总是将自己所习、所得、所知全部倾囊相授，像一位灵魂的工程师，用自己的全部学识启迪学生，大家都被程老师渊博的学识和强大的人格魅力所折服。原以为会很枯燥的刑法课，最后却成了大家每周最期待的课程，每堂课结束后都有一种意犹未尽的感觉。对我而言，在上了程红老师的刑法课之后，我便对刑法产生了浓厚的兴趣，从此与刑法结下了妙不可言的缘分，原本不打算读研深造的我，却萌生了要努力考取程老师的研究生的想法，于是我为了实现这一目标，开始了我的本科学习之旅。

2007 年是圆梦的一年，我顺利如愿且高分考上了研究生，在进行导师选择时，我毅然决然选择了程红老师，感谢师恩，我如愿以偿地成为程老师的嫡系学生。在研究生学习阶段，程红老师在学业上很少批评学生，她一直秉持着因材施教的教学方式，对我们更多的是引导和启迪。她总是鼓励和支持我们选择自己喜欢的、感兴趣的研究方向和课题，告诉我们学习不能只凭借努力和决心,还必须要有热爱,唯有这样,方能抵挡往后的岁月漫长。在这方面,程红老师本身就是最好的例子,她热爱法学教育工作,一心都扑到这份伟大的事业上,对于这份职业充满了敬畏与热爱。也正是因为有了这份敬畏与热爱,才让她在事业上如此义无反顾,在培育学生上如此倾尽全力,在这一点上,她用实际行动教育了我们。每次想到她,我都能找到最开始学习法律的初心。

在专业指导上,程老师虽然教学、科研工作任务繁重,但也会定期询问学生们的学习进度,了解我们的学习、科研情况,总是在第一时间回复学生问题,并及时解答我们的困惑。程老师就是这样,学生的事情永远放在第一位,她不在意牺牲自己的休息时间,永远都在为学生奉献。程老师始终坚持严谨负责的治学态度,潜心做学问,发表多篇论文,在中国刑法学、外国刑法学和比较刑法学领域不断开拓新境界。一直以来,程老师用她的言传身教,给我们树立了良好的榜样,以自己的德、才、情潜移默化地使学生终身受益。

不仅是学术上的指引,在生活上程老师和学生们亦师亦友,对我们的照顾也是无微不至。在外学习的我们经济并不宽裕,但是程老师总是时常为大家改善生活、补给能量,与我们谈理想、聊人生,分享自己的人生经验,在轻松的聚餐中了解大家的近况,及时察觉学生的困惑,在我们遇到困难挫折的时候,给我们加油打气、指明方向。几分叮咛几分温暖,她将我们每个学生都放在心上,温暖着我们每一个学生的心灵。除了扎实的学术知识,程老师也给了我们一个温暖强大的内心。程老师如春风,如细雨,从她身上不仅学到知识、态度,更感受到她的善良与温暖,是我们学习以及生活上的良师。遇见这样一位导师,所有的回忆都是温暖与感恩的,何其幸也。

师恩如山,永立心间。青春是不会重播的影片,太多东西在上面留下印记,有些人来了,有些人走了,我们不过是彼此生命的过客,所以不再挣扎,笃信了缘分,万物皆有缘,多年前的人,当我遇见,只是彼此的旧识,多年后的人,沧海桑田,彼此相逢,依旧心存感激。

肖　晶　|　我在中南刑法做学生的这几年

肖晶，2008 级刑法学硕士研究生，现为湖北师范大学经济管理与法学院教师。

从 2003 年进入中南法学院到 2017 年刑法学博士毕业，我在晓南湖畔度过了近 14 年。其中有 7 年是在刑法学专业读研究生，硕士 3 年，博士 4 年，加上中间考博的时间和博士毕业后找工作的时间，将近 10 年。所以，我算得上是咱们刑法专业的资深学生了。回忆这么多年，各位老师对我的关心、照顾和教诲，让我收益良多。时至今日，我自己也成为一名大学老师，反而让我对中南刑法系独特的家风有了更深刻的体会。

一、结缘

我和刑法结缘，源自欧阳老师，欧阳老师是我们班的刑法总论科任教师，欧阳老师那时候风流倜傥，是学校女生公推的四大帅哥之一。欧阳老师不仅人帅，而且课讲得风趣幽默，很受学生喜欢。正是欧阳老师的吸引力，让我对刑法学动了心，暗暗下决心要考我们学校的刑法学研究生。以至于后来我本科的选修课，基本上都比较偏向于刑法模块的课程，如熊老师的犯罪学和犯罪心理学。

我的刑法分论则是苏彩霞老师教的，这也是我们师徒缘分的开始。苏老师教我们的刑法分论是在平教 106，那个教室就在南园教学楼（就是现在的校医院）对面的平房里面，正好和南园教学楼一起围成一个院子，院子里一排高大的法国梧桐，就像给平教加上了一排巨大的华盖。那节课每天要上到下午近六点，西斜的太阳光从树叶的缝隙间洒在教室门口，一片光影斑驳。那个时候苏老师讲课的语速有点快，很难跟上，我一个学期都在适应苏老师讲课的语速，而几乎无暇回味苏老师到底讲了什么。直到最后的期末复习串讲课，我总算适应了苏老师的讲课风格，认真听过了这节课，我彻底被苏老师的学识和理论功底彻底折服了，于是决定下一学期一定要再听一次苏老师的刑法总论。

就是在第二学期的刑法总论课上面，我每节课课后都主动向苏老师请教问题，慢慢和苏老师熟了起来，也让我开始下定决心要选苏老师做我的研究生导师。于是我本科毕业论文就选择了苏老师做我的论文导师，后来研究生毕业的时候，苏老师说我的研究生论文比本科论文有了巨大的进步，羞得我满脸通红，不过我那个时候，脸平时就很红，应该是看不出来的。我还记得一件事，指导我本科论文的时候，苏老师还一再督责我要认真准备研究生考试，可惜我不争气，考研愣是考了两年，才最终来到苏老师门下。不过，我博士也是考了两年才上，似乎要在同一年完成论文、毕业和考试三件事，我总显得力有不逮。

二、入门

真正进入中南刑法专业学习，已经是 2008 年的 10 月，因为学校建筑施工，我们这一届学生开学被整整推迟了一个月，所以我们选导师之前的适应期就比较短。尽管齐老师在导师见面会上再三叮嘱我们选导师的时候要把三个志愿都填满，不然可能会带来麻烦。但是我还是三个志愿都填了苏老师，因为早在大二的时候，就认定了要选苏老师做导师。现在想起了，当年还真是淘气得紧。上交了志愿，心理还是非常忐忑的，因为自揣毕竟有忤逆齐老师的嫌疑。然而齐老师对学生总是宽容的，不会跟小孩子的这点小心思去计较。于是毫无意外地，我分到了苏老师门下，开始了我在师门长达 9 年的研究生生涯。

读研期间，齐老师的课是让人印象最为深刻的。齐老师每次课都是讨论一个专题问题，使用的案例都是近期热点案例，但是齐老师不会事先给学生案例材料，而是要求我们自己上网搜集案件资料，然后从中发现问题。我印象最深的是讲到职务犯罪的时候，用的恰好是那几年非常火爆的足球"黑哨"案，正是在准备那次课堂讨论的时候，我才对中国足球的比赛和管理体制有了一个深入的了解，终于可以摘掉"伪球迷"的帽子了。齐老师这种教学方法，对学生无疑是非常大的教益，但是操作起来对老师的课堂控制能力和课程设计能力都是一个极大的挑战，这一点，是我自己开始在自己的实训课堂模仿齐老师推行这种教学方法的时候，才有的感悟。就因为使用这种教学法，前两轮实训课到期末结课的时候，我都只完成了教学进度的 1/3。这学期算是情况最好的，如果接下来一个月不出意外，应该勉强能够完成了全部课程。所以我一直在努力回忆为什么我们读书的时候，总觉得齐老师完成教学进度那么轻松，我到底是哪个地方没有掌握诀窍？

本科的时候，齐老师不是我们班的刑法老师，虽然一直都知道齐老师给本科生的刑法课讲得非常好，但是齐老师的课堂总是人数爆满，我实在不愿意到别人班去和人家抢座位，所以一直都无缘去聆听教诲。我是大三以后，抱定要考中南刑法研究生就必须听齐老师的课程这种功利的想法，才去听齐老师的刑法课的。但是，齐老师的讲课风格和人格魅力很快就吸引了我，我开始大着胆子上前请教问题，并且在课后和齐老师聊天，于是我和齐老师也慢慢熟悉起来。

读研以后，齐老师对我一直都非常好，每次在齐老师课上讨论，我都要占去很多的发言时间，齐老师对我非常啰唆地发言，也非常有耐心，从来不打断我。以至于同学们在私下里，都觉得我特别锋芒外露。在学院的各种研究生学术活动场合，齐老师只要发现我没有发言，就会用目光鼓励我起来说话。正是齐老师的这些鼓励，才逐渐培养了我在公开场合演讲说话的能力，时至今日，我能轻松地站在课堂，讲课能得到教学督导的好评，和齐老师的栽培是分不开的。

读研以后，苏老师对我们的专业学习督责很严格，每半个月就要求我们交一篇专业读书笔记，并且会开会给我们讲评。我后来的博士论文的选题，就肇始于我读硕士期间阅读张明楷老师的《法益初论》的读书笔记中记下的一些思考。如果不是苏老师的严格督促，以我当时懵懂的性格，很可能这些思维碎片的闪光就都被我放过了。除了专业学习，苏老师还给我创造了很多参与助学助研工作的机会。如果说我现在做了老师以后，对教学科研中的事务性工作还能应付得过来，都得益于研究生期间在这些助学助研工作中的锻炼。

其间发生了一起让我印象非常深刻的事情，确切地说，是我的一个非常严重的错误。那是我第一次给师兄师姐的研究生论文毕业答辩做秘书，不熟悉流程，没有通知答辩委员会主席——中南民大的刘之雄老师。直到答辩前一天晚上，我才发现这个可能导致第二天答辩无法进行的致命错误。我只好在夜里拿着十几本论文，硬着头皮去刘老师家。问明来意，师母立马告诉我，刘老师身体不好，一晚上让他读完这么多硕士论文，明天还要主持答辩活动，可能会严重损害他的健康。从师母的阻拦中，我看到师母对刘老师深切的情意和保护欲。但是对于做学生的我，这可不是个好消息，这意味着明天的答辩可能真的会因为我的失误而被迫取消。就在我不知所措的时候，刘老师却一力承担了所有的事情，不仅答应明天准时出席答辩会，还反过来安慰我。当时我真的是特别感激刘老师。这次危机总算过去了，事后，苏老师向院长夏勇老师做了检讨，但是两位导师都没有责怪我。相反，在答辩之后的晚宴上，夏老师还向刘老师介绍我是一个非常热爱读书、表现很好的好学生，帮我补台。这些事情对于老师们可能都是早已忘却的小事，但是对学生的我而言，却往往是一辈子都难以忘怀的深刻记忆。

我和夏老师认识也是本科期间，我大三的学年论文是在夏老师的指导下完成的。学年论文，是学校当年要求学生在大三学年必须完成的一篇论文，可以说是我的学术写作生涯中的第一篇论文了。当时我就是一个完全不会写论文的“小白”，而且学年论文是没有论文导师的。因为正好在上夏老师的美国刑法课，我就去请教夏老师，夏老师总是很耐心地帮我解答问题。事后想一想，我等于给夏老师额外增加了一篇论文指导任务。

夏老师上课的时候，总是会将他在美国访学的经历穿插在课堂教学之中，而且会在 PPT 里面放上他在美国的照片，于是课程立刻就变得活色生香起来。而且夏老师说话声音富于磁性，字正腔圆，在学生中有一大批迷弟迷妹。夏老师虽然表面上对学生很严厉，要求也非常严格，但是实际上心特别软。有一次读研期间，我有一节夏老师的课迟到了，夏老师让我当着全班同学的面做检讨，但是课后我去向他解释的时候，他又安慰我，并且当着其他同学的面夸我。夏老师总是这样，批评学生以后总要想办法帮你找补回来。

从本科到研究生期间，老师们对学生一直都非常关心，即使读研以后，有时候老师们还是把我们当孩子在照顾。我读研的时候非常不修边幅，不过我现在给老师们的印象还是如此，这个后面还会讲到。有一次不记得是参加学院什么活动，我匆忙从寝室出门，衣服都没整理好，走到文治楼下，碰到丁友勤老师，丁老师直接动手帮我把衣服整理好，才放我进会场，帮我避免了一次在重大活动中的“社会性死亡”。

三、读博

我读博以后身体状况发生了很大的变化。硕士期间我的身体是很棒的,那时候我在水里面轻轻松松地游两三公里不停。我们一群学生自己组织了一个游泳队,每周都到附近的泳池练习游泳,我还自封为刑事司法学院研究生泳协的主席。但是读博以后,我变得有点病恹恹的,特别是有一次手术,住院近五个月,前后总共拖了七八个月才好。我一直都非常担心我的身体状况会给苏老师的指导工作带去很严重的困扰,但苏老师从来都只是关心我的身体状况,从没有在学习和科研上面表露出任何担忧。我觉得,苏老师肯定是担心我的身体,不敢给我太大的压力。苏老师对学生的好很多时候就是这样,不表现在明面上。

虽然身体原因让我的博士学业整整延宕了一年,但是平心而论,博士四年是我在学业上收获最多的一段时间。在我的记忆中,博士期间是非常充实的,每年学院都会组织博士去参加年会和各种学术会议,从而让我们这些博士生有了更多的机会参与到学术共同体的学术生活中去。学院内部也为研究生准备了南湖青年刑法沙龙,为学生在公共场合发表自己的学术心得提供了机会,训练了研究生参与学术交流的能力。说起来挺惭愧,我和刑法学界联系最紧密的时候,恰恰是在中南读博士的几年,现在自己成为大学老师,反而参与学术活动的机会越来越少,和学界的联系几近断绝。

除了学院提供的机会,苏老师还为我争取了去中国人民大学做博士生访学的机会和美国OCU的暑期班,我在北京待了将近一年时间,有了更多的机会去北大、清华、人大这样的顶尖院校旁听课程和讲座。我甚至在北大旁听过一位知名教授的世界文学史,还一个人去了卧虎山和司马台长城。从北京回来以后,童老师还吩咐我把在北京的经历写成一篇文章,刊发在院网上。

童老师也是一位对学生非常好的老师。我的硕士和博士毕业论文答辩童老师都参加了。而且两次都是在我紧张得不行的时候,童老师当着所有的导师把我一通猛夸,才算帮我稳住心神,顺利通过了答辩。有一次,童老师在外国刑法课上给我们几个博士布置了课堂汇报任务,当时我分到的恰好是苏俄刑法,汇报的是特拉伊宁的犯罪论体系。等到汇报那天,偏偏只有我的演讲超过了时间。当我很尴尬地准备停下来的时候,童老师鼓励我继续讲下去,说他对我的汇报很感兴趣,又一次把我从“社死”的边缘拉了回来。

在我写博士毕业论文期间,童老师也给了我很多指导。有一次在食堂吃饭的时候,正好碰到童老师,童老师非常关切地询问我的论文写作情况,并且就我的论文思路跟我谈了很久,给了我很多重要的意见。后来预答辩的时候,是童老师发现了我在基础理论方面的问题。在童老师的建议下,苏老师牺牲了一个春节,指导我十几天,补充了3万多字,完善了论文体系,赶上了当年的论文外审,才保证我顺利博士毕业。

在我读博士的时候,另一位对我影响非常大的老师从美国归国,来到了中南教授刑法专业,他就是周凌老师。周老师回国以后,在学院主讲犯罪学,我自愿给他做了一个学期的助教。周老师对我教学风格有很大的影响,或者干脆说我上课的风格其实就是对周老师的模仿。除了教学风格,我在上课的时候衣着也有点刻意模仿周老师。周老师特别强调在课堂这种正式场合要穿正装，上周请他来我的学校讲座，他讲座之前还一再问我是不是应该把领带系上，不系领带会不会很失礼。我刚开始站讲台的时候，就是学习周老师坚持上课穿西装，只是后来发现同事们好像都没有特别在意着装，才慢慢开始有点放飞自我了。周老师来讲座的时候，还说我衣服穿得跟学生似的。

周老师讲课非常受学生欢迎，这一次周老师来我的学校讲座，全场笑声和掌声不断，令我的学生非常惊艳。这是我第一次组织讲座，中间有很多地方都做得非常不周到，我特别不安。周老师安慰我说，讲座是次要的，关键是找个机会来黄石看我，看到我在黄石的现状挺好，他也为我感到高兴。

四、在美国

到美国参加 OCU 的暑期班，是读博期间最快乐的一段日子。我们这一期是学校 OCU 暑期班最幸运的一期。我们去美国的时候，正好苏老师和郭老师就在 OCU 访学，而且给我们带队的是向老师。三位老师在美国给了我们很多照顾，和我们一起在美国度过了很多欢乐时光。在出发之前，齐老师还专门打电话过来关心我们的行程，叮嘱向老师一定要照顾好我们。

向老师在国内就带领我们到广州办签证，直到带我们从上海出发，在美国进关，一路都是向老师照顾我们。其间还发生了一件小插曲，在上海机场登机之前，一位同学不小心把自己的机票和护照弄掉了。向老师一面安慰这位同学，一面急吼吼地带领大家在机场大厅四处寻找，虽然最后机票和护照是机场工作人员捡到送还的，但是向老师替学生着急的样子还是给我们留下了很深刻的印象。在美国的时候，向老师还利用项目的休息间隙，带领大家在美国旅行，如果不是向老师在，同学们估计很难有机会到其他州走一走了。可惜那一段时间我身体状况有点不好，就没有跟大家一起出去旅行。

在美国的时候，苏老师和郭老师照顾我们很多。我们在苏老师家里（其实是苏老师在 OCU 的访问学者宿舍）包饺子，苏老师和郭老师还开车带我们去购物，去拜访他们在美国的朋友，参加他们美国友人举行的派对。

有一次，郭老师在他家里给我们煨了一大锅排骨藕汤，大家都好好地吃了一顿。作为一名武汉人，能在异国他乡吃到地道的排骨藕汤，真的是非常慰藉。我还有两个技能是郭老师在美国教会的。一个是打桌球，是郭老师在 OCU 学生休息室的球台上，手把手教会我的。还有一个是自由泳，我的蛙泳是游得非常好的，自由泳却一直没有学会，因为身边一直都没有会自由泳的人。我的自由泳最后是郭老师在 OCU 的泳池里面一手调教出来的。

还有一次，我背着郭老师偷偷带郭洛驿（郭老师的宝贝儿子）在购物中心吃了郭老师不准他吃的冰激凌。回来以后郭老师知道这件事，我吓得赶紧过去道歉。郭老师不仅没有责怪我，反而帮我圆场说他并不是一点冰激凌都不让洛驿吃。

回想在中南刑法读书的近十年，我学到的最多的东西就是各位老师对学生的关心和包容。这种对学生的态度，在我工作以后，也成了我对待学生的职业操守。这也算是我对中南刑法家风的一种传承吧。

程莉莉 | 黄鹤远去后，人间又十年

程莉莉，2008级刑法学硕士研究生，现为重庆市南岸区人民检察院四级高级员额检察官。

作为一枚“老中南”，能在母校这样重要的时间节点，写一点感悟，真的是一种发自内心的喜悦和荣幸。中南刑法给予了我职业生涯中最重要的法学价值观，让我现在的工作和生活中，一直带着在校期间的种种收获，深深的中南烙印，也让我谨记，出自中南，必有信仰，要做一名合格的法律工作者。

一、中南初印象，法学之路启蒙

十八岁那年，我从天府之国来到了中原江城，迈进中南的校门，拖着大包小包行李，一路听着接新的师兄师姐们介绍说，我们这届可幸运了，这晓南湖的水都满了，他们当年可是从这湖底走到对岸的。那神采飞扬的描述，画面感十足，让人忍俊不禁。中南给予我的回忆太多太多，一时间竟不知从何处说起。挑几点对我影响最大的地方谈一下吧，因为中南的人对我现在的性格养成有很大影响，武汉人的耿直、爽朗，在我的性格中和做事风格中都可见一斑，中南的课业对我的职业生涯影响很大，尤其是研究生阶段，作为一名刑法学专业的硕士生，对刑事法律全面系统的学习，让我建立起扎实的刑法学专业素养以及对事对人严谨的刑法学判断理念。而这些都在我目前的工作中让我获益良多，是我一步步成为一名成熟的法律工作者的源泉与动力，这都是我对母校的感恩所在。

记得上研一，刑事案例演习课程就印在了课表上。一看授课老师，齐文远教授，瞬间来劲，要知道在南湖校区读本科的时候，我们为了去上老师的刑法学，首轮是网上抢课，十八般武艺，使出浑身解数地开展抢课。没抢到的话，天不亮就得去南苑教室占座位。而且还必须抢头排，就是为了离“偶像”近点，稍微去晚点，就是个“站票”，但也是兴趣不减地站着听完。我作为一名保送刑法学专业的研究生，非常幸运被齐老师收入门下，于是立志，绝不能给师门丢脸，所以对各门功课特别用心。刚上研一就看到这门课程，自然是兴奋不已，但是一看课名，有点怪，不常规，于是几个寝室同学开始琢磨这门课到底是教什么的，怎么个上法。带着兴趣和疑问，我们开始了第一节刑事案例演习。课前,我们收到了一个"非常规"的刑事实务案例。刑民法律关系的交织,属于定性有争议、处刑有分歧的案子。对于刚上研一的我们,满脑子的主客观四要件、既未遂理论,但是这一切如何用来分析整个案件,并且通过自己的理解,再用法律语言来阐述自己的理由和分析。这一下子确实难倒了我们一众学生。原来,这门课最大的难点在于"学以致用、融会贯通"。这是我们第一次感到,原来我们即将研习三年的专业刑法学,绝不是只停留在书本上、理论上,关键在于真正的实战,如何将我们的所学转化为真正的解决实际法律问题的能力,才是我们应该为之潜心学习的。

一堂课下来,真正能吃透案情,从理论、情理等方面对课堂上老师提出的案例做到分析透彻、言之有物的同学并不多。大多数的同学还是停留在将实务案例视作考试题目一样的存在,这显然不是整个课程设置的初衷。与此同时,我们也看到了同学之间的差距,能活学活用的同学就很善于在案例中寻找到理论点,并展开有理有据的案情分析。还没找到感觉的同学,或许尚未适应这个特别的课程安排。但是幸而同届同窗都是不服输的个性,下来就开始了如火如荼的资料收集、案例搜索、小组讨论,为第二星期的新案例开始了准备工作。泡了几天的图书馆,查阅了近百篇理论文章,尽可能地去理解各类理论观点,开始慢慢积累了对个别理论点的理解。于是,我们信心百倍地走进了第二个星期的课程。这个星期,齐老师给了我们一个更加"古怪"的案子。同学们纷纷引经据典,开始畅谈自己的理解。就在这种思维的火花碰撞中,甚至有的时候同学之间对某个理论观点有认识分歧,争得面红耳赤,现在回想起来,这就是中南刑法人最朴素、最真诚的法律理念形成和塑造的过程。

二、中南传承,职业生涯的开启

2010年,结束了在武汉的七年求学生活,来到了山城重庆,从事了自己从高中时代就规划好的职业路径,做一名人民检察官,而且从事公诉工作。七年间,在中南接受了专业的法学训练,让我有信心、有底气去做好这份工作。刑事检察工作是一项对法学理论和实务能力要求极为专业和规范的门类。三年的刑法学专业的学习,我希望在刑事法律上能更进一步完善和提升自己的知识理论体系和实际运用能力。上班第二天,我便收到自己人生中的第一个刑事案件,是一起未成年人抢劫案。还记得自己的硕士毕业论文《论未成年人前科消灭制度》,里面还探讨过未成年人抢劫罪的相关理论和实务。但是翻开案卷材料的时候才发觉,自己竟不知从何下手。说不懂吧,所有的理论基本都可以张口就来;说懂吧,面对厚厚的案卷,却不知道该如何进行证据审查。这下真正感觉到了,学和用之间,我还有很长一段路要走。刑法学理论是基础,刑事诉讼法学、证据学,这都是刑事检察工作不可或缺的理论支撑。

初接手刑事案件审查起诉工作之时,还曾打电话向齐老师求救,报告自己在重庆的情况之余,也向老师倾诉了许多工作中的迷茫,甚至感觉自己无法胜任现在的工作,是否应该回中南"回炉再造"。在得到老师耐心的开导之后,老师向我建议,在夯实刑事法学之余,还需要扩展自己的职业法律框架,比如证据法、合同法等"小法",都需要抓起来,丰富自己的知识架构,从而应对实务中遇到的各类难题。我收拾心情之后重新出发,白天办案,晚上挑灯夜读,刚刚开始工作的一年里,办公室的灯从来没有在晚上十点前熄灭过。每晚回家的路上,都只剩下自己长长的身影映衬着这个火辣辣的城市,办公室常备的泡面和窗外四处可见的市井烟火气,反倒让我沉下心来。功夫不负有心人,在对大量判例和前辈们的办案笔记的研读和细细揣摩中,我开始找到了“感觉”。俗话说,“师傅领进门,修行靠个人”。进门的这种感觉还是得靠自己在无数案卷中摸爬滚打,才能慢慢领悟。学法律的人是孤独的,或许这也是其中应有之义。

三、本领恐慌,积跬步蓄力

在公诉这个岗位上待的时间越长,越有一种发自内心的本领恐慌。面对形形色色的新型犯罪模式,很多是涉及专业领域、专门技术类的隐蔽犯罪,没有专门知识作为支撑,是很难在证据审查上看出问题的,也很容易被嫌疑人的“专业伎俩”蒙骗过去。所以,不断学习,成为行家里手,确实需要在各方面下功夫,而且是下狠功夫。我曾经为了搞懂一个计算机犯罪的专业问题,凌晨两点给鉴定人打电话,就是为了搞懂个中缘由。鉴定人最后悻悻地对我说:“检察官,你都不用睡觉的吗?”现在想来自己当时的行为确实挺招人讨厌的。就是在这样每一个细小问题上的较真,让我的办案能力得到提升,成为一个对证据“死磕派”的公诉人。

“不是每个案件都是惊天大案,而是很多看似小的案件,才让我们有更大的作为。让我们像一位工匠,戴着放大镜,捏着一颗小小的钻石,精心打磨。”这是一位老公诉人在退休之时对我谈到的他三十几年公诉生涯的感悟。“办案必须求极致,需尽最大努力还原事实真相,把每个案件办成经得起时间和人民检验的‘铁案’。”还记得在办理一起职务侵占案中,正值疫情肆虐,面对取证难度大、证人人数多、社会影响大等问题,我引导公安机关在江苏、云南等地收集证据,调取了被害公司6大管理部门近五年的涉案证据文件,核实了47余名证人证言,提出补充侦查建议50余条,厘清了被害企业近五年的涉案账目和损失情况。在全面认定被告人毛某的犯罪事实后,依法对其提起公诉。庭审时,被害公司拉来了两辆车的账簿,等待着随时配合证人出庭。

“毛某并非该公司的项目经理,不符合本罪的主体要件,应依法判决无罪……”庭审中,面对两名辩护人提出的无罪辩护,依靠严密的证据锁链和充分的指控逻辑,我将对方的辩解一一驳斥。清晰透彻的法理阐述,严谨的法庭指控让被告人当庭悔过、认罪服法。

每一起案件的成功办理都是我对自己多年所学的一次检阅。每一次庭审上的论辩交锋都不是为了自己的口舌之快。往大了说,严惩犯罪,绝不手软,往小了说,就是尽自己所能做好自己的本分而已。十年的检察职业生涯,让我经常在深夜下班回家的路上思考,年复一年地与社会的阴暗面打交道,对家庭、对孩子有着无尽亏欠,到底是怎样一种力量让我坚持。于是想起了在齐老师的刑事案例演习课上,我曾义愤填膺地说过一句豪言壮语“如果这样的恶劣行为都不用刑法打击,试问我们这样一群人今天坐在这里到底是学得什么了”。法律人,一面霹雳手段惩治罪恶,一面菩萨心肠保护弱小,既要有惩治罪恶的铁腕冷静,也要有悲天悯人的侠骨柔情。这是我从每一位中南的授课老师身上学到的,也是作为一名执法官永恒的功课。带着这份中南独有的法律情怀,从业至今,每每想起自己当初的初生牛犊不怕虎,既感激老师们对我的包容,也感谢自己这股拧劲儿,让我在自己的专业领域获得了大大小小许多荣誉。直到中央电视台《法律讲堂》栏目到重庆检察系统选拔主讲人时,我发现,原来我还可以用这样一种方式来分享我的办案故事。有让大家引以为戒的,有让大家同感惋惜的。人间百态,在每件案子中都能窥见某些人的人生。成功入选,让我有机会在更大的舞台去讲述我身边的“小案子”,或许从中可以向普通百姓展示更多不同的人生百态。

四、初心不改,其路漫漫修远

多年的公诉磨炼,让我慢慢在职业道路上成长为一名成熟的检察官。无数案件的“折磨”让我在面对各类案件时,已练就处变不惊的本领。能力经验的提升是一方面,另一方面是随着岁月的积淀,格局慢慢变大。学会了冷静面对各类嫌疑人的花式刁难,沉着应对庭审的各类突发情况,理性处理辩护人提出的各种要求。“边学边做”的模式已经不能应对当前的公诉工作,“超前学习”、占领先机的学习才能让自己在处理各类案件时游刃有余。经济学、民商法、合同法、计算机术语、股票证券类术语、新型的金融投资诈骗手法,都是茶余饭后需要去涉猎的领域和知识。作为重庆市检察系统知识产权专业办案团队的一员,面对可能应对的重大、疑难知识产权类案件,知识产权法、商标法、著作权法、专利法以及大量的专门法规和司法解释等专业法规也是我必须随时“充电”和更新的内容。周末是我工作多年来比较舒心的时刻,不用加班的日子经常带着孩子去图书馆“充充电”,让自己有一副“金刚不坏之身”才能抵御各类突如其来的挑战。未来,还需好好努力。法律工作,尤其是刑事法律工作,是一份纯粹的工作,虽然我们每天和罪恶交手,但是却未曾动摇过自己的立场。幸而,从事刑事法律工作的初心从未曾因困难而退缩,从未因挑战而胆怯。这是我至今都引以为傲的事情。

中南刑法研究生教育制度下,走出了一大批有担当、有作为、能干事、会干事的法律人。庆幸自己可以成为这支队伍中,或许不是最优秀,但是坚持不懈的一员。

后　记

此文零零散散地记录了自己的很多体会和感悟,大多都是自己从学习毕业之后,参加工作的体验。一家之言,虽不能代表所有从事刑事检察工作的同仁的经历和感受,但胜在够真实。毕业已有十年有余,在中南的岁月早已融入骨髓,成为我人生的重要组成部分。感恩这段宝贵的求学经历,让我寻得良师,求得真理。突然想起鲁迅先生的一句话,作为本文结语,“有一分热,发一分光,就如萤火一般,也可以在黑暗里发一点光,不必等候炬火”。

祝愿各位同门,继续兴趣盎然地与世界交手,一直走在开满鲜花的路上。让我们继续填好人生的履历表,交出事业的优秀答卷,为母校、为中南刑法的这面光荣的旗帜增辉添彩。

范晓军　程门往事

范晓军，2008级刑法学硕士研究生，现为山西晋商律师事务所合伙人、管委会副主任。

一、十年之后

2021年是我研究生毕业的第十个年头，本来已经和我一届的同门同学说好，要在程红老师生日那天回武汉一聚，我和永浩师弟（程老师的开门博士生，我俩都在太原工作）机票早已订好了，临到出发前的几天，广东疫情复发，全国的防疫形势陡然紧张了起来，两个身在广东的同学无法成行，正当我和永浩犹豫要不要如期赴约的时候，程老师发来一条长长的微信："晓军：我真的不建议你回学校。最近疫情的风险明显加大了。真没必要冒这个险！老师希望你们任何时候都健康平安，而且你也是上有老下有小的人，等疫情缓和了，我们找机会再见。"言辞恳切而坚定，我仿佛看到那个梳着一头干练短发、处处为学生着想的程老师就站在我面前。老师的话，得听！我俩只好把机票退掉。事实证明老师是对的，几天以后，学校附近的政苑小区就发现了"密接"人员，小区被封锁。我和永浩不由得出了一身冷汗，真得感谢程老师，要是冒险去武汉，估计我俩都得被隔离，半个月的工作就没法干了。

生日当天，我们几个订了一束香水百合给老师。好久没给老师送花了，当年在校时，每到老师生日，我们都会给她送一束香水百合，这是程老师最喜欢的花。程老师会请我们吃一顿大餐，在校时，我们程门最有口福了，老师会时不时给我们改善一下生活，我研究生阶段胖了十几斤可能也有这个因素吧。

翻看当年研究生毕业聚餐时拍的那些照片，那时青涩的我们，脸上写满了对未来的憧憬，如今我们08级的五位同学天各一方，徐玮同学在武汉某检察院工作五年之后辞职，如今在江南某城做起了投资，她是我的偶像，每天的微信分享都在清楚地告诉我们，她在为自己而活；我追随她的脚步，在她辞职一年之后也辞去了某法院的工作，开始了律师生涯；杰还是那个爱好运动的大男孩，他还坚守在检察院的办案一线，他的第一个宝宝就快出生了；海燕作为我们的大姐，职业经历也蛮丰富，如今在做公司律师，我俩倒是经常交流，每有社会奇闻，我俩都会品评一二;爱笑的艳子运气不会差,如今作为二孩妈妈的她,也是一名优秀的检察官。

二、十年之前

算起来,我做了程老师四年的学生,自打2007年我决定考本校刑法研究生开始,就坚持听程老师的课。那会儿跟我同班的还有一位女生也要考,我俩就相约一起听课。程老师是中南最受学生欢迎的刑法学老师之一,她的课是很难选的,160人的大教室,还有很多人搬着小板凳旁听。我俩作为备考的高年级学生,每次都会提前半小时到教室,坐在最后一排听课。当程老师得知我俩的情况之后,下课间歇都会走到我俩跟前,问我俩是否听懂,也会很耐心地解答我们的疑惑。那会我用的备考材料就是听程老师上课记的笔记,程老师的课对本科生来说还是很有难度的,我都第二次听刑法课了,还觉得费力,那些笔记对于研究生考试来说,却是最好的备考资料。

当我考上研究生之后,毫不犹豫地选择了程老师做我的导师,有幸成为她的第三届研究生弟子。而那位同我一起备考的同学,考试之前就考上了家乡检察院的公务员,后来就弃考了,程老师还经常向我问起她的近况,如今她也已经成长为某检察院的中层领导干部了,那年听程老师刑法课的经历应该会对她的工作有所帮助吧。

其他导师的学生都认为程老师是个很严厉的老师,确实!上程老师的课是要提前做功课的,不然真的听不懂,要是被她提问而不会回答,也是很丢脸的事情。可私下里,我们程门同学都叫她“红姐”,她可爱笑了,平时也不会刻意考我们专业问题,都是和我们说些生活学习的日常事情。

程老师对我们的毕业论文极为关注,从研一开始就要求我们早做准备,至少要保证有一篇论文评上优秀。程老师经常说起一位传奇的师兄——蔡乐师兄,作为程老师硕士研究生的开门弟子,蔡师兄一举拿下了当年的校级优秀毕业论文和省级优秀毕业论文。直到2021年我去温州办理一起民事案件,才得以见到这位大神的真容,如今蔡师兄是他所在检察院的业务标兵。我的毕业论文写了半年,是一篇关于网络舆情对刑事案件影响的文章,其中最大的特色就是用了很多调查问卷,当年程老师和同门同学们都帮我分发这些问卷,这也是我能够最终成文的重要保障。后来的答辩过程中,李炜师弟还专门帮我准备。幸运如我,毕业论文侥幸得了校级优秀论文,也算没有辜负老师的悉心教导和同门同学的热心帮助。后来我缩写了这篇论文,在法院论文比赛中还拿了奖,老师常说,天道酬勤,今天播的种子,在未来肯定会发芽。

程老师其实一直想让我继续深造,考个博士,可我实在是没有那份资质,研究生毕业就回山西工作了。我结婚时,程老师和程门的师弟师妹还给我寄来了祝福和一床很温暖的空调被,我一直珍藏,没舍得用。后来因为一些工作的原因,我有两次回到武汉,联系程老师,程老师都会叫上一帮师弟师妹接待我,每次想买单都被程老师抢先,一直没有机会回馈师恩。

三、踏踏实实做事,“夹起尾巴”做人

程老师的学问自不必说,但我毕业多年,那些深奥的刑法学理论,诸如行为无价值、结果无

价值、期待可能性等，都已还给老师。可老师的一句话犹在耳畔：高调做事，低调做人。话虽简单，领会却不容易，实践更不简单。

程老师就是踏实做事的典范，她的课件都是自己一个字、一个字地敲上去的，从来没有要求我们学生代劳，备课时她都要翻阅好多本权威教材，力求把一个问题的多个观点都讲给学生，她的论文质量都很高，几乎发表的每一篇论文都会被学界大咖关注、引用。如今程老师已是教授、博导多年，这也是她这么多年辛勤付出的回报。

做人方面，程老师每每要求我们要谦虚谨慎，莫得意，莫嚣张，毕竟天外有天、人外有人，她常说越是有教养、有能力的“大牛”，反而越是谦和、有礼。别把没教养当作有气场，要懂得“夹起尾巴”做人。

四、结语

入程门，是我辈之荣幸。时值中南刑法研究生教育四十周年，谨以此文献给我的恩师程红老师，愿程老师身体健康、工作顺利、家庭幸福，桃李满天下！

南湖绿茵道

柳　洁　忆恩师与硕导

柳洁,2009 级刑法学硕士研究生,现为梧州学院法学与公共管理学院讲师。

年华是这世界上,最不用费力,便能得到的东西。常听家人朋友们评价我,年岁渐长,心性依旧。再加一句,没有长进。许是一向不擅人事,也不喜喧哗,所以,没有长进吧。读书时如此,毕业多年后也依旧。时光的裹挟之下,我们个个行色匆匆,忙忙碌碌,努力活成别人喜欢的、社会需要的样子,却唯独,不像自己了。不知从什么时候起,回忆变成了奢侈,那些人那些事,变成了生活长河中的细沙,再也不见。恰如懵懵懂懂的三年研究生生涯,至今留下的印记不过一二。

印象最深刻的是关于我的恩师齐文远先生。一直习惯称呼齐老师为"恩师",谨是有幸得到过老师指导帮助的学生,对老师由衷地感恩与尊崇。记得读书的时候,齐老师就一直是"高山仰止"般的传说。在教学上,齐老师的课堂永远是最为活跃热情的,开放式教学引导我们主动思考的同时,也带来了研讨的激烈。记得那个时候的我,课堂上找不机会,就总是逮着老师刚下课的工夫,向老师请教问题,也因年轻气盛,喜欢追根究底、争辩长短。至今仍记得老师笑容灿烂地鼓励和指导我,做学问就要善于发现问题,并能刨根究底地提出问题,这说明你不仅善于思考,而且有研究问题的勇气。但是,"授人以鱼,不如授人以渔",老师们的解惑只是治标,你们学习掌握解决问题的方法才是根本……正是齐老师醍醐灌顶的教导,让我脱离了毛毛躁躁的"被动"式单向求解,摸索并掌握了循序渐进"主动"式解惑的双链学习方法。

在生活中,齐老师是大家口口相传、崇敬感恩的先生。记得当时的我,正面临毕业就业的忧虑。虽然一直热忱研究,喜欢高校,想要留在高校成为一名老师,继续自己热爱的学术研究和喜欢的校园生活,但在当时的情况下高校的入职门槛较高,硕士研究生留在高校当老师的情况并不常见,而我又暂时没做好继续攻读博士研究生的准备,于是便陷入尴尬境地。恰在这个时候,已经毕业的师姐建议,毕业的困难可以向齐老师请教,齐老师对任何学生一直都不遗余力地给予指导和帮助。这让在黑暗中彷徨的我看到了希望,也鼓起了勇气,冒昧地跟齐老师反映了我的忧虑和困境。犹记得当时,齐老师在了解清楚我的情况之后,马上帮助了解熟悉的高校法学教师招聘情况,把我推荐给了现在的工作单位进行面试,并激励我:与法学相关行业相比,大学教师是个甘于奉献的“冷门”行业,很高兴也非常鼓励我们的年轻毕业生致力于教书育人的理想。有理想就要努力实现,只要坚定信心,就没有实现不了的理想！正是在老师的帮助和激励之下,我坚定了自己大学教师的理想信念,也鼓舞了就业的自信心,最终不负师恩,顺利通过了面试和试讲等环节,圆了自己的大学教师梦！仍记得毕业谢师宴上,当我向齐老师汇报这个好消息的时候,齐老师高兴得连说了几个“好,好,好”,还幽默地说道,我们的学生很优秀,变成我们的同事了。齐老师又指导和鼓励我,大学教师不仅是表面的“传道”,更重要的是“授业解惑”,这就需要科研的支撑;年轻教师更要对自己提要求,要坐得住科研的“冷板凳”,教学科研“两手抓”,才能将自己对社会对国家的贡献最大化！至今,老师的谆谆教导犹在耳畔,时刻激励我、鼓舞我。虽然目前的我尚不算有丰硕学业成果,也无耀眼科研贡献,但“教学科研之路漫漫”,在坚定的理想信念和齐老师的激励教导之下,我定能成长为有奉献能力和贡献产出的优秀大学教师！

另外是关于我的硕导童德华老师。跟随童老师做研究生的时候,老师正应那句“风华正茂”,学问和运动兼顾兼优,对我们的要求也是读书和运动“两手抓”,严格但不严厉。老师举办的每月读书会,大家可能印象最为深刻,因为每个同学都被虐得很惨,虽然几乎每次读书会后老师都会请我们吃饭。但于我而言,最深刻的是那次中秋节,童老师招呼我们没有回家的学生们一起打羽毛球。我是自大学开始接触羽毛球,因为喜欢加之一直有运动的习惯,所以技术和耐力都还不错。双打之后,其他同学都略有疲态,只有我精神尚佳,于是老师招呼我单打。本着初生牛犊不怕虎的心态,我跃跃欲试,平时的读书会被老师批评得太惨,誓要在球场上找回来。刚开始是拉长球,老师说活动开了再打技术。拉长球的时候,不分伯仲,耐力是我的长项。接着,老师提醒正式开始。到技术这块,我才明白,初生牛犊不怕虎,不是勇敢,而是无知。长杀、短吊……我从最开始的信心满满,到急进求胜,再到最后的招架无力,不过一盏茶的工夫。年轻气盛的我,不服气地提出再来一局,这次老师一边打球一边提醒我,放平心态,注意扣杀,注意吊球……虽然最后依然完败,但却比第一局进步明显。看我垂头丧气的样子,老师边收球拍边说:“羽毛球的本质只是一场运动,而不是输赢,只要达到运动健身的效果,那输赢又有什么重要。放平心态,不急不躁,徐徐前行,你还年轻,人生之路漫漫,丰富过程往往比结果更重要。由运动及于读书做人,道理都是一样……”如果说,当时的我并不能十分认可理解老师的话,那么毕业之后的工作实践,让急躁的我终究明白了,在“内卷”和“躺平”的选择题中,徐徐前行才是艺术。

文字总归苍白,寥寥数言,不足表达对老师们的感恩、崇敬、思念之一二。谨借此机会,向我的恩师齐文远老师、硕导童德华老师以及母校的各位授业老师,致以诚挚的感激与真挚的祝福:愿老师们安康如意,愿母校灿烂辉煌！

檀　俊 | 留下记忆的脚步

檀俊,2009 级刑法学硕士研究生,现就职于武汉市委办公厅。

不知不觉,离开晓南湖已近 10 年,碌碌工作总让人无法平静回忆走过的路。所幸,工作生活中常有情境牵连出琐碎的记忆,那段走过的路不曾忘却。每每有朋友提到中南财经政法大学这个名词,总有种别样的情愫在心中萦绕,似难以忘怀的情人让人牵肠挂肚;每每获悉身边的人是校友,总有种莫名的亲近在心底滋生,似难得一见的老友让人倍感温馨;每每看到有导师的新闻,总有种炫耀的冲动在拔节疯长,似得到糖果的小孩让人不禁莞尔。我一直在做一个决定,离晓南湖这么近,什么时候回去看看,看看齐老师,看看 406 工作室,看看那留下一串脚印的晓南湖,却总有种近乡情怯的愁绪瞬间弥漫,越来越膨胀,“没有成就,何以言归”的羞赧让一时的悸动慢慢消弭,直至下一次的冲动来临,周而复始,不曾断绝。

回忆总是一点一点积累起来的,如同电影的片断,一帧一帧接续起来。在每个人的自传体电影里,作为各自的主角,都有着各自不同的经历。还记得,在最终决定能否进入这座象牙塔深造的那次面试中,程红老师问了我两个英语问题,一个是你的兴趣爱好,一个是你最爱看哪本书,我愣是黔驴技穷般答不上来,甚至用拼音代替单词般的拙劣表演都用出来了,透过纸张都能看到曾经那蠢笨的窘态,不知是否让面试的几位老师们印象深刻、大呼头痛呢? 在心跌入谷底的忐忑等待中,我被告知录取了,天堂与地狱原来只隔薄薄一层纱的感觉,记忆犹新。从那时起,我就下定决心,绝不继续参加学生会类组织活动,认真地积累专业知识,让自己能有所沉淀。回望走过的路,我想我有限地做到了,在任何学习阶段都未像那三年里上课那样认真,弄懂了许多专业术语和原理,成了一生足以引以为傲的法学科班生。

回忆就像泄闸的洪水,一旦闸门打开,就会潮涌澎湃。对于走过一段路的记忆,人们都会习惯性地扪心自问,这段经历让你收获最多的是什么? 从未想过,三年的读研之路,只在上第一节课时,就定了调。清楚地记得,第一课就是齐老师的“案例刑法教学”,让人意外的是,整堂课不是传统的教材知识传授,而是从生动的案例解析入手,带领我们直观深刻地感悟刑法学的魅力,一下子就抓住了我渴望求知的心。课堂上,齐老师借着这些或热点或有争议或极具代表性的案例,叩开法学神圣殿堂的大门,让人忍不住想登堂入室、一窥究竟,又恰在此时抛出了一系列可供深入研究探讨的选题方向,犹如一颗种子扎根在思想的深处,慢慢浸润发芽,这堂课中齐老师谈到的一个选题方向正是这样成为我毕业论文的研究课题。我没有猜到读研生涯这开头,也没猜到这结局,从这里开始,也在这里作结,构成了一个奇妙的闭环,让人不由感叹,世界就是如此的奇妙。

有回忆,就是一种幸福。无论记忆是碎片模糊的,还是完整准确的,无论记忆是欢乐的,还是痛苦的,都难以忘却。还记得从齐老师那里借阅到学长写的博士毕业论文,看到那洋洋洒洒的文字时的兴奋钦佩,齐老师帮助定下选题后心中的踌躇满志,以及齐老师连论文标点都仔细批阅时的感动温暖,我想这正是在遭遇"闪屏门"的惠普问题电脑上坚持写作一个月,又基本无多少文献可参考走捷径的磨砺中能够完成毕业论文的动力之所在。还记得经常会感叹齐老师的睿智,好像什么问题都有自己的一套见解;郭老师的男神气质,又博学又帅气;周详老师的学问功底真深厚,这才是作为齐老师得意门生应有的样子;程红老师那一套外国刑法知识,这么艰涩的学问也能学得这么透;夏朝晖老师给人如沐春风般温柔,在我论文答辩时提出了切中肯綮的建议。还有许许多多让人仰慕的专家学者,我一直心中都有着窃喜,在踏入这座象牙塔之后,可以很方便地聆听他们的讲座,"文澜大讲堂"的报告厅里座无虚席、站在最后一排听两个多小时讲座的经历至今仍然印象深刻。还记得 406 工作室的室友们相约周末打"双升"、到南门"小吃一条街"逐店尝鲜的欢乐,还记得跟朋友在中原楼后面的小池塘里垂钓的趣事,往事一幕幕,深潜心底,从未消失。我也记得曾经多少次的选择挣扎,多少次的感情泅渡,最终毅然决然地选择走上选调之路,扎根在这个有晓南湖的城市里。辞别校园时,多少学子感慨,晓南湖啊,晓南湖,载不动许多愁。

一段路就是一段记忆,无关时间长短,只在乎是否深刻。每每在早出晚归匆匆忙忙,为生存而追逐着时光的间隙里停歇,回忆起读研这段路时,从未有心中空落的感觉,相反,总是沉甸甸的实在。总有一天,时间会将记忆模糊,那就为自己走过的这条路上留下点印迹吧,不管时间多久远,也能寻觅脚印,校准坐标,找到来时的路。

马　骏　|上一站，茶山刘

马骏，2009 级刑法学硕士研究生，现为山东省泰安市人民检察院法律政策研究室副主任、一级检察官。

我生在北方，长在北方，谋生于北方，如无特殊事由，一生都会不离开齐鲁大地。但人世间的跌宕，却总是隐藏在冥冥中的偶然。之后多年，我一直在试图解释珍贵、厚重、难忘的中南财经政法大学三年的刑法学硕士研究生岁月，分析其在人生际遇中的原因力，却往往陷入当局者迷。都说人生如逆旅，上一站，茶山刘，仿佛是平缓的因果关系进程里突兀出现的介入因素，显著影响了往后的人生图景。

引言：不过是少年

再往前的回忆里是一个孩子。作为一个典型的 80 后，我的小学是在一个需要坐城乡快客穿过省道、乡道，下车走到村道尽头的自然村里，学校的名字叫后丁小学。不同年级的孩子共同分享一个玻璃不全的教室和精通各学科的老师。最喜欢听到的就是锤子敲打一截挂着的铁轨代表的下课铃。后来后丁小学就被兼并到镇上的中心小学了。我也搬家到了县城，转过去的小学叫作北关小学，位置在城乡接合部。记忆里好像只有参加高中化学知识竞赛的机会，我才去过一次市区。后来高考考到了省会城市，距离家乡也就两个小时的车程，仿佛都没有离开过一个共同的居住圈。

作为一个农村出生的北方的孩子，跟随者城镇化的进程一路攀爬、颠簸，直到大学入学，才第一次离开所居住的小城，到了另一个大点的城，泉城济南。乡音乡情、水土相连，感觉生命仿佛兜兜转转。在这个城市待了四年，依然忘不了对远方的向往，决心考研的时候，想着一定要跳出一个 80 后的循环。却不知道，是否开启了一扇时空之门，由此进入了一个新的世界？

一、始于浓情

初识中南大，源于一个好友描述的远方的、精彩的大学校园，九孔桥晨曦、晓南湖夕落，作为缺水的北方人，我对坐拥南湖和晓南湖两座湖的学校充满向往。济南的别称是泉城，而武汉的别名江城,又叫“千湖之城”,总感觉从苍茫的黄河到广袤的长江带着几分注定,也仿佛要补上“湖不入海”的缺憾。

21 世纪第一个十年的末尾,淘宝还没有兴起,电脑还没有普及,诺基亚手机的 JAVA 系统能运行移动版 QQ 算是高科技。临近毕业,姐姐用上班第一年的全部工资给我攒钱买了一台惠普笔记本电脑。

因为特殊的原因,直到考研笔试前几个月,我才真正安心下来开始学习。刚开始手忙脚乱、摸不着头脑,直到有一天发现中南大官方公布历年考研真题,顿时感觉到可见的公平。偶然发现,中南大学生自办的论坛“浓情中南”,考研同盟版块有各路大神对复习方法、策略的归纳总结,伴随“同盟同在”的口号,带来莫名的温暖,让全国各地的考生感受到老五院四系的开放与包容。还记得那时候震撼到我的第一个经典帖子,是“anyidefeng”的大作,是对考研基本规律、逻辑、思路的把握,读来让人醍醐灌顶,特别是根据分值、产出划分精力、投入的策略,多年后工作中仍有启发。时任版主“飞鸟 - 317”,像一个热心的姐姐或者铁心的兄弟,总能在考研小孩浮躁时带去温和的关怀和问候。

考研之后的那个炎热的暑假,我第一次坐 T179 次火车南下报名参加法律职业资格考试,火车缓缓驶过武汉长江大桥,波澜壮阔的江面,凛冽的江风,叠加混合着记忆中 538 路公交车上雄壮浑厚的“南国大武汉家装”的背景音乐,夹杂着“踩达”(武汉话“财大”)北门小面包车主的“互不夯! 互不夯!”(武汉话“户部巷”)的嘶吼,吹来了新的世界。

入学报到第一天,9 月熟悉的南方城市的桂花飘香映射在当下的镜头里。文波楼、文澜楼伫立相望,九孔桥上满校园青春靓丽的身影,耳边响起“God is A Girl”的音乐,“茶山刘女子技术学院”的名号跃然纸上。逐渐地,我从“考研同盟”到“浓情中南”,跻身了最后一届 team 团队(论坛管理员团队)。作为为数不多的学生自办的高校学子论坛,“浓情中南”讨论的问题颇多敏感、复杂,有对学校、老师的评价,有对校园内事件的讨论,有对管理、服务问题的分析,有对教学内容的评判。有的偏程序,有的偏实体,有的偏文艺,有的偏搞笑,财经政法类高校效率与公平的价值位点,九省通衢方位的立体观察,参与式讨论与集中式管理的张力,带给人莫大的视角偏狭恐慌。跨板块协调问题,投诉建议事项处置,成了学习感悟社会角色的沃土,不平等的“社会人”背后难得的是平等的 ID,清新的界面背后是繁杂、立体、多维的切入视角,也感觉到公民观念、法治意识的迅猛成型。如果知道,所有的论坛、贴吧终将被微博取代,微博终将被短视频无情淘汰,又会是怎样的感想? 舞台或许重建,剧中人不会散场。

二、立于程门

研究生岁月,跟随导师学习是最重要的主线。跟随“飞鸟 - 317”的脚步,我顺理成章拜入程门,跟随导师程红老师学习。学术上的研讨、请教之外,最难忘的场景,就是所有的同门聚在文治楼办公室,谈学习感悟、读书心得、生活分享,教书与育人,授鱼与授渔从言传身教、解惑答疑中养成。导师很严厉,也很和气;很冷,也很温暖。当时不明白,导师为什么要求学生一定要自己动手写论文,要到知网查很多资料,要关注很多当时不求甚解的新概念。多年以后参加工作，面临各种调研课题论文，才感谢当年的研究生岁月没有完全“打酱油”。特别是，面对全新选题、全新领域、全新挑战，能够稳下心来，从零开始，用各种途径、寻各种资源去求得突破的韧劲，为以后面临的挑战塑造了完整的应对机制。如果说研究生岁月最大的收获，应该就是导师、同门师兄妹带来的学习的启发和生活的帮助，以及面对困难绝境的勇气。

还记得准备毕业论文的时候，我在选题上反复请教老师，最开始谋划的中立帮助行为、未达到精神病程度的神经症对刑事责任的影响等选题，终因功力不济被迫放弃。多年之后办理案件，我对共同犯罪的疑难案件的分析、对故意杀人案件隐秘动机的查证，一直都萦绕着当年翻阅资料、热烈讨论的影子。至今还记得与老师一起严肃讨论佛学、信仰的问题，能够在学术自由的氛围中探求更多的可能，这就是自由之思想最大的裨益吧。毕业后一直坚持读程老师推荐的《读书》杂志，读到感兴趣的每一篇都如获至宝，严肃的知识真的可以信手拈来，习惯于警惕晦涩表达背后交流能力的可能缺陷。工作多年后的今天，面对相关单位邀请作为专家参与省级人才测试，我的第一反应仍然是翻出《读书》杂志，在那里重新打开多维世界，重新开启跨学科研究的视野，重新体会人类在知识海洋面前的卑微。也正是基于开放包容、紧跟前沿的学风，图书馆馆藏丰富的法学、经济学、社会学、心理学、宗教、哲学的书籍，大大开阔了法科生的狭窄视角，让我尝试从更多维的角度去体会人生与事件，更加谦虚审慎办理案件与参与别人的人生。

回想当年的读书，在丰富多彩的校园生活里的安静读书可能是“可以但没必要”；工作后今天再想安心看书，只能叹息“必要但不可行”，这种感觉就像人生错过的每一次遗憾，愈加感觉到当年研究生岁月的珍贵。

三、行于纵横

如果说“浓情中南”论坛是中南大学子的网上精神家园，图书馆是中南大学子的线下集会，“晓南纵横学术沙龙”就有点像当今流行的线下开放麦。晓南纵横学术沙龙前身是2008年11月重建的南湖青年刑法沙龙，其前身又是1998年9月创建的青年刑法论坛，由在校的刑法学研究生筹备运转，每期邀请若干研究生、本科生、导师就热点社会问题开展研讨，实际上闻者可言，言者可应，真正见识了有趣的灵魂万里挑一，万里挑一的灵魂之间碰撞几何级的一千个哈姆雷特。

每次沙龙交流上，同学们热情慷慨，观点新颖激烈，让每一个参与的个体受到全新的启发与冲击。记得当时以初生牛犊不怕虎的姿态热情参与，谈刑罚从生命刑、肉体刑、自由刑到精神刑的演进（似乎当时的立法还没有从业禁止），谈犯罪过失能不能理解为潜意识的犯罪故意（二者是否为包容关系仍有争论），年轻、好奇、探索、无畏同时向智慧敞开。当时大家争议的占有的问题、机器能否被骗的问题，直到十年后的今天仍然是司法实践中的难题，以至于每当遇到疑难问题时，在法条、司法解释、案例研究之外，我总不忘翻一翻当年的笔记本，当时的青年们是如何探索这尚无定论的领域。

印象最深的案例是讨论实践中很少出现的聚众淫乱罪案例。该罪名是否应该废除、QQ

群是否具有公然性、国人对性的认知态度，每一个问题都在引发出新的问题。有的从比较法学的角度，探讨了德国、日本、越南的立法例；有的从社会学的角度，探讨了"成人自愿隐私"三原则及国人接受程度；有的从立法合理与司法可能的角度，讨论了存废的历史定位。记得有时间参与的导师们也热情洋溢地发言，颇有乐在其中的意思。郭泽强老师的点评颇有启发，印象中提到了刑法用语的相对性、犯罪的本质是规范违反还是法益侵害的分歧、社会观念的演进。夏勇老师提出要强调刑法研究的视角问题，是立法角度还是司法角度，社会危害性的入罪审视与刑法谦抑性的出罪可能等，导师以谦逊交流的姿态发言，却以大胆鼓励的姿态肯定，让沙龙散发出"世界很大，观点很小"的独特魅力。

记得齐文远老师对晓南纵横学术沙龙进行了精彩的现场点评。刑法沙龙有四个显著的特点，新闻眼、自治性、原生态、国际化，沙龙中人顿时显得高大上了起来。针对当期话题，齐老师点拨应该关注几组关系，如关于犯罪的本质：法益侵害说与规范违反说；关于个人自由和社会秩序："三原则"主要基于自由主义视角，但也要考虑有无探寻别的视角可能；关于规定中的法律与运行中的法律：备而不用不一定是死法；关于西方通例与本土文化的博弈，更应考虑社会大众的感受标准，不能仅以专家、学者、少数人的观点自说自话。[1] 当时我的体会不深，多年之后，面对手中的公共交通领域驾驶超标电动车过失致一人重伤的罪与非罪之争的现实案件，面对应该侧重保护法益还是维护秩序的拷问，在一次次讯问、检察官联系会讨论、参加开庭审理、公检法联合座谈的过程中，晓南纵横学术沙龙的每一位或认识、或陌生的学友激烈争鸣的画面一直萦绕在脑海，不断形塑成当下司法办案的基本理念。

四、校园生活

记得那时候团购刚刚兴起，直播遥遥无期，没有出息的"吃货"可以坐好几个小时的公交车去吃一顿自助餐，一天只吃一顿饭，一顿饭吃一整天，以至于之后再吃到任何的山珍海味，也没有当年满足的味道。中南大的吃不是浪得虚名。西门的热干面、土家酱香饼、各种小饭店、饮品吧，北门的北苑夜市、茂源餐厅，南苑的兄弟烧烤、大排档，东门的简朴寨、私房菜，学校里桥楼、小观园，甚至还有中百超市的烤鸡，都汇集成精彩岁月的气味图书馆。

图书馆、文泰楼前总是熙熙攘攘的人群，大家神色匆匆又不知去向何方，各种各样的协会、组织组织各种各样的活动，"非常董事会"是很多人聚会的据点，清水苑超市门前总是等待约会的人们，各种各样的美食小吃、音乐 KTV、水吧的喧闹声夹杂着远处的歌声，"我站在屋顶，黄昏的光影，我听见爱情光临的声音，微妙的反应，忽然想起你，这默契，感觉像是一个谜"。人世间的青春嘈杂的声音交错在一条热闹的小巷子里，就像滚滚红尘的缩影。

毕业之前的考驾照给研究生岁月抹上最火热的底色。在知名的武汉的炎热的夏天，在知名的老式桑塔纳轿车里，四五个人挤在一起听驾校教练的讲解和手动"邦邦"的纠错，教练的肯定性评价与鼓励性质疑时时响起，自我怀疑的脑袋都挤在教练拿的装满浓茶的大水杯里不

---

〔1〕 根据笔记情况记录，未经当事老师本人审定。

断地翻滚,滑入记忆的深海。

为了考驾照,我把户口迁到了武汉市洪山区政院路 1 号,不知不觉把武汉当作了家乡。毕业之前在知名的中南财经政法大学校医院打了乙肝疫苗的加强针,同样三年前也是在这里入校体检,如一个循环的注脚,仿佛已经为走入社会丰满了羽翼。

五、战于沙场

丰富多彩的研究生岁月很快就要面临各奔东西的毕业季,“中南大女子职业技术学院”秒变茶山刘考公大军,那时候的公务员招考还没有多省统一时间联考,跟随着中南大的考公大军,我们也拟定了先西南,再华东,再南下,最后北上的基本方略。当时的国考之后第一站是四川省考,于是就报考了成都某区检察院的岗位,我以为是第一站,差点变成终点站。

2011 年年末,四川省公务员考试,大家坐着绿皮车前往天府之国,浩浩荡荡的人群,云淡风轻的第一站。第一次考试也不怎么在意输赢,笔试返回一批,面试返回一批,到了体检环节,就还剩下几个幸运的散兵游勇。大家长呼一口气,一时感觉自己变成了吐气的鱼儿,觉得快要上岸了。

2011 年 12 月 27 日,四川省公务员招考体检的日子,考生们聚在浣花溪公园旁边的四川省人民医院草堂院区,有条不紊地进行体检环节。做彩超的时候,医生比画着说,哎?你怎么还有这么大的血管瘤,我帮你提前预约 CT 吧。自以为身体还好的我,总觉得是一个玩笑,我长那么大,血管瘤长那么大,我能不知道?当天就安排了增强 CT。一个人空着手就去了,做检查的一个护士姐姐用听不懂的四川话一直在重复说什么,当时听不懂,就糊里糊涂过去了。事后才知道,她一直在追问,你怎么一个人来检查,谁给你签字?谁给你负责?当时年轻人总觉得伤痛、死亡距离当下很遥远,一切障碍都是可以通过努力克服的,不要影响我前进。

2011 年 12 月 31 日,接到体检中心电话,要求继续去复查。顿时感觉不妙,感觉仿佛过于顺利的事情总带着命运的作弄。到了体检中心,找到主检的王医生。王医生一脸疑惑,看看我,看看报告,又看看我:你抽烟吗?喝酒吗?平时肚子疼吗?有什么感觉吗?问得莫名其妙却也仿佛告诉了答案。在我的追问下,王医生只说了一句:情况很复杂,可能要活检穿刺,你能找到陪床的人吗?

2012 年的开端就是一个充满惊喜、惊讶的礼物盒,2012 年元旦是一个难熬的元旦,那几天新一年的考研要笔试了,我租住的四川大学家属院的日租房房价飞涨,已经住不起了。当时感觉自己像做错事的孩子,抽血、CT、会诊把生活费都快花光了。没有钱在大城市继续生存,记得我跑到一个叫郫县的地方待两天散心。或许还是学生的缘故,第二天去了西南交通大学图书馆,也不知道看什么书,傻站着、傻坐着,也不知道该想些什么。元旦第三天,还是要回成都,看着这个陌生又熟悉的地方,冥冥中、偶然中带着必然的过路客,心中默念着,如果有明天,祝福你亲爱的。

2012 年 1 月 4 日清晨,天还没有亮就到了体检中心,还没有开门,只能看到夜幕中的黑暗,仿佛生活的尽头。不知何时等到主检的王医生过来,准备好的决绝的心在别人的善意面前不堪一击,王医生对旁边的护士用勉强听懂的四川话大声喊,快,谁带这个娃儿再去查查?这个点还能赶上免费的班车!莫名其妙就被领着去做了核磁共振,现在还记得核磁共振检查的憋气时间很长,憋气的时候仿佛感觉到体内的东西疯长,只有最后听到一声话筒里传出来的“可以了”的声音才突然回到人间,长舒一口气,能做的都做了。

当天下午 4 点,一个人在浣花溪公园溜达着等结果,仿佛感觉已经被世界遗忘,快要被世界淘汰。突然接到一个陌生的成都本地的电话,竟然是程门同门的同学找上门来,说要过来看看。后来才知道,在学校的程老师很担心,学院也多次给招录机关打电话咨询进展,发动远在四川的同门朋友来送温暖。朋友陪我在浣花溪公园喝茶,我却好像感受不到成都人说的巴适得很。熬到下午,在体检中心等结果的时候,在医院椅子上一直回忆《假如给我三天光明》的内容是什么,好像不记得。终于等来王医生,他眼镜一推,说:“良性的可能性很大,你再去医院找专家会诊吧。”

2012 年 1 月 5 日,挂了华西医院专家号,又要抽血检查。我看着卡里的余额问收费员多少钱,如果不够了就不查了吧,很神奇,刷卡完了还剩下个位数。当天下午,又返回体检中心,动摇了,说希望能拿到体检报告回去治病,然后很可能不会再来了。王医生很生气,说:“你为什么放弃?坚持一下!”我还是拿了体检报告的复印件,决心离开。临行离开前,突然接到体检中心的电话:“可能行!下午四点你把报告拿出来都给我!”下午到体检中心上交报告,王主任说:行了,你走吧!

又在成都待了两天。2012 年 1 月 9 日,打电话给招录单位,对方说:“体检合格了,你可以走了。对了,你快给你们学校、给你们老师打电话联系一下,你们学校很关心你,一直在问你。”

尾声

回到熟悉的校园,寒假开始,同学们三三两两离校了,学校那边已经同意了假期留宿手续,公费医疗转诊到武汉的同济医院,等待开年后住院治疗。

那一刻突然感觉,终究未被遗忘,他乡亦是故乡。

徐成宝　永远的南湖青年刑法沙龙

徐成宝，2009级刑法学硕士研究生，现就职于中共广州市委办公厅。

2010年3月10日中午，2008级硕士研究生侯二伟师兄来环湖学生公寓五号楼楼下找到我，称南湖青年刑法沙龙常务会议拟换届，一些师长和同学推荐我接替他，担任第二届常务会议主席。这一“突发情况”令我既感到受宠若惊，又顿时茫然不知所措。因而我没有立即应承下来，只是表达了感激信任之意，并表示要慎重考虑一下自己能否胜任，也建议继续考察物色更合适人选。谁知第二天，我在南湖校区学生四食堂旁篮球场边偶遇郭泽强教授，他未待我开口，径直对我说：“成宝，刑法沙龙差不多一年时间没开展活动了，争取过几天搞一次热点案例讨论，你组织筹备一下，具体安排可以跟二伟商量，遇到任何问题困难随时跟我讲，我们全力支持。”尽管郭老师脸上挂着惯常的笑容，一如往日和蔼亲切，却带有一种不容置疑的语气，没有给人商榷余地。看来，我除了“赶鸭子上架”勉力为之，别无选择。

那时的我，就读硕士研究生刚逾半年，尚未度过研究生生涯初体验的“迷茫期”，对南湖青年刑法沙龙这个组织更是闻所未闻，也没有担任学生社团负责人的经历，心中不免有点“本领恐慌”的忐忑。于是，我第一时间登门拜访侯二伟师兄详细讨教活动安排，并向当时校内十分活跃的晓南纵横学术沙龙组织者及主要成员请教活动经验，同时在互联网认真搜罗了可以搜到的关于南湖青年刑法沙龙的所有信息材料。原来，南湖青年刑法沙龙是在中南刑法博士生导师组和硕士生导师组全体老师指导下形成的研究生自治学术组织，已运行多年并开展了一系列学术活动，是中南刑法研究生教育很长一段历程的忠实见证者。其前身是青年刑法论坛，成立于1998年11月10日，是经原中南政法学院党委宣传部批准举办的第一个研究生学术团体，2008年11月22日更改为现名——南湖青年刑法沙龙。受命服务于这样一个具有优良传统的学术组织，对我而言可谓兹事体大。我倍感使命在肩、“压力山大”，连日辗转反侧、苦思冥想，试图找出办好沙龙的良策。

2010年3月20日晚，以“深圳机场女工梁丽捡金案相关问题探讨”为主题的南湖青年刑法沙龙2010年第一期学术讨论活动，在文治楼二楼刑事司法学院会议室举行。在这期活动开始前,沙龙组织宣布了刑法沙龙常务会议正式换届,公布了新一届成员名单。名单中除了我以外,还包括马骏、马银措、杨芳、刘辉、刘杰、卢帅,共7名成员,均系2009级硕士研究生,分别担任主席、副主席、秘书长、学术部、宣传部等分工,另有本科生部联系人贾欣。活动结束后,我把所有成员留下来召开了第二届常务会议第一次例会,征求每一名成员对今后开展沙龙活动的考虑,总结第一期活动的经验和不足,商议第二期活动的主题和安排。在会上,各位成员开诚布公,你一言、我一语,提出了很多建设性意见,使我受到了很大鼓舞。我将各条意见一五一十记录下来,也把自己这段时间的思考及想法和盘托出。我们由此意识到,运营一个学术团体,是凝聚研究生、服务研究生、丰富研究生生活的有力抓手,因此十分珍惜成为刑法沙龙光荣一员的难得机遇,将之视为促进自我提高、带动共同成长的重要机会。我们的初步设想是不囿于沙龙的名称,从建章立制开始,完善组织制度体系,拓展活动范围形式,提高服务工作水平,加大宣传发动力度,提升显示度影响力,把刑法沙龙打造成为一个自由开放、充满生气、勇于创新、展示才华的学术平台。

为了实现做大做强南湖青年刑法沙龙的初衷,我们开始了"摸着石头过河"、边干边学的探索。一方面,尽力找机会试着开展更多活动,积累经验;另一方面,在活动过程中查漏补缺,臻于完善。首先,建立健全了一批机制,包括例会召集机制、年度计划机制、活动策划机制、活动记录机制、效果反馈机制、成果总结机制等,全力推动刑法沙龙组织体系化、制度化、规范化,构建起保障刑法沙龙常态化运行的"四梁八柱"。其次,搭建形成了"一班一群一网一坛一报"宣传动员体系,"一班"即研究生班,沙龙成员每期活动前到班级课室公开发起号召,到同学宿舍个别发动参与;"一群"即建立QQ群,即时开展活动信息交流和反馈;"一网"即中国刑事法治网,申请获得网站后台编辑管理权限,设置南湖青年刑法沙龙专栏,加挂相关动态文章;"一坛"即浓情中南论坛,及时发布活动帖子,跟进有关讨论;"一报"即宣传海报,各期活动均制作信息海报,并广泛张贴至各栋教学楼和学生宿舍。最后,针对沙龙形式和内容进行了创新尝试,拓宽了活动对象群体,扩大了嘉宾邀请范围,探讨了跨专业领域话题,提出实施"焦点案例讨论""前沿专题报告""法治辩论赛""案件模拟法庭""实务部门考察"等不同类型的活动项目。

在中南刑法博士生导师组和硕士生导师组的支持指导下,以及各年级师兄弟姐妹的倾力帮助下,特别是经过南湖青年刑法沙龙常务会议成员的齐心协力,我们在一年任期内先后成功举行了六期活动,并首次把刑法沙龙成立以来举办的各期活动记录汇编成简报,经过精心校对印刷后,报至学校、学院分送领导和老师阅览,受到校、院的赞许和肯定。这六期活动,无论是参与规模、嘉宾分量,还是活动频次、成效影响,都达到了刑法沙龙史上新的高度。比如以"南京马尧春换偶案相关问题探讨"为主题的学术交流活动,齐文远教授、夏勇教授双双拨冗出席,法学院张继成教授"不请自来"莅临现场,越南籍博士研究生阮清新、黎忠坚首次参加并发言,各专业研究生、本科生、政法干警等齐聚一堂,最大容量仅100人的会场挤满了约200人。又如,在苏彩霞教授大力协调下,分两期两个环节进行的社区矫正理论与实践主题活动,在实践调研环节,由湖北省司法厅社区矫正工作办公室专门安排,刑法沙龙成员代表到武汉市洪山区洪山街司法所,实地参访社区矫正试点工作情况并与工作人员座谈;在理论探讨环节,来自湖北省广水市司法局、专业从事社区矫正实务工作的同志也结合一线工作经验积极参与深入研讨。再如，在中南刑法学科主办的风险社会与刑事政策的发展学术研讨会期间，刑法沙龙主要成员不但成为会务工作主力，而且借此机会参与组织了一次别开生面的对谈活动，与高铭暄、卢建平、冯亚东、徐岱、王政勋等中国刑法学界名流，围绕刑事法治热点问题进行面对面交流。

诚然，由今视昔，上述被我们当年引以为傲的一切，于旁人看来也许不过尔尔。然而，那些日子里每个人为南湖青年刑法沙龙所作的辛苦和付出，时常恍如昨日般真切重现在我的脑海里。尤其是每当同踏入社会、参加工作后所见所闻、所知所思形成强烈对比，总是令人由衷感佩、慨叹不已。虽然记忆总会有断片，名字难免挂一漏万，感恩之情也不是罗列一串串名字、摆出一桩桩事实所能充分彰显，但我始终铭记，齐文远教授、夏勇教授、苏彩霞教授、王良顺教授、王安异教授、郭泽强教授、刘代华教授、丁友勤教授等一众导师，于百忙之中挤出时间到沙龙活动现场给我们指点迷津，而今再也没有人那样无条件包容我们的轻狂意气和浅薄无知。我始终铭记，少杰、馥坤、张凡、莎莎、俊鹏、庞晨、秉均、小波、大吾、立波、琴瑟等一群小伙伴，他们总是"随叫随到"，与我们一同为组织沙龙活动在校园里奔忙，而今再也难以感受那种不计名利得失、精诚团结互助的率性纯真氛围。我始终铭记，纵然我们曾为刑法沙龙的开展倾注了不少心血汗水，也须从根本上认清一个事实，那就是刑法沙龙塑造了我们、充实了我们，让我们的求学之路变得更加丰饶厚实，而今再也不可能拥有象牙塔里那般优越的平台和机缘。我始终铭记的那些人和事，当然还有很多很多，无从一一列举。

长江后浪推前浪，一代新人换旧人。随着 2010 级硕士研究生入学，中南刑法注入了新的朝气活力。我们着眼于南湖青年刑法沙龙长远发展，首次采取面向 2010 级师弟师妹公告招新的方式，有序推进常务会议换届。招新活动得到超乎预期的热烈响应，短短数日内就收到几十份简历。为保证换届公平公正进行，我们成立了招新委员会，特邀两届刑法沙龙主要成员、研究生会负责人组成了评委团，通过现场演说、公开面试、实时打分，按得分高低确定了入围第三届常务会议成员名单，分别是陈昌松、焦敏、闫永磊、陈潇潇、吕本超、朱磊、马英红、陈曌、杨靖、孙霞，并将入围名单在刑事司法学院官网张榜公示。公示结束后，我利用课余时间约见入围的同学一对一谈心，也分别与未入围的同学进行了个别沟通。他们表现得都很给力，却也异口同声说我把刑法沙龙当成了自己哺育的孩子一样，因为不放心交给他人，所以才不爽快放手。实际上在我心中，刑法沙龙是我们赖以成长、须臾不可分开的摇篮，因为舍不得，所以不轻易离开。不过，我深深明白，生活就像一场接力赛，分离是人生的常态。在带领第三届常务会议成员顺利组织新一期沙龙活动后，我们如期交棒了。

如今，21 世纪已处于第三个十年，中南刑法研究生教育走过了四十周年，南湖青年刑法沙龙也迈入了第二十四个春秋。回到当下，在被迫沉浸于"文山会海"、案牍劳形无法自拔的工作时光里，我常忙里偷闲刷手机微信，不时会发现刑法沙龙公众号推送的更新，偶尔翻看一下，感觉颇有新意，活动内容更深入、更新潮。作为一名刑法沙龙的"老人"，没有比看到这样的推送更能甚慰我心。每每在这一时刻，我只想真诚地大声喊出来：永远的中南刑法！永远的南湖青年刑法沙龙！

庞　晨 | 三年武汉人，一生中南情

庞晨，2009 级刑法学硕士研究生，现就职于江西省九江市公安局。

三年武汉人，一生中南情。35 岁，在我这个年纪谈一生或许为时尚早。但历经坎坷，流过汗水与泪水的人都会明白。2009 年的春天，我以 359 分的笔试最低分压线进入了中南刑法研究生复试，初查成绩后的万念俱灰秒变破釜沉舟式的决绝，我知道无退路可言。于是后期我几乎背下了复试用书——张明楷老师的《外国刑法纲要》和张远煌老师的《犯罪学》。果然，机会都是留给有准备的人。复试当天，我面对齐文远教授、苏彩霞老师的提问流露出的自信与从容，让自己顺利过了关。从此，我与中南、与武汉结下了这段极深的缘分。此处就不详谈我这个江苏苏北乡下土娃如何从小励志读书的故事了，因为“鸡汤”告诉我们苦难往往与财富并存。

敬重一生的人

来到中南，对我影响最大的自然是这里的老师和氛围。

齐文远教授、夏朝晖老师、苏彩霞“师姐”是对我个人影响最大的三个人。说实话，除了我的导师夏朝晖老师，其他人可能对我没有什么印象（这是当然，毕竟那么多学生，老师们授课的任务也很重）。但这丝毫不影响我对中南刑法恩师们的敬仰之情。

齐文远教授——定鼎中南刑法基石的男人。“胸脯横阔，有万夫难敌之威。话语轩昂，有千丈凌云之气。”这样的句子可能就是用来专门形容齐文远老师的。我至今谨记齐老师常说的“刑法的实践秉性”“刑法的民族文化基因”。在课堂上，当其他教授们讲解大陆刑法、英美刑法的先进理念，齐老师所谈的却是“实践理性”和中庸之道。

齐老师说，中庸也是一种方法，社会热点中也能发掘刑法学顽强的生命力，罪与刑的确定必须兼顾天理“国法”良心。这些理念对我现在的执法和办案产生了深远的影响——工作中我慎之又慎，细致严谨，对法律依据必须做到明确、明晰、入微，坚决抵制一知半解、模棱两可。别人办案总是说要杜绝冤假错案，要对得起自己和家人，对当事人负责，而我内心却对自己最

初的治学态度泛起涟漪,我认为这容不得丝毫马虎。

夏朝晖老师——最敬爱和敬仰的导师。夏老师气质很好,与这气质并存的是她的好脾气。我始终认为,能够选择夏老师做我的硕士研究生导师是我的幸运和福气,因为我的学习态度和学术水平实在不敢恭维,而这都为夏老师所能容忍。毕业论文题目我最开始选择的是"人格刑法论",后面看来看去,发现自己的世界观变得越来越"形而上";写来写去,自己的论文草稿写得越来越"大而空"。最后是夏老师一语点醒梦中人,大而全或许比不上小而精,我才选择了后来的"组织出卖人体器官犯罪"的题目。

学习中、生活上,夏老师对我们同门师兄弟(姐妹)关怀备至,对待我们的提问也都耐心讲解,体现了一名老师对学生最重要、最走心的教诲。而这样的教诲,往往让我们受益终身。严格意义上,夏老师就是我校园生活的最后一位老师,我也间或在某年的一个教师节给她送上一束鲜花,遥寄对昔日老师的感恩,祝福老师身体健康、一切顺利。

苏彩霞师姐——才华横溢、雅量高致的女子。在这里称呼彩霞"师姐",实则是对苏老师最好的敬重,她太没有架子了,活脱脱的一个小姐姐。如果说齐老师是学术权威,那么苏老师就是青年才俊、后起之秀,人家活出了我们很多学生心目中的样子。我们憧憬、艳羡、神往……这丝毫不影响苏老师对我们和蔼可亲的态度。与君子交淡雅如兰,与苏老师交往你会深深地被她这种学者气质所感染,可能这就是传说中的腹有诗书气自华吧,而能给我这种感觉的人寥寥无几。

曾几何时,我也想做一个学富五车、才高八斗之人,奈何天赋缺位、实力不济。现在的同事(我在中西部一座三四线小城市供职)都曾问我为何不去教书授课、当一名老师,因为在他们眼里硕士已经是一个遥不可及的学历。每每遇此情形,我即苦笑一声,搪塞两句。只有我知道彩霞"姐"才是我心中那一桅难以企及的标杆。齐老师曾在我们班说,你们70人中如果今后能多出几位刑法大家,我也就知足了。不知他说的大家标准怎么界定?我想我们每一个同学都在努力无愧于中南刑法人的称呼。诚然,人前有为人所知的光鲜亮丽,人后必然有不为人知的艰辛,选择了一条路,剩下的唯有坚守。

当年给我们授课的不仅是这三位老师,还有其他许多优秀的老师。他们都是指引我们人生航道的灯塔,能认识这么多名师,有他们给我讲授刑法学的知识,真是我们的幸运。谢谢他们,谢谢命运的安排。

最后的校园生活

谈了对老师的思念之情、感恩之意,自然也抹不开对武汉这座城市的理解。热,是我对这座火炉之城的唯一印象。每年从4月中旬开始热起,到11月初结束,似乎6个多月的时间都浸泡在夏季的炎热里。冲凉,成了这个季节最大的乐趣!一天不论任何时候,早晨、中午、晚上,随便一动一身汗,一瓢冷水一冲,汗又立刻蹦了出来,那叫一个酸爽。我至今都记得我们环湖5栋宿管大爷的模样,中等偏下的个头,白白瘦瘦的身体,一件大白背心、一条大裤衩,说话喉咙里带着这个城市的温度,喷火似的冲!

美好的校园生活自然不能没有篮球,学习的时间过得辛酸漫长,但打篮球却让我开心了很多年。几乎每个没课的下午,我和朋友们都是抱着球在环湖5栋下的野球场度过的,阿联、大鹏、小波、大哥、老崔、小辉、yin宝、牛总、坡山、魔兽、老马、大吾、老郭、生效、大黄、老苏、班长、赵鲲、伟谦斯基、孙师姐、马琳、陈真……这些昔日的玩伴与同学,陪我度过了那段开心快乐的时光。如今,虽然不能一一常联系,但一有同学消息,大家都互通有无,愿他们每个人都鹏程万里、事事顺遂、家庭幸福。

对读书生活的向往

一直以来,中南这所全国知名的政法高等学府,严谨的治学风格和良好的读书氛围给我留下了深刻的印象,课堂上教授们引经据典的潇洒,下课后同学们在图书馆占座的疯狂,无不向我宣示着,如果不努力,将被摩擦得满地找牙、渣都不剩。于是乎在三年里,我每天假模假样地奔走于逸夫楼、文添楼、文泰楼,勤奋读书、参加讲座、撰写论文、拼命司考、热心考公,虽然收效甚微,但也算是"关"一座一座地闯,"坎"一道一道地过。没办法,身边的同学都太优秀了,看着别人成功和优秀,我总要做点啥。当然我也算没辜负年轻时光,过完了最后几年貌似"无忧无虑"实则"危机四伏"的校园生活,毕业后靠着一份坚持,成功上了岸。

若让我谈对课程的感悟,太难了,实则所学的理论知识大多数都还给了老师。但学习的方法和态度却铭记心头,活到老、学到老。离开了校园,我仍然在实践中保持对学习的劲头,打破砂锅问到底的"轴劲儿"让我不甘心一知半解,既然搞就要搞得透彻、搞得明明白白。专业书籍读得少了,但实践操作多了起来,理论指导实践,实践转而反哺理论,我会保持这种劲头到最后。离开了校园,才明白校园生活的珍贵,那是多么好的一段时光啊!如果有机会,我多想再重新体验一遍啊。毕业后,我曾三次重游武汉,每次都回校园看看,母校依然是那么亲切熟悉。

感谢在武汉三年的求学经历,它充实了我的生命,丰富了我的阅历,给了我战胜任何困难的勇气。虽然我现在依然很普通甚至平庸,根本无法与我那些牛人同学相比,但我很满足,也很知足。因为这段求学经历给我带来了很多很多,其中就包括我的爱人,她是我的同班同学(赵俊新老师的弟子)。我爱中南,爱我的老师和同学们,感谢命运的这次安排。感恩你们,让我有美好的回忆。谢谢大家!

2020年年初,武汉暴发了震惊全国的新冠肺炎疫情,揪住了我们每个人的心。除夕夜,我用半斤白酒控制住了自己的担忧和眼泪,叮嘱我在江城的老师和同学们保重身体。3月,我第一时间报名参加了所在单位对口支援湖北随州抗击新冠肺炎疫情的行动,可惜最后因故未能如愿,依然只能从新闻网络看湖北人民抗疫的情况。如今,英雄的武汉人民挺住了,湖北为全国抗疫胜利做出了巨大贡献。而我,一个江苏人,半个湖北人,一个在中南求过学的人,会把这种精神传递出去,把在学校的所学知识传递出去,教会我的孩子,感染我的同事。感恩我的母校、老师和同学们,希望你们身体健康,生活愉快,一切顺遂。

彭少杰　心中永远的晓南湖

彭少杰，2009级刑法学硕士研究生，现为广东省东莞市第二市区人民检察院综合业务部副主任、一级检察官。

我是2009级刑法学研究生，在晓南湖畔度过了人生中最难忘的岁月时光。从青春少年到人到中年，弹指一挥间。现在，我离开校园已经快12年了，但是依然时常梦见美丽的校园，可爱的同学，敬爱的师长，这种情愫并没有随着时间的流逝而变淡，反而如美酒般越酿越醇，如树苗在心底深深扎根。

如今，常常怀念学校的那片湖，思念学校的草与木，想念西苑的人间烟火美食气息，还有北苑经常光顾的几家小书店——司法考试、考研时帮了自己大忙。2009年那一届，当时我们班上共70名研究生，也是最后一届区分自费与公费了。自己有幸考取了公费，省去了家里一大笔学费，学校还每个月补助伙食费180元，这在当年看来是一件很幸运的事情，至今对母校仍然抱有最深最真的感激，不仅没有向我收学费，还传授给我知识，令我成长和丰富。2009年，那时“微信”还没有出现，没有抖音、美团等令人目不暇接的手机软件以及各式公众号，各种信息没有像当今社会这般爆炸式地增长。学生当时读书面对的诱惑没有那么多，能够静下心来，读书还是最主要的事情。文泰楼、图书馆等地都是大家经常去的地方。

由于武汉的夏天非常热，“白天粉蒸肉、晚上铁板烧”贴切地反映了武汉酷暑的状态，而冬天又是北风凌厉，冻得瑟瑟发抖，找个能安静学习的地方尤为重要。文泰楼、图书馆的火爆程度经历过的人都会印象深刻，排队去文泰楼占座的新闻经常出现在《楚天都市报》上，众人因抢座位挤破文泰楼玻璃大门也不止一次。因为这里寒暑假均免费开放空调、提供热水以供学生们复习司法考试、注册会计师考试、公务员考试、研究生考试等。母校财经、政法的性质决定了大部分学生对这些国家大型考试均无处可逃，不管你愿意不愿意、高兴不高兴、畏惧不畏惧，都要独自去面对与承担，但母校为此提供了最好的服务，以至于周围兄弟院校的学生都想借用这块风水宝地并慕名来到这里，每日大家一起拼命挤一挤，只为体验到空调房的那一抹清凉或者温暖。这些每每引发的故事，在当时看来虽然情绪波澜，但现在想想还挺有人情味的。

由于要进入教室、图书馆的学生人数太多，座位严重供不应求，学校保安就开始查本校的校园一卡通。有些学生就想了些办法去北苑做了假的证件,几乎能够达到以假乱真的地步,如果查得不严,只要心理素质好,大可大摇大摆拿着制作好的证件随意一晃,就自信满满地进入了有空调、热水的教室享受学习的快乐了,不亦快哉!之前学生时代,觉得校园的保安怎么那么好糊弄,这都发现不了,抓不到几个做假证的学生,是不是有点傻。然而"一岁年龄一岁心",随着年龄和社会阅历的丰富,我现在越来越认识到,当时是母校对外来学生释放的最大善意。母校秉承"博文明理、厚德济世"的校训,又岂会对一群学习热情高涨、慕名前来学习的众多学子拒之于外呢,哪怕他们是其他院校的学生。学校也没有必要为那些起得晚的学生一直空留座位,起床来晚了,自然就没有学习的座位了,成年人的行为,责任自负嘛,下次起来早了,自然就能抢到座位了,毕竟"早起的鸟儿有虫吃",而不是虫在那里等着迟到的鸟儿来吃,"一分耕耘一分收获"说的自然是这个道理。

刑法研究生生涯是我学术的开端,之前写论文不甚了了。至今让我印象深刻的是我的恩师苏彩霞教授,点评我的论文口语色彩浓厚、主观色彩强烈,一针见血地点出文章"死穴",当时我醍醐灌顶,从此牢记恩师的教诲,我规范作文,后来也陆续发表了20多篇论文,工作后也能写出高质量的文章,这均得益于恩师的悉心栽培。

还有诸多老师的教诲,我也均铭记于心。齐文远老师案例教学引人入胜,让我们在课堂激烈探讨;夏勇老师的美国刑法课程打开了异域刑法研究的另一扇门;夏朝晖老师的中国刑法学,令我清晰了我国刑法的发展脉络;王良顺老师的犯罪学课程,让我知道社会治理、预防犯罪尤为重要;赵俊新老师的理论联系实践的教学,让我深刻知道,法学是一门实践极为重要的学科。还有程红老师、童德华老师、王安异老师、郭泽强老师、周详老师各具特色的传道授业解惑,让我体会到了刑法学的博大精深,警醒我不要盲目自大、故步自封,激励我潜心研究、认真实践。

三年的研究生生活,最美好的一段青春年华,值得回忆的很多。我在这里收获了同学情,全班70名学生来自五湖四海,大家相处得十分融洽,如今也是分布天南海北,有时出差也会抽时间见面叙旧,无论北方与南国,那份同学情很纯、很真、很美,犹如昨日,也胜于昨日。在这里我收获了爱情,找到了人生伴侣,如今已经走过7年的婚姻,小孩聪明可爱,幸福美满。在这里我丰富了知识,变得更成熟自信,走向社会无所畏惧!感恩遇见,感激刑法专业的老师们!

"人生如逆旅,我亦是行人。"从学校走向社会,角色也在不断转化,工作中面临诸多困惑,但未敢让母校蒙羞,小心谨慎,勤勉精进,在挑战中不断提升自己的司法水平,力求维护司法的公正底线。如今在南海之滨,胸佩检察之徽,行侦查公诉之职,已在检己察人的道路上奔波十余年,然而心中的法治信仰没有因为工作时间的增加而褪色,法律人的那份法律情怀时刻萦绕在心间,虽然手头的案件时常令人劳心劳力,但是作为一名人民检察官的职业荣誉感还是很强的,我也曾有去其他单位部门的机会,但是因为内心对法学以及对检察事业的热爱我选择继续坚守司法领域,为所学的法律知识转化为一份法治力量贡献自己的光与热。

想说的话很多,在母校的故事也还有很多。前几年母校也为我们制作了校友卡,我们深为感动,如有空必定回去走走、看看,去晓南湖边、文泰楼、图书馆、西苑,去拜访老师、同学,以慰相思。情长纸短,只能希望来日方长,静待流年慢慢聊吧。

张　彦　追忆似水年华的研究生生活

张彦,2010 级刑法学硕士研究生,现就职于广州市白云区市场监督管理局。

提起研究生生活,思绪飘回到 2010 年的秋天,我满怀着憧憬来到中南财经政法大学攻读刑法学硕士学位。还记得 9 月第一次踏入校园的那一刻,眼前的一切都让我心潮澎湃。晓南湖畔的文波钟楼,大气磅礴的文治楼,书香四溢的图书馆……让我确定这是我内心一直向往的学校,是我接下来三年挥洒青春的地方,而这段读研经历也是我人生阅历中的一个重要阶段。

一、可爱的同学们

刚开始进入研究生阶段学习的时候,自己还是有着些许的不适应。一方面,自己本科毕业于一所很普通的二本大学,而周围的同学很多都是来自本校或者其他“211”大学,和他们相比,觉得自己稍许有点不自信;另一方面,陌生的环境、不同于本科的学习模式也让我担心不能尽快适应研究生的学习生活。但是很快,这些顾虑都被打消了,班上的同学以及宿舍的姐妹们都非常友善,大家相互关心、相互帮助,一起讨论问题、一起做小组作业、一起参加学校组织的各类活动。课余时间,大家一起聊天、看电影、郊游……使我感觉特别愉快温馨。让我印象最深刻的是一次我们班参加学校组织的文艺比赛,班里的文艺骨干滕思毅同学负责节目编排,包括了唱歌和舞蹈,其中舞蹈部分由不同的几段舞种组成,最后是一段肚皮舞,我也参加了其中的演唱环节。在排练过程中,大家一起讨论动作,不断地修改、排练。演出当天,班上的男生在台下为我们加油助威,同时负责整个节目的录像、拍照。虽然我已经记不清比赛的结果,但是排练过程中的那些欢乐情景至今还留在我的脑海里。

二、敬爱的老师们

在读研期间,我体会到了本科阶段不曾有过的充实。本科阶段主要是学习知识,而研究生阶段在学习知识的基础上更重要的是培养独立思考以及创造的能力。

记得研一以及研二上学期,在文添楼里我们陆续接受了齐文远老师、夏勇老师、苏彩霞老师、童德华老师、王安异老师、王良顺老师、赵俊新老师、程红老师、周详老师、郭泽强老师、夏朝晖老师、丁友勤老师、张克文老师等老师们的授课或者指导,内容包括"中国刑法学总论""中国刑法各论""犯罪学""英美刑法学""刑法史""刑事案例演习"等。每位老师都有不同的授课风格,有的风趣幽默,有的深入浅出,有的热情奔放,有的沉稳柔和,课上也会经常开展课题讨论。老师们的授课以及同学之间的研究辩论、思维碰撞,进一步拓展了我的学术视野。

我的研究生导师是丁友勤副教授,当时和我一起成为丁老师学生的还有毛福龙同学,我俩也是丁老师带的第一届硕士研究生。丁老师为人温和,在专业方面给了我们很多指导,特别是在我撰写毕业论文时提了很多建议。在生活上,丁老师也十分关心我们,经常让我们去她家里,还亲手给我们做美味的饭菜。当我们遇到的困难时,丁老师会及时给予我们帮助,特别是求职阶段遇到的问题,她会帮我们一起分析,提出解决的思路。

三、紧张的求职阶段

一进入研三,除了完成毕业论文外,求职就成了我们最主要的任务了。记得当时班里的同学除了考博的以外,大部分都选择考公务员这条路。那段时间虽然很辛苦但是也很快乐,一帮同学相约去图书馆、教室占座,大家一起做题复习。一旦哪个地方发布了招考公告,总会有热心的同学第一时间发布到班级群里,一有好的复习资料也会互相分享。到了笔试的时候,大家又一起坐火车跑遍全国好多城市。当时已经有高铁了,但是为了省钱,很多同学还是选择普通火车。还记得浙江省考的时候,我们班好几个同学一起坐晚上的火车去考试,那趟列车连着好几个隔间的硬卧都是我们班的同学,大家一起聊天,开玩笑,缓解考试的压力。到了面试阶段,同学们又聚在一起练习,互相指出存在的问题,大家一起改进提高。到了后来,先考上的同学还会帮助后面要继续参加面试的同学一起练习,传授他们成功的面试经验。那段时间,大家一起相互学习,相互鼓励,相互分享,每个人都无私地尽自己所能帮助其他同学。现在回想起来,那真是一段特别温馨幸福的时光。

四、研究生阶段感悟

现如今,我已经硕士毕业八年多,回首那段读研的时光,让我学到并且受益终身的是一些看待问题、思考问题的方式,解决问题的方法以及通过这段读研的经历而得到的启示和领悟的道理,我想这是任何学习工作经历不能替代的。在研究生阶段,有那么多知识渊博的老师、优秀的同学以及师兄师姐,从他们身上我学到了很多书本以外的东西。而且在研究生阶段,有足够的时间可以让人集中精力专注于一件事情,仔细思考要解决的问题,没有那么多复杂的事情打扰自己,这不仅提高了我的各方面能力,同时也培养了我优秀的习惯。这种优秀的习惯会一直伴随我,使我在今后的学习、生活、工作中能够更加轻松地应对各种难题。

感谢三年的研究生生活,感谢各位老师和同学们,真挚的师生关系、同学关系特别让人怀念。这不仅是一段感到温馨快乐的时光,更重要的是它教会了我很多,使我不断成长。在今后的人生道路上,我会牢记这段美好的时光,不断从中汲取力量,努力成为更加优秀的自己!

李　江　散步散忆：记中南大南湖绿道

李江，2011 级刑法学硕士研究生，现就职于湖北省委政策研究室。

绿道在中南大出现得较晚，历史远不能与“钟楼”、希贤岭、孔子像、五羊广场等相比，也无文雅飘逸的正式命名或题词（不知现在是否已经有了），仅是一条临着南湖的普通柏油步行道。它的修建过程只有短短数月，是中南大在新时代快速发展的若干缩影之一。作为学子一名，看着它破土、平整、硬化、植树、添草、通行，亲历母校新变化、新进步的一角，无疑是幸运且幸福的。抛开可能的“高大上”感悟，最实在的是这条绿道为我们就近散步提供了上佳选择，也自然连接起我在校最后一年的时光里部分散落的回忆。

2018 年初夏，傍晚，微风。我第一次偶遇齐老师，也是第一次见到老师步调从容闲适的样子。庆幸老师不是赶去上课、开会或者处理公务，所以脚步不急、背影不重。我主动凑上前，向老师问好。老师邀我一起散步。接下来，是师徒谈话的常规流程：老师询问我的学习、生活、工作情况，我一一向老师汇报和请教，聆听老师的教诲。边走边谈、边谈边走，大约半小时后散步结束。对老师而言，这只是再平常不过的一次散步，但给我的印象很深刻。原因有三：一是难得有机会单独向老师请教，不用排长队、突重围，平时话少的我主动问了很多问题，请老师答疑、解惑。二是当时已拿到“双证”，算是正式毕业了，与老师交流时没有带着太大压力。老师比在课堂上、办公室更加随和，我说话胆子也大了一些。三是老师谈话中提点的刑法学知识和人生智慧非常重要、非常精彩，让我在毕业之后的学习和工作中获益颇大。现在回想起，真希望在校期间多有几次陪老师散步的机会，或者这些机会来得更早一些就好了，可以让我更近距离、更深入地向老师请教。又或者只是闲谈，能够经常听到老师几句提点也很好。视老师如父，大抵是这种期盼。

2018 年春，夜幕已降，偏凉。我很远就看到了童老师，身着一件深色夹克，正快步向前。可能天色较晚，又刚下过雨，童老师这次没有众多“保镖”（师弟师妹）护驾，应该也暂时不必履行工作上的重任，只一个人享受着宁静湖光、徐徐清风。我和新绿（硕士 + 博士同班同学）迎上去，跟童老师打招呼，之后就自觉转向与老师同行。散步的时候，新绿同平时一样活泼，向老师请教了不少问题,老师也很乐于指导,关于论文、关于工作、关于未来规划等。反倒是我,只是低头一路跟着、一路听着,话语很少,因为当时的我是怕见到童老师的。一是毕业论文没有定个更好的选题,童老师此前给过很好的建议,但因自己顾虑太多而退却,虽然完成了学业,但依然留有很大遗憾。二是工作的事情还没有落实好,面临着沉重的心理压力,童老师也曾提供了很大帮助,我优柔寡断而错失了良机,更加愧对老师。但是这些都没有影响童老师对我的关心和支持,散步快结束时,老师语重心长地嘱咐我,做人、干事业都要有一种胸怀和胆略,要向前看,走好自己的路。我一直铭记,时刻提醒自己。

2017 年冬,上午,够冷。就在前一天,我顺利通过博士学位论文答辩,最后的学习生涯实质上结束了,心情的底色比较轻松、愉悦。那天醒得比较早,特别想出去走走,就自然选择到绿道散步。走在路上,只见到零星两三个人,没有认识的。散步的时候,想到很多事:2011 年进入刑司学院,童老师指引我们初登刑法学知识殿堂;2013 年与骁骁同获国家奖学金;2014 年完成司法考试、硕士毕业论文、考博三件大事;2015 年齐老师指导我发表第一篇真正的学术论文,让我感受到收获学术研究成果的喜悦(想努力成为一名优秀学者);2016 年齐老师带着我们参加全国刑法学年会,认识了不少学术界前辈大咖,终于把很多著作和文章上的署名换成了真人,同年完成博士论文开题;2017 年我熬成了优秀研究生(算是 10 年大学生涯首次被官方正式表扬);也是这一年,学号成为过去时,不再享有和众多师弟师妹同样的机会和待遇。也想到了很多人:师母夏老师像母亲一样,时常叮嘱我注意身体、放松压力,给我莫大的支持与鼓励;周详老师、苏彩霞老师、赵俊新老师、王安异老师等都为我们辛勤授课,带领我们在刑法学研习上走深、走实、走远;劳娃师姐、红梅师姐、向朋师姐、魏玲师姐、晓红师姐、灵芝师姐、正凤师姐以及万军师兄、凤鸣师兄、李梁师兄、夏凉师兄等都在学习上给了我很大的帮助。在论文后记中未写完的致谢,没道尽的感激,那时那刻都格外清晰,流淌在心底,升温增暖。相遇人生最重要的路程,缘分没有总结,只有小结。

2017 年夏,晚上,热。姗姗留学归来了,她学业收获很大、进步很大。那天,她和小飞吃完饭后,邀我一起散步。我们沿着绿道走到很晚,她向我们介绍在大洋彼岸的学习、生活等阅历,我给她讲小飞一年来的"艰难生活",讲一年多来学校、学院的变化,还有很多朋友圈的老人。我们还聊了对今后的打算,选择什么城市、去哪所高校,如何做好一名大学老师,等等。但那天姗姗说得最有哲理、让我记忆最深刻的一句话是:做决定一定要跟着自己的内心走,才不会后悔,才能长久快乐。也是这句话,让有选择困难症的我,压减了很多因为延毕而积压的负重,整装前行,特别感谢。回到现在,我们都已离校数年,老贺(贺鸣)、夫哥(彭夫)都是成功律师,姗姗、惠瑶、大鹏都成为大学教师,朝阳、胡亚龙工作也很顺利。难忘的朋友,依旧难忘!

绿道有尽,回忆无穷;校容常变,初心不改。求学虽短,师恩似海;故人离校,友情未舍。

杨新绿　“刑”走中南六载，情系中南一生

杨新绿，2011级刑法学硕士研究生，现就职于江西财经大学法学院。

2011年9月，我踏入中南财经政法大学的校门，成为一名刑法学专业硕士研究生。2017年12月，我从中南财经政法大学毕业，获得法学博士学位。六年多的青春岁月，我见证了晓南湖的垂柳微波，中南财经政法大学见证了我的成长进步。

刚到中南大，一切都是新的，新校园、新老师、新同学、新课程……这一切既让我感到新鲜与兴奋，又让第一次到外省求学的我略感陌生与拘谨，幸好和蔼可亲的老师们化解了我的不适，让我更快融入中南大的怀抱。记得我研究生刚入学那会，还处于紧张复习备考2011年全国统一司法考试的阶段，因报考时将考试地点选定在老家，考试时间是9月17、18日，路上来回需要两天，9月16日与19日的课都要耽误，等于是请四天假，根据当时的请假管理办法，请假超过三天要经过副院长批准。我揣着请假条在文治楼徘徊，见苏彩霞教授办公室大门打开，她正在专注地工作，我怯生生地敲下门，她抬起头，微笑着问我什么事，我说司考请假，便走过去将假条递给她，她在请假条中学院审批意见一栏中认认真真地写到“同意请假，不过要注意安全”，写好递给我，厚厚的眼镜片后面，是她充满笑意的眼神，温柔而殷切，我说请假条要一式三份，她轻轻地“哦”了一声，在另外两张请假条中写了同样的内容，在她签假条期间，我瞥见她桌子两旁摞着厚厚的专著，其中最上面一本是陈兴良老师的《教义刑法学》，她把假条都写好之后交到我手上，我道谢之后离开。事后想想，假条可以复印一式三份，何苦要劳烦苏老师手写三份呢，由此我感到十分懊恼，同时也为苏老师的亲切谦和、平易近人深深打动，她肩负着教学、科研、行政的重任，面对学生请假这一件微不足道的小事，毫不敷衍，除了表示同意之外，还特意嘱咐注意安全，真乃师者父母心。这件事让初到中南大的我体会到，这里的老师不仅有扎实的学识，还有仁爱之心，我对这所学校的陌生感正在消解，代之以温暖熟悉的感觉。

司法考试结束之后，我全身心地投入研究生阶段的学习，我的指导老师是程红教授，在硕士研究生阶段，我印象最深刻的一门课是由程老师讲授的“外国刑法学”。《外国刑法纲要》是考研复试阶段的指定书目，我在入学之前学习过，但在有限的时间内及考研的压力下，我阅读

此书囫囵吞枣,对其内容一知半解,只求先记住以应对考试。及至程老师为我们讲授外国刑法学,很多理论我才得以深入理解,并逐渐品咂其中的精妙。程老师讲解得深入浅出,她自己本体刑法学功底非常深厚,又有访学日本的经历,课堂上讲授的内容既有教科书的学说观点,又有她从日本带回来的第一手资料,还包含着她个人的见解,博观约取、博采众长。一堂课下来,记笔记的手竟微微颤抖,但内心的快乐与满足是无以名状的。在程老师的引领下,我徜徉在外国刑法的美妙世界中,欣赏刑法体系的精巧逻辑结构,感受刑法理论的博大精深,对刑法充满敬畏之心,更加强了深入学习刑法的愿望。在程老师的指导下,我以主持人身份申报了"研究生创新教育计划"实践创新课题并写作相关论文。

程老师不仅激励我在学业上奋发图强,也鼓励我积极参与课外活动以获得能力素质全方位的提升。我经常参加南湖青年刑法沙龙的学术活动,并在一次主题讨论会上作为评议人发言,当时讨论的主题是"见危不救行为是否应当入刑",讨论的背景是广东佛山两岁女童"小悦悦"被汽车碾压致死,监控记录18个路人无一人施救的社会热点案例。我当时持的观点是见危不救行为不当入罪,因为观点较为鲜明,论据比较充分,又是脱稿演讲,引起了在场老师和同学们的关注。夏勇教授,也是我博士研究生阶段的导师,在点评环节评价我的发言时说,"虽然这位同学的观点我并不完全赞同,但是她的发言很有气势,如果我是公务员面试的考官,我会给她较高的分数"。正因为有他这句话,我被学院推选参加学校2012年"希贤杯"公务员面试挑战赛,在简历筛选、笔试、面试小组赛、面试十佳赛、面试总决赛各环节一路闯关,并最终获得面试总决赛冠军。硕士研究生二年级,我被推选为南湖青年刑法沙龙副主席,在配合主席李雪君同学开展沙龙活动时,经常会邀请刑事司法学院的老师作为嘉宾,令我非常感动的是,被邀请的老师除非有特别紧急且特殊的情况,一般都会爽快答应我们的请求。我参加工作以后,回想起老师们的举动,更是觉得难能可贵,高校教师参加不计工作量又没有报酬的纯义务劳动,让出教学科研之外宝贵的闲暇时间,聆听学生或略显稚嫩的发言,若不是对教育这份事业的执着追求以及对学生的深沉热爱,是很难坚持下去的。而被邀请来参加沙龙的老师们,不但愿意来,而且愿意常来,为我们留下了丰富的精神养料。有几个画面时常萦绕在我的脑海,夏勇老师利用自己研究军事法的学术专长,提醒在场同学注意,我国《刑法》已将特定情况下的见危不救行为规定为犯罪,即拒不救援友邻部队罪;周详老师风尘仆仆来赴晚上7点的沙龙之约,略带倦容,却依然笑容灿烂,一问才知道他6点半下课,晚饭都顾不上吃,直奔活动现场;刘代华老师捧着厚厚的《德国刑法典》,笑容可掬地为我们解读与研讨主题相关的德国刑法的具体规定……参加沙龙活动的老师很多,他们的激情洋溢点燃了我们关注学术的热情。同年,我被吸纳进院研究生会,担任新闻网络中心主任,为学院活动撰写新闻稿并上传到学院网站,在这个岗位上我提升了写作和沟通能力。研究生入学前的我性格内向、稍显木讷,经过两年的专业学习和课外活动锻炼,我的自信增长了,能力也增强了,感谢程老师的教诲和指引!

转眼就到了要毕业的时候,我非常渴望能够继续学习刑法学,便准备博士研究生入学考试,很幸运被录取,并且由夏勇教授指导。夏老师非常注重学术训练,常常说要"写好论文",一方面,他以身作则,写论文从来都是因问题而发、言之有物,从不无病呻吟,非得要经过深思熟虑、字斟句酌过后才肯拿来发表。他将文章视为千古之事,反复琢磨,精心雕琢。他经常与我们分享写作和投稿的经验,印象最深的一点就是,他每次写完文章,都要“晾”几天,先做点其他的事情,再回过头看自己写的文章,重新思考有无问题,是否需要补充,这样往往能有新的发现。夏老师的文章读来思路清晰、逻辑缜密、论证有力,思想性、学术性、文学性兼而有之,添一字多余,删一字不足,方见其功底。“晾”的过程展现了夏老师稳扎稳打、不疾不徐的为学风格,在这个浮躁的时代难能可贵,体现了一位学者的坚守和对学术的敬畏之心。另一方面,他尽一切可能为我们创造写好论文的条件。首先,引导我们思考并发现问题。夏老师每每看到微信公众号中有与刑法相关的好文章,都会推送到同门微信群中,指出其中的争议点,启发大家讨论,文章的内容要么是新出台的法律、法规、司法解释,要么是争议热烈的司法案例,要么是学界大咖的论文,要么是一种社会现象……凡此种种,都在夏老师的关注范围内,也在他希望我们关注的范围内。其次,引导我们把握学术前沿。每提出一个新的论文选题,夏老师都会问有没有关注这个问题的学术前沿,有多少人已经对此问题进行了研究,研究的水平如何,研究成果能否满足现在的需要,学术研究贵在创新,否则就是浪费资源。再次,鼓励我们参加学术活动并勤于练笔。全国刑法学术年会和湖北省刑法学术年会上刑法学家云集,各种观点竞相迸发,是极佳的学习场所,夏老师每次获悉要召开此类会议,都会结合会议提供的论文选题以及我们各自的研究方向让我们撰写论文提交到会务组,以获得参会的邀请。2014 年的暑假,我还是一名准博士生,已经开始在夏老师的指导下写作论文,写作的主题是网络诽谤、寻衅滋事等犯罪研究,针对“两高”于 2013 年出台的《关于办理利用信息网络实施诽谤等刑事案件适用法律若干问题的解释》展开论述,这篇与夏老师合撰的论文收录于 2014 年全国刑法学术年会文集,我也很荣幸受邀去北京参加刑法学年会,丰富了学识,增长了见识。最后,不厌其烦地修改论文。夏老师是一个认真到极致的人,即便是一篇会议论文,他也会让我反复修改,从结构到观点再到表达,总是要翻来覆去地修改。当我怀着忐忑的心情将上述论文的初稿交给夏老师,他并未说什么,只是打开电脑,认真细致地修改,在修改的间隙,他时而停顿思考,时而就论文中的内容向我发问,也会教导我如何谋篇布局、提炼观点、运用参考资料、有条理地表达,夏老师手把手教我写论文的过程让我受益匪浅。将我自己写的初稿和经夏老师反复修改的定稿进行比较,已是脱胎换骨,不禁感慨好文章是改出来的。

夏老师一直鼓励我出国学习。在夏老师的引导和督促下,我于 2012 年 1 月参加雅思考试,取得 7 分的成绩。在夏老师和苏老师的帮助下,我与美国俄克拉荷马城市大学法学院取得联系,获得对方邀请函,于 2012 年 3 月申请国家留学基金委博士生国际化联合培养项目资助,5 月获悉项目未获批准。我当时有点慌乱,如果按照原计划博士二年级出国访学,在没有获得资助的情况下会给父母造成较大经济压力,如果第二年再申请留学基金委项目就得博士三年级出国访学,毕业会相应推迟,而且第二年是否能申请上也是未知数。我陷入了两难境地,情绪低落。夏老师和师母郑老师看出我状态不佳,时常安慰我,说年轻就是资本,只要不放弃就会有机会,夏老师因公出访英国利兹大学还不忘问对方是否接收访问学者,希望为我争取更多机会。幸运的是,研究生院有博士生国际化联合培养项目,为符合条件的学生支付 7 万元的资助款项，我前期为申请国家留学基金委资助项目准备的材料这回又派上了用场。得益于研究生院卫瑾老师高效率的工作，我办好了校内各项手续，于2015年8月15日抵达美国俄克拉荷马城市大学，开始了一年的联合培养学习。

在美国学习的这一年，夏老师对我的指导与关怀从未间断。在夏老师的鼓励和支持下，我坚定了“网络服务提供者的刑事责任”的研究方向。每当有与网络犯罪相关的学术会议，夏老师便会指导我写作相关主题论文，并反复打磨，争取发表的机会，于是便有了与夏老师合撰的两篇论文见刊——《美德两国关于网络服务提供者安全管理义务及其刑事责任之规定》（载《澳门法学》2016年第2期）、《美国和德国关于网络服务提供者制止儿童色情材料之义务设定》（载《网络时代的刑法面孔》，社会科学文献出版社2017年版）。当时同去俄克拉荷马城市大学访学的还有杨立云老师、黄洪波老师、张克文老师。那时的我独立生活能力较弱，一旦离开了熟悉的环境就感觉举步维艰，饭也做不好，车也不会开，饮食起居麻烦多多，晚上如何从图书馆回家也是经常困扰我的问题。幸好有这些热心肠的老师为我解决生活上很多实际的困难，无私地与我分享他们在学术上的洞见，带我游历四方开阔眼界，在过节的时候邀请我去家里吃饭，缓解我的思乡之情。正因为有中南大的情感纽带，我们之间的关系才会更加紧密，即便在国外，我也能深深感受到中南大的温暖。

光阴似箭，很快我又回到中南大的怀抱。博士研究生三年级，要写作博士学位论文，还要找工作，刚回到武汉的我有点手足无措，夏老师看出我心态上的浮动，劝慰我说“磨刀不误砍柴工”。我提交论文大纲后，夏老师颇下了一番功夫，反复地看，反复地提修改意见，我一次次按要求修改。夏老师指导我定好大纲之后，我写作时少走很多弯路。写作初稿时，夏老师给我提供了很大的自由度，为我营造宽松环境，时不时地将他读到的与论题相关的文章转发于我，给我以启迪。初稿完成后，夏老师数次提出修改意见，论文题目、论文架构、具体内容的增删、参考资料的取舍均有所调整，他的意见甚至细致到网络文献中网址链接应写到哪一步。

在我博士学位论文的答辩环节，齐文远教授、程红教授、苏彩霞教授、童德华教授、田国宝教授、王良顺教授、周详教授以及武汉大学法学院莫洪宪教授、林亚刚教授等提出了很多切中肯綮的建议，他们以渊博学识和敏锐洞察力提出的宝贵观点让我进一步明确了写作的方向，为我论文修改提供了有益的启发。经过答辩委员会的推选和校学术委员会的评定，我的博士学位论文《论网络服务提供者的刑事责任》被评为2017—2018学年中南财经政法大学优秀博士学位论文。经向中国刑法学研究会申请，我的论文被评为第四届“全国刑法学优秀博士学位论文奖”二等奖，我能获此殊荣得感谢齐文远教授。该奖项的申报材料有一项是本校刑法学科负责人的推荐意见，我准备材料的时间是2018年暑假，那时已经从中南大毕业有一阵了，我联系齐老师，希望能够得到他的推荐，他欣然应允，很快将推荐意见发送给我，丝毫不因暑假受打扰而有愠色。当前我的博士学位论文已获得法律出版社青年法学学术著作出版基金资助，进入出版程序，能够获得该项目的资助，夏老师功不可没。该项目须经法律出版社学术委员会委员推荐、专家匿名评审和法律出版社编辑委员会评审，方可获得资助，而公告中列举的学术委员会委员都是学界名声如雷贯耳、著作等身的学术大咖。我与其中绝大部分教授未曾谋面，只通过其著作论文领略过其思想风采，如何获得其推荐是我申请该资助项目面临的第一个难题。夏老师得知我的困境之后，毫不迟疑地向法律出版社学术委员会委员、中国社会科学院大学副校长林维教授引荐我。当我为给夏老师添麻烦而深感不安时，他只是说，“愿为努力的学生去努力”，我顿时感到一股暖流在心中流淌，师恩似海，无以回报，唯有努力。

我博士学位论文写作完毕，为了给即将到来的教师职业生涯预热，我向程老师申请到她的本科课堂旁听学习，一开始程老师认为并无必要，不予批准，经过我三番五次、软磨硬泡，程老师终于答应了我的请求。在刑法分论课堂上，上课铃还未响起，偌大的教室已是座无虚席，我这个“编外人员”只得从旁边教室借个板凳，坐在教室的走廊。程老师在讲授刑法分则具体罪名时，理论学说娓娓道来，司法案例信手拈来，重点突出、详略得当，不时抛出问题让同学们讨论，课堂气氛活跃。课堂上我不仅重温了刑法学知识，更学习了授课的方法，放眼望去，同学们也是一脸满足。连续三节课下来，已是傍晚，天已黑。怀揣问题、捧着书本、扬起脑袋、睁大眼睛的同学们将程老师围得里三层外三层，希望能够在程老师这里得到解答，程老师全然不顾自己的疲惫，耐心逐一解答同学们的提问，她不会直接告诉同学们答案，而是以启发式的方法循循善诱，微笑着引导同学们自己得出结论并进行评价。程老师的学识和风度让我深深动容，她对教学和科研事业的兢兢业业、一丝不苟，为我树立了榜样。

行文至此，在中南大学习生活的场景在我脑海中愈加鲜活，一个个打动我的片段如丝丝春雨浸润心间。犹记得，齐老师为我们讲授“中国刑法学”，谈笑风生、风度翩翩、谦和博学、一气呵成，传递的不仅仅是刑法学知识，更展现了由刑法研习过程锻造的学者风范，展现了刑法学的无穷魅力；童德华老师为我们上课时，能够随口说出全班70多名同学中任一位的姓名，让我们惊喜，更让我们感动；丁友勤老师为我们讲授“监狱行刑学”，不惧手续烦琐，带领我们到洪山监狱参观学习，为我们提供了近距离了解罪犯服刑改造的机会；王安异老师为我们讲授“行政刑法学”，枯燥的理论经由他自己的理解和阐释变得生动有趣，郭特·希密特等一串串拗口的外国学者名字连同他们提出的理论也不再显得晦涩……

在中南大学习的这几年我结识了很多积极向上的伙伴，在校期间我们一起上课、去图书馆自习、在校园里散步，毕业后我们还一起探讨刑法学问题、分享生活的喜怒哀乐。每当到一个陌生的城市，只要能见到在这个城市生活的校友，亲切熟悉的感觉立马涌上心头，这种四海之内皆朋友的感觉，正是中南大迎来送往育英才给我们留下的取之不尽用之不竭的资源。

以前开展学术活动撰写新闻稿时会在标题冠上“刑走中南”的前缀，“刑”与“行”同音，充分展现了刑事司法学院的特色，因而“刑走中南”也成了刑事司法学院的品牌。有同学戏言，“中南”这么大，走一年还没走完。是啊，中南很大，中南之大在大师之大，睿智博学的老师们，给予我们无穷无尽的精神养分。从中南大取得博士学位后，我到一所高校就职，我现在所从事的教学和科研工作与在学校学习的内容具有直接相关性，因而在中南大学习的经历为我的职业生涯打下基础，这是我安身立命的根基，中南大的老师们为我树立为人、为师、为学的标杆，为我今后的发展提供了永续的动力。“刑”走中南六载，情牵中南一生。愿中南财经政法大学刑法学科“刑”稳致远，壮年开新局。

文晓灵 | 曲终人未散：于晓南湖畔的恩师情

文晓灵，2012 级刑法学硕士研究生，现为海南省烟草专卖局纪检监察处主任科员。

当我收到中南刑法四十周年纪念活动征稿的通知时，心潮澎湃，回忆涌上心头。当准备提笔落字时，千言万语，却不知从何说起。我想，这就是所谓的近乡情怯吧。

于我而言，中南便是另一个故乡。因为那里有我的七年青春岁月，那里有我的同窗挚友，那里有我的恩师——齐文远老师。

我在本科期间没有上过齐老师的课，只在校团委的活动中见到过齐老师，当时心里还在想，这个领导怎么这么帅啊。后来才知道，这个领导就是刑法教科书封面上的那位啊！那时的我，一定不会想到，有一天会成为齐老师的学生。

我在大三时就决定要考取刑法学的研究生，但是选择哪个学校倒是需要认真考虑。同窗室友认为熟悉的地方早就没有了风景，选择了离开，或北上，或南下。而我，选择了本校，因为中南刑法本就在全国同类学科中名列前茅，我又何必舍近求远。于是，我成为当年班上唯一选择并且成功考取本校研究生的学生。那年 9 月，我从法学院的学生变成了刑事司法学院的研究生。

我在熟悉的校园、熟悉的图书馆、熟悉的教学楼里，和一群新同学开始了刑法学的时光。双向选择导师的时候，我就下定决心要选择齐老师，室友劝我，齐老师太热门，很可能会落选的，但是我很坚定地相信自己的选择。或许这就是师生间的缘分，我选择的导师也接纳了我，我成为齐老师的学生。齐老师在中南辛勤耕耘数十年，真正做到了桃李满天下。于老师而言，我只是众多硕士、博士生中普通的一名。于我而言，齐老师是我的导师，也是我的恩师。或许老师并不知道，在这条传道授业解惑的路上，他的教导令我铭记至今，受益终身。

三年里，齐老师对我们从来没有疾言厉色，永远温文尔雅，语气柔和，在润物细无声间教会我们学术与做人的道理。

记得在中原楼作为齐老师的学生第一次与老师正式见面的时候，我们的内心都非常紧张。见面后齐老师详细了解了我们的学习和生活经历，给我们每个人送了刑法学科的书籍，勉励我们这三年要做到心无旁骛，唯有学习，以后找到理想的工作，成就一番事业，成为老师的骄傲。有什么不懂的地方随时来找老师，如果老师不在学校，无论多忙老师都会回复。这就是我们的齐老师，用他的风度与温度化解了我们的紧张，在学生生涯的新阶段，我们深切感受到了从未有过的强烈归属感，还有不能辜负老师期盼的责任感。

记得在中南读书的这些年，学生们从东边的教学楼赶往西边的教学楼上课的情景是校园里一道繁忙而靓丽的风景线。有一次，在这些熙熙攘攘的人群中我看见了一个熟悉的身影，是我们的齐老师。我问老师急忙忙的是去哪里，老师说要去给本科生上课。我们以为老师到了这个阶段已经不再上本科生的课了，原来老师比我们想象中的更加忙碌。看着老师匆忙挥手告别的身影，我的内心百感交集。一方面，觉得老师真的太辛苦了；另一方面，深深觉得这就是身为一名优秀教师的日常缩影，这就是齐老师的言传身教。

记得那时从研二的论文开题报告到研三的毕业论文，齐老师全程都对我们认真指导，从论文的选题到框架，从格式到内容，从结构到逻辑，甚至到文章的每一项注释和每一个标点符号问题，齐老师都不厌其烦地给我们详细指出来。那个时候大家都开玩笑说齐老师真是太认真了。可是，这就是我们的齐老师，对学生认真负责的齐老师。听师兄师姐说，老师常常在出差坐火车的路上给我们看论文、提建议；有时则是在忙碌的工作会议后顾不上吃饭，给我们看论文、抠细节；记得我做毕业论文时是寒假，在过年期间，我收到了老师关于论文修改意见的邮件。即使大家都在欢乐地过春节，即使我自己都把论文放到一边了，老师也没有忘了我们年后论文就要送盲评、准备答辩一事。可见，在我们的论文通过背后，老师倾注了太多的关心与指导。

记得有一次在齐老师的研究生课堂上，老师问了一个比较难的问题，平时踊跃举手的同学们顿时没了声音，大家都你看我，我看你。老师又问了一句，真的没有人能回答吗？这时我看到了老师投向我的目光，充满了信任和坚定。我鼓起勇气举手，回答了问题，老师微笑地说，回答得很好。坐下来后，旁边同学小声跟我说，不愧是齐老师的学生。也许齐老师不曾知晓，每次上课前我都非常认真地准备，因为能上齐老师的课是一件幸福的事，这就是齐老师的魅力，时刻予以学生支持和鼓励。

记得临近毕业的时候，我向老师请教手里的两个意向工作如何抉择。齐老师耐心地为我分析，尽管我的选择不是老师所期望的，但老师依然肯定了我回家乡工作的选择。在面对学生未来发展的时候，齐老师不是要求学生服从老师的规划，而是给予学生充分的理解和尊重。

我们这届读研的三年期间，是老师最为忙碌的时光，要兼顾行政事务和学术工作，我们都很心疼老师，怕老师太过于辛苦常常不敢打扰老师。但是齐老师再忙，也没有耽误过我们刑法学的一堂课，即便是因公务出差停课，回来后第一件事就是给我们补课，所以每次同学们都说，“你导师真是一个负责任的老师”。这就是我们的齐老师，以身作则，授业解惑，用他敬业的态度和专业的学识感染着每一名学生。作为齐老师的学生，我们的内心充满了自豪和骄傲。在学校里作为齐老师学生的时间只有三年，在人生中作为齐老师学生的时间则是一生。一名优秀的教师，对学生不仅有学术上的指导，更是我们人生路上受用终身的导师。我想，齐老师对

“人生导师”这个称号当之无愧。

中南七年，有幸与众多法学教师相遇，感受他们的学术和人格魅力，体会作为中南学子的幸福与幸运。2008—2015 年，从滨湖到环湖，从法学院到刑事司法学院，从本科生到研究生，我在晓南湖畔度过了七年的学生时光。参加完毕业典礼的那天，我发了一条朋友圈，“容颜会改，聚散离合，相逢的会再相逢，毕业快乐，我们江湖再见”。2015—2022 年，距离与北门合影，挥手告别，又是已近七个年头。今天，我写下这些回忆，纸短情长。希望明年春暖花开之时，再回到晓南湖畔，见证中南刑法研究生教育四十周年，与亲爱的老师和同窗重逢，再叙中南刑法情。即使再次告别，我们终会再相逢，因为我们，曲终人不散。

九孔桥与文波楼

潘　超　|怀念老先生与导师

潘超,2013 级刑法学硕士研究生,现为湖南工商大学廉政建设协同创新中心研究员。

“中国之治,法治为基;法治之道,刑法为盾。”中国历来倡导法治建设,但目标有不同。从服务于古代君王皇权集权的法制到以人民为中心的民主集中的当代法律之治,法治是国家治理的核心与基石。服务于君权的法制,“以刑为主,囊括诸法”,借助残苛刑罚,压迫、奴役百姓,稳固统治、延续江山,最终形成“诸法合体,民刑不分”的封建制律典体系。服务于民权的法治,“以宪为纲,构建诸法”,善用前置法,慎用保障法,服务、谋利于民,坚持人民主体地位,奋进共产主义,为打造“民刑有分,诸法并用”的现代法律体系。纵观古今,刑法一直是经世致用之利器,于建立完备中彰显保障性与谦抑性。

“五院四系,名师云集;中南刑法,英才辈出。”中华人民共和国成立以来,我国法学教育取得了长足的发展与进步,其间不免历经艰难,恰巧印证“宝剑锋从磨砺出,梅花香自苦寒来”。历经风霜,方显珍贵;尝遍清苦,方知甘甜。在那段艰难曲折的法学教育初创阶段,中国政法大学、中南财经政法大学、西南政法大学、华东政法大学、西北政法大学这五所政法院校,同北京大学法学院、中国人民大学法学院、武汉大学法学院、吉林大学法学院这四所大学的法律系(世称“五院四系”),把握先机、荟萃名师,克服时艰、奋发有为,致力于推进中国法制发展与法治建设,奠定了难以比拟的法学教育先锋高校的超然地位。赓续中原大学“为新中国培养急需人才”使命担当,中南政法学院(中南财经政法大学前身之一)毅然挑起“为国育才”重担,奋勇争先、砥砺前行。而后,中南刑法学界,人才辈出、名家涌现。

建校以来,中南财经政法大学不断涌现知名校友与学术大咖。不消说奋战于商界的陈四清、董明珠,投身于政界的黄嘉华,还是享誉学界的范文澜、贺铿、郭道扬、郑昌济等,皆是国之将才、贡献斐然。其中,法学界的知名校友,如吴汉东、王利明、黄进、余劲松、方世荣、张明楷、齐文远、吕忠梅、徐国栋、陈小君、李希慧、刘明祥、冯军、刘艳红等法学名家,不计其数。

中南刑法,名家荟萃、名师云集,以齐文远教授为刑法学科带头人,荟萃军事法学拓荒名家夏勇教授,反恐法学精研专家康均心教授,以及深耕科教、广育桃李的徐立教授、童德华教授、苏彩霞教授、程红教授、周详教授、王良顺教授、田国宝教授、郭泽强教授、王安异教授、赵俊新教授、夏朝晖教授、周凌教授、刘代华教授、杨柳教授等授业传道恩师，或儒雅，或睿智，或严谨，或宽容，或风趣，或勤勉，或娴雅，或笃学，或壮志，博学多才、志存高远、彬彬有礼，不一而足。

吾之硕导，郭泽强教授，殚见洽闻，虚怀若谷，厚德至善，仁礼存心。郭导，精研刑法二十余载，先后师从齐文远先生与王作富老先生，以刑法宽和为人生信条，深钻形势政策之学而不知倦也。郭导，不止于术业有专攻、著述有见地，亦在运动美学、健康美学、音乐美学上有颇深的造诣，尤其羽毛球技艺，如郢匠挥斤，行云流水，游刃有余，谓之刑法学界的体育明星，真可谓"文明其精神，野蛮其体魄"的践行者。吾之三年速增球技，莫不感念其之悉心教导，一为强健体魄，二为锤炼意志。"世多扬激伯夷隘，公独谦虚下惠和。"郭导，本谦和，性至诚，为人处世和乐宽厚，待人接物温恭俭让，不失己道不扰他心，不以己远不以物近，起伏落伏得意失意，皆为历练，安然自若修志修身。修齐治国，儒者夙愿，郭导之志，莫不如是，以和为道，以德为先。甫一入学，郭导便授六字箴言，立德立功立言，须知德才兼备，以德为先。无论工作上的兢兢业业，育人上的勤勤恳恳，为人上的和睦友善，郭导始终秉承一份赤子情怀，以明大德、守公德、严私德的作风，以不骄不躁、不矜不伐的学风，以不务空名、足履实地的文风，言传身教，教导吾辈为人诚信，为学有恒，处事审慎，择善固执，止于至善。郭导仁心，关爱少年，关注生育，民生立法，摩顶放踵，多有献策，今担大任，刑司院导，甘于奉献，殚精竭虑。郭门弟子，公监检法，司师律企，各司其职，各尽其责，皆因门训，莫不遵从。郭门弟子，备受师恩，恩师之教，不拘校园，户外空地，好花时节，师门上下凝心齐聚，美食美景美文，畅谈言欢，品味人生，好不惬意。春风斜阳，言笑晏晏，孺慕之情，手足之情，金兰之谊，油然而生，真是兄友弟恭，姊妹相亲。

吾之博导，康均心教授，学养深厚，博古通今，敦本务实，大才槃槃。康导，荆楚名家，师从喻伟老先生，执教二十余载，桃李济济满天下。康导，广闻博见，腹载五车，法哲经史、工农医理，无一不晓，尤其理论刑法与实务刑法，融会贯通、信手拈来，案例教学，深入浅出，立法原意，娓娓道来，字字珠玑，无一废言，听之愈急、学之愈迫、写之愈乱，只叹吾辈学识尚浅、见识单薄，仍需勉力跟进。每一教导，必当洗耳恭听，专心致志，翔实记载，以便查漏补缺，补齐短板。康导，凌霄之志，唯实励新，农历丙申年初至本校，聚合四方之才，共商共建研究基地，夙兴夜寐、宵衣旰食，孟冬时节，反恐怖主义研究中心落地中南。以此契机，坚持不懈，锐意进取，畅通校际两岸交流机制，合作硕果累遍多地。刑法年会，届届费心，精益求精，尽善尽美，但求佳作良文，但求道同君子，躬身法治，无悔人生。扫黑除恶，国之良策，意图长治，民安乐业。国家号召，积极响应，康导尽责，不畏辛劳，立足湖北，多地讲座，不止研讨，尽心培训，劳心劳力，贡献智慧，展现担当。吾之有幸，多有参与，外联内建，见识大增，格局大开，有顿悟"读万卷书不如行万里路"之感。博士之路，如何走过？康导借用曾氏之言教导之：学贵初有决定不移之志，中有勇猛精进之心，末有坚贞永固之力。博士研学，最贵坚贞，方能事成。恒法恒规，恒心恒业，唯有通透，敢有此悟，此一箴言，受益终身。康导虽忙，关怀不减，学业职业事业事事关心，博士硕士学士个个关怀，并非事无巨细样样点到，却是化繁为简点拨关键，润物无声、师恩难忘。康门子弟，中南分支，隐隐成林，追溯喻老，务实去华，从吾开端，应秉良风，致知力行，踵事增华。

吴　霞　|我和我的中南大

吴霞，2013 级刑法学硕士研究生，现就职于湘潭大学法学院。

一、传承

2013 年秋天，我的研究生生涯以我的恩师齐文远教授第一课为开端。如今回忆起来，那天的场景翻涌而来，顿觉自己如今的自信和担当有赖于恩师和学院老师们的悉心呵护和栽培。那天，秋高气爽，我上身穿着一个浅红色条纹短袖，下身穿着一个已经褪了色的七分牛仔裤，脚上穿着一双在开线边缘的球鞋，扎着马尾，跟同寝室的人一起坐在中间靠后的位置。在上课前，齐老师叫了我的名字，第一遍听到的时候，我非常震惊，几乎呆住了，特别害怕老师批评我。同桌提醒我站起来，我这时才有了反应，后来我小心翼翼地向他走去。齐老师满脸微笑，可能他看出了我的胆怯，忙说没事，让我回座位上了。他拿起中南大的研究生学报说："同学们在上面发的文章我都会看的，希望大家多练笔，可以往这里投稿。"此时我才缓过神来，我刚发了一篇小文在上面，老师看到了，想认识我，想鼓励大家。我当时真的没想到像齐老师这样每天特别忙的名师大家，居然还会关注我们这么不起眼的报刊，居然会阅读我们这么不成熟的文章。其实，在之后的六七年中，跟我的恩师齐老师接触多了以后，我发现他在处理事情的时候，永远是学生至上，非常支持学生工作，在对待学生方面永远是个"细节控"。比如我从刚进入校园的极度自卑、极度不自信，到后来能够正常跟人交流、打开自己的格局，离不开恩师的关怀和培养。

第一堂课，齐老师向我们介绍了中南大的发展史、中南大的学风、刑事司法学院的发展史、为学院做出过贡献的优秀教师和杰出校友，以及刑法学科的传承等众多动人的故事。我印象最深的是，他对曾昭琼老先生的回忆和介绍，以及老先生他们那一代人的艰苦岁月和人生理想。但那个时候的我对周围的人和事物还很陌生，虽然有很多好奇，但更多的是茫然和胆怯。所以，那个时候我并没有真正领会老师所讲的精神，也未能完全体会老先生的人格魅力，想象不到齐老师对老先生、对中南大的厚重情感。后来在博士研究生的第一堂课上，齐老师再次讲起曾老先生，讲起我们的中南大，我才真正有了体会。齐老师说，每每回忆起老先生，他都会情难自已地感伤和心疼。这份深厚的感情说明了老先生对后辈浓浓的关怀。当深受齐老师的关怀和谆谆教导后，我才明白什么是传承。翻开我的笔记，我在恩师讲的一个个鲜活的故事后面，写了一个大大的"责任"一词，连续画了好多个着重号。可以说，责任是中南大，是中南刑法所要传承的重要精神。

后来，我从恩师身上看到了这份传承，看到了这种责任和这种人格魅力。首先，是对学生的责任。老师对待学生永远是笑脸相迎的慈祥状态，对待学生特别有耐心，永远把学生放在首位。他给学生上课，每次都会提前很早到。我曾经以邮件的方式，去咨询他课上讲的一个具体内容，我以为这种小问题老师可能看不到，或者没有时间回复，没想到他回复了一大段字，还给我推荐了书籍。后来老师指导我的论文，更是非常仔细、非常有耐心，即使标点符号的错误，他都一一指出来。曾经也听师兄说过，老师指导论文时，他在凌晨把那批注得密密麻麻的文章发给学生，定是熬了个通宵。同样作为老师，这份认真、这份对待学生的责任，值得我一辈子学习和追求。学生家里遇到困难，他会尽力帮助。我们班上有位同学家里遇到纠纷，在他课上向他请假，他会关心具体是什么困难，是否需要法律帮助等，回头还要反复叮嘱这位同学要注意安全。有次听师妹说，她也是在老师的帮助下，家人才争取到相应权益。这些让我想起我们那一届四位同学，第一次单独跟导师见面的时候，老师就教导我们要做一个好人、一个与人友善的好人。金玉良言，受益终身。当然齐老师对于我的关心和帮助，远不止这些。如果说，寒门子弟的人生中一般都会遇到一位贵人，那么我的贵人就是我的导师。我曾在毕业论文的致谢中提到，我对于老师的恩情和期待，更多的是辜负。那是因为这份恩情和期待，对于我来说太重。老师和师母给了我学习之外生活上的许多帮助，正是这些帮助给了我自信，让我变得更加阳光。除了物质帮助，老师也给足了精神支持。有次我去医院看病的时候，老师正好给我打了个电话，他就知道了我生病这个事情。当时医生误诊把肿瘤等级定为四级，那天我独自一人拿着报告单，眼泪不听使唤似的根本停不下来。后来我跟老师汇报的时候，也差点要哭出来。老师说："你这么年轻，不会这么轻易患那种病的。"他还用他自己切除肿瘤的经历安慰我不要害怕，还要去看我，并且仔细询问了手术费、谁照顾我等细节问题。所以，一直以来，恩师是我的支柱。

其次，是对中南大的责任。恩师耕耘在中南大这块热土上，一直未曾离开，一生都奉献给了他爱的这所学校和这里的学生，中南大成为生命里不可分割的一部分。他培养了一代代优秀青年教师，当小树苗长成参天大树，要被挖走的时候，他对自己一生坚守的这块土地上人才流失的痛心和焦虑，恐怕旁人无法体会。所有这些情绪都源于他对于中南大深厚的情感和责任。

最后，是对国家的责任。齐老师一直强调要用全球化的视野来看待问题，告诉我们在借鉴和移植的同时，要重视文化的自我认同和张扬，要走在时代前，平等对话，做好输出，讲好中国故事。在日常生活中，恩师一直跟我们强调视野要开阔，看问题不能片面。第一堂课，他就给我们推荐了很多法哲学、法社会学方面的书籍。记得老师最早跟我们谈论大数据、人工智能的时候，我们都觉得不现实、没必要研究，但老师却教导我们思维不能僵化、眼光要放得高远。

齐老师日常生活中打动我们的细节还有很多很多，值得我们一辈子珍藏。我很荣幸能够得到恩师的教导，学习他渊博的知识、开阔的格局，更重要的是学习他为人处世的原则，发现并学习他在众多小事中的人格魅力。

二、我的研究生生活

来中南大报到的第一天，是一个大雨滂沱的夜晚。我和一起考来的女同学拖着各自的棉被和包裹，绕着校园走了两圈，才找到环湖 17 栋。如今的环湖 17 栋变得光彩夺目，它留下了我们曾经无数的生活记忆。翻开相册，环湖是我们校园生活中不可或缺的一角。春天的黄昏，我们在环湖边上散步；夏天的夜晚，我们围绕环湖夜跑；秋天的中午，我们在环湖树下捡叶子；冬天的清晨，我们早早地起床，抢占大自然的洁白。不管春夏秋冬，那几只慵懒的猫总是惬意地躺在楼梯口外，似乎在迎接每个辛苦了一天的 17 栋女孩。

如果说校园是一座象牙塔，那么，图书馆将处在熠熠生辉的塔尖。我研究生一大半的时光都是在图书馆三楼和四楼度过的，每个寒暑假都见证着图书馆放假的最后一天。我一直觉得图书馆自带魔法，它可以让进入的人瞬间平静，可以消弭一切嘈杂的声音。有时候我会想，如果一直住在里面，也挺不错的。当然，除了看书和学习之外，我还特别喜欢一楼的电影放映厅。尽管每期的电影比较老旧，但都特别经典。尤其是跟自己要好的同学一起观看、体会和交流，这种幸福感我在毕业以后，在各大电影院再也无法找回。

除了图书馆之外，教室是我们心静和充满安全感的第二个地方。首先想到的就是文泰楼。我虽然没有在文泰楼上过课，但在寒暑假图书馆闭馆后，它就成为我们的第二战场。我经常在二楼自习，一开始会搬过去一大堆资料，桌面勉强放下个电脑。记得我的电源线经常插在邻座本科生的插座上，我也时常给她带点水果。后来听说她如愿考上了研究生。印象最为深刻的是，早上文泰楼大门还没有打开的时候，好多同学手里端着碗热干面或者豆皮，大都站着在文泰楼前过早。最开始看到这种现象的时候觉得奇奇怪怪，后来我也成为他们中的一员。一般到了饭点，几个要好的同学会约着在文泰楼下集合，一起去食堂吃饭。读博的寒暑假，图书馆闭馆后，我的第二战场就转移到了文溯楼。这里大多是考研的学生，包括往届生，这个教室能够给人一种虽然放假了，但一切战斗才刚刚开始的感觉。在文溯楼，受周围同学快节奏的影响，我的寒暑假很充实。既然在文溯楼学习，那么离寝室环湖就远了，我和同学喜欢在北门吃饭。最喜欢吃的是师傅单独给我们做的大碗面，他们本来不卖面，但我们一去会给我们单独做，瘦肉、鸡蛋和青菜，特别实惠。天黑后，我和同学会约着一起去北门的操场跑步。就这样，日复一日，生活看似单调，却充实和满足。

在我 2019 年年末毕业离开的前两天，我特意围绕校园走了一圈。在去往文波楼、文澜楼的那片竹林驻足了很久。在六年多的时间里，想家的时候、需要冷静的时候、需要抉择的时候、需要反思的时候、甚至开心的时候，我都会去那片竹林，或发呆、或整理、或宣泄。因为这里只有虫鸣和鸟叫，让人回归自然。当然，我在这里非常有幸拍到了多种特别珍贵的鸟儿。但没想到我离校后不到一个月,我的母校所在的城市,就遭遇了新冠肺炎疫情。虽然后来一直不敢跟恩师和师母打电话,只能小心翼翼发消息(因为自己帮不上忙,只会让他们反过来操心和安慰自己),但那段时间睁开眼睛的第一件事就是看新闻,轮流翻看武汉同学群,只能安慰自己:没有消息就是好消息。那年大年三十的晚上,睡前我在微博上写了这么一段话:离校时有些留恋,恩师宽慰说,经常回来,不必伤感。可现在这光景告诉我,想表达的、想做的事情,一定要当机立断。虽然后来学校举办了云毕业典礼,但如今看来,我一直缺个正式的告别仪式,也正因为如此,我一直觉得自己未曾离开,我一直是中南大的一分子。

三、我的课程

除了恩师齐文远教授的课给了我很大启发外,我的硕士论文因他的课堂引导而作,其他老师也给了我很大启发和帮助。比如在程红教授的外国刑法课堂上,她向我们介绍了很多我们之前未曾接触的学说观点,向我们提供了看待问题的多维视角,引导我们从深层次思考问题,改变了我之前很多的刻板印象。比如在童德华教授的西方刑法思想史课堂上,他跟我们强调学术的师承和传承问题,着重培养我们的学术表达和交流的能力。我记得很清楚,他在课间特意跟我讲过我在学术沟通中存在的问题。而这些问题可能我自己根本觉察不到。一个老师对学生的关心,往往体现在细微之处,所以这些特点在我自己的职业生涯中,我也会继承下来。比如在夏勇教授的课堂上,他让我们体会到了什么是逻辑论证,真正的一手外文文献和二手翻译的差距,让我们感受到了做学问的严谨态度等。比如在王良顺教授的课堂上,他向我们全面系统地介绍了犯罪学的样貌,打开了我们的视野。在我读博的过程中,王老师也一直鼓励我,对我充满期待。在郭泽强教授的行政刑法课堂上,他风趣幽默,以很多热点真实案例,给了我很多启发。我还经常参加他团队的读书活动和打球活动。郭老师以阳光的心态带领我们读书和打球,留下了很多美好的回忆。在苏彩霞教授的国际刑法课堂上,我了解了国际视野的刑法问题,也了解了刑法背后的政治等因素。在刘代华老师的区际刑法课堂上,我了解了中国香港特别行政区、澳门特别行政区和台湾地区的状况,在对比中,我对刑法有了更深刻的认识。

尽管还有一些老师没有直接给我授课,但在我的学术成长过程中,起到了重要作用。比如王安异教授,我经常参加他团队的读书会,王老师为人非常谦和,他不会因为我不是他的学生而见外,对于我的问题他总是非常耐心地解答和引导,所以我可以很好地融入他的读书会。比如周详教授,虽然他只给我们上过一节课,但在我读博期间,每有问题,他都会详尽耐心解答,他特别仔细地跟我讲过如何去写作的问题,令我受益终身。

感恩在中南大遇到这么多的良师益友,感恩这段岁月,感恩母校!祈愿中南大的家人安好!祝愿母校越来越好!

耿立峰 | # 中南杂忆

耿立峰，2013级刑法学硕士研究生，现为内蒙古财经大学法学院讲师，中南财经政法大学法治发展与司法改革研究中心研究员。

余自受邀之际，感慨万千，回首阡陌，感恩甚多。

夫青蝇之飞不过数武，附之骥尾可腾千里。余非青蝇，然亦张翅欲飞，常怀千里之志；虽衔草根，却昂首向宇，常有青云之梦。余虽顽钝，尚知传承薪火须循师治学，欲穷千里须立足于诸巨擘之肩。拜求良师之心愿，如大旱之望云霓。

恩师夏勇教授者，大丈夫也。大丈夫者，文能提笔安天下，武能上马定乾坤是也。夏师从戎数载，守土卫疆，执教多年，桃李芬芳，学业精深之誉，爱徒舐犊之声，发聩振聋；年近古稀，笔耕不辍，每逢佳作问世，一时洛阳纸贵。老子曰：道无术，术尚可求也。有术无道，止于术。师母郑琴，仁厚长者，热心快肠，育教为人之道于细微之处，传授经世之道于末节之中。时逢子徒大考之际，每每食不甘味，耿耿夜不能寐。恩师周凌，一身雅望，律学建树昭昭，经世成就彰彰。上至庙堂之清流，下至庠序之学子，无不钦羡师之风采。

余求学中南，非好登龙术，但求济世学！志向所及，知行所引。学以增知，余崇韦编三绝之古贤，效囊萤映雪之佳话，以悬梁锥股之志自勉，酣饮甘露于文海书丛；行以通达，余尝用数学之法，欲明天理，更倾身拜读大师之作只求管窥刑法运转之秘。虽鲜可于人，余尝探究一二，涂鸦两三，甚不求奖获四五，至今回观当日信手之习作，浅薄足至羞赧！诸师雅量，不嫌余粗识陋见。小子狂妄，亦知积跬步方可致达千里，鸿鹄冲霄还须东风借力。骑骥志向，鸿鹄愿景，皆待从头做始毕。繁芜学路，纷纭世潮，要得明灯指引。余虽卑鄙，全依众师不弃，得腼颜列于门庭。然恩长笔短，片纸难陈，恐挂一漏万，恕不详表。

庄子曰：夫生而有涯而知无涯，以有涯随无涯，殆矣！学然后知不足；钻研日深，更知不足弥多。穷愚钝之天资，难得庞复学问之精深妙义。困惑郁结，余翻覆转侧不得解。然幸得同窗之谊、金兰之交，虽无歃血之盟，亦无结拜之礼，高山流水，知音难觅，天涯海角，来日方长。

余冲龄受教于塞北，弱冠之年高中金城，负笈来汉，求学中南。大学之道，在明明德，在亲民，在止于至善。当代大学统计之修为，源于数理，发于逻辑，重在推导，得于社会。四载受教，余换眼看人生，知统计之所求，不若社会之所为；知平生之抱负，还于民生之心愿。俟大学毕，余步履经学，投身律法，以求真正公正裁判之显学。志为知之始，亦为行之初。余求学，先数理而后法律，以统计入刑法。回望昔日之所学，既为今日之肇基，亦为来日之良弼。盖因余之所学皆为志趣所诣，以苍茫天下自问，向正道真知求索。待得东风阵起，试看今日骥尾之青蝇，亦可为千里之鸿鹄！

獬豸

罗世龙 | 六年求学路，一生中南情

罗世龙，2013 级刑法学硕士研究生，现为华中师范大学法学院讲师、硕士生导师，泰和泰（武汉）律师事务所高级顾问、律师。

一、初识中南刑法学

我本科就读于三峡大学，为继续深造学习，大三那年我选择走考研之路。考研最难的也许是决定考哪个学校和哪个专业。当时我一直在武汉大学和中南财经政法大学之间犹豫。很坦诚地讲，由于我发现中南考研所需要复习的参考书目相对较少且招生数量较大，加之我同时准备司法考试，因此我最终选择了中南的刑法学专业。不得不承认，我那时对中南刑法学科本身是没有什么认知的，甚至不知道大名鼎鼎的张明楷教授是中南毕业的优秀校友。选择中南刑法学专业后，我每天穿梭在图书馆、食堂、宿舍之间。就这样，经过一年多的努力，我以 378 分的初试成绩成功进入了面试的环节。我内心既兴奋激动也忐忑不安。总担心会不会因为自己来自二本院校而被中南“嫌弃”。至今还能记得 2013 年参加面试的场景。在文治楼的走廊里焦急地等待进场，后来终于轮到我，进去后，我抽到的是有关累犯的问题，想了几秒后，我很顺利地答出来了。一位老师问我本科刑法学是谁教的，我说了以后，他好像也不太熟。又有老师笑着对我说，周老师是你恩施老乡，做研究、写文章非常厉害，你以后要多向他学习。后来我才知道他就是对我影响特别大的周详老师。面试结果很快被公布，我如愿以偿，被成功录取。就这样，我与中南刑法学真正相识了，获得了接近她、了解她的机会。

开学后，齐文远老师在导师见面会上向我们介绍了中南刑法学科的发展史。在会上，我听到了一些没有听说过的中南刑法大家名字，诸如曾昭琼教授、曾宪信教授、江任天教授、朱继良教授、郑昌济教授、吴安清教授、胡新教授等；了解到在齐老师的带领下，中南刑法学科如何解决人才流失并成功申请到博士点的艰难历程；感受到了中南刑法的精神积淀、老师们教书育人的成就、学术研究的氛围……这是我对中南刑法学科的初印象。如今我作为中南 2013 级刑法学硕士研究生、2016 级刑法学博士研究生很荣幸地接到母校举办中南刑法学科四十周年纪念

活动的征文邀请。我再次重温了中南刑法学科的发展史。[1]

二、深爱中南刑法学

2013年9月，我正式开启了研习刑法之路。而真正引领我、指导我的人生导师则是童德华教授。学生愚笨，情商偏低，承蒙恩师不弃，将我纳入门下。恩师虽然承担着科研、教学、行政等多项重任，但是对于学生却非常用心。在没有选择导师之前，我就听闻恩师以对学生严厉而出名。果不其然，在跟导师的六年间，的确吃了不少苦头，有时候甚至觉得委屈。国庆、中秋、五一甚至周末，对于我来说似乎没有意义。因为用导师的话说，作为学生不要一天到处乱吃乱喝乱跑，应该待在学校学习。每次放假看到其他老师的学生可以自由轻松地玩耍，羡慕不已，甚至觉得自己的老师有点不解风情。现在回想起来，这些要求也是一种幸福和爱。在此，我特别想要感谢导师长期坚持的读书会。读书会让我每月能够坚持阅读刑法和法哲学等方面的书籍。长期以来，我弥补了大量专业知识的不足，为后期的科研创作奠定了基础。老师不惜牺牲自己的休息时间，检查我们的读书笔记，然后大家一起提问、讨论、交流……几年下来，学生不仅法学知识得到了积累，而且法学思维也得到了锻炼。六年间我与恩师之间有太多的回忆。还记得与恩师讨论学术之时，恩师指出，过于注重逻辑与教义，有思维狭窄之弊端，应加强外部视角之论证，拓宽思路。还记得与恩师散步于南湖之畔，恩师指点，做事应用心灵活，切勿缩手缩脚，做人应纯粹干净，坚守原则底线。还记得硕士毕业之际，在继续深造与否的重大抉择前，我甚是担心家中身体不佳的父母，不免顾虑负债求学养家的艰难，犹豫不决，徘徊迷茫，久久不能定之。恩师得知后，直言提醒，应目光长远，有所作为，而且若努力，所虑之事，亦可克服。恩师一席话，让我下定决心，走上了考博之路。感谢恩师当年的指点，让我这个从大山走出来的孩子有机会获得博士学位。承蒙恩师教诲，学生方能不断进步。我庆幸得遇老师之恩，亦深悟师生之情！

中南刑法学科的老师理论功底深厚，上课各有特色。齐文远老师、苏彩霞老师、周详老师、程红老师、赵俊新老师等从不同的视角向我们展示了刑法学的魅力。如果说，在攻读刑法学研究生期间我最大的收获是什么，那一定是逐步学会了独立思考的能力。而这源于各位老师们的用心培养，他们不再是灌输式的教学，而是注重学生批判性思维的培养。还记得齐文远老师在课堂上提出刑法面对社会风险应该有所为有所不为的论断，还记得自己与周详老师对于学生称张明楷老师为大神是否妥当的论辩，还记得程红老师带我们探索德日刑法的奥秘，还记得赵俊新老师用司法实践中的真实案例让我们体验办案的感觉……

在中南刑法学老师的指导下，我对刑法学有了更深刻的认识，不仅是专业知识本身，还包括了刑法规范和理论背后更本质的东西，例如，我的导师似乎更倾向于秩序优于自由的价值选择，因为他似乎认为没有基本的秩序和安全，何谈个人自由与幸福；而周详老师似乎更强调自由的价值。这些基本立场也进而影响到法条的解释和个案的解决。正是由于中南刑法学科老

---

〔1〕栾永玉、杨灿明主编：《中南财经政法大学学科学术发展史（1948—2018）》（上卷），中国财经出版传媒集团经济科学出版社2018年版，第710－720页。

师每个人都有自己独到的见解，才促使我也不断思考、爱上刑法学这门学科。同时，我也感受到了作为中南刑法学的一分子，身上都有一种强烈的责任感。因为刑法关乎如何规制国家权力与打击犯罪，必须时刻兼顾保障人权与保护秩序等重大命题。如今，中南刑法学科，人才济济、硕果累累、学术繁荣。无论是在理论界还是实务界，都有中南刑法学人的身影和发声，都在本职岗位默默为我国的法治事业贡献自己的力量。

爱上中南刑法学，是因为有一群思想深邃的老师，让我感受到了学术的魅力；有一系列富有特色的课程，让我全面而深刻地认识了刑法学。还因为刑法学本身作为公法，学习刑法后，能让我以一种更加理性的眼光审视国家权力，以一种更加系统的视角审视犯罪现象，以一种高度的社会责任感去尝试解决理论和实践难题……

三、传承中南刑法学

2019 年 6 月，我博士研究生顺利毕业。虽然六年南湖之畔的生活画上了圆满了句号，但是我与中南刑法学始终在一起。如今我在华中师范大学法学院从事刑法学的科研、教学工作，也算留在了母校身边。2021 年我也招收了自己的第一批研究生。我将用实际行动去传承中南刑法学。我也将延续我导师的优良传统，定期开读书会，让自己的学生在读研期间积累专业知识、学会独立思考。对所讲授的每一门刑法学课程，我都注重培养学生的批判性思维，让他们深入地了解并追问刑法的学说，学会正确解释法律、合理处理案件……我毕业之后，还去孝昌县人民检察院挂职一年，服务基层工作，专门处理刑事疑难复杂案件，与当地检察官深入交流，了解司法实践的现状和难题，尽力传播我在中南所学、所思之成果。如今我除了认真完成教学、科研任务外，我还尝试从事一些刑辩工作，以便能为课堂教学增添一些鲜活的案例，同时为我国的刑事法治实践贡献自己的一点绵薄之力。最后，祝愿中南刑法学科繁荣发展，再创佳绩！

雷　霆　深深的感恩与祝福

雷霆，2013 级刑法学硕士研究生，现为中南财经政法大学纪委纪检员。

我第一次接触刑法，是在中南读本科的时候，辛忠孝教授给我们讲授“刑法（一）”的课程。我非常努力地想回忆起辛教授第一课的内容，但是实在是想不起来了。所以，我趁周末跑回父母家，找出了我当年听课的笔记本和那本早已被我翻破的《刑法学》教材。翻开笔记本的那一刻，思绪好像就被带回到了辛教授的课堂之上。仿佛辛老师还在黑板上用粉笔认认真真地做着板书。在现如今这个信息时代，不少老师都在用着 PPT 课件的时候，辛老师仍然坚持每节课用粉笔进行板书，执着地将每个重要的知识点一一写下，毫无疑问，辛老师讲授的“刑法总则”笔记是我本科四年所有笔记中最全、最工整、最完美的，当我多年后再次翻起，也会清晰地掌握每节课的知识点。辛老师的这份板书情怀，让我从此与刑法结缘。

前面说到那本被翻破的齐老师的《刑法学》教材，不是因为我看书多么刻苦认真，也许是因为这本《刑法学》陪伴我的时间足够长，长到我有近半的大学生活时间都与之相伴。我们学校的学生都知道，我们的“刑法（一）”主要讲总则，在“刑法（一）”上完了以后，还有“刑法（二）”，“刑法（二）”主要讲分则，再算上备考研究生入学考试的初试和复试的时间，一共有两年多的时间我都与这本书紧密相伴。非常幸运，在选课的时候，我选到了赵俊新教授“刑法（二）”的课堂。赵老师有着丰富的社会阅历、深厚的司法实务经验，再加上他那极具磁性的嗓音，用一个个生动而有趣的案例把冰冷的刑法条文讲解得无比清晰，那段时间，我最期待的就是每周二下午赵俊新老师的刑法课。现在回想起来，我真正开始对刑法产生兴趣，应该就是从学习刑法分则开始的。

本科毕业写论文，我自然就选择了刑法的方向，论文的题目是《论虚拟财产的刑法保护》，也许在十多年前的时候，这个论题还是比较有新颖性的。在答辩的时候，我的论文被推荐为校级优秀论文，后来竟然被评为湖北省优秀学士学位论文，这让我无比自豪的同时，更加增加了对刑法的热爱。

2010 年 9 月，在辛老师、赵老师等资深刑法学者的教诲下，我正式成为中南刑法专业的一名研究生，让我有机会与中南刑法同心同向同行。何其幸运，在攻读研究生期间，我能够拜入齐文远教授门下，这是我一生的财富。我入学时，齐老师担任着学校领导职务，各种行政工作让老师忙得不可开交，但是在百忙之中，齐老师仍坚持为我们专业讲授“中国刑法总论”和“刑事案例演习”的课程，还记得在“刑事案例演习”课堂上的一次讨论，议题是关于死刑的存废，我的发言得到齐老师的点评和肯定，那种喜悦到现在我都记忆犹新。在课堂之外，齐老师对我们师兄弟的学习和生活始终非常关心，他给我们赠送自己出版的专著，鼓励我们参加学校“三助”岗位申报，推荐我们参加注会阅卷，让我们有机会给自己多赚取一些生活费。在我整个研究生学习期间，不论是生活上还是学习上齐老师都给了我莫大的鼓励、鞭策和支持。在我的毕业论文的写作过程中，老师更是倾注了大量心血。从选题、构思、资料的收集，到成文、定稿，老师都不厌其烦地多次指导和帮助。老师对我的论文逐字逐句地进行了指导和修改，大到论述的观点，小到一个个的标点符号，论文上密密麻麻都是老师的修改和批注的文字。毕业后，我的硕士学位论文被省学位办抽中检查，一度让我紧张不已。在齐老师的再次指导和把关下，我的论文高分通过了抽检，在深谢师恩的同时，唯有抱愧，在日后工作中、学术上必当饮水思源，追求进步不息。

借此机会，我想再次感谢辛忠孝教授和赵俊新教授，正是你们在本科期间的谆谆教导、循循善诱，开启了我的刑法学之门。更要感谢我的恩师齐文远教授，感谢您用辛勤的汗水、无私的奉献，授予我宝贵的知识，也教会我如何做人。同时，还想感谢刑事司法学院的所有老师们，正是你们以深厚的法学学术功底和生动形象的课堂讲解让我对刑法的理解和认识达到了一个新的高度。

2022 年是中南刑法研究生教育四十周年。四十年来，中南刑法培养了一批又一批理想信念坚定、专业素质过硬的法律人才，一批又一批的刑法研究生离开校园，走上各自的工作岗位，桃李满天下。现如今，中南刑法已经踏上国家“双一流”建设的新征程，续写着中南刑法的华彩篇章。在此，我衷心地祝愿中南刑法永葆青春，桃李天下，再创辉煌，祝愿所有老师们身体健康、工作顺利！

王永浩　导师在我眼中的四重角色

王永浩，2014 级刑法学硕士研究生，现为山西财经大学法学院讲师。

国庆假期刚过，龙城太原已满是深秋的色彩，天高云淡，路两旁的树叶也黄了……踏着单车走在回家的路上，秋阳斜射，有些刺眼，我努力吸气，试图嗅到生命在萧瑟中挣扎的味道。脑海里猛然想到江城武汉的桂花，大概要开了吧。是啊，转眼已经博士毕业参加工作一年了！相较于内卷压力下的步履蹒跚，在中南大求学的六年，想来真是快意又温暖。南湖落日的余晖，文波钟楼的倒影，宿舍楼下馥郁的桂花，导师办公室的严肃讨论和爽朗笑声……是我走不出的风景。而导师程红教授的谆谆教诲、丝丝关心，是我人生最幸运也最难忘的际遇！

一、严师

初识导师，第一印象就是严师。尽管选导师前，程老师对学生严格的声名早已在同学们中间传开，但我还是在入学不久便结结实实地体会了一次严格。一次课堂上，在对期待可能性理论理解不到位的情况下，我就信口雌黄地发表了一段妄语。程老师在课堂上并没有批评我的学习态度，只是点出了知识上的误区。课后，在办公室，她不仅耐心地重新解释了相关知识，还对我对待学问的态度、行事方式进行了严肃教育。当时耳根子发烫的感觉和凝重的气氛，到今天依然记忆犹新。这件事不仅让期待可能性理论烙印般刻在我的心上，也深刻影响了我的学问观。以至于后来每每回忆此事，都是对自己的一种警醒，当然也暗自感动于程老师在课堂上对我颜面的维护。

事实上，在六年的求学生涯中，这样的严格我无数次地经历着。有的时候，同导师走在校园中，前一秒还喜笑颜开，后一秒可能就严肃讨论案例或者某个观点；有的时候，同门和程老师坐在办公室，也会面临灵魂拷问，甚至是“不会吧，你连这个都没搞清”的“鄙夷”。相比于这些习以为常的“严格”，我从未适应程老师突然直呼我大名。通常，程老师会像同学们一样喊我“浩子”，一旦直呼“王永浩”的时候，我就知道自己又不“严谨”了。在程门，一直有低年级师弟师妹帮毕业班师兄师姐校对、审阅论文的传统，这对低年级学生来讲，本身就是一种学术训练。在帮一位师姐校改论文时，我对其中综述的一处内容做了不准确的批注，凌晨一点多，电话那头传来导师低沉的语气——“王永浩……”，顿时脊背如被泼了冷水，毛孔骤然收缩，困意全无。而在自己毕业论文的提纲、初稿上，到处都有程老师工整有力的“朱批”，逻辑层次、标题表述、句逗使用……一丝不苟、准确严谨，这就是程老师为学、为师的风范！而我经历六年洗礼，耳提面命，受益无穷。

二、益友

久处导师，也是人生益友。生活中的程老师率真、任性。在读硕士阶段，她会在大冬天喊我们一起吃雪糕；有时候，心血来潮突然就想要点咖啡，师生团坐一起边喝咖啡边天马行空，兴尽时夕阳已困倦；跨年聚餐时，也会在热闹的气氛中跟学生“感情深，一口闷”。只是现在这些任性，随着劳心劳力的不堪重负而逐渐被“克服”。

程老师视野开阔，能够像朋友一样天马行空，也总能在许多方面给予我启发。从硕士二年级开始，我正式成为她的助教，读博期间又担任她的助研，因此获得了更多与程老师相处的机会和时间。同处办公室的时候，会聊起古今，也会论及中外，历史与时事、奇闻与趣谈，总能在闲暇的黄昏，研磨时光；走在去往教室的路上，常常会聊起更贴近生活的话题，对家庭关系的认识、对审美风格的看法、对生活状态的见解，总是在不经意间，涤荡心灵、启发思考。记得在一个秋天的下午，同门与程老师踱步在回家的路上，聊起人生该有的状态时，老师说道：“人的生活方式、行事风格，应该与所处的人生阶段相适应。在该拼的年纪，就要豁得出去，在该坦然的年纪，要学会与自己和周遭和解。”如今也总是会想起，程老师总跟我们讲“事情要么不做，要么就做好”。简单又富有人生哲理和处世态度，直到参加工作后，我仍在参悟并寻求平衡。

程老师总是善于观察，是一位难得的知心朋友。我生性比较纠结，一直与彳亍、犹疑相伴。在担任程老师助教、助研后，她总是提供给我锻炼的机会，也时常在不经意间鼓励我“放手去做”。论文写作犹豫时，老师告诉我先完成；考博纠结时，老师激励我去尝试，并给了我很大信心。结果也证明，“放手去做”总是不错的。今天，我面临困局和选择时，已经有了放手去做并承担后果的勇气，这当然与程老师这个知心朋友密不可分。

三、亲人

深交导师，更是一位可亲可敬的亲人。与学术上的严格相辉映，程老师对学生的关心细致入微。天气变冷时，程老师会“呵斥”我们加衣保暖；感冒生病时，会带药给我们。

研二的深秋，我母亲打工时不慎将脚踝扭伤、骨折，居家休养，但长时间不能消肿。程老师得知后，利用在深圳出差的机会，专门买了两瓶“黄道益”让我寄给母亲。接过药的那一刹，我浑身像沐浴在暖阳下，而母亲到现在也一直念叨着老师的好。后来，母亲觉得没什么可回报的，便特意亲手纳了三双鞋垫托我送给老师和她家人，表达平安顺遂的美好祝福。也依然记得，我在备考博士那段时间，饮食不太规律。有天傍晚，程老师打电话叫我去家里一趟。一进门，老师就语重心长地说，“再忙，也要把身体搞好”，说着就把一箱牛奶递到了我手上。

武汉求学六年，程老师像一位母亲，关心我的生活、健康。现在想来，我是何等的幸运啊！在程老师感召下，程门永远是“橙子们”温馨的家；参加工作后，同在太原的晓军师兄对我关照有加，即使远离江城，我也能感受到同门的天然情谊。如今，我像一个离家的游子，会时时回望在武汉的时光，会时常体味老师的关怀，会偶尔南眺我的亲人。

四、榜样

如今的我，也走上了高校教师岗位，做着与程老师一样的工作。因此，老师在我的人生中又多了一重角色——榜样。程老师一直以言行实践，引导学生树立正确的价值观、人生观，潜移默化地影响着一批批南湖畔走出的学生。

“站得稳讲台”，是求学阶段程老师时常对我说的话。事实上，程老师的课堂确实非常受学生欢迎。教室爆满、课后提问的学生围得水泄不通的场景，再正常不过，而老师也长期霸榜每学期的课程评价排行。现在，我也会像程老师那样，认真对待每一堂课、审慎对待每一个知识点。尽管科研路异常艰难，但因为学生都喜欢我的课堂，我就能尝到“总算是没给老师丢脸”的些许庆幸和欣喜。

今年秋季，我开始担任研究生新生辅导员，一眼望去满是自己七年前的模样。在工作中，我总是回想老师当时是怎么做的、也总是设想若换成老师会怎么做，在得到内心的确信后，我会努力以程老师的标准来对待学生、处理问题。

学问精深、行事公允、德风高洁、善待学生、关心成长，程老师的背后树立的是刑法学“中南气派”的旗帜。在如何当好一名高校教师、履行好立德树人使命上，程老师永远是我看齐的榜样。我誓将承继榜样的力量，传播中南刑法学科的火种！

谨以此文献给敬爱的导师程红教授，也献给母校刑法学科研究生教育四十年的辉煌历程！祝愿学科的老师们健康永驻，笑颜常在；祝愿母校发展蒸蒸日上，再续华章！

李正昊 | 我在中南大读刑法研究生

李正昊，2014 级刑法学硕士研究生，现为广州某中型游戏公司法务主管。

收到中南刑法研究生教育四十年征文通知时，已是 2021 年 12 月初，师姐问我写了文章没有？此时我刚收到讯息。再仔细阅读，2022 年即是中南刑法研究生教育四十周年的大事情，我郑重回复她，还没有，但近日会动笔。

2021 年上半年初，我返回学校，拜访留校深造的室友，此时新冠肺炎疫情未完全过去，部分校门限行，校园里绿茵依旧，多处已变了模样，我们在校园里散步，路过装修的文治楼，交谈着这几年的生活和事情。自参加工作后，每每深夜完成项目下班，倚在出租车靠背时，常常回想起在研究生时期，图书馆窗户边读书的惬意场景。记得第一次上齐老师的刑法总论课时，学生既兴奋又紧张，兴奋在可近距离聆听老师讲述刑法理论知识，紧张在若被点名回答问题，不知能否使老师感到满意。但当时老师没有提问，而是先指导我们作为刑法研究生应该怎样读书、思考和写文章。还记得老师详细介绍了法学论文的书写技巧，如何谋篇布局、建构体系以及展开论点，他同时建议我们以一周一篇的频率多写多练，并在第一堂课结束时就布置了"刑法形式解释与实质解释争议之我见"的命题作文。这堂课令人印象深刻，课后的功课更是让我终生难忘。由于是初次尝试撰写文章，学生尚记得在图书馆内花了好几天的时间通读相关文献，希望能旁征博引但又抓耳挠腮不知如何下笔的有趣画面。而第一篇练笔论文的结构、议题和行文风格，也对我影响至今，后续一些论文的命题用笔和思考方式，均与写那篇作业的体验密切相关。

研究生的那几年，我很爱泡图书馆，既读学术书籍，偶尔也翻翻金庸武侠，犹记得罗克辛的那本《刑法总论》十分抢手，扑了几次空方才借到手，而当读书累了，约上室友去操场打球，然后晃晃悠悠走回食堂或者西、南、北苑小吃街饱餐一顿。总之，濒临南湖的校园承载了我们非常美好的青春回忆。年初再回到学校时，由于新冠肺炎疫情的影响，不仅西苑大门紧锁，商家们生意清淡，校园内也没有了过去那种熙熙攘攘的景象。哎，真不知何时同学们能再次相聚，重回过去那种无忧无虑的快乐时光！

说起读研究生时的学习，印象深刻的还有轻松热情的“刑司院学术午餐会”，该专题由老师们边吃午餐边探讨专业问题，逐渐演变成午餐用餐时师生们围坐在一起，由一个人做专题报告然后其他人就报告议题进行讨论的学术沙龙。午餐会我参加过数次，也受益匪浅，特别是对周详老师会上的发言印象最深刻，周详老师看问题视角新颖，分析透彻，很有感染力。还有王安异老师上的“欧陆刑法学”课程。第一节课上，王老师仅带了一张稿纸、一瓶温水，颇有些“湖心亭看雪”的意思，王老师用一个下午的时间，通过口述，将欧陆刑法的概念体系演变娓娓道来，学生此刻回忆当时场景，依然有如沐春风之感。王老师翩翩君子，想来现在也应是风采依旧吧。

停笔至此，转念回想自己，自 2014 年秋入学，再到 2017 年忙碌的实习奔波、论文答辩，然后正式毕业离开校园，至今已有五年之久。学生不才，既未成家也尚未立业，在城市社会摸爬打拼，可以说刚刚站住了脚跟。尽管有些惭愧，虽然口拙笔迟，但作为中南刑法学人也愿尽一些微薄之力，为刑法学研究生教育四十周年活动征文增砖添瓦。在此祝愿母校中南财经政法大学社会影响力越来越大，祝福刑事司法学院在学校各项工作中走在前列，也预祝我们刑法学科为学界、为社会输送更多优秀的学子栋梁！

早期校园远景图

刘赛楠 | 我怀念的:南湖大道茶山刘

刘赛楠,2015级刑法学硕士研究生,现为郑州市中原区人民法院综合审判庭法官助理。

"南湖大道的五三八,总会被奔驰的汽车代替啊"广播里听到了"下一站茶山刘"这首歌,记忆被拉回到几年前,初到这个城市,是独自一人去参加研究生面试,一早从武昌站坐538路公交车到终点站——南湖大道茶山刘,当时只觉得茶山刘的名字很有趣,而如今南湖大道茶山刘已经在心里被赋予了生命,不仅仅是一个站名,而是三年的青春记忆,正如歌里所唱,"那拥堵的一小时,是最美丽的虚度年华",那些在538路公交车上的堵车时光,已经离我远去许久了啊。

一、忆往昔

每个人心中都有母校的画卷,我的画卷里是南湖大道茶山刘站,是清晨预约座位的图书馆,是日常奔驰在波泰高速上的校车,是环湖绿道上校跑打卡的同学,是希贤岭上的草木葱茏,是南湖边的醉人夕阳,敲下这些文字,仿佛已经看到西苑的人潮汹涌,听到了自习室熄灯的音乐声,这每一帧画面都能激起心中的柔波,闭上眼睛仿佛就坐在了南湖边的长椅上,看透过树叶倾斜的日光,整个人都可以沉淀下来。

没有什么是一碗热干面解决不了的,如果有那就两碗。还记得初到武汉时喝胡辣汤的我难以接受清晨吃热干面,后来经常早上来一碗,城市的印记就这样留在了日常生活中,留在了味觉记忆里,带着让人充满幸福感的烟火气。

二、念师恩

怀念一个地方,总是离不开那里的人。我的导师——齐文远先生,对我有着深远的影响,渊博的学识、扎实的理论功底、严谨的治学态度使我永远受益。感恩先生的选择与激励,正是因为您的真诚关怀,那段时光才弥足珍贵;正是因为您的谆谆教诲,那段时光才熠熠生辉。

在备考母校研究生时便已经开始拜读先生的著作,希望考入刑事司法学院能成为先生的学生,后来愿望成真,内心欢喜,感谢至深。先生为人谦逊温和,上课时脸上也总是带着笑意,我们私底下都称呼他齐大大,但学业上他对我们又很严格,研究生一年级时就让我们定期提交论文并给予指导。先生平时工作繁忙,常常是我们同门自己聚在一起,但身教胜于言传,他的孜孜不倦、治学严谨,是我们最好的榜样。

回想起毕业论文从开题到定稿的漫长过程,一直是先生悉心指导,先生有太多工作在身,但对我们的论文指导丝毫没有马虎。经常收到先生发来的论文修改意见,已是深夜一两点,内心既感动又心疼,论文的指导大到学术问题探讨,小到一个标点符号,反复打磨不断改进,当初先生给我指导论文时曾批评我"怎么这么喜欢用逗号,是不是思路一停顿就用逗号",如今我写判决书时还是会习惯性地想要在键盘上敲下逗号,但每每这个时候先生的话就在耳畔响起。一直清楚地记得,毕业之际先生对我们说"一个月至少要读一本书,慢慢的积累会看到变化的"。我一直铭记先生的教诲,且深知当下保持阅读与思考能力的重要性,但实践中又常常以工作繁忙辛苦、孩子嗷嗷待哺为借口而偷懒,自觉愧对先生的教诲。

先生忙于工作的同时又要花费时间精力指导学生,但即便如此,先生对学术的研究从未停息。作为刑法学界的前辈,先生持续出版著作并在核心期刊发表学术论文,可谓著作等身。先生将一生奉献给了刑法学教学和科研事业,践行了"传道、授业、解惑"的古训,深得学生敬仰。我不是先生最优秀的学生,但先生是我最敬爱的导师。

三、冀未来

离开母校走向工作岗位已三载有余,经历了扫黑除恶的专项行动、执行攻坚的夜以继日,如今回归到审判岗位上,三年多的时间里经历过理想与现实的落差,面临过对工作不知所措的窘迫,体会了基层法院的种种不易。但每当困顿之时,总有母校及恩师给予我的力量,让我内心坚定,双脚沉稳,有勇气和力量去面对一切。最终,在一起起案件的办理中,在与当事人的一次次沟通中,逐渐体会到克服困难之后的欣喜,找到自我的价值,获得自我成就与认同,一路走来的困惑与启发,艰难与喜悦,成就了更好的自己。

艰难困苦,玉汝于成,在母校的积淀让我深知唯有勇于承担的魄力与无问西东的情怀,唯有秉承法律人的信念,心怀对法律的敬畏与对工作的热爱,将无限的热情投入到工作中去,才能不辜负母校的培养,不辜负恩师的教诲,不违背法律人的初心。

饮其流者怀其源,学其成时念吾师。离开母校数载,变化的是成长,不变的是初心,我会时刻牢记母校的培育与恩师的教诲,牢记自己法律人的初心和使命,在工作中保持永不懈怠的精神状态和一往无前的奋斗姿态,勇于担当,不负未来。

我会像那段永远不变的时光一样,一如既往。

张　曼　|回忆我的研究生岁月

张曼，2015 级刑法学硕士研究生，现就职于中共常德市纪律检查委员会常德市监察委员会。

2022 年是母校中南财经政法大学刑法学研究生教育四十周年，收到恩师郭老师的邀请，撰写回忆研究生学习生活的随笔文章。提笔一算，已经毕业三年了，三年光阴转瞬即逝，在江城的政法学堂里，向老师提问、与同学辩论的时光一去不复返，曾经所畅想的工作，已经成为真实的生活。2018 年毕业后我便回到家乡常德，顺利考上公务员，三年的时光，我成为一名纪检监察干部，也成为一位母亲。感叹时光易逝的同时也怀念在中南刑司学院的求学生活，那是一段一辈子值得回味的美好岁月。

一、与中南的不解之缘

2011 年至 2015 年，我在西北政法大学民商法学院完成本科学习。之所以选择法学专业，也是源于最初懵懂的选择。高中毕业填报志愿时，在有限的选择里凭借第一感觉选择法学专业，报考西北政法大学民商法专业。甚至直到入学第一天，经过辅导员的介绍，我才对法学专业有所了解，才知道需要通过司法考试。就这样，我与法学结下不解之缘。从大一开始，我便下定决心要考研究生，目标是西南政法大学，就像高考一样，我将目标院校写在便利贴上，贴在宿舍桌子上。然而，就在大二那年，遇到让我改变这个目标的人，也就是我后来的同门师姐潘超。

大二那年暑假，我在常德市中级人民法院刑庭实习，有幸遇到潘超师姐，她在隔壁法庭实习，潘超师姐那年刚考上中南刑法学研究生。将近两个月的实习生活，我们成为很好的朋友，听着师姐描述中南读研生活的种种美好，我也改变了考研目标，奔向中南财经政法大学。

二、亦师亦友

2015 年，考研笔试成绩公布后我便联系潘超师姐咨询报考导师事宜，潘超师姐便向我推荐她的导师郭老师。也许是上天的眷顾，从小到大我不算老师眼中聪明的学生，但却是最勤奋的学生,排名并不靠前的我随机抽到复试英语口语题目竟然是我在考前背诵了无数遍的英语作文,而郭老师刚好是面试老师之一,面试结束后还得到郭老师表扬,这便是我在郭老师面前第一次“露脸”。

人的一生会遇到许多老师,幸运的是你能够遇到一些好老师。好老师不仅教给你知识,更重要的是教给你做人的道理。我很幸运遇到郭老师,也许我不是他最好的学生,但是,他一定是我心中最好的老师。难忘三年里郭老师的谆谆教诲和悉心培养,无论是学术还是为人方面,都是我们学习的榜样。

在学术方面,郭老师思维活跃、学术功底深厚、严谨细致。从入学第一天就教育我们,要广泛阅读文献和专业书籍,只有养成阅读的习惯,才能了解研究方向的最新进展,才能提高自己的文献阅读水平。作为法学研究生,在打好基础的同时,要提高论文写作水平,郭老师会给我们推送一些会议征文,如果有感兴趣的题目可以尝试着自己写一写。在郭老师的鼓励下,研一我便开始尝试写作,还记得特别清楚,我的第一篇论文《幼女权益保护论纲——以嫖宿幼女罪的废除为背景》,投稿湖北省法学会犯罪学研究会 2015 年年会,在立冬那天还去了湖北大学参会。2016 年 1 月 7 日北京市海淀区人民法院开庭审理“快播涉嫌传播淫秽物品牟利案”,也是比较典型的信息网络技术为犯罪行为提供技术帮助与支持的刑事案件。在向郭老师表达我的想法后,郭老师便建议我以中立帮助行为为切入点尝试写一篇文章。当我向郭老师提交这篇文章后,心里还有点小窃喜,终于完成了初稿,心里的重担终于放下。可是当我打开老师给我修改的邮件后,才发现自己有多么粗心,还有很多不足之处。大到论文结构,小到标点、空格、脚注,郭老师都认真仔细地做了标注。从研一到研二,这篇论文反复打磨,郭老师耐心修改,经常在出差的路上还在帮我修改,论文观点也不断成熟,最终形成《网络服务提供者刑事责任初论——以中立帮助行为的处罚为中心》一文,文章顺利地在《预防青少年犯罪研究》2016 年第 2 期发表。郭老师还带领我们参与“武汉市未成年人保护法实施办法”修订起草工作,课题组有周凌老师、张正宇老师、刘梦觉师姐、潘超师姐,有和我同届的袁珊珊、刘静、段玉英,还有师兄师姐师弟师妹,团队分工明确,协作配合,开展问卷调查、调研、座谈,对照法条修改整理条例。这项工作时间跨度比较长,我们参与的时间大概是从 2017 年 3 月到 9 月,中途也遇到过很多困难。记得有一次调研完毕回学校,宿舍已经关门了,为避免打扰到其他同学,我们就去学校附近酒店住下,第二天还要早起赶去开会。虽然那段时间很累,但是内心是充盈的。2017 年 9 月 19 日,武汉市第十四次人大常委会第六次会议全票表决通过《武汉市未成年人保护条例》。对于个人来讲,能够参与这样的工作,是我一生难逢的大事,我感到非常的自豪。

在为人方面,郭老师性情温和,很少批评我们,对我们倍加关爱,特别是过节的时候,作为外地学生,老师会问候关心我们的生活。郭老师会定期安排时间给我们开读书会共同交流,也会和每个人个别交流,除了学术沟通,更多的是生活上的交流,可以谈谈个人对社会热点问题的一些思考,也可以结合专业谈谈学术见解,气氛很轻松愉悦。郭老师兴趣广泛,也是一个热爱生活的人,与他相处,总会让人感到世界充满阳光。郭老师会抽时间带我们一起郊游,带上师母还有小骆,让我们这个大集体更有一种家的温情。也会每周固定时间和我们一起打羽毛球，慢慢地我们的羽毛球队伍也越来越壮大，学院很多老师同学、甚至其他专业的同学也参与进来，学习之余加强锻炼，也促进了师生交流。

三、最美好的时光

我一直把自己的研究生阶段形容为“最美好的时光”。这里有严谨的学风，有我崇拜的学术导师。记得当年我选择的是实践班，但是经常会去理论班蹭课，特别是郭老师的刑事政策学，我们同门四个会相约一起去听课，郭老师会用英语提问，并且要求我们用英文回答。对于我这种只会做题，不怎么敢开口的英文水平，每次都特别紧张，但是时间一长胆子大了，英文口语水平也有提高。

大学期间，我只顾着低头学习，几乎不参加学校任何活动，于是在我进入研究生后，就给自己定下目标，除了努力学习，也要多参加活动融入集体。研一我便加入刑司研究生会学术部，研二留下分管学术部。在这两年的时光里，我主要负责学院主办、承办的各类学术活动，与学生会的各位成员一起组织策划、参加各类学术活动，包括刑事特色学术午餐会、文澜辩论赛、文澜大讲堂、三院辩论赛、三院知识竞赛以及各类学术讲座，不仅服务了同学，为大家营造了良好的学习氛围，也提高了自己各方面的能力。研究生三年时间，我也很庆幸遇到三位可亲可爱的室友，由一开始生活习惯的不同，到逐渐地包容，大家目标一致，共同进步。

毕业之后，因忙于工作，我还没有回过母校，特别是 2019 年新冠肺炎疫情暴发，武汉成为我心心念念的地方，这里有亲爱的同学和老师。在这政法园里，我度过美好的三年研究生时光，度过最美好的青春岁月。“聚是一团火，散是满天星”，还记得入学时听到刑司的口号，记忆犹新。衷心地感谢刑事司法学院各位老师的谆谆教导和无尽帮助，祝愿中南财经政法大学刑法学教育越办越好！祝愿各位老师桃李满园！

郑　曦 | 岁月峥嵘忆中南，初心不改叙情缘

郑曦，2015 级刑法学硕士研究生，现就职于上海市静安区人民检察院第六检察部。

米兰·昆德拉说，"这是一个流行离开的时代，但我们都不善于告别"。确实如此，如今离开中南大的校园已三年有余，从未认真告别过，只记得关上宿舍门，交完钥匙的那一刻，方才知道自己的学生生涯结束了。故借此中南刑法研究生办学四十周年之际，谨以此文献给导师齐文远教授、亲爱的母校以及自己回不去的青春。

一、求学之路：师恩永铭记

小时候做过很多梦，但我从未想过长大后会从事刑事司法工作，选择刑法来安身立命并立志一辈子学习热爱这门学问，是因为我的导师齐文远教授。在成为齐老师的学生之前，便在刑法教科书上看见老师的名字，只是当时未预料到齐老师最后竟成我研究生生涯的启蒙老师，更是我未来人生路上的指路人。还记得在刚入校之际，懵懂青涩的我怀着对教科书上的齐老师的崇敬，鼓起勇气写了自荐信，不过自知自己天资平平，也未抱有太大希望，等待被分配的命运。惊喜的是责任导师名单公布之后，我竟如愿以偿成为齐老师亲自指导的学生，欣喜若狂之际也有一些忐忑和不安，害怕自己做得不够好有损老师的声誉。

齐老师对学生的教育是循循善诱、润物无声的。入学的第一堂专业课是齐老师上的，他教导我们做学问先要学做人，但他没有说什么大道理，而是讲述了中南刑法学科的历史发展过程、老先生们怎么教他们读书学习以及历届研究生的成长经历等，当时权当故事来听，后来才知道这些知识是书本上学习不到的，不仅对培育我们学习刑法的热情大有帮助，而且也使我们明白了作为中南刑法研究生对国家和对社会应尽的责任。

齐老师的治学态度是非常严谨认真的。听齐老师谈论最多的除了理论学说之外，便是如何构思刑法文章了。除却日常论文写作发表方面齐老师给予了我很多帮助和指导外，毕业论文的撰写是最让我头痛也是导师最关心最多的了。从毕业论文的开题、提纲框架、初稿形成到最后定稿，在老师的督促下反复斟酌、反复修改，十易其稿都不止，过程很痛苦，但顺利通过盲

评和答辩的结果令人感到一切的付出都是非常值得的。曾记得齐老师数次午夜之后还在为我修改稿子,然后立即把修改意见用邮件发给我,以便我能赶上查重和外审盲评时间节点;也记得老师了解到与我论文有关的热点事件后第一时间与我分享,帮助我开拓写作思路。最难忘的是最初经历了 3 个月的煎熬,初稿写完交给导师后,自以为已经完成任务便开始放飞自我,跑去日本旅游,结果回来后被导师叫到办公室和风细雨地批了几个小时,只好灰溜溜回到宿舍"另起炉灶",然后又是好几个不眠之夜。在那段时间里,齐老师也和我们一起熬夜,他白天要上课,要处理日常事务,看学生论文提修改意见只能用晚上的时间,论文稿电子版上密密麻麻的修改文字都是他在深夜敲到电脑上的,我想很多同学都和我一样收藏着经齐老师修改过的毕业论文手稿,因为上面不仅记录着自己的成长进步过程,也记录着齐老师严谨的工作态度和他对学生的关爱之心。

齐老师在生活方面是清廉正直、为人师表的。记得研二的教师节,我与几个同门为表示对老师的感恩,便凑钱给齐老师买了鲜花和水果,后怕导师不收下,便悄悄放在办公室门口,齐老师发觉后,将东西全数都退还给了我们,齐老师知道我们没有经济收入,有的同学不愿意花家里的钱一边打工、一边读书,手头更紧,故而从不收学生的礼物,反而常常请学生吃饭,给大家赠书。总之,齐老师不仅是我过去学业上的导师,还是我现在和未来工作的榜样、为人处世的楷模。

二、求学之地:南湖寄深情

中南大的校园坐落在南湖湖畔,我所住的环湖公寓是当之无愧的湖景房。走出校园后才知道,当初的学习环境、住宿条件无疑是性价比最高的。傍晚的南湖,伴随太阳的西落,余光映照在湖面上,晚霞铺满大半个天空,坐在湖边的座椅上,约上三五个朋友在湖边平台上畅谈人生与梦想,甚是惬意。当初的豪言壮志虽仍未实现,但中南的校园见证着我们青春时的汗水和梦想,那里的一草一木对我们而言弥足珍贵。

在武汉大学生中长期流传着"吃在财大"的点评,的确不无道理。文泰楼旁的西门小吃街,无疑是财大年轻人的美食广场。喧闹拥挤的狭窄街道,应有尽有的各色小吃,小贩热情的叫卖吆喝,再加上接踵而至的学子,到处都散发着烟火气,那是在钢筋水泥土堆成的大城市里忙碌的人群很少能体会到的滋味。4 块钱一碗的热干面,3 块钱一个的锅盔,2 块钱一杯的西米露……都是小吃街专有的福利。除此之外,环湖食府、桥楼餐厅、五食堂等学校食堂更是幸福的源泉。下课后来一碗鸡丝粉、盖浇饭、腊味双拼、瓦罐汤……食堂的美食足够开设一整版美食专栏了,现在想起来还忍不住吞口水,心里暗暗发誓等有时间一定要再回母校吃个痛快。

母校教学楼的别出心裁的名称更是学府一大特色。文澜楼、文治楼、文波楼、文泉楼……楼名首字为文,取其以文化人,以文育人之意;次字带水,取其"仁者乐山,智者乐水"之意,一切无不体现了中南大深厚的文化氛围和人文情怀。我至今感到无比骄傲的,是文泰楼教室和逸夫图书馆是我三年里光顾最多的地方,爆满的图书馆和自习室记录着我们求知的身影,晚上 10 点多回宿舍时校园广播中响起的萨克斯名曲《回家》是我听得最多的乐曲,那里没有千头万绪的生活琐事,也没有各种各样的压力,是单纯的我们无忧无虑畅游知识海洋的乐园,是我读书修炼的圣地。

三、求学之时:潇洒少年游

研一时我21岁,那时正处于花样年华。刚进中南大的时候,对一切都是陌生新奇的,故而便想尝试所有的校园生活。和同学隔三岔五的聚餐、开趴、唱K、去公园烧烤,参加读书会、听讲座、为了一个法律问题争得面红耳赤,晚间的宿舍悄悄话、羽毛球场上的挥汗如雨、操场上的减肥大业……一切的一切,都留下了我们最青春的身影。如今步入社会,想得更多的是晚上早点休息,明天还要读多少案卷,还有多少调查取证的任务。繁忙的工作使人忘记了生活的五彩缤纷,已全然没有了在学校时期的那种惬意。在校园中挥洒青春仿佛是很久很久以前的事情了。

学生时期记忆最深刻的总是期末周的来临,研究生期末考试与本科时期最大的不同是考试形式的多样化,更加趋向于考察综合素质以及调研思考的能力。有分组讨论、PPT展示、论文撰写、英文翻译、课堂提问等,还记得考前的突击查资料,深夜疯狂地赶论文,临时抱佛脚的中式英文口音,也记得成绩靠前时的洋洋得意,成功上岸后的欣喜若狂,总之都是青春年少时的模样,开心的是这一切我都经历过。或许若干年后回忆起来,心情仍然像现在这样激动不已。

长路漫漫不改赤子情怀,眺望前方依然初心依旧。我在中南的校园里学习奋斗了三年,又在检察机关工作过三年,经历了不一样的人生阶段,但作为齐老师的学生,作为中南的校友,作为新时代刑法青年的我将永远牢记老师的教诲,秉持"博文明理,厚德济世"的校训,坚守公平正义理念,为扫除人间不平之事努力奋斗。

张成东 | 晓南湖畔二三事

张成东，2015 级刑法学硕士研究生，现就职于武汉市公安局。

2021 年 11 月 23 日，我饭后在院子内散步，手机语音提示收到一条微信消息，打开一看是齐老师发来的，内容是中南刑法学科四十周年纪念活动征文的通知。从前，在校学习时只听老师们介绍中南刑法的悠久历史，收到齐老师的微信才意识到，原来中南刑法已近“不惑”之年。四十年，虽在全国刑法学科中算不上是刑法教育时间最长的院校，但从 1981 年曾昭琼、江任天、曾宪信等老一辈刑法学家筚路蓝缕至今，中南刑法早已成为中国刑法学界不可或缺的一分子。从中南刑法也先后走出了张明楷、齐文远、夏勇、刘明祥、李希慧、冯军、谢望原、刘艳红、苏彩霞等一大批中国刑法学界的中流砥柱，中南刑法的发展历程本身就是一幅波澜壮阔的画卷。

我是 2015 年 9 月考入中南开始攻读刑法学硕士学位，正式成为中南刑法大家庭的一员，2018 年硕士毕业后继续在中南攻读博士学位。从 2015 年硕士入学到 2021 年博士毕业，我在中南接受了六年系统的刑法学研究生教育，同时也在晓南湖畔度过了充实而快乐的六年时光。回想起在中南学习刑法的点点滴滴，除了感激、感动，他们早已成为无法磨灭的珍贵记忆。

一、你们都是我的学生

“你们都是我的学生”，对 2015 级刑法学硕士班来说，这句“名言”可以说是我们那一级硕士的集体回忆。这句名言出自齐文远老师，名言的背后有一个温暖的故事。

当时我们 2015 级硕士刚开学报到，按照惯例办理好入学手续后，接下来最重要，也是当时我们每个人最关心的事，就是分配责任导师。我们 2015 级刑法学一共有 65 位同学，大家都对选哪位老师当自己的责任导师十分关注。而按照学科组惯例，新生导师的确定实行双向选择。具体来讲，先由新生填写导师选择意向表上交，然后由导师组综合新生的导师选择意向，再最终确定每位同学的导师。当时我们普遍面临的问题是，缺少一个让心仪导师认识我们的机会。这样，课间便成为很多同学和心仪导师交流沟通的宝贵“窗口期”。但是研一上学期，导师组中给我们开课的老师又特别少。记得只有齐文远教授、程红教授和王安异教授三位老师，分别为我们新生讲授中国刑法总论、欧陆刑法学Ⅱ和欧陆刑法学Ⅰ。所以当时只要是三位老师的课间休息间隙，就有很多同学围着老师交流，顺带向心仪的导师自荐。三位老师中，以齐老师最受欢迎。粗略估计，那段时间利用课间向齐老师自荐的学生就有二十多位。到后来，同学们诚挚的眼神，也给齐老师带来了幸福的烦恼。

记得有一天，课间找齐老师的同学格外多。这次课间休息后，齐老师在讲台上感谢同学们对他的“欣赏”，并再次跟我们解释学科组的导师选定政策，表示按照学科组的惯例是每位导师最多直接指导4位学生，所以最后肯定不能完全满足所有人的要求。“但是，请大家放心，不管你们最后选择哪位老师做责任导师，你们大家都是我的学生”，齐老师最后语重心长地说道。齐老师讲完这句话后，同学们不约而同地响起热烈的掌声。

你们都是我的学生！短短八个字，瞬间温暖了当时在场的中南刑法新人的心，让我们突然间找到了归属。齐老师作为中南刑法的大家长，始终将我们每位同学都视同己出，在学习、生活方面给了我们极大的帮助和关心。毕业后回想起来，“你们都是我的学生”，既是齐老师代表中南刑法对我们的正式接纳，同时也是我们每位中南刑法学子一生的精神归属。

二、你只是想早点把书读出来

跟现在春节前就公布考研初试成绩不同，当时我们的初试成绩直到春节后才公布。经过漫长的等待，2015年2月中旬，初试成绩终于出来了。在了解到自己的初试分数和排名之后，我便鼓起勇气跟童德华老师发邮件自荐。由于是第一次跟自己倾慕许久的老师发邮件自遂，再加之当时也只是公布了初试成绩，要想最终成为中南刑法的一员，还需要顺利通过复试（笔试、面试）、体检等环节。所以当时多少还是有些唐突。想到这些，自己在写邮件的时候，全程都感到紧张。尽管整封邮件篇幅不到500字，但写了一上午才最终下定决心发出去。

发完邮件后，我便进入等候童老师回信的焦急等待中。复试结束后，我终于收到童老师的回信，当时童老师回的是一封英文邮件，虽然童老师在信里只是简单地了解基本情况，但能够收到心仪导师的回信，当时便感到十分惊喜，也充满动力。

2018年硕士毕业后，在童老师的指导下，我继续在中南攻读博士学位。能够考上博士，不仅仅实现了我这样一位来自小山村的寒门学子的求学梦，同时也给整个家庭带来了新的希望，但对我这位家庭经济条件并不优越的农家子弟来讲，选择读博同时意味着要比同学们付出更高的机会成本。所以争取按时顺利毕业便是我读博期间的直接动力和首要奋斗目标。

相比硕士阶段，博士研究生学习开始后，童老师对我学习的要求明显更为严格。在硕士学习期间，我们都是采用月报制，每月月底向老师汇报学习情况，而读博后，月报制升级为周报制。每周通过邮件向童老师汇报本周的学习、写作情况，童老师再对我的学习情况进行指导。博一刚开始那段时间，对于周报制不太适应，也感到压力特别大。但是坚持下来后，特别是到博三开始准备博士论文开题、写作阶段，才明白老师的良苦用心。现在回想起来，如果不是童老师严格的过程管理，我也不可能在疫情影响之下还能按时写完毕业论文，并顺利如期毕业。

铁打的营盘，流水的兵。转眼便到了分别时刻，除了祝福，离别便是毕业季的另一个主题。

特别是6月底毕业典礼结束后，校园里到处充满着离别气息，随处可见毕业生拖着行李离校的身影。一到7月，“你什么时候离校”，更是成为同学们见面时新的开场白。离校的日子到了，约好时间，我便去办公室跟老师话别。这次话别持续了将近两个小时，主要是童老师提醒我在以后工作生活中可能遇到的注意事项。深知自己一直以来与老师的要求还有很大差距，我便借在校期间最后的机会跟童老师表达愧疚之意。没想到童老师听后，语重情深地说道：“你不要这样讲，你一心想早点把书读出来，其他方面自然考虑少一些。”

此刻，我猛然意识到，原来童老师不仅早就“看穿”了我的心思，还一直默默支持我。到临别季，我才真正明白童老师对我的关爱和包容。一直以泪点较高自居的我，不知不觉间眼眶早已湿润，声音也变得哽咽。我只顾着早点毕业，完全没有注意到童老师对我的关心和支持。师恩似海，感谢恩师童德华教授六年来的教诲、包容和帮助！

三、南湖落日君须记

2015年至2021年在中南度过的六年时光，可以说是母校环湖片区“变妆”的重要时期。2015年左右收回望湖片区后，学校不仅对文澴楼和西操场进行改造升级，还新建了文澎楼、西北门和南湖绿道。系列升级改造后，南湖美景初现。这也为我们饭后散步提供了新去处，天气晴朗的傍晚，三两师友相约南湖畔欣赏南湖落日便成了读书期间最惬意的饭后娱乐项目。

南湖美景中，南湖落日绝对算是最受欢迎，没有之一。特别是夏夜傍晚，南湖绿道上游人如织。如果碰到有晚霞，从南湖边走过，就会发现湖边满是驻足欣赏落日美景的同学和老师，大家纷纷拿出手机拍照、打卡、留念。随着南湖落日的名气越来越大，后来有很多摄影爱好者用专业设备来记录南湖落日和晚霞的全过程。

在学校读书的时候，饭后到南湖边散步几乎成了我的保留节目。这个习惯的养成，得益于童老师。刚到中南时，童老师经常在同门群邀请我们一起饭后散步。在散步时，除了跟老师同学一起聊天，我最喜欢的还是听童老师讲他读书期间的趣事。在童老师的熏陶下，久而久之，我也慢慢养成了饭后散步的习惯。直到现在工作后，我依然喜欢饭后跟同事一起散步。

除了跟童老师一起饭后散步外，我与同学们饭后相约南湖畔，边欣赏南湖落日，边指点江山、挥斥方遒，也同样是美好的回忆。特别是博士论文写作期间，在图书馆埋头敲了一上午字后，我和杨智博、农海东、王殿宇、袁子轩等三五好友一起饭后相约南湖畔，既可以纾解论文写作压力，同时还可以互相交流学习和论文写作过程中遇到的困惑。在交流的过程中，不仅可以放空大脑，一些学习方面的疑惑、困惑也得到解决，甚至在同学们的启发下，找到新的写作思路。

南湖落日以及与师友一起欣赏南湖落日的美好时光，早已成为中南求学期间的珍贵回忆。现在回想起来，与其说怀念的是南湖落日，倒不如说想念的是那段与老师、同学们一起度过的快乐校园时光，虽然很忙碌，但却很充实、单纯、快乐。

转眼间，在中南不知不觉间度过了六年求学时间。感谢中南刑法学科导师组老师们的培养和帮助，让我得以顺利实现硕士、博士梦，让我的人生也因此变得更加充实、精彩！

师恩难忘！祝中南刑法越来越好！

简筱昊 | 我与导师二三事

简筱昊，2016 级刑法学硕士研究生，现就职于昆山市人民检察院。

离开学校刚满三个半月，这三个多月的生活节奏很紧凑，以至于让我产生了毕业很久的错觉，但是静坐下来却猛然觉察，自己仍然还是那个初出茅庐的毛头小子。导师的脉脉关怀和谆谆教诲仍然时刻萦绕在我的耳畔。为了纪念母校刑法学科研究生教育四十周年，我希望通过回忆分享我与导师的二三件事，以管窥豹地展现中南刑法学科的深沉魅力和中南刑法人的人文底蕴，以表达自己对中南和中南刑法学科的感谢。

初识导师，准确地说是我初次了解到导师，是在 2013 年本科一年级下学期选择专业课程时，师兄师姐对老师的介绍，印象比较深刻的几句话是，“程红老师的课讲得非常好，课堂非常火爆，一座难求”。刚开始，我对师兄师姐的话还没有什么认知，但是当自己卡着上课铃声走进程老师教室的时候，才知道什么是“一座难求”。可以容纳近两百人的教室座无虚席，连教室的过道、阶梯上都坐满了人，还有很多人连坐的地方都没有，只能远远地站在教室的最后聆听老师的授课，一站就是近三个半小时。这次经历让我认识到，原来两点开始的课，是需要一点甚至十二点就走进教室的。接下来的本科一年级下学期和二年级上学期的刑法课，我都是提前两小时到老师课堂度过的。

课堂之外，我与老师几乎没有交集，老师也不知道有我这样一名学生存在。但是从聆听程老师第一节课开始，我就被老师的“飒”与“笃定”所吸引。程老师对张明楷教授的观点如数家珍，对具体问题的分析不带丝毫犹豫，对社会热点的解读能够旁征博引，这完全是一名优秀学者应该具有的学术品格。在这样一名优秀的老师的引领下，在参加完 2015 年的司法考试以后，我毅然选择考取我校刑法学科的研究生。在顺利通过研究生笔试和面试工作后，我通过在校师兄师姐获得程老师的邮箱，写上一封自荐信，希望能够加入程老师门下。但比较遗憾的是，老师平时比较忙，没有看到我的自荐信。在静待数日没有消息后，我又急忙联系上老师当时在校的学生——刘鹏鹏师兄，表达自己加入程门的迫切心情，并附上自己的简历，恳请师兄代为转达给程老师。好在皇天不负苦心人，程老师最终答应在服从学校安排的情况下争取将我选入门下。2016年10月，我如愿加入程门，成为一名“橙子”。

进入程门以后，我最深切的感受就是，我们始终沐浴在程老师如母亲般的关爱之中。

2019年元旦前后，因为家中有事，我有一段时间状态非常不好，导致期末交给齐文远教授的作业存在众多明显的错漏。程老师知道后，第一时间向齐老师表达了歉意，告知齐老师我当时的情况，希望能够获得齐老师的谅解，并表示一定会严加监督。然后程老师给我打了电话，因为知道我当时的情况，老师一句批评的话没说，只是将我作业的情况进行了简单的告知，并且宽慰我让我尽快调整好心态，引导我不管遇到什么情况，都要第一时间与老师沟通，做任何事情，要么不做，做就要做好，任何理由都不应该成为我们做不好的借口。其实刚开始我并不知道程老师与齐老师通话的情况，我只知道自己的作业出了问题，老师宽慰了我，并让我给齐老师发个短信说明一下情况。于当时的我来说，内心主要是做错事情的诚惶诚恐。后来一个偶然的机会，我才了解到原来程老师在我向齐老师说明情况之前就已经向齐老师表达了歉意，届时内心充盈感动与自责。本来与导师毫无关联的期末作业的问题，理应由我本人直接承担责任，但是老师首先将责任揽在自己身上，足见老师的担当和对学生的爱护。

2021年夏天，在迎来送往4届同门以后，我也终于迎来自己的毕业季。因为性格的原因，我与导师的交往向来理性含蓄，不会直接表达自己的情感，但是毕业季无意间成为我们情感的助推剂，这段时间所有的情感都被放大至极限，不管是老师的，还是学生的。我始终记得6月21日和7月5日的送别宴。因为6月22日开始就有毕业师弟师妹要离校，老师邀请所有的毕业生一起吃饭、送别。那天早上，我和师弟师妹相约带上鲜花来到老师楼下等待，然后陪同老师一起步行至桥楼餐厅。往日陪同老师步行的路上总是充满欢声笑语，但是那天从出门开始，老师的心情就十分沉重，虽然老师间或也会笑着和我们说说话。我知道老师此时是强颜欢笑，她不希望自己的伤感影响我们的心情，希望我们能够始终保持激情迎接未来的美好生活。往年的送别宴上，师兄师姐、师弟师妹和老师总是会流下感恩和不舍的泪水，今年老师大概是不想再经历这种略带沉重的离愁，想把离别变得轻松一些。可是，送别宴上寄语还没说完，老师的眼眶已经充满泪水，毕业生们也都泪眼婆娑。我是7月7日离校的，所以老师又在7月5日叫上在校生和我一起吃了顿送别宴。那天的气氛相较于6月21日要轻松很多，因为活泼可爱的在校生更多一些。在这种轻松愉快的氛围中，我仍然感受到老师对我们的牵挂和不舍。饭席间，老师始终在嘱托未来的工作生活中要如何为人处世，如果遇到不顺心的事可以随时回来，老师一直是我们坚强的后盾。话语很理性，但是很动人。那种场景除了让我一帧帧回忆起校园生活外，也让我想起每次离别时母亲对我的叮嘱，她总是担心我在外面遇到不顺心的事，但是又不想让我知道她在牵挂。

老师对我们的爱是无私的，像母亲般伟大！

中南刑法学科的各位老师亦是如此。齐文远老师在得知我的情况后，也深表理解，并指出我作业（论文）中的不足，鼓励我多投合适的C刊。毕业后，听程老师谈起，齐老师也很关心我的去向。胸怀如此宽广，德行如此高尚！

谨以此文献给恩师程红老师，献给中南刑法学科！

刘　浩　|中南的回忆，人生的感恩

刘浩，2016级刑法学硕士研究生，现就读于东南大学法学院。

一、开学报到的日子与宿舍得天独厚的地理位置

我是中南财经政法大学刑事司法学院2016级的刑法学硕士研究生，中南财经政法大学是我人生美好的感恩之地，我永远记得当时毕业离校之前的怅惘以及离校那天的泪眼婆娑。时间回到2016年的春天，当时离9月开学的日子还有几个月，我出去打工了一段时间，后来8月底的时候，我就准备开学启程，心中时常畅想着硕士阶段的美好生活。还记得2016年的9月是新生报到的日子，我背着一个书包，拖着一个行李箱，从武昌火车站出站之后，乘坐538路公交车到达终点站——南湖大道茶山刘。那时已然是晚上了，第二天才能进校报到，我是提前一天到的。看着北门的学校名字，不禁发呆了几秒钟，我想着要好好地学习法学知识，锻炼法学思维。第二天在北门的体育场报到之后，我领了校园卡和宿舍钥匙，被分到的宿舍是环湖11栋116舍。

我们宿舍的位置离着几个食堂特别近，属于环湖公寓，宿舍离南湖边仅数步之遥，因此而经常可以去湖边散步和游玩。具体到环湖公寓的11栋，我们宿舍是在一楼，尽管有时会有些潮湿，但相对较为方便，不需要每天上下楼。当时，我们刑法学专业和侦查学专业的男硕士生基本都在环湖公寓11栋的一楼。除了离南湖边和食堂比较近之外，宿舍离西苑的小吃街和篮球场也很近，地理位置可谓是得天独厚，非常惬意。

二、丰富多样的课程学习与精彩纷呈的学术讲座

时间如流沙般行进着，转眼间，我们的课表出来了。我们硕士研究生的课程同样非常丰富，注重专业的广度和深度，特别重视法学基础的夯实以及法学思维的培养。我记得我们当时的硕士研究生课程包括但不限于政治课、英语课和专业课，其中，专业课包括法理学、中国刑法学、刑事政策学、欧陆刑法学、英美刑法学、刑法发展史、犯罪学、刑事案例演习等。除了丰富的

课程设置外,很多老师还会经常举办读书会或者学习讨论小组,读书会与学习小组是开放性的,同学们都是可以去参加学习的。另外,中南的各种学术讲座相对较多,学术交流的氛围十分浓厚,同学们也可以根据自己的兴趣选择,去听喜欢的讲座,从而不断地开拓视野,提升专业素养和综合学养。我经常喜欢去听讲座,而且老师们大多也鼓励我们去听讲座。记得研一那年,中南的讲座特别多,这对于当时很愿意听讲座的我,无疑是一种幸福。除了刑法学方面的讲座外,像宪法学、法理学、民法学、环境法学等方面的讲座,我也会时常去听,觉得热闹,并且也想着开阔一下眼界,学点儿知识和口才。每当看到感兴趣的讲座时,就像喜欢看电影的人兴高采烈地去看一场喜欢的电影,分明是完全一样的感受。

三、感恩中南的老师们

还记得我们当时第一堂课是中国刑法学,在文添楼一楼上的课,授课老师是齐文远教授。上课初始,齐老师就先给我们介绍了中南法学的发展历程以及中南刑法的优秀历史传统,之后是以刑法专题式的内容给我们讲授刑法学。还记得第一堂课的课间休息时,我鼓起勇气去和老师聊了一会儿,齐老师问我适应了吗,并嘱咐我要好好学习,积极开朗,多和同学们交流,在学习和生活中如果遇到困难,可以直接来找他。这些话对于一个刚刚进入硕士阶段的学生而言,是那么温暖。记得大概又过了几个星期,到了选择导师的时间,那天是周一的早上,同样是中国刑法学的课程,由于齐老师是中南刑法学的导师组组长和学科带头人,老师自然负责学生选择导师的事情。在课前,齐老师让我们每人拿出一张纸来,写好自己想选择的导师,我们就找出空白的纸张,写上自己的名字和想要选择的导师,选导师属于双向选择,通常要求我们对拟选择的导师有所了解,而我们拟选择的导师对我们也大致地知道和了解。就这样,很快就确定了导师。我的导师是周详教授,还记得其他三个室友的导师分别是夏勇教授、周凌副教授和丁友勤副教授。特别感恩的是,在中南读硕士期间,齐老师给了我很多的关心和帮助,记得每次有事情找老师的时候,老师总是在百忙之中给予关怀和帮助。我记得有一次我在导师办公室的时候还开玩笑地说道,"这有些隔辈儿亲的感觉,我老师的老师不仅是我的老师,还是我的师公"。其实,我记得每次找齐老师的时候,我心里总是挺紧张的,当然,心里也不由得希望自己能够进步一些,优秀一些,争气一些。永远感恩我的师公——齐文远教授。

记得在确定导师之后,有一天上午,那是我第一次去周详老师的办公室。导师的办公室在文治楼三楼的326室,我敲了敲门,接着听见里面传来起身走路的脚步声,然后门开了。我于是问老师好,并进门后和老师聊了起来。我依然记得导师在我入学之初的期望,他倒不是希望我在刑法学界多么地出类拔萃,甚或石破天惊,而是希望能看到我踏踏实实,不断进步,打好基础。因此,这种期望是含蓄的和朴实的。记得那天在办公室,老师和我说了很多,主要是关于专业学习方法的。例如,老师说让我要多看哪些学者的文章,看看他们在研究些什么,看看是怎样把文章写好的,紧跟他们的步伐,这些话和场景直到今天,还会时不时地猛然出现在我的脑海中。周详老师从不吝惜自己和学生在一起的时间,我几乎每周都会去他的办公室,我们经常一聊就是几个小时,老师总是很宽容和耐心。老师是一个真正纯粹的学者,他给我的感受是没有任何的浮躁，总是看看喜欢的电影，踢踢喜欢的足球，读读喜欢的闲书，偶尔会写点儿专业文章与学界讨论一下法学方面的问题。在学习上，老师鼓励我们多去听讲座，多参加不同老师的读书会，学习不同的风格和优点，海纳百川，兼收并蓄，尤其是在怎样写文章方面的教导，老师说应当能够辨别出哪些是真正的好文章，并多去模仿这些文章的方法，多去学习这些学者的作品。老师说写文章要先提出问题，提出一个好的问题很重要，并指出现有的学说和不足，然后提出自己的观点，进行严密的分析和论证，以说服自己，说服读者。老师也教导我们要多改文章，因为好文章是需要不断修改和完善的，并且举过现实的例子。从老师朴实而直接的话语中体现出他对学生的负责、严厉和关爱，也体现出他性格和行为的简洁而干练。在生活中，老师以身作则，以切实的行为告诉我们应当如何做人和做事。永远感恩我的老师——周详教授。

在中南学习和生活之余，我当时想着找点儿事情做，我看到有的同学在参与项目，于是，我就问一个师姐是否可以参加。还记得那个项目是关于“武汉市未成年人保护条例”的立法工程，该项目的负责人是郭泽强教授，师姐和同学带着我来到郭老师的面前，并向郭老师介绍了我，郭老师欣然答应让我参与学习，并带着我们去实地参加立法论证会，从而可以现场感受立法讨论的氛围。我参与的时候，项目其实已经接近尾声，而参与这个项目的学习也由此开启了我和郭老师的缘分。通过实地感受立法的现场讨论氛围，我对于立法的本质有了一些更为深刻的了解，这是我人生中宝贵的专业经历，也是非常难忘的一段时光。郭老师属于典型的儒雅气质，平易近人，特别热心，总是会站在学生的立场上为学生考虑。每当学习和生活中遇到心事的时候，我也会经常去老师的办公室，老师总是耐心地给予鼓励、指导和帮助。还记得有一次在办公室，老师开玩笑地和我说道，“我的办公室，你来了像宿舍一样自由”。我听到后，不由得觉得很幸福。其实，我有时内心还是会有些紧张的，并且会不由地拘束，这与自身的经历和性格有关。老师的风格是乐于鼓励学生的，总是让学生在保持进步的同时不要有太多的压力，稳步前行就行。其实我知道，老师尽管看起来总是对于很多事情都显得游刃有余，但他是很勤奋的，只是无论工作还是学习以及体育锻炼，老师的规律性和自律性都很强。除了法学专业的深厚功底外，老师的外语也着实让人羡慕。还记得当时老师给我们上的课是刑事政策学，是双语教学，每当提问英文的时候，我就觉得有些紧张，时常被点到名字时，我就站起来支支吾吾地说句英文。为此，有一回在办公室，我还专门问过老师，如何把英语说得和汉语一样自如呢？老师说让我一定多练习，多听多说，慢慢就会好的。正是由于老师的温文尔雅和平易近人，直到今天，当我面对困难时，我时常还是会敢于叨扰老师，寻求老师的帮助和指导，老师总是力所能及地给予关心和帮助。我也记得老师说的让我注意好身体，劳逸结合，行稳致远。永远感恩我的老师——郭泽强教授。

在参加读书会方面，我当时是特别喜欢的。我觉得能聆听不同的观点，并可以现场即兴地口头表达自己的观点，这是非常快乐的事情。为此，只要有老师开读书会，我就想去参加。当然，这或许也说明我是个内心孤独但又不会完全应对孤独的人，我也喜欢读书会时的热闹。老师们开读书会的时间是不确定的，后来我一直参加的读书会是周凌老师的读书会。周老师的读书会非常固定且持续，无论哪个学生，只要想去参加，他都会视若己出，而且很高兴。学生如果决定第二次还参加，那就需要一直参加了，记得老师说过，我们这个读书会，进来容易，但一旦决定参加，就不能再随意退出了，有事情需要请假。还记得我去参加读书会的时候，老师还专门举行了一个小小的欢迎仪式。从那时开始，我就每周都会去参加老师的读书会，并积极地发言。老师的读书会不拘一格，大多时候在学院的会议室，偶尔也会在老师家里，现在好像有时也会在文澴楼的智慧教室，而且老师经常会请我们大家吃东西，有的时候在会议室，我们边吃着披萨、喝着饮料，边学习和讨论，那真的是非常幸福的感觉。周老师在美国获得了终身教职资格，但选择回国为祖国的法治事业和教育事业贡献力量，他的风格有些美式，自由、幽默而且热烈，也是深受学生们喜欢的。老师的主攻方向是犯罪学，但每次读书会的时候，面对学生们提出的各种刑法教义学问题，他也总是能非常精确地给予解答和指导。老师一直很鼓励我，希望我能在学术上有所建树。老师的读书会，每当想起来都会觉得很难忘。老师尽管在学习上对我们要求特别严格，但在生活中却似乎有些娇惯我们。记得研二时有一回，我和室友去找老师借车，说打算自驾出去旅游。老师欣然把车借给我们，并嘱咐我们一定要注意安全。于是，我们开玩笑地说道，“老师，放心吧，是这个室友开车，他的驾驶技术是他的特长之一，他本科毕业前的实习工作就是在省公安厅当司机”。于是，我们就开车出去玩了，那天，我们看到了武汉的很多风景，包括自然和人文的。永远感恩我的老师——周凌教授。

中南的老师们，还有很多需要感恩，相对之前的老师们，我们彼此的交流或许较少，大多都是课堂上的学习和交流，但课后如果有问题去办公室找到老师们的时候，老师们都会给予耐心地指导和关心，例如，童德华老师、王安异老师、程红老师、夏朝晖老师、王良顺老师、李正新老师、杨柳老师、王复春老师、李波老师……还有从我入学时就去了美国的苏彩霞老师。对此，特别感恩中南这个大家庭和中南的刑法老师们以及其他学科的老师们。在他们身上，我知道了一个真正的法律人应当是怎样的，并且希望自己有一天也能够为祖国的法治事业贡献自己的力量。

四、快乐的生活回忆与内心的不由感怀

在生活方面，中南的饮食是非常好的，各种风格的食堂应有尽有。离宿舍很近的随园餐厅，像鸡排饭、煲仔饭、自助餐等，经常会让人怀念。在这种情况下，学校外面的西苑街道又是各种美食，实惠而且好吃，简直羡煞外校的同学们。我经常会在南湖边散步或者站在湖边发呆，并时不时地用手机拍一段风景，然后发个微信朋友圈。中南的文科特征非常明显，学校的氛围是自由而欢快，生机勃勃，风格多元。在空闲时间里，我也经常会和室友一起出去吃饭，有的时候会打打篮球。我还记得室友经常邀我一起去南湖边的路上玩滑板，我还去南湖那边钓鱼。初夏的时候，有时会和室友一起去学校的游泳馆游泳，听着游泳馆的音乐，待在水里，并和室友说想展示一下自己的游泳技术，比较一下海边长大的和长江边长大的，究竟谁游得更好一些……

中南的环境确实给了我很多快乐而幸福的记忆。让我感受到岁月尽管匆匆，但美好的回忆却永远不会褪色，正如那是迎风眺望的感觉，自然而明快的感受，只是温暖的泪水停留在眼

角,让我们除了表达感恩,难以再用更好的语词予以表达。感恩中南优美的自然环境与深厚的人文情怀,感恩中南老师们的深厚学识与善良宽厚,感恩在那美好的人生阶段遇到美好的人和事……

五、当下的进步与未来的期望

在中南老师们的关怀下,在中南优美的自然环境中,我成长进步了很多。后来,当我从中南硕士毕业后,有幸去往东南大学继续读博,并跟随同样是有过中南刑法学习背景的刘艳红导师继续学术之路的航行。无论在学术还是生活方面,刘老师一直给予无微不至的关怀和宽严有度的教导,从而使我的学术和心性得以显著的进步,老师一直都是学生心中的学术女神老师。对此,我也由心感恩老师的关心和帮助,感恩老师付出的诸多心血。在未来的学习和生活中,我会静心反思,保持进步,积极阳光,踏实学习,希望有一天能够回馈母校,回馈社会。

水光一色

韦春发 | 师门六年琐记

韦春发，2016 级刑法学硕士研究生，现就读于中南财经政法大学刑事司法学院。

2022 年适逢中南财经政法大学刑法学科研究生教育四十周年，恩师齐文远教授嘱我写些纪念性的文字，能与前辈师长一同回顾学科几代人筚路蓝缕的艰苦奋斗历程，我深感荣幸。历史学家罗尔纲先生的著作《师门五年记》，回忆了其青年时代师从胡适先生求学问道，师生相处五年情谊至深的经历。而算起来，我从 2016 年正式进入中南刑法学科到明年也已有六年了，那么就暂且将这段珍贵的回忆称作“六年记”吧。

一、兜兜转转，再回中南

提笔回忆我与学科的缘起，思绪便瞬间回到了十年前。那年还在读大二，出于对刑法学专业的浓厚兴趣我很早便决定了考研，可是该考哪里却迟迟没有拿定主意。作为小白，那时只知道“五院四系”在法学领域很厉害，也是往届师兄师姐们的“主攻”方向，于是便上网检索信息。一番探查我发现了一个规律，许多老师的求学经历重合在了中南财经政法大学，比如为大家所熟知的齐文远老师、张明楷老师、冯军老师等，由此我对中南刑法学科便产生了极大的兴趣，这个地方肯定有它的“魔力”。在 2013 年我便下定决心报考中南，那时候网上有一个叫“浓情中南”的论坛，聚集了有志于报考这里的各地学子，上面还有许多复习资料，我从中获益良多。遗憾的是这个论坛在 2014 年便停止运营了，最新的一条微博动态也停留在 2018 年的 12 月 3 日，只有三条评论，似乎已经为人们所淡忘了。

因为准备得早，在漫长的备考过程中，我同时兼顾了司法考试，虽然在 2014 年以 432 分获得了全校第一名，却也因为基础薄弱和所剩复习时间太短而为我与中南刑法学科的第一次擦肩而过埋下了伏笔。后来虽然有过调剂的机会，终因我的不甘心而作罢。

本科毕业后，我第二次备考中南刑法学。当时租住在校外的一处隔间里，屋里没有窗户，只能放下一张桌子和床，其他什么都没有。房租是 350 元一个月，夏天多交了 50 元的水电费。每天早晨 5 点起床去抢自习位置，从酷暑到寒冬未曾间断；因为位置紧张，后期甚至要在图书馆开门之前翻窗户进去，现在想来确实够拼，好在还是坚持到了考试。这次的结果也好得超出了预想，初试第二，复试后好像是第三还是第四吧。就这样我如愿在2016年的9月正式成为了中南刑法学科的一分子。

在中南读研的三年是我最快乐，也是在专业上收获最多的一段时光。第一年上课，后两年便全由自己安排。我保持了从考研中带来的学习习惯，只要没事就去文添楼看书。记得当时集中读了马克昌老师的《比较刑法原理》、耶塞克教授的《德国刑法教科书》等经典著作，还手写了厚厚的笔记；此外也专门搜集了中南刑法学科各位老师的论文来读，学习前辈师长们的写作方法，揣摩他们的论证思路。

作为寒门子弟，我想着能尽早为家庭减轻负担就在毕业后去了律所工作而放弃了已经报名且准备了许久的考博。但是内心始终未能放下对读书求学的渴望，大概是2019年的秋冬季节，我想还是应该回到学校来，于是便开始了第二次的考博复习。每天下班后在律所里的住处看书做题直到年末。

2020年年初，新冠肺炎疫情在武汉暴发。被阻隔在家中的客观因素倒是给了我充足的复习时间，6、7月分别完成了考博初试和复试，经历了中南刑法学科的第一次"云招生"，在线上再次看到齐老师等学科的各位师长，紧张的同时确实倍感亲切。7月中旬，考试结果出炉，我再次被中南刑法学专业录取，且有幸跟随齐老师攻读博士学位。

就这样，兜兜转转，磕磕绊绊，我再次回到魂牵梦绕的南湖畔。

二、两位恩师，一生典范

在中南刑法学科读书，齐文远教授和赵俊新教授是对我恩重如山的两位老师，为人为学他们都将是我一生的典范。

齐老师目前正在指导我攻读博士学位，这是之前从未敢想象的，我的全部刑法学基础都是捧着齐老师的著作搭建起来的。最幸运的莫过于在硕博两个阶段得到恩师的授业解惑。读研时，齐老师给我们上"中国刑法总论"，以专题的形式讲授，无论基础知识铺垫抑或学术前沿介绍，都是细致入微、鞭辟入里；比如对于我国《刑法》管辖制度的规定，向来没有成为学界研究的重点，但老师进行了非常精到的分析并提出完善之策；还有他关于罪数的见解等都让我听得如痴如醉。博士阶段，齐老师给我们讲授"中国刑法原理"，因为人数不多，老师便采取不同的授课方式。开学第一课教导我们如何读书、思考和写作，强调治学严谨和开阔视野的重要性，然后由他亲自讲授若干主题。在这之后便是我们来讲，老师确定几个题目让大家认领，课下各自搜集阅读和整理资料，课上进行汇报；汇报时老师并不打断每个人的发言，只是很认真地听和记录，在汇报和大家的讨论结束后，老师才会就相关问题发表自己的见解，而对于我们很多并不成熟的想法，老师也从未轻易否定，多是建议我们继续深入研究，对于年轻一辈的学术包容之心可见一斑。对于每位学生的学业，齐老师也是非常关心，不但审阅大家的论文，还都在答辩中提出许多有启发意义的修改完善建议；而答辩工作持续时间较长，之前也曾见到老师微倾着身体慢慢走出教室休息，听到老师现场的咳嗽声，作为学生心里也总是充满了关心和挂念。生活中，齐老师待人非常温和，对于学生也总是爱护有加，最初从周详老师的回忆文章中知道恩师的一些往事，读来很受感动，而亲身经历的一件事更让我惭愧至今。去年冬天，我给齐老师交作业，因为工作失误而未能及时收齐，直到与老师约定的时间我还未送到，老师就在中原楼下一直等我，待我骑车赶到时，时间竟已晚了近40分钟，老师见到我非但没有一丝责备反倒关心我有没有按时吃饭。这件事让我一直心怀歉疚，却也暗下决心，再不能犯这样的错误了。正是在这样一件件小事的春风化雨中，老师教会我们如何做人做事。在我看来，老师是把自己的绝大部分精力都放在了学校发展、学科建设和学生成长上了，这种甘当人梯的奉献精神值得我学习一生。

赵老师是我的硕士导师，无论是生活、学习和工作都给予我极大的关心和爱护，我的点滴成长都倾注了老师的心血。赵老师特别注重对学生解决实际问题能力的培养，他给我们上“中国刑法分论”这门课程，我原以为会是选择重点罪名进行讲解，但老师直接让我们接触实践中的真实案件材料，通过阅卷发现其中疑难点并进行写作分析，然后在课堂上公开发表自己的意见和理由，一个学期下来，这种方式同时锻炼了我们的多项实务能力，按照教材授课远不能达到这种效果。赵老师对我硕士论文的一处修改，让我铭记至今。有一天，老师直接给我打来电话：“春发啊，你论文有一个标题是‘简评’，这样不好，对于别人的观点你要充分尊重，不能托大，还是改成‘述评’比较合适。”老师对于学问的谦逊之心必将令我终身受益。生活中，赵老师性格豪爽、待人亲和，直到上次一起吃饭时老师还在说：“春发太瘦了，过得苦哈哈的，要给他改善生活，补充营养。”同门一起聚餐总是充满了欢声笑语。毕业离校时，老师说：“以后的工作生活有任何困难都可以来找老师。”知道我去律所工作，赵老师又多次叮嘱我要自信一些，不要太内向；后来又在多种场合关心我的境况。去年冬季，学科为赵老师隆重举行了荣休仪式，很庆幸我能在现场见证这一幕，各位师长回忆与赵老师相处的数十年间的点滴往事无不令人动容。

三、潜心研读，不负情缘

中南刑法学派的形成，其重要原因之一便是传承一脉的人才培养模式。在我看来，育人于无形的中南模式至少有以下几个特点：

第一，学术能力与人格锤炼的并重。为学先为人，从曾昭琼老师到齐老师等学科的众位师长无不把对学生学术人格的养成作为重要目标；正如齐老师在《刑法学人学术品格的重塑》一文的最后所说：刑法学人首先要耐得住寂寞地去学，昨夜西风凋碧树，独上高楼，望尽天涯路；其次，要受得起学术之苦，衣带渐宽终不悔，为伊消得人憔悴；最后才可能厚积薄发，众里寻他千百度，蓦然回首，那人却在灯火阑珊处。

第二，理论浸润与实务关怀并重。从众多师长的回忆及至今天，可明显发现在各个时期，刑法学科都十分关注在筑牢学生基础理论的同时兼顾对解决实务问题能力的培养，毕竟刑法学作为应用法学，其实践功能的发挥是检验理论成效的重要尺度。恰如齐老师在《中国刑法学应该转向教义主义还是实践主义》一文中所谈到的：我国的刑法学研究不能单纯依赖教义刑法学的研究范式而必须采用多种方法,当下主要应该强调刑法学的实践理性;中国刑法学研究转型应以实践为路径。也正因此,四十年来刑法学科涌现出一大批知名刑法学者和实务精英。

第三,本土意识与国际视野并重。中国刑法学体系的形成与发展完善是前辈学者们勠力同心,共同奋斗的成果。近数十年来随着国际交流的拓深,学界也出现了"去苏俄化"以及"言必称德日"等现象,在这种风潮之下,未来是否还会出现"去德日化"不得而知。但中南刑法学派则一贯坚持借鉴他国优秀成果的基础上立足本土意识,解决中国问题。诚如齐老师在《中国法学如何走向世界》中所述:中国法学要走向世界,或许就该像鲁迅先生在谈到中国文学时所说的那样"有地方色彩的,倒容易成为世界的,即为别国所注意。打出世界上去,即于中国之活动有利",换言之,中国法学只有认真研究如何合理地解决本国的现实问题,才能真正走向世界。

中南刑法学派已经成为我始终引以为傲的标签,而最为幸运的是我能追随齐老师和赵老师读书,在老师身旁时刻聆听教诲。攻读博士学位已一年有余,很多时候我既希望能按时完成学业却又不舍得再次离开老师、离开中南,只是希望时光能过得慢一些,让我能有更多的成长机会而不负恩师所寄予的厚望。我想,唯有认真做人、踏实做事、潜心为学方能报师恩之万一吧。

孙秋彩 忆中南大

孙秋彩，2016 级刑法学硕士研究生，现就职于新乡市人民检察院。

在中南刑法研究生招生四十年之际，我有幸参与本次征文活动，借此机会来回忆曾经的校园生活。

转瞬光阴，似水流年，我已经毕业两年有余。回忆起在中南财经政法大学的日子，我仍然是满满的获得感和幸福感。我很荣幸成为中南大的一员，也很感恩中南大带给我的一切。依然清晰地记得 2016 年 9 月，我提着重重的行李箱，满怀憧憬地来到向往已久的中南大，从此开始为期三年的研究生生涯。想起在中南财经政法大学的点点滴滴，就像是一个纪录片拉开了序幕，这部片子的内容过于丰富以至于不知道该从何说起……

我想到了那群可爱的人们，他们是备受尊敬的师长，是朝夕相处的同学，也是擦肩而过的陌生人。无论是谁，都是这个纪录片里的重要人物，正是有了他们的存在和陪伴，我才能愉快而充实地度过三年的时光。想起可敬的老师们，他们在教室里孜孜不倦地为我们授课是必不可少的场景，我清楚地记得一些上课期间的珍贵时刻。上课期间，老师或十分认真地讲解专业知识，或采取灵活的教学方法与学生互动，或激发学生热情上台进行自我展示等。想起可爱的同学们，有一起去文添楼上课的同学，有有幸分到环湖宿舍的室友，有一起在图书馆、文泰楼复习备考的朋友，在他们的陪伴下，在我自己的努力下，我顺利通过了法律职业资格考试，学到了知识，收获了友谊，学会了成长。想起可爱的陌生人，无论是一起在自习室学习的陌生同学，还是学校门口小吃摊的摊主，又或是送外卖的小哥，正是他们的出现和存在，让我三年的研究生时光增添了一些不一样的色彩。漫步在校园里，经常会遇到很多擦肩而过的人，很多时候，大家好像都会十分默契地给彼此一个微笑。正是这种微笑，让春天的风更加温柔，让夏天的风更加凉爽，让秋天的风不再那么潇凉，让冬天的风不再那么寒冷。所以，我感谢那些曾经遇到的人们，感谢他们出现在我的世界里，感谢他们让我的生活增添了许多色彩，感谢他们让我的人生增添了更多意义。

我还想到了那些装满记忆的事物，它们是终点站为茶山刘的 538 路公交车，是文泰楼，是校门口的小吃摊，也是学校里的小湖边。想起公交车，就不得不提到武汉538路公交车。清楚地记得第一次来学校是研究生复试的时候，我坐的是538路公交车，晕车的我晕了一路终于到达了终点站“茶山刘”，当时就在想“538路公交车”路线真长，学校真远。下车后，我抬头看到了马路对面的学校，那一刻我就在想我以后一定会在这里上学，最终我实现了这个愿望，顺利通过复试，成为中南财经政法大学刑法学的一名研究生。想起文泰楼，就想起了当年在那里备考的场景。开学之后，我一边上课，一边准备法律职业资格考试，文泰楼就是我备考的地点，我每天在文泰楼一楼背书、做题，并最终顺利通过了考试。想起校门口的小吃摊，我就想到了一到时间摊主们就气势浩荡且整齐有序出摊的场景。他们好像商量好了一样，虽然都是小吃，但彼此之间几乎没有重样，都在用心做着自己最擅长的美食。我们学校的美食街可是远近闻名呀，毕竟流传着这么一句话“吃在财大”，这足以说明学校门口的小吃有多受人们的欢迎。想起学校的小湖边，就想到了当时用手机拍照记录下来的各种美景。闲暇的时候，我喜欢一个人沿着学校的马路，漫无目的地散步，很多时候都会不知不觉地走到湖边，去欣赏湖边的美景。有时候是夕阳将要落下时映在水面的画面，有时候是绵绵雨天雨水不停拍打水面的画面，有时候是蓝天白天和湖水混为一体的画面，无论是哪一种画面，都是好看的，都是让人忍不住拿出手机拍照记录的。到现在我手机里还保存着当时拍下的照片，我时不时地翻看一下，回忆一下过去的美好时光。

无论是那些可爱的人，还是那些珍贵的物，都是我在中南财经政法大学这三年纪录片的重要存在。正是他们的存在，让我三年的时光变得丰富多彩，也让我倍加珍惜这段时光，并时不时地怀念曾经的美好时光。三年的学校时光，看似漫长，实则短暂，在这三年里，有感谢，感谢老师们的谆谆教诲，感谢同学室友的关心，感谢陌生人的微笑；有后悔，后悔自己没有充分利用学校时光去多看些书、多学会习，后悔自己没有好好和那些人和物道个别就匆匆离开了。离开校园，走向社会，我才发现，学校的时光是如此的珍贵。在校园里，你可以有充裕的时间来安排自己的学习，简单而纯粹；而在社会上，我们也许会遇到纷繁复杂的事情，它们可能会影响甚至左右我们的思想，变得不再那么简单纯粹。那么，在这个时候，我们需要记得，即使我们走向了社会，也应该保留着学生时期的自律和上进，不受一些繁杂事情的影响，保持初心，不断提升自己，从而让自己变得更加优秀。

现在，我已经是一名检察人员，从事着和自己专业相关的工作。每每被问起毕业于哪个学校，我都会很自豪地说出学校的名字，不是因为自己多么厉害，而是因为我觉得作为中南财经政法大学的一员，我感到很自豪。回忆起曾经的点点滴滴，总会有一种思念涌上心头，身为学校的一员，我相信当年一起毕业的我们，都保留着这份珍贵的记忆，都会时不时地怀念一下，怀念作为一名学生时期的美好时光。回忆到此，纪录片也像是播放到了最后一幕，但是这一幕不是结束，而是代表着新的开始，我衷心地祝愿学校越来越好，祝愿所有学生前途似锦。

童斯楠 | 三载刑司情，一世中南人

童斯楠，2017 级刑法学硕士研究生，现就读于东南大学法学院。

一、难忘师恩

记忆回到 2017 年春天，研究生入学考试复试成绩刚出，我侥幸过线，随即便面临着选择导师的问题。虽然在中南读了四年本科，我却只在开学与毕业典礼上远远地见过坐在主席台上的齐老师。齐老师当时给我的印象，更多的是一个印在刑法教科书封面上的名字，一位治学严谨、温文尔雅的刑法学大家。“要不尝试着联系一下齐老师?”这个念头一旦在心中闪现，便不可阻挡地生根发芽、破土而出。如果能有幸投入齐老师门下接受老师教诲，该是一件多么幸福的事情。2017 年 3 月 31 日，我怀着忐忑而又期待的心情，将修改多遍的自荐邮件投递到了齐老师邮箱，随即便开始自我开导，打算一切听天由命。齐老师的回复十分迅速，他回复我说：“谢谢邮件并祝贺高中。你基础很好，我也希望能与你多多交流。目前我正在教育部出差，期待回校后分享你学习的体会。”收到齐老师邮件的那一刻，真是喜出望外，激动的心情难以自抑。齐老师回校后，便很快让我到中原楼去见他。齐老师的办公桌上堆满了文件和专业书籍，他端坐期间，正在认真校对刑法教科书，见我进来后，齐老师放下手头的工作，开始热情地跟我交谈，问及了我的本科毕业论文题目，并指导我应该读哪些书提高专业素养，此情此景，历历在目。9 月开学后，承蒙齐老师不弃，将我纳入门墙，让我光荣地成为齐门大家庭的一员，有更多机会接受老师的教导。

齐老师的深厚学养与充沛精力给我留下了深刻印象。还记得第一次聆听齐老师的中国刑法学总论课，老师讲授的主题是刑法学的学习方法与写作之道。那时正是夏天，天气炎热，齐老师旁征博引、激情迸发，连续讲授了四个小时，中间未有片刻停歇，要知道齐老师当时已经 61 岁了。

面对我们学习上的困惑，即使是十分幼稚的提问，齐老师也总是不厌其烦地为我们答疑解惑。研一上学期，每次听完老师的课，我和袁梦、石阳媚都会跟着老师从文溯楼走到津发小区

桥头,在路上提出我们学习中的困惑,老师耐心而又细致地为我们指点迷津,给我们一种豁然开朗的感觉。在生活中,在学习上,齐老师于细微之处言传身教,不仅带领我们窥视刑法学的奥堂,激发我们对刑法学持久的学习热情,更教导我们严谨踏实、孜孜不倦。在润物无声中,我们感受老师在德行与学业诸方面的榜样力量。

早在读研的那一刻,我便下定决心读博,想要在刑法学的道路上继续深造。齐老师十分支持我的选择,并热情帮我推荐。感谢齐老师帮助,承蒙刘艳红老师不弃,我有幸能在东南大学跟随刘艳红老师继续求学。这一切的一切,都让我感动、感激、感怀。

二、乐书乐友

在中南刑司院的三载求学生涯,充实而又快乐,其中大部分时间我都泡在法学院与刑事司法学院的图书馆,在里面尽情地吸收知识。学院丰富的书籍与期刊资源满足了我求知的欲望。张明楷、齐文远、刘艳红等众多中南出身的学术大家的经典作品夯实了我的刑法学基础,西田典之、山口厚、松原芳博、罗克辛、金德霍伊泽尔等德日名家的教科书开阔了我的知识视野。这三年宝贵的学习时光,让我对刑法更为倾心,也坚定了我以刑法为志业的决心。除了自学,学院还会定期举办讲座、研讨会,广邀国内知名的刑法学者为刑司学子授业解惑,这些途径能够让我们尽快接收刑法学的前沿知识,促进自己的知识更新。

求学生涯,有好书,也有好友。读好书,乐在其中,遇好友,乐在其中。在研究生读书期间,我和我的同门袁梦与石阳媚一起共事了三年,结下了深厚的情谊。在学习上我们彼此砥砺,在生活中我们互帮互助。中南的大多风景,如晓南湖畔、希贤风光、南湖落日,都留下了我们共同的足迹和欢声笑语。中南的知名美食,如西苑的藕粉、桥楼的猪蹄,都有我们一起品尝的身影。武汉的诸多景点,像武大樱花城堡、武汉动物园、东湖湖畔、湖北博物馆、楚河汉街,我们乐此不疲地游玩。跟你们一起学习、玩耍的时光,让我一直怀念。因为购书癖好,宿舍的公共空间被我的书籍占据了一大部分,我的室友刘旭、吴珂、叶凌云一直对此十分宽容,让我好不感激。

2020 年 9 月,我正式跟随刘艳红教授在东南大学法学院开启了博士的攻读之旅。虽然离开了武汉、离开了中南,但我却时常有种仍身在中南的感觉。我的博士生导师刘艳红教授曾在中南受教于齐文远老师,我的大师兄欧阳本祺教授曾在齐老师门下读书,大师姐杨志琼老师本科毕业于中南,每当向他们请教问题、听他们传授经验,恍惚觉得自己好像又回到了中南的课堂。我想,这就是我们中南刑法生生不息传承之火的一个体现。

在中南校园学习、生活了七年,其中四年在法学院,三年在刑事司法学院,这里的一草一木都是那么熟悉,文治楼里诸位师长都是那么可敬。难忘中南,难忘师恩,难忘挚友。衷心祝福中南刑法这棵大树未来更加枝繁叶茂,我们后来者也要砥砺奋进,赓续中南刑法的辉煌传统。

石阳媚 | 忆中南

石阳媚,2017 级刑法学硕士毕业生,现就职于最高人民法院法官学院。

三年研究生生活,在南湖畔的校园,收获了知识,收获了友谊,更重要的是开阔了视野,锻炼了能力,也为我今后的路,打下了坚实的基础。回想在中南的日子,我觉得自己无比的幸运。

一、武汉的雨

回忆起在中南的日子,首先浮现脑海的事情,好像都有雨相伴。

武汉的雨,迎接了我的入校。第一次踏入中南财经政法大学,是保研夏令营开营的那一天,我现在都记得,早上有些闷热,一天紧张的面试、讲座结束后,我终于如愿拿到了优秀营员的通知,悬着的心终于放下了,等我踏出文治大楼时,下起了一场小雨。那天的雨,非常温柔。

武汉的雨,聆听了学术探讨。研一的时候,齐老师讲授中国刑法学总论,旁征博引,一堂课连上四个小时,而且课堂上总能提出很多发散性的问题。每次下课都意犹未尽,我们同门三个就会陪老师一起从文添楼走到津发桥,一路上继续探讨。我印象最深刻的一次,是下课后突然下起了雨,本来就短短十几分钟的路程,由于大家探讨得火热,师徒四人就撑着两把伞,在津发桥头畅聊近一个小时,一直聊到天都黑了,终于把问题理解透彻了。那天的雨,非常的畅快。

武汉的雨,见证了我的友谊。我们同门三人大概是非常浪漫的同门吧,三个人时不时就会凑到一起,在校园里探讨学术,畅聊未来,在周边寻觅美食,评论时事。一般我们都在校园和周围溜达,最有趣的两次出游,是去逛动物园和去武大看樱花。说来也巧,两次都下了雨,雨中的动物园,掉色的雨衣,雨中的樱花,花瓣和雨纷纷落下。雨中游玩,也是快哉。那天的雨,非常的顽皮。

以至于在少雨的北京,每次下雨,我都非常期待。

二、我的恩师

2017 年,我抱着满腔的求知热情进入中南财经政法大学,遇到了传道授业解惑的诸位恩师。研究生期间,有幸聆听了各位老师的精彩授课,老师们的博学知识和才思敏捷令我受益良多,每次课后与老师们交流,也都耐心解释,指点迷津,郭泽强老师、童德华老师、王安异老师等都给予了我很多帮助,也让我对刑法学有了更深的认识和体悟。

回首三年的研究生学习时光,我非常有幸成为中南财经政法刑法学大家庭的一员,而我最幸运的是成为齐文远教授的学生。齐老师是一位非常谦逊、温文尔雅的学者。于我而言,三年相处,他更像一位无微不至关怀着我的长辈。三年时间里我学到的知识可能不少都已经忘记了,但是老师为学生所做的一切却深深地印在我的脑海并将影响我的一生。

入学时,因为仰慕齐教授的学问人品,我选择了他作为我的责任导师。三年里,在齐老师那里,我学到的不仅是广博的刑法学知识,更是严谨务实的治学态度。同时,老师的豁达坦然、宽厚仁爱、求真务实也深深影响了我。还记得,当我鼓起勇气敲开齐老师的办公室门,第一印象就是书多。平时交流中,无论多么天马行空的问题,齐老师总能用严谨的学术眼光回应,并积极引导,给我推荐相关的文章和书籍,并鼓励我说,试着写一写,去大胆尝试。他从不拘泥于某个特定领域,而是鼓励我们要博览群书,广泛涉猎,激发灵感,培养兴趣。记得有幸参编《中国监察文化简史》一书时,在老师的带领下我踏入了通过梳理历史文献典籍研究现实问题的大门,从而增强了文化自信的意识。三年里,老师秉承开放包容的培养态度,让我能够有机会向多方面进行尝试。在去最高人民法院巡回法庭实习时,老师时常关心我的实习情况,并提醒我要有意识地从纷繁的事务中超脱出来,注意发现和总结实践中的理论问题。特别是在毕业论文写作过程中,齐老师鼓励我要跳出就事论事的思维定式,勇于尝试做一些基础性开创性研究。从论文选题到框架结构,每每写不出来心情烦躁想逃避的时候,老师总能提出很多富有启发的建议,短短几句,不仅令人安心冷静更能让我茅塞顿开。在研究生期间,我能够在论文写作和实习中都有所收获,这一切都离不开老师给予的悉心指导和默默支持。在工作上,不仅局限于刑法学的课题,还时常面临法理课题、民商法课题,我能够完成领导布置的各项科研任务,也主要得益于老师的学术培养。

齐老师不仅是学术上的引导,在我成长的每一步,都有老师无私的帮助。他就是我的亲人,睿智的长辈。研究生期间获得大大小小的荣誉,毕业能到国家法官学院工作,都离不开老师的教导和帮助。文写至此,脑海里浮现的是齐老师的笑容,他和蔼地给我们未来指明方向。何其有幸,成为老师的学生。

辅导员彭倩老师,就像我的大姐姐。三年里作为班级的党支部书记,少不了和彭老师打交道。我从对党建工作不熟悉,到引领2017级刑法学党支部成为学院标杆党支部,并在校党委获奖。在彭老师的指导下,我带领支部委员完成了发展党员、党员档案清查等工作,组织大家参观校史馆、货币金融历史博物馆,每月召开至少一次的支部会……三年党支部书记的工作可以画上圆满的句号,得益于支部全体同学的支持,但更少不了彭老师的帮助。现在,我走上工作岗位,协调组织办会、撰写公文得到领导的表扬,也是研究生这段工作经历带给我的宝贵财富。

三、友谊常伴

研究生期间，大家因热爱而相聚。三年时光里，我交到了很多好朋友，一起去图书馆学习，一起读书研讨。尤为有幸遇到两位有趣的同门——袁梦和童斯楠，两位极其爱读书之人，童斯楠理论功底深厚，刑法上的问题，他总能推荐合适的书籍；袁梦涉猎面广，有趣的书，找他准没错。得益于两位爱书的同门，我总可以做“伸手党”，直接报出需求，他们一定会推荐高质量的书籍。

我们不仅一起学习，更一起探寻各种好吃的。五食堂、十食堂、桥楼、随园、西苑、南苑、北苑、南湖时尚城，大概我们三个经常聚在一起，学校周围的美食，都被我们一一探寻，现在还怀念小龙虾、火锅、烤肉等。我们三个有个小群，名字叫“环湖走一走”。春天的花香，盛夏的傍晚，秋天的微风，冬天的湿冷，每次一起吃完饭，总要围着南湖溜达，晓南湖畔，南湖大道，文治文添，校园里都留下了我们的足迹。走一路，聊一路，我们聊学术，解烦忧，一起度过了一段难忘的时光。

四、英雄城市

2020 年，突如其来的疫情打乱了大家的生活，谁也不曾想到，新冠肺炎病毒能够如此厉害。还记得，2020 年 1 月 17 日，我从学校回家过寒假，本以为是一个平淡寒假的开始，却成了我与中南大的匆匆告别。回家不到一周，1 月 23 日，武汉封城。齐老师第一时间给我发了短信，问我是否回家，是否安好。当我在视频中看到昔日永远处在拥堵状态的光谷静悄悄地，心里百感交集。我的老师和朋友有很多都坚守在武汉，他们为了抗疫作出巨大的贡献，他们是英雄城市的英雄人民。

2020 年毕业的我，没有提前约定的毕业旅行，没有毕业典礼，没能和同门再一起丈量校园，没能一一当面谢过帮助过我的老师。有遗憾，但更多的是感动。学校图书馆在疫情期间组织约跑中南的读书活动；齐老师一直牵挂着我毕业找工作的事情；朋友们因为我不能去武汉，帮我打包寄回了三年的行李等。在疫情期间，因为他们，我有了更多前行的力量。

2021 年 5 月，当我和同门再次相约南湖畔，一夜火车到达武昌，在粮道街吃完一碗热干面后，真有一种回到家的感觉。

五、算不上是结语

一直觉得自己的回忆，写得零零碎碎，总觉得有太多值得写的东西，我却写不出这中间万分之一的感动。三年中南的生活留给我太多的回忆。回忆起来，最大的感受就是：何其有幸。进入了这么棒的学校，提供了如此广阔的平台和学习资源；遇到了最棒的导师，像父母对待孩子般用心呵护；结识了最好的朋友，一路相伴同行。

行文至此，脑海中不断浮现出很多的人和事，由衷地说一句：感谢母校，感谢老师，感谢同学们！

袁　梦　|　南湖忆几许

袁梦，2017 级刑法学硕士研究生，现就职于郑州市二七区人民法院刑事审判庭。

毕业那天会是什么样子？相信我和我的同学们有过无数次的设想，但 2020 年是极不平常的一年，随着新冠肺炎疫情在全球的肆虐，空气中弥漫着惶恐与不安，居家的隔离、推迟的返校、线上的答辩、仓促的道别，似乎都在冲淡着毕业季的温情与美好，这是我始料未及的。然而，当风暴中心离开武汉，当跨上背包走出校园，倏然发现，毕业的不舍与怀念从未消散。

“所谓大学者，非谓有大楼之谓也，乃有大师之谓也。”大学之奥义不在乎堂皇的高阁、精美的华表，而在于从一良师，解惑、立身、修德。就此而言，我是幸运的。

长者，是齐文远老师在我心中的形象，他有着刑法学者的严谨细致、责任担当，亦有着家长般的严肃与慈爱。仍记得师门第一次见面时，齐老师就教导我们要多读书、读好书，要开拓个人的视野，不能仅局限于本专业领域，还要涉猎其他学科的知识。作为一个喜欢杂食的“非专业读者”，这不仅彻底打消了我此前的顾虑，而且也为我叩开了刑法研究的新大门。读书明智，读书更要立志。在选择是做一个技术娴熟的法匠还是一个有温度的法律人面前，齐老师给出了答案。无论是在刑法学的课堂上，还是在与齐老师的交谈中，我始终能够感受到他作为一位刑法学者的人文情怀，在他看来，除了那些高度抽象的概念名词、逻辑推演，刑法研究更要对现实作出回应，树立问题意识，结合中国本土国情与民众切身感受，为当下的社会问题提出合理的解决方案。诚哉师言，“大学之道，在明明德，在新民，在止于至善”，这是值得刑法研究者思考的永恒命题，亦是作为法律人应当坚守的道德操守。与此同时，在平日里严格要求的背后，齐老师又是一位包容慈爱的家长，无论是学业还是工作，在关键的时候，他都尽可能地给予支持与帮助，而作为学生的我，除了感激，也将始终铭记他的教诲与鼓励，奔赴下一场山海。

“中南大”是经过学校认证的简称，但我们更喜欢叫她“小破财”，尽管其中带有戏谑的意味，可却蕴藏着我们校园生活的点点滴滴，她是曾经存在的，她是生动可爱的。

作为摄影爱好者，我习惯在休憩时间用相机记录生活，并以此留下“小破财”的春夏秋冬。夕阳下的南湖波纹、希贤岭上的白色樱花、环湖水杉的斑驳树影，美妙的色彩在“小破财”总是不会缺席。水乃万物之源，有水的地方就有灵气。在南湖畔，可与朋友畅言，可与伴侣私语，亦可独自发呆，数数夜空的星星，看看对岸的微光，想想尼采与加缪，亦可想想违法性认识可能性与期待可能性。总之，南湖的水永远流淌着莘莘学子的理想与希望。人们常说，毕业后都会很想念校园，想念什么，每个人却不尽相同。于我而言，除了校园里的宁静与激情，更多的是昔日共读的同窗好友，是那些促使你成长的宝贵经历。在与同门的相处中，我感受到了求知、探索的学术趣味，感受到了纯粹、无瑕的年轻友谊，南苑老街有我们把酒言欢时的影子，动物园里有我们躲闪暴雨时的狼狈，武大樱树旁有我们合影留念时的欢笑，这些片段谱写出珍贵的青春赞曲。在环湖公寓的寝室里，四个人共处一室，是一段特殊的缘分，尽管有过争执、吵闹，但是当回忆起某个畅聊的夜晚、某个奋战的考试周、某次大快朵颐时，会发现一切竟是如此难能可贵，毕竟在宿舍时，叫醒你上课的是室友，离开学校后，叫醒你工作的可能只剩下了闹钟。

就像突然走出家门的孩童，在踏入社会那一刻，每个人或多或少都会有着几分怅然与惶恐，怅然在离开了熟悉的人和风景，惶恐于未来也许再也没有一个能为你遮风挡雨的庇护所了。但是，人总归是要成长，要直面幸福或者惨淡的人生，选择成为一名猛士抑或一位懦夫，这一切的基础源自坚强且健全的人格，溯及求学期间沉淀的勇气与从容。我想每个中南大的学子应该是自信的，应该是欢喜的。在刑法学的研究领域，不止有着立法问题的琢磨和刑法解释的技巧，还存在着对人性的检省和对正义的思考。在呼格吉勒图案中，死刑能否再被视为是合理且经济的？合法剥夺他人生命的正当性源自何处？在危险驾驶罪的适用中，轻罪化的命题是否成立？罪刑设定与民众认知如何调和？这一个个刑法问题的背后，都能引发对于国家、社会以及人性的无限追问。吾生也有涯，而知也无涯，正是因为不断地追问，才能突破时空的局限，才能超越自我的狭隘，在一次次的探索与磨砺中升华，进而实现人的价值与意义。从邓玉娇案到于欢案，再到昆山案，我看到了刑法学者为此所做出的努力，亦领悟到刑法学研究的真谛。“博文明理，厚德济世”，中南大塑造了现在的我，更为我积攒了宝贵的精神财富，让我在以后的工作与生活中披荆斩棘，勇往直前。

青春是用来虚度和怀念的，我庆幸没有虚度三年的研究生时光，可我怀念环湖公寓的葱郁绿茵，怀念图书馆的闭馆音乐，怀念十食堂量大分足的热干面、怀念雨天师徒四人在南湖边的那次探讨……但愿我们历尽千帆，归来仍是少年。

谢昊轩　中南大读研漫记

谢昊轩,2017级刑法学硕士研究生,现就读于中国政法大学刑事司法学院。

时间确为一个奇妙的东西。幼时总觉一昼夜的时间似乎茫茫无尽,然而现在即便几年的光景却也深感弹指一挥。不知不觉间我告别跟随恩师郭泽强教授读书的日子已是一年有余。若要算上因新冠肺炎疫情导致无法返校的毕业学期,那么我离开晓南湖的粼粼波光已有两年时间了。在此期间,我曾万分欣喜地与郭老师在北京见过两次面。其中一次是2021年6月,郭老师到北京参加国家卫健委人口家庭司的研讨会。会后我和同级的同门好友吴迪一起见了郭老师。聊天时老师说2022年是中南大刑法研究生教育四十周年,学院正在筹备一系列的纪念活动,其中一项是征集同学们在中南大读研的随笔文章。老师邀我们也试着写一写。当时我满心欢喜地应了下来,可没想到手指放在键盘上时,虽思绪翻涌却迟迟难有只言片语。如此这般抓耳挠腮原因大致有二:其一,唯恐自己随笔文章写不好,到头来被人看到辱没了老师声誉;其二,深感自己所历平平不足为人道也,或者斗胆化用黄仁宇先生的话"此人普通平凡,经年并无大事可叙"。

如此这样,这份6月向老师许下的诺言已被我拖延了不少时日,作为学生我尤其惭愧。如今已是初冬,北京也刚纷纷扬扬下了一场初雪。望着窗外的积雪,想到之前在武汉读书的日子,这样厚重的白色在冬季似乎是很少见到,反而是忍冬和苏铁的绿色倒是常见。许是触景生情,对中南大的校园和各位授业恩师的思念一股脑涌上心头。借由这股情绪,我决定还是要把在中南大读书的经历形成一些文字,一来是借此表达对中南大各位先生授业之恩的感谢,二来也是对自己过往三年的总结和反思。所以无论文章好坏,无论所历平凡,权且作为一篇非典型流水账式的漫记来进行吧。

一、为学首学为人

"为学首学为人"是印象中郭老师对我最初的劝勉,也是我受用至今的座右铭。当时是研一入学后选择导师前,我怀着忐忑的心情去拜访郭老师,希望老师能将我收入门下。虽然复试时郭老师是我所在小组的面试导师，按理说应该对老师的面容有所印象，但由于参加面试时过于紧张，以至于对老师的样子竟未记得真切。也正因如此，那次拜访老师从“实质解释”上而言也可算是我对老师的初见。

当时见到郭老师，老师身着我之后跟随他读书而常见的那件红色格纹衬衫，在初秋的阳光下显得格外青春洋溢。这种风格让我脑海中臆想的严肃的教授形象瞬间颠覆，取而代之的是一位充满活力、平易近人的青年学者形象。这种形象让我之前惴惴不安的心情登时平复了不少。老师看到我笑脸盈盈地对我说：“今天看起来精神了许多，不像面试时那么灰头土脸了。”我怔了一下，万万没想到老师竟然对我还留有印象，赶忙点头称是，并向老师述说面试那天的紧张与窘态。应是老师的和蔼可亲，平日话少的我在与老师的交谈中也慢慢打开话匣子，向老师汇报之前的学习经历、最近的阅读和来到中南大的感受。其中谈到阅读的书籍，我说最近在看菲利的《实证派犯罪学》，老师便简单带我梳理了刑法的流派之争，并对刑法主观主义与刑法客观主义进行了相应的分析。后来才知道，对刑法主观主义的维护是郭老师的学术标签之一。没想到当时看的书竟然机缘巧合地投了老师所好。在交谈中，郭老师建议我要多看、多思、常练笔，这是培养自己学术能力的好方法。在谈话将结束时，老师突然语重心长地劝勉我说，未来三年是知识进一步精进的过程，也是修炼和完善人格的过程，两者不可偏废。而且某种意义上人格的修炼要重于知识的研习，也就是所谓的“为学首学为人”。老师的一番话让当时的我不禁开始反思从着手考研到进入中南大学习的这段日子里自己在思想和行为上的变化。

我本科就读于华北水利水电大学（以下简称华水）法学院，当时其法学专业属于二本学科。虽然不能说我高中时拼了命地刻苦学习，但至少未曾懈怠。加之一直以来就有名校梦，所以自入学华水我就坚定了考研的想法。此外，幸运的是华水法学院的学风浓厚，同学们也多有更进一步的志向。因此，我选择考研也有较好的客观环境。就是抱着这样的想法我度过了两年半的大学时光。到大三第二学期开始进入真正的备考期。最初我准备报考的是北京的一所高校。虽然当时从河南的一所普通院校考进北京的知名高校难度是非常大的，但面对实现梦想的机会我却依然是摩拳擦掌，斗志满满。然而随着考研复习的逐步深入，我愈发感到力不从心，一种无论自己如何努力都无法在当年一战成功的挫败感不停地袭扰我。整个人如同被瞬间抽干了空气的气球一般蔫了下来。也一度有了放弃考研、自甘堕落，有过“大四不考研，天天像过年”的惬意生活的想法。也就是在这个艰难的时期，父母和当时的女朋友给了我莫大的帮助。他们建议我先把考研放一放，转战当年的司法考试。做此转变的原因在于司法考试有着较为体系和标准化的培训模式，而考研则更多需要自主复习。因此，对于当时灰心丧气的我而言，有人“领着学”的司法考试或许更容易些。

我听从了这个建议，又找到了新的目标，而且付出了比之前更多的努力。记得当时从5月起一直到9月的司法考试，我几乎是每天6点半到教室，晚上12点半结束一天的学习。也许是天道酬勤，在当年的初雪之日，我通过了司法考试。这可谓是给我打了一剂强心针，我踌躇满志地再次着手考研。这次我选择了中国法学教育“五院四系”中的中南财经政法大学。由于之前复习司法考试，一些知识已经熟悉，加上保持下来良好的学习规律，这一阶段的复习相对轻松了不少。虽然轻松了些，但回想起来仍是一段“燃烧自我”的奋斗时光。就这样我也如愿通过了中南大的考研初试。也许就是在这时，那团燃烧自己的火开始摇曳、渐暗，一些骄傲自满的情绪也在酝酿。

由于初试成绩排名相对靠前，通常而言只要复试的成绩没有过于糟糕，那么被录取的可能性是非常大的。基于这种心理预期，我在准备复试的过程中已是三天打鱼两天晒网。当年中南大刑法复试的参考书目是张明楷教授的《外国刑法纲要》（第2版）。我在当时对于这本书内容的研读亦是浅尝辄止的，有些章节甚至仅浏览了标题就一带而过。这种复习方式可谓是一种“极简主义”，这种复习态度可谓是“不求甚解”。在复习之外，我也热衷于和同学交流考研心得。美其名曰是分享成功经验，但实质上是在满足自己可笑的虚荣心。就是在这种状态下我参加了复试，自然也对这段时期自己的懈怠与自满进行了自我答责。

复试面试时，我抽到的题目是正当防卫与紧急避险的比较。这本是一道相对简单的题目，但因为复试之前一段日子的潦草复习，不仅未获新知，旧知识倒不断遗忘。所以一开始作答时仅仅能说出正当防卫成立的前提条件、对象条件和限度条件。也许是郭老师看出了我的窘迫，用温柔的语气给我一些提示。最后是在老师的引导下我才勉强想到了时间条件，而主观条件终是没有答出，正当防卫与紧急避险的对比更是语焉不详。面试结束后我对自己的学习态度非常懊悔，感觉当年读研无望。然而就在惴惴不安的状态中我还是收到了被录取的消息。当我听到这个消息时简直有种劫后余生的心情。同时也深感自满、自大心态对一个人的麻痹。后来老师劝勉我“为学首学为人”也让我再次反省。

所谓“天欲祸之，先以微福娇之”，当一个人沾沾自喜于取得的小成就时便容易忘却初心，丧失斗志。人不能永远躺在自己的功劳簿上不思进取。只有戒骄戒躁，坚持奋斗方能行稳致远。求学、研修皆要磨炼自己的心性，既要争取上进，又要谦逊低调，如此这般才能在做学问乃至人生发展上有更广阔的未来。

二、大抵学问是荒江野老之事

在中南大读研期间，虽不能说潜心学术，但至少是对刑法理论知识的学习与研究抱有较为浓厚的兴趣。就我而言，本科时学习的主要是四要件的犯罪构成理论体系。进入研究生阶段，德日刑法的阶层犯罪论体系成为主要的学习与研究内容。这种知识的转型也让我对新知识的学习充满了动力。

研一是课程内容较多的学年。当时除了外语和马克思主义哲学等公共课之外，每学期大概有七八门专业主干课程。虽然从门类来看算不上多，但每节课都是三四个小时的时长。即便有课间休息，如果一早上或一下午这样持续地上下来也难免感到疲累。好在各位先生的课堂各具特色亦门门精彩，上课时便不会怠惰。记得齐文远老师给我们讲授中国刑法总论。齐老师的授课风格就是一位长者的娓娓道来。齐老师总能结合立法背景和具体案例将一个个的总论问题进行展开和剖析，并引导我们思考其中的价值内涵。夏勇老师的英美刑法课则让我领略到英美法系的刑法理论与刑事司法实践在公正与效率二要素权衡中与大陆法系的不同之处。王安异老师的欧陆刑法课程则以深入浅出的讲授让我对阶层犯罪论体系有了更深的了解。尤其是通过王安异老师对因果关系和客观归责的讲解,我进一步清晰了刑法中"归因"到"归责"的理论脉络。郭泽强老师的刑事政策学课程带领我重走了从"李斯特鸿沟"到"罗克辛贯通"的刑事政策与刑法逐渐内部交融的历程。周详老师的刑事案例演习课程使我们通过"旧约"与"新约"的若干故事从不同的侧面探究了刑法内部蕴含的人性价值。周凌老师则结合智慧课堂的运用,让我们感受到了科技与犯罪学知识融合教学的魅力与乐趣。

当时在读书与上课之余,我比较期待的活动就是几乎每周二或周四中午去小球馆打羽毛球,再有就是每年春天或秋天郭老师组织的春游、秋游。说起打羽毛球,郭老师常说他大概是刑法研学者中羽毛球技术较好的,而在羽毛球运动者中是刑法知识较为精通的。实际上也正是如此,郭老师打羽毛球的技术水平是我遇到的法学教授中最高的一位。当时我在中南大读书时能与郭老师有一战之力的大概只有周凌老师了。不过听说周详老师羽毛球技术也很不错,只是我至今尚未一睹周详老师在羽毛球场上的风采,倒是在周详老师的朋友圈中经常看到他分享一些足球场上的快乐。当时去小球场打羽毛球,如果遇上跟郭老师做对手,那么我在相同时间的运动量几乎是和同学们打球时的三四倍。因为和郭老师打球,我能做的只有被动防守,不停地前后左右折返跑然后举手投降。对于大汗淋漓且气喘吁吁的我,郭老师总是笑着说我需要多加锻炼,既要文明之精神,亦要野蛮之体魄。然而在压倒性的技术面前,我感觉即便我有再充沛的体力最终也只有认输的结果。

在组织同学们打羽毛球之外,郭老师也会在春暖花开或者秋高气爽的时节组织我们走出校园开展春游或者秋游。在我研一的第一学期,郭老师就组织我们进行了秋游。当时的秋游地点是距南湖校区 7 公里左右的藏龙岛湿地公园。秋游前一天我们就准备好了各种零食水果,等出发时由师母开车将这些物资载过去。老师和儿子小洛还有我们学生一行 11 人则结队骑行到公园。我们的自行车队伍一路上浩浩荡荡,充满欢声笑语好不快乐。到公园后我们就在一块公共绿地布置好帐篷、毯子,摆好各类食物,谈天说地,确如《兰亭集序》所述"天朗气清,惠风和畅,仰观宇宙之大,俯察品类之胜,所以游目骋怀,足以极视听之娱,信可乐也"。这种融洽轻松的氛围使初到武汉未久的我深切感受到师长、同门的热情与关爱,那份对武汉这座城市的陌生感便也荡然无存。

当然,在课堂外郭老师不仅会组织我们进行文娱活动,而且还特别注重对我们科研能力的培养。当时我们时常开展读书报告会。读书会的地点就在郭老师的办公室。一张小茶几摆上一些水果,一张沙发,几把凳子,学生和老师围坐一席分享读书的所思所感,学生提问,老师解惑,抑或大家一起讨论,气氛热烈而活泼。当时参加读书会的一般是硕士一年级和二年级的同学。因为考虑到硕士三年级面临考试和找工作的压力,所以并不强制参加。此外,也会有其他老师的学生参加读书会。通常情况下读书会首先会有一名同学做主题报告,大家根据主题报告展开讨论,最后由老师做总结和评议。这种形式不仅能锻炼发言者的语言组织和表达能力,同时也让每次读书会的问题意识更加鲜明。我本身是一个性格较为内向的人,平时表达欲望不高，语言组织能力和表达能力自然相比同学们略差一些。因此，郭老师通过读书会让我有意识地锻炼自己的语言表达能力。记得我第一次做报告人，手拿着稿纸抖个不停，说起话来也磕磕绊绊，脑子里准备好的内容从嘴巴里表达出来几乎毫无逻辑。即便如此，老师和同学们也会专心听完我语焉不详的报告，一边鼓励我一边就我提出的问题进行讨论。也正是通过读书会一次次发言的锻炼和老师同学们的鼓励，我在语言表达上取得了长足的进步。每每想到这里总是油然生出对老师和同学们的感谢之情。

在读书会时，老师会引导我们选择一两个问题做一个长期的深入研究。记得郭老师经常跟我们说“十万小时理论”，即任何一个专业领域、任何一个问题只要能够长期坚持下去，深耕十万小时就能够成为这一领域针对这一问题的专家。众所周知，大抵学问是荒江野老之事，做学问是一场没有捷径可走的苦修。如若没有“板凳要坐十年冷”的坚持，那么很难在学问上做出一番大的成就。也正因如此，郭老师才让我们在平时的读书学习中既要有对问题的敏感性，也要有对问题研究的毅力与恒心。非得抛开杂念，正心诚意方能格物致知。实际上，对于老师的劝诫我却没有很好地遵照。当时选择人工智能的刑法问题作为自己的研究方向，然而随着时间的推移，我离最初的选择似乎愈行愈远。对于这点我实在是心有惭愧。

三、风物长宜放眼量

研究生二年级时，经过了一年的学习与思考，一些同学已经着手写作并发表了若干学术文章。同学的进步在无形中也对我施加了一定的同侪压力。由此，我也开始手忙脚乱地撰写论文。但是急于求成的心理导致我经常对某一问题尚未进行充分的文献梳理就落笔写作。也正因如此我在一开始的写作过程中经常写到一半就无法再进行下去。对于这种情况，郭老师告诫我文章写作的功夫要在落笔之前做充分，围绕文章主题形成一份扎实的文献综述是完成一篇成熟的学术论文的前提和基础。写作要戒骄戒躁，一定要抛除急于求成的心态。唯有前期做足积累，方能落笔时成竹于胸。在对我进行写作方法论上的指导之外，郭老师还特别热心认真地指导我修改文章。一篇文章在投稿之前郭老师通常会提三、四次修改意见。老师的修改意见涉及语词运用、标点标注、逻辑架构、内容详略等，可谓是面面俱到。

在老师的悉心指导和帮助下，我陆续投出了几篇期刊文章和会议论文，最终也都被采用。其中一篇与郭老师合写的《保健食品冒充药品行为之性质》发表在《人民检察》2019 年第 4 期。这是我硕士期间发表的论文中期刊级别最高的，当时一时间感觉似乎达到了“人生巅峰”。在此之外，我的一篇文章被《江西警察学院学报》录用，并收到了人生中的第一笔稿费。我取得的这些成果每一件都凝结着郭老师对我学业无微不至的关心与照顾。同时，这些成果也激励着我在刑法理论研学的道路上更加坚定地走下去。

在努力得到的正向反馈之外，读研的过程中我也遇到过一些小的挫折。记得有一件是关于奖学金评定的。当时奖学金的评定有一套量化的规则体系，其中关于科研成果的认定也有相关的规定。但是根据当时的规定，我发表的一些论文，尤其是部分会议论文不能纳入科研成果的考评范围。基于此原因，我在研一学年的奖学金评定中仅拿到三等奖学金。对于这种结果我一开始是特别沮丧和痛苦的。究其原因并不在于奖学金数额多寡，而在于认为自己的努力没有得到相应的承认与回报。尤其是很多学术会议是郭老师克服种种困难为我们争取到的参会资格，但是这种成果却无法在评价体系内得到认可，这导致我一方面怀疑自己的努力方向，另一方面感觉愧对老师的悉心栽培，似有种无颜面对江东父老的感受。

郭老师在了解到我的情绪后，语重心长地鼓励我，让我记住要做一个大格局的人，对于人生和生活不能计较一时的胜败得失，而要有长远的眼光与宽阔的胸襟。在现有的评价体系中无法得到全面认可，仅能说明一个人仍有可努力之处，而并非一个人不优秀的“终审判决”。所谓“风物长宜放眼量”，人只有将目光从自己的脚尖移向远方，才能有更长远的规划，才能在面对一时的成就也好、失意也罢保持一颗平常心，做到真正的不以物喜、不以己悲，成为一个内心平和且富足的人。

每每回想起在中南大跟随郭老师读书的日子，我总是感慨老师不仅教授我专业知识，同时也在引导我如何成为一个豁达、成熟的男人。郭老师教书育人是养心的。老师总能以自己对学术、生活的体悟启发学生。从老师那里我学到了治学的严谨求实，学到了做人的宽和谦逊，而这些已经成为我的人生圭臬，时时对照，刻刻反省。

四、后记

这篇漫记行文至此已经是2022年了。是的，距离我前几段文字的写作时间又过去了一月有余。对于老师的嘱托我再次失信，实在是因为羞愧而汗涔涔了。当下我正坐在保定的一间咖啡馆，趁着出差休息的间隙把珍藏于脑海中的回忆翻找出来，一幕幕、一帧帧地仔细回味。在武汉读研的这段岁月是我人生中最难以忘怀的日子。浩浩汤汤的长江东去，纸碗中热干面的热气升腾，文泰楼的琅琅书声、南湖畔的树影婆娑……此历种种构筑了我心中的一方净土，成为我心灵放空的地方。2020年毕业，因为新冠肺炎疫情防控我未能跟中南大亲爱的老师先生们好好道别，未能与可爱的同学们把酒言欢，畅谈日后理想。我想也许就不用告别了吧，因为未做告别在某种意义上意味着我没有真正离开，我还是中南大刑事司法学院的一名刑法学研究生，是郭老师和各位先生们羽翼下不断成长的青年。

在中南大刑法研究生教育四十周年之际，衷心祝愿母校的刑法学科发展能够再接再厉，赓续辉煌。

李宇飞 | 能不忆中南？

李宇飞，2021级刑法学硕士研究生，现就读于中南财经政法大学刑事司法学院。

"青春由磨砺而出彩，人生因奋斗而升华。"2017年9月，眼神中还透露着少年未褪的稚气的我从老家河南焦作出发一路南下江城武汉，这是我的本科生涯开始时的场景。转瞬间四年光阴犹如白驹过隙，2021年6月，在江城重新焕发生机活力之际，我圆满完成了本科学业，挥手"作别"度过了四年春秋的中南大，踏上新的人生征程。这四年做了一些事，取得了一些成就，也收获了一些教训。四年来，我逐渐养成勤于学习、善于思考、勇于实践、敢于拼搏，不断在专业知识的潜心钻研和综合素质的全面提升中遇见更好的自己。

走了很远的路，吃了很多的苦，我才终于作为研究生叩开了中南刑法的大门。二十又一年来，一路风雨泥泞，很多不容易，然奇正相生、否泰共存，每临深渊，必得良师益友相助，学业上多承扶持，生活上亦蒙照顾。愁情瑟瑟，忧思潇潇，心绪万端，彷徨无计，不知何以为谢。

先说感谢的话。首先要感谢的是带给我刑法启蒙的导师，分别是教授我刑法学总论的丁友勤老师和刑法学分论的周凌老师，两位老师在课上教学、课堂讨论以及课下请教的过程中都悉心给予我帮助和指导，我浅显刑法观的初步形成，离不开两位老师的耳提面命和谆谆教诲。两位老师开拓创新的学术风格、深厚的学术功底、严谨的治学态度以及对学生高度的责任感，给了我极大的勇气和信心，在此向两位老师致以衷心的感谢和崇高的敬意。我还要感谢我的父母和其他亲友，感谢一直以来对我的鼎力支持，你们是我求学路上最坚强的后盾，为我排除万难。

在本科毕业论文中，我立足于国家监察体制改革对检察机关的性质职能进行再厘定，我深知这一命题在理论和实践上均非易事，也是我首次倾注较多精力于法学研究，虽然在众多学者的基础上提出了一些观点和看法，但囿于学识和水平，对一些问题的理解和研究还不够深入透彻，出现了谬误和缺漏。但我明白，本科毕业从来不是终点，而是法学研究道路上新的起点。有些风浪，难免艰险，唯有直面才能扬帆起航；有些抵达，难免迂回，历尽波折终会停泊靠岸。我始终相信，"以今日之我，胜昨日之我"绝非易事，奋斗的道路上也不会一帆风顺，要克服许多新的困难。

2020年于我而言是“扎根”的一年。这一年年初，我在笔记本上列下想要实现的愿望，以及想要到达的目的地。幸运的是，这些大体上全都完成了。好友汪成竹、刘嘉斌、李航、王瑞源，对我学业上多承扶持，生活上亦蒙照顾，如此才让人生高度提高了些许，其实无论人生上到哪一层台阶，阶下有人在仰望你，阶上亦有人在俯视你，你抬头自卑，低头自得，唯有平视，才能看见真正的自己。如今每次来到我们一起奋斗过的“老图（文溯楼）战场”，总是忍不住想念，境遇一换，心绪大变。好像大家都匆匆忙忙地从身边跑过去了，只有我还穿着去年的衣服，听着去年的歌，坐在去年同样的位置……内瑟斯说：“往事，是描绘着未来的挂毯。”我常感慨：曾经那些一起喝酒的好朋友们，都去哪里了？我不知道还有没有偶然的见面，见了面又还会说什么，假如有幸再见面，就请再干一杯吧。此刻窗外太阳落山，云朵昏暗，树叶摇摇欲坠，走在南湖边不觉，停下来的那一刻才明白，这就是平常心，背后印刻着光阴逝去留下的痕迹。这一年里，我把握住触及灵魂的感动，关于自然，关于自我。岁月使我逐渐变得笃定、沉淀、确信，我现在还看不太清楚未来会变成什么样子，但我知道，某种力量正在一点一点生成。我能感受到。

每年桂花飘香的九月，身在各方的莘莘学子，汇聚在中南刑法的旗帜之下，开始谱写属于自己的青春华章。曾经不敢想，一群人的“恰同学少年，风华正茂”会鼓舞激励着一代代人“书生意气，挥斥方遒”，从一种影响成为青春的回响。是想象，把中南刑法的故事汇聚成了一个充满生机活力的宇宙；是渴望，把中国法学的目光都聚焦在我们的主场之上；是坚持，让我们得以更加昂扬的姿态喊出那句充满自豪感的“我们是中南刑法人”；是不满足，让中南刑法不只是一个标签，而是成为一个新的标杆，这一切都因为一代代中南刑法人用同一份热忱，成就了中南刑法。中南刑法四十年，我们的相遇并非偶然，我们是中南刑法人！

本科阶段我作为一名国旗护卫队队员，肩负着重要节日、大型活动以及每周一的升旗任务，这既是一种担当，更是一种光荣。虽然是没有军衔的国旗护卫队队员，但是为了心中的爱国主义信仰，伴随一次次的国歌奏响、一次次的国旗升起，我一直在不懈努力。习近平总书记曾说，爱国，是人世间最深层、最持久的情感。因为有着这份情感，我们的言行举止都有着国家的印记。吾辈中南刑法人时刻铭记肩上的使命和责任，用爱国情怀指导自己；把理想同祖国前途、把人生奋斗同民族命运紧密联系在一起，把爱国情、强国志、报国行自觉融入学习和生活中的点点滴滴，让爱国如树干般坚挺，风雨不动，为国家强起来奠定坚实的基石，以青春之我，创建青春之国家，青春之民族，青春之人类，在时代的洪流中书写壮丽人生，汇聚起推动中华巨轮破浪前行的磅礴动力。

曾记否？新生第一节课上张明楷教授在寄语中写道：“真切希望中南的学子们珍惜美好时光，焕发青春活力；夙兴夜寐，焚膏继晷；勤奋读书，刻苦钻研，反复训练，不断进取；感受学习的快乐，享受奋斗的喜悦；心中永远充满正义，行动永远不忘理想，使自己成为新时代的优秀法律人才！”

曾记否？齐文远教授在我们的第一节也是他的最后一节“中国刑法学总论”课堂上进行了“读书—思考—写作”的主题讲座，为我们之后三年乃至将来的学习生活定下了基调：问题意识、世界眼光、中国语境、实践立场和专注精神。

曾记否？康均心教授，我的导师，无论是在“刑走天下”学术研讨会上，抑或在线下与我们见面,每次都不厌其烦地强调:永远要从正反两个方面看待当下回应社会关切、关注民生热点的立法现状,围绕“是什么、为什么、怎么办”展开思考。

曾记否?童德华教授,有幸在本科阶段获得过两次当面请教的机会,童教授的不吝赐教为我的刑法学习道路扫除了诸多障碍,也成为那段至暗时期促我振奋、催我前行的动力源泉。

曾记否?夏勇教授,在课堂上对我的自我介绍点评道:“犯罪、刑法不分家。”作为一名本科侦查学专业的学生,自然对于刑法学有着更加独特的情愫。

曾记否?郭泽强教授,在“习近平法治思想进课堂”的宣讲会上,从法治思想之确立、法治能力之提高、法治意识之强化以及法治信仰四个方面为大家阐述了他长期以来在理论联系实际中所认识理解的习近平法治思想。

最难忘,首义思园书声琅,晓南湖畔花草香;待明日,在耸构巍峨的黄鹤楼下,在风光旖旎的南湖水畔,期待和盼望着校友们重返母校、再续情深。离别之际,唯愿母校屹立于南湖水畔、长江之滨,弦歌不绝,学脉延绵;刑法学子意气风发,开辟盛大的人生之路,与时代共繁荣。

“头上高山,风卷红旗过大关。”时代大潮滚滚向前,复兴伟力不可阻挡,当今世界正经历百年未有之大变局,实现中华民族伟大复兴正处于关键时期,我们正在进行具有许多新的历史特点的伟大斗争。团结奋进、不断奋斗,是我们对祖国最好的祝福,也是我们对明天最有力的担当。奔向大海的河流,跨越高山险关、历经冲波逆折,但奔腾向前的势头不变。习近平总书记说:“当代中国青年是与新时代同向同行、共同前进的一代,生逢盛世,肩负重任。”历史的接力棒传到手中,一代代秉持着“博文明理,厚德济世”校训精神的中南刑法人怀着义无反顾的热忱,争做走在时代前列的奋进者、开拓者、奉献者,从中南大出发,拼搏当下,筑梦未来。

“雄关漫道真如铁,而今迈步从头越。”对历史最好的致敬,是书写新的历史;对未来最好的把握,就是开创更美好的未来。展望未来,中南刑法人必将坚定对中国特色社会主义的信念和对中华民族伟大复兴中国梦的信心,以习近平新时代中国特色社会主义思想为指导,不忘初心、牢记使命,用无愧时代和人生的奋斗,用和国家同成长、与民族共命运的担当,携手奋进、开拓进取,同党和人民一道,在全面建设社会主义现代化国家和实现中华民族伟大复兴的新征程上创造新的更大奇迹!

司政法者求世间法正。电影《烈日灼心》中伊谷春警官讲过一段话:“法律特别可爱,它不管你能好到哪儿,就限制你不能恶到没边儿。法律更像人性的低保,是一种强制性的修养,它不像宗教要求你眼高手低,就踏踏实实地告诉你至少应该是什么样。”一代代中南刑法人从接触到法科教育伊始,求世间法正就如同种在心底的一粒种子,这粒种子慢慢地生根发芽长成参天大树,终会冲破天际,直指苍穹。

七十余年栉风沐雨,中南大始终与党和国家的发展同向同行,始终不忘“为党育人、为国育才”的初心使命。在新的发展阶段,中南刑法人将继续发扬“建校为党、成长为国、发展为人民”的红色精神,于砥砺奋进中踏上新征程。站在新的发展起点,一代代中南刑法人立志在政法战线上全心全意为人民服务,择法律事业义无反顾,为公平正义矢志不渝。

重振中南刑法荣光,吾辈义不容辞!

覃盼越 | 刑之所向，身之所往

覃盼越，2021 级法律硕士，现就读于中南财经政法大学。

不知不觉间，中南财经政法大学刑法学研究生教育已经走过了四十个春夏秋冬，而此时，我的刑法学研究也才刚刚开始。心想着，此刻写下一篇随笔，留下一处痕迹，若干年后再回味，也是一种不错的感觉吧。

一、心中种下的法律之花

我本科也毕业于美丽的南湖畔，和部分刚刚脱离高中"折磨"的学生一样，寻找到了自己小时候"无忧无虑"的本心。书籍，束之高阁，毫不过问，潦草塞责。在每次期末考试过后，写学年鉴定时，我都觉得异常艰难。一是不知道该如何评价当年的表现，二是确实认为我并没有活出应有的价值。"下学期一定好好学习！"这样的誓语我也不知道说了多少遍。

在大三时，我刚满 20 岁，爸爸教导我："20 至 30 岁，是一个男人最关键的时间。在这时间里，你需要完成三件大事：毕业、立业、成家。"那一刻，我突然间感觉自己前途迷茫。四年的本科生涯，若能好好利用，完全会积累许多学识。但若"平时冶游，考试来了才去翻读讲义，不问学术之高低，唯争分数之多寡"，那最终也只能和我一样一纸文凭到手，光阴虚度，学问毫无。

当晚，躺在床上，思考着，毕业之后，我有什么值得回忆？大学四年，我有什么值得留恋？和朋友一起"开黑"？和朋友痛饮好酒？每年 6 月，在"爱乐中南"上演出？每周一，和队友升上五星红旗……

细细一想，其实大学四年，我也收获了许多，也同样拥有着许多美好的回忆。不过，还需要一把火，这样才能让我发出更加耀眼的光。我的爸爸和哥哥都在司法系统内工作，而且从小我也就非常喜欢 CCTV12 的节目，本科期间也非常喜欢刑法学，于是，我毅然走上了备考法律硕士的道路。再拼搏一次，让自己走上更高的台阶。

二、不经一番寒彻骨，怎得梅花扑鼻香

2021 年，是较为艰难的一年。由于新冠肺炎疫情大暴发，我只能在家里备考。现在回味，

我真的非常佩服我当时的专注度，家人们都说感觉我又回到了高三。在备考期间，能做到 6 点半就起床，我“铆起了搞”，英语也逐渐恢复到高中的巅峰期，政治也开始逐步攻克。

我奋战的是中南大法律硕士，这个专业报考人数常年爆满，可谓“内卷”严重。但这一刻，并不是我“躺平”的时候，安安心心地学习专业课知识。在刑法、民法、法理学、宪法、法制史五门专业课里，刑法和法理学是我唯二没有以功利主义应对的科目，只是单纯因为喜欢。与刑法有关的判决往往会决定一个人的命运，对于它的学习，必须要像理科一样严谨、细致地对待。因此，刑法学界也往往会产生相当多的理论分歧，而我在备考之余也同样会去思考我的观点立场，并尝试着说出一定的理由，这些都是我备考路上值得回忆的东西。

备考之路，并不轻松。特别是在冲刺阶段，应付遗忘是一件非常痛苦的事情。在走上考研之路前，我每天都能给自己找到许多乐子，室友、同学都感觉我的心情每天都非常愉快。但是，心态这么好的一个人在备考末期也开始逐渐承受不住了，因为真的很累，不止一次想过放弃。好在我和我的两个好兄弟——吕逸珑、罗成晋，互相打气，互相鼓励，在备考之余也有了些欢声笑语。终于，在 6 月，我们都收到了心仪学校的硕士研究生录取通知书，“未来我们都会成为律政界的何以琛或者著名的法学教授，大法官”。我们三人如是调侃着，激动之心，无以言表。在大学最后一年，我们努力了一次，为自己的本科生涯画上了一个圆满的句号。

三、法律之花，向阳绽放

我很庆幸，我拥有一位非常优秀、负责的导师——郭泽强教授。在这一年，我拥有 8 位一起学习的好伙伴，郭老师还担任行政管理岗位的职务，平常也会有许多非常繁重的事情。用郭老师的话就是“跟别人约时间都非常的紧张，生怕突然间来了一些事情”。但是，郭老师再忙，也能挤出时间和我们一起坐在草地上交流、谈心。我记得在 2021 年 6 月 28 日，我第一次和郭老师一起交流，在当时，也有三位即将毕业的师兄师姐（王英豪师兄、余奕文师姐、张鑫希师姐）。记得郭老师突然对我说：“我要带你三年，可不能让你失望。”我当时只是觉得有一股无形的压力，不知道该如何回答，想着何德何能竟可以得到这样一句话。郭老师带领着一批又一批优秀的学子，而我与他们相比，有着非常大的差距，我很担心郭老师未来某天会突然间从梦中醒来，想起了我写的论文，懊恼道，“为什么当时会选择覃盼越啊”。

那天下午，我们交流得非常愉快，并不觉得两人之间存在着代沟。郭老师也跟我们讲，有时间可以写一写总结，来看看自己与昨天相比究竟进步没有，来看看自己有没有虚度光阴，来看看自己在这一段时间里有没有好好活着。他给我们看了他写的小本本，很厚实，而且据说郭老师已经写完好几本了。郭老师平常也会主持一些学术讲座，他会将自己的主持词记录下来，分析还有没有什么需要改进的地方。在那次谈话中，我受益匪浅，同时也感到深深的惭愧。郭老师所坚持的许多习惯我甚至曾经想都没有想过。也正是因为受郭老师的影响，我现在每周也会写上一篇总结，来回顾一下这周的生活，看看自己哪些方面可以做得更好。此外，郭老师也给了我一份书单，叮嘱我多读书，做好读书笔记，一定要和作者产生思想共鸣。我在我校的硕博论文库中搜索了师兄师姐的毕业论文去学习，现在，我也养成了定时阅读的习惯。

郭老师非常牵挂他的学生。在2021年9月25日，我们9位好伙伴、研二、研三的师兄师姐以及郭老师，在南湖旁边享受了一顿难以忘怀的午餐。郭老师非常喜欢吃烤红薯，我也如此。在天冷的时候来上一口烤红薯心情简直舒畅到极点。那天，郭老师亲自为我们烤了几个，只是觉得非常美味，让我感受到师兄师姐以及郭老师的热情。高兴之余，郭老师引吭高歌，唱了一首“You Raise Me Up”，这首歌我也超级喜欢。我们吹着微风，望向远处，听着郭老师还有师兄师姐们分享有趣的事情。那时只是觉得时间过得很快，不一会儿，郭老师又骑上他心爱的小摩托回到了工作岗位。从那时起，我的心态也慢慢发生变化，在研究生刚刚入学时，我完全不知道自己应该干什么，只是很机械地上课，对未来也同样迷茫，但现如今，我也知晓了我应该实现的目标，现在就是“撸起袖子加油干”，为了这个目标而努力。

郭老师非常喜欢运动，也是一位运动达人，在2016年，郭老师获得全国法学教授羽毛球赛混双亚军。曾经黎宏教授来我校做学术讲座，郭老师是那场讲座的主持人，只觉得郭老师非常有精气神。我的同学也跟我讲“郭老师一定经常健身，从他的胸肌就可以看出来”“望着郭老师那身肌肉，你能扛住他几拳”“郭老师一拳下去我们只怕会变成无民事行为能力人”等。我非常佩服能够抽出时间运动并将其长久坚持下去的人。在周末，郭老师也会约我们一起打羽毛球，然后我们被郭老师打得满场跑。郭老师并没有嫌弃我们技术差，从羽毛球规则、发球、接球、步伐等耐心地教我们，现在就看我一段时间之后，能不能和郭老师过几招了。我曾经因为考研丢掉了许多爱好，而现在我又重新燃起了对它们的喜爱之心，可不能再把它们丢掉啦！

四、结语

此刻，文泰楼，和往常一样，响起了《又是一年南风起》，我也想起了曾经为了研究生目标奋斗的时光。在写这篇随笔时，我的笑容就没停下来过，我头一次觉得写随笔不是很困难，也对接下来的研究生生活更加充满了期待。记得郭老师曾经分享过他朗诵的一首由汪国真先生撰写的诗歌——《山高路远》。“如果远方呼唤我，我就走向远方；如果大山召唤我，我就走向大山。双脚磨破，干脆再让夕阳涂抹小路；双手划烂，索性就让荆棘变成杜鹃。没有比脚更长的路，没有比人更高的山。”这首诗歌我也会永远记在我的心里。道阻且长，行则将至，行而不辍，未来可期。走向远方，走向大山，让路边的花儿目送我前行。路再长，用一双脚也会走完；山再高，我们也终究会看到对面的海。

记得张明楷老师说过，法学是先苦后甜的学科，无法承受的人趁早出局。我们必须在精神上脱胎换骨，而这正是建立在无人问津时对梦想的执着以及深入探寻后对信仰的持续热爱。路漫漫其修远兮，吾将上下而求索。未来我也愿以感恩之心善待身边之人，以美好之愿祈谢世间之情，以谦卑之志躬耕学术之土，以奋勇之心拼搏人生之路。愿数年之后，待我从青春年少变成“中年油腻”，也能从容面对此刻我那清澈的目光。

最后，衷心祝愿中南财经政法大学刑法学教育越来越好，走向世界；祝各位老师工作顺利，生活愉快；愿我和我的好伙伴们在郭老师的指导下，也能创造出许多美好的回忆！